U0945904

刘瑞龙

纪念文集

人民出版社

刘瑞龍

刘瑞龙同志生平*

忠诚的共产主义战士、无产阶级革命家、农业部原副部长、第五届全国政协常务委员会委员、第六届全国人大常务委员会委员刘瑞龙同志，在广州主持中国农学会农史学会学术讨论会期间，因操劳过度，心脏病猝发，于1988年5月25日22时40分不幸逝世，享年78岁。

刘瑞龙同志1910年10月3日出生在江苏省南通县。1925年就读于南通师范，受党的影响，接受共产主义思想，积极参加学生运动。1926年加入共产主义青年团，同年参加国民党（左派）。1927年正当大革命失败之际，他毅然转入中国共产党。同年，秘密组织中共南通特别党支部，任支部书记，是党组织在南通地区早期创始人之一。1928年在南通师范被国民党反动政府逮捕，解送南京特种刑事法庭，他坚强不屈，经组织营救出狱。后因继续坚持革命活动，被学校开除。1929年，他任中共南通县委书记，在极端复杂和困难的情况下，领导农民运动和武装斗争，使通（南通）海（海门）地区的城市运动和农村党的工作得到了恢复和发展。同年，他出席中共江苏省第二次代表大会，在会上作了发言，有力地批驳了取消派的观点，并当选为省委委员。1930年，他任中共通海区特委书记，参与创建和领导了中国工农红军第十四军。壮大和发展了通、海、如（如皋）、泰（泰州）地区党的力量和群众运动，而且扩大了党在大江南北的影响。同年，刘瑞龙同志被调到江苏省委工作，先后任省委外县工作委员会委员、副书记、宁沪线巡视员、省农委书记兼省军委委员，他不畏艰险，从事地下工作和农民运动。1931年，他再次被捕，面对敌人审讯，勇敢

* 选自农业部举行的刘瑞龙骨灰安放仪式上的悼词。

机智，坚守机密，后经组织营救出狱。

1933 年，中央调刘瑞龙同志到川陕苏区工作，先后任红军第二十九军政治部主任、中共川陕省委宣传部长、红军第四方面军政治部宣传部长，参加了举世闻名的长征。在西路军的一次战斗中失散，被地方民团捕送马步芳部。在狱中，他大义凛然，坚贞不屈，与魏传统等同志秘密组成地下党支部，被推选为支部书记，积极组织狱中斗争，表现了共产党人的崇高气节。抗日战争爆发、第二次国共合作开始，他经八路军兰州办事处谢觉哉同志营救开释。回到延安，入中央党校学习。1938 年 2 月调任安吴堡青年训练班任教务处长、副主任，组织日常教务工作并亲自授课。在中央青委的直接领导下，他与其他同志一起坚决贯彻党的抗日民族统一战线政策和办学方针，为抗日救亡工作培养了大批优秀青年干部。

1939 年，党中央派刘瑞龙同志随刘少奇同志去敌后开辟抗日根据地。同年底，刘瑞龙同志任豫皖苏区党委副书记。尔后担任苏皖军政委员会书记、淮北行政公署主任、淮北区党委副书记等职。在刘少奇同志和中原局、华中局的领导下，他主持地方党政工作，坚持对敌斗争，积极壮大地方武装，坚持统一战线，贯彻执行党的各项方针政策，放手发动群众，开展减租减息，为建立和巩固抗日民主政权，巩固和壮大淮北抗日民主根据地作出了重要贡献。

日寇投降后，刘瑞龙同志任中共中央华中分局委员、民运部部长、苏皖边区政府第一副主席。他在贯彻中央“七大”精神和“五四”指示，发动组织群众进行惩奸清算，土地改革和恢复、发展生产方面，作出了突出的贡献。

在解放战争时期，他曾历任华中北线后勤司令部政委、华东野战军第二副参谋长兼后勤司令、豫皖苏分局财经办事处主任、第三野战军后勤司令兼政委，直接指挥苏中、涟水、鲁南、莱芜、孟良崮、进军鲁西南、进军豫皖苏、淮海、渡江、上海等重大战役的后勤支前工作。特别是在著名的淮海战役中，他在总前委的领导下，充分施展了他宣传、组织群众的杰出才干。他领导的华野后勤司令部与中原野战军后勤司令部的其他负责同志一道，与华东、华北、中原三大解放区各级党政军机关密切配合，动员和组织起几百万人的浩浩荡荡的民工队伍，奋勇地支援前线，以独轮手推车和担架，为作战部队运送弹药、粮草和抢救伤员。它不仅保证了历时66天的威震中外的淮海战役的伟大胜利，同时也为百万大军横渡长江天险的渡江战役，准备了充分的物质条件。在这两大战役中，刘瑞龙同志建立了功勋。

1949年5月上海解放后，刘瑞龙同志任中共上海市委秘书长、中共中央华东局农委书记、华东土地改革委员会副主任。他深入农村，注意调查研究，组织撰写了《土地改革前华东农村土地情况》等重要调查材料，为恢复和发展华东地区农业生产，开展新解放区土地改革工作等，作出了贡献。

1953年，刘瑞龙同志被调国家农业部任常务副部长兼党组副书记。那时正值国民经济恢复时期结束，第一个五年计划开始，任务繁重，百端待理。他经常白天开会、接待来访；夜间加班工作，甚至通宵达旦，而且经常下乡、蹲点，巡回视察。他精力充沛，全力抓生产力的发展和农业科学技术水平的提高，为此他访问了许多专家、教授和劳动模范，并先后去苏联、保加利亚及缅甸等国考察。同时，他根据中央指示，起草《全国农业发展纲要》（初稿）和第二个五年计划期间农业建设方案（初稿）；并参考古代与近代的农书，旁征博引，撰述了《农业增产的八项措施》。在此基础上，他提出了水稻增产的“三改”（单季稻改种双季稻、种籼稻改种粳稻、间作改连作），增产效果显著。随后，他又悉心钻研土壤学，阅读威廉士、马尔采夫等人的专著或实验报告，亲自参与和领导第一次全国土壤普查工作，为因地制宜地发展种植业，提供了科学依据。

1959年反右倾运动后，刘瑞龙同志于1960年调任华东局委员兼农委书记。他顾全大局，坚持真理，在工作中积极支持农村的责任田制，积极推行各项增产措施，为华东地区的农业发展作出了积极的贡献。

“文化大革命”中，刘瑞龙同志遭到残酷迫害，被非法关押达五年之久，身心受到极大摧残。在身陷囹圄极端困难的情况下，他始终保持对党和共产主义的坚定信念，关心党和国家的前途命运。他坚持正义，拒绝诬陷其他同志。在狱中，他重新通读《资本论》及其他马列原著，写出了三十余万字的读书笔记；并总结了新中国成立后十几年农业政策及科学种田的经验，写出了十几万字的农业论著。

粉碎“四人帮”反革命集团以后，刘瑞龙同志得到彻底平反，调回农业部，先后任顾问、副部长、党组成员等职务。1984年3月定为享受部长级待遇。1984年他担任中央整党指导委员会农林口组长。并先后被选为第五届全国政协常委、第六届全国人大常委。他衷心拥护并积极贯彻执行党的十一届三中全会以来的路线、方针、政策，参与平反了大量的冤假错案；他认真执行党的知识分子政策，关心和爱护知识分子，想方设法帮助不少身处逆境的知识分子排忧解难，使他们的专业和才华充分地为我国农业的发展发挥作用，赢得了他们的信任和敬重；他热情关注农村经济体制改革的伟大实践和成就，不顾年高体弱，多次深入农村，实地调查研究农业生产责任制、发展商品经济、传统农业向现代化农业转化等问题，向中央和全国人大常委会写出调查报告，并通过发表文章、讲演等形式，提出了不少可贵的建设性意见。1984年以来，他担任《中国农业百科全书》《中国大百科全书·农业》卷总编辑委员会主任，以及《中国大百科全书》总编辑委员会副主任。对两大全书的编纂方针、总体设计、内容规划，提出了指导性的意见。他组织了数以千计的专家、学者参与编撰工作；为组建精干的领导班子，争取经费来源，倾注了大量心血。他竭尽全力，以有限的余热，迸发出最大的光芒。

刘瑞龙同志的一生是革命的一生，战斗的一生，为实现共产主义伟大理想奋勇前进的一生。他为党的各项事业，为社会主义建设，为探索和研究农业生产发展的理论和实践，贡献了毕生的精力。

刘瑞龙同志在长期的革命事业中，一贯坚持党性原则，严格执行党中央的路线和各项方针政策。他有很强的组织纪律性，自觉服从组织分配，总是把党的利益放在首位，从不计较个人得失，不逐名利，不避艰辛，在受到不公正待遇时，甚至遭受残酷迫害后，对党从无怨言，仍然勤勤恳恳，为党的事业努力奋斗。表现了一个共产党员的崇高品德。

刘瑞龙同志一贯坚持我党倡导的实事求是的思想路线和一切从实际出发的优良作风。无论是在战争年代，还是在建设时期，他都十分注重密切联系群众，深入实际调查研究，积累了大量的生动的第一手资料，脚踏实地做好各项工作，具有很高的理论、政策水平和领导才能。

刘瑞龙同志在长期的革命生涯中，自觉养成了勤于探索、刻意钻研、朴实严谨的良好作风。他几十年如一日，求知若渴，刻苦好学，尤其在研究我国农业理论和农业史方面，更是精勤不懈，提出了一系列颇有见地的观点，在农学界和农史学界享有很高的威望。他曾兼任北京农业大学教授，挤时间到校给学生讲课。他生前积累和撰写了大量有关党史、革命斗争史的资料、著作和有关农业理论、农史、土地制度改革等方面的论著，为我们留下了宝贵的精神财富。

刘瑞龙同志对工作极端负责，一贯兢兢业业，勤勤恳恳，经常亲自动手起草和修改重要文件，反复推敲，一丝不苟；他为人正派，襟怀坦白，坚持原则，谦虚谨慎；他平易近人，团结同志，广采博纳党外专家、学者的意见和建议；他生活简朴，严于律己，为人表率，受到人们的普遍推崇和尊敬。

刘瑞龙同志的不幸逝世，使我们失去了一位德高望重、经验丰富的老同志、老战友，是我党的一大损失。我们要学习他忠于共产主义事业，鞠躬尽瘁、毕生奋斗的高尚品德；学习他一生辛勤工作、谦虚好学、艰苦朴素、克己奉公的崇高精神。

悼念刘瑞龙同志，我们要化悲痛为力量，继续沿着改革、开放的道路，为我国农村经济的振兴和繁荣，为把我国早日建成社会主义现代化强国而努力奋斗！

刘瑞龙同志永垂不朽！

中共中央办公厅

江彤同志：

我抄录了江上青、江树峰的三首诗词，其中表达了对刘瑞龙同志的怀念。今晚还寒，请多珍重。

专此即颂

敬礼

江泽民

一九九四年四月五日晚

江泽民手迹

過隙光陰似白駒，十年患難
早相扶。雄心拼付三期戰，别緒
全凭一雁書。春水绿，楊思故里，
秋山红葉走征途。天涯兄弟成
勞燕，互向風塵老病無。
右録江上青一九三九年寄给江樹峰的詩
騰騰曉霧秋山去，竟一别難重聚，
夢魂幾繞萱窗。敍：街头宣講，

江泽民手迹

广场歌剧，星月何从数。碑语
已勒洪湖渡，英烈江淮生死处，翠
柏丹枫千万句：青阳春早，庐陵
梅吐，唤我行兄路。

右录江树峰一九八二年怀念江上青之词

调寄青玉案

忆通城南角，书斋净几作诗文。想
狼山登眺，啬园凭吊，天石初敲，语

江泽民手迹

料滙龍一別，竟作浪花奔。寫詠成絕响，中道星隕。何處詩航三百慰精魂安憩，大地皆春。喜海天雨露，乃健繼家聲。洒江邊櫂楫新土，記當年鼓吹費艱辛。浩歌蕩，泉台撫手上兩兒斟。

右錄江樹峰懷念顧民兄書贈剑瑞龍同志之詞調寄八聲甘州

江泽民手迹

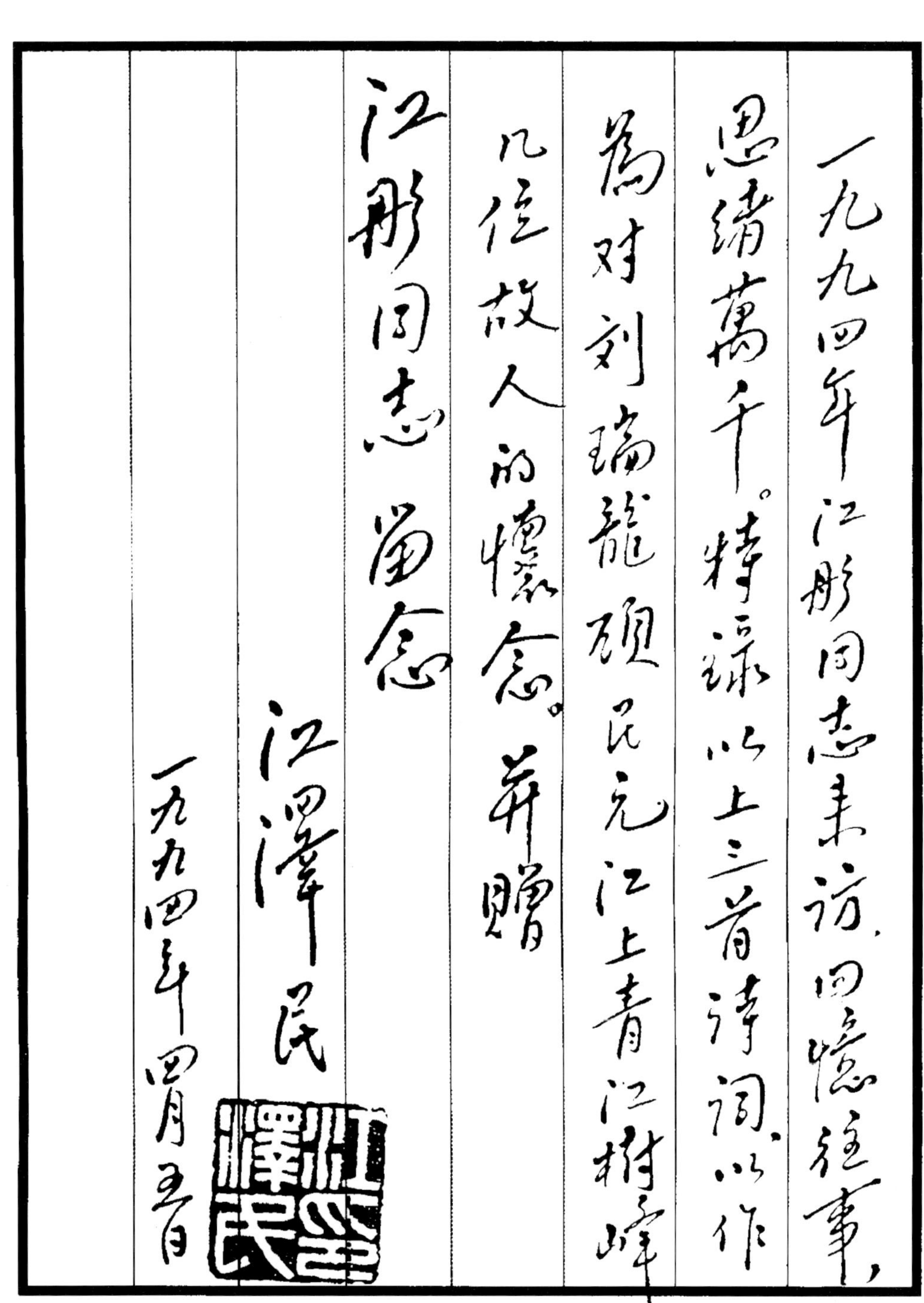

一九九四年江彤同志来访，回忆往事，思绪萬千。特録以上三首诗词，以作爲对刘瑞龍顧民元江上青江樹峰几位故人的懷念。并贈江彤同志留念

江澤民

一九九四年四月五日

江泽民手迹

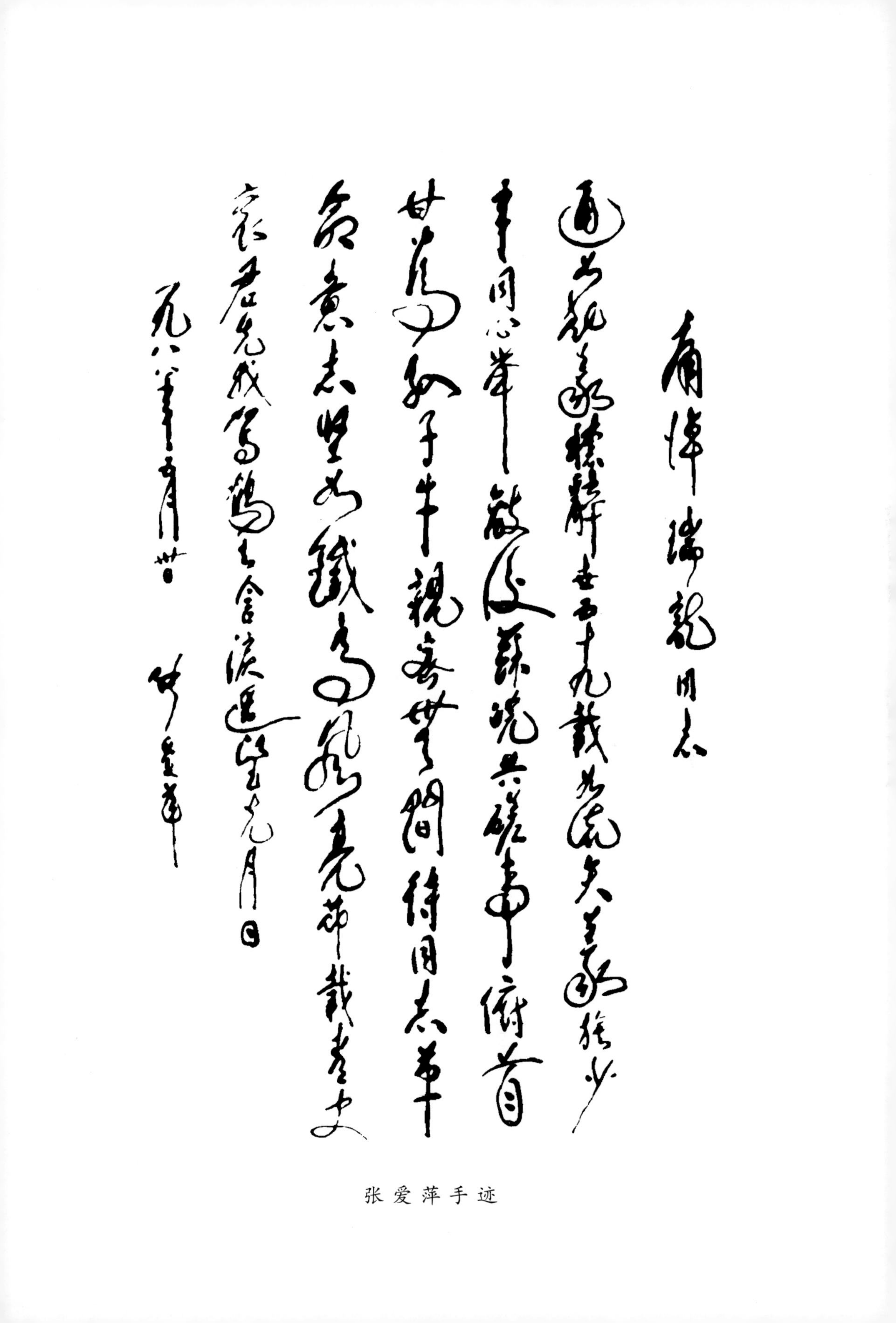

张爱萍手迹

江彤挽刘瑞龙联

耿耿忠心，铮铮铁骨，谱写了磊落生平。岂但少年首义，壮志长征，赤胆纵横，红旗叱咤；并为民食邦本，不辞沥血呕心，缅怀慈雨甘霖，犹存鸿篇钜制；而且晚节弥坚，鞠躬尽瘁，克效涓埃报祖国。

凛凛正气，荡荡胸襟，留几多激昂往事。试看自律何严，奉公唯谨，秋毫必辨，泾渭分明；任凭云暗风狂，不废河长江远，近开农史嘉会，哪计羊城路遥；终以衰躯忘倦，死而后已，患难知己恸昊天。

1956年2月，毛泽东、陈云、彭德怀、邓子恢等党和国家领导人亲切接见全国农业劳动模范大会代表。左一为刘瑞龙

1956年2月，毛泽东、周恩来、邓小平等党和国家领导人接见参加全国农业劳动模范大会的代表，前排左三为刘瑞龙

刘瑞龙在各个历史时期的照片

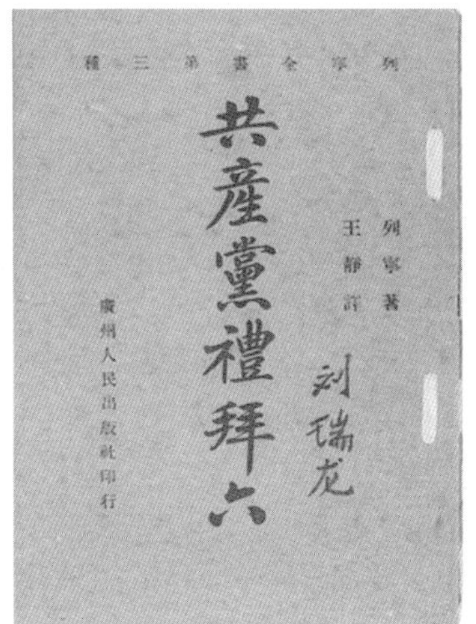
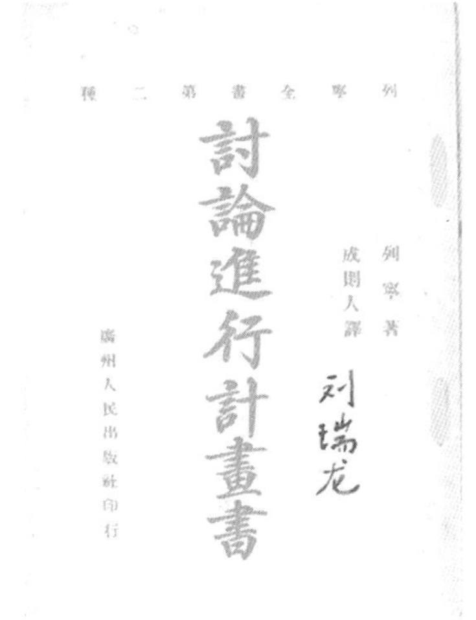
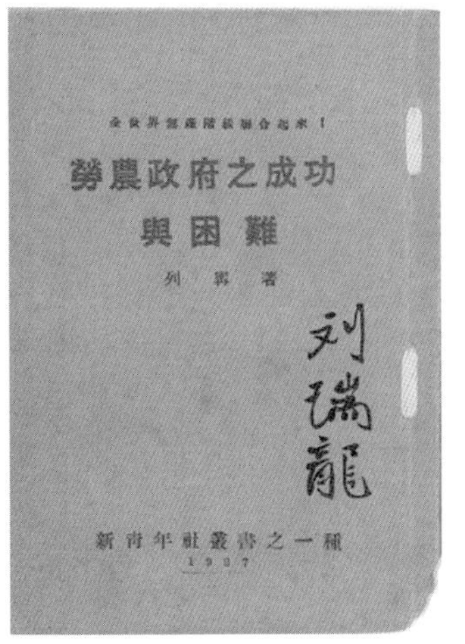
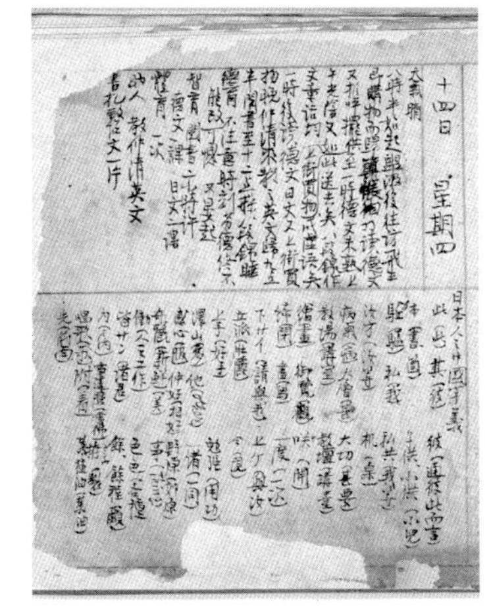
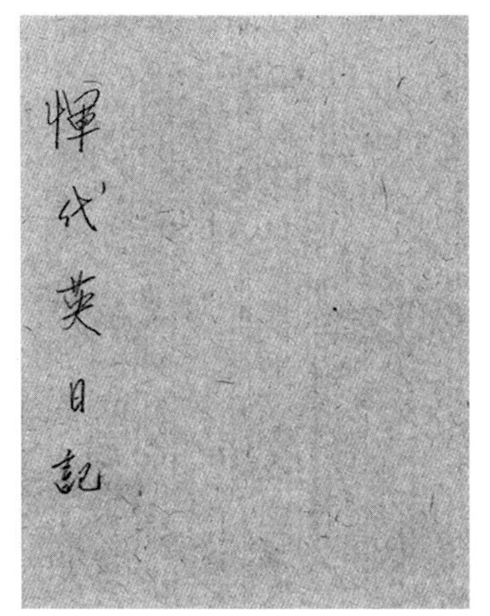
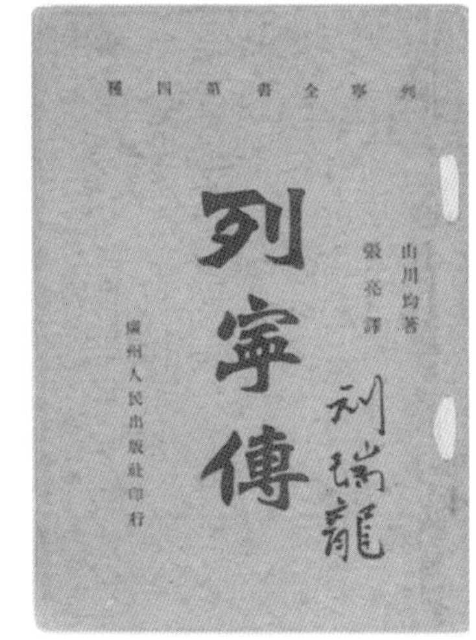

刘瑞龙捐赠中央档案馆的恽代英的日记本及当年恽代英等人寄到南通的《共产党宣言》等部分书籍

1938 年，朱德和红四方面军部分同志合影。二排左八为朱德，二排左一为刘瑞龙

安吴青训班部分干部学员合影。二排左一为刘瑞龙，二排右一为冯文彬

刘少奇给刘瑞龙的信

刘瑞龙的笔记

1940 年 1 月 26 日于魏营子二支队司令部。后排右起：张爱萍、刘瑞龙、张震球

1940 年在淮北。左起：刘瑞龙、韦国清、邓子恢、张爱萍

1940年，摄于皖东。前排左起：张震球、滕海清、韦国清、饶子健；中排左起：张爱萍、刘子武、赖毅、康志强、刘玉柱；后排左起：刘瑞龙、邓子恢

1940年7月，八路军、新四军在皖东北会师，8月25日于魏营子二支队司令部合影。左起：韩振纪、刘瑞龙、田守尧、张爱萍、韦国清

1940年8月17日，在小楼子新四军第六支队四总队司令部。左起：张爱萍、刘瑞龙、刘玉柱、金明

1940 年冬，时任中共淮海军政委员会书记

1940 年冬在淮海区。左起：张爱萍、刘瑞龙、刘子久

1941 年 2 月，张爱萍（左一）、刘瑞龙（左三）、萧望东、耿道明等在淮北根据地陈圩子

1941 年元旦，江彤（前排）在皖东北与张爱萍（二排右二）、张震球（二排右一）、梁兴初（二排左一）等同志合影

1941 年 5 月，陈毅在苏北盐城视察江淮日报社时留影。右起：曹荻秋、陈毅、刘瑞龙、彭康、沈其震、罗生特、徐波、王澜西、徐进

在淮北根据地解救美国飞行员。左二是刘瑞龙

刘瑞龙（右）与邓子恢在淮北根据地

1941 年，刘瑞龙在淮北青年运动大会上作报告

1942 年冬，淮北行署负责同志合影。前排左起：刘尹楠、江彤、刘瑞龙、刘宠光、江陵。后排左起：唐突、张叔友、王允昭、吕亮屏、张太充、方原、徐风笑、孟东波

1942 年冬，在淮北泗县半城。左起：张震球、刘瑞龙、邓子恢、廖志强、张爱萍、冯定

1943年边区人口面积比较表

1944.2.23修正
1943.12.10.统计

类别	基本区 人口	基本区 面积	游击区 人口	游击区 面积	一年扩大 人口	一年扩大 面积	一年缩小 人口	一年缩小 面积	总数 人口	总数 面积	脱离生产人数 人数	每人口的百分比	备注	附注
淮泗	190000	2625	90000	1250	80000	1000			280000	3875	1224	[illegible]		
泗阳	120000	2562	60019	625	60000	125			180019	3187	2044	[illegible]		
泗宿	124300	2000	55500	1250	40000	562	45000	875	180000	3250	551	[illegible]		
泗南	262737	6250	35468	687					298249	6937	1136	[illegible]		
洪泽	26000	3812	360	250					26360	4062	856			
盱凤嘉	80000	2500	9440	312	12000	312			89440	2812	322	[illegible]		
泗五灵凤	282824	6625	76800	2812	42400	982			359624	9437	934	[illegible]		
泗灵睢	40000	595	110000	2505	150000	3100			150000	3100		[illegible]		
邳睢铜	[illegible]	4062	[illegible]	3125	40000	502			500000	7187		[illegible]		
肖铜			300000	2499			100000	1062	300000	2999		[illegible]		
宿东宿北宿东	[illegible]	2850	[illegible]	5431	61000	2631	15000	197	[illegible]	8381				
淮宝	295025	3500	58000	925	70000	1000			353025	4425	1373	[illegible]		
合计	[illegible]	36431	[illegible]	22671	553400	11212	160000	2154	[illegible]	41652	6500	[illegible]		
百分比	[illegible]	[illegible]	[illegible]	[illegible]	[illegible]	[illegible]	[illegible]	[illegible]						

说明：[illegible]

刘瑞龙绘制的统计表

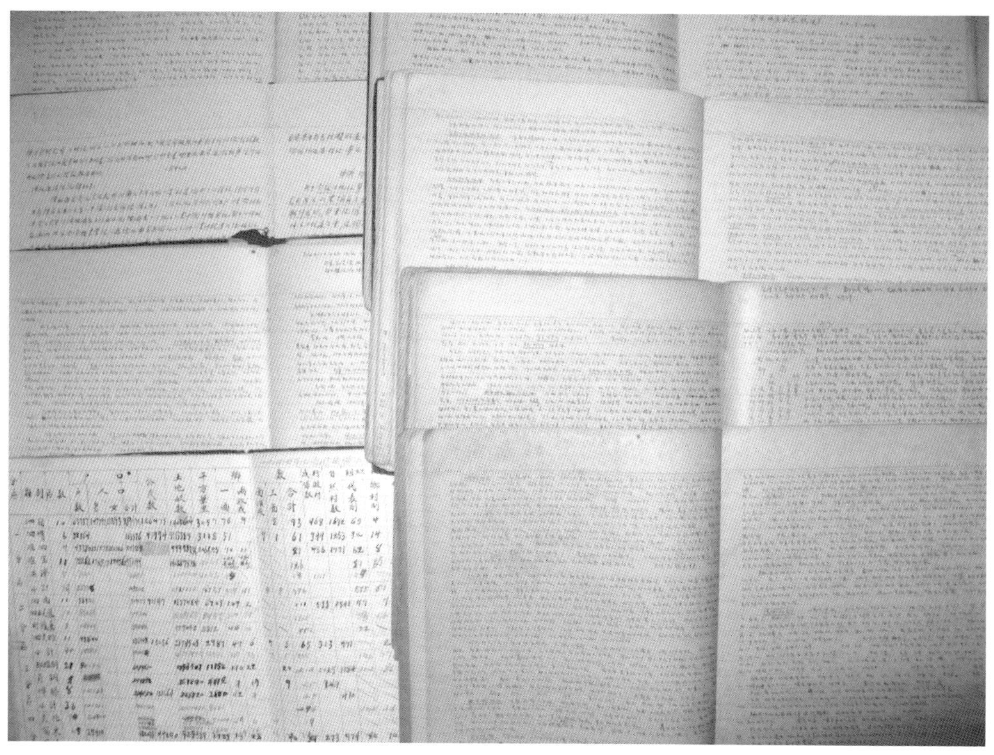

刘瑞龙的笔记本

1943 年 3 月中旬，邓子恢、彭雪枫率部取得山子头战役的胜利。3 月 25 日，陈毅抵达新四军四师半城师部视察，与新四军四师领导合影。右二为刘瑞龙

1944 年 8 月 15 日，刘瑞龙在新四军四师西征出发之日

1944 年 8 月 15 日，新四军四师西征出发之日。左起：刘瑞龙、彭雪枫、邓子恢、张震、吴芝圃在半城合影

从 1947 年 3 月初起，华野在淄博地区和胶济路沿线进行了一个月的整训。图为陈毅、粟裕和华东野战军副政委谭震林、副参谋长刘瑞龙（右二）合影

1947 年 5 月孟良崮决战前，刘瑞龙（右二）与陈毅（左二）等合影

1947 年孟良崮战役后刘瑞龙在沂蒙山地区

五月十六日欣闻孟良崮大捷

牢把馬山氣何雄
那知奇師聞道出
孟良崮裡藏不住
一萬蔣軍覆於此
~~南京美蔣哭技窮~~
人民軍隊豈易撼

睥睨坦埠似掌中
方千狂誕竟土崩
勇士圍殲奏膚功
行見美蔣哭技窮
重點進攻重點終
可笑仙魔妄想空

于沂蒙道上之木老墻

空心戰略空心死

刘瑞龙为孟良崮大捷所作的诗。修改处为陈毅手笔瑞龙同志：

送来联合支前会议各件，均已阅悉。我完全同意该会所作各项决定，请即按照执行。

此复

敬礼！

邓小平 一月卅日

来件已交一[illegible]、上[illegible]一阅矣。

邓小平给刘瑞龙的信

1949 年，时任中共上海市委秘书长

建国初期在上海，与华东军区副司令员张云逸（1955 年被授予大将军衔）合影

与两位母亲合影。右为生母李遂安，左为革命母亲朱姚

20 世纪 50 年代刘瑞龙在农村调研

出席全国人大会议

1951 年，刘瑞龙夫妇与子女延淮、延东、延申在上海合影

1952 年冬天，刘瑞龙夫妇在上海

刘瑞龙、江彤夫妇

1958年，刘瑞龙、江彤夫妇与儿女延淮、延东、延申及江彤的大姐姜希宽在香山碧云寺

1958 年夏天，邓子恢（左二）、刘瑞龙（左七）在北京与彭雪枫的父亲（左四）合影

1964 年刘瑞龙、江彤夫妇在无锡太湖

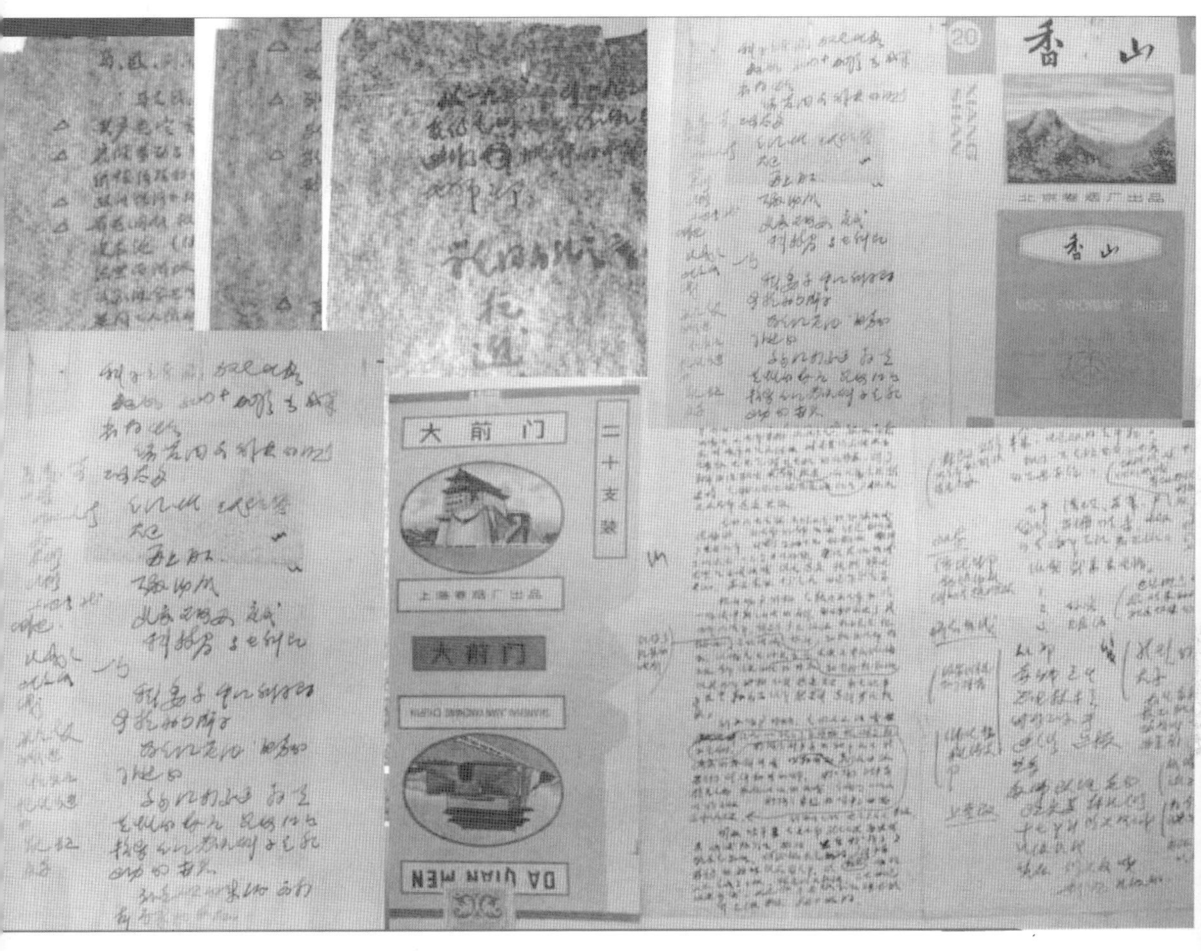

这是"文革"中，刘瑞龙受"四人帮"迫害，被关进监狱后，为撰写《农业"八字宪法"浅说》，克服没有纸张的困难，写在香烟盒纸背面的手稿

马克思、恩格斯、列宁、斯大林和毛主席关于农业问题的部分论述

马克思、恩格斯

刘瑞龙笔记：马克思、恩格斯、列宁、斯大林和毛泽东论农业

1972 年 11 月，刘瑞龙受“四人帮”迫害，被监禁 5 年后出狱，和家人在上海外滩合影。左起：刘延宁、刘延淮、刘瑞龙、刘延申、江彤、刘延东

1976 年冬天，刘瑞龙在北京农业部招待所与子女合影。后排左起：延东、延申、延淮、延宁

刘瑞龙在农村调研

1980年5月，刘瑞龙在纪念红十四军建军五十周年报告大会上发言

20世纪80年代初，农业部三位副部长在中南海合影。左起：何康、刘瑞龙、杨显东

1982 年，刘瑞龙（左一）与陆定一（中）合影

20 世纪 80 年代，刘瑞龙、江彤夫妇与红四方面军老战友、谢觉哉夫人王定国合影

20 世纪 80 年代，刘瑞龙夫妇与战友杨纯合影

1981 年，刘瑞龙夫妇与亲家张鸿志、女儿延淮、延东及儿媳汪早立在木樨地住处合影

参加淮北党史会议时合影。右起：刘瑞龙、刘子久、刘玉柱

1982年5月，刘瑞龙在南京参加党史研究会会议时与老战友合影。前排左六起：吴信泉、刘瑞龙、孔原、陆定一

1982 年春节，淮北抗日根据地老同志团拜合影。前排左起：陈兰、刘子久、刘瑞龙。后排左起：江彤、蒋敏、程希、刘尹楠、杨光群

20 世纪 80 年代，刘瑞龙夫妇在深圳蛇口开发区考察

1985 年夏天，刘瑞龙在工作中

1986年12月，参加全民所有制工业企业法座谈会。全体与会同志合影。前排：右六为彭真委员长、右五为彭冲副委员长、右二为刘瑞龙

1986 年 10 月，刘瑞龙（前排左五）参加新四军重建军部四十五周年纪念活动，与全体参会同志合影

1986 年，刘瑞龙在广州华南农业大学参加农史学会会议，与会议代表合影。前排左二起：江彤、刘瑞龙、梁家勉（农史学家）

1987 年夏，在《中国农业百科全书》首卷发行会上，刘瑞龙与老农业专家及刘锡庚亲切交谈

1987 年夏，刘瑞龙在《中国农业百科全书》首卷发行会签到处签到

壮心不已

刘瑞龙与夫人江彤

刘瑞龙家庭合影

1988 年 5 月刘瑞龙去世后，张震、马龄松夫妇（左）和林颖、马列夫妇（右）来家中看望江彤

1997 年 5 月，钱正英夫妇与江彤叙谈淮北往事

2010 年 8 月，刘瑞龙的子女来到四川红原县，踏上父辈走过的草地，缅怀长征途中牺牲的英烈

目　录

致江彤的信和抄录三首诗词*

江泽民

（1994 年 4 月 5 日）

江彤同志：①

我抄录了江上青江树峰的三首诗词，其中表达了对刘瑞龙顾民元②同志的怀念。乍暖还寒，请予珍重。

专此即致

敬礼

江泽民

一九九四年四月五日晚

一

过隙光阴似白驹，
十年患难早相扶。
雄心拼付三期战，③

---

* 此标题及文前署名系由本文集编者所加。

① 江彤（1919～1999），原名姜希兰。刘瑞龙夫人。1938 年 8 月加入中国共产党。历任山东淄博特委妇女部长、苏北特委妇女部长、皖东北区党委妇委组织委员、泗宿县民运部长、华中淮北边区总妇联组织委员、华东局苏皖地区总妇联组织部副部长、华中局黄河大队工作组组长等职。新中国成立后，历任上海市妇联执委、缝制工厂党组书记、副厂长、国棉三厂党委副书记、纺织部劳动人事处处长、上海纺织机械公司党委副书记兼副经理等职。高级工程师。1962 年以优异成绩毕业于清华大学。“文化大革命”中受到残酷迫害。刘瑞龙逝世后，完成了《刘瑞龙农业文选》、《难忘的征程》、《刘瑞龙回忆录》、《第三野战军后勤文献资料选编》、《刘瑞龙诗稿》的整理工作。

② 顾民元（1912～1941），江苏南通人。其父顾怡生在南通师范任教，是有名的爱国民主人士。顾民元早年入南通中学读书，在其姨兄刘瑞龙的影响下，与江上青一起积极参加学生运动，参与组织革命青年社。1927 年加入中国共产党。抗日战争爆发后，任启东县政府第一科科长、启东县抗日民主政府县长等职。1941 年 2 月 24 日被误杀，同年 4 月被追认为革命烈士。

③ 三期战，指毛泽东《论持久战》中所说的三阶段。

别绪全凭一雁书。
春水绿杨思故里，[1]
秋山红叶走征途。
天涯兄弟成劳燕，
互问风尘老病无。

右录（依原文，未作改动。本文集中实为“上录”——编者）江上青一九三九年寄给江树峰的诗[2]。

二

腾腾晓雾秋山去，
竟一别，难重聚。
梦魂几绕蕉窗叙：
街头宣讲，
广场歌剧，

① 春水绿杨，扬州瘦西湖畔有冶春、绿杨村等景点。

② 江上青（1911～1939），原名江世侯，1911年农历四月出生于江苏省江都县，1927年受刘瑞龙、顾民元革命思想影响，加入中国共产主义青年团。1928年夏，江上青被国民党当局以学运骨干分子为名逮捕入狱，1929年6月出狱后，就读于上海“艺大”文学系，同年转为中国共产党党员，任“艺大”地下党支部书记。1931年九一八事变后，江上青等人创办了《新世纪周刊》、《写作与阅读》、《抗敌》等周刊，宣传马克思主义、宣传抗日救亡。1937年7月，江上青等人组织成立了江都县文化界救亡协会流动宣传团，组织动员民众抗日工作。1938年8月，江上青参加了安徽省抗日民众动员委员会第八工作团，在大别山区开展抗日宣传工作。1938年11月，受中共安徽省工委派遣到皖东北，担任国民党安徽省第六行政区专员公署专员秘书兼保安副司令、第五游击区司令部政治部主任，利用合法身份，积极开展抗日宣传，培训抗日干部，建立抗日武装，推动抗日民族统一战线等工作，建立了中共皖六区专署特别支部，担任特支书记。1939年3月，中共皖东北特委成立，江上青为特委委员，协助张爱萍等推动形成了皖东北国共合作、团结抗战的局面。1939年7月29日，江上青遭到地主反动武装袭击，身中数弹牺牲，时年28岁。

江树峰（1914～1993），原名江世伯，字达臣，江上青之弟。江树峰幼年与江上青一起在扬州琼花观小学读书。1927年间由于局势混乱，与江上青一起到江苏南通的大哥江世俊处。1936年与江上青等创办《写作与阅读》，参加“江都县文化界救亡协会流动宣传团”。与江上青在浠水分手后，经常写信联系，互寄诗作。1941年曾主持新四军东进后主办的《东南晨报》。新中国成立后曾任江苏省民盟常委、扬州市政协副主席、扬州市民盟主任委员。毕生从事教育，研究中外文化，曾任扬州师范学院外国文学教研室主任、江苏省文联常委、江苏省作家协会理事、中华诗词学会学术委员会主任、中国和平统一促进会理事等职务。是中华诗词学会发起人之一。

星月何从数。

碑铭已勒洪湖渡，
英烈江淮生死处。
翠柏丹枫千万句：
青阳春早，①
广陵梅吐，②
嘱我行兄路。

右录（依原文，未作改动。本文集中实为“上录”——编者）江树峰一九八二年怀念江上青之词调寄青玉案。

三

忆通城南角，③
正书斋净几作诗文。
想狼山登眺，④
啬园凭吊，⑤
天石初敦。⑥
讵料汇龙一别，
竟作浪花奔。
《写读》成绝响，⑦

---

① 青阳，指青阳镇，江苏泗洪县党政机关所在地。江上青即牺牲在青阳镇小湾村五圩，时属安徽泗县。1949 年由泗宿、泗南、洪泽湖管理区等地组成泗洪县，取泗水、洪泽湖之义得名，1955 年划归江苏。泗洪县烈士陵园坐落在县城南郊，江上青烈士墓位于陵园中心。

② 广陵，指扬州。

③ 通城，指南通市。

④ 狼山，地名，位于南通市南长江之滨。海拔 106.64 米，其东为军山、剑山，其西为马鞍山、黄泥山，总称五山或五狼山，宋淳化年间地方官以狼字不雅，改狼为琅；又因山岩多紫色，故别名紫琅山。

⑤ 啬园，清光绪状元、实业家、教育家张謇私人园林。解放后改为南郊公园，近年重新恢复啬园旧称。

⑥ 天石，指吴天石，江苏省教育厅原厅长，“文化大革命”中被迫害致死。作者在《写作与阅读》杂志社工作时的老友。“初”，最初；“敦”，敦促。

⑦ 《写读》，指《写作与阅读》杂志。

中道星殒（陨）。

何处诗觥三百，
慰精魂安憩，
大地皆春。
喜海天雨露，
乃健继家声。①
望江边，
粮棉新土，
记当年鼓吹费艰辛。
浩歌荡，
泉台携手，
上与兄斟。②

右录（依原文，未作改动。本文集中实为“上录”——编者）江树峰怀念顾民元书赠刘瑞龙同志之词调寄八声甘州。

一九九四年江彤同志来访，回忆往事，思绪万千。特录以上三首诗词，以作为对刘瑞龙、顾民元、江上青、江树峰几位故人的怀念。并赠

江彤同志留念

江泽民

一九九四年四月五日

① 乃健，指顾乃健，顾民元之子。
② 兄，指顾民元。

痛悼瑞龙同志

张爱萍①

（1988 年 5 月 30 日）

通如起义怀辞世，
五十九载如流矢。
义旗少年同心举，
敌后苏皖共磋事。
俯首甘为孺子牛，
亲密无间待同志。
革命意志坚如铁，
高风亮节载青史。
哀君先我驾鹤去，
含泪遥望光月日。

① 张爱萍（1910～2003），15 岁投身于第一次大革命的洪流，参加过二万五千里长征。皖东北抗日根据地的创建者，新中国第一支海军部队的创建者，我军首次陆海空军联合作战的前线司令员，中国第一颗原子弹试验总指挥。“文革”中被关押五年，复出后因抵制“文革”错误第二次被打倒。在改革开放的新时期，成为我国国防科技工业和导弹核武器卫星事业的领军人物。在其任上，领导了第一枚洲际导弹、固体燃料战略导弹和地球同步卫星的成功研制，为我国国防科技事业，尤其是航天事业作出了突出的贡献。1955 年被授予上将军衔。中共第八届中央候补委员，第十一、第十二届中央委员，中共中央顾问委员会常务委员，国务院副总理，国务委员兼国防部长。

“人生有真谛，为民服务多”*

——缅怀为党和人民的事业鞠躬尽瘁的刘瑞龙同志

张　震[①]　魏传统[②]　杨显东[③]　杨　纯[④]　郝盛琦[⑤]

（1992 年 9 月 27 日）

忠诚的共产主义战士、中国社会主义农业建设的杰出组织者刘瑞龙同志，离开我们4 年多了。我们还清楚地记得，那是在1988 年5 月，他不顾78 岁的高龄，冒着酷暑高温，千里迢迢从北京到广州亲自主持全国农史学会学术讨论会。与到会同志同吃住、共研讨，终因操劳过度导致心脏病猝发，突然地病逝在自己无限热爱的工作岗位上，实现了他生命不息、奋斗不止的誓言。在这难忘的

---

* 本文原载于1992 年9 月27 日《人民日报》。

① 张震（1914 ~ 　），1930 年加入中国共产主义青年团，同年转入中国共产党。曾任中国工农红军一军团第四师十二团参谋长，八路军第四纵队参谋长，新四军第四师参谋长、十一旅旅长兼淮北路西军分区司令员，华中野战军第九纵队司令员兼政治委员，华东野战军第二纵队副司令员，第三野战军参谋长。中华人民共和国成立后，曾任中国人民解放军总参谋部作战部部长，第二十四军代军长兼政治委员，中国人民解放军军事学院副院长、院长，武汉军区副司令员，总后勤部副部长、部长，中国人民解放军副总参谋长，国防大学校长。1955 年被授予中将军衔。1988 年被授予上将军衔。中国共产党第十二届中央委员会委员，中共中央顾问委员会委员。1992 年任中央军委副主席。

② 魏传统（1908 ~ 1996），出生于四川省达县。1926 年加入中国共产主义青年团，1928 年转为中国共产党党员，1933 年参加中国工农红军。建国后，历任中国人民解放军总政治部秘书长兼宣传部副部长、中国人民解放军艺术学院院长、中国书法家协会理事。第六届全国政协常务委员。1955 年被授予少将军衔。

③ 杨显东（1902 ~ 1998），1923 年考入南京金陵大学农科，1934 年到美国康奈尔大学留学，获得博士学位。1937 年抗日战争爆发，他毅然离美途经苏联考察后回国，同年 11 月参加革命。1937 年至 1939 年，他与陶铸等同志一起，先后创办汤池训练班、鄂北讲习所、手纺织训练所等，为革命培养了大批骨干。在任美国经济作战局农业顾问期间，他根据党的指示，利用自己的合法身份，积极为新四军筹集了大量经费、医药和物资。解放战争时期，利用特殊身份，广泛团结外籍进步人士，为李先念领导的中原解放区军民输送了大批粮食、药品、器材、被服等物资。建国后，历任武汉大学农学院院长、农业部副部长，中国农学会会长、中国科学技术协会副主席等职。

④ 杨纯（1917 ~ 2005），1936 年参加革命，1937 年5 月加入中国共产党。曾任八路军山东抗日第四游击支队队长、皖东北特委书记、苏北盐阜地委书记等职。建国后，任华东纺织管理局副局长、周恩来总理办公室秘书、中央对外文委副主任、中国医学科学院党委书记、中国红十字总会副会长。1980 年任卫生部副部长。

⑤ 郝盛琦（1924 ~ 　），中共中央办公厅研究室原主任、中共中央顾问委员会副秘书长。

忌日里，我们这些曾经先后与瑞龙同志共同战斗、共同生活过的老战友、老同事、老属下都抑制不住情感，引发出无限的追思。他在血雨腥风中的人生选择，在革命征途上的坚强意志，在工作中的忘我拼搏、勤奋钻研，在作风上的严于律己，不计名利，艰苦奋斗，联系群众等优秀品德，无不历历在目，一一浮上心头。

一

瑞龙同志是江苏南通人，生于1910年10月。他出生才70多天，父亲就去世了。他从小饱尝旧社会颠沛流离之苦和生活之艰辛，并由此萌生了对社会穷富悬殊的愤慨。1924年14岁的瑞龙，从乡村小镇来到南通城，寄居在曾参加过辛亥革命的表兄葛松亭家，进入南通师范学校。这使他不仅仅在文化知识上有了进步，而且也打开了人世之门。他在校内读到了鲁迅、郭沫若等人以及西方思想启蒙时期的名著，思想上受到了很大的启迪。这时，正是第一次国共合作、国民革命运动不断高涨的时期。他积极参加校内进步学生组织"晨光社"，接触到《共产党宣言》、《共产主义ABC》、《中国青年》、《向导》等革命书籍和马克思主义的基础理论，思想觉悟提高很快。在其亲属、著名共产党人恽代英的影响和启发下，他于1926年加入了中国共产主义青年团，怀着救国救民的志向在家乡开展革命活动。大革命失败后，在白色恐怖的腥风血雨中，他作出了人生的最终选择，于1927年3月加入中国共产党。从此，开始了他新的革命生涯。1929年11月，年仅19岁的瑞龙同志担任了中共南通县委书记，并作为中共南通县委的代表出席了中共江苏省委第二次代表大会，在会上当选为中共江苏省委委员。在当时极端复杂和困难的情况下，在党组织的领导下，他积极发动和组织农民运动，开展武装斗争，创立游击区，粉碎敌人的"包剿"。同时，根据中央军委的决定，与李超时、何昆、黄火青、张爱萍等一起参与创建了中国工农红军第十四军。1930年3月，瑞龙同志先后任中共通、海特区委员会委员和特委书记，并于当年6月从上海抵达如、泰地区任职，直接参加和领导在国民党统治的这一腹心地带的军事斗争和群众运动，不断地壮大了党的力量，扩大了党在大江南北国民党统治腹心地区的影响。

1930年9月，瑞龙同志奉调赴中共江苏省委工作，在陈云为书记，有李硕勋、刘晓等参加的省委外县工作委员会任委员、副书记，后又任宁沪线巡视员、省农委书记兼省军委委员。他不畏艰险，机智果敢地从事地下工作和农民运动。1932

年12月，红四方面军到达川北，瑞龙同志受命赴川陕苏区工作。之后，便在徐向前、李先念等同志的领导下从事部队和地方的政治宣传工作。他先后任红29军政治部主任、中共川陕省委宣传部长、红四方面军政治部宣传部长；参加了举世闻名的二万五千里长征，作为西路军的一员，三过草地，二过雪山，历尽艰辛。

抗日战争爆发后，瑞龙同志在延安中央党校短期培训后，于1938年2月赴安吴堡青年训练班，负责组织日常教务工作并且亲自授课。在中共中央青委的直接领导下，他与其他同志一起坚决贯彻党的抗日民族统一战线政策和实事求是、理论联系实际的办学方针，为抗日救亡工作培养了上万名优秀青年干部。1939年9月，瑞龙同志随同刘少奇前往华中敌后开辟抗日根据地，先后任苏皖军政委员会书记，淮北行署主任等职。在刘少奇和中原局、华中局的领导下，他主持地方党政工作，坚持统一战线，贯彻执行党的各项方针、政策，放手发动群众，积极壮大地方武装，坚持对敌斗争，为建立和巩固抗日民主政权，巩固和壮大淮北抗日民主根据地作出了重要贡献。

抗日战争胜利后，瑞龙同志任中共中央华中分局委员、民运部长、苏皖边区政府第一副主席。他认真贯彻中共七大会议精神和"五四土改指示"，发动群众开展惩奸清算、土地改革，积极恢复和发展生产，充分调动广大人民群众的革命热情，为支援人民解放战争打下了坚实的群众基础。人民解放战争开始后，瑞龙同志历任华中北线后勤司令部政委、华东野战军副参谋长、后勤司令、第三野战军后勤司令兼政委等职，直接组织和指挥了苏中、鲁南、莱芜、孟良崮、淮海、渡江、上海等重大战役的后勤支前工作。特别是在淮海战役中，他在总前委邓小平、刘伯承、陈毅、粟裕等同志的领导下，充分发挥了他宣传群众、组织群众的才能，与各有关党政军机关密切配合，动员和组织起几百万人的民工队伍，形成了一个庞大的运输供应网，充分保证了战役每个阶段的后勤供给需要。这一大规模的群众性支前运动，不仅保证了历时56天的淮海战役的伟大胜利，也为后来的渡江战役准备了充分的物质条件。在这两大战役的后勤支前工作中，瑞龙同志建立了功勋。

1949年5月上海解放后，瑞龙同志由部队转到地方工作。从此，他把自己的后半生全部奉献给了新中国的农村和农业建设事业。他先后任中共上海市委秘书长、中共中央华东局农委书记、华东土地改革委员会副主任，为华东地区的土地改革、农业生产互助合作运动和恢复发展农业生产付出了巨大的精力，至今许多同志对瑞龙同志当时做的华东土改报告记忆犹新。1953年瑞龙同志调任中华人民共和国农业部常务副部长兼党组副书记，他把全部精力都放在发展新中国农业的各项建设方案的制订与实施上。根据中央指示他先后主持起草《全国农业发展纲要》、五年计划期间农业建设方案等文稿。他直接参加和领导了第一次全国土壤的普查工作，为新中国农业的科学开发和发展提供了重要基础。1960年瑞龙同志调任华东局委员兼农办主任。他顾全大局、艰苦工作，热情支持当时在安徽农村中出现的责任田制，主张科学种田，积极推行各种农业增产措施，热心致力于农村生产力的发展。“文化大革命”中，瑞龙同志遭到“四人帮”的残酷迫害，他虽身处逆境，依然挂念国家农业建设事业。后在周总理亲自关心下，才被解除关押。粉碎“四人帮”后，他得到彻底平反，调回农业部，先后任顾问、副部长等职。1984年担任中央整党工作指导委员会农林口整党工作指导小组组长，并先后被选为五届政协常委、六届人大常委。从1981年起，他兼任中国大百科全书总编辑委员会副主任、中国农业百科全书总编委员会主任，还被选为中国农学会农业历史学会名誉主任委员。这时的瑞龙同志年逾古稀，但壮心不已。他坚决拥护并努力贯彻党的十一届三中全会以来的路线、方针、政策，对以联产承包责任制和乡镇企业为重要标志的农村改革在中国大地掀起的狂飙感到欢欣鼓舞，对中国农业社会主义现代化的光明前景充满信心。他以高度的热情和责任感投入到农村改革的大潮中，投身到农业经济、农业技术、农业史等的理论学术研究中，为中国农业的伟大变革献计出力。凡是邀他参加的有关农业的会议，他逢会必到，发言则事先极其认真地做好准备，并且始终坚持下乡找农民和基层干部调查，坚持与专家、技术人员交朋友，收集各方面的意见，向中央和有关部门写出调查报告或建议。直到他临终前夕，还在和专家、教授座谈农业高等教育的改革和传统农业向现代化农业转化的问题，为我国社会主义农业的发展，尽了最后的一把力。真是鞠躬尽瘁，难能可贵。

二

瑞龙同志能够这样全心全意为人民服务，虽历经坎坷，而对共产主义事业终生不渝，是因为他有着坚定的共产主义信念。他走上为共产主义而奋斗的道路是经过深思熟虑、认真比较、自觉地选择的。青年时期的瑞龙同志就是一个好学上进，富有正义感的人。当他步入社会之后，正值大革命高潮到来之际，三民主义和共产主义两种思潮对他的思想产生巨大冲击，必须在二者之间作出自己的历史选择。在进步书刊、共产党人、革命环境的影响下，逐步地开拓了他的思想境界，特别是在加入共青团以后，通过参加学生运动、群众运动的革命实践，又使他的思想信仰得到不断深化和加强。大革命中，国共两党的言行也促使他不断地思考、仔细地观察和比较。亲身的实践体验促使他最终确认共产主义是人类彻底解放的唯一正确选择，共产党所指引的道路是解救中国、改造社会的唯一正确道路。在1927年四一二反革命政变后，“黑云压城城欲摧”的险恶形势下，他毅然决然地站在中国共产党的旗帜下，“以誓词作为立身行事准则，决心终生为履行誓词而奋斗。”在此后长达62年的革命生涯中，他总是把党的利益放在首位，不避艰难险阻，不追逐名利地位，勤勤恳恳地为党的事业奋斗。即使面临生与死的考验，他也毫不动摇。在民主革命时期，他曾经三次被敌人逮捕入狱，面对敌人的凶残，坚贞不屈，机智勇敢，沉着应付；并且在狱中积极组织和领导难友开展对敌斗争，表现了共产党人的崇高气节。他有很强的党性和组织纪律性，一贯自觉地服从组织分配，认真贯彻执行党中央的路线和各项方针政策，即使在受到不公正待遇时，也能从大局出发，坚持真理，不计较个人得失，努力工作。在十年动乱中，他被加上了种种“莫须有”的罪名，非法关押监禁长达五年之久，身心遭到极大摧残，而他始终保持对党和共产主义的坚定信念。在被关押期间，他坚持真理和党性，实事求是，利用狱中有限的条件，专心致志地学习毛泽东著作，用工整的字，一字一句，一篇一篇地抄写《矛盾论》、《实践论》等哲学著作，重新通读了《资本论》及其他马列原著，写出了30余万字的读书笔记。他还密切地关注国家各项事业的发展，每当得知取得新的成就时，就十分感奋，有时还拿起笔来赋诗咏诵，成诗稿17首，其中11首与农村经济建设有关。他凭着记忆认真总结新中国成立后十几年农业政策及科学种田的经验，写出了几十万字的论著。以后出版的农业生产八个方面的经验总结，就是在狱中形成的提纲。这些，如果没有对马列主义、毛泽东思想的坚定信仰，没有对共产主义的坚定信念，没有强烈的革命事业心和责任感，是无法做到的。

瑞龙同志一贯坚持我党倡导的实事求是的思想路线和一切从实际出发的优良作风，勤于探索，好学不倦，持之以恒。瑞龙同志参加革命后，曾担负过党、政、军、群等多方面的工作任务，在实际工作中自觉养成密切联系群众，深入实际调查研究、求知若渴、刻意钻研、朴实严谨的良好作风。他向实践学习，从实际工作中增长自己的才智，在战争中学习战争，在工作中学习工作；向领导学习，在贯彻执行上级精神中体会其思想方法和工作艺术；向群众学习，不耻下问，甘当小学生。为适应经济建设的需要，他在保持战争时期的优良作风的基础上，开始注重向书本学习，向专家学习，向一切内行的同志学习。他特别注重关心、爱护知识分子，广交知识分子朋友，发挥他们的一技之长，至今使许多农业科学家难以忘怀。为了掌握和了解第一手资料，他经常下乡蹲点、巡回视察；为了学习农业管理和科学技术知识，他多次请教钱学森等著名科学家，访问了许多专家、教授和劳动模范，并先后去苏联、保加利亚、缅甸等国考察，阅读了大量国内外有关农业科技的理论著作。与此同时，他还不断地从理论和实际相结合的原则出发，撰写了大量有关农业理论、农史、土地制度改革等方面的论著。现已搜集到的这方面的文稿，1950 年到 1988 年间，就已达 300 多篇，200 余万字。在他的有关农业理论的著述中，特别是党的十一届三中全会以后撰写的文章中，广征博引了许多古今中外农学书籍的材料，紧密联系国内外农业发展的现状，通过朴实严谨的论证，提出了一系列颇有见地的观点，表现了丰富的实践经验和扎实的理论知识功底，在国内农学界和农史学界享有很高的威望，成为学有专长的专家。他曾兼任北京农业大学教授，并给学生授课。即使到了晚年，体力渐衰，他也仍然学习、著述不辍。他广泛涉猎各种书刊，学习新的理论和知识，认真地回顾和总结一生的工作实践、工作经验，继续对农业科学进行理论探索。撰写了大量有关党史、革命斗争史、农学理论的文章和著作。发表在中国大百科全书农业卷卷首的《论农业》，他五易其稿，耗尽心血。真是晚霞生辉，将有限的余热，迸发出最大的光芒。

瑞龙同志是一个从大革命时期就参加革命的老同志，并且长期担任党、政、军的重要领导职务，但是他从不自傲、自居、自恃，一向保持普通党员和人民公仆的形象和情怀。自奉甚俭，粗食淡饭，衣着俭朴，数十年如一日。

瑞龙同志十分注意对子女的教育。为树立良好的学风，他身体力行，以身作则，经常对子女进行艰苦奋斗和革命传统教育，讲述长征中的故事和革命先烈的光辉业绩，他曾经不止一次地带领孩子挖野菜、吃野菜，激励子女不忘过去，继承优良革命传统，做一个有益于人民的人。他从不为自己的亲属和子女拉关系、走后门、搞特殊，而要求子女自强自立、勤奋学习，严于律己。1981 年 9 月，瑞龙同志满怀激情地在一首题为《示诸儿——端正世界观、社会观、人生观》的诗中写道：“人生有真谛，为民服务多。党导正方向，决议勤切摩。人民养育我，甘为孺子牛。祖国抚爱我，奋志壮山河。四化振中华，力争唱凯歌。学外为建设，忘本实可羞。坚持四原则，唾弃瞎‘自由’。勤奋攻学业，寸阴莫蹉跎。”诗中袒露了一个老共产党人的高尚情操，表达了他对党的基本路线的拥护支持以及对自己子女寄予的深切期望。

斯人已去，风范犹存。瑞龙同志虽然和我们永别了，但是他用自己革命的、战斗的一生和大量的文字著述给我们留下了宝贵的精神财富。缅怀其优秀品德，策人励世，使人们可以从中吸取教益，为全面贯彻执行党的基本路线，深化改革，扩大开放，为促进社会主义的两个文明建设贡献力量，为在20世纪90年代实现我国国民经济和社会发展的伟大战略目标而努力奋斗。

《第三野战军后勤文献资料选编》序*

张　震

（1996 年 10 月）

出版《第三野战军后勤文献资料选编》，是刘瑞龙同志多年的愿望，并为此倾注了大量心血。瑞龙同志是我们党和军队的一位老同志。他 1927 年加入中国共产党，为中国人民革命和建设事业作出了自己的贡献。在解放战争中，刘瑞龙同志长期负责后勤工作，曾担任第三野战军后勤司令员兼政治委员等职。尽管处在残酷的战争环境，戎马倥偬、军务繁忙，但他十分注意收集、保存资料，开会精心记录，有空就仔细抄收。我曾告他太费劲了，不必这样做。现在看来，这些资料的确非常宝贵。20 世纪 70 年代，瑞龙同志曾商我找总后同志为其编辑成书。后因未能清理出来，此事就拖了下来。直到去年，由其夫人江彤同志写信给江泽民主席，才由我商军事科学院与总后共同整理出来。这些珍贵的文献资料，经历了战火的硝烟和十年动乱的风雨，今天能与读者见面，确是一件幸事。我们这些当年与他并肩战斗过的同志，也感到十分欣慰。

华东战场是解放战争的主要战场之一。第三野战军和华东军区部队，在中共中央和毛泽东主席领导下，在华东局、中原局和陈毅、粟裕、谭震林等同志的直接指挥下，与兄弟野战军紧密配合，发扬我军一往无前的革命精神，驰骋华东，逐鹿中原，决战淮海，挥师渡江，直取京、沪、杭，为中国革命战争的决定性胜利作出了应有的贡献。我军在华东战场取得的辉煌战果，胜因固然很多，坚强有力的后勤保障是一个非常重要的方面。在瑞龙同志的直接组织领导下，华东部队后勤战线上的同志们不负重托，勇挑重担，想尽一切办法，克服重重困难，保证了大兵团作战后勤保障的需要，保证了战争的胜利。对于他们建立的光辉业绩，后人是不能忘记的。

解放战争初期，面对国民党军队的大举进攻，解放区地域逐步缩小，我军难以建立广阔而稳固的战略后方，又主要是在农村，生产力水平低，运输工具

---

* 本文系张震为刘瑞龙编撰《第三野战军后勤文献资料选编》一书写的序言。原标题为《序》。此标题及文前署名、日期系由本文集编者依全书体例需要所加。

落后，而且我军按照中央军委、毛泽东主席关于“以歼灭敌人有生力量为主”的战略方针，大踏步进退，以运动战为主，战场变动不定，后勤保障任务异常繁重。转入外线进攻后，远离后方根据地，后勤保障组织起来更为困难。华东部队后勤战线上的同志们从实际情况出发，充分发挥主观能动性，创造了许多行之有效的方法和经验。比如，贯彻“以战养战”的方针，以俘获敌人的大部兵员和全部武器弹药、物资器材，补充、装备部队为主，自己组织小量生产为辅，军工生产同志的努力，是起了重要作用的；根据大规模运动作战的需要，及时提出就地取给和后方供应相结合、以后方供应为主的正确方针；实行运输兵、担架兵编制，设立公路局、粮站、汽油站、电话站等组织，动员和组织全军上下都来做后勤工作，等等。这些做法和经验，得到了中央军委的肯定和推广。

我军是人民的军队，军队打胜仗，人民是靠山。毛泽东主席曾经指出：“战争的伟力之最深厚的根源，存在于民众之中”；“兵民是胜利之本”。广泛深入地发动和依靠群众，把战争的伟力扎根于群众之中，这是革命战争年代我军搞好后勤保障的根本保证。为了支援战争，华东解放区把土改、生产和支前紧密结合起来，制定了自力更生、长期打算、前后方兼顾、军民兼顾、公私兼顾、耕战互助和合理负担等项政策。广大翻身农民积极生产，努力支前，踊跃参军参战。在山东、冀鲁豫、平原、豫皖苏、华中地方党的领导下，各级政权都成立了强有力的支前机构，统一计划，统一调度，把人力、物力集中起来使用，做到“部队打到哪里，就支援到哪里”。在举世闻名的淮海战役中，在苏、鲁、豫、皖、冀支前的千里运输线上，奔流着一支亘古未见的支前大军，他们肩挑、背扛、车推、船载、毛驴驮、担架抬，冒着枪林弹雨，忍受风雪饥寒，翻山越岭，破冰渡河，描绘了人民战争的伟大画卷。陈老总感叹地说：“淮海战役的胜利，是人民群众用小车推出来的。”

从解放战争开始到现在，半个世纪过去了。世界形势发生了巨大的变化，和平与发展成为不可抗拒的历史潮流。但是，天下并不太平。我军是建设有中国特色社会主义的重要力量，是保卫社会主义祖国的钢铁长城。我们要坚持以毛泽东军事思想和邓小平新时期军队建设思想为指导，按照江泽民同志提出的“政治合格、军事过硬、作风优良、纪律严明、保障有力”的总要求，以新时期军事战略方针统揽全局，加强军队质量建设，提高我军打赢现代技术特别是高技术条件下局部战争的能力，为我国改革开放和社会主义现代化建设提供坚强有力的安全保证。古人讲，兵马未动，粮草先行。在现代条件下，后勤保障更为重要，组织实施更为复杂。我们要发扬艰苦奋斗、勤俭建军的优良传统，认真总结和学习我军在战争年代创造的行之有效的后勤保障工作经验，不断提高和增强我军的后勤保障能力。《第三野战军后勤文献资料选编》这本书，较为全面系统地反映了第三野战军在解放战争时期进行后勤保障的主要经验，对于加强我军建设，特别是加强后勤建设，是颇有借鉴意义的。瑞龙同志离开我们已经八年了，这些文献资料的编辑出版，也是对他最好的纪念。

张震

1996 年 10 月

《刘瑞龙诗稿》序言*

张　震

（2000 年 10 月）

在庆祝中国共产党成立八十周年之际，为纪念刘瑞龙同志诞辰九十周年，解放军文艺出版社将出版他的诗集。他的孩子们请我为这本诗集写一篇序言，我欣然接受了。我和瑞龙同志是多年的老战友，在抗日战争、解放战争时期曾在一起工作了很长的时间，特别是在淮海战役那段终生难忘的日子里，我们更是并肩作战，亲密无间。金戈铁马的战争岁月，使我们结下了十分深厚的革命友谊。

瑞龙同志一生求知若渴，刻苦好学，又十分爱好诗词。早在 1929 年他和战友们创建红十四军时期，他就用泗州调编写了一首民歌来鼓舞群众要团结起来，向地主豪绅展开斗争。不论是在炮火连天的战争岁月，还是在欣欣向荣的社会主义建设时期，他都写下了不少脍炙人口的诗词。诗言志，一篇篇感人肺腑的诗文充分地表达了他对革命、对党的事业的无限忠诚，对祖国大好河山、对人民群众无限热爱的壮志情怀，也表达了他与战友之间真诚坦荡的友谊，对亲人无比关怀的深情。最使我难忘的是，1949 年元月初，我华东、中原两大野战军，在党中央、中央军委和前委的领导下，经过 66 天激战，歼灭国民党军 55.5 万余人，取得了淮海战役的辉煌胜利。元月十日，我和瑞龙同志一起随粟裕代司令员驱车去陈官庄战场。那晚月光皎洁，打扫战场的汽车车灯发射出耀眼的光芒，战士们忙着搬运战利品，一群群的俘虏被押出战场，三三两两的敌伤兵正等待我军收容，四处都洋溢着胜利的欢乐与喜悦。瑞龙同志从战场归来，即写下了《庆淮海战役全胜》的诗篇，生动地描绘了我们当时激动不已的心情：

徐宿萧永大战场，自古兵家决兴亡。
蒋贼陈兵六十万，妄图顽抗逞强梁。
主客攻守时已变，解放军威势大张。

---

* 这是张震为解放军文艺出版社 2000 年 12 月出版的《刘瑞龙诗稿》撰写的序言。

百万军民齐协力，长围猛击力如钢。
贼军饥寒日交窘，我军从容气昂扬。
总攻聚歼同捣蒜，贼军技穷终败亡。
一战全胜定江北，整装待发渡长江。

沧海桑田六十年，战火、硝烟早已逝去，瑞龙同志也已经离开我们整整 12 年了。每每追忆往事，瑞龙同志的音容笑貌不时浮现在我的眼前。写下这篇序言，不仅寄托了我对这位老战友、老朋友深深的怀念，也希望这本诗集能够给今天的人们带来一个深刻的启示，给社会留下一份厚重的精神财富。

《刘瑞龙淮北文集》序*

张　震

（2005 年 8 月）

我与瑞龙同志在淮北首次相遇，应该是 1939 年 11 月初。他随刘少奇同志来到新四军第六支队司令部的所在地——涡阳县北乡新兴集检查工作。11 月 6 日，我们在新建的“精忠堂”举行了隆重的大会欢迎他们。从那时开始，整个抗日战争时期，我都和瑞龙同志一起工作，为淮北抗日民主根据地的建设、巩固和发展并肩战斗。回想起当年我们共同度过的那段艰苦岁月，至今往事仍然历历在目，令人感受万千。

瑞龙同志从 1940 年 3 月开始担任苏皖边区军政委员会书记，历任淮海区军政委员会的书记、淮北苏皖边区行政公署主任、淮北区党委副书记等职。他在皖东北、淮北抗日民主根据地工作的六年中，坚定地执行党的路线、方针、政策，在中共中原局、华中局的领导下，为淮北根据地的建设呕心沥血，忘我工作，立下了不朽的功勋。

今年是中国人民抗日战争胜利六十周年，适逢刘瑞龙同志诞辰九十五周年，为了纪念抗战胜利六十周年，缅怀刘瑞龙同志，原淮北根据地中心区的泗洪县新四军研究会，在全面征集淮北抗战史料的同时，征集到大量刘瑞龙在淮北抗日根据地所作的报告、讲话，撰写的文稿、信件，下达的指令、训令，签发的文件、法规等方面的史料，编辑出版了《刘瑞龙淮北文集》。这册文集不仅记载了刘瑞龙在淮北的革命生涯，同时也是研究淮北抗日根据地革命斗争史的好资料。“以史资政”、“以史育人”，这册文集的出版，对贯彻“三个代表”重要思想，开展爱国主义和革命传统教育，坚持“立党为公”、“执政为民”，开展保持共产党员先进性教育，都将起到一定的作用。

---

* 《刘瑞龙淮北文集》，中共党史资料出版社 2005 年出版。

共产党员的楷模

——纪念刘瑞龙同志百岁诞辰

钱正英[①]

（2010年7月5日）

我入党至今69年，从来没有进过党校。我受到党的教育，除了读书、看报和参加会议，主要来自过去一些直接领导我的同志，他们以自身的榜样，对我进行潜移默化的教育。刘瑞龙同志就是其中的一位。

1942年，我们几个上海大学生，从地下党撤退到新四军四师开辟的淮北解放区。师政委兼区党委书记邓子恢，师长彭雪枫，都是我们十分崇敬的首长。刘瑞龙同志负责政府工作，任行政公署主任，他过去在上海地下党工作过，又善于做群众工作，使我们感到特别亲近。进入解放区后，我们曾仿照当年上海流行的一首进步电影歌曲，私下自编自唱一首歌，把一些领导同志也编进了歌里，其中有："行政公署刘主任，淮北中学任校长（任崇高，抗日民主人士，教育家），是我们好榜样。"经过长期考验，歌词变为现实，刘瑞龙同志作为共产党员的楷模，成为我一生的学习榜样。

1944年，我的工作从学校调到行政公署，在新成立的建设处水利科任科长，有机会直接接触到瑞龙同志。我们行署机关的干部都很喜欢听他的报告，因为他有丰富的群众工作经验，使我们学习到如何把书本上学到的理论，运用到农民和农村工作中。当时在淮北解放区的干部中，有一句流行语，反对一位做报告尽说空话套话的地委书记："天不怕，地不怕，就怕×××来讲话。"瑞龙同志的讲话，生动活泼，指导性很强，深受大家欢迎。记得有一天，他正在我们驻地村庄前一棵大树下向我们作报告，忽然警卫员递给他一张纸条，他看了哈哈大笑，说："江彤（他的妻子）生了一个女孩。"我们听了全场欢动，热烈鼓

---

① 钱正英（1923～ ），1939年至1942年在上海大同大学土木工程系学习并参加中共地下党组织。曾任淮北行署建设处水利科科长，苏皖边区政府水利局工程科科长，华东军区兵站部交通科副科长、前方工程处处长，山东省黄河河务局副局长、党委书记，水利部副部长，水利电力部副部长、部长等职。中国工程院院士，中共第十至十四届中央委员，第七、八、九届全国政协副主席。

掌，那种亲如家人的上下级之间的感情，至今记忆犹新。

瑞龙同志在报告中善于引用群众中的生动语言。直到20世纪50年代，许多山东籍的南下干部，还向我转述他在渡江战役前为南下干部介绍江南农村风俗的两句名言："江南农民和我们山东农民的习惯不同，他们早上是皮包水（喝茶），晚上是水包皮（洗澡）。"他们说，原来大家心情比较紧张，他的两句话，使全场哄堂大笑，气氛一下变得轻松了。这两句话使他们终生不忘。

瑞龙同志十分注意调查研究，在听取下级干部和农民群众的意见时，总是认真细心地记笔记。他的整整齐齐、写着蝇头小楷的笔记本，是他对工作、对群众忠诚负责的特有标志。我努力学习他的工作方法，去实地、去群众中调查研究，以此作为"水利科长"的第一课。

对我印象最深刻的，是瑞龙同志的自我批评精神。当年在淮北解放区，曾发生过"泗阳案件"，这事是指在泗阳县委领导下的反特斗争中，发生扩大化的严重错误，把一些好同志错划为敌人特务，造成干部中人心惶惶，后为中共中央华东局发现并纠正。瑞龙同志作为分工主管公安工作的区党委领导，主动承担责任，作了公开的自我批评。他总结泗阳反特扩大化的错误时指出："逼、供、信"，就是：在批判和审讯中违反政策，一些人受到压力，被逼编造假口供，领导相信后又去逼迫别人，这样恶性循环，形成扩大化。他对错误的深刻剖析，使我们终生受益。在新中国成立后的"镇反"（镇压反革命）和"肃反"（肃清反革命）等运动中，我和我的同事们都相互告诫，要牢记教训，防止"逼、供、信"，从而避免了一些错误。

抗战胜利后，瑞龙同志任苏皖边区政府副主席，我在边区政府水利局任工程科长，隔了好多级，没有接触机会。解放战争期间，他调任华东野战军副参谋长，负责指挥后方支援前线的工作。当年华东野战军司令陈毅同志在淮海战役胜利后有一句名言："我们的胜利是山东农民用小车推出来的。"刘瑞龙同志就是当时山东农民推小车的总指挥。我在苏皖边区政府撤到山东后，调华东军区兵站部交通科任副科长，带领民工，为军队修路架桥，直接受他指挥。孟良崮战役后，华东军区决定分为前方和后方，一部分机构随野战军在鲁中地区前方，一部分机构撤到胶东后方。我带领的那支修路架桥队伍，编为兵站部前方工程处，随野战军行动。当时兵站部交通科的科长是一位男同志，兴冲冲地赶到我们驻地，对我说："你是女同志，应当去胶东后方，我来接替你。"我想了一下，回答道："我们去刘副参谋长那里，他要留谁，就留谁。"我们到了瑞龙同志的屋里，说明了来意，他凝神把我们两人扫视了几遍，思索了一下，大概有感于我的神情，指着我说："你!"我当时非常感动。要知道，在平时，尤其是"三八节"的时候，领导同志说"男女都一样"是很容易的。但到了"真刀真枪"的时候，领导还坚持男女都一样，却并不那么简单。

新中国成立后，瑞龙同志任中共中央华东局农委主任，我在华东军政委员会水利部工作，没有直接的工作关系，但知道他在党中央和华东局的领导下，指导华东地区的土改工作，顺利完成了我国历史上有伟大意义的反封建任务，实现了我党多年来为之奋斗的"耕者有其田"的理想。

以后瑞龙同志调北京任农业部副部长，我调水利部任副部长，后来他又调回上海。直到"文革"结束，听说他从外地回到北京，有病在家休养。我到他的家中去看望，江彤同志向我介绍了他的病情，谈到有一次夜间犯病，向农业部办公厅要车，值班人员竟不知刘瑞龙是谁，没有给车，只好搭乘公共汽车去医院。江彤同志说得有点激动，他在旁乐呵呵地并不以为意。我听了感到很羞愧，因为与他的资历相比，我当时享受的待遇太高了。临别时，我把家里的电话号码写给了江彤，告诉她晚上有事给我打电话要车。但直到他去世，始终没有找我办什么事。他在晚年荣辱不惊的心情，使我进一步感受到他那共产主义者的伟大胸怀。

瑞龙同志去世后，中国经历了令世界震惊的变化。中国共产党经过艰难曲折，终于探索出一条建设中国特色社会主义的道路，正在阔步前进，走向几代中共党员为之奋斗的理想。我们取得了苏联和东欧社会主义国家所未曾取得的成功，其原因在于中国共产党在过去民主革命中，就确立了理论与实践结合、实事求是的思想路线和民主集中制的组织路线，并培养了一大批怀有共产主义高尚理想的忠诚干部。在当前的大好形势下，群众所期望于我们党的，不仅是如何在错综复杂的环境中，指引正确的前进方向和制定相应的措施，而且还期望我们的广大党员，首先是高级领导干部，能经受长期执政和市场经济的考验，永不变色。人民群众仍高度评价前辈共产党员的光辉形象，时代仍在呼唤前辈共产党员的革命精神和优良作风。

刘瑞龙同志仍然是我们值得纪念和学习的共产党员楷模。

我与瑞龙同志的“甥舅”情

——纪念刘瑞龙诞辰一百周年

王定国①

（2010 年）

光阴荏苒，不知不觉我已经是一位年近百岁的老人了。随着岁月的流逝，许多往事渐渐淡出我的记忆，但与瑞龙同志的那段“甥舅情”却一直浮现在我的脑海中。

一

1936 年 10 月，三大主力红军在西北会师后，根据党中央和中央军委的部署，红四方面军主力西渡黄河，执行“宁夏战役计划”。不久，由于西北战场的形势发生变化，党中央和中央军委改变部署，提出“作战新计划”，令：徐（徐向前）陈（陈昌浩）所部组成西路军，以在河西创立根据地，直接打通远方为任务。西征时，刘瑞龙任西路军政治部宣传部部长，我在西路军前进剧团服装道具股任股长。

在 4 个多月时间里，西路军将士以大无畏的英雄气概喋血沙场，与数倍于己的马家军殊死鏖战，有力策应了河东红军和友军的战略行动。西路军却因众寡悬殊、弹尽粮绝而惨遭失败。在西征战斗中，我曾两次负伤，剧团也被敌人打散。我和余下的 30 多位战友被马家军抓住，押往西宁，后来又押解到张掖，交给敌旅长韩起功监管。

那时，在张掖敌旅司令部，有不少西路军被俘同志被敌人强迫在机关内当兵，还有的在电台和参谋处工作。为了“团结同志、传递消息、等待时机、组织重返革命队伍”，同志们组织起地下党支部，我任组织委员。然而，河西走廊

① 王定国（1913～　），谢觉哉夫人。1933 年加入中国共产党，1934 年随红四方面军参加长征。曾任中共营山县苏维埃政府内务委员会主席、八路军驻兰州办事处管理科科长、延安市妇联主任等职。中华人民共和国成立后，任最高人民法院党委办公室副主任。

地区被马家军严密控制着，这么多失散的同志怎样才能回到革命队伍呢？大家心急如焚。

1937年7月7日，全面抗战爆发了。党中央在兰州建立了八路军办事处，由谢觉哉出任中央代表。根据毛主席和朱总司令的指示，谢老一到兰州便着手进行营救西路军失散人员的工作。

8月初的一天，张掖地下党支部派往兰州寻找党组织的同志回来了，还带来一位名叫高金城的传教士。高金城是位医生，在兰州和河西走廊各县有一定的社会基础。他来到张掖后，立即开设了一所福音医院，又以医院救护伤员的任务重为由，亲自出面向敌旅长韩起功借了几名红军剧团人员到医院当护士。我也在其中。

据我们的同志侦察，在张掖看守所里还关押着西路军的领导干部。为了摸清情况，地下党支部派我去看守所摸摸情况。

一天上午，我和几个姐妹来到张掖县监狱“探监”。

当时，看守所只有一个看监的老头在把门，他问：“你们干什么来的?”

我回答：“找我舅舅。前不久打仗，我舅舅给红军当夫，活不见人，死不见尸，我母亲都急出病来了。”这时，我偷偷地塞给老头两枚银元。

老头即问：“你舅舅姓什么?”

我脱口而出：“姓李。”因为，我娘家姓李。当时我也是急中生智。我想，“赵钱孙李”是中国的大姓，十个八个人中就有一个姓李的，只要我能进到看守所里，就能了解到大致的情况。

老头转脸向里喊道：“里边有姓李的吗？有人来看你了!”

停了一会儿，只听牢房里有人应答。

老头朝我一扬脸，我便径直走了进去。

随着一阵脚镣声，牢门的小窗露出一张陌生的脸，只见他两颊塌陷，胡子老长，眼睛里却闪烁着坚毅的光芒。再仔细一看，我心里不由得一惊：“这不是方面军刘瑞龙部长吗!”

我随声叫了一声：“舅舅!”眼泪吧嗒吧嗒地流了下来。

见此情景，刘瑞龙心中有数了，是组织上派人来与狱中的同志联系。他低声对我说：“我李占魁本是个教书先生，在红军部队里不过是个司事，过不了多久，我就会出去。”接着，他又问：“我的老姐姐还好吧？家里还好吧?”

我知道刘瑞龙说的都是暗语，也用暗语回答说：“家里好，母亲也好，她老人家正在想办法赎舅舅出去呢!”

这次“探监”我感到情况很严峻。在回福音医院的路上，我一直琢磨刘瑞龙刚才说过的短短几句话，“李占魁”、“教书先生”、“司事”，这说明，刘瑞龙他们的身份暂时还未暴露。我立即将这一情况向地下党支部作了汇报。

第二天，我带着一罐稠稠的米汤和一刀解手用的黄草纸，又来到看守所。刘瑞龙蘸着米汤，在黄草纸上秘密写下牢房中被关押的8位红军干部的姓名：刘瑞龙、魏传统、董光益、刘静生、袁正明、徐宏才、张玉清、惠子明。

这8位红军领导干部在狱中表现得非常坚强。经过互相了解，他们建立了狱中秘密党支部，刘瑞龙任党支部书记。党支部以坚定思想、稳定内部为主要任务，相约绝不暴露原来姓名和身份。他们每天利用放风机会，同唱旧军队流行的《苏武牧羊歌》，以“留胡节不辱”，“历尽难中难，心如铁石坚”，“任海枯石烂，大节不稍亏”等歌词相互激励，他们的身份始终没有暴露。他们还注意联系那些为支援红军而被捕的难友们，与他们拉家常、交朋友，通过聊天宣传红军抗日救国救民主张，还了解了许多当地的情况。

打那儿以后，我们监外地下党支部与监内秘密党支部加强了联系，不断向他们通报一些重要情况，给他们送去一些食品和日用品。听说魏传统双脚冻伤，行动困难，高金城大夫派西路军女战士化装成福音堂的修女，到监狱给他治疗冻伤。

当时，在国民党韩起功司令部电台，也有十多名西路军被俘人员。他们利用这个有利条件，搜集情报，掌握敌人动态。8月下旬，青海的马步芳电令韩起功，把关押在张掖县监狱的8名红军重要“人犯”，押往青海处置。针对这一重要情报，党支部在福音堂楼上召开了紧急会议，决定立即向兰州八路军办事处报告。

二

刘瑞龙是1933年2月由上海党中央派到川陕根据地工作的，最初担任川陕省委宣传部长，1936年2月红四方面军北上时，他是方面军政治部宣传部长。

我是四川营山县人。1933年9月下旬，红四方面军攻克仪陇城，随即挥师南下发动了营渠战役。正是这时，我在玉山参加了红九军的队伍，配合红九军解放营山。

我参军不久，就参加了巴中苏维埃学校第二期培训。苏维埃学校除了校长、教务主任等专职干部外，教员都是兼职干部。川陕省委的许多干部都轮流来校讲过课。刘瑞龙也在其中。

我出生在贫困农民家庭，参军前大字不识。第一次走进学校的大门，已经是十八九岁的青年人了，但是我仍然像小孩儿初进学堂一样，既新奇又紧张，心里七上八下的，一点底也没有。

从川陕苏区参加革命的女同志很多，大多是穷苦的农家女，还有不少童养媳，识字的不多。我们这一期学员有400多人，女生占了一半多。起初，大多数学员对学习文化缺乏信心。刘瑞龙在苏维埃学校上文化课时，由浅入深地讲解他编写的《革命三字经》，边教文化，边讲革命道理。刘瑞龙的口齿特别清楚，声音很洪亮，还经常风趣地作比喻，我们大家都很喜欢听他讲课。

我现在还能背下《三字经》开头的几句：“穷人们，快觉醒，团结起，来革命。国民党，害人精，降帝国，整穷人……”《三字经》用了不少我们四川的乡俗民情和方言土语，讲的是我们老百姓自己的事，读起来琅琅上口，很受群众的欢迎，而且家喻户晓。它不仅是列宁小学、苏维埃学校的学习课本，也是瓦解白军、打击敌人的一件重要武器。

毕业前，我们参加了土地复查工作，就在这时，我结识了红江县县委书记张琴秋大姐。张琴秋大姐平日穿件双排扣子的列宁装，剪短头发，腰间挎着一支小手枪，人又长得漂亮，真是飒爽英姿。我自从1933年跟上队伍出来，接触了许多女同志，像张琴秋这样文武双全的妇女干部还是第一次遇到。我们一同去的二十几个女孩子都很喜欢她，又很羡慕她。

刘瑞龙在苏维埃学校讲妇女解放课时，就用张琴秋的革命经历激励妇女姐妹们。他说：“在我们川陕苏区，大家都羡慕张琴秋大姐，她不仅是1924年参加革命的老同志，还是我们川陕苏区唯一念过好几门外语的大学生。可是大家知道吗，张大姐从小家庭条件也不富裕，是靠父亲节衣缩食供她读书的。如今，苏维埃政府为我们创造了这么好的条件，请来最优秀的老师为我们讲课，我想，只要大家刻苦学习，肯下工夫，在座的也会成为张大姐那样文武双全的女干部!”

听了刘瑞龙一席话，我们大家都很激动，同时也增强了信心，都把张琴秋大姐当自己的楷模，下工夫磨炼自己，争取成为一名巾帼英雄。

1933年年底，红军的胜利让全川军阀为之震惊。蒋介石责令四川“剿匪”总司令刘湘迅速纠合各路军阀全力“剿赤”。在川陕边，一场更大规模的战争风暴就要来临。这时，刘瑞龙又写下《消灭刘湘三字经》，对鼓舞根据地军民投入反“六路围攻”的战斗，对瓦解敌军，都起到积极的作用。

那时，红军战士打到哪里，就把革命的《三字经》带到哪里。我们长征经过阿坝、甘孜等少数民族地区时，革命的《三字经》仍在广为流传。

让我记忆最深的还是在红四方面军北上途中。1936年2月中旬，我们剧团随红五军赶到党岭山下，休整了一天，准备翻山。剧团战士组成拉拉队，在行军的队伍中间前后奔跑。我们不怕天寒地冻，在山高路滑的艰险行军中，唱着红军战歌，鼓舞红军战士奋勇登山。队伍越往上爬，空气越稀薄，呼吸越困难，一步一停，一步一喘，谁要是停步坐下来想休息一下，就很难再站起来了。我们眼睁睁地看到剧团炊事班的老班长脚一滑，顷刻间被大风雪埋得无影无踪，同志们失声痛哭。这时，剧团的指导员带头高唱刘瑞龙和李伯钊合写的《雪山行》，用歌声激励同志们继续前进……

三

刘瑞龙等8位红军领导干部将被押送西宁。从张掖到西宁近350公里路程，沿途要经过海拔四五千米的雪山和渺无人烟的荒漠。敌人派了一个排的兵力，腰挎马刀，荷枪实弹。

为了保证刘瑞龙等同志在路上的生活和安全，高金城大夫派人送来布鞋、绑腿和碗筷以及仁丹、急救水等药品。地下党支部的同志送来干粮和咸菜。我通过募捐，凑了20多元法币，给他们在路上作盘缠。刘瑞龙是8位同志中的负责人，表现得非常镇定。他安慰前来送行的同志们，并请我们转告党组织："生死寻常事，万一不幸，请告诉家里人，不要难过!"

刘瑞龙等同志这一去肯定凶多吉少，我们大家很为他们的安危担忧。

再说我们地下党支部，在短短一个月，在高金城大夫的帮助下，营救了200多名西路军失散人员。这些同志经兰州"八办"转送，都顺利地回到延安。

当大批同志秘密撤离后，我频繁地外出活动，引起了敌人的怀疑。敌旅长韩起功一再用逼婚来试探我。情急之中，高大夫找到一个往兰州运粮食的马车队，将我装扮成修女，巧妙地将我送出了张掖城，到兰州"八办"，回到党的怀抱。

让我万分惊喜的是，就在我回到兰州不久，刘瑞龙等同志也回到了兰州。

刘瑞龙等同志为什么能化险为夷，安然无恙地回到兰州？这主要缘于党中央和谢老的奋力营救，其中也有高金城大夫和张掖地下党支部一次次及时准确地送出情报。

当地下党支部发出的"张掖看守所关押着8位红军领导干部"的情报通过电台发出后，谢老便亲自登门，要求国民党甘肃省政府主席贺耀祖放人。贺耀祖与谢老既是同乡，又是故旧。大革命时期，谢老曾帮助他参加北伐。那时，贺耀祖是湘军第2师师长，而10年后，却成了声名显赫的甘肃省政府主席。为了争取贺耀祖抗日，谢老做了大量的说服工作。贺耀祖对谢老提出的要求一般是尽力满足，但对被关押的红军领导干部，却不敢擅自作主，他暗中表示：“倘若，接到上峰允许放人的命令，贤弟一定毫不犹豫地放人。”

而此时，情况又发生了紧急变化，刘瑞龙一行已经被押往西宁。谢老立即给中央军委主席毛泽东发去电报，请求以八路军朱德总司令和彭德怀副总司令的名义致电蒋介石及青海的马步芳，要求他们释放我西路军人员，并公开派人去收容。对于共产党的重要人物，蒋介石是不会轻易放过的。直到中共中央义正词严地向蒋介石提出抗议，他才被迫下令放人。

在西宁马步芳的看守所里，敌人审讯都是单独进行的。刘瑞龙等红军干部大义凛然，毫不畏惧。他们按照在秘密党支部的约定，咬定自己的身份。后来，敌人又施展阴谋诡计，提出要他们留下，许愿高官厚禄。刘瑞龙的态度非常坚决，坚持要求回到红军队伍中，抗日到底。

不久，刘瑞龙、魏传统等被押解到国民党兰州绥靖公署，由贺耀祖转送到兰州“八办”谢老那里。当我见到瑞龙同志时，我们都百感交集，只听他说了声：“终于到家了!”喜悦的心情溢于言表。

谢老告诉刘瑞龙等同志，西路军的两位领导人陈昌浩和徐向前已经回到延安。李先念率领的左支队西越祁连山雪岭，经过47个日日夜夜，终于脱离九死一生的险境。幸存的420多位同志胜利地进入新疆。为掩护陈昌浩、徐向前和左支队撤退，王树声率领右支队吸引了敌人大部兵力。右支队损失惨重。不过，王树声本人历经千难万险后，已于月前回到延安。

20世纪80年代初，我在整理出版《谢觉哉日记》时，谢老笔下真真切切的文字记录着刘瑞龙回来时那几天的情况。刘瑞龙、魏传统等于9月22日，从青海西宁回到八路军驻兰州办事处。第二天清晨，谢老与刘瑞龙外出散步，刘瑞龙向谢老详细报告了狱中情况和被释放的经过。就在到达兰州4天后，刘瑞龙等15位同志被护送回延安。

全国解放后，我和瑞龙同志都在北京工作，有时开会我们碰到一起，还风趣地谈起“找舅舅”的往事。但我心里始终有一个谜：当年我去张掖看守所侦察时，怎么狱头一喊“有没有姓李的?”瑞龙同志便立即应声了呢?

刘瑞龙笑着说：“这还要感谢魏传统的机敏。在狱头喊话时，我还没有在意，是魏传统碰了我一下说：‘老李，有人来看你了。’我们心照不宣，不管是不是‘家里人’，总能趁机了解一下外边的情况。”

让我和刘瑞龙特别感动和钦佩的是，高金城大夫作为爱国宗教界人士，为了民族解放的大业，不顾个人安危，全心全意地帮助共产党工作。不幸的是，高大夫的正义行动，终于被敌旅长韩起功发觉。1938 年 2 月的一个夜晚，敌人将他秘密杀害了。值得慰藉的是，解放后，凶手韩起功得到应有的惩罚，高金城先生被追认为革命烈士，他的革命事迹永远为后人景仰和歌颂。

渺渺怀思

——纪念刘瑞龙同志一百周年诞辰

李又兰[①]

（2010 年）

刘瑞龙和他的夫人江彤是爱萍和我革命生涯中相识最早也是最亲密的战友。我们的友谊自战争年代起，经过了共和国的初创时期，又经历了“文化大革命”的磨难，一直到改革开放的新时期，绵延了大半个世纪。

两个 19 岁的青年学生，怀抱革命理想和献身的信念，在组织农民暴动、共创红十四军的历史波澜中相遇

23 年前，也就是 1988 年，瑞龙同志去世，爱萍在悲恸中赋诗，回首当年两人最初相识的往事。瑞龙和爱萍同年，同是 19 岁那年，在共同创建红十四军的艰难岁月中相识相知。诗中写道：“通如起义怀辞世，五十九载如流矢。”把我们带回到我军初创年代，他们共举义旗的日子里。“通如”，泛指江苏省的通、海、如、泰地区。就是自长江口北岸起向苏北延伸，包括当时的南通、海门、启东、如皋、泰兴、泰县、靖江、东台八县，以及今天的海安、如东和崇明。五十九载，是指在 1929 年至 1930 年期间，他们两人分别被党中央派往上述地区从事农民运动。二三十年代的旧中国，苏北农村恶霸地主横行。他们勾结官府，自立帮会道门，私募乡勇团练，构筑城垒围堰，对周边农户实行近乎农奴般的野蛮统治。在周恩来以及李立三、罗迈（李维汉）、李硕勋、王若飞、陈云等同志的指导和策动下，由何坤、李超时同志的直接领导，通、海、如、泰地区的农民运动和武装斗争蓬蓬勃勃地开展起来。瑞龙和爱

---

① 李又兰（1919～ ），张爱萍夫人。1937 年 8 月参加抗日宣传队、救护队，后进入浙江丽水抗日青训团。1938 年初参加新四军，同年 6 月加入中国共产党。“皖南事变”后，在华东局党校、新四军三师四师做组织工作。建国后，曾任华东海军司令部秘书，北京艺术师范学院预科部主任，国防科委、国防科工委办公厅副主任等职。

萍先后到达那里，打土豪、分田地、办农会、建学堂、解散封建会道门、成立农民自卫军、拔除恶霸地主的土围子，把广大农民从封建地主阶级压迫的枷锁中解放出来。很快，瑞龙同志以他的才干当选为省委委员，不久又接任通海特委书记，成为该地区的领导核心成员。爱萍则参加组建红十四军的工作，被派往作战部队。围攻老户庄一战损失惨重，红十四军在成立短短的六个月后就失败了，令人悲痛。今天我们回顾这段历史，在路线指导上，不排除当时的左倾盲动主义错误思潮。但我们也不难想象，在当年敌我力量对比悬殊的形势下，在距敌统治中心区上海、南京仅只咫尺之遥的红色政权，要取得生存和发展几乎是不可能的。这是人民军队的初创时期，这群青年革命者心中喷发出的革命激情还没有最终形成党后来指导革命斗争的成熟理论和斗争艺术。通、海、如、泰地区和红十四军的革命之火在蒋介石反动派的残酷绞杀下熄灭了。红十四军二任军长何坤、李超时牺牲，担任过县委书记一级的八位领导同志也全部牺牲。共产党员、红军战士、革命群众被屠杀的更是不计其数。黄桥一战，爱萍被打断左臂，失血过多，昏死过去，幸得当地孙蓬仙医生的抢救，九死一生，后来辗转去了闽西苏区；为了保留革命火种，组织上本意是安排瑞龙同志去苏联的，但他想到面对这么多牺牲的同志，自己如何能丢下他们而不顾。后来他逃过追捕，到上海地下党工作，在上海地下党遭到敌人破坏后，又被中央派往川陕红四方面军。

这是一段血的历史。事隔30多年，“文革”初期在爱萍被关押后，周总理在处理解决江苏省混乱局面时告诫对立的两派群众组织，不要忘记在这块土地上曾为中国革命作出过重大牺牲的先烈们，警示他们要珍惜今天来之不易的生活。他说：“你们江苏是革命的老根据地，红十四军就诞生在你们那里嘛！当年红十四军的干部如今就剩下张爱萍、黄火青、刘瑞龙三个人了！”

为了让子孙后代永远记住这段历史，1958～1959年间，瑞龙和爱萍共商，以回忆录的形式把红十四军的诞生和失败经过写出来。瑞龙同志呕心沥血，写出了十数万字的《回忆红十四军》，初稿连载在1959年《群众》杂志上。他说：“全国解放之初，许多烈士子女和亲属纷纷来信，询问当年的斗争情况和先烈们英勇牺牲的事迹，促使我下决心写一本比较全面的回忆录，作一个总的答复和纪念。”爱萍也在1958年发表了《围攻老虎庄》一文，具体描述了红十四军经历的最残酷的一场战斗和第一任军长何坤牺牲的场景。并配以诗句道出心声：“何期长诀痛心底，丹心永昭苏北原。”

对当年血与火的回忆，成为两位同生死、共患难的战友战场经历和人生友谊的见证。

红十四军失败10年后，两位经历了长征的幸存者在皖东北敌后战场又一次相遇，携手开辟抗日根据地

1939年9月，刘瑞龙随中原局书记刘少奇来到河南确山竹沟镇，11月份到达了彭雪枫领导的新四军第六支队所在地豫皖苏边区涡阳新兴集。当时爱萍正巧在比邻的皖东北地区开辟根据地，与10年前所在的通、海、如、泰地区相似，皖东北地处华中战略要冲，直接指向以南京为中心的敌伪统治区，是敌伪和国民党顽固派以及我党领导的抗日民主力量三方争夺较量的战场，爱萍当年是孤身前往皖东北的，条件不仅艰苦而且斗争极其复杂、残酷。皖东北游击区内的党的组织系统和领导关系多头且混乱，各地发展起来的武装和政权机构也是五花八门。在创建初期，得到了安徽工委张劲夫派去的地下党负责人江上青的鼎力相助和豫皖苏彭雪枫支队直接的兵力支持，以及山东分局多支部队的配合。据爱萍回忆，当他得知青年时期的战友刘瑞龙就在比邻的豫皖苏地区时，异常兴奋。他极力向少奇同志要求调刘瑞龙进入皖东北，并举荐他统一领导、协调皖东北地区各系统党的组织，捋顺、完备各区县抗日民主政权的领导关系，以便自己专注于武装力量的建设和与日伪军的作战。这一建议得到了中原局的批准，刘瑞龙出任皖东北军政党委员会书记。这真是命运的巧合，两个29岁的年轻人，经历了10年前红十四军失败的生死罹难和艰苦卓绝的长征，又在华中抗日敌后战场重逢了。爱萍在悼念瑞龙同志的诗中有这样两句："义气少年同心举，敌后苏皖共磋事。"记述的就是创建红十四军和开辟皖东北根据地的这两段历史。从此这两个战友又一次携起手来，一个负责党政，一个主抓军事，共同挑起了领导皖东北敌后抗战的重任。

1941年5月，彭雪枫率新四军四师部队由津浦路西进至皖东北地区，皖东北成为了淮北抗日民主根据地的中心区。爱萍又向毛泽东主席建议，请派邓子恢来主持领导苏皖边区的工作。经中央批准，成立了以邓子恢为书记、刘瑞龙为行署主任的淮北苏皖边区党委和行政公署。爱萍在回忆这一段历史时说："中国共产党在抗日战争中不仅仅是打击日伪军队，也包括了政权建设。毛泽东对中国抗战性质的认识是，国民党的抗战叫政府抗战，而我们则是全民抗战。在敌伪占领区建立抗日民主政权是抗战的重要任务，没有民主，就不能动员起全民族进行抗战。没有哪里的人民会愿意为压迫他们的政权去牺牲的，因此把农

民从封建压迫中解放出来，使他们为自己而战，抗战才能取得胜利。”他认为中国抗战与世界其他国家反法西斯战争的一个区别就在于，它不仅是一场反侵略战争，也是一场民族独立战争，是近代中国民主主义革命进程中的一个组成部分。正是基于这个原因，这场战争，激发了中华民族从整体意识上的觉醒，中华民族从此由衰败走向振兴。

爱萍曾联系当年皖东北斗争的历史说：“邓子恢同志、刘瑞龙同志在根据地的政权建设和从事农民运动方面有着丰富的实践经验，我一再请示中央和华中局，请他们过来担任领导工作。后来皖东北乃至整个淮北区的发展壮大是与他们的领导分不开的。”1942年爱萍调离皖东北，淮北军民在邓子恢、刘瑞龙以及彭雪枫的领导下，扩大抗日武装，打击牵制日伪军，健全民主政权，发展根据地的经济建设，为长期坚持敌后作战和迎接大反攻的胜利积聚了力量。

两个人的友谊延续了他们的整个人生

抗战结束，继之而来的是抗击国民党反动派向我解放区的大规模进攻，在我军自卫战争中，爱萍头部受重伤，离开了战场，转移至大连养伤。后来陆续转至的还有大批伤病员、非战斗单位的人员和家属。战后的大连虽为苏军占领区，但电力不足，物资匮乏，生活条件很差。当得知刘瑞龙的夫人江彤带着孩子们也转移来时，爱萍和我急于去看望她们母女。早在皖东北根据地创建的初期，江彤剪了头发化装成一个小伙子由山东局派过来，在皖东北地区工作。她和刘瑞龙结婚后，我们两家的友谊就更亲密了。有一次，他们的二女儿延东发高烧，全身抽搐，当时缺医少药，我和江彤赶紧给孩子作冷敷，爱萍待孩子体温下来恢复正常才放心。爱萍来大连养伤时，组织上给他些银元兑换卢布后，也正好分些给江彤及仓促撤来的女同志和孩子们以助燃眉之需。

全国解放前夕，爱萍和刘瑞龙又在上海不期而遇了。爱萍在第三野战军负责筹建第一支海军部队，为解放台湾积极准备；刘瑞龙在华东局，在战乱后的大上海，为稳定社会环境和建立新的经济秩序忙碌着。记述爱萍生前回忆的著作《从战争中走来》记录下这段皖东北战友的相会：“从事上海地下党工作的江泽民得知进驻上海军管会领导同志中有他养父江上青生前的战友张爱萍和刘瑞龙，便兴奋地要通了他两人的电话。”在后来社会主义建设中，两人虽在不同的战线上，但老战友的心是息息相通的。1960年，刘瑞龙从农业部调任华东局，赴上海工作。他的两个女儿延淮和延东留在北京继续上学，逢到假日姐妹俩来我家。爱萍特别喜爱这两个女孩子，常留她们在家里吃饭，有说有笑亲如自己孩子一样。

在“文化大革命”的非常岁月里，和党内大多数干部一样，两个老战友都受到了迫害，身陷囹圄。林彪集团垮台后，极左的一些做法得以遏制，干部政策有所松动，直到一年后，他们两人被解除关押，得以与家人团聚。但名义上虽是解放了，实际行动仍受到监控。那时爱萍和我经常与一些被解除关押的老战友往来叙旧，走动较多的就有瑞龙同志。常常是爱萍、瑞龙聊时局、忆往事，我和江彤有时也参与或聊聊孩子、家常。爱萍和瑞龙还常有诗作往来。记得爱萍刚被解除监护，瑞龙即兴赠爱萍的诗句是：“渺渺怀思几兼旬，飞来喜讯励平生。”爱萍即以原韵奉和：“欣悉平安未几旬，颂读诗章百感生。”他们还在诗中回首往事，瑞龙写道：“海泽风帆驱浊浪，江淮稻菽乐丰盈。”记述了自己在江浙一带战斗和解放后做农业工作的经历。爱萍也应和道：“年少江淮翻天地，岁暮霜雪气丰盈。”向老朋友倾述历经磨难后自己对人生的感怀和体味。这时两人都已进入花甲之年，但面对被“文革”破坏的局面，仍不忘使命。瑞龙同志在他几十年的革命生涯中曾担任过较高的领导职务，也受到过不公正的对待，但他都坦然对之，我们很敬佩他。瑞龙写道：“主席昭示感志诚……重上征程一老兵。”爱萍即以“雄关险道万里遥，永作长征一列兵”回应。

同样的惦念、同样的喜悦、同样的感叹、同样的歌以咏志，绵延半个多世纪的一对老战友心心相印的情怀，跃然纸上

岁月沧桑。时至今日，这两位老兵都已诞辰百年。今天，回顾中国革命走过的艰苦岁月，纪念他们旨在告诉后来人，他们的前辈有着怎样的理想和情怀。传承他们未竟的事业，使我们的民族不再受列强欺辱，我们的国家真正强盛起来，我们的人民共同富裕，都能幸福地、有尊严地生活。我想，九泉之下，他们一定会感到欣慰。

我们将永远怀念着并祭奠这两位携手战斗半个多世纪，共同追求波澜壮阔人生的亲密战友。

永远的怀念*

江　彤

（1989 年 5 月 25 日）

今天是瑞龙同志逝世周年纪念。一年前的今天，瑞龙同志在广州参加中国农史学会讨论会，因过度劳累，心脏病突发，不幸辞世。在这突然的沉重的打击下，我和孩子们感到万分悲痛。农业部党组，特别是何康同志和相重阳等同志以及办公厅、人事司等有关部门的同志，都给予热情的关心和周到的安排。农业部和农史学会的王发武、华恕、吕平、刘河石、梁雪峰、陶岳嵩、闵宗殿、李兆昆、姜亮等同志，还对瑞龙同志的农业文集的收集和整理付出了辛勤的劳动，这些都给我以极大的安慰，使我切身感受到党组织的温暖。在这里，我以个人的名义并代表我的孩子们，向与瑞龙同志长期共事并给予关心的同志们表示衷心的感谢！

瑞龙同志参加革命 62 年，在长期的革命生涯中，有三分之二的时间从事农民运动和农村工作。他热爱人民特别是中国农民，把自己的大部分的生命和心血贡献给中国农民运动和中国农业现代化建设事业。

党组织和同志们对瑞龙同志的革命生平给予很好的评价。我和孩子们都非常感谢和欣慰。我与瑞龙同志相处 49 年之久，他的音容笑貌，一言一行都深深印刻在我的脑海中。在长期的革命事业中，他一贯坚持党性原则，严守党的纪律。他的一生虽屡遭磨难，历尽艰险，但他从不退缩动摇，而是坚守信念，奋发不已。从青年时代到老年以至因操劳过度不幸逝世，瑞龙同志始终怀着对党对人民的无限忠诚和热爱，夜以继日，勤奋忘我，鞠躬尽瘁，死而后已。

瑞龙同志坚持实事求是，注重一切从实际出发，工作认真严谨，无论是在战争年代，还是在和平建设时期，他都十分注意密切联系群众，深入实际调查研究。无论走到哪里，不管对哪级干部，他都注意倾听各方反映，特别是不同意见，使同志们毫无顾虑，敢于陈述真情，敢于说心里话，令同志们感到亲切和敬重。

---

* 本文为刘瑞龙夫人江彤于 1989 年 5 月 25 日特地为纪念刘瑞龙逝世周年所撰。

瑞龙同志对工作极端负责，兢兢业业，勤勤恳恳，经常亲自动手起草和修改重要文件，反复推敲，一丝不苟。

瑞龙同志求知若渴，刻苦好学，勤研文、哲、科、史，勤于探索，严谨治学论事，数十年如一日。

瑞龙同志为人正派，襟怀坦白，坚持原则，谦虚谨慎，平易近人，团结同志。他多年身居领导岗位，从不摆架子，待人以礼，诚恳热情，从不阿谀奉承，也不以势压人。对同志，不管职位大小，地位高低，在位的或受挫折的，他都一视同仁，平等相待。他严于律己，宽以待人，从不计较个人得失，不避艰辛。当受到不公正待遇时，从不发牢骚，而是一心一意，脚踏实地，埋头苦干。

瑞龙同志艰苦朴素，克己克家，廉洁奉公，两袖清风，不沾公家一分光。对家属和子女要求严格，从没有为子女的学习、工作岗位等问题，要求组织或个人为子女谋私利，而是教育子女，自立自强，为党为人民多做贡献，不向党和人民索取，只讲奉献。

瑞龙同志在对敌斗争中，几次被捕入狱，面对强敌，不低头，不屈服，不动摇，不怕死，严守机密，英勇机智，充满乐观，自觉地坚持党性原则，紧密团结同志，组织狱中斗争，表现了共产党人崇高的革命气节。

在遭受“四人帮”反革命集团残酷迫害达5年之久的牢狱生活中，瑞龙同志身心遭受严重的摧残，但他仍怀着共产主义事业必胜的信念，坚持真理，保护同志，不诬陷别人。在牢狱中极艰苦的条件下，他用最低劣的香烟包装纸，写出新中国成立后十几年农业政策及科学种田的经验，即已出版的《农业“八字宪法”浅说》提纲。他重新通读《资本论》和马、恩、列原著，写出30多万字的读书笔记，并写出充满乐观的、热爱祖国、热爱劳动人民的许多讲稿，并用工整的字体抄写毛主席论学哲学和四篇哲学著作及其他论述文章，献给中华人民共和国成立20周年。

在炮火连天的战争岁月，在繁忙紧张的建设时期，瑞龙同志不辞辛苦，记了大量的笔记、日记，撰写回忆录，保存了大量难得的历史资料。他这种作风为同辈人所周知，有人称他为“活的资料库”。

粉碎“四人帮”反革命集团后，瑞龙同志得到了彻底平反，调回农业部工作后，负责历史积案的处理。他看了大量的材料，坚持实事求是的原则，坚决为受害者平反了大量的冤假错案。他关心热爱知识分子、尊重专家学者，为不少身处逆境的知识分子排忧解难，发挥他们的特长和才能，受到知识分子的信任和敬重。

瑞龙同志热情关注农业经济体制改革，多次深入农村调查研究，为落实生产责任制，为发展商品经济，为传统农业向农业现代化转化问题，写出调查报告和论述，提出不少建议和意见。同时还努力吸收20世纪的新学科和新知识，努力从实践和理论的结合上，把农业科学和农史研究推向前进。直至他心脏最后一次跳动，也是在自己所热爱的农史研究岗位上。

今天当我看到《刘瑞龙农业文选》已整理成型，准备付诸出版的时候，我的心情感到极大欣慰和激动。我再次感谢关心这个事业的领导同志，感谢为此付出辛苦汗水的王发武、华恕、吕平、刘河石、梁雪峰、陶岳嵩、闵宗殿、李兆昆等同志。

瑞龙同志永远地离开了我们，但他所献身的事业却有如红日中天，蓬勃兴旺。中国的农业现代化，经历了40年的风风雨雨，冲破重重阻碍，在党的十一届三中全会以后，走上了健康发展的道路。尽管在前进的征途上，还会有种种困难和曲折，但是，经过邓子恢、刘瑞龙等人为之奉献出心血和汗水的这片土地，一定会出现繁荣、昌盛的新景象。中国的农业现代化，一定会实现。瑞龙同志的英灵有知，也一定会感到欣慰而安息的。

怀念瑞龙同志*

江　彤

（1990年11月28日）

瑞龙同志逝世已经两年多了。在这些时日，他书架上依旧整齐地放着书籍报刊，办公桌上放着文件资料，我总以为他是到外地工作去了，不久就会回来。但一想到他真的永远地去了，再也不会回到这里伏案办公，我就陷入对他无限的怀念与哀痛之中。

1988年5月，他去广州主持中国农学会农史学会学术讨论会，我为照顾他的起居陪同前去。学术讨论会以后，他又召开农学院校教学改革座谈会。连日劳累，他觉得有些不适，我扶他躺到床上休息，请学校医务人员检查，因为他已是78岁的老人，决定立即送去医院。25日突然心脏病猝发，经多方抢救无效，于这天22时40分与世长辞。

我和瑞龙同志共同生活并在他领导下工作近50年，至今他的音容笑貌，仍历历如在眼前。他自从1927年入党，就不避艰辛，把一生献给了共产主义事业。1933年10月，中央征求他的意见，一是送他去苏联留学，一是调去东北工作，要他考虑。当时能出国深造，确是一个难得的机会，他当然很乐意去，但他想到大革命失败以后，多少好同志为革命牺牲了，国内斗争正需要人坚持，他毅然选择了去东北。12月，红四方面军到达川北，中央又决定他去川陕工作，他毫不犹豫，立即动身西去川陕。“文化大革命”中，瑞龙同志遭到残酷迫害，被非法关押五年。他始终坚持共产主义信念，对党毫无怨言，努力学习马列主义原著，重新通读《资本论》，写出30多万字读书笔记。还比较系统地回顾与总结了建国以来农村经济建设的经验，写出了十几万字的农业论著。

他是一个勤奋的人，在长期的革命生涯中，习惯于调查研究，根据大量第一手材料，确定工作方针。他的小本子之多是出名的，字迹工整，全是蝇头小楷，分类记载着各种实际情况。1936年他任红四方面军宣传部长期间，红军进入藏、回少数民族地区。当时部队对少数民族情况还比较陌生。他调查了解了

* 本文系江彤为《刘瑞龙回忆录》一书撰写的《代前言》。

民族关系、风俗习惯、生产生活、宗教信仰，并学习了藏文藏语。以后与方面军政治部的同志一起，制定了《藏、回地区工作须知》、《藏区十要十不要》、《回区十要十不要》，对红军战士团结少数民族群众，宣传党的政治主张，起到了良好的作用。1940 年他在苏皖地区工作时，为在全区实行减租减息，深入群众调查了租佃关系和地租形式，借贷关系和高利贷剥削状况，以后同区党委的同志一起，制定了减租减息条例和各种细则。1941 年在淮北党政军委员会书记邓子恢同志统一领导下，全区开展了规模浩大的减租减息运动，改善了农民生活，树立了贫雇农在农村的政治优势。解放战争期间，瑞龙同志在华东、中原战场，领导繁重的支前后勤工作。战争开始时因为没有经验，显得有些被动、混乱，他调查了各方面的情况，研究了支前后勤工作的规律，终于变被动为主动，1948、1949 年，调动华中、山东、华北、中原各战略区民工数百万，支援了规模空前的淮海战役和渡江战役，保障了前线的伟大胜利。

他一生好学，求知欲很强，觉得如果不学习知识，就无法工作。全国解放以后，他调到国家农业部，那时正值我国第一个五年计划开始，百端待理，任务很重。为熟悉农业生产和农业科学技术，他阅读许多古代和近代的农书，访问专家学者和劳动模范，以求教益。他先后出国去苏联、保加利亚、缅甸考察，吸收有益经验。为研究土壤学，他查阅大量中外有关著作，亲自参加领导了第一次全国土壤普查。他钻研农业理论和农史，从中提出自己的见解，在农业界和农业史学界享有声望，根据中央指示，他曾起草《全国农业发展纲要》（初稿）和第二个五年计划农业建设方案（初稿）。此外他还撰写了不少有关农业理论、农史、土地制度改革等有关方面的论著。

十年动乱结束以后，他调回农业部，对待工作，仍然是一丝不苟。1984 年任中央整党指导委员会农林口组长，他认真贯彻党的十一届三中全会以来的路线、方针、政策，参加平反了大量冤假错案。我国实行农村经济体制改革以后，他不顾年事已高，多次去基层调查研究，对农业生产责任制、发展商品经济，由传统农业向现代化农业转化等问题，向中央和全国人大常委会（他是六届全国人大常委会委员）提出不少建设性意见。1984 年他兼任中国大百科全书编辑委员会副主任、中国农业百科全书总编辑委员会主任，对两大全书的编纂方针、总体设计、内容规划，倾注了大量心血。以后又组织数以千计的专家学者，集思广益，分工负责，投入工作。

他晚年写了大量革命诗词和回忆录，刊载在《红旗》、《人民日报》等报刊上。他生前出版的著作有《我的日记——淮海、渡江战役支前后勤部分》（1985

年，解放军出版社出版)，《回忆红十四军》(1986年，江苏人民出版社出版)，《中国农业浅谈》(1987年，农业出版社出版)。他逝世以后，农业部组织刘瑞龙文稿整理小组，把他生前有关农业的论文，选编成《刘瑞龙农业论文选》，1990年由农业出版社出版。

瑞龙同志1988年在广州逝世后，蒙农业部和广东省委主持举行了向遗体告别仪式。6月23日，在北京举行了骨灰安葬仪式。中央领导同志、瑞龙生前好友和许多同他一起工作过的同志共2000多人参加了告别和安葬仪式，并送了许多花圈和挽联，我和我们的子女也含泪分别各献上一副挽联，以寄托哀思，怀念亲人。我献的挽联是：

耿耿忠心，铮铮铁骨，谱写了磊落生平。岂但少年首义，壮志长征，赤胆纵横，红旗叱咤；并为民食邦本，不辞沥血呕心，缅怀慈雨甘霖，犹存鸿篇钜制；而且晚节弥坚，鞠躬尽瘁，克效涓埃报祖国。

凛凛正气，荡荡胸襟，留几多激昂往事。试看自律何严，奉公唯谨，秋毫必辨，泾渭分明；任凭云暗风狂，无废河长江远，近开农史嘉会，哪计羊城路遥；终以衰躯忘倦，死而后已，患难知己恸昊天。

这里呈献给读者的《刘瑞龙回忆录》，是瑞龙同志从童年到全国解放的一本自传体回忆录，记载了他半生贫困、坎坷、探索、壮烈的人生道路。在此书编辑出版期间，蒙中共安徽省委原书记王光宇同志、安徽省委党史委员会副主任陈硕峰同志、安徽省出版局原副局长陈向东同志，以及安徽人民出版社的同志，还有新华社杨居人同志大力协助。在此，谨致以诚挚的谢意。

“留取丹心照汗青”*

江　彤

（1996 年 8 月）

《第三野战军后勤文献资料选编》这部书出版了，我感到由衷的欣慰，因为这了却了瑞龙同志的一大遗愿。

瑞龙同志在全国解放战争时期于华东工作期间，收集、保存了后勤方面的大量文献资料。“文革”后，他经过五六年的时间，整理这些文献资料，从中选编出来这部书稿。常言道，兵马未动，粮草先行。透过这 300 多篇文献资料，我们不难体会到，艰巨复杂的后勤工作和空前壮观的人民支前，对于保障华东战场大规模战争的胜利，具有何等重要的意义。同时，透过这些文献资料，认真总结历史经验，揭示后勤保障的特点和规律，对于深化现代战争后勤理论研究，促进新时期我军后勤建设，也是不无裨益的。

解放战争时期，瑞龙同志是华东、中原战场后勤和支前工作的主要领导者之一，先后任苏皖边区政府第一副主席、华中北线后勤司令部政委、华东野战军第二副参谋长兼后勤司令员、豫皖苏分局财经办事处主任、第三野战军后勤司令员兼政委等职，直接组织指挥了苏中、涟水、鲁南、莱芜、孟良崮、鲁西南、挺进豫皖苏以及淮海、渡江、上海等重大战役的后勤和支前工作。本书中收录的许多后勤、支前工作指示、部署及工作总结，就是瑞龙同志亲自起草和拟定的。值得一提的是，解放战争初期，在华东地区，因为缺乏经验，后勤、支前工作显得有些被动、混乱，瑞龙同志带领有关人员，深入基层，不辞辛劳，详细调查各方面的情况，认真研究后勤、支前工作的特点和规律，并据此确定工作方针，制定具体的工作计划与部署，使后勤、支前工作变被动为主动，确保了大规模战争的胜利。可以说，瑞龙同志为华东我军的后勤建设，为夺取华东解放战争的胜利，尽心尽力，日夜操劳，作出了自己的贡献。

瑞龙同志是一个有心人，对革命工作一丝不苟，认真负责，工作日记本经

---

* 本文系江彤为刘瑞龙编撰《第三野战军后勤文献资料选编》（上、中、下卷）一书写的《前言》，收入本纪念文集后，标题依体例的需要作了改动。——本文集编者

常随身带。他的小本子之多，在华东地区领导同志中是出了名的；日记本字迹工整，全是蝇头小楷，分类记载着各种情况。同时，他还非常注意收集各种资料，上到中央和中央军委的指示，下到各个部队、各支前单位的情况报告，都一一分类保存。即使在军情紧急，许多东西不得不轻装抛弃的情况下，他的那些小本子和保存的文献资料却总是随身携带，须臾不离。更难得的是，在十年内乱之初，瑞龙同志已意识到所处环境的复杂险恶，遂在抄家风未起前，就将这批历经战火硝烟的资料存进了当时的华东局机要室保密箱内，从而这些日记本免遭浩劫而得以保存到今天。"文革"结束后，瑞龙同志不顾年事已高，体弱多病，在繁重的日常工作之余，仍念念不忘这些宝贵的历史资料，亲手整理、校阅，并多方联系出版，希望能对我军建设，特别是后勤建设有所帮助。后因种种原因，直到瑞龙同志 1988 年逝世时，仍未能如愿。

本书得以面世，应当感谢中央军委领导同志的重视和关怀。早在 1974 年，当时担任中国人民解放军总后勤部副部长的张震就鼓励瑞龙同志将这批历史资料整理出来。瑞龙同志逝世后，中央军委领导同志仍然关心此事，指示军事科学院和总后勤部组织人力，安排经费，帮助整理出版。并且，江泽民主席在国事军务百忙之中为本书题写书名，张震副主席为本书作序，这使我和孩子们感到莫大的荣幸和鼓舞。根据中央军委的指示，由军事科学院糜振玉副院长和总后勤部温光春副部长具体组织领导，刘国语、戴景山、赵平、姜铁军等同志做了大量工作，花了一年多时间，对全部资料，在原来的基础上，又进行了认真的编辑加工，付出了大量心血。在此，作为瑞龙同志的家属，我对中央军委领导同志的关怀，对军事科学院、总后勤部同志们的帮助，表示由衷的谢意。

在这部书出版之时，写下以上这些话，以怀念为华东后勤、支前工作付出辛劳的瑞龙同志，以缅怀为革命事业而英勇牺牲的无数先烈。同时，我衷心祝愿，共和国的钢铁长城——人民解放军的革命化、现代化、正规化建设，在以江泽民同志为核心的党中央、中央军委的领导下，取得更大的成就。

刘瑞龙同志永远活在江苏人民心中

——在刘瑞龙诞辰一百周年纪念座谈会上的讲话

梁保华①

（2010 年 9 月 24 日）

今年 10 月 3 日，是刘瑞龙同志诞辰一百周年纪念日。今天，我们怀着崇敬的心情，隆重举行纪念座谈会，追思刘瑞龙的光辉一生和历史功绩，缅怀他的革命精神和崇高风范，寄托家乡人民对他的怀念。我代表中共江苏省委、江苏省人民政府，对刘瑞龙表示深切怀念和崇高敬意，向刘瑞龙的亲属表示诚挚的问候！向今天参加座谈会的各位同志，表示感谢！听了刚才各位的发言，我深受感动，深受教育，我代表江苏省委作一个发言。

刘瑞龙是江苏儿女的杰出代表。他生于我省南通县，16 岁加入中国共产主义青年团，1927 年大革命失败后，毅然转入中国共产党，是南通地区党组织早期创始人之一。他先后担任中共南通县委书记，通、海区特委书记，参与创建和领导中国工农红军第十四军，壮大和发展了通、海、如、泰地区党的力量和群众运动，扩大了党在大江南北的影响。抗战爆发后，受党中央派遣，刘瑞龙随刘少奇开辟敌后抗日根据地，曾在豫皖苏区党委、苏皖军政委员会、淮北区党委、苏皖边区政府主持地方党政工作，为建立抗日民主政权、巩固和壮大淮北抗日民主根据地作出了重要贡献。解放战争期间，他先后担任华中北线、华东野战军、豫皖苏分局和第三野战军后勤工作的主要领导，直接组织指挥了一系列重大战役的后勤支前工作，为淮海战役、渡江战役的伟大胜利建立了不朽功勋。刘瑞龙的革命足迹遍布江苏大地，在江苏革命史上书写了浓墨重彩的一笔。40 多年前，我在上海念大学，有幸聆听过刘瑞龙的报告。当时我们大学要下乡参加实践工作，刘瑞龙亲自给复旦大学师生作报告，他的报告深刻生动、深入浅出、以理服人、以情感人，获得大家热烈的欢迎，那次报告的情景至今

① 梁保华（1945～ ），1965 年 11 月加入中国共产党，1968 年毕业于复旦大学新闻系。时任江苏省省长。此前还担任过江苏省苏州市委书记，江苏省副省长、省长、省委副书记等职。中共第十七届中央委员。

仿佛还在眼前。我还清楚地记得他形象地告诫我们，下到农村一定要深入调查研究，向群众学习；一定要正确执行政策，防止出偏差。复旦大学在江湾，可千万不要搞僵了搞弯了。46 年过去了，虽然只是一次报告会，但是刘瑞龙博学远志、杰出的才华、可敬的形象给我留下了深深的印象。

刘瑞龙是知识分子的光辉榜样。他才华横溢、知识渊博，曾用自己创作的《农民歌》、《革命三字经》，传播进步思想，开展革命宣传。长征途中，他担任第四方面军政治部宣传部长，挤出时间学习藏语和回语，制定出《藏回地区工作须知》、《藏区十要十不要》、《回区十要十不要》等工作守则，以简明易行的方式，推动党的民族政策得到顺利落实，得到藏族格达活佛的信任和赞赏。解放战争时期，他所写的《淮海战役支前后勤日记》，多角度、多层面，系统、翔实地记录了淮海战役和渡江作战期间的后勤保障工作，成为这段革命历史的重要见证。担任农业部常务副部长期间，他兼任北京农业大学教授，深入钻研我国农业理论和农业史，提出了一系列真知灼见，在农学界和农史学界享有很高的威望，撰写的《农业增产的八项措施》曾受到毛主席的赞赏。在“文革”被关押的五年中，他重读《资本论》及其他马列主义原著，留下了 30 余万字的读书笔记，写下了《农业“八字宪法”浅说》和《回忆红十四军》两部著作的提纲。晚年他担任中国大百科全书总编辑委员会副主任和中国农业百科全书总编辑委员会主任，对两大全书的编纂方针、总体设计、内容规划提出了指导性意见。刘瑞龙一生学习不止，笔耕不辍，写有 200 多首诗词，积累和撰写了大量有关党史、革命斗争史的著作、资料和有关农业理论、农史、土地制度改革等方面的论著，为我们留下了宝贵的精神财富。

刘瑞龙是共产党员的先进楷模。他对党无限忠诚、对革命事业赤胆忠心，始终把党的利益放在首位，把个人安危置之度外。他在大革命失败后最严峻的白色恐怖时期，毅然加入中国共产党。他三次被敌人逮捕入狱，在狱中大义凛然、坚守机密、不屈不挠、坚持斗争，展现了共产党人的坚贞气节。他的一生，无论是在红十四军孤军奋战、决死苦斗，还是在西路军鏖战马匪、蒙难被捕；无论是在长征途中两翻雪山、三过草地，还是在淮河两岸深入敌后、坚持抗战；无论是新中国成立后工作岗位几经变动、屡担重任，还是“文革”中遭受迫害、身陷囹圄，始终表现出旺盛的革命斗志和坚定的革命信念。他一贯坚持党性原则，自觉服从组织分配，有很强的组织纪律性。他不避艰辛，不逐名利，不计得失，即使在受到不公正待遇时，也无怨无悔，依然勤勤恳恳，为党的事业努力奋斗，表现了共产党人的崇高品德和浩然气节。

刘瑞龙是人民群众的优秀公仆。他一生对工作倾注激情，对群众充满深情，始终保持着谦虚谨慎、艰苦奋斗、清正廉洁的公仆风范。在苏皖边区担任领导期间，他实行开源节流、杜绝贪污浪费，边区政府被群众誉为“最廉洁的政府”。担任华东局农委书记期间，他组织撰写了《土地改革前华东农村土地情况》等重要材料，为恢复和发展华东地区农业生产、开展解放区土地改革作出了贡献。调农业部工作后，他经常下乡蹲点，进行实地调查，起草了《全国农业发展纲要》（初稿）、第二个五年计划期间农业建设方案（初稿）等重要文件。拨乱反正之后，他以饱满热情重新投入党的事业，平反了大量冤假错案，就农村经济体制改革等问题向中央提出许多建设性意见。他始终不忘战争年代与老区人民结下的深厚情谊，新中国成立后只要老区有人找他，不管干部还是群众，他都热情接待，帮助解决问题。他始终坚持严于律己、公私分明、两袖清风，坚决反对请客送礼，严格要求亲属和身边工作人员。他在《示诸儿》一诗中写道：“人生有真谛，为民服务多。党导正方向，决议勤切摩。人民养育我，甘为孺子牛。祖国抚爱我，奋志壮山河……”，这是他“毕生为民仆，节高骨铮铮”的真实写照。

刘瑞龙的一生是革命的一生，战斗的一生，学习的一生，为党和人民无私奉献的一生。虽然他离开我们已经22年了，但他在中国革命、建设和改革开放各个时期为党和人民建立的功绩，将永远为历史和人民所铭记。

江苏是我们党最早建立地方组织的地区之一，具有光荣的革命传统。在这片具有光荣革命传统的热土上，革命前辈和先烈为了国家独立、民族解放和人民幸福，前赴后继，英勇奋斗，大江南北遍地留下了他们的战斗足迹，到处传颂着他们可歌可泣的英雄事迹，永远激励着江苏人民奋勇前进。新中国成立以来，特别是改革开放以来，在以毛泽东、邓小平、江泽民为核心的党的三代领导集体的正确领导下，江苏人民同心同德，开拓进取，艰苦创业，努力奋斗，江苏大地发生了翻天覆地的变化。今天的江苏经济发达、文化繁荣、社会和谐，中国特色社会主义事业在这里展现出蓬勃生机，刘瑞龙等老一辈革命家毕生追求的伟大理想正在化作美好现实。

回首过去，展望未来，我们更加感念老一辈革命家作出的历史贡献，更加珍惜老一辈革命家留下的精神遗产，更加坚定走中国特色社会主义道路的信心和决心。我们要学习刘瑞龙等老一辈革命家坚定的理想信念和崇高的革命精神，紧密地团结在以胡锦涛为总书记的党中央周围，高举中国特色社会主义伟大旗帜，以邓小平理论和“三个代表”重要思想为指导，深入贯彻落实科学发展观，解放思想、开拓进取、求真务实、团结奋斗，在科学发展的新征程中铸造新辉煌，努力把江苏建设得更加美好，以告慰老一辈革命家！

刘瑞龙同志永远活在江苏人民心中！

让党的优良传统和作风代代相传

——在刘瑞龙诞辰一百周年纪念座谈会上的讲话

陈焕友[①]

（2010 年 9 月 24 日）

今天，我们怀着十分崇敬的心情，纪念刘瑞龙同志诞辰一百周年，缅怀他的光辉业绩，学习他的崇高风范。

刘瑞龙是我的家乡南通地区党组织的早期领导人之一，是江苏优秀儿女中的杰出代表，是我们非常敬仰和永远缅怀的革命前辈。他为新中国的建立、社会主义建设和改革开放的伟大事业，贡献了毕生的精力，建立了不朽的功勋，也留下了宝贵的精神财富。在这里，我着重谈谈刘瑞龙于革命战争年代在江苏大地上作出的几次突出贡献。

一、刘瑞龙为壮大南通地区党的力量和开展武装斗争作出了突出贡献

1910 年 10 月 3 日，刘瑞龙出生在江苏南通。1925 年，他在南通师范读书期间，开始接受共产主义思想，积极参加学生运动。1927 年在大革命失败的白色恐怖之际加入中国共产党，从此，他把一生献给了党的事业。作为通州师范的党支部书记，刘瑞龙是党在南通地区早期领导人之一，他组织顾民元、江上青等革命青年开展学生运动，引导他们走上革命道路。在极端复杂和险恶的斗争形势下，刘瑞龙在南通海门的仇家园主持召开有 5000 多人参加的群众大会，成立了南通东乡第一个工农兵苏维埃政权，并积极领导农民开展武装斗争；他以笔当枪，用当时南通地区农村流传很广的泗州调民歌形式写下了启发人民觉悟的长诗《农民歌》，号召广大农民团结起来，跟着共产党，造就“世界平等”的新社会。革命初期，党的力量还十分弱小，斗争形势十分严峻，随时都面临牺

① 陈焕友（1934～ ），时任江苏省党史研究会会长。此前还担任过江苏省省长、省委书记、省人大常委会主任等职。中共第十四届中央委员。

牲的危险，刘瑞龙没有丝毫动摇和退缩，始终充满革命乐观主义精神，他化名“李也萍”，写下了《将破晓的南通东区》巡视报告，深刻分析通、如、海、泰地区的斗争形势，鼓舞广大党员和革命群众，越是在血雨腥风的黑暗中，越要看到即将“破晓”的曙光。1930年，年仅20岁的刘瑞龙以江苏省委委员，通、海区特委书记的身份与何坤、李超时等人一起创建和领导了中国工农红军第十四军，这支工农红军活跃在广阔的江海平原，地跨通、海、如、泰等8县，形成了近2000人的革命武装，在广大群众的支持和数万赤卫队员的配合下，奋战在国民党心脏地区，沉重地打击了敌人，撒播了革命火种，扩大了党的影响，在江苏革命斗争史上写下了光辉的一页。

二、刘瑞龙为淮北地区抗日民主根据地的建立和发展作出了突出贡献

1939年9月，刘瑞龙随刘少奇从延安来到华中，参与华中抗日根据地的开辟。他先后任豫皖苏区党委副书记，淮北区党委副书记兼淮北行署主任等职。当时正处在抗日战争最为艰苦的相持阶段，长期的战争环境使淮北地区遭到严重破坏，人民生活在水深火热之中。新四军挺进淮北后，面临着日、伪、顽三股势力的夹击，战争环境极其严酷，生活物资严重匮乏。在淮北6年多时间里，刘瑞龙在刘少奇和中原局、华中局的领导下，主持地方党政工作，始终与淮北人民生死与共，血肉相连。他领导的淮北行署十分体谅当地群众的困难，为减少经费开支，淮北行署先后三次精简，由320人减至不足50人，行署处处开源节流，严格财经审计，绝不铺张浪费，恨不得把每一个铜板都要掰成两半花，被群众誉为“最廉洁的政府”。为战胜敌人的经济封锁，刘瑞龙带领工作组深入农村，和农民同吃、同住、同生产，领导农民进行减租减息斗争。

抗日战争胜利后，苏北、苏中、淮南、淮北四块解放区连成一片。党中央也一度准备迁来淮阴。根据形势的发展，中央决定，统一解放区的行政领导，成立苏皖边区临时行政委员会及苏皖边区政府，刘瑞龙任苏皖边区政府第一副主席。他根据中共“七大”精神和“五四”指示，协助边区政府主席李一氓，按民主集中制原则，组织全边区各个县进行了基层普选，建立并巩固边区民主政权；他发动组织群众进行土地改革，清算惩奸，发展生产，大兴水利，克服灾荒，从而积极地改善民生，保障各阶层人民的利益；他创新解放区的教育方式，大力推广以师生结合、学用结合、学校与社会结合、教育与劳动相结合为

主要内容的“夏陶然教学法”，深受学生和家长的好评。苏皖边区政府在军事、政治、经济、文化以及各条战线都取得了重大的胜利和成就，因此成为我党地方民主政权的实验基地和样板。

三、刘瑞龙为淮海等重大战役的支前后勤保障作出了突出贡献

解放战争时期，刘瑞龙历任华中北线后勤司令部政委、华东野战军第二副参谋长兼后勤司令、豫皖苏分局财经办事处主任、第三野战军后勤司令兼政委，直接领导了涟水、鲁南、莱芜、孟良崮、淮海、渡江、上海等重大战役中的后勤保障与支前工作。特别是在著名的淮海战役中，要保证数百万民工和民兵组成的支前队伍，及时把枪支弹药、后勤物资送到前线，把伤员转移到后方，需要一个自上而下、运转灵活、坚强有力的后勤指挥系统。刘瑞龙指挥这个繁重、复杂的浩大工程，手下却只有两位副手，一位秘书、两位警卫员，战地记者曾风趣地称他为“空军司令”。在总前委的领导下，刘瑞龙充分施展了他宣传、组织群众的杰出才干，精心统筹，勇挑重担，日夜操劳，竭尽全力。他领导的华野后勤司令部与中原野战军后勤司令部一起，同华东、中原解放区党政机关密切配合，动员和组织了数百万浩浩荡荡的民工队伍奋勇支援前线，以独轮手推车和担架为作战部队运送弹药、粮草和伤病员，为淮海战役的伟大胜利以及后来的渡江战役、上海战役的重大胜利提供了强有力的后勤保障。在这一系列的重大战役中，刘瑞龙建立了不朽的功勋，作出了杰出的贡献。淮海战役期间，他撰写的《淮海战役支前后勤日记》，系统翔实地记录了整个支前过程，成为这段光辉历史的重要见证。

同志们，几十年前，刘瑞龙同志为人民的解放和中国革命的胜利舍生忘死，英勇奋斗，作出了重大贡献。在新中国成立后，他在社会主义建设事业的伟大实践活动中同样作出了杰出贡献。他在革命斗争中表现出来的对党和革命事业的无限忠诚和坚定信念，与人民群众生死与共的优良作风和创造性地贯彻落实上级指示的组织才能和领导艺术，连同他创造的革命业绩，永远铭刻在我们党的光辉历史上，成为我们江苏儿女宝贵的精神财富，为我们深入研究、学习、宣传党的历史提供了丰富生动的教材。今天我们纪念刘瑞龙，缅怀他的光辉业绩，就是要深入研究和认真学习刘瑞龙等革命前辈的革命精神和崇高品质，为改革开放和创建美好江苏的实践提供历史智慧和借鉴，把中国特色社会主义伟大事业不断推向前进，让党的优良传统和作风代代相传，不断发扬光大！

把刘瑞龙同志为之奋斗的“三农”事业推向前进

——在刘瑞龙诞辰一百周年纪念座谈会上的讲话

危朝安[①]

（2010年9月24日）

今天，我们怀着十分崇敬的心情，纪念刘瑞龙同志诞辰一百周年，深切缅怀他的光辉业绩和重要思想，追忆他的革命精神和高尚情操，畅谈对他的无尽思念，对于激励我们的精神、指导我们的工作很有意义。我谨代表农业部作一个简单发言。

刘瑞龙是我党久经考验的无产阶级革命家，为新中国的建立立下了不朽的功绩；刘瑞龙又是我国农业战线德高望重、深受大家敬重爱戴的卓越领导人。他60多年的革命生涯中，在农业战线奋斗时间长达40年。从他1949年6月担任中共上海市委秘书长、中共中央华东局农委书记、华东土地改革委员会副主任，1953年调国家农业部任常务副部长兼党组副书记，到1988年5月逝世，一直躬身“三农”、情系“三农”，为我国“三农”事业的发展殚精竭虑、呕心沥血，作出了重大贡献。他的崇高精神和风范、重要思想与理念，永远是激励我们不断开拓探索的宝贵精神财富。

刘瑞龙是实事求是作风的典范。他作风扎实，经常深入基层、深入农村调查研究。20世纪50年代初期，他根据我国农业实际，要求把增加生产、增加农民收入、维护农民物质利益作为农业工作的基本目标和中心工作；并在弄清我国农业基本情况和自然资源状况的基础上，提出“先吃饱，后吃好”、恢复和发展农业生产“两步走”的战略思想。他注重实际，从群众丰产经验中寻求农作物增产措施，积极推行农业“八字宪法”，要求结合当地条件灵活运用，并不断总结提高。在此基础上，又提出水稻由单季稻改种双季稻，种籼稻改种粳稻，间作改连作的“三改”措施，大幅度提高了水稻产量。由于“大跃进”和人民公社运动“左倾”错误的发展及自然灾害的影响，20世纪60年代初，我国农业

---

① 危朝安（1955～ ），时任农业部副部长、党组副书记。曾任江西省农业厅厅长，宜春市委书记，江西省副省长等职。

损失巨大。刘瑞龙认真贯彻中央提出的“调整、巩固、充实、提高”的八字方针，为抓好农业生产的调整和恢复，深入农村调查研究，摸索农村经济走出困境的出路。他充分肯定北京四季青公社的蔬菜“三包一奖”制，认为农民喜爱的那个“包”字是一个大创造，指出农民很讲成本，很懂得管理学，提倡向农民学习。他的这一思想，在左倾路线下虽然难以实现，却反映出他实事求是、认真思索、尊重规律、尊重农民意愿的优良作风。

刘瑞龙是“大农业”思想的倡导者。他认为，农业是一个庞大的系统工程，是国民经济的基础。国民经济的发展，其他行业的发展，都是以农业发展为前提。农业的发展，同样也离不开其他行业的支持。他按照中央的要求，在发展农业的同时，协调好林业、牧业、副业、渔业，做到五业并举。强调在种植业内部要努力发展粮、棉、油、麻、丝、茶、糖、烟、果、药、杂等，并安排好粮食作物和各种经济作物的比例关系。他还根据我国人口、资源、环境的现实，提出抓好山区、牧区和滩涂农业生产的要求。他认为，如果只在占国土十分之一的耕地上做文章，不在占国土十分之九的山区、草原、江河湖泊和滩涂上打主意，农民就很难富起来。他的这一思想，打破了传统农业的旧有模式，拓宽了我国耕地范围，由此带来了农作物生产及农业结构的一系列变革。为了适应变革的需要，他认真抓好农业规划与农业区划工作，按照国民经济及农业发展纲要，具体组织、制定农业中每一行业、每一层次、每一种类的发展规划。在落实规划中，将近期规划与中、长期规划相结合、相协调，并做好规划的总结工作。针对我国地域辽阔，差异性大的特点，他提出主要农作物生产要集中优势，合理布局，开发耕地，创办商品粮基地等。

刘瑞龙非常注重农业科研、教育及农村文化事业，并投入了很大的精力。他认真贯彻中央关于发展农业科技的方针，全力支持农业科技工作，积极筹建中国农业科学院，加强农业技术推广体系建设，创办农业干部学校、农业出版社等机构。认真抓好选育优良品种，积极推广以深耕为中心的改良土壤措施；以有机肥为主，实行有机肥与无机肥相结合的施肥技术。他积极支持农机具改革，要求凡条件允许的地方，都要采用新式农具、拖拉机和其他农业机械。他对水稻插秧机试验成功给予充分肯定，积极推动加快农机具改革的步伐。他身体力行地贯彻落实“百花齐放，百家争鸣”的方针和党的知识分子政策。20世纪50年代，针对北京农业大学学术界的争论，他说：“科学不怕争论，真理愈辩愈明”。对不同的学派，主张发挥各自的专长，不加歧视，不戴帽子，不打棍子，营造宽松的科研氛围。他尊重知识，尊重人才，在知识分子遭受不白冤屈时，他倍加关怀和爱护，并设法予以保护和妥善安置。

刘瑞龙是农业战线成功的领导者和管理者。他率先垂范，认真学习农业科学知识，拓宽知识领域，提高认识和掌握农业生产规律的水平。他反复强调，各级农业领导要成为懂行的领导者和管理者，要逐步认识农业经济发展的规律，不断提高各级领导的管理水平。为提高农业干部的科技素质，他组织编写了一套普及农业知识的小册子，满足了农业干部的学习需求。他根据我国农村实际，开办各类夜校、冬学，将学习农业科学技术与扫除文盲结合起来，提高了农民的综合素质。

刘瑞龙虚心好学，有深厚的理论修养和出众的领导才干。他酷爱中国农业历史，并用相当的时间和精力阅读了大量农史书籍。20 世纪 80 年代，他担任中国农业历史学会会长，在耄耋之年，他的农业学识和领导才干得到了很好的发挥。他全面、科学地评价了中国传统农业后指出，我国的传统农业不但对中国，而且对发达国家，都有许多至今仍然适用的经验，有许多符合现代农业发展需要的合理成分，这些经验没有过时，仍然是我国建设社会主义现代化农业需要继承发扬的。他以马克思主义的史学观为指导，坚持科学的观点、人民的观点、历史的观点，从政治、经济、文化、社会等不同视角，领导组织农史界专家学者编写了《中国大百科全书·农业》卷、《中国农业百科全书》、《中国农业科学技术史》等书籍，完成了党和人民交给的光荣任务。在多年求知若渴、刻苦学习钻研中，他认真总结中国几千年来的传统农业理论和经验，将古代农业与传统农业相结合，将国外农业和国内农业相结合，系统地提出了我国由传统农业向现代农业转化的重大思路，明确了实现农业现代化当前的主要任务和方针，这些都是他农业思想的具体体现。

当前，我国正处在工业化、城镇化加速推进的发展阶段，正处在加快形成城乡经济社会发展一体化新格局的重要时期，农业的支撑保障任务更加艰巨，加快建设现代农业的要求更加迫切。加快建设现代农业，推进工业化、城镇化、农业现代化“三化”统筹协调发展，需要我们继承发扬刘瑞龙热爱“三农”、无私奉献、脚踏实地、开拓进取的崇高精神和优良作风，把他为之奋斗的“三农”事业继续推向前进。我们一定要紧密团结在以胡锦涛为总书记的党中央周围，深入贯彻落实科学发展观，高举中国特色社会主义伟大旗帜，继承和发扬老一辈“三农”工作者的崇高精神和品格，开拓进取、扎实工作，为中国农业现代化继续奋斗！

刘瑞龙同志精神永存

——在刘瑞龙诞辰一百周年纪念座谈会上的讲话

周克玉[①]

（2010 年 9 月 24 日）

今天很高兴参加我们崇敬、亲切的老领导、老首长刘瑞龙百年诞辰座谈会。韩培信书记在北京治病，不能出席会议。我今天的发言，同时表达韩书记并代表中国新四军研究会对刘瑞龙的情感和缅怀。

刘瑞龙是我们江苏早期参加共产党、创建红军的革命前辈，是从工农红军、新四军和华中抗日根据地走出来的高级指挥员和卓越领导人，是久经考验的无产阶级革命家，是全体党员和各级领导干部的光辉典范。早在我们参加革命初期，他的名字就已响彻苏北大地，后来也有工作上的接触，他的讲话、文章、诗词和有关资料，对我们这一代人都有广泛深刻的影响。他的人格魅力，渊博学识，爱党、爱国、爱民之情怀，使我们深深受到教育和启迪。在半个多世纪的革命生涯中，他参加了中国民主革命和社会主义革命的全过程，为共和国的诞生和社会主义建设作出了杰出的贡献。今天，我们在他的故乡，在建设中国特色社会主义和谐社会的新时期，纪念他、缅怀他、学习他，很有意义。

刘瑞龙值得我们学习的地方很多，我主要讲三点体会：

一、他拥有顽强的革命意志、坚定的革命信念。刘瑞龙是在 1927 年白色恐怖下加入中国共产党的，他 19 岁就任中共南通县委书记，参与创建中国工农红军第十四军。长征中，他几次翻过雪山、穿越草地，历尽艰辛，斗志和信心非常坚定。1935 年下半年，红四方面军在张国焘错误路线指挥下，向南进发，在夹金山，刘瑞龙满腹忧虑中写下了《由宝兴北返懋功》的诗句："黄昏发宝兴，困战急回兵。""遥念北上者，捷报传后营。"充分表达了他坚决拥护党中央北上抗日的方针，反对南下的错误路线。抗日战争中，在日、伪、顽、我斗争极其

① 周克玉（1929～ ），1945 年加入中国共产党，1947 年 1 月参加中国人民解放军。曾任师政委、军政委、总政治部副主任等职。1988 年被授予中将军衔，1994 年晋升为上将军衔。中共第十二、第十三、第十四届中央委员。

复杂的环境中，他坚决贯彻执行党的路线、方针和政策、策略，参与创建和巩固淮北抗日根据地。“文革”中他遭到残酷的迫害，被关押5年，仍坦然面对，置生死于度外，通读了《资本论》，并利用放风时捡来的香烟盒纸，写下了30多万字的读书笔记，撰写了《农业“八字宪法”浅说》和《红十四军历史》两书提纲，正如张爱萍所称赞的那样：“革命意志坚如铁，高风亮节载青史。”

二、他拥有非凡的胆略、卓越的才华。刘瑞龙是我们党早期的、为数不多的高级知识分子，文武兼备，胆略超群。他一生戎马倥偬，一手拿枪，一手拿笔，且笔耕不辍。他在斗争实践中，写下了许多启发人民觉悟、规范干部和军人行动、震慑敌人魂魄的佳作。如《农民歌》、《藏区十要十不要》、《回区十要十不要》、《冬晨过夹金》、《忆长征》、《庆淮海战役全胜》等作品。战争年代，他的诗词如军号战鼓，激励将士奋勇杀敌。和平建设时期的诗词，犹如和风细雨，鼓舞人民兴家强国。长征途中，他领导錾字队在天然岩石、房屋阶条、牌坊石碑上篆刻下1.5万余条红军标语。其中“赤化全川”这样简洁、明快、醒目的标语不仅激发了同志们的斗志，更令敌人闻之丧胆，也为后人留下了全国仅有的一道道红色风景线。再如，他在淮北抗日根据地担任行署主任6年，创造性地建立三三制民主政权；创造性地建立淮北银号，在金融战线上与伪币、法币作斗争，取得重大胜利；创造性地开展群众抗日活动，成立各界群众抗日联合救国总会；创造性地抓文化教育建设，曾7次主持召开文化教育工作会议，特别是总结推广“夏陶然教学法”，为抗日战争时期教育战线树立了一面影响深广的旗帜。在淮海战役期间，更显示了他的胆识和才华。他担任华东野战军第二副参谋长和后勤司令员兼政委，面对来自山东、河北、河南、苏北等地的浩浩荡荡的支前大军，他很快建立了北线支前司令部和各级组织机构，从此上下左右运转自如。他像高明的乐队指挥一样，在战争后勤舞台上导演了一幕幕精彩活剧。陈毅说过，淮海战役的胜利，是广大人民支前大军用小车推出来的。这从一个侧面赞扬了他的特殊功绩。新中国成立后，他领导农业工作，成绩卓著，被誉为“事事通”，人们说，刘部长在生产上赛农民，学术上胜教授。

三、他拥有对党对国家对人民真挚的情怀、无尽的热爱。他情系百姓，是人民的好公仆。建设巩固的抗日根据地，他认为第一位的任务是发动和组织群众为自己的利益进行斗争，从人民群众最关心的问题入手，认真切实地实行政治经济的改革，让人民群众得到实惠。他十分关心群众疾苦，淮海战役胜利后，刘瑞龙与粟裕、张震一起巡视主战场永城陈官庄、萧县祖楼等地，看到村庄被战火损毁、房屋树木荡然无存，深深同情民众缺衣少穿、居无定所的困境，迅即报经中共中央中原局批准，将萧县黄口兵站剩余的3000万斤小米、500万斤食盐和大批衣物救济灾民，有力地支援了战地民众医治创伤、重建家园。他在主政淮北期间，为了保证军民的物资供给，实行开源节流，严格财经审计，杜绝贪污和浪费，他和彭雪枫等领导干部把一个铜板掰成两半花，被群众誉为"最廉洁的政府"。1965年7月，时任中共中央华东局农委书记的刘瑞龙，得知革命老区为根治淮河，设想开挖一条从豫东经皖北到苏北洪泽湖的新汴河，他立即调阅有关资料，组织专家进行科学论证，组织豫皖苏三省30万民工上阵，于1971年胜利竣工。几十年来，新汴河发挥了良好的水利作用，让淮北人民免受水涝灾害之苦。他事必躬亲，作风严谨。对于组织交给的各项任务，必定亲临一线，实地考察调研，完成得都相当出色。在淮北行署，他经常深入到行署各工作部门和边区县区、乡基层组织，调查研究，及时发现新情况、新问题，改进和健全行署的工作。他联系群众，平易近人，一心为党工作，为人民办实事，赢得了边区干部群众的广泛赞誉，淮北人民称赞刘瑞龙为"我们的好主任"、"根据地人民的群众领袖"。他廉洁自律，两袖清风，无论什么人送礼他都一一谢绝。他树立了良好的家风。对子女又是这般严父慈爱："人生有真评，为民服务多。……勤奋攻学业，寸阴莫蹉跎。""事事靠实干，不搞'客里空'。工作遇疑难，调研路自通。"这不但是对子女的嘱咐，也是他忠党、爱国、为民崇高精神的真实写照，谱写了"耿耿忠心、铮铮铁骨"的磊落人生。

刘瑞龙离开我们20多年了。而今，他的伟岸身影，依然矗立在我们眼前；他的谆谆告诫，依然回响在我们耳畔。他的崇高品德和光辉业绩，永远值得我们缅怀。他坚韧的革命意志和坚定的革命信念，永远值得我们继承。他对党和国家的真挚情怀和对人民无尽的大爱，永远值得我们发扬。他不倦的学习态度和严谨的工作作风，永远值得我们学习。刘瑞龙的精神永存！必将激励我们紧密团结在以胡锦涛为总书记的党中央周围，以邓小平理论、"三个代表"重要思想为指导，认真贯彻落实科学发展观，为建设中国特色社会主义现代化强国而不懈努力！

江淮稻菽乐丰盈

——在刘瑞龙诞辰一百周年纪念座谈会上的讲话

彭小枫[①]

（2010年9月24日）

10月3日，是瑞龙叔叔百年诞辰，今天我们在这里召开座谈会纪念他，有着非同寻常的意义。瑞龙叔叔是与我和今天到会的第二代有特殊关系的长辈，我代表新四军四师、淮北苏皖根据地的晚辈们，用我自己切身的经历和体会，来表达我们共同的不尽追思和深深怀念。

瑞龙叔叔是我们党老一辈革命家，与我父亲经历相似，读过师范，搞过学运，是早期的学生运动领袖。他1926年加入中国共产主义青年团，次年不到17岁就转入中国共产党，是南通地区最早的党组织的创始人之一，也是红十四军的主要缔造者之一。

瑞龙叔叔与我父亲相识相知，成为相交甚深的亲密战友，是1939年11月瑞龙叔叔担任豫皖苏区党委副书记，后又任皖东北军政党委员会书记时，他们开始战斗生活在一起。1941年5月，根据华中局和新四军军部的命令，四师主力进至津浦路东皖东北地区，投入巩固和发展淮北苏皖边区抗日民主根据地的新斗争。瑞龙叔叔任淮北区党委副书记、淮北行署主任，与彭雪枫、邓子恢、张震、吴芝圃、刘子久一起，是那个时期淮北苏皖边区抗日民主根据地的主要领导人。

在艰苦的战争年代，在浴血奋战之中，瑞龙叔叔和我父亲的战斗友谊愈加深厚。在瑞龙叔叔的回忆录里，关于1942年11月，淮北抗日根据地夺取三十三天反“扫荡”胜利的生动描述，至今读起来仍然让人激动不已。有这样一段文字，瑞龙叔叔说当时本来日伪军压境，黑云摧城，山雨欲来，大家心情沉重，可是在半城召开的区党委和师军政委员会的作战会上，彭师长决心作了部署之

---

① 彭小枫（1945～ ），1965年12月入党，1963年8月参加中国人民解放军。哲学硕士，上将军衔。曾任辽宁省鞍山警备区副政治委员，陆军第四十集团军一一八师政治部主任、政治委员，第四十集团军政治委员，兰州军区副政治委员，国防大学副政治委员兼纪委书记，第二炮兵政治委员等职。2002年11月当选为中央纪律检查委员会委员；中共第十七届中央委员；第十一届全国人大财政经济委员会副主任委员。

后，大家的眼睛遽然一亮，他认为这就是《孙子兵法》上所说的“避其锐气，击其惰归”。瑞龙叔叔写道，在彭师长和邓政委的指挥下，采取这种跳出包围圈，牵着敌人的牛鼻子走的战法，四师各部在外线对敌人展开猛攻，敌人仓皇逃回了徐州老巢，取得了重大的胜利。消息传来，他禁不住额手称庆。几十年后，瑞龙叔叔回忆起那场激烈的、振奋军心的战役，再一次郑重地引用了我父亲战后为死难烈士撰写的碑文：“在三十三天反扫荡全战役过程中，喋血鏖战，惨壮悲烈，惊天地，泣鬼神……”

三十三天反“扫荡”之后，我父亲亲自撰写的反“扫荡”总结刻印出版，他又亲自签名题赠瑞龙叔叔。在战争年代，无论怎么颠沛流离，瑞龙叔叔都精心保护这本小册子，珍藏了几十年，这本小册子成了他们生死之交最生动有力的见证。

当时瑞龙叔叔与我父亲，一个在地方主持政务，一个在部队带兵打仗，在同一个团结、战斗的领导集体里，他们配合默契，相得益彰，在四师党委和淮北区党委的领导下，率领根据地的广大军民，同日伪顽军进行艰巨复杂的斗争，巩固和扩大了豫皖苏和淮北根据地。瑞龙叔叔积极壮大地方武装，坚持统一战线，放手发动群众，开展减租减息，为建立和巩固抗日民主政权作出了重要贡献。他组织开展轰轰烈烈的“大生产运动”，发展壮大民兵队伍，组织民工支前，到了1944年，淮北路东和路西的民兵队伍就达到了十多万人，成了新四军四师的坚强后盾和根据地的铜墙铁壁。

1944年9月11日，我父亲为收复路西地区，在前线光荣殉国时，瑞龙叔叔悲恸不已，在《拂晓报》上，专门著文，抒发悲痛纪念之情，认为自己失去了一位好战友、好同志、好领导。

时光流逝，但战友之情却永恒。1984年9月，是我父亲牺牲四十周年，瑞龙叔叔又用饱蘸情感的笔墨，亲笔撰写了《纪念彭雪枫同志殉国四十周年》的长文，将战争年代结下的铁血真情跃然纸上，力透纸背。

我是一个遗腹子，父亲牺牲后我才出生，正是因为这种特殊的情况，很多长辈们对我的出生和成长格外关注。瑞龙叔叔就是在我刚刚来到这个世界上，就对我精心呵护、细心照料的长辈之一，可以说，我在襁褓之中的成长，就得到了瑞龙叔叔的百般关爱。

再见到瑞龙叔叔是1953年，那时我在北京读小学，瑞龙叔叔时任农业部常务副部长兼党组副书记。我母亲常带我去看瑞龙叔叔和江彤阿姨，在两家的亲密交往中，他们对我少年时期的成长，真是起到了潜移默化、润物无声的作用。

1967 年 1 月，在政治风云突变，国家遭遇劫难的“文革”时期，我到上海，专门去瑞龙叔叔家中看望他们。然而，此时瑞龙叔叔已被造反派勒令靠边站，在家等待批斗。那天下午，瑞龙叔叔一个人在家，显得十分孤独。面对突然而来的“文革”乱象，瑞龙叔叔对党和国家的前途与命运忧心忡忡。傍晚江彤阿姨回来，见到我，就一把将我紧紧搂在怀里，说，是小枫啊，让阿姨好好看看，你可是长成一个大小伙子了！接着，她激动愤怒地告诉我，今天机关造反派第一次批斗她，她不服，造反派把她头发揪下来一大把，她不理解这一切。我的心被深深地扎痛了，江彤阿姨当时的眼神，我永生难忘。很快，江彤阿姨发现我额头发烫，在发烧。江彤阿姨不顾刚被批斗过的屈辱和身心疲惫，立即带着我去康平路门诊部看病，陪我打针，帮我拿药。她的母爱深情再一次打动了我，永远地打动了我。

在随后的几天，我陪伴瑞龙叔叔一起独处，他已不能工作，就给我讲他革命的一生。在战争年代，他用对革命事业的无限忠诚和出众的才能为建立新中国作出了突出贡献。新中国成立后，他又为新中国的建设，特别是对我国农业的发展，日夜操劳，倾尽全部心血。然而瑞龙叔叔遭受到的却是不公正的待遇，特别是在“文革”中，可是他坦然面对，从未动摇对党的忠诚。可以说，上海那段不长的日子，我从一个敬畏和仰视的角度，走近了瑞龙叔叔的伟大心灵和高尚情怀，他是一位永远值得学习的、真正的共产党员。

20 世纪 80 年代初，瑞龙叔叔担任农林口整党领导小组负责人时，我作为一个年轻人，正在人生转折的另一个起点上，他对我政治上的关心帮助让我永远铭记不忘。他带着我去看望他的老领导、老战友。有一次到医院探望时任中纪委书记黄克诚，他一进门，便大声说：“黄老，我带着小枫来看您了！”此时，黄老的眼睛已经看不见了，他把我叫到床前，伸出手来，摸着我的脸庞，手掌之上，一种父亲般的厚爱和沉重，从我的身上掠过。

1997 年 8 月 25 日，《彭雪枫军事文集》暨《彭雪枫将军》画册座谈会在北京举行。张震副主席主持会议，军委领导以及四总部领导出席会议，特别是一些父亲的老战友、老部下不顾年迈体弱也都亲临会议。让我最为感动的是江彤阿姨，她当时已经不能行走，却坐着轮椅而来。我迎了上去，江彤阿姨激动地拉着我的手说，小枫啊，你瑞龙叔叔看不到今天的盛况了，我代表他来了，今天出版文集来纪念你的父亲，就是希望你们沿着他们开辟的道路坚定地走下去。听了江彤阿姨的话，我几近哽咽，瑞龙叔叔的高大身影再次浮现在我的面前。两年后，江彤阿姨也永远地离开了我们。刘瑞龙叔叔、江彤阿姨用信仰凝铸的期望，让我深深感到了肩上担子的沉重，更加深刻地理解了任重而道远的含义。

每念及此，我都难以抑制内心的激动，老一辈无产阶级革命家是将他们在战争年代与我父亲凝结的革命情谊，延续和惠泽到我们后代身上啊。尤其是瑞龙叔叔，与邓子恢伯伯、张爱萍叔叔、张震叔叔等长辈们，在我成长的历程中，鼓励我、帮助我，给了我无尽的关怀和力量，影响了我的一生。

斯人已去，风范永存。

瑞龙叔叔离开我们已有22年了，转瞬之间，便是他的百年诞辰。然而，仰望百年星空，他却以高山仰止的胸襟和精神，留给后人一笔无形的精神财富，值得我们永远记取和学习。

作为后代，我们要学习他坚定的共产主义信念和对党的无限忠诚。瑞龙叔叔16岁投身革命，选择了终身为共产主义事业而奋斗，从此，义无反顾地将自己的一切献给了人民。然而，在他并不平坦，更不平凡的一生中，经历峥嵘岁月，更显凌云壮志，几度坎坷沉浮，愈坚信念初衷。特别是在“文革”之中，他又再度身陷囹圄，政治上受到打击和迫害，可是他从来不计个人得失，不以个人的境遇好坏去判断是非，而总是从党和人民的利益去思考、去处置一切。他对共产主义的信仰，从来没有丝毫动摇，对党和人民始终赤胆忠心。他重新工作后，赋诗言志，“主席昭示感志诚……重上征程一老兵”，抒发了他高风亮节的情怀，展现了一位老共产党员的纯正党性和高尚人格。

作为后代，我们要学习他坚持党的实事求是原则的精神。瑞龙叔叔一生坚持真理，不唯书，不唯上，只唯实，对于党和军队一些重大敏感的历史事件，作为经历者，他坚持实事求是，敢说真话，以事实说话，并积累了大量的第一手材料，具有很高的理论和政策水平。记得改革开放后的一天，瑞龙叔叔找我，与他一起查看当年新四军四师作战和根据地建设的一批电报，特别是毛主席、党中央、中央军委的指示电报。他反复对我说，对历史问题就是要坚持实事求是。后来在他撰写的《纪念彭雪枫同志殉国四十周年》一文中这样写道：“党中央、毛主席批准中原局建议，将活动于陇海路以南、淮河以北、津浦路两侧的八路军、新四军统一整编为八路军第四、第五纵队，并作了战略任务的区分。四纵队由彭雪枫同志任司令员兼政治委员，担任‘向西防御’的任务，五纵队由黄克诚同志任司令员兼政治委员，执行‘向东发展’的任务。”从这段简短的文字中可以充分体现出他实事求是的态度和精神，瑞龙叔叔堪称楷模。

作为后代，我们要学习瑞龙叔叔强烈的革命事业心。无论是戎马倥偬的战争年代，还是和平建设时期，无论是在工作岗位上，还是身陷绝境，他都始终展现了对工作的极大热情和对事业的执著追求。“文革”时期，瑞龙叔叔被囚禁五年，没有纸，他就在烟盒纸背面，留下了一行行工整的蝇头小楷，写下了对中国农业的深层思考，提出了一些颇具建设性的意见。看到这些烟盒纸，我极为震撼，瑞龙叔叔对党的事业的赤诚之心，我们一辈子也学习不完。重新工作后，瑞龙叔叔仍然时不我待，老当益壮，全身心地投入工作之中。即使从领导岗位上退下来后，他依旧豪情不减，斗志不衰，他的最后时刻，竟然是倒在了主持全国农史学术座谈会期间。

作为后代，我们要学习瑞龙叔叔笃学不倦的学习精神。建国之后，瑞龙叔叔从上海奉调进京，担任农业部常务副部长兼党组副书记，当时在植物界，西学凋谢，苏联学派独大，米丘林的学派被奉为圭臬，而摩尔根的遗传学被视为资产阶级的学术流派被打入“冷宫”。瑞龙叔叔以科学态度，对两个学派进行了深入学习、研究和探讨。他眼光独到，坚持真理，认为摩尔根的遗传学，对于中国的农业和植物学仍有许多可取之处，不能压制，应在农学界倡导“百花齐放”。他的学习精神、科学精神、彻底的唯物主义者的勇气，对推进中国农业的发展起到了非常重要的作用。他对于中国农业理论和农史的研究，也是独树一帜，在中国农学界和农史学界享有盛誉。被囚禁五年，也是瑞龙叔叔学习的五载，我看过他从监狱带回的一本《资本论》，在书的天头地脚上，他竟然写下了几十万字的读书笔记，凸显了瑞龙叔叔对马克思主义理论的痴迷钻研和不懈探索。

作为后代，我们要学瑞龙叔叔那种对战友、对同志的深情大爱。瑞龙叔叔与我父亲在战争年代用鲜血凝成的友谊，堪称伟大的友谊。我父亲牺牲的年代越是久远，我感受到的瑞龙叔叔对他的感情就越是有增无减。瑞龙叔叔把纪念我父亲牺牲的《拂晓报》专刊珍藏几十年，延东同志找出给我看时，他们伟大崇高的友谊，让我感动不已。他们这种无私的深情延续到了对下一辈的呵护、关心和培养上，真让人铭心刻骨。从小到大，我就是在这种浓郁的革命战友情的氛围中成长，强烈感受到老一辈无产阶级革命家对党的感情，对我父亲的战友之情。在世风虚浮、人情淡薄的今天，这种永不褪色的革命战友情谊，才是真正的人间真情，值得我们后人好好继承和弘扬。

苍苍云山，泱泱江淮。白云苍狗，百年一瞬。

弹指之间，瑞龙叔叔已经走了二十二载；归去来兮，待到满山红叶时，又是瑞龙叔叔百岁诞辰。望秋山而思长辈，苍山未老，斜阳犹在，精神永存。瑞龙叔叔从未走远，他的气度和胸襟，他的英姿和风范，高山流水，永在人间。

江淮稻菽乐丰盈，百年国盛告龙叔。

好领导　好典范　好导师

——深切怀念老领导瑞龙同志

何　康①

（2010 年 9 月 24 日）

瑞龙同志为人正直，政治敏锐，工作严谨，待人诚恳，可以说是我党高级领导干部中的典范，是农村、农业战线卓越的领导者、组织者和管理者。我在他领导下共同工作的岁月里，深受他的教诲和指导，对我的成长帮助很大。今天我回忆解放初期在华东军政委员会工作时候的一些往事，来深切缅怀老领导。

我是在 1949 年上海解放以后参加党的政权工作的，当时在上海军管会农林处担任处长，负责接收管理所在地区的农林水产、农垦等机构。之前我一直从事党的地下工作，解放前在党的上海局一家大公司当总经理，做统战策反及处理运往解放区的药品与物资工作。瑞龙同志是我参加革命、入党，特别是 1949 年参加政权工作以后，第一位主要的直接领导。无论是在思想上，还是在工作上，他都是当时不满 30 岁的我的一位启蒙帮教、终生难忘的领导和导师。成立华东军政委员会之后，瑞龙同志先后担任华东农委、财经委员会副主任，我在华东农林部担任副部长，负责农业生产工作。当时华东区包括上海、江苏、山东、安徽、浙江、福建和台湾等省市，作为政治中心和经济发达地区，开展土地改革、恢复生产等工作非常紧张繁重。我抗战初期参加工作，在南开中学入党之后，始终从事党的地下工作，从广西大学毕业到上海工作后又经管党的经济公司和从事国民党上层统战工作，对解放区的政权工作完全没有经验。在瑞龙同志的直接领导下，我亲身感受到的是他非常务实、敏锐的政治涵养和敬业亲民、深入细致的工作作风。我多次跟随他下乡到苏北、山东老区，到苏南、浙江、福建、安徽等地新解放区做工作调查。下去前，他先让随行同志看有关资料，研究调查重点。下乡后，他访贫问苦深入农家，广泛接触各级领导、基

---

① 何康（1923～　），1939 年加入中国共产党，1946 年毕业于广西大学农艺系。中华人民共和国成立后，曾任农业部部长、中国科协副主席、国家计委副主任等职。中共第十二、第十三届中央委员，第八届全国人大常委。

层干部。一到农民家里，首先进厨房、掀锅盖、看米缸。进屋上炕看铺盖衣柜，看农民群众吃什么，穿什么。他毫无官架子，平易近人，在农户家里，脱鞋盘腿坐在炕上与老乡聊天，一聊就是大半天：提问题，了解情况，边听边记。他切实关心农民的吃饭穿衣和生产发展问题，不管乡干部介绍的情况如何，他都要下农田，看苗情作物长势和产量，实地去进行考察。他的亲民务实，大处着眼、小处着手的作风给我很大的感染和教育。

在日常工作中，深感瑞龙同志做事非常认真仔细，一丝不苟。下去调查是这样，搞文件也是如此，他在这方面是我的好老师。当时的我缺乏起草政府文件的工作经验，文件的格式、语气、文字，一切都要从头学起，刘老手把手地教我。那时农林部很多文件、报告等工作要我起草、处理、批办，这对我来说是一个极大的工作性质的转变。解放前我长期做地下经济和统战工作，又周旋于国民党政要之间，极少从事文字工作，现在只能从头学起。每次开会后，要撰写春耕、秋收等工作指示性文件和报刊社论文章，他就和我一起写。他先讲要领、大纲，让我写草稿，然后一页一页地交给他修改。由于我的字迹比较潦草，我在前桌写，他在后桌改。刘老的蝇头小楷非常工整，甚至对每一个标点符号都很认真。凡引用领导讲话，他一定要求认真地查对领导讲话原文，注明出处，检查有无失误。1952 年我调到农业部后，仍在刘老领导下工作。回忆自己的成长历程，在华东军政委员会两年多的工作经历终身难忘。那两年，我可以说是进了一个革命大学校，刘老就是我在革命政权工作、农业工作上的好领导、好导师。

在刘老的领导和言传身教下，我对贯彻党的农村政策，对密切联系群众和发展农业生产有了更深刻的认识。他在我由从事党的地下秘密工作向从事公开的革命政权、农村、农业工作转变过程中，在提高政策、起草文件、处理公务水平上起到很大启蒙、扶持与促进作用，这也使我以后在农业部工作得以顺利开展。刘老对我的影响和帮教使我受益终身，我将永远怀念他这样一位好领导、好典范、好导师。

大力弘扬老一辈革命家的优良传统

——在刘瑞龙诞辰一百周年纪念座谈会上的讲话

罗一民[①]

（2010 年 9 月 24 日）

今天，我们怀着十分崇敬的心情，在这里举行座谈会，隆重纪念刘瑞龙同志诞辰一百周年，共同追忆他革命战斗的一生，深切缅怀他为中国人民解放事业和社会主义建设事业作出的卓越贡献，学习弘扬他的革命精神和高尚品格。我谨代表中共南通市委、南通市人民政府，向刘瑞龙致以深切的怀念和崇高的敬意！向刘瑞龙的亲属致以亲切的慰问！向参加座谈会的各位领导和同志表示衷心的感谢！

刘瑞龙 1910 年 10 月 3 日出生于江苏南通，1924 年就读于南通师范学校，1926 年加入共产主义青年团，1927 年加入中国共产党，同年，秘密组建共产党南通特别党支部，任支部书记，是党在南通地区早期领导人之一。作为南通地区农民武装斗争的重要领导人之一，大革命失败后，刘瑞龙响应党的号召，勇敢地走向南通农村，积极领导农民武装斗争，组建工农革命武装，创建苏维埃政权。1929 年以后，他在江苏省委领导下，作为中共南通县委和通、海特委负责人，他积极参与中国工农红军第十四军的创建和武装斗争的领导工作。1930 年 9 月以后，刘瑞龙离开南通，辗转全国各地，继续为中国人民解放事业不懈奋斗。解放后，刘瑞龙曾担任农业部副部长、党组副书记，是第五届全国政协常务委员，第六届全国人民代表大会常务委员，他把满腔热情投入到新中国的农业事业上，先后参与起草了《全国农业发展纲要》和第二个五年计划期间农业发展方案，并负责《中国农业百科全书》的编撰工作。

南通是刘瑞龙的故乡，是他参加革命的起点，也是他魂牵梦萦的地方。在他 60 多年革命生涯中，无论是在南征北战的革命年代，还是在社会主义建设的和平时期，他总是心怀对故土的思念之情。新中国成立后，他曾多次回到南通，深入基层调查研究，对家乡的经济和社会发展给予了极大关怀和支持，遵照他

① 罗一民（1954～ ），时任江苏省南通市市委书记。

的遗愿，他的亲属把其珍贵的农业类书籍及研究资料900余册赠与南通农业职业技术学院。刘瑞龙离开我们已20多年了，但他的高尚精神和道德风范，永远是激励家乡人民建设南通的宝贵财富。

百年沧桑，英名永垂。可以告慰刘瑞龙的是，在党的领导下，经过几代人的共同努力，家乡南通的经济社会发生了深刻变化。近年来，南通人民高举中国特色社会主义伟大旗帜，按照中央和省委的一系列战略部署，继承革命先辈的光荣传统，按照建设“经济发达、文化繁荣、政治清明、人民安康、社会和谐”新南通的目标，探索并走出了一条科学发展观指引下的持续跨越、全面协调的发展道路。相继荣获全国文明城市、国家卫生城市、国家环保模范城市、国家园林城市、国家历史文化名城等称号，荣获全国社会治安综合治理优秀城市“长安杯”，去年以市为单位在全省江北率先达到省定全面小康标准。我们今天隆重纪念刘瑞龙，不仅要缅怀他为中国革命和社会主义建设作出的重要贡献，敬仰他在长期革命实践中锤炼出来的优良作风和高贵品质，更重要的是要把他的可贵精神转化为推进科学发展、跨越发展、和谐发展的强大动力，奋力夺取南通基本现代化建设的新胜利。这是我们的历史责任，也是我们对老一辈革命家的最好纪念。

我们纪念和学习刘瑞龙，就要始终坚定共产主义的理想信念，做到矢志不渝、无限忠诚。刘瑞龙历经革命斗争的磨炼、社会主义建设和改革开放的考验，信念不改，意志弥坚，始终保持共产党人的坚定理想和执著的追求。我们要像他那样，牢固树立共产主义理想信念，树立正确的世界观、人生观和价值观，始终保持理论上的清醒和政治上的坚定，坚持改革开放的方向，坚定攻坚克难的信心，砥砺开拓进取的勇气，不为任何风险所惧，不被任何干扰所惑，矢志不渝地把南通基本现代化建设推向前进。

我们纪念和学习刘瑞龙，就要大力发扬实事求是的科学精神，做到求真务实、敢为人先。刘瑞龙善于把原则的坚定性与策略、方法的灵活性统一起来，善于在务虚与务实的统一中创造性地开展工作，是一位既有革命胆略，又有求实精神的共产主义者。当前，我市正面临着抢抓沿海开发和长三角一体化发展两大国家战略机遇，面临着实现经济发展方式转型和由全面小康向基本现代化建设转型的两大转型任务，这就尤其需要我们脚踏实地、求真务实，解放思想、勇于探索，以前瞻的思维把握发展中的机遇，用创新的办法解决前进中的困难，奋力拼搏、敢为人先，全面推进南通基本现代化建设。

我们纪念和学习刘瑞龙，就要牢固树立甘于奉献的公仆意识，做到心系百姓、热爱人民。刘瑞龙曾经讲过，“只有把群众真正发动起来，使群众相信共产党是真正为人民谋利益的，我党才能真正扎根于群众，站稳脚跟。”他心里时刻想着党和人民的事业，始终坚持人民利益高于一切，真正做到了鞠躬尽瘁、死而后已。我们要像他那样，立党为公，执政为民，永远做人民的勤务员；勤奋工作，无私奉献，始终保持同人民群众的血肉联系；倾听群众呼声，关心群众疾苦，实现好、维护好、发展好最广大人民群众的根本利益，真正做到权为民所用、情为民所系、利为民所谋。

我们纪念和学习刘瑞龙，就要时刻保持清正廉洁的政治本色，做到克己慎行、艰苦奋斗。在刘瑞龙身上，集中体现了中华民族的传统美德和无产阶级先进分子的优秀品格。他虽然身居高位，但始终严于律己、艰苦朴素，光明磊落、大公无私。我们要始终保持共产党人的政治操守和优良传统，始终做到谦虚谨慎、不骄不躁，始终做到艰苦奋斗、廉洁奉公，常修为政之德，常怀律己之心，以务实清廉的良好风气和无私无畏的人格力量，团结带领全市人民，推进南通的现代化大业。

各位领导，同志们，让我们紧密团结在以胡锦涛为总书记的党中央周围，在省委、省政府的正确领导下，大力弘扬刘瑞龙等老一辈革命家的光荣传统，深入贯彻、实践科学发展观，团结和带领全市人民，以更加奋发有为的精神状态，更加团结和谐的干事氛围，更加求真务实的工作作风，开拓创新，扎实工作，为建设一个经济更加强盛、社会更加文明、人民更加幸福的现代化新南通而努力奋斗！

在父亲刘瑞龙诞辰一百周年纪念座谈会上的发言

刘延淮　刘延东　刘延申　刘延宁

（2010 年 9 月 24 日）

今天，江苏省党史办、中国农史学会、南通市委在这里隆重举行座谈会，纪念父亲刘瑞龙诞辰一百周年，深切缅怀他为中国革命和社会主义建设、为祖国繁荣昌盛作出的卓越贡献，学习他为党和人民的事业，一辈子坚定信念、不畏艰难、脚踏实地、勤勤恳恳，奋斗到生命最后一刻的优秀品质。在此，我们向大家表示诚挚的敬意和衷心的感谢！

22 年前父亲永远离开了我们，这些年来每当回忆起父亲，我们的心情总是久久难以平静。其实，由于战争、工作频繁调动等原因，我们真正与父亲生活在一起的时间并不太多，但父亲对信仰的坚定、对事业的忠诚、对群众的深情、对人生的豁达、对晚辈的关爱却深深地影响着我们，成为他留给我们最宝贵的财富。这次为纪念父亲百年诞辰，我们整理了他近千万字的文稿、资料，数百张照片以及他的老战友、老同志、身边工作人员和亲属写下的纪念文章，正是从这些卷帙浩繁的史料中，我们更进一步读懂了自己的父亲，更加真切了解了他们那一代老革命者崇高的情怀与伟大的精神。

——父亲是为信仰和理想奋斗终身的坚强战士。1925 年，年仅 15 岁的父亲在恽代英的胞弟恽子强、表姐葛季膺夫妇那里开始接受马克思主义的启蒙教育，1927 年，在大革命失败后的血雨腥风中他毅然加入了中国共产党，从此坚定地走上了革命的道路，把毕生精力奉献给了祖国和人民。作为我党早期的党员，他曾与江上青、顾民元等同志一起参加学运、工运；他曾是江苏省委最年轻的委员，与李超时、张爱萍、黄火青等同志创建了中国工农红军第十四军，在国民党统治的心脏地带开展武装斗争；他曾在朱德、徐向前等的率领下两越雪山、三过草地，在漫漫长征路上历经千辛万苦，却更坚定了他跟着党中央、跟着毛主席北上抗日的决心；西路军失败后，他九死一生，经党组织营救，在谢觉哉、王定国的具体帮助下才回到延安；1939 年，他跟随刘少奇挺进华中敌后，与邓子恢、彭雪枫、张震等为开辟和巩固淮北抗日敌后根据地呕心沥血；淮海、渡江、上海等重大战役中，在邓小平、刘伯承、陈毅、粟裕、谭震林组成的总前委领导下，他直接参与指挥和组织了强大的后勤支前工作，为前方战斗提供了可靠的后勤保障。新中国成立后，父亲长期从事农业工作，作为党和国家农业方针政策的参与制定者和具体执行者，在邓子恢的直接领导下，更是为“三农”工作殚精竭虑。粉碎“四人帮”后，特别是改革开放以来，父亲衷心拥护并坚决贯彻邓小平改革开放的方针政策，老骥伏枥，为我国的农业现代化建设奉献了他晚年的全部精力。在父亲63年艰苦卓绝的奋斗历程中，始终对共产主义理想抱有必胜信念，无论遇到什么艰难险阻、受到多少误解委屈也毫不动摇，无私地奉献着自己的一切。即使在“文革”中遭受残酷迫害时，依然坚守信念，狱中5年间写了十几首诗，表达对党、对祖国、对人民的无限深情。

——父亲是人民群众的好公仆。父亲留给人们最深的印象就是他兢兢业业、一丝不苟、克勤克俭、任劳任怨的工作作风，在他人生价值的天平上，革命事业重于一切，群众利益重于一切。他一生中大部分时间都是与“三农”紧紧地联系在一起。参加革命伊始，他便把身心全部投入到轰轰烈烈的农民运动中。在淮北抗日根据地，他根据党中央的指示，通过发动和领导农民进行减租减息斗争，积极兴修农田水利，发展农业生产，对巩固敌后根据地发挥了重要作用。新中国成立后父亲担任了农业部常务副部长、华东局农委书记等职务，他对“三农”工作怀有深厚的感情，并为此倾注了毕生的心血。不论在什么岗位上，他都常年奔波在广大农村，开展调查研究，参与制定政策，指导基层工作，为国家农业的恢复和发展作出了贡献。1980年，历经“文革”的摧残，重病缠身的父亲分别担任了《中国农业百科全书》总编辑委员会和《中国大百科全书·农业》卷编辑委员会的主任委员，他坚持亲力亲为，竭尽心力，主持农业百科全书的编纂出版工作。1988年5月，父亲不顾年近八旬，不顾医生和亲人的劝阻，坚持到广州主持全国农史学会，终因劳累过度、心脏病猝发，永远地离开了我们。他为了实现现代农业强国的理想，鞠躬尽瘁，直至生命的最后一刻。

虽然父亲长期担任领导职务，但他时刻关心群众的疾苦，倾听群众的呼声，始终把党和人民的利益放在第一位。他到农村调查时，总要深入到田间地头和农民群众家里，关心群众的生活和农村的生产与发展。每当他看到群众生活有所改善时，高兴的心情总是溢于言表，经常感染着我们。他对烈士和老区人民更是怀有深深的感情。他曾亲自给烈士的母亲端水洗脚，他把革命老人朱姚视为自己的母亲，他把烈士的后代当成自己的孩子，他和妈妈省下钱来接济和帮助那些生活有困难的烈士亲属和老区群众，竭尽所能地帮助他们解决困难和问题，待他们比自己的亲人还亲。

父亲处处严格要求自己，始终保持廉洁朴素的生活作风，战争时期养成的清廉节俭伴随终生。他对物质生活要求向来很低，但帮助和照顾烈士遗属却总是不遗余力。他一向公私分明，公家的东西分文不沾，给他配备的专车，家里人不能使用，即便是妈妈去看病，也都是转乘好几路公共汽车到医院。他最反感的事，莫过于请客送礼，不论什么人送礼，他都是一概谢绝。他立下家规，家里人有了困难自己想办法解决，决不准利用他的地位和威信。

——父亲是勤奋好学的实践者。无论是在中流击水的青少年时期，在戎马倥偬的战争年代，还是在建设社会主义祖国伟大岁月中，他都能博览群书，收集史料，勤于思考，努力实践。父亲高度重视调查研究，重视党史资料的收集和整理。解放不久，他就开始收集整理红十四军的资料，历时30多年。改革开放后，他更是在百忙之中挤出时间，组织和亲自参与收集整理他所经历的各个历史时期的党史资料，留下了几百本笔记本和未完成书稿及资料。父亲去世后，在江泽民同志和张震伯伯等老战友的支持下，母亲根据这些资料又出版了《第三野战军后勤资料文件选编》等书籍。

——父亲是我们严格而慈祥的好老师。在我们的心目中，父亲是严格的，大到道德修养、钻研学习，小到掉在桌子上的米粒，他都要求孩子们做到尽善尽美。父亲也是慈祥的，他从不大声地训斥孩子，而是用他特有的方式默默地关心着每一个孩子和亲人。遇到困难时，父亲会竖起一道墙、撑开一把伞，为我们遮风挡雨。取得成绩时，父亲总是满面笑容、多加鼓励，为我们感到高兴和欣慰。他对子女的教育一贯采用摆事实、讲道理的方法，力求做到“以理服人”。“随风潜入夜，润物细无声”，父亲凡事都以身作则，用自己的行动来教育和影响家人。

父亲在《示诸儿》一诗中，教导我们说：“人生有真谛，为民服务多。党导正方向，决议勤切摩。人民养育我，甘为孺子牛。祖国抚爱我，奋志壮山河。……勤奋攻学业，寸阴莫蹉跎。”这是父亲对我们政治上无微不至的关心，更是他对我们的殷切希望。如今当我们每每回忆起父亲的谆谆教诲，总是情不自禁地热泪盈眶，他的言传身教，早已深深印烙在我们的心底，就像大海中的灯塔，时时指引我们生命之舟行驶在正确的航道上。学习父亲的崇高精神，继承父亲的未竟事业，这是儿女对父亲最深沉的怀念和最郑重的纪念。我们将在各自的工作岗位上，为党、为国家、为人民而不懈奋斗。

时光飞逝，沧海桑田，今天父亲已经离开我们整整22年了。可是在我们的心目中，他却从来就没有远去。父亲的音容笑貌会时时浮现在我们的眼前，他那朗朗笑声也不时会激起我们胸中的波澜。明年我们将迎来建党九十周年，我们伟大的党在以毛泽东、邓小平、江泽民为核心的三代中央领导集体和以胡锦涛为总书记的党中央领导下，率领亿万人民英勇奋斗，使祖国大地发生了翻天覆地的变化，中国特色社会主义建设正乘风破浪勇往直前。如果父亲和他的老战友们在天有灵，一定会感到无比欣慰。

深切怀念敬爱的刘瑞龙伯伯

江泽慧①

（2010年8月）

我的父亲江上青，早在1927年就与刘瑞龙伯伯相识。那时，刘伯伯是通州师范党支部书记，后来是中共南通城区区委书记，我父亲在南通中学读书时，加入了共产主义青年团，在中共南通城区委员会领导下从事革命活动。1937年7月，抗战全面爆发后，父亲组织起“江都县文化救亡协会流动宣传团”，溯江而上，一直深入到大别山区……从此，他再也没有回过家，直到1939年8月29日，在震动皖东北的“小湾子事件”中，父亲为革命流尽了最后一滴鲜血。

1938年2月出生的我，从来没有见过自己的生身父亲。我随母亲度过颠沛流离的苦难童年，又在党组织的关怀下，一天天成长起来。刘瑞龙伯伯给予我母亲和我们一家的无微不至的关怀和帮助，让我难以忘怀。

一

第一次听说“刘瑞龙”这个名字是在1949年4月初。那时，人民解放军百万雄师挺进长江边，准备渡江推翻蒋介石，解放全中国。记得一天早上，七叔江树峰满脸喜悦地推开我家的房门，喜不自禁地对我母亲说：“六嫂，你知道我昨天晚上见到谁了？”不等母亲开口，七叔便连连报喜：“昨晚，我和扬州中学黄校长，一起到宿萃园扬州二地委驻地，去看望一位解放军首长，他就是六哥在南通读中学时，地下党组织的负责人，他叫刘瑞龙，现在是解放军第三野战军的后勤司令员！”②

---

① 江泽慧（1938～ ），中国林科院首席科学家、教授，加拿大 Alberta 大学法学名誉博士。1960年毕业于安徽农学院（现安徽农业大学）森林系。曾任安徽农业大学校长，安徽省人大副主任，中国林科院院长，全国政协人口资源环境委员会副主任，国际竹藤组织董事会联合主席，中国林学会理事长，国际木材科学院院士等职。

② 刘瑞龙著《我的日记——淮海渡江战役支前后勤部分》1949年4月6日篇谈及此事。

扬州解放那年，我已经上小学5年级。从我懂事起，我们的家事，在我心中有许多不解的谜，特别是有关父亲的事情，母亲始终守口如瓶。直到那一天，母亲才把父亲是为抗战牺牲的，以及之后的一些事情，陆陆续续地告诉我们。

父亲牺牲时，姐姐泽玲刚刚3岁，我只有1岁半。在兵荒马乱的年代，一个烈属青年妇女带着两个幼小的孤女，生活之艰难可以想见。母亲王者兰出生在上海一个殷实家庭，因外公英年早逝，家道中落。母亲是大家闺秀，虽然没有正规地上过学校，但她受过很好的家庭教育，很有才华，为人正直善良。她非常钦佩我父亲的才学和人品，为了支持丈夫革命，她把外祖父留给她的首饰都变卖了。父亲牺牲后，母亲誓不再嫁，誓将我们姐妹抚养成人。

然而，由于生活所迫，母亲不得不出去工作。起初，她在扬州琼花观小学找到一份工作，除在一年级任教外，还要兼做工友，负责上下课摇铃、打扫卫生等杂务，校方说她是半个教师，只给她开一半的工资。我清楚地记得，当时家里生活很苦，吃的是发霉的米，还经常揭不开锅，过节时能吃上一点儿盐水煮黑豆就很不错了。

1945年抗日战争胜利后，中共华中分局、华中军区和苏皖边区政府先后在江苏淮阴成立。原淮北行署主任刘瑞龙担任苏皖边区政府第一副主席。我们的家乡扬州市，正属苏皖边区政府的管辖范围。父亲江上青牺牲前任中共皖东北特支书记，在当地很有影响。刘瑞龙伯伯曾专门嘱咐地方政府，在开展优抚工作的同时，要关照好江上青烈士的遗属。

我还记得，抗战胜利后的那个春节，母亲在我表姐田兰玉的陪同下，带着路条，到淮阴边区政府去领抚恤金。母亲回来时，不仅带回了抚恤金，还背回花生和菜子油，我们姐妹俩真是高兴得不得了。

内战爆发后，大部队北撤，一直在打运动战，打大仗。如今，刘伯伯就在我们扬州，我们一家人怎能不高兴呢！刘瑞龙伯伯曾对七叔说："现在好了，扬州已经解放了！我们很快就要打过长江去，解放全中国！请你放心，人民政府一定会妥善安排好烈士家属的生活。"并交代扬州首任市长杜甘泉发给我们家烈属粮，补助我们学习生活费用。

不久，解放军打过长江，占领南京，解放上海。我母亲也回到上海，其中一个更重要的原因就是能靠近组织。我的三哥江泽民曾是上海地下党员。上海解放后，他被任命为上海益民食品一厂第一副厂长、支部书记。他曾打电话给华东军区海军司令员张爱萍，又向三野后勤司令后任中共上海市委秘书长刘瑞龙汇报了工作。刘伯伯得知江上青的遗孀王者兰就在上海，他很牵挂。

那一年母亲只有37岁，她愿意参加工作，为国家建设贡献一份力量。泽民三哥请刘伯伯给中国人民银行上海分行负责人陈久洲写了介绍信，安排我母亲在其下属的横浜桥储蓄所当出纳员。母亲与三哥一家一起生活了7年，当时泽民三哥家住在益民食品厂，母亲上班很近，不用多跑路。三哥后来调到第一汽车厂工作，他们全家搬到长春。母亲一直在上海工作，直到1966年退休，才回到父亲的老家扬州。

全国解放后，我们姐妹最初在扬州与七叔江树峰家一起生活。七叔是扬州市政协副主席、扬州师范学院外国文学教授。我们姐妹俩每月都从地方民政局领取烈属粮，生活费和学杂费一直由地方政府负责。20世纪50年代中期，姐姐和我先后考上大学，我们继续享受政府颁发的助学金。我知道自己是党组织培养长大的，从小对人民政府和刘瑞龙伯伯充满感激之情。

二

第一次见到刘瑞龙伯伯是1960年春天。那时，我是安徽农学院林学系的大四学生。毕业前夕，学校已决定我留校工作，并派我到中国林科院进修木材科学。那是我第一次来北京，是一次难得的机会。我一心想去看望一直给予我们关心照顾的刘瑞龙伯伯，也想更多地了解我父亲江上青的情况。一个周末，堂兄江执中（七叔的儿子）带我来到位于国家农业部东侧的刘瑞龙伯伯居住的小院里。

当我自报家门，说我是江上青烈士的女儿时，刘瑞龙伯伯慈祥的目光端详了我许久，连声说："你真像你的父亲，真是太像了！"

随后，刘伯伯又问我："今年多大了？"

我回答说："22岁。"

刘伯伯屈指一算说："我认识你父亲时，他只有十六七岁，他是我表弟顾民元的同窗好友，那时，他不叫江上青，叫江世侯。"刘伯伯深情地回忆了许多当年在南通从事革命活动的往事，讲了许多我父亲过去的事情。他讲到我父亲的才华，讲到他和顾民元的关系，讲到他们如何一起到南通狼山去踏青，在长江边吟诗作赋，抒发革命情怀……

谈话间，正在清华大学机械系调干班上学的江彤阿姨从外面回来，那天正巧周末放假。听说江上青烈士的女儿来访，江阿姨很激动。顷刻，她有声有色地讲述了当年她跟随杨纯同志一起女扮男装，挑着烟叶，突破重重封锁，来到皖东北根据地，与时任中共皖东北特支书记江上青同志接头的情景。最后，她心情沉痛地告诉我，我父亲是在率队与盛子瑾谈判返回途中，遭反动武装袭击，壮烈牺牲的。当时皖东北抗日合唱队专为我父亲谱写、演唱了一首挽歌《陨落一颗巨星》。

聆听着刘伯伯和江阿姨的动情回忆，父亲的形象在我眼前若隐若现，年轻的我还不可能从根本上去了解他的革命人生。然而，我却感到一种父辈的关爱。不曾见过生身父亲的我，深感父爱的暖流温暖着我的整个身心。

在交谈中，刘伯伯很关心我的学习和生活情况，他问我，是否享受助学金？钱够不够用？还有什么困难没有？

我一一作了回答。我说，1956年，我考入安徽农学院后，就享受政府发放的甲等助学金。泽民三哥每月还给我和姐姐各寄15元生活费。三哥这样做，的确很不容易，他也有一大家子人呢！

我还把父亲牺牲后家里发生的情况详细地告诉刘伯伯：在江家兄弟中，唯独我们这一房没有男孩。大伯江世俊和大伯母吴月卿膝下有三个儿子、两个女儿，按习俗，我家大伯和大伯母决定把他们的三儿子泽民过继给我家。泽民三哥从小聪明好学，父亲在世时很喜欢他。过继那年，泽民三哥刚满13岁，他在我父亲的灵位前披麻戴孝，举行了正式的过继仪式，表示成年后抚养母亲和两个妹妹在所不辞。从此，泽民三哥管自己的生母叫妈妈，称我母亲为娘。

刘伯伯听后，微微点头，表示赞许。

我还告诉刘伯伯："我享受助学金，又有三哥的帮助，与周围的同学比，条件算是很好的。后来，姐姐先工作了，也负担我一部分费用，在大学三年级时，我便主动申请退掉助学金。"

刘伯伯称赞说："好孩子！学习上向高标准看齐，生活上向低标准看齐，不愧是革命烈士的好女儿。"

这天中午，刘伯伯和江阿姨留我和堂兄在家里吃饭，饭菜虽然简单，却像回到家里一样。

三

1979年8月29日，是我父亲江上青烈士牺牲40周年祭日。泽民三哥建议，江家父老在扬州平山堂纪念堂举行一次隆重的纪念活动。当时，泽民三哥是第一机械工业部外事局局长。他提前回到扬州老家作准备，我们一家也从安徽合肥回到扬州。

然而，事情的进展并不顺利。父亲江上青是在皖东北牺牲的，而我们家乡扬州市民政局的同志对这段历史并不清楚，无法支持我们的想法。

可就在8月28日——父亲牺牲纪念日的前一天，发来刘瑞龙（农业部副部长）、杨纯（卫生部副部长）、刘玉柱（二机部副部长）的署名文章——《怀念江上青同志》的电文，这三位副部长当年是淮北根据地重要负责人。最让我们感动的是，三位老同志还从北京向江上青烈士的遗属发来慰问电报。后来在当地政府的关怀和支持下，纪念江上青烈士牺牲40周年的活动进行得非常圆满。随后，扬州革命烈士陵园纪念馆也展出了江上青烈士的革命事迹。扬州人民为有这样的英雄儿子感到骄傲。

另一件让我们感动的事情：我母亲从上海退休后，在扬州与我姐姐一起生活。当时居住条件很困难，祖孙三代挤在一起。地方政府了解到这一情况，便积极想办法，为他们增加了新的住房。母亲得以在扬州安享晚年。

1982年，原葬于泗洪县孙园镇崔集村的江上青烈士的坟冢，被迁入泗洪县烈士陵园，1984年，又修葺成水泥墓。墓前立碑，碑正面为张爱萍同志亲书的“江上青同志之墓”，背面为“江上青烈士传略”，落款为“刘玉柱、杨纯、周邨一九八三年二月谨立”。“泗洪革命烈士纪念馆”成为泗洪人民进行爱国主义教育的基地。

父亲的英雄事迹和人民群众对他的景仰和怀念令我震撼。从20世纪80年代初起，泽民三哥嘱我开始搜集父亲的诗选、书信和当年曾经与他一起战斗的同志撰写的文章，并亲自带我去拜访刘玉柱、杨纯等革命前辈。经过10年的努力，终于在1989年父亲牺牲50周年之际，由江苏人民出版社编辑出版了《怀念江上青烈士》一书，1999年又再版发行。

1985年夏天，我到北京看望三哥。那时，党中央已决定泽民三哥调任上海市任市长。此时，刘伯伯正在北京友谊医院住院。我和三哥从展览路乘15路公共汽车到友谊医院去看望他。那一年，刘瑞龙伯伯已经75岁高龄，脑梗塞、心脏病、糖尿病等多种疾病缠身，却仍然全身心地为工作拼搏，见到他时，觉得他的确苍老多了，也更增加了我们对他的敬重。

听说泽民三哥要到上海工作，刘伯伯很兴奋，向他介绍了许多上海的情况，说了许多关心鼓励的话。

刘伯伯还问了不少我的情况。当听说我已是安徽农业大学教授，系总支书记时，他很高兴，称我和他，一个搞农业，一个搞林业，农林是一家，老一辈过去在一起革命，后代们也加入到我们的行列之中。

尽管刘伯伯身体虚弱，但他谈笑风生，那欣慰喜悦的情景至今留在我的脑海之中。

2010 年 10 月 3 日，是刘瑞龙伯伯百年诞辰。回想一件件往事，让我沉浸在缅怀和思念之中。献上一捧美丽的白菊花，以表我对刘伯伯的万分崇敬和无限怀念之情。

回忆在刘瑞龙同志领导下的若干工作片断

——为纪念刘瑞龙诞辰一百周年而作

王光宇[①]

（2010年5月26日）

抗日战争和解放战争时期，我一直在淮北抗日根据地工作。淮北抗日根据地，是抗日战争时期中国共产党领导的全国19个解放区之一。位于河南、安徽、江苏三省接壤的广大地区。东临运河，西达商（丘）亳（县）公路，南濒淮河，北抵陇海铁路。它是八路军和新四军的联系枢纽，是新四军东进苏北的前进阵地，直接威胁日本侵略军占领的徐州、蚌埠等军事重镇，战略地位十分重要。解放战争时期，这里又是淮海战役的主战场。刘瑞龙和邓子恢、彭雪枫、张爱萍、张震等同志一起，同为创建淮北抗日根据地的领导人之一。今年10月3日，是刘瑞龙诞辰一百周年，这不能不引起我对他的无限怀念。

一

刘瑞龙同志是土地革命战争时期参加革命的我党老一代高级领导干部。他从1925年起即投身革命运动，1927年在大革命失败后的白色恐怖中毅然加入了中国共产党，是红十四军的创始人之一。他经历了建立工农武装、万里长征、抗日战争、解放战争；历任红四方面军政治部宣传部部长、皖东北苏皖军政委员会书记、淮海区军政委员会书记、淮北区党委副书记兼淮北苏皖边区行政公署主任、中共中央华中分局委员兼民运部部长、华东野战军副参谋长兼后勤司令及政委等职。抗日战争期间我主要做地方党的工作（着重于根据地建设），解放战争期间我参加了淮海战役、渡江战役的后勤支前工作。由于工作性质的关

① 王光宇（1919～ ），1938年参加中华民族解放先锋队，同年10月加入中国共产党。曾任中共霍丘县委宣传部部长，泗东、泗宿县委书记，豫皖苏三地委副书记，阜阳地委书记、安徽省委秘书长、安徽省委书记处书记、副省长、省委书记，安徽省第六、第七届人大常委会主任。中共第十一、第十二届中央委员。

系，我经常直接或间接地受到刘瑞龙同志的工作指导，从他那里我获得的教诲和教益极多。新中国成立后，刘瑞龙同志先后担任中共中央华东局农委书记、国家农业部常务副部长等职，而我在安徽省委担任省委书记处书记期间长期分管农村工作，所以和他仍保持着一定的工作联系。在我一生的革命征途中，刘瑞龙同志对我言传身教的影响确实是至深的。我同他个人的交往时间持续也较长。“文革”期间，我俩都遭受批斗，他被关进监狱，我们的来往也未因此完全中断，我曾委托我的夫人孙曙去上海监狱看望他。在我的心目中，他不但是我敬仰的领导和首长，同时也是我的良师和益友。

我最初接触刘瑞龙同志是在皖东北根据地的初创时期。刘瑞龙于1939年11月随刘少奇从延安到达新四军第六支队所在地豫皖苏边区涡阳县新兴集，任中共豫皖苏边区区委副书记；1940年3月初，奉中原局、刘少奇电令，赴皖东北任苏皖军政党委员会书记。皖东北原为国民党安徽省政府第六行政专员公署以盛子瑾为专员的统治区域，当时和我党建立了较好的合作抗日统战关系。但他和国民党反共顽固派之间，特别是同桂系军阀之间，存在着深刻和复杂的派系利益矛盾，为以桂系军阀李品仙为主席的安徽省政府所不容，并遭到通缉，盛子瑾遂于1940年2月29日带领其嫡系部队千余人南渡淮河离境出走。在这种情况下，中原局和刘少奇决定由我党独立自主地创建皖东北抗日根据地。并明确要求：必须迅速发展我党领导下的武装部队，迅速扩大八路军、新四军，在半年内达到三万人枪以上。同时要求建立廉洁的抗日民主政权，发展党，发展自卫军，普遍建立农工青妇救国会，实行各种进步的抗日政策，等等。刘瑞龙同志就是肩负这一使命来皖东北的。

我于1940年5月奉命由鄂豫皖边的大别山转移到豫皖苏边，在新四军六支队报到后，前往豫皖苏区党校学习一段时间。同年8月初，豫皖苏区党委决定调一批干部，东进皖东北，参加皖东北根据地的创建工作。

在这期间，八路军第五纵队新二旅调往津浦路东，执行“向东发展”的战略任务。我和一批党校学员随田守尧旅长越过津浦路，到达路东泗县张塘村。这里是皖东北党政军领导机关所在地。

这时，我党决定所要建立的皖东北根据地，已不局限于国民党盛子瑾任专员的第六行政专员公署所辖区域，而是把范围扩大到津浦路以东、运河以西、淮河以北、陇海路以南广大地区。

我到皖东北以后，组织上任命我为区党委直属区区委书记。由于是直属区，我同区党委党政军领导人，包括后来到的邓子恢、彭雪枫、张震、刘子久，以及原来就在那里的张爱萍、金明、刘玉柱等领导人，接触机会就比较多一些，能够经常听到他们的指示和教诲。相对来说，我同刘瑞龙的接触更多一些。

当时皖东北局势很复杂，敌伪顽都拥有相当的力量，斗争十分尖锐，抗日民主政权尚未普遍建立，形势是很严峻的。因此，如何建立巩固的抗日民主根据地，是当务之急和重中之重。1940 年 5 月下旬，皖东北军政委员会由刘瑞龙主持在泗洪县朱湖镇新行村召开有关干部大会，请刘少奇作题为《在敌后怎样建立民主的抗日根据地》的报告，对在敌后建立根据地的意义、根据地的武装工作、政权工作、发动与组织群众、抗日民族统一战线等一系列原则问题，作了精辟论述。同年 9 月，刘瑞龙在一次扩大干部会议上作题为《苏皖边区的群众工作》报告，这是我第一次听他作报告。他的讲话通俗生动，深入浅出，非常有鼓动性，给我留下了深刻印象。不久，刘瑞龙针对苏皖边区群众工作中出现的严重左倾和新的问题，又在党内刊物《人民通讯》上发表题为《目前群众工作中的两大问题》的长篇文章，对如何做好根据地的群众工作从理论和实践的结合上作了系统阐述。所有这些，我都进行了认真学习和深刻领会，从而给我以理论和政策上的武装，使我对做好根据地的基层群众工作增强了信心，也学到了办法。

我在直属区内，一上来着重领导和发动群众建立工农青妇等各种抗日协会，把群众组织起来，并组建了民兵、自卫队，接着又领导群众开展减租减息。但为时不久，大约是在 1940 年 10 月间，中央决定开辟苏北淮海地区，刘瑞龙协同黄克诚随八路军第五纵队继续东进，很快在淮安、宝应一带创建了 8 个县的抗日民主政权，刘瑞龙任淮海区军政委员会书记。

在黄克诚、刘瑞龙东进时，原在皖东北的部队除留下八路军第五纵队胡继成 1 个团外，其余全部开往苏北。这时皖东北区党委改为地委，地委书记张彦，专员刘玉柱，地委、专署机关移驻泗宿县境内，在直属区内的其他领导机关也全部撤出，只留下我在直属区坚持工作。我一时感到压力很大，但想到刘瑞龙此前给我作过的一系列指示，同时直属区的根据地建设工作也有了初步基础，我又鼓起了勇气，树立了信心。

根据当时的形势，我把工作重点放在坚持根据地、与顽匪斗争上。1940 年 10 月，专署机关警卫营二连连长孙乃香率部叛变，投靠洪泽湖顽匪。这个连大部分由原地方商团改编组成，没有受过正规训练，战斗力不强，问题是他们与当地顽匪纠合在一起，肆意欺压百姓，危害甚烈。当时洪泽湖内还盘踞着高铸九、陈佩华、刘五练等湖匪，陆上还有魏友三部，共有顽匪 3000 多人，他们又与日伪顽相勾结，对我刚刚建立的根据地构成严重威胁。我和区委的同志对斗争形势作了分析：直属区所面对的湖匪主要是孙乃香部，该部虽然没有什么战斗力，但毕竟有百十人枪，而且他们比较了解我方内部情况，因而不可掉以轻心。我们直属区武装很少，区队只有四五十人，每乡有10多人，区、乡武装加起来有100多人，相当于一个连队。我们的主要优势是：高举抗日的旗帜，代表和维护群众利益，有坚实的群众基础，能够立于不败之地。我们决定遵照刘瑞龙原定的加强根据地建设的各项指示精神，重点整顿和加强现有武装，提高战斗力，积极依靠群众开展游击战争，坚决保卫直属区。具体措施是：向群众广泛宣传孙乃香叛变投匪是没有出路的，号召大家一起与孙乃香和湖匪作坚决斗争。我们把靠洪泽湖边的一乡一镇各组成一个10余人枪的精干小组，负责侦察监视敌人，配合区队活动；其余4个乡每乡组成10多人的乡队，负责维护本乡秩序。区队充实到60人枪，由我和区长直接领导，实行机动游击作战。顽匪很狡猾，白天很少出来，夜里出来抢粮食。区队出击时，他们就逃到湖里，区队离开后，他们又上岸来。这样的拉锯式斗争持续了4个多月，顽匪始终不敢上岸住，更不敢进入内地乡村，我们始终牢牢地坚守着直属区，从而使根据地建设各项工作继续有条不紊地向前推进。

二

皖东北的主力部队随黄克诚、刘瑞龙东进以后，日伪军乘虚进犯根据地，占领了根据地内的青阳、马公店、金锁镇等主要城镇。洪泽湖的湖匪和当地反共顽固派武装也乘机向我频繁骚扰和侵蚀。由于敌强我弱，皖东北根据地日益缩小，形势日趋严峻。

为了加强皖东北根据地的斗争力量，1941年2月，张爱萍率新四军三师九旅由淮海区西返皖东北，首克青阳，消灭日伪军一个团，继克马公店，拔除了日伪据点，然后向西南和西北扩张战果。经过40多天的连续作战，恢复了皖东北根据地的基本区域。此后，又发起了清剿洪泽湖顽匪的战斗，一举清除了多年来的湖上匪患，使洪泽湖成为根据地内湖。至此，皖东北抗日根据地全部恢复。

1941年5月，华中局决定重新成立皖东北区党委，刘子久任书记，刘瑞龙任副书记。同年9月，皖东北区党委改为淮北区党委，由邓子恢任书记，同时成立淮北苏皖边区行政公署，刘瑞龙任行署主任。我这时仍在直属区工作，同时任泗东县委组织部部长，1942 年 8 月任县委书记，当年冬天任淮北苏皖边区农会常委。刘瑞龙亲自管农会工作。从此，我和刘瑞龙接触更多了。在他言传身教和循循善诱下，我对做好根据地建设工作，包括群众工作、减租减息、政权建设、武装斗争、党的基层组织建设等，愈益受到锻炼，积累了经验，提高了工作水平。

我在直属区和泗东县范围内，大力开展了减租减息运动。为什么要搞减租减息？就是要从农民切身利益出发，改善农民生活，发展生产，支援前线抗日。刘瑞龙决定首先把“双减”政策由行署公告于民，实行“二五减租”，“分半付息”（即 100 斤减 25 斤，利息不超过一分半）。这个政策既考虑到农民的利益，又利于巩固发展抗日统一战线，争取各阶级（包括中小地主）参加抗日。我们派出农会工作队吃住在各个乡、村。主要是广泛深入地宣传党的各项政策，深入农户访贫问苦，发现和培养积极分子，加强和扩大党在农村的阶级队伍，使我抗日民主政权打下坚实的群众基础。“双减”是深受广大群众热诚欢迎和拥护的一项极其重要的政策，刘瑞龙强调一定要合理合法地进行。我在直属区内，主要是动员说服中小地主自动去“减”，对恶霸地主则发动群众对其进行说理斗争。当时有一个叫朱绍臣的恶霸地主，拒不减租，还进行破坏活动，民怨甚大，我们便召开了上千人群众大会，让贫苦农民诉苦申冤，揭发他破坏“双减”的罪行，群众出了气，十分高兴。斗争之后，把朱绍臣交给群众监督。与此同时，我们又积极争取开明地主，如陈荫南自动减租，便宣布他是开明地主，经过教育考察和考验，后来让他当了边区参议长。这两个典型，起到了教育示范作用，“双减”迅速全面推开。农会的权威开始树立起来。各种抗日群众团体纷纷建立。区、乡、村普遍建立了民兵组织，并重点培训和组建了一批持枪基干民兵。那时农村有不少地主拥有枪支，我们提出了“枪换肩”的口号，及时把地主家的枪支转移到基干民兵手中，成为保卫根据地的力量。刘瑞龙又指示我们，及时改造基层政权，把国民党政权时期的保甲制改为乡、村委员会，实行三三制，即共产党员、进步人士、革命群众各占 1/3，成为真正的抗日民主政权。接着又开展扩军运动，动员翻身农民参军，保家卫国。直属区的这场运动前后持续了半年，轰轰烈烈，有声有色，获得区党委和刘瑞龙的好评。

1942 年 8 月，我任泗东县委书记兼县武装大队政治委员。11 月初，日伪军近万人向苏皖根据地“扫荡”，企图歼灭我四师主力。泗东县是区党委领导机关所在地，是敌人“扫荡”重点。邓子恢、彭雪枫、刘瑞龙指示我们泗东县要提前做好反“扫荡”准备。我们迅速作了紧急部署，动员群众挖抗日沟，破坏公路，空舍清野，有领导、有计划地组织群众转移，指挥民兵放哨防奸，县区武装和民兵组成游击小组，实施敌驻我扰、敌疲我打。11 月 17 日，敌 2000 余附骑兵 400 余、坦克 2 辆、汽车 11 辆，向我中心区域半城扑来。此时，我军主力早已转移，敌人扑空，遂在半城驻扎下来。夜间，我通知县区武装各游击小组围着敌人驻地不断放枪，敌人惊恐不已，龟缩在据点内，不敢出动。敌人在半城住了一天两夜就转向青阳一带，继续寻找我主力作战。由于准备早，群众转移也快，损失不大。干部群众从中受到了一次反“扫荡”的锻炼。日军对淮北地区“扫荡” 33 天，以敌失败、我军胜利而告结束。刘瑞龙和区党委、军区其他首长对我们泗东县在反“扫荡”中的应对部署及措施均给予充分肯定和较高评价。

三

1943 年 5 月，区党委调我到泗灵睢地区开辟新区。泗灵睢县由泗县北部、灵璧县东北部、睢宁县南部的三角地带组成。这里敌伪顽势力和土匪武装犬牙交错，总计有兵力 4000 余人，他们对我根据地虎视眈眈，构成严重威胁。1942 年春，韦国清率新四军四师九旅进军泗灵睢，给这里敌伪顽匪以毁灭性打击。随后，区党委派李任之来这里任县委书记，吕振球任县长。但敌强我弱的态势并没有根本改变，敌伪顽不断反扑。由于斗争尖锐，形势严峻，这里的群众没有充分发动起来，根据地建设的各项政策措施得不到贯彻落实，因而基础不牢。区党委决定任命我为泗灵睢县委副书记，并带一批工作队到泗灵睢地区大力开展群众工作。刘瑞龙亲自送我到县委驻地，和李任之见面后，于 5 月 22 日召开县委会议。他在会上发表了长篇讲话，内容包括：1. 泗灵睢环境的特点及其变化；2. 对过去工作估计和方针之检讨；3. 对新工作方针应有的认识；4. 为建设泗灵睢游击根据地而斗争。他的讲话非常全面、深刻、具体，使我们明确了方向、任务和工作方法。他要求我们先从抓减租减息入手，广泛深入地发动群众。他强调说，只有把群众真正发动起来，使群众相信共产党是真正为人民谋利益的，我党才能真正扎根于群众，站稳脚跟。刘瑞龙一再鼓励我一定要配合和支持李任之，把群众发动好，把根据地建设好。当时麦子还未熟，烟草熟了，日伪顽正在向农民催缴烟税。我和李任之研究决定：先以反烟税和废除苛捐杂税为口号，运用在直属区和泗东县发动群众的经验开展工作和斗争。广大群众很快就积极行动起来了，普遍拒缴烟税和苛捐杂税，取得了胜利，群众获得了极大好处。等麦子熟了，接着又进行减租减息运动，培养了大批积极分子，成立了农会及各种抗日协会，改造了乡、村政权，建立了民兵武装，发展了一批新党员，建立了共产党的组织。经过3个多月的工作，泗灵睢地区比较巩固了，边沿区扩大了，各项工作也都能顺利进行，为建设巩固的根据地打下了基础。

刘瑞龙回到区党委后，仍时刻关注着泗灵睢地区的工作进展情况，多次直接写信给我和李任之，或询问情况，或进一步作出指示。为此，我和李任之于当年6月11日写了一份汇报信给他，他非常重视，立即在区党委主办的党刊《拂晓》上，加上编者按，全文刊出。按语说："泗灵睢新地区目前正在开辟中，王、李二同志这封致刘瑞龙同志的信，就主要是写的那里发动群众与组织群众的情形，其中有不少经验和方法，兹特登于此，介绍给各地方及部队中的同志作参考。"由此，也足见刘瑞龙工作作风之严谨、细致、缜密，他对下级在工作指导上犹如老师教学生一样，真正做到了诲人不倦。

四

我在泗灵睢地区工作时间不长，在刘瑞龙推荐和建议下，区党委于1943年8月下旬调我到泗宿县任县委书记兼县武装总队政治委员。这个县斗争比较复杂，有中心区，有边沿区，还有日伪统治下的隐蔽区（公开政权是敌人的，秘密政权是我们的），对敌斗争和根据地建设工作都很繁重。我去了以后，按照刘瑞龙指示精神，除抓好根据地各项建设外，重点抓边沿区对敌斗争。面对的敌人有：日本侵略军、日本组织的伪军，国民党反共顽固派军队也经常与我制造摩擦。日伪军是统一行动的，他们依托据点不断向我根据地边沿区进行"扫荡"、"蚕食"，抢劫群众财物，烧杀奸掠，无恶不作。顽军不抗日，有时和日伪军勾结，乘机袭击我区、乡武装，破坏根据地建设。为了保护群众利益，坚持根据地，我率地方武装与敌人进行了顽强的反"蚕食"、反"扫荡"斗争。主要采取军事反击、政治分化的策略，利用日伪军内部的矛盾，顽军和日伪军的矛盾，对其分化瓦解。同时，集中兵力，打击一方，警告另一方。归仁集是日伪据点，驻有日伪军200多名，其装备精良、战斗力较强，经常对我窜犯侵袭。军部派新四军四师九旅二十六团协同我所率领的县武装总队3个连，向归仁集日伪据点发起攻击，一举攻克了这个据点，敌人大部被歼。从而，威慑了顽军，又扩大开辟了苏圩、闸塘两个新区。

当年9月，刘瑞龙、陈荫南以淮北苏皖边区行政公署主任和副主任的名义，发布了"开展全边区拥军运动"的布告，号召"忠勇卫国男儿，踊跃参加新四军，巩固扩大部队，人人都有责任”，“军民紧密团结，才能战胜敌人”。按照这一布告精神，我们泗宿县发动和开展了热火朝天的拥军和参军扩军高潮，动员了大批青壮年翻身农民参军，使部队得到扩大和加强。

这年冬天，陈毅赴延安参加七大，经过泗宿县，他要了解基层情况，我和县委副书记石立志向他作了汇报，谈话持续了一夜，他很满意，同时作了许多指示。

我在泗宿县工作不到一年，没有辜负党的期望，取得了一定成绩，我从内心感到这都是与刘瑞龙的教导和支持分不开的。

五

1944 年 8 月，根据中央“发展河南”的部署，华中局和新四军军部确定以四师执行西进任务。西进指挥部由彭雪枫、吴芝圃、张震组成。彭雪枫率四师 5 个步兵团和 1 个骑兵团西进，决定先恢复津浦路西原豫皖苏根据地。同时抽调一批党政干部随军行动。我被抽调随彭雪枫西进。从此，和刘瑞龙脱离了工作关系。

西进后，在津浦路西，我先后任永城县委书记兼县武装总队政委、华中八分区独立二团政委、华中八地委委员兼民运部部长、华中八分区一工委书记兼一支队政委、豫皖苏三地委副书记，淮海战役期间任北线支前指挥部政委，淮海战役胜利后任皖北区阜阳地委书记。

西进后，我一直未能再和刘瑞龙见面。后来知道，在解放战争期间，刘瑞龙担任华东野战军副参谋长兼后勤司令、政委等职，在苏中七战七捷、涟水、鲁南、莱芜、孟良崮、进军鲁西南、进军豫皖苏等重大战役中，负责指挥战勤工作，对保证这些战役的胜利起到了非常关键的作用。在淮海战役和渡江战役中，支前工作又由他总负责。因而，我和他再次取得了联系，并接受他直接指挥。

1948 年 12 月 6 日，我华东、中原两大野战军完成对淮海地区国民党军的包围。黄维兵团被包围在宿县西南的双堆集一带；杜聿明指挥的邱清泉、李弥、孙元良三个兵团被包围在永城、萧县之间的陈官庄、青龙集一带。围歼战斗正在开始。北线支前指挥部设在陇海线的黄口镇南火神庙一带。北线指挥部由山东省副省长谢辉担任指挥，我任政治委员。

此前，邓小平、陈毅、张际春、陈赓等首长，曾到豫皖苏三地委约地委书记寿松涛、我、军分区司令员张忠、专员许西连等开过座谈会，除了解敌情、政情、社情以外，着重布置了支前工作。小平同志说，豫皖苏区支前工作由行署副主任杨一辰负责，华东由刘瑞龙统管，要我们与之保持联系。刘瑞龙把他的支前司令部设在宿县符离集，曾召我和谢辉前往汇报，当面作了许多具体指示。

当时我们北线支前指挥部所担负的任务，主要是接收山东、河北、河南、山西四省的支前军粮，集中在黄口车站铁路沿线。从老解放区来的大批民工，不分昼夜，日夜兼程，不远千里送粮，他们在路上只吃自带的干粮，公粮一粒不动，热情之高十分感人。北线支前指挥部同时组织三分区的萧县、永城、砀山、夏邑、商丘、亳县6个县，担负战勤物资供应和面粉加工。前线枪炮声响，后方支前人忙，群众热情空前高涨。担架队运送伤员；运输队运送粮草；民兵站岗放哨，捕捉敌军逃兵；妇女们忙着做军鞋和赶制慰问品，还帮助护理伤员；前方要面粉，后方群众家家磨面，牲口不够用，就用人力推磨，实行“歇人不歇磨”。当时天正下大雪，运输困难，各级干部带头送粮送面送草，做到雨雪无阻，形成一条条钢铁运输线，出现了许多的支前模范人物。

陈毅曾说过：“淮海战役胜利是人民用小车推出来的。”这句话一点都不夸张。我们这些亲临其境的人深有体会。

作为淮海战役支前总负责人的刘瑞龙，对此体会更深，付出的心血和劳动也更多。他在一篇文章中作了如下记述：“淮海战役的规模之大（我方参战部队60多万人，直接支前参战民工60多万人）、时间之长（65天）、战果之辉煌（歼敌主力55.5万人）都是空前的。”“这场战役的作战方式和情况的错综复杂，也是我军历史上少见的。因此，需要动用的人力之多和需要物资数量之大也是空前的，这在我军支前后勤的历史上是没有先例的。特别是当时我们还没有现代化交通工具，巨大数量的支前物资全凭人力畜力运输，当时支前的民工总计达到230多万人。”“从1948年11月6日到1949年1月10日，在严冬季节，支前民工有的来自胶东半岛，有的来自黄河两岸，有的来自江淮之滨，还有的从华北解放区来。”“他们长途跋涉，夜以继日地用扁担挑、小车推、大车拉、毛驴驮等方法把粮弹运到前线。下雪的时候，路滑难行，拉大车的牛腿断了，民工就拉着大车继续走。从胶东来的民工，身带一张狗皮，挂一个小瓢，推一辆小车，千里迢迢地把粮食送到前线，可自己却舍不得多吃一粒粮食。他们冒着飞机轰炸、炮火杀伤的危险，坚决完成任务。”从这些记述中，可以想见刘瑞龙作为全战役后勤总指挥，具有着多么非凡的组织领导才能，对淮海战役的胜利起着何等关键性的作用。

刘瑞龙工作非常认真、严格、缜密，即便在战火纷飞中，仍坚持每天记日记。后来我在他的日记中，看到在淮海战役中有关我的一些支前工作片断。例如：

1948 年 12 月 10 日记述：王光宇汇报豫皖苏三分区后勤工作："战役第一阶段，主要供给中野，东边供给华野。全区 12 个县，有 9 个县供给中野，3 个县供给 3 纵、广纵、冀鲁豫部队。29 日晚，9 纵、12 纵、8 纵、4 纵都过来，从 1 日到 10 日均就地供应。"

12 月 18 日记述：谢辉、王光宇汇报："运输力：西边 600 辆大车，黄口 550 辆大车，现已发到砀山为西线运粮。""今后屯粮：东边瓦子口存 300 万斤至 500 万斤。大吴集以够吃为原则。北边屯黄口，西边屯李石林。""只要敌人突围，所有小车都装上粮食，向打炮方向前进。""冀鲁豫粮来豫皖苏，即由豫皖苏接收，打收据给冀鲁豫，本身收粮票发粮。""包运：从砀山到古饶，2700 辆大车，1 车 1000 斤。""担架：4 分区 1 万，谢、王 1 万，华中 1 万，豫皖苏 1 万。"

12 月 28 日记述："特确定谢辉、王光宇办事处以 1 万辆小车、1000 辆大车运粮 300 万斤随军前进。"

1949 年 1 月 18 日记述："一早，在徐州，王光宇、许西连、郝炬同志来商谈战区善后，已埋敌尸体 8000 到 1 万具，收重伤俘 8000 余，歼灭黄维及歼灭杜、邱、李两大战场被双方炮火损毁村庄 200 余，重灾区灾民 20 万，房屋树木荡然无存，锅碗瓢勺都没有了，如何解决目前口粮及帮助灾民恢复生产是大问题。中原局批准拨救济粮 3000 万斤。拟要求华东拨盐 500 万斤。""华野从 1 月 20 日到 2 月 20 日，每人 1 天节约 1 两粮食计 100 万斤。""我（刘瑞龙）提了几点意见：通盘计划拟着重于救济，着重于外援，着重于行政解决，应以生产救灾、自力更生、发动群众为方……"

淮海战役中这些支前工作的往事，我未想到他在日记中竟保存下这么多宝贵的历史资料，也保存下他对我工作的指导、支持和关怀，更保存下我们战时的革命友情。

淮海战役后，豫皖苏区撤销，成立了皖北区党委。我于 1949 年 3 月初调任阜阳地委书记。这时渡江战役正在紧张地准备着。刘瑞龙在总前委领导下继续负责战勤工作。据他记述：渡江战役共动员和组织支前民工 178 万人，准备粮食 3 亿斤，准备渡江船只 2.117 万条，动员和组织随军南下民兵 18 个团、2 万余人，主要负责维护秩序和押解俘虏。这个工作量同样是十分繁重和艰巨的。我们阜阳地区也奉命相应地动员和组织了大批民工、地方部队和民兵参加渡江战役的支前工作，胜利地完成了任务。

六

在刘瑞龙领导下工作，和他长期相处，给我留下永生难以磨灭的印象。

我和刘瑞龙第一次面对面谈话，是1941年7月的某日。当时由华中局和新四军军部代表邓子恢主持，在淮宝县仁和集一个大树林内召开第四师军政委员会扩大会议，总结第四师和豫皖苏边区党委在津浦路西地区三年来的斗争经验教训。仁和集会议后，又在半城召开群众工作会议。我是作为直属区的代表去参加会议的。会后，邓子恢、刘瑞龙都分别找我谈过话，主要内容是要我做好直属区的群众工作。由于他们是高级干部，我对他们抱有一种敬畏感。可是具体一接触，感到他们都非常平易近人，态度非常谦和友善，完全没有高干架子。以后，和刘瑞龙谈话次数多了，感到与他更亲近了。他谈话循循善诱，诲人不倦，具有长者风范。

刘瑞龙的生活作风很俭朴，待人很热情。有时到他那里汇报工作，赶到饭时，他就随便弄点小菜，让我和他一起吃饭，边吃边谈，轻松自如，无拘无束。

他的群众观点极强，时时事事把人民群众的利益放在第一位。他经常教导我们说：建设巩固的抗日根据地，第一位的任务是发动和组织群众为自己的利益进行斗争，从人民群众最关心的问题入手，认真切实地实行政治经济的改革。他说：在土地革命时期，我们主要是没收地主土地，分给农民，发动武装起义；现在要着重搞“三减”（减租、减息、减税）、“三抗”（抗租、抗息、抗税），让人民群众得到实惠。他说：只有人民群众心向着我们，我们的根据地才能坚不可摧，因此，我们时时事事都不能脱离群众，就像鱼不能离开水一样。

他注重调查研究，喜欢同农民交朋友。他开调查会，和群众边谈边议，完全像拉家常一样，而且边谈边记，他的小本子经常记得密密麻麻。农民都喜欢听他讲话，因为他的讲话没有半点官腔，语言通俗、生动、幽默，内容都是贴近农民生产生活的，贴近群众利益的。

他工作扎实，作风严谨，苦干实干，求真务实，最反对说大话、说假话、搞形式主义一套。他的这种作风在他一生中一以贯之。他不但教育我们这些下级要恪守，对他的子女也是这样严格要求。1981年11月，他的女儿刘延东任中共北京市朝阳区委副书记，他写了一首长诗给她，其中有这样的警句："事事靠实干，不搞'客里空'。工作遇疑难，调研路自通。"我反复寻思：这不但是对延东的嘱咐，也是他自己一生工作的写照。

他具有崇高的革命理想和信念，他的理论政策水平也很高，但他从不满足，一生好学，孜孜不倦，探索不止。"文化大革命"中，他被非法关押5年，在狱中他重新通读《资本论》，写出30多万字的读书笔记，还比较系统地回顾与总结了新中国成立以来农村经济建设的经验和教训，写出了10多万字的农业论著。这都是十分难能可贵的。

刘瑞龙去世时，他的夫人江彤（也是我的战友），献给他的长幅挽联中有这样的话："耿耿忠心，铮铮铁骨，谱写了磊落生平"，"凛凛正气，荡荡胸襟，留几多激昂往事"。这同样反映了我的心声。

在纪念刘瑞龙诞辰一百周年之际，让我们后辈们以他为榜样，紧密团结在以胡锦涛为总书记的党中央周围，以邓小平理论、"三个代表"重要思想为指导，认真贯彻落实科学发展观，为建设中国特色社会主义现代化强国而努力奋斗。

一生怀念的领导人——刘瑞龙老部长

吴　振[1]

（2010 年 6 月）

在我一生中直接领导我并一起工作的同志中，刘瑞龙同志是我最敬佩和得到教益的一位。

我对他的深刻印象是：博学、勤奋、严己、厚人。

在中央农业部 8 年的相处中，我和瑞龙同志相互间的工作接触是比较密切的。当时，瑞龙同志是农业部第一副部长和党组副书记，因廖鲁言部长还身兼党中央农村工作部的常务工作，农业部的日常工作都落在瑞龙同志肩上。

瑞龙同志因担子重、工作忙，常常是下班时带着一包文件回家，夜以继日地办事，而清晨又早早起来埋头桌案继续工作。他工作的勤奋是大家都知道的。

1954 年 6 月到 8 月，我曾随瑞龙同志到四川、云南、贵州、广东调查研究，为时两个多月。瑞龙同志直接到农村农户、农业院校、基层农业技术推广单位开座谈会、听汇报、详细了解风情物象，农林牧副渔全面情况，获得了许多基础性的材料和知识，弥补了农业部对西南和广东等地农业情况比较生疏的缺陷。瑞龙同志冒着酷暑、顶着烈日，一身大汗，不怕辛劳的工作精神非常令人感动。

20 世纪 50 年代，农业工作已开始全面建设，这一期间瑞龙同志抓了一系列的建设性工作，为中国农科院的成立、农业出版社的组成、全国农展馆的建设等付出了心血。

建国初期，从事农业工作的干部队伍，多为工农干部，缺乏农业科技知识。为了尽快地补上这一弱点，刘瑞龙同志创办了农业行政干部学校并亲自兼任校长，以处科级干部为培训对象。学校办了 5 年，培养了大批农业行政干部和专业技术干部。可惜的是 1958 年那股浮夸风，使讲授农业科技知识无法正常进行，学校夭折了。

---

① 吴振（1922～　），1938 年加入中国共产党。曾任河北省阜平县县长，华北人民政府秘书室主任，农业部农政司副司长，农业部副部长，天津市委书记、副市长、市政协主席，天津市人大常委会主任等职。

瑞龙同志还非常重视农业书刊的出版发行，在他支持下成立了农业杂志社，编辑出版《中国农报》、《农业技术》、《中国农垦》等几种半月刊。其中《中国农报》作为农业部的机关刊物，由瑞龙同志亲自审阅定稿。这些刊物传达了党中央国务院的方针政策，传播了农业科技知识，交流了各地经验，受到基层干部和群众的欢迎。

刘瑞龙同志还组织编写了一整套农业技术基本知识读本，分册出版。其中有土壤专册、肥料专册、农田水利、粮食作物栽培、棉麻糖作物栽培、蔬菜果树栽培、畜牧兽医、植物保护、农业机具等共20多种，后又出了合订本。这些读物理论联系实际，浅显明了，发行量相当大。

瑞龙同志很关心农业部机关工作人员的学习和提高。他经常给全体工作人员作报告，讲当前形势和任务，传达中央的指示精神，部署机关的具体工作，使机关干部在政治思想、业务才能和工作作风上都有提高。直到现在一些当年的老同志还常常念起老部长作报告的热烈场面。

刘瑞龙同志关心干部，要求严格，但待人宽厚，四海一家，不分亲疏。个人艰苦朴素，没有任何特殊化。他身上有很多突出的优点，是我终生学习的榜样。

追忆刘瑞龙老部长*

——在纪念刘瑞龙诞辰一百周年座谈会上的讲话

相重扬[①]

（2010 年）

今天我们在这里召开座谈会来纪念刘瑞龙老部长，是一件非常好的事。我 1957 年由高教部转到农业部，1960 年刘部长就离开了农业部，当时我只是一般干部，与刘部长接触的时间比较短，也比较少。但从刘部长的一生来看，他革命了一辈子，工作了一辈子，勤勤恳恳，亲自做工作，艰苦奋斗，我觉得这一点应该充分地肯定。今天我们召开座谈会，不可能把刘部长的一生都回忆到，但是通过我们怀念、思念，相信会得到很多的启示。

刘部长早年就参与组建了苏北红军——红十四军（现在党史很少提及），领导起义暴动，当时年仅 20 岁。直到后来去世之前他还在改稿子，他是真正革命了一辈子，从这一点看，他为我们后人留下了一个很好的典范。刘部长当时作报告不用稿子，讲话生动活泼、合情合理，而且资料很多，引经据典。比如说讲生产情况的部署，各个地区当前的生产情况存在的问题，都一清二楚，而且讲清到底怎么办，不像我们现在拿个稿子，说几个“千方百计”，不是这么一回事。所以说我们怀念老同志，纪念他的丰功伟绩，同时给我们后人留下很多的思考和启示。这是第一点。

第二点，我当时从高教部过来，老实说，从高教部过来的同志们都不愿意，为什么不愿意？当时中央的精神是“教育与生产劳动相结合”，所以就把我们从高教部农业卫生司全都搬过来了，那时候农业部管不了高教部，大家都有情绪。刘部长亲自作报告，解释为什么要这么做，管农业的人不懂农业，管农业的人不懂农村，管农业的人不懂农民，怎么管理农业？当时成立了高教局，为了安顿这部分干部的情绪。后来高教局才和教育局合并。他耐心做思想工作，当时开展“三勤下放”，做思想工作很不容易，刘部长亲自到农大去作报告，既做思

* 本文是在纪念刘瑞龙诞辰一百周年座谈会上的发言，根据录音整理。

① 相重扬，农业部原常务副部长。

想工作，又做具体安排。而且他在农业教育中注重实践，这一点现在来讲也很重要。现在管理农业的人不懂农业的太多了，不懂农村的太多了，不下农村的太多了。

第三点，刘部长有很好、很严谨的工作态度、工作作风。口问笔录，笔记本不知道记了多少本，这是一笔宝贵的财富。“文革”以后，当时我在教育司，多次被刘部长叫到家里讨论工作。一次是研究“八字宪法”，把我找去了，我和刘部长对问题挨个进行讨论。他问我教育司的情况，逐字逐句地问，有的我都答不上来。另外，20 世纪 50 年代的时候，刘部长当时作为常务副部长，做了很多具体的工作。他很注重统一战线，农业部吸纳了很多民主人士，相处得很融洽，工作也做得很好。

纪念刘部长，怀念他的功绩、他的品德，这是一笔宝贵的遗产，我们后人也应该从中得到很多的启示。

纪念刘瑞龙同志百年诞辰

施　平①

（2009 年 12 月）

一

瑞龙同志是一位我党马克思主义的杰出高级领导人，学问渊博，特别是在农业方面：农民运动、农业生产、农村建设、农业科学技术、农业教育、农业理论等各方面，都作出了卓越贡献，是党内外公认的农业专家、里手。他的高尚品德、作风和对干部的关心爱护，给我们留下了永远学习的光辉榜样，他像一棵百年青松，永远留在我们心中。

瑞龙同志是江苏南通人，1910 年生，1926 年加入共青团，1927 年入党，任南通县特别支部书记，1929 年任江苏省委委员、南通县委书记，在南通东乡发动农民暴动，成立苏维埃政府，实行土地革命，组织和领导中国工农红军第十四军。由于立三路线的错误，革命失败，旋赴川陕革命根据地，任红四方面军政治部宣传部长，参加长征到延安。1939 年从延安随少奇同志到华中建立敌后抗日根据地，任苏皖边区军政委员会书记、淮北行署主任。是华中根据地主要创建人之一。

我初识瑞龙同志是在 1945 年，我送苏中根据地减租减息后农村情况的调查总结报告到华东局，受到他亲切接见。稍后，他到苏中召开土地改革会议，贯彻、部署中央“五四土改指示”。会议进行了二十几天，深入细致地讲解、学习，从减租减息联合地主阶级抗日转变为没收地主阶级土地、消灭地主阶级、消灭封建土地制度、平分土地、实现耕者有其田的伟大革命的理论方针、政策、策略、方法等问题，都很复杂。每个工作者都必须深入彻底地掌握，所以花了

① 施平（1910～　），1931 年 2 月就读于南京金陵大学，同年 9 月，入浙江大学农学院森林系。1938 年加入中国共产党。曾任中共浙江和县工委书记，中共庆元县委书记，中共苏北党委青委书记。新中国成立后，任中共中央华东局青委副书记，北京农业大学党委书记、副校长、代校长，华东局农村工作办公室副主任，华东师大党委书记，上海市人大常务委员会副主任等职。此文是施平于 2009 年 12 月，99 岁高龄时亲自撰写的。

这么多时间。实际上是办了个土改问题训练班。瑞龙同志作了多次报告，并和大家一起讨论。直到大家对问题都清楚掌握，才结束会议。鉴于战争环境，瑞龙同志提出了一个行动口号“一手拿枪、一手拿算盘”，战事和土改二者紧密结合，战事来了，抓紧战事，战事之间的空隙出现了，立即进行土改，两只手都要硬，贯彻始终，不能偏废。这个“训练班”，保证了苏中地区土改工作的顺利进行，没有出现过大的偏差。

解放战争期间，瑞龙同志任华东野战军第二副参谋长兼后勤司令兼政委。淮海战役中，组织和领导了几百万民工大军，随部队行动。不论狂风暴雨，天寒地冻，及时完成后勤供应，对淮海战役的伟大胜利，起到了重要的保证作用。瑞龙同志发挥了杰出的组织才干。

解放战争胜利、新中国成立后，瑞龙同志任华东局农委书记、华东土改委副书记，领导华东新解放区土改工作，领导了华东地区的农业生产建设工作。

随着全国解放，战争转向和平，医治战争创伤、恢复和发展生产，是当务之急。1953 年中央调瑞龙同志到中央农业部任常务副部长兼党委副书记。

瑞龙同志对恢复和发展全国农业生产，有深入远见的一套考虑和设想。他在 20 世纪 50 年代前期，提出了一个通俗易懂的口号：“先吃饱、后吃好。”这是恢复和发展生产的两步走部署。先解决饥饿问题，饥饿问题解决了，然后才进一步迈上“吃好”的阶段。“吃好”不仅是说饭吃得好些，而且是指要逐步建立起现代化的社会主义农业，要使农民富起来。这个恢复、发展的两步走政策，也显示了瑞龙同志一贯的从实际出发，实事求是的品德和作风。为了建设现代化农业，他求知若渴，惊人地刻苦钻研现代科学、农学；同时他还研究、总结中国农民几千年积累下来的传统农业生产理论和经验，把古代和现代结合起来，不否定、不轻视中国自己的农业文化。后来瑞龙同志成了“中国农学史”专家。这是他的独特成就。他通过刻苦学习，深入掌握了现代科学知识，在此基础上，起草了《全国农业发展纲要》（草稿）和《第二个五年计划期间农业建设方案》（草稿），撰写了《农业增产八项措施》等。后来更悉心研究“土壤学”，特别研究和掌握苏联土壤学权威威廉斯的土壤学学说。他领导了全国第一次土壤普查。土壤普查，是建设现代化农业的一项必要的基础工作。西方先进国家对一块块的农地，都有土地科学调查档案，根据调查结果，可以了解什么地上可以种植什么，不能种植什么；可以知道土壤中含有的肥料情况及量的多少。植物对吸取养料有一个“最小限量定律”。各种作物的需肥种类不同，不需要的施下去是白费，甚至起不良作用，需要的肥料施多了也是浪费，所需要的肥料种类中若缺少一种，则作物就不能生长或生长不好。一个农家、一个农场，不了解土壤肥力情况，盲目施肥，将造成不少经济损失。算一算全国农地，不懂施肥规律将有多大浪费和损失。整个国家的土壤概况调查，是国家农业规划发展的根据。一块块的土壤调查必须由土地所有者、耕种者进行。瑞龙同志领导全国土壤普查，宣传和提倡土壤调查，为我国农业现代化建设做了一个基础工作，是对农业建设和发展的一大贡献。

二

1953 年 10 月，我调到北京农业大学（现中国农业大学）工作。北农大属于中央农业部，（党的领导属于北京市委，教育系统属中央高教部）故我直接接受了瑞龙同志的领导。

北京农业大学，是新中国成立后建立的，以原北平大学农学院为基础，合并燕京大学、清华大学农学院及老解放区华北大学一部分组成；并从全国挑选了一批学术水平高、教学经验丰富的著名教授到校任教师，一级教授达 10 人，这在当时全国高等学校中是少有的。这是中央在建设部署高等教育特意成立的四个重点大学（北大、清华、北师大、北农大）之一。这所大学的任务除本身要培养高水平的农业科学技术人才外，还要带动全国各高等农业院校的教学、科研工作。

我到学校前，由于有些领导同志把学术问题和政治问题混淆在一起，粗暴地打击了教师，造成党群之间，主要是党和教师之间的隔阂。这一状况亟待解决。

农业科学的基础是生物学，生物学的基础是生物遗传学，遗传是否有遗传“基因”，是个学术问题。但是在苏联，对于创立“基因”学说的孟德尔—摩尔根学派持完全否定的态度，并称之为伪科学，把遗传“基因”喻为唯心主义的“上帝”，武断宣布该学派是唯心的、反动的，为资产阶级服务的，只有否定“基因”存在的苏联米丘林—李森科的生物学理论，才是真正的生物科学，才是唯物主义的，为无产阶级服务的。因为斯大林亲自插手这一争论，他肯定了米丘林—李森科的上述结论，所以在苏联，只有米丘林—李森科学说是合法的，不赞成这一学说的人，就被戴上反革命的帽子，加以逮捕、坐牢、惩处。在“组织社会主义全线进攻的总路线”运动中，提出了“为自然科学的布尔什维克化而斗争”、“反对向资产阶级投降”、“在马克思主义方法论基础上改造自然科学”等口号，坚持孟德尔—摩尔根理论的、苏联遗传学的奠基人，国际有名的生物科学家，全苏植物和植物育种研究所所长、全苏农业科学院院长，苏维埃政府中央执行委员会委员瓦维洛夫，因坚持摩尔根遗传学被投入监狱，死于监狱。许多有关知识分子、学者受迫害。新中国成立后，我们对建设社会主义国家没有经验，只有苏联老大哥是我们的榜样。我们提出“全面学习苏联”，在农业科学方面也提出“全面学习苏联”。当时农大的某些领导同志就接受了苏联传来的米丘林—李森科的生物学理论，否定孟德尔—摩尔根遗传学理论。在改革教学中，开设“新遗传学”（米丘林遗传学）为必修课，停开“旧遗传学”（摩尔根遗传学）以及相关的课程。同时，把全校十个系划分为“生产系”与“非生产系”。一时有的所谓“非生产系”（如植物病理）几乎没有学生了，全校教育秩序为之打乱。农大的老教授都是从英、美、日等西方国家学习归来的，是博士、副博士，有很高学问，有的在专长方面已作出重大贡献，有的在国外已很有名气。他们都是摩尔根生物学派的学者。在这种情况下，原北大农学院农艺系主任，遗传学家被迫出走，去了美国，老教授人人自危。这场农大危机，引起了党中央的高度重视。根据毛泽东主席、周恩来总理的批示，教育部派出以部长钱俊瑞为领导的调查组，在经过两个多月的调查后，教育部对此作出了妥善的处理。教育部调来中国著名的农业经济学家孙晓村（民主建国会的秘书长）兼任校长。但学校中米丘林学派与摩尔根学派冲突的问题没有得到解决。负责学校的政治思想工作的，是北京市委领导的市委大学工作部的负责人。根据中央提出的“全面学习苏联”的原则，他也是倡导米丘林遗传学派和反对摩尔根学派的，因此，学校的党委负责人和一些党委干部、党员，还是继续推行原来的米丘林遗传学以及遗传理论问题和学校的党群关系问题的做法。

我到学校后，由于我是党委书记（先是党组负责人）又是行政上的副校长，孙晓村校长要我抓紧负责解决这个问题。

我了解到学校内的学术思想问题、党群关系问题、党团结知识分子问题，矛盾斗争已处于尖锐激化的状态。小麦育种、栽培学专家蔡旭教授，培养出了小麦新品种，可以防止北方地区流行的使小麦严重减产的小麦锈病，还能抗倒伏、增产。但由于农大的某些同志及市委有关领导同志拘于苏联的说法，认为这是唯心主义的产品，不准陈列展览，不让农民参观，更不准推广，甚至还要批判。蔡旭教授出于无奈，只好说他拥护米—李学派。然而，这不但未能减缓压力，反而增加了一顶更危险的帽子——“披着米丘林的外衣反米丘林”，蔡旭被压得痛哭流涕，他夫人气急地对他说：“放把火把田里麦子都烧光算了！”农大某些同志及市委有关领导的这种做法，引起绝大多数教师的反感。学校教务长，有名的植物病理学家沈其益教授，来向我诉说时，激动得热泪盈眶，要求尽快解决这个问题，否则，他认为学校就难以办下去了！我想，“唯心”还是“唯物”，要由成果来检验，既然蔡旭教授小麦新品种能抗锈、抗倒伏、增产，不但在实验田中得到证明，而且农民已经种了一批这种小麦，收到好效果，他们喜欢这个品种，那么就是真科学，不是“伪科学”。学校党的领导采取如此粗暴的态度，是很不应该。但在“全面学习苏联”的热潮中，《人民日报》还刊登了反对摩尔根学派，支持米丘林—李森科学派，像苏联一样给前者戴上唯心、反动、为资产阶级服务、伪科学帽子的文章。这等于是中央的正式表态，岂可反对？怎么办才好？于是我到农业部找瑞龙部长，把学校情况仔细讲了，也讲了处理的困难，向他汇报请示。瑞龙同志对学校情况已有一定的了解。他的主要指示是：毛主席说过，学习苏联，不能全部照搬照套，要结合中国实际有所取舍。我们聘请来的苏联农业专家说：蔡旭的成果，只是一种偶然机会碰到的，不是按真正的生物科学获得的。各地区的党委领导人，大多不懂农业科学，更不懂什么是生物遗传学，只是在“全面学习苏联”，“一切按苏联老大哥的办法办”的号召下，作出的结论和行动。唯心还是唯物是要由实际成果来判断。蔡旭培育出的新小麦品种，既已在实验田和农民的大田中得到了抗锈、抗倒伏又增产的效果，农民还要求推广种植，那就说明是唯物的，不是唯心的。他要我根据这个精神，很好地处理好这件事。并指出，这不只是北农大一个学校的问题，现在全国农业院校和有关大学都存在着这个问题。这是生物学、医学及许多其他科学的根本问题。

刘部长的这个指示太重要太及时了，表明了他对这个问题已作了很深入的思考，也一定考虑到发表这样的意见，指导农大的做法，对各方面的影响和反应，他才有可能有魄力作出这样指示。当时社会上流行着“反苏就是反革命”，“反苏就是反党”的传言和压力。在这样的浪潮中，作出这样的正确结论，不怕被戴上“反苏”的帽子，充分证明了刘瑞龙是我党杰出的、高水平的马克思主义的领导人。

根据瑞龙同志的指示，先在学校党委和党员中进行宣传。党内思想基本统一以后，抓紧解决实际问题：召开了教师大会。在大会上，犯过错误的干部作自我检讨，向有关老教师赔礼道歉。有关老教师也作了发言，对自己讲了过头话，做了过头事的，也作了自我批评。学校还决定了蔡旭担任了农学系主任，主持全系的教学和科研工作，老教师被停掉的课程恢复开课。自此，党群隔阂的关系问题得到解决，学校秩序走上了正轨。在解决问题的过程中，瑞龙同志几次亲自到学校了解情况，及时作出指导。但学术问题，直到以中宣部为主召开的有名的青岛遗传学座谈会上，在“双百方针”的基础上才得到彻底的解决。

遗传学问题的解决，对国家自然科学的发展，对我国的生产建设问题，对我们国家在国际上的威望，都有着重大影响。例如：在国际上获得“杂交水稻之父”殊荣，获得8次国际国内的各种荣誉奖，1981年6月获新中国成立以来唯一的特等发明奖的袁隆平，是经过10年艰苦卓绝的努力，和在多方面有关项目研究的配合下，他的愿望才能最终实现！杂交水稻在党和人民的期望中诞生了，开始推广种植了。1975年，全国示范种植5600多亩；1976年示范推广208万亩；1989年杂交稻种植到2亿亩，占水稻面积的41.7%，而总产量占51.4%。从1976年到1989年，14年来全国累计种植杂交稻面积14.56亿亩，累计增产稻谷1000多亿千克，增加总产值300多亿元，取得了巨大的经济效益和社会效益。袁隆平并未到此为止，他力求高产再高产，1998年又获得此品种间杂交稻，增产高两三成。每公顷产量都在12000千克以上。2000年，按袁隆平预计，他的亚种间超级杂交稻将在3年内应用于生产，并在21世纪初大面积生产中发挥巨大的增产作用。从袁隆平科研的发展是应用了摩尔根遗传学的巨大成果来看，可见正确科学理论、技术的掌握和运用多么重要，也可见瑞龙同志的意见，是对国家建设的一个重大贡献。

三

瑞龙同志对高等农业院校的建设也作出了重大贡献。

新中国成立后，建立的北京农业大学，是在国民党时期的北平大学农学院校址上建立的。北平大学农学院的前身，是满清末年建立的京师大学堂农科大学，校址在复兴门外罗道庄。罗道庄当时还是北京郊区农村。北农大初期只有几排破旧的平房，连图书馆都没有。解放后，这里新建起大批政府机关和军事机关，学校被挤得好像连站立的地方都没有了，更不要说试验场地了。因此农业部决定搬迁到新址建校。我到农大后，首先要做的事，就是找校址建新校。瑞龙同志对于新建校事很重视，认为建立一座国家重点大学的校舍，是一个百年大计，一定要建好。他高瞻远瞩地衡量了学校的近期和远期的发展，有的问题还同北京市委和中央高教部商量。第一个问题是校址迁到哪里？瑞龙同志提出的原则是：在北京的远近郊之间，有较好的学习环境、土壤也要比较好，好做试验农场，最好附近还要有一个国营农场。据此，后来找到了颐和园附近的马连畦。这里是满清皇帝圈占给他的卫队正黄旗的住址，地势较平而土质肥沃，西面靠山区“望儿山”。它的历史故事是宋朝佘太君瞭望北方战场上被打散、牺牲的儿子——杨家将。学生看到“望儿山”会引起历史幽思，受到启发和教育。马连畦西边还有一个属于农业部的大型西郊国营农场，便于学生实习。这里也和北平八大学院遥相呼应，便于联系，科学信息灵通，便于学术交流。校址确定后，花了两年时间，建成了井井有条的校舍。有教学、行政主楼，农学楼、植保楼、畜牧兽医楼等等，在教学区还有一个较大的图书馆，有学生宿舍区、教职工宿舍区，有大学附中，为大学培养较高水平的后备生。连着校舍，有10000多亩的农场、实验田。按农业部、高教部的要求，实现了这所全国规模最大、科学体系完整、设备先进、教师水平最高，掌握着国际先进成果、人才齐全的国家重点大学。

农业部、瑞龙同志十分重视科学研究工作，认为提高教学水平和为对国家、对农业科学、农业教育作出创造性贡献，必须大力开展科学研究工作，把教学和科学研究紧密结合起来。科学研究，是发明创造的根源。学校的科研工作，应成为国家科学研究基地之一。国民党时期的大学，没有科学研究的要求，只有少数教师按照自己的兴趣，做些个人的研究工作。国民党统治时期，中国还是半封建、半殖民地性质的国家，没有什么国家要研究科学、创造发明的想法，要用什么就向资本主义国家专买。所以从大的方面来说，发展科学研究，有独立自主的科学研究体系、不断出现创造发明成果，无论精神的还是物质的，都能自创自用，这样的国家，才是真正独立的、屹立于世界的现代化国家。瑞龙同志发展科学研究的思想，正是新中国成立后复兴国家必须走的伟大道路的思想。邓小平说：科学技术是第一生产力，理论的依据就在于此。北京农业大学于1954年就成立了“科学研究部”，与“教务处”、“总务处”的行政地位相同，组织领导全校的科学研究工作。当年就有55%的教师（133人）参加了科学研究工作，科研项目109项，比科学研究部成立前的1953年的41项增加了一倍多。著名教授戴芳澜、黄瑞伦、陈锡鑫、蔡旭等成为各自学科的科研带头人。全校科研出现一片蓬勃发展的兴旺气象。1955年1月举办了第一次全校性科学讨论会，全校作报告的共有19人，中央、北京市有关单位都派人参加会议，人数达2191人。1956年2月举办了第二次科学讨论会，1957年4月举办了第三次科学讨论会。瑞龙同志出席了会议，还作了重要报告，高教部副部长周建人也出席第二次会议并作了重要讲话。农大的科学研究的创立和发展，在有关单位，引起很大震动，也推动了他们的科学研究工作。

1954 年，农业部、瑞龙同志将部直接领导的“华北科学研究所”（即今天中国农科院前身）与北农大全面合作，并订了“研究协议书”，正式签字实行。后来更进一步，中国农科院植保、畜牧、原子能 3 个研究所和农大建在一起，农大著名教授沈其益、周明祥、林传先、汤逸人分别担任所主任；农科院原子能所所长徐光人则兼任北农大物理气象系主任。蔡旭、叶和才还分别担任了农科院作物育种栽培、土壤肥料研究所副所长。学校除了与农科院合作外，还与中国科学院与农业有关的研究所进行合作研究。

瑞龙同志的科学思想，还具有先进性的、超前的意识。如瑞龙同志推动成立研究所对“原子能在农业上应用”的课题进行研究。“原子能”在 20 世纪 50 年代初还是刚发明的非常新的一门科学，他就敏感地抓住，成立研究所进行研究。这不但在国内是开头，据来华的苏联专家说，他们的农业院校都还没有开创这个项目。瑞龙同志开创原子能研究的思想和实践，还起到了另一个重要的作用，即科学研究不能只是紧跟在先进国家的屁股后头赶，更重要的是抓创造性的研究，取得在国际上创新的成果。这个思想直到 20 世纪末新世纪初才逐渐普遍被提出，近 10 年左右，我们已尝到了创新的甜头。

北农大与中国农科院的合作，不断加深、不断发展。著名摩尔根遗传学家鲍文奎，用小麦和黑麦进行了远缘杂交，获得高产杂交优势，然后使用杂种染色体加倍的方法，克服其不育的问题。这是典型的摩尔根遗传学方法。四川农科所在“用米丘林方法改造生物科学”的过程中，决定取消鲍的研究，并派人毁掉他地里的杂交材料，对鲍给予了严厉的批判和打击。瑞龙同志和农业部另一副部长杨显东支持鲍的研究，把他调到北京中国农业科学院。农业部划拨了 10000 多元的经费，用以购买他需要的实验设备；农大则聘请他兼职农大教授，为他提供了试验田和农艺工人，还修建了百余平方公尺的温室，使他的“多倍体工程”得以继续研究。北农大和农科院这样紧密合作，保护了鲍文奎，执行了党的知识分子政策，保护了摩尔根学派的研究工作，也以实际行动批评了四川农科所及全国那些拿着米丘林棍子打人的人。

为了农业科学教育全面向苏联学习，中国请来了大批有关苏联专家。1950 年初，农大聘请了苏联专家来讲学。我到农大后，继续聘请苏联专家。按不同课程，前后共聘请 23 位苏联专家。这不光是为了北农大，而是面向全国高等农业院校及有关单位。农业部、农大分门别类开办了一个讲习班，除农大教师外，全国农业院校教师、有关部门的专家、学者和工作人员，也前来参加学习、讨论，前后共达1471人，对提高全国农业院校的教学质量和学校的建设水平，都起到了有益的作用。1956年8～12月，瑞龙同志率中国农业代表团出访保加利亚、波兰、阿尔巴尼亚、苏联四国，吸取了他们农业、农业教育方面的成功经验，应用于中国实际工作中，取得了很好的效益。

瑞龙同志很注意提高干部科学知识的水平。“大跃进”运动的失败与干部缺乏农业科学知识有很大关系。毛泽东说，大家要学点农业科学知识。瑞龙同志认为这很重要，但是从何学起？大本的农业科学书，一般干部看不懂，看不进去，也没有时间看那些厚本的书，但是要让干部学点农业基本知识太重要了。高产风能刮起来，与干部缺乏农业知识有关，一定要解决干部学点农业基础知识的问题。后来，他决定出一套农业基础知识的小册子，让一般干部能读懂。于是，在他亲自主持下，编了一套共八本农业基本知识的小册子，由农业出版社出版发行：（1）植物学；（2）动物学；（3）生物学；（4）农艺学；（5）园艺学；（6）土壤学；（7）畜牧兽医学；（8）植物病理学。这套书发行后，反映很好，满足了一般干部的急切要求，这也是瑞龙同志的一大贡献。瑞龙同志对农大的工作抓得很紧，除了听取我们的汇报外，还常常亲自到农大来了解情况，给师生作报告，及时解决农大提出的问题。

瑞龙同志平易近人，和蔼可亲，处事安定，思想深邃。他听取汇报，不但耐心，而且详细记录。他的视力和听力一直很好，记录用蝇头小楷。他对这些记录都妥善保存着，即使在战争环境下，也都放在箱子里，由运输员挑着跟他走。他十分爱护干部、关心干部的疾苦，帮助解决他们的困难。以我自己为例：1959年在批判“右倾”，批判彭德怀右倾机会主义运动中，我被市委点名批判，被戴上“右倾机会主义分子”的帽子，并受到撤销党内外一切职务的处分。可以想象我受到了多么严重的打击，我一时陷入了痛苦和彷徨中。这时瑞龙同志伸出手来安慰我，援助我，把我调离学校到农业部机关，到农业教育局做一般工作，主要是调查各地农村扫盲情况，总结扫盲经验，提出报告。我能继续为党为人民做工作，心绪就平定了。我积极工作，做出了一定成绩。1962年2月（党的七千人大会后）得到平反，被摘掉右倾机会主义帽子，重新分配工作。之前，瑞龙同志已调到上海中共中央派出机关：中共中央华东局，任农村工作办公室主任，稍后改为农村工作委员会，任书记，华东局党委委员。我给瑞龙同志写信，要求到华东局农办工作。瑞龙同志很快就通知我，华东局已批准了我的请求，调我到农办任副主任。1962年5月我全家返回上海。我开始从事这一新工作。我深深感谢瑞龙同志的深切关怀和保护。他关心和爱护干部，是我学习的又一个榜样。

“文化大革命”中，瑞龙同志受到了残酷迫害，被关到监狱中达5年之久，身心受到极大摧残。但他在监狱中，仍继续考虑发展农业的问题。他利用“放风”的时候，捡拾破旧纸、香烟盒之类，写下他的研究心得。出狱后，他整理这些研究心得，写成了《农业“八字宪法”浅说》一书。这样的毅力，不是一般人所具有的。

写完《农业“八字宪法”浅说》后，瑞龙同志继续研究有关农业理论的各方面问题，继续研究中国农业史和中国几千年的农业生产经验（之前，他已经成为众所周知的中国农业史专家），撰写出了《从传统农业到现代农业》一文。1988年5月，他78岁高龄还到广州主持“全国农业技术讨论会”，用他撰写的这篇文章参与讨论。终因劳累过度，突发心脏病，抢救无效，于5月25日22时40分逝世。这是党和国家的一大损失！

深切缅怀刘瑞龙伯伯

陈小津①

（2010 年 8 月）

2010 年 10 月 3 日，是我父亲陈丕显的亲密战友、我非常敬仰的父辈革命家刘瑞龙伯伯诞辰一百周年的纪念日。随着这一特殊时刻的到来，我对刘伯伯的思念也与日俱增。他的音容笑貌，以及两位父辈之间倾心交往的诸多往事，又无比清晰地浮现在我的眼前。

刘瑞龙（左）与陈丕显

① 陈小津（1944～ ），1968 年毕业于上海交通大学船舶设计与制造专业。历任中国船舶工业总公司副总经理，中国船舶工业集团公司总经理、党组书记，中国船舶工业股份公司董事长。

父亲去世后，我整理他的遗物，从中发现了他生前精心保存的两张照片。一张摄于1952年，当时父亲刚刚调到上海工作，刘瑞龙伯伯因身体欠佳住进华东医院，父亲去看望他，两个人留下了这张珍贵的合影。照片上，刘伯伯（左）身穿华东医院病号服，父亲很亲密又很随意地将右肘搭在他的左肩上，两个人都露出很开心的笑容。在我的记忆中，父亲与战友照相时勾肩搭背的并不多，可见两人的关系非同一般。另一张照片，是父亲1990年于中南海增福堂住处与刘瑞龙伯伯的女儿刘延东的合影。当时，刘延东像女儿一样轻轻搀扶着满头白发的我父亲，她面带微笑，而我父亲则一脸的慈祥，看得出他与老战友的女儿一起照相很高兴。

陈丕显（左）与刘延东

有感于父亲对刘瑞龙伯伯的浓厚情谊，我将父亲与刘瑞龙伯伯父女两代人的合影照片一并收入我的回忆录《我的"文革"岁月》①，首次公之于世。

刘瑞龙伯伯和我父亲一样，早在年少时期就投身革命，历经了血雨腥风的战争环境锤炼。1929年，刘瑞龙伯伯被派往江苏通、海、如、泰地区领导开展农民运动。② 通过打土豪、分田地，广大农民的革命激情迅即被点燃。刘瑞龙伯伯作为该地区的核心领导成员，又投入创建中国工农红军第十四军的工作中。

① 详见该书的第162～163页。

② 通、海、如、泰地区亦简称通、如，主要包括当时的南通、海门、如皋、泰县、启东、靖江、东台等广大地区。

这是江苏第一支工农武装。红十四军所在的如、泰革命根据地，是土地革命时期红军游击区之一。虽然红十四军坚持的时间不是很长，但对当时及后来的革命斗争产生了深远的影响。

抗日战争时期，父亲奉命跟随陈老总从皖南到苏中参与创建敌后抗日根据地。刘瑞龙伯伯则战斗在皖东北，参与领导巩固发展淮北抗日根据地，坚持敌后抗日游击战争。当时，虽然苏中地区的对敌斗争异常艰苦，既面临着设在南京的日本侵略军总部和汪精卫伪政府的残酷“扫荡”、“清乡”，还面临着国民党顽固派的疯狂“围剿”，但苏中根据地还是很快建立并发展起来了。究其缘由，除了有党中央和毛主席的正确领导，还因为这一地区在土地革命和红十四军武装斗争时期形成了很好的革命基础，保存下来大量的革命火种。可以说，苏中根据地之所以能够迅速发展、壮大，刘瑞龙伯伯功不可没。

在解放战争时期，刘瑞龙伯伯担任华东野战军第二副参谋长兼后勤司令，我父亲任华中工委书记。在支援前线、后勤保障方面，父亲在刘瑞龙伯伯的直接领导下开展工作。在著名的淮海战役中，刘伯伯在总前委的领导下，充分施展了宣传和组织群众的杰出才干。他领导的华野后勤司令部与中原野战军后勤司令部的其他负责同志一道，与华东、华北、中原三大解放区各级党政军机关密切配合，动员和组织起几百万人浩浩荡荡的民工队伍，奋勇地支援前线，以独轮手推车和担架，为作战部队运送弹药、粮草和抢救伤员。这一卓有成效的群众组织工作，不仅保证了历时66天威震中外的淮海战役的伟大胜利，同时也为百万大军横渡长江天险的渡江战役准备了充分的物质条件。正如陈毅元帅所说：“淮海战役的胜利，是人民群众用小车推出来的!”而这些小车与刘瑞龙伯伯的组织是密不可分的。

解放后，刘瑞龙伯伯与我父亲都曾长期在上海工作。刘伯伯担任过中共上海市委秘书长、中共中央华东局农委书记、中共中央华东局农委主任等重要职务，父亲则多年担任上海市委书记。在长期革命生涯中，两位父辈革命家始终同呼吸、共命运、同生死、共患难，结下了深厚的革命情谊。

“文革”中，父亲很快被打倒，身陷囹圄达 8 年之久。刘瑞龙伯伯也成为“四人帮”重点迫害的对象。张春桥曾多次交代手下，说什么刘瑞龙是个“大坏蛋”，一定要把他抓起来。记得在 1968 年的夏天，“四人帮”爪牙在全市散发海报，说要召开批斗大会，批斗对象是华东局的老一辈领导。父辈们被关押后，我们只能通过这种批斗会才能与他们见上一面。那一天，我和魏文伯的孩子魏晓台，韩哲一的孩子韩烽火都去了批斗会的现场，挤在人群中间。批斗会结束之后，造反派们耀武扬威地押着魏文伯、韩哲一、刘瑞龙等从人群面前走过。当他们经过我面前时，刘瑞龙伯伯突然脚下一绊，一个趔趄，差一点儿摔倒。我马上上前一步，弯腰顺势一把扶住了他。旁边的造反派狠狠地瞪着我，我对他们睬都不睬。

刘伯伯被“四人帮”关押、迫害了5年时间。关押他的地方是上海劳教所，我母亲也关押在此。“文革”中，我前去探望母亲，也常常借机打听刘伯伯的情况，盼望他早日获得解放。1971年林彪摔死在温都尔汗的九一三事件发生后，长期被“四人帮”迫害的老干部们的境况开始得到改善。在一次会议上，周恩来总理特意提到：创建和领导了中国工农红军第十四军的领导人刘瑞龙同志现在哪里？由于周总理的亲自关心和过问，“四人帮”才不得不释放了刘伯伯。

刘瑞龙伯伯不愧为卓越的无产阶级革命家。从江苏南通到陕北延安，从豫皖到苏皖，从上海到北京，祖国的大江南北，到处留下了他清晰而凝重的足迹；中国人民的解放事业，留下了他为之奋斗，矢志不渝的坚定信念；在社会主义建设和改革开放伟大历程中，留下了他的智慧和汗水。刘伯伯几十年的革命历程，特别是创建和领导中国工农红军第十四军、在淮北创建抗日根据地的光辉历史，已经成为中国革命史和中国共产党党史中不可或缺的重要组成部分。

以史鉴今，资政育人。作为中共文献研究会和中共党史人物研究会的副会长，我真诚希望能够将刘瑞龙伯伯这样的老一辈革命家的历史功勋，通过文学艺术、影视戏剧、专题讲座等群众喜闻乐见的形式，在大众中开展广泛的宣传，用以寄托我们对父辈革命家的深深怀念，缅怀他们为中国革命事业建立的丰功伟绩，学习他们的革命精神和崇高品格，继承他们开创的伟大事业。我相信，这是我们这个时代的群体呼声，更是我们全面建设小康社会所必不可缺的强大精神动力。

深切怀念刘瑞龙伯伯

张海阳①

（2010 年 9 月 24 日）

今年是刘瑞龙伯伯诞辰一百周年，我们深切地怀念这位革命前辈。瑞龙伯伯早年积极投身中国共产党领导的学生运动，是我们党在江苏南通地区组织的创始人之一，他参与创建了中国工农红军第十四军，参与开辟了皖东北抗日根据地，参与直接动员和具体组织了几百万民工大军支援淮海战役和渡江战役，为中国革命的胜利立下卓著功绩。新中国成立后，瑞龙伯伯长期担任重要领导职务，特别是在中国特色社会主义农业现代化建设方面作出了富有开创性的贡献。

瑞龙伯伯与我父亲张震是红军时期的战友。他们都参加了伟大的长征，抗日战争中在豫皖苏边区并肩战斗，解放战争时期又在华东野战军一起南征北战，经历了血与火的严峻考验。他们相识相知半个世纪，患难与共，休戚相关，结下了同志加兄弟的深情厚谊。经历“文革”十年动乱以后，他们重新恢复工作。有一天，我随父亲一起去看望瑞龙伯伯，瑞龙伯伯喜悦地拿出新作《农业“八字宪法”浅说》，当场题字送给父亲。当时的情景犹在眼前。1988 年瑞龙伯伯驾鹤西去，父亲、母亲常向延淮、延东大姐和我们兄弟姐妹说起一些往事，每每追忆这位亲密的战友，总是满怀深情。

我们纪念瑞龙伯伯诞辰一百周年，就要学习他追求真理、胸怀祖国，对中国革命和社会主义建设事业矢志不渝的坚定信念；学习他对党、对人民无限忠诚，对同志、对朋友、对青年满腔热情、关怀备至的高贵品德；学习他敢于斗争、不畏艰险、乐观向上的英雄气概；学习他一生勤奋好学、求贤若渴、科学求实的思想境界；学习他严于律己、光明磊落、联系群众，始终保持共产党人的浩然正气。瑞龙伯伯等革命前辈身上所具有的真理的力量、人格的力量，给我们这些晚辈以深刻的教育和影响，永远是我们学习的榜样。

---

① 张海阳（1949～　），1969 年 11 月加入中国共产党。历任中国人民解放军北京军区副政委，成都军区政委，第二炮兵政委。1995 年 7 月被授予少将军衔，2003 年 7 月晋升为中将军衔，2009 年 6 月晋升为上将军衔。中共第十七届中央委员。

可以告慰瑞龙伯伯的是，他以毕生精力所参与开创的中国特色社会主义道路越走越宽广。

让我们更加紧密地团结在以胡锦涛同志为总书记的党中央周围，高举中国特色社会主义的伟大旗帜，坚持以邓小平理论和“三个代表”重要思想为指导，深入贯彻落实科学发展观，在各自的岗位上为实现中华民族伟大复兴而努力奋斗。我想，这就是对瑞龙伯伯最好的纪念。

学习革命先辈，喜看旧貌换新颜

邓淮生[①]

（2010年10月）

今年是刘瑞龙同志的百年诞辰，北京新四军研究会在这里开会以示纪念。

刘瑞龙同志是老一辈无产阶级革命家，坚定的共产主义战士，农村工作专家和经济学专家。他在长期的革命战争年代和社会主义建设时期，为中国革命和社会主义建设，做了大量的扎实细致的基础工作。他坚苦卓绝的斗争精神和鞠躬尽瘁的努力，是我们学习的光辉榜样，我们永远怀念他。

刘瑞龙从学生时代起就投身革命，参加组织学生运动。1927年9月加入中国共产党，参与创建工农红军第十四军。1930年任中共江苏省委外县工委副书记。1933年到川陕苏区，先后任红二十九军政治部主任、中共川陕省委宣传部长、红四方面军总政治部宣传部长，参加了举世闻名的长征，三过草地，参加了西路军，在西路军失败后返回延安，受党的派遣，于1939年冬，随刘少奇到敌后的华中抗日根据地工作。他先后任豫皖苏、皖东北及淮海等地区的主要领导人之一。1941年“皖南事变”后，党中央和华东局重新调整华中地区的根据地划分，形成了苏南、苏北、淮南、淮北等几大根据地。刘瑞龙在淮北地区与邓子恢、彭雪枫、张震、吴芝圃等一道为淮北根据地的建设、发展、壮大建立了不朽功勋。1945年8月，日本投降后，淮北根据地拥有600万人口，下辖24个县，是华中最辽阔的解放区。1945年7月，中央决定新四军军部率主力部队北上山东，接替调往东北的山东八路军的空缺。从而成立了华中分局和豫皖苏政府，刘瑞龙任华中分局委员兼苏皖边区政府第一副主席，代主席。此间，他积极贯彻中央的正确路线，全力以赴地执行土地改革，实现农民的“耕者有其田”的愿望。分了田的广大农民坚定地站在共产党一边，有力地支援了自卫战争，为我们解放全中国奠定了良好的基础。历史证明，正是中国共产党领导的那次土地革命，成为改变国共两党命运的关键之所在。

---

① 邓淮生，邓子恢之子，高级经济师。曾任化学工业部外事局副局长，技术进出口公司副总经理，中国昊华化工集团副总裁，北京新四军研究会副会长等职。

解放战争时期，刘瑞龙参与了华东战场的各次战役。在华东局的领导下，他凭借着农村工作的良好基础，动员了几百万民夫，几百万担粮食，满足了部队打大仗的需要，为打过长江、进军大上海提供了强大的后勤支援。为华东地区的解放战争的胜利作出了不可磨灭的贡献。

全国解放后，他担任上海市华东局的重要领导工作。1953 年，调政务院农业部任副部长兼党组书记。积极参与和领导了农业“八字宪法”的讨论和制定，为农民科学种田提供了技术支持，为农业生产的科学化做了大量的工作。

我的父亲邓子恢和刘瑞龙叔叔一起共事始于 1941 年，他们在淮北地区朝夕相处，并肩战斗，同生共死长达七年之久。他们在许多问题上意见相同，观点一致。双方配合默契，情同手足，结下了深厚的战友情谊。1953 年至 1960 年，我父亲担任农村工作部长及国务院副总理期间，分管农林、水产的刘瑞龙叔叔经常到我父亲住处，两人一起商讨工作，基于多年的共事经历，两人在许多问题上都有相似的看法。特别是对关系到农民切身利益的问题，他们都能坚持实事求是的原则，勇于坚持真理。尤其是当高层在农村合作社进度上对父亲进行错误的不公正批判之时，在全国的批判声浪之中，刘瑞龙叔叔及所有农村工作部的群众，都是站在父亲身后的坚定支持者。很快，农口各部门领导开始了调整，刘瑞龙叔叔也同样是被调整的对象，被调离农业部。从此，他离开了北京，离开了他亲手创建并挚爱的农业部。

在那场史无前例的动乱之中，刘瑞龙叔叔也遭受到非人的迫害，他被无理关押，失去人身自由长达数年之久。1974 年，刘叔叔刚被释放，因为未安排工作，他暂时借住在我们家近半年。我们同居一个屋檐下，共吃一锅饭，我有幸经常得到他的教诲，受益匪浅。

记得他到北京后见到我母亲就表达了对父亲的怀念之情，他对母亲说，邓老去世早，家里孩子多，有什么困难就找我。对家里的每一个孩子他都给予了非常的关心和爱护。他拖着还很虚弱的身体，赶到八宝山，祭拜已经去世的战友们。在陈毅军长、我父亲和曾山叔叔的灵前，他肃立良久。闲暇之时，他总是深情回忆起父亲和许多老战友的经历。当然更多的是讲述他们在淮北的经历，讲他们发动群众、减租减息，建立起抗日民主政权，动员广大民众踊跃支前，为新四军建起了坚不可摧的强大后盾。

在与刘叔叔的接触中，我深深感受到刘叔叔坚定的革命信念，坚强的党性原则，他坚信共产党是正确的，具有坚定的共产主义信念。尽管他在“文革”中饱受磨难，可是对党的忠诚却没有丝毫的动摇。他总是对我们说，一个政党的成长是不断发展的过程，不犯错误是不可能的，重要的是要敢于纠正自己的错误。共产党勇于自我批评，能正视曾经的错误，就不失为一个伟大的政党。刘瑞龙叔叔这种博大的胸怀，是我们终身学习的楷模。

时光飞逝，刘瑞龙叔叔离开我们已经22年了，每每忆起他在灯下刻苦读书的情景，忆起他生动讲述战争年代土地改革斗争情景时，刘叔叔那带着浓重的南方口音的话语声仿佛还响在耳边。

金秋时节，又是一个累累硕果垂满枝头的丰收之季。我们又迎来了刘瑞龙叔叔的百年华诞，建国61年了，我们的国家日益繁荣昌盛，我国正对农村进行经济、政治、文化和社会等方面的建设，最终将实现把农村建设成为经济繁荣、设施完善、环境优美、文明和谐的社会主义新农村。当我们看到前辈们生前最为关注的广大农村日新月异的新面貌，看到村民们喜获丰收的笑脸时，我们在心里深深地怀念刘叔叔。在缅怀他的革命精神和崇高风范的同时，我们要继承发扬老一辈革命家的光荣传统，把中国特色社会主义事业进一步推向前进。

铁血真情　永存心间

邓小燕[①]

（2010 年 10 月）

2010 年的 10 月 3 日，是刘瑞龙叔叔的百年华诞。

路边的银杏树上挂满了累累的硕果，金黄色的树叶在太阳的照耀下泛着金光。望着枝繁叶茂的银杏树，我深深地怀念刘瑞龙叔叔。当年他在我家暂居之时，曾经多次漫步在树下，为我们讲述他与父亲邓子恢深厚的战友之情。

刘瑞龙叔叔与父亲相识于 1941 年春，那时他已经被誉为是德高望重的“淮北三刘”之一（另两位是刘子久、刘玉柱），而父亲是接到军部电令到四师帮助整顿工作，两人从此开始了先后长达 16 年的共同工作的经历，也结下了深厚的情谊。记得在回忆父亲的文章中，刘叔叔写下了这样的诗句：“日月之蚀不掩光，毕生为党永辉煌。”这充满感情的词句，其实也就是刘叔叔自己一生的真实写照。

刘叔叔的革命经历也充满了曲折和坎坷。早在 1927 年那个血雨腥风的革命低潮时期，他就毅然加入了共产党，从此走上了革命的道路。1929 年，年仅 19 岁的刘叔叔就参与组建红十四军，在国民党反动统治的心腹地带组织工农武装。1934 年刘瑞龙西上川陕，任红四方面军政治部宣传部长。至今在巴中等地还能看到当时留下来的上百条震撼人心的红军标语。他随着红四方面军两过雪山、三过草地，历尽了千辛万苦，经受了残酷的战斗洗礼，以顽强的革命意志走完了伟大而悲壮的红军长征。后来，因在甘肃高台与反动军阀决战失利，刘叔叔等数十名红军干部被捕入狱。1937 年冬，经党组织的大力营救，他才和其他几名将士死里逃生回到延安。

他和父亲的共事开始于豫皖苏，而他们在农村事业的合作则一直延续到“文革”开始。在那场波及全国 7 亿人口的动乱中，刘叔叔被非法关押长达 5 年之久。他在关押期间得知了父亲去世的消息，据说他在从地上捡起来的一片片破旧的香烟纸上，在牢狱昏暗的光线里，恭敬地写下了怀念父亲的感人诗篇。至

---

① 邓小燕，邓子恢之女。

今我读到那些发自肺腑的动人诗句，都会泪水长流。

年迈的母亲与刘叔叔也有很深的感情，在十年浩劫过去之后，刘叔叔从关押地回到北京，很快就来到家里看望母亲。那时父亲还没有平反，“小脚女人”、“右倾机会主义”的帽子还沉重地压在头上，没有摘除。可是刘叔叔毫不隐匿地亲自寻上门来，亲切地嘘寒问暖，而且带来了刚刚补发的工资，将整整300元人民币塞到母亲的手里，在那个百废待兴的岁月，300元相当于一个普通家庭一年的收入了，对于经济上并不宽裕的母亲来说，这笔钱无异于雪中之炭。每次母亲都是含着热泪喃喃地说，刘部长对人真是太好了！

由于我年纪小，对刘叔叔的印象很有限，但我清楚地记得，早在20世纪70年代中后期，他被牢狱折磨多年的身体已经很不好了，可总是在茶余饭后，对我们讲述与父亲共事的岁月。刘叔叔回忆起在淮北的艰苦岁月：冬季寒冷异常，没有棉衣棉鞋，他特意为父亲送来了当地人穿的絮着芦花的棉窝；他们率领淮北军民开展大生产，自给自足，使部队的生活有了很大改善。33天反“扫荡”，他们同生共死，彻底粉碎了日本鬼子妄图“剿灭”新四军的阴谋；刘叔叔回忆起为了帮助农民渡过春荒，他们带头节省下自己的一份口粮，救助断粮的乡民；回忆起华中的土地改革，淮北的百万支前大军用小车将部队推过长江，推进大上海，迎来了新中国冉冉升起的朝阳。多少次，我总是看到刘叔叔戴着老花镜，在灯光下认真地阅读厚厚的书籍，边读边做着笔记，一只手还轻轻地捶打着疲惫的腰腿。我们对他在共产党执政下的监狱里被关押近六年，表示了极大的不平。刘叔叔总是告诫我们：一个政党的成长是曲折的，错误是难免的，重要的是面对错误要有纠正的勇气。

年过古稀的刘叔叔先后兼任《中国大百科全书》编辑委员会副主任和《中国农业百科全书》编辑委员会主任。《中国农业百科全书》是目前世界上规模最大、内容最丰富的一部农业百科全书。作为编委会主任的刘瑞龙，不顾年迈多病，不仅为推进全书编撰作出了重大决策，而且事必躬亲，作出具体部署，对全书的成功出版起到了举足轻重的作用。

1988年5月25日，78岁高龄的刘瑞龙叔叔，在广州参加全国农史学会学术讨论会时，因劳累过度，积劳成疾，心脏病猝发，抢救无效，不幸溘然长逝，走完了他革命的一生。噩耗传来，母亲为此难过了很久，她常常会看着刘叔叔与父亲的合影，深深地怀念这位重情重义的战友，这位古道热肠乐于助人的兄长。

如今，我们的父母都相继去世了，可我们两家之间亲如手足的关系并没有因此终止。我们都是新四军的后代，都热衷于弘扬父辈的革命传统。在父辈们战斗过的地方，山山水水都留下了他们的印迹。我们忘不了淮北边区的婶娘们，用自己的乳汁哺育着新四军的后代；忘不了洪泽湖的乡亲省下自己活命的口粮，救活了饿得奄奄一息的哥哥姐姐；忘不了老区的群众，冒着生命危险，保住了革命者的儿女；更忘不了，父辈在艰苦的抗日战争中结下的友谊。我们不仅要将父辈开创的事业传承下去，这是我们的责任；更要将父辈的情谊延续下去，传承下去，让我们的后代牢牢记住老一辈人在血与火的斗争中结下的友谊，坚不可摧，牢不可破。这是我们今生今世最宝贵的精神财富！

纪念农运中走出的革命家刘瑞龙

徐　焰[1]　黄易宇[2]

（2010 年 10 月）

岁月如梭，逝者如斯。弹指一挥间，在（南）通、如（皋）、海（门）、泰（州）建立红十四军那段光辉的历史已经整整过去了 80 年，如今那块有着非凡红色斗争史且有发达经济的土地上已是沧海桑田、人间巨变。今年 10 月 3 日，是当年通、如、海、泰地区党的领导者刘瑞龙诞辰一百周年。作为我们这些已经快度过中年的后辈来说，刘瑞龙那一代老前辈的奋斗业绩已经刻入了历史的年轮；而对今天在工业化、信息化和网络环境中成长起来的青年人来说，那场波澜壮阔的雄壮革命斗争更是非常遥远而陌生。如今，我们立足的一切都是历史的延续，现在的人们要具备深邃的眼光，还应温故知新、借古鉴今，通过总结、反思前辈所走过的道路，为未来的发展定下正确的坐标。刘瑞龙从投向革命起便从事农民运动和组织农村暴动，此后长期负责开展群众工作，组织农民支援革命战争，解放后在华东农委和中央农业部担任主要领导。他在农民问题上的理论探索和工作实践，是留给后人的宝贵精神财富。如今的新一代要继承前贤、启发后昆，更应很好地加以总结和借鉴。

探寻先进思想，应用于本国社会改造

唯物主义的一条基本原理，是存在决定意识。如同两块燧石相撞能迸出炫目的火花，两种文化的交会和冲突点上往往产生杰出的革命家和思想家。19 世纪和 20 世纪初期的中国江苏，正是东来的西方思想与古老的中华文明激烈碰撞之地。在新旧文化、东西思想的冲突中，江苏南通地区也成为一个主要的交会点，在近代出现了星河灿烂的一代英杰，其中有国内著名文人学子、艺术家、实业家，也有刘瑞龙这样的革命家。

---

① 徐焰，中国人民解放军国防大学战略教研部教授，少将军衔。

② 黄易宇，黄火青之女。中央社会主义学院副院长。

据刘瑞龙自述，他于1910年出生在一个地主兼商人的家庭中，因幼年丧父，“得到的只是兄嫂的虐待和歧视。同时在他们身上，也看到了地主对佃户追租逼债和商人巧取豪夺的情景。在母亲的影响下，由于对家庭的不满，引起了我对当时社会上穷富不平的愤慨。”刘瑞龙的这种成长环境，与中国共产党众多的第一代革命家的成长环境十分相似，农村经历和家庭歧视，滋生出强烈的反抗心态和改变社会环境的愿望，超出普通农民的家庭经济基础，使他们能读书求学接受外来革命真理，对农民特点及苦难的了解，又为后来“唤起工农千百万”（其实主要是唤起农民）奠定了合适的自身条件。古老与近代、传统和未来、穷乡和城镇，多种不同文明和特色的交会点，恰好集中到那一代人身上，使他们能满怀激情地接受外来的马克思主义的天火，不惜燃烧自己照亮黑暗的社会，并以改造中国与世界为己任而奋斗终生。

20世纪初期的中国，文化事业相当落后，翻译成中文的政治理论书籍很少，马列主义著作更是寥寥无几。靠着邻近上海的有利条件，作为南通师范学校学生的刘瑞龙，在大革命时期就能读到《共产党宣言》、《共产主义ABC》、《社会进化简史》、《共产国际党纲》、《帝国主义浅说》、《新社会观》、《马克思〈资本论〉入门》等书籍，并得到当时国内有名的青年导师恽代英的胞弟恽子强及其妻子葛季膺（也是刘瑞龙的表姐）的引导，从而确定了人生追求。在1927年大革命失败的血雨腥风的危急关头，年仅17岁的刘瑞龙毅然参加了中国共产党，从此在党的队伍中奋斗了整整61年，直至1988年逝世。

追寻刘瑞龙一生的奋斗足迹，可以看出他一方面勤于理论探索，一方面又总是在做扎扎实实的工作，特别是农村工作。他入党后组织了一段学生运动，接着于1929年担任了南通县委书记，组织当地农民暴动，翌年又成为在当地建立红十四军的奠基者之一。在组织农民暴动时，他分析了当地农村的社会阶级状况，批驳了党内“取消派”否定土地革命的理论观点。红十四军和（南）通、如（皋）、海（门）、泰（州）苏区遭受失败后，刘瑞龙在上海做过两年多的城市地下工作，接着受中共中央派遣赴川陕苏区的红四方面军，在那里担任宣传部长。他到达川陕后，便结合当地群众，特别是广大农民的认识水平，把革命理论通俗化，和其他同志共同研究起草了两本三字经，即《革命三字经》和《消灭刘湘三字经》，还写了土地革命的布告和农村阶级划分歌。红军长征时，他还将《列宁主义概论》中有关民族问题的论述用于途中的民情，为部队在藏族、回族等少数民族区域开展群众工作提出了一系列具体方法。他为做好民族工作还学习了藏语。当时只有20来岁的年轻人能在理论与实践的结合上作出这样宝贵的努力，需要何等不易的探索精神！

在抗日战争、解放战争的烽火岁月里，刘瑞龙主要从事地方群众工作并组织支援前线，在著名的淮海战役中还担任了华东野战军的后勤司令兼政委。全国解放后，他担任过农业部副部长、华东局农委主任等职，党的十一届三中全会后恢复了中央农业部副部长的职务，可谓一生大多数时间与农村和农业结缘。在解放后的建设岁月里，刘瑞龙仍然始终保持着学而不厌的精神，刻苦钻研，到农业部后曾研究过许多古代和近代的农书，并去过苏联、保加利亚、缅甸考察农业，对国内的土壤问题也提出过独特的见解，撰写了不少有关农业理论、农史、土地制度改革等方面的论著。"文革"期间他被以莫须有的罪名关押了5年，在狱中仍刻苦重读马克思的《资本论》，写出30多万字读书笔记，并比较系统地回顾与总结了新中国成立以来农村经济建设的经验。进入改革开放的新时期之后，刘瑞龙虽年事已高，仍钻研理论问题，并经常去基层调查研究，对新形势下的农业生产责任制、发展商品经济和由传统农业向现代化农业转化等问题，向中央提出了不少新的见解。这种毕生勤于理论探索的精神，不仅在中国共产党建党初期参加革命的第一代人中是不多见的，对今天新一代领导干部也堪称学习的楷模。

理论是灰色的，生活之树是常青的。1989年6月，邓小平在会见苏共最后一任总书记戈尔巴乔夫时曾深刻地指出："马克思去世以后一百多年，究竟发生了什么变化，在变化的条件下，如何认识和发展马克思主义，没有搞清楚。""各国必须根据自己的条件建设社会主义。固定的模式是没有的，也不可能有。墨守成规的观点只能导致落后，甚至失败。"① 在苏联的社会主义事业出现异化并最终走向瓦解时，中国共产党人却打破了前进道路上的发展"瓶颈"，像刘瑞龙那样的老一代革命家所进行的理论探索和创新实在是功不可没。

如今纪念老一辈革命家时，许多人只侧重谈其早年的奋斗，而较少谈及老年时的认识成熟。其实，正如中国古语所说的"春华秋实"，春天的花朵是美丽的，而秋季的果实才能真正供人享用。在人类的戏剧舞台上，激烈的战争是动人心弦的剧目，然而绝大多数观众在感动之余却并不会向往这种浴血厮杀。从历史唯物主义的观点看，革命为改造社会所需，然而它毕竟是手段而不是目的。刘瑞龙等老一代革命家在年轻时接受马克思主义，晚年时又根据中国特色在理论上思考如何创新发展，终于使革命之花结出了国家建设和改革开放的丰硕成

① 《邓小平军事文选》第三卷，军事科学出版社、中央文献出版社2004年版，第296～297页。

果，这正是党的事业能在十一届三中全会后焕发了活力并能重新兴旺发展的保障。

农民—土地—战争，中国革命胜利之源

根植于古老农业经济基础上的中国革命，是人类在20世纪实现社会变革的一次伟大实践，从而改变了中华古国乃至整个世界的面貌，新中国的建设事业乃至改革开放才有了得以实现的基本前提。在这场“红旗卷起农奴戟”的波澜壮阔的斗争中，第一代中国共产党人历经艰辛探索，终于把产生于西方近代工业基础之上的马克思主义与中国的实际相结合，探索出一条马克思主义经典著作中找不到的独特道路：即发动农民进行土地革命—建立根据地和红军—最后以农村包围城市夺取政权。在开拓这一充满“中国特色”的革命道路的历程中，毛泽东是理论和实践上最光辉的代表。他领导下的刘瑞龙等一代先驱者则在各个根据地作出了自身的重大贡献。

1981年，中共中央十一届六中全会通过的《关于建国后若干历史问题的决议》，对毛泽东思想确定了一个新的定义——“是被实践证明了的关于中国革命的正确的理论原则和经验总结，是中国共产党集体智慧的结晶。”毛泽东是人不是神，他的一系列正确思想来源于对全党正反两方面的斗争经验的总结。毛泽东的土地革命理论，同样是全党智慧的结晶，其中也包含了（南）通、如（皋）、海（门）、泰（州）地区和后来川陕苏区发动农民、创建红军和根据地的经验。

在中国近代历史上，刘瑞龙出生和成长的南通，是靠近长江口的中国最早的经济发达地区，也是内外战事多发点。这座位于北纬32度线上的古城，连通浩瀚的东海，背靠辽阔的大陆，是一个在地理上多受季风袭击的地点。近代西方政治、经济和军事对中国的入侵，是以这里为最早的登陆点，国内早期资本主义生产方式的萌芽，也是在包括南通在内的长江出海口附近最早出现。古国传统的“朱门酒肉臭，路有冻死骨”的图景，在外国入侵的刺激下更加显现出来。当地极少数富豪在享受西方物质文明的同时，却又顽固地坚持古老的东方封建主义的生产方式，残酷地压榨社会底层的农村民众。1927年以后国民党政权统治了长江下游后，阶级矛盾和下层民众的痛苦并未得到缓解。刘瑞龙对南通一带农村的回忆便记述说：“地主豪绅和国民党的压迫剥削特别苛重，农历年关前，地主豪绅和国民党反动政府加紧向农民追租逼债，催粮勒捐，农民饥寒

交迫，痛苦万分。”

“不平则鸣”。如此的社会景象，使当年有血性、有志向的中华儿女特别是有知识的年轻人都不可能无动于衷。那时有正义良知的人只要读一点“共产主义ABC”，再到城乡目睹社会现状，得出的结论便会是“如今世道真不公”，就会想到要“造反”，要“共产”。从1928年5月如、泰农民暴动开始，南通附近便出现了中国共产党领导的农村土地革命，不过党内也有人认为当地农村已经出现了资本主义性质的垦牧公司，而否定这一斗争的必要性。翌年，时年19岁便接任南通县委书记的刘瑞龙，经过理论与实际相结合的考察，在上海秘密召开的中共江苏省委第二次代表大会上便提出，当地开展农民暴动的可行性，用雄辩的事实证明党内“取消派”关于“中国农村已经资本主义化了”的观点是错误的。针对有人说南通沿海垦牧公司是资本主义化的证据，刘瑞龙详细述说了以三余镇为中心南北的垦牧公司剥削仍属封建主义性质的事实。他的这一见解，受到周恩来、李立三、项英和李维汉等中共中央领导人的重视，成为中央确定在南通一带组织暴动建立红军的重要依据。

青年时代的刘瑞龙对南通农村情况的分析，表现出对中国社会阶级矛盾共性的正确认识，也同毛泽东对当时革命形势的判断基本吻合。这种对贫苦农民与地主豪绅的矛盾处于激化状态的认识，使“打土豪、分田地”的土地革命有了基本依据。不过，南通一带的地理条件毕竟与毛泽东、朱德率军活动的井冈山和赣南闽西不同，当时中共中央也认识到这一点。1930年1月20日，中共江苏省委在指示中便提出：“江苏虽然是帝国主义和国民党统治的中心，广大红军集中一地（朱、毛）目前不易存在，但是在现时农村斗争发展的形势下，红军以游击队伍的形式，在集中的指挥下实行游击战争，毫无疑义是可能的，而且是必要的。”事实证明，发动农民暴动后采取分散游击方式，（南）通、如（皋）、海（门）、泰（州）的革命武装斗争坚持了两年多时间。但是在李立三主持中央工作时出现了过左的盲目暴动倾向，通、如、海、泰地区的红十四军被命令集中作战，还赋予了超出自身能力的攻打城市重镇的任务，甚至要求这支尚属弱小的部队“截断长江，进攻上海、南京”，不可避免地招致失败。

刘瑞龙和何坤、李超时、黄火青、徐德、薛衡竞、张爱萍等领导人组织的（南）通、如（皋）、海（门）、泰（州）革命在1930年遭受重大挫折，反映出当时的共产党人探索革命道路时在主观指导上还有不成熟之处，以及那一地区客观条件的局限。按照毛泽东在《中国的红色政权为什么能够存在》这篇重要著作中总结归纳的条件：土地革命战争中的红色政权建立应利用反动统治的空隙，即在“边”、“穷”地区。靠近国民党统治中心宁沪且经济发达的南通地区显然不符合这一条件。1930年4月红十四军成立后，虽然在广大贫苦农民支持下组建了两千余人的部队，与周围的强大敌军相比却仍显得十分弱小，而且当地交通发达，回旋余地小，在南京国民党政权尚属巩固的情况下很难长期坚持。不过这一英勇的斗争在当地唤起了广大贫苦农民的觉悟，使他们认识到共产党是他们的救星，从而在当地播种下了一直未熄灭的革命火种。

抗日民族战争爆发后，敌、伪、顽在长江下游地区出现复杂矛盾，共产党、新四军挺进南通、泰州附近地区时，就能利用原有的革命基础，振臂一呼而应者云集，在当地建立起根据地，并经历了抗战后期和解放战争时期残酷战争的考验，一直坚持到1949年三野大军南下迎来最后解放。通、如、海、泰地区的革命武装斗争，从1928年5月的如、泰农民暴动算起，当地革命人民前仆后继，战斗红旗共飘扬了20多年，其时间之长，在中国革命史上堪与大别山、陕甘、琼崖地区相媲美。当地的革命斗争领导者能满足当地农民的土地要求，并很好地将他们组织起来，这才是能够长期坚持斗争的关键所在。

经历了南通一带地区的农村斗争实践，刘瑞龙到川陕省委和红四方面军担任宣传部长时，又抓住了当地农民对土地的渴望，强调土地革命是根据地全党工作的中心。针对当地敌我拉锯作战，土地占有反复很大的特殊情况，他又与其他同志一起探寻新方式，参与起草和落实了红四方面军政治部的《怎样分配土地》等重要文件。川陕苏区的贫苦农民得到了祖祖辈辈盼望的土地，掀起了参军参战的热潮，红四方面军由入川时的1万多人发展到8万多人，在土地革命战争后期成为全国人数最多的一支红军主力部队。虽然川陕苏区因受张国焘为代表左倾错误的干扰破坏而被放弃，但当地通过土地革命壮大起来的红四方面军还是在后来的中国革命战争史上发挥了极其重大的作用。

全面抗战开始后，随着国内斗争形势的变化，1939年中共中央为贯彻重点发展华中的方针，又派刘瑞龙返回苏皖地区，在当地负责党务和组织群众的工作。由于国共合作后中国共产党停止了土地革命，代之以减租减息来改善贫苦农民的生活，然而在不同地区如何落实这一政策还是十分复杂的问题。刘瑞龙到苏皖地区后，马上深入群众，了解地主与农民的租佃关系和地租形式，以及借贷关系和高利贷剥削状况，从而能与区党委其他同志一起制定出适合当地农村实际的减租减息条例及各种细则，使共产党领导的民主政权得到最广大的人民拥护，在敌后站稳了脚跟。1946年全面内战爆发后，中共中央恢复了没收地主土地分配给贫苦农民的政策，作为中共华中分局民运部长、苏皖边区政府第一副主席的刘瑞龙又把握了土地改革这一关键环节，组织动员起广大农民参军。特别是在举世闻名的淮海战役和渡江战役中，刘瑞龙作为解放军第三野战军的后勤司令兼政委，统一组织和调配了成百万民工，形成了战争史上极为浩大的车轮滚滚的支前大军。

回顾中国共产党人在解放战争中的工作，主要做的就是两件大事，一是打仗；二是土改，而土改又是打仗的保障。刘瑞龙对当时的工作总结说："单纯进行战争动员，放松进行土地改革，事实证明这样做不行。农民精神很紧张，愈动员，工作愈不好做。后来改为抓紧土改，结合进行战争动员，这样，土改进行得热火朝天，农民为保卫土改果实、保卫解放区，战争动员进行得也很迅速、扎实。""在土改中组织了农民协会，吸收先进分子入党，普遍发展了民兵。假若没有土改、支前，坚持斗争将流于空谈。"靠着土地改革，有 1.6 亿人口的老解放区的农民才被最充分地动员起来，支援战争。1950 年 6 月 9 日，毛泽东在中共七届三中全会上曾对土地改革与战争胜利的关系阐述说："我们的胜利是从哪里来的呢？就是靠这一万万六千万人打胜的。这一万万六千万人给了他们什么东西呢？他们为什么能够发动起来呢？为什么能够组织这么大的军队呢？就是因为在这一万万六千万人中间进行了土改。""要肯定这个伟大的胜利，有了这个胜利，才有了打倒蒋介石的这个胜利。"

中国自秦始皇一统天下至国民党逃离大陆，几千年来一直以农立国，农村人口占总人口的 90% 以上。占国民绝大多数的"载舟之水"——农民虽在封建重压下平时被剥夺了发言权，可是他们的动向却决定着王朝的覆亡和天下的兴衰。孙中山虽然强调过"唤起民众"和"平均地权"，然而国民党人否认阶级斗争，也无法解决贫苦农民最期盼解决的土地问题，同时，他们代表地主豪绅和官僚买办的利益，导致其统治在人民革命中被推翻。中国共产党人从 1927 年至 1949 年这 22 年的革命战争中，始终抓住了民主革命的中心问题是农民问题这个要害，并把解决土地问题当作发动农民的关键，这是马克思主义中国化的最重大成果。刘瑞龙等老一代革命家在土地问题上的探索和艰辛工作，出色地落实了中国共产党的农村工作纲领，他们的智慧和探索，也汇入由集体智慧结晶而成的毛泽东思想之中，在半殖民地、半封建社会的特殊环境中创造了马克思主义理论与中国实际成功结合的光辉范例。

马克思通过研究社会发展史，曾精辟地指出："人们奋斗的一切，都与他们的利益相关。"（《马克思恩格斯全集》第 1 卷，第 187 页）1917 年，俄国十月革命时，列宁领导的布尔什维克根据人民停止战争、获得土地和面包的切身利益要求，提出了《和平法令》、《土地法令》，就在万众欢呼声中迅速夺取了政权。中国共产党人能够在20多年的革命战争中从小到大，能够动员起占国内人口大多数的贫苦农民浴血奋战，并团结了中间阶层，恰恰也是由于满足了他们的切身利益。"打土豪、分田地"、"保家保田、保卫胜利果实"这些朴素的口号，反映出最广大农民最迫切的要求，就此能使这些分散的自然经济下的小私有者团结在共产党的旗帜下，在古老的神州大地上书写下了"为有牺牲多壮志，敢教日月换新天"的可歌可泣篇章。在不同的地区进行农村斗争时，各地领导人根据实际又有不少具体的创新经验。例如，解放战争爆发后，刘瑞龙便对苏皖地区农村工作作出了概括总结："苏中泰兴农民提出，一手拿枪，一手拿算盘，白天支前，晚上算账、分田；一部分人上前线，一部分人在村里分田，所以他们的土改、支前工作进行得既快又好。"这一经验在解放区得到推广，丰富了当时党的土地改革的指导原则。

如今，漫步于熙攘繁华的闹市中已实现小康奔向富裕的人们，大多难以想象80年前的饥寒交迫的贫苦农民的心境。那时，暴动者是为了实现人类最低层次的要求——生存和温饱，真诚地拥护共产党的主张，并高举着枪支、梭標、铁叉、木棍和红旗，呐喊着向豪门大户和旧政权的官衙冲击……此刻浴血的拼杀，为的是实现《工农革命歌》中通俗的解说，即"实现共产制，人人有田耕"，马克思主义有关奋斗与利益相关的观点在这里得到最生动的体现。可惜后来一些社会主义国家的政权出现了以空想的政治口号取代人民现实利益的倾向，这些违反马克思主义真正精髓的做法严重挫伤了劳动者的生产积极性。1978年，中国共产党人实现的伟大历史性转折，是以农村联产承包责任制为开端，广大劳动群众的利益与改革开放事业紧紧挂钩，才迎来了生产力的大发展，世界头号农业大国长久无法解决吃饭问题的历史难题也终于得到了解决。今天的人们去缅怀刘瑞龙等老一代革命家所建树的业绩，更应该从深层次思考当年他们能够唤起广大群众，特别是贫苦农民的根本原因所在，并为我国下一步的建设事业提供宝贵的借鉴。

领会革命理论真谛，推动社会科学发展

中国共产党的建立已经接近九十周年，夺取政权的革命战争胜利则过去了60多年，无情消逝的光阴已经带走了一代先驱者，土地革命开始时便投身党的队伍的老一辈革命家刘瑞龙离开我们也有22年了。纪念先人应该是为了激励后

人，从这个意义上讲，“一切历史都是现代史”。

真正按照唯物主义的态度对待传统和现实教育，老一代和年轻一代便可以得到很好的沟通。例如，刘瑞龙出生并投身革命的南通，现在已包含在国内经济最发达的“长三角”地区内，保存下来的稀有的昔日纪念地早就变成繁华高楼中的低谷，如今年轻人也不愿花费很多与金钱等同的时间在历史纪念物前徘徊，而是开着私家车飞速奔向一个富裕、和谐的社会，这一切自然而又自然。今天的人们不应该再照搬当年的斗争形式，也不可能以那个年代青年的标准来要求现在，而要深入反思当年革命先驱者的精神实质，作为如今和未来发展的参照。

如果仔细分析新中国成立前20多年间投身革命队伍的人们的出身素质，主要可分为两大类：一类是由理想主义驱动的知识分子，一类是为改变现实苦难境遇的翻身农民。前者大都出身于生活条件和文化教育相对较好的家庭，后者大都属于《国际歌》所说的“饥寒交迫的奴隶”；在中国革命的星火燎原之势中，前者是火种，后者是干柴。前者从一开始就主要是为“解放社会”而奋斗，后者则是从“解放自己”逐步提升觉悟而投身于解放全中国。由于中国古老的专制主义社会积淀的影响，党内许多知识分子出身的干部愿意思考、不甘盲从，因而在政治风浪中往往经历坎坷，却能留下许多可发人深省的思考，刘瑞龙的一生经历正是其中的典型代表。

在旧中国，广大工农群众和下层士兵基本上是文盲，他们奋起追随共产党不是出于追求抽象的理论定义，而是要满足最基本的物质要求。像刘瑞龙那种能指点江山、激扬文字的青年革命知识分子，确实是那个时代难能可贵的骄子；他们为改造中国与世界而勇于探索且不惜献身的精神，仍是足以激励后人的榜样。如今的人们看来已是老旧不堪且土气十足的建筑，当年曾是多少人向往的神圣之地——苏维埃政府、红军军部原址、赤卫队指挥部……那些在陈列室中印刷粗糙且纸张早已发黄的讲义、传单和宣言，当今的时髦人士可能已不屑一顾，可在当年却是点燃千百万人心中希望的普罗米修斯窃来的天火。那些陈旧粗糙古老的农家运粮独轮车，恰恰是支撑起宏大革命战争的擎天柱。物质变精神，精神变物质的辩证唯物主义原理，在当年的土地革命、土地改革的斗争中得到最形象的显现。刘瑞龙等革命家在那个年代艰辛探索的最大成果，就是使革命理论赢得了亿万下层群众，使当时的弱势群体战胜了官僚买办精英，从而实现了社会的根本改造和中国历史的伟大进步。

在轰轰烈烈的中国革命战争时期，刘瑞龙等革命组织者极力宣传的理论并不是抽象、空洞的概念，而是有着扎扎实实的具体内容。无论在（南）通、如（皋）、海（门）、泰（州）和川陕苏区，还是在后来的苏皖根据地，他所撰写的理论宣传品都围绕着农民关心的土地问题，并阐述了如何分配、生产资料如何归劳动者所有的具体问题，其主旨都围绕着一个变封建地主所有制为农民个人所有制的问题。20 世纪 50 年代中期，在农业发展的重大问题争执中，刘瑞龙支持邓子恢的观点，由此受到不公正的待遇，历史证明，邓子恢和刘瑞龙的观点是正确的。汇聚全党集体智慧而成的毛泽东的新民主主义思想，便是抛弃僵化、教条地理解马克思列宁主义经典著作的“本本主义”，是从中国实际出发独创的斗争指南。正是通过各根据地的斗争经验，毛泽东在延安时期全面阐发出新民主主义的理论，在政治上主张建立联合政府而反对一党专政，在农村政策中规定分配给农民的土地允许自由买卖实现私有（这恰恰抛弃了苏俄革命时“土地公有”的模式），并在社会上强调多种经济成分并存，公私兼顾，劳资两利，对资产阶级采取又团结又斗争的政策。这些正确思想用以指导斗争实践后，中国革命事业便从左倾教条主义几乎造成的绝境中迅速转危为安，在不长的时间内取得了全国的胜利。

如果人们仔细全面地研究马克思、恩格斯的理论学说的发展过程，便可看出马克思主义是一种不断发展的学说。例如，马克思本人随着对社会生产规律研究的深入，在《资本论》第一卷中又提出“生产资料的共同占有的基础上，重新建立个人所有制”这一重要要求。违反这一重要论断，不切实际地强调“一大二公”，后来证实是社会主义国家经济建设出现严重失误的主要理论根源。中共十一届三中全会实现了伟大的历史转折，此后 30 多年间中国改革开放之所以取得巨大成功，避免走入苏联的覆辙，从思想理论根源而论，是落实了“重新建立个人所有制”这一马克思主义原理和毛泽东新民主主义思想精髓的结果。经历过几年牢狱之灾和政治上的不公正对待，刘瑞龙在晚年迎来了思想解放和改革开放的新时代。1984 年，在他 74 岁高龄时，除担任中央整党指导委员会委员，又兼任了《中国大百科全书》编辑委员会副主任、《中国农业百科全书》总编辑委员会主任，组织了大批专家总结我国农业工作的历史经验，在国家农业政策和思想理论问题上进行了新探索。他对农村生产责任制、发展商品经济的研究成果，也汇入了党在新时期理论建设的系统工程之中，对推动我国在社会主义初期阶段的经济建设，特别是农村建设作出了新的贡献。

今天的有识者若科学地看待刘瑞龙等老一代革命者投入的新民主主义革命和解放后的奋斗历程，便可发现他们坚持从本国特色出发，在马克思主义中国化道路上的开拓具有极其重大的意义。正如江泽民在中共十五大报告中所指出的："在中国真正要建立社会主义，那就只能一切从社会主义初级阶段的实际出发，不能从主观意愿出发，不能从这样那样的外国模式出发，不能从对马克思主义著作中个别论断的教条式理解和附加到马克思主义名下的某些错误论点出发。"近年来，以胡锦涛为首的中共中央提出了坚持以人为本的科学发展观，强调构建和谐社会，这又是马克思主义、毛泽东思想的精华在新形势下的新发展。

如今的中国虽然已经实现了工业化并向信息化迈进，却仍然是一个农业大国。当年中国革命战争胜利的关键是成功地满足了农民的土地要求，改革开放的号角也是在安徽小岗村等农村吹响，下一步国家全面实现现代化也要着重解决"三农"问题。我们缅怀刘瑞龙这位毕生专注农民问题的老革命家，重要的一点是要从他的思想理论成果中汲取精华，在社会主义初级阶段的理论与实践中进行新探索。如今中国农村的情况也早已发生了天翻地覆慨而慷的变化，以与时俱进的态度考察农业、农村、农民的新面貌，仍是推动改革深化的重要历史任务。回想在艰难求索的时代里，屈原《离骚》中的名句曾为无数有志者引为座右铭——"路漫漫其修远兮，吾将上下而求索。"为使我们民族自豪地屹立于世界民族之林，为使亿万农民永远摆脱贫困面貌，后一代人从刘瑞龙等老一代前驱者身上所能继承的最宝贵财富，不也应是这种求索精神吗！

对先驱者的最好纪念，便是创造更辉煌的业绩。今天，在迎接红十四军成立八十周年和刘瑞龙诞辰一百周年之际，人们看到南通地区已经进入国内最富裕发达地区之列，一个和平崛起的富强中国已经自豪地屹立于世界民族之林，这已了了无数先驱者的心愿，后辈人也终于可以无愧地慰告乃翁。在今后的建设事业中创造更大的辉煌，又将是新一代的人们对前辈精神最好的继承！

淮北“三刘”之刘瑞龙*

欧远方①

（1997年11月）

我珍藏一张“三刘”合照。三刘即刘子久、刘瑞龙、刘玉柱。他们都是淮北抗日民主根据地的开创者和领导人。当时，刘子久是中共淮北区党委书记，刘瑞龙是副书记兼淮北苏皖边区行政公署主任，刘玉柱是区党委委员兼行署副主任。我当时年轻，做新闻工作，是基层干部，早期和他们接触不多。

据我了解，“三刘”中最早到安徽和江苏南通一带开展革命活动的是刘瑞龙。大革命失败以后，他曾参与和领导在苏北起义成立的红军第十四军（时任江苏通、海特委书记）。后以江苏省委巡视员名义来徐州、宿县、蚌埠一带帮助建党工作，所以沿淮一带他早就熟悉。后来他被派到红军二十九军任政治部主任，川陕省委宣传部长，红四方面军政治部宣传部长。抗日战争爆发后，任中共豫皖苏区党委副书记。1938年冬，从中共安徽工委派来的特别支部书记江上青等七个共产党员和一批进步青年随国民党专员盛子瑾到皖东北开展工作，建立起抗日政权，并为后来我党我军建立皖东北抗日民主根据地做了大量奠基性工作。1938年7月到1940年12月，属国民党嫡系的盛子瑾因与我党我军合作抗战，为桂系控制的安徽省政府所不满，派马馨亭率顽军一个旅进攻皖东北，反共反盛，企图取盛而代之，被我军与盛部联合打败，于是桂顽省府给盛扣上“勾结奸军、反抗国军”罪名，撤了盛的职，并通缉盛。蒋系戴笠乃电令盛投奔江北抗敌指挥李明扬，盛即不告而走，逃离皖东北。我党我军乃接管政权，独立创建抗日民主根据地。这时，刘瑞龙奉命从豫皖苏边区带一批干部来到皖东北。中共中原局书记刘少奇决定成立苏皖军政委员会，由刘瑞龙、金明、张爱萍、江华等组成，刘瑞龙出任书记，协调我军各部之间与我军与各地方政府之

---

* 本文内容及标题，依文集体例的需要，在不损害原文本意的基础上，作了必要的压缩和调整。——本文集编者

① 欧远方，抗日战争时期曾担任《拂晓报》社社长。建国后任《安徽日报》总编辑，安徽省社会科学院院长（副省级）。

间的关系。

我第一次和刘瑞龙认识，是在1943年春天。我代表团结报社通过地下工作人员穿过海郑公路敌占区到达四师驻地斗城附近大王庄，参加淮北新闻工作会议，第一次听到新华社华中分社社长范长江的报告，访问了拂晓报社，参观了他们如何印刷报纸——他们的油印技术精湛，早就闻名于国内外。会后我在南双沟新华书店买了一批上海出版的马列主义著作及一些进步书籍，整整两箱，正愁无法返回，恰巧此时刘瑞龙要到邳、睢、铜视察工作，即随他同行。一路上夜行晓宿，经过泗灵睢、宿东、萧铜，越过一道又一道敌、伪、顽封锁线，绕道邳、睢、铜县返回睢、铜中心区，这时已是6月底了。我们所走过的是一片弯弯曲曲的河流凸凹地带，多蒙各县小股武装节节护送。我体会到那些地方的对敌斗争环境比邳、睢、铜还艰苦，油然产生对那里的军民的敬佩。当然也有对不怕艰险的刘瑞龙的钦佩。

我第一次听刘瑞龙的报告，是1943年7月2日晚间。7月1日，邳、睢、铜、灵四县联防办事处（后称淮北第三行政区办事处）召开全地区各界人士代表座谈会，征询对全区一年来各项工作的咨询、批评与建议，会议进程是先由代表们发言，继由地委书记兼军分区政委康志强报告一年来武装斗争情况及今后斗争方向。后由刘瑞龙作总结报告，当他步入主席台时，会场掌声不绝。报告首先对目前国内外反法西斯战局的形势作了分析，给代表们以极大的鼓舞。代表们知道了欧洲战场正处在大决战的前夜，德国法西斯不久将遭到英美苏同盟军的联合打击，而日本法西斯的处境更加不妙，最终必败无疑，我们将会渡过黎明前的黑暗，曙光在望。接着综合两日来代表们的批评与建议，提出对邳、睢、铜工作的意见：首先是军事上反对敌人“蚕食政策”，主力、地方武装、民兵要密切配合行动，并开展敌后游击，主动打击敌人，以反“蚕食”粉碎敌人“蚕食政策”。政治上团结自己，争取伪军，孤立敌寇，肃清内奸，加强边区工作。开展边区工作要注意两个问题：一是要用好的干部。二是要有好的政策，如培植边区人民力量，适当减轻边区人民负担等等。对周围友军，用一切办法争取和他们团结抗战，对少数不明大义分子，以自卫立场维护人民利益。对爱国的友军家属一律予以保护和优待。其次是改善民生，发展生产。讲的中心是开展群众运动，减租减息，增加工资。并实行合理负担，普遍发展纺织，兴修水利，发展合作事业等等。三是普及教育，整顿三风。四是必须改造行政机构。五是巩固扩大群众组织。最后他答复两个问题：（一）征收秋季公粮时，出产杂粮的地方征一部分杂粮，不出产杂粮的地方只征高粱。（二）信教自由问题要与爱国相联系。他的报告通俗易懂，如讲解群众运动，关于农民和地主谁养活谁和减租减息政策，说理透彻，鼓动性强，我坐在他的对面，他讲话时使你觉得他的眼光对着每个听众，好像在和你谈话，使听众不由被他的道理所折服。代表中有白发苍苍、德高望重、热心慈善事业的焦子和老先生，有早年追随孙中山先生的老国民党员夏慕尧和郭南老，还有多年从事法学的吴彦求先生等，无不点头称是。会议吸取了大家的正确意见，报告即由全体表决。大会一致通过报告作为决议，提供政府执行。大会全体人员还对邳、睢、铜地区群众运动的开展深表关切，当即全场一致通过切实协助农救会工作的决议。会后，团结报社为出版抗战六周年纪念专面，特请刘瑞龙题词，他欣然挥毫写出："组织人民大多数，巩固和发展统一战线，为坚持邳、睢、铜抗战而斗争。"这年邳、睢、铜地区在地委正确领导下，形势逐步好转。8 月中旬，叶场战斗的胜利，拔掉了威胁我根据地的大钉子。邳、睢、铜地区军事胜利和群众运动轰轰烈烈开展，在坚持中巩固，巩固中扩大发展，1945 年 7 月和 8 月，进行了解放睢宁和双沟两大战役，等于给淮北各分区联成一片举行了奠基礼。

刘瑞龙有调查研究和作笔记的习惯，他用秀美的蝇头小楷钢笔字，一本又一本地记，并完整地保存下来。这样，到解放以后，他保存的资料已非常丰富。在我负责淮北党史资料征集和研究工作的几年中，不止一次到北京他家里访问他，向他请教。他不是以老领导，而是以老同志间平等的身份和我们促膝谈心，提供了许多宝贵资料和线索。刘瑞龙在"文化大革命"中蒙冤，被单独监禁达 5 年之久，所幸他的笔记本得以保存下来。给我印象尤深的，是他出狱不久住在原中央农村工作部宿舍，我去看望他时，他虽已显得苍老，但仍精神矍铄，健谈得很。临告别时，他不但坚持要送我到大门口，而且拿起拐杖坚持送我到附近地铁车站，直到目送我进入站口，当我回头看他时，他仍站在那里频频招手。可见他长年坐牢后，有老部下专门来看望他，他的心情是如何愉悦。

当我们知道刘瑞龙表示要把他的全部笔记上交中央档案馆后，为了研究淮北解放区党史和新四军四师历史的需要，争得刘瑞龙的同意，派"苏鲁豫皖四省党史办"几位同志到北京把他的笔记全部抄录下来，加上他保存的淮北报刊资料，总共有 16 开本 20 大册。我们复印两份，带回一份，留给刘瑞龙一份。对此，他是非常高兴的。

他作笔记已成为习惯，1982 年 10 月，王光宇为团长的中国共产党代表团访问南斯拉夫归来。我们陪王光宇去看望他。他迫切希望了解南斯拉夫农村体制改革情况，立即拿出笔记本，详细询问，口问手写，兴趣很大。他对农村问题的研究一直未停，解放后也一直从事农村和农业部门的领导工作，20世纪50年代他担任华东局农村工作部部长，后调农业部任副部长，党组副书记、顾问，兼任中国大百科全书编委会副主任和中国农业百科全书编委会主任。1988年，他已是78岁高龄的老人，且患有心脏病，但仍孜孜不倦地从事农业研究。在广州参加中国农史学会会议期间，常工作到深夜。一天夜里，因劳累过度突发心脏病不幸逝世。他到广州开会，因不愿打扰省委，住在会议招待所。发病时省委并不知道他来，因而他未能得到更好的救治，造成了无可挽回的遗憾。可见瑞龙同志自爱自律，为了中国农村的发展，鞠躬尽瘁，作出了毕生的奉献。

还有一件事值得一提。关于新四军四师1941年春反顽斗争中，彭雪枫师长向西堵击20万国民党军队的进攻，和国民党优势兵力作了3个月艰苦斗争，以掩护山东、苏北、皖东北根据地的巩固建设工作，并于1941年5月奉命率部转移到津浦路东洪泽湖边，加强了皖东北抗日民主根据地的巩固和建设。当时，华中局曾作出决定，批评彭雪枫“长期不执行中央东进的战略方针”，彭雪枫虽作了检讨，但这并不符合历史事实。对此，淮北，尤其是四师同志长期不服。而张震作为四师参谋长是最了解情况的。为了弄清历史真实情况，四省党史办在张震支持下从部队档案中抄录了当时中央和四师之间全部来往电报，证明四师行动全部符合中央指示。我们根据电报精神和其他历史资料，起草了一份报告，为彭雪枫平反，由安徽省委和河南省委共同签署，向中央作了报告。由于牵涉面广，中央决定对报告不作批复，利用彭雪枫殉国40周年（1984年）之际，由张震按历史本来面目写纪念文章在《人民日报》发表。由于刘瑞龙过去曾按华中局决定精神发表过意见，与历史事实有出入。当他知道历史真相以后，也写了一篇文章在《安徽日报》发表，改正了过去的观点。他们俩就以这种方式还彭雪枫和四师一个公道。这也反映了刘瑞龙的求实精神。这样，路西反顽斗争中长期存在的不同认识，也就统一了。彭雪枫的名誉也完全恢复了。

耿耿忠心　铮铮铁骨

——在泗洪县新四军研究会“刘瑞龙在淮北”座谈会上的讲话

冯　岩

（2005年10月3日）

今天，泗洪县新四军研究会在这里召开“刘瑞龙在淮北”座谈会，深切缅怀刘瑞龙同志的革命精神和丰功伟绩。

刘瑞龙同志出生于江苏南通，15岁参加学生运动，17岁加入中国共产党，青年时代的刘瑞龙就立志把自己的一生献给革命、献给党和人民、献给共产主义的壮丽事业。从通、海斗争到西上川陕，从万里长征到悲壮的西征，从挺进华中敌后到主政淮北抗日民主根据地；从解放斗争中支前先锋到抓新中国的农业工作，刘瑞龙始终不畏艰险、百折不挠、殚精竭虑、鞠躬尽瘁，为中国革命和社会主义建设事业建立了不朽的功勋。

淮北抗日民主根据地是抗日战争时期我党领导的19个敌后根据地之一，也是新四军抗击日本侵略者的主要战场之一。从1939年10月至1945年10月。刘瑞龙在这里度过了整整6年金戈铁马、艰苦卓绝的战争岁月。他的光辉名字深深地镌刻在淮北人民的心中。

1939年9月，刘瑞龙随刘少奇到华中敌后开展工作。同年11月到豫皖苏游击根据地后，被任命为豫皖苏区党委副书记；1940年3月初，刘瑞龙调皖东北工作，任军政党委员会书记。为创建苏皖地区抗日反汉奸根据地，建立统一的抗日民主政权、统一的抗日军队及统一的民众团体，展开了艰苦卓绝的工作。在抗日反顽的同时，深入群众，全面开展减租减息工作；在残酷的战斗间隙，发动群众，组织工农青妇各种救国会、自卫队等保卫麦收，保卫胜利成果；在恶劣的政治环境下，团结进步力量，肃清残匪，整顿抗日武装。巩固了根据地政权，为开创皖东北抗日民主根据地作出了重大贡献。

自1941年9月起刘瑞龙就任淮北苏皖边区行政公署主任，后又任淮北区党委副书记。在区党委的统一领导下，刘瑞龙为根据地的军事、政权、财政经济、文化教育等各方面建设，枕戈待旦、历尽艰险、废寝忘食、鞠躬尽瘁。他积极组织开展大生产运动，打破敌人封锁，保障供给，改善人民生活，取得了各条战线上的空前胜利，使淮北抗日民主根据地进一步巩固、发展，直至取得抗日战争的伟大胜利。

耿耿忠心，铮铮铁骨，谱写磊落生平；凛凛正气，荡荡胸襟，留下激昂往事。刘瑞龙的一生是光明磊落的一生，是生命不息、奋斗不止的一生，是全心全意为人民服务的一生。我们缅怀刘瑞龙，就是要像他那样牢固树立共产主义的崇高理想，忠于党、忠于人民，把自己的一生献给党和人民的崇高事业，永葆革命本色；像他那样无私无畏，具有坚忍不拔的意志和海纳百川的胸怀，勇于面对前进道路上的一切艰难险阻，经受住各种风浪的考验；像他那样勤奋好学，谦虚谨慎，注重调查研究，始终保持求真务实、一丝不苟的工作作风；像他那样热爱人民、心系群众，对人民群众怀有无比深厚的感情，俯首甘为孺子牛，一辈子为人民服务。

刘瑞龙同志离开我们已经整整17年了。17年来，他生前所热爱的淮北大地发生了翻天覆地的变化。近年来，县委、县政府团结带领全县百万人民，弘扬革命老区的光荣传统，加快改革开放和社会主义现代化建设步伐，大力实施“工业突破、三产兴城、强农富民、环境立县”四大发展战略，全面提升工业化、城市化、农业产业化水平，城乡面貌日新月异，人民群众生活水平不断改善，一座新兴的城市正在淮北大地迅速崛起。

此时此刻，我们更加怀念刘瑞龙等老一辈革命家；更加怀念长眠在泗洪这块红色土地上的革命先烈。我们决心继承刘瑞龙等老一辈革命家和革命先烈的遗志，进一步解放思想，与时俱进，求真务实，开拓创新，为加快全面小康进程，建设安定、富裕、文明的新泗洪而努力奋斗！

刘瑞龙同志永远活在我们心中！

丰功伟绩永载史册　不朽精神长存人间

蒋中健[①]

（2005 年）

2005 年，是中国人民抗日战争胜利 60 周年，在欢庆抗战胜利 60 周年之际，同时迎来了淮北人民的群众领袖、淮北苏皖边区行政公署主任刘瑞龙诞辰 95 周年。

在艰苦卓绝的八年抗战中，刘瑞龙有六年是在淮北度过的。

1940 年 2 月 28 日，国民党安徽省第六行政区（皖东北地区）督察专员公署专员盛子瑾出走皖东北，我党全面接管政权。就在这一关键时刻，时任豫皖苏区党委副书记的刘瑞龙，奉中原局书记刘少奇电令，于 3 月初来到皖东北。3 月 28 日，刘少奇来信指示成立军政党委员会，以刘瑞龙、江华、张爱萍、金明、田文扬为委员，刘瑞龙为书记，全面领导皖东北地区党政军工作。刘少奇信中规定：苏皖边区党与八路军、新四军总的任务是“争取整个苏皖地区（淮河、宝应、盐城以北，陇海路以南地区）成为我党和进步势力管理之下的巩固的抗日反汉奸的根据地，并在这个根据地上，建立统一的抗日民主政权，统一的抗日军队及统一的民众团体，坚持抗战。为执行这个任务，必须迅速发展我党领导下的武装部队，迅速扩大八路军、新四军，在半年内达到三万人枪以上。此外，坚持建立廉洁的抗日民主政权，发展自卫军、农工青妇救国会。必须发展党，建立强大的有领导能力的各级党部。必须实行各种进步的抗日政策，以便能发动广大群众的革命积极性，解决部队给养及斗争中的各种任务等。”根据刘少奇同志的指示，刘瑞龙召开军政党委员会，研究确定了自己的行动计划。

为了加快开展苏皖边区抗日反顽斗争局面，帮助和指示军政党委员会解决工作中出现的问题，1940 年 4 月 28 日，刘少奇亲临皖东北，亲自领导和指挥了皖东北抗日反顽斗争，取得了胡桥、江桥战斗和安河自卫反击战的胜利，稳定了皖东北的局势。在抗日反顽的同时，刘瑞龙、金明根据刘少奇同志的指示，

---

① 蒋中健，江苏省泗洪县新四军研究会副会长。为撰写党史和建设淮北抗日根据地纪念馆做了难以数计的大量的工作，终致积劳成疾，并因劳累逝世在办公室里。

抓紧麦熟时机，发动群众保卫麦收，实行减租减息。召开座谈会，组织工作组，调查租佃关系。研究制定减租减息办法，全面开展减租工作。5月下旬，刘瑞龙在中原局机关驻地朱湖新行圩，主持召开苏皖区党政军干部大会，刘少奇在会上作了《在敌后怎样建立民主的抗日根据地》的报告，大大增强了广大干部建立和发展苏皖根据地的信心。

1940年7月下旬，根据少奇同志的指示，黄克诚率八路军新二旅两个团、二四四旅六八七团及教导营，进驻皖东北，与皖东北的八路军、新四军合编为八路军第五纵队。为执行“向东发展”的任务，9月，黄克诚率部东进苏北，开辟淮海。刘瑞龙与苏皖区党委奉命去淮海，刘瑞龙担任淮海区军政党委员会书记。

黄克诚率部东进后，特别是1941年1月“皖南事变”后，皖东北地区遭到敌伪顽匪的联合攻击，致使留守的皖东北党政军首脑机关腹背受敌，根据地人民惨遭杀害，大部分地区为敌伪占领，皖东北岌岌可危。

为恢复皖东北根据地，张爱萍奉刘少奇、陈毅的命令，率八路军五纵三支队（后番号为新四军三师九旅）于1941年2月初回师皖东北，首克青阳镇，后又用了40天时间，全部收复皖东北根据地。5月1日，三师九旅、四师十旅各一部及皖东北地方武装进行洪泽湖剿匪。用一周时间，肃清了洪泽湖的土匪，使洪泽湖成为皖东北根据地的天然大后方。

是月，在坚持了三个月艰苦的反顽斗争后，彭雪枫率新四军第四师，刘子久率豫、皖、苏地方干部奉命转移皖东北，刘瑞龙也由淮海调回皖东北。刘子久到达后，成立皖东北区党委，刘子久任书记，刘瑞龙任副书记。8月，皖东北区党委改组为淮北苏皖边区党委，刘子久任书记，刘子久、邓子恢、彭雪枫、吴芝圃、刘瑞龙、张爱萍、刘玉柱等7人为委员。8月23日，华中局下达了“关于成立淮北苏皖边区行政公署和军政党委员会的决定”，划定淮河以北、运河以西、津浦路以东为淮北苏皖边区，成立淮北苏皖边区行政公署，以刘瑞龙为主任，刘玉柱为副主任，同时成立以邓子恢、刘子久、刘瑞龙、刘玉柱、彭雪枫、吴芝圃、张爱萍为委员的军政党委员会，以邓子恢为书记。9月13日，淮北各界代表300余人，在孙元举行行署成立大会，正式选举刘瑞龙为主任，刘玉柱为副主任（后陈荫南为副主任）。9月15日，刘瑞龙在会上作了施政计划和施政纲领的报告，1942年4月14日，根据华中局决定，成立淮北军政党委员会，由邓子恢、彭雪枫、刘子久、刘瑞龙、赖毅、萧望东六人组成，邓子恢任书记。同年11月，华中局下达了经党中央批准的淮北区党委的组成名单。区党委由邓子恢、彭雪枫、吴芝圃、刘子久、刘瑞龙五人组成，邓子恢任书记，刘子久任副书记。1943 年年底，刘瑞龙任副书记。

刘瑞龙自 1940 年 3 月初奉调皖东北，9 月，随黄克诚东进淮海，1941 年 5 月重返皖东北，历任苏皖边区军政党委员会书记、委员，皖东北区党委副书记、淮北区党委委员、副书记，淮北苏皖边区行政公署主任等职，直到抗日战争胜利后的 1945 年 10 月离开淮北，在抗日战争最艰苦的岁月，他与淮北军民同甘苦、共患难，为根据地建设、巩固、发展作出了卓越的贡献。

在军事建设上，四师转移皖东北后，进行了整编，加强了军事训练，并组建了骑兵团。区党委和淮北行署历年开展参军运动，根据地内掀起了轰轰烈烈的扩军热潮，四师兵员得到补充，经过实践锻炼，战斗力大大提高。地方武装也得到了很大发展。在 1944 年 8 月收复路西的过程中，路东组建了 10 个独立团，近 1 万人。收复路西后，路西组建了 8 个县总队、1 个独立旅，约 8000 余人。群众武装在淮北区党委提出“枪换肩”后，把地主阶级掌握的枪支转移到工农群众手里，经过对群众武装的组织和建设，健全了淮北民兵，到 1945 年，路东有民兵约 10 万人，路西约 2.5 万人。

在政权建设上，自淮北行政公署成立后，公布了施政纲领，确定了施政计划，改造旧政权，建设新政权。在政权建设中，实行三三制，体现了根据地的民主政治。在边区各界代表大会上，成立淮北参议会，选举了正副议长，尔后，各县成立了参议会。边区、县、区、乡政权，成立了行政委员会。这对团结各抗日阶层、各党派参加抗战，巩固和扩大抗日民族统一战线，起到了积极作用。

在发动群众和组建抗日群众团体上，淮北区党委和淮北行政公署根据党中央“在军事打开局面、建立抗日民主政权以后，根据地的一个中心环节，就是发动群众和领导农民进行减租减息斗争。使他们获得看得见的利益，改善生活，组织起农民的大多数，建立基本农民群众的政治优势，同时正确地照顾各抗日阶级的利益，才能巩固和扩大抗日民族统一战线，迅速壮大抗日力量”的指示精神，区党委和行署多次召开会议，邓子恢、刘瑞龙作报告、撰文稿，亲自深入基层，深入群众，进行调查研究，解决存在的问题。经过历年发动和组织群众实行减租减息，到 1944 年，在 899 个乡，减租 112118 石，连同 1940 年以来的减租数，累计减租 226370 石。工、农、青、妇各抗日救国会不断发展壮大，到 1944 年，已有各救国会会员 100 多万人。通过减租减息，改造区、乡基层政权，促进了政权民主化。

在经济建设上，淮北行署首先健全了政府的财政机构，实行合理负担统一的累进税，征收公粮、田赋和物资税。为了发展经济、调节财政、稳定金融，与伪币、法币作斗争，建立了淮北银号，发行边币。实行开源节流，统收统支，统一预算，建立统一金库，严格审计，厉行节约，杜绝贪污浪费。各级党委和政府每年组织春耕、夏收、秋收运动，力争粮食增产。兴修水利、疏浚河道，加固了淮河大堤，减轻了水灾。1943 年 7 月，洪泽、泗阳、泗南普遍发生蝗灾，经过军民合作，扑灭了蝗害。这一年，根据毛主席提出的"发展经济，保障供给"的财政经济总方针和"自己动手，丰衣足食"的伟大号召，开展大生产运动，鼓励农民制订兴家计划，组织劳动互助。奖励劳动英雄，开展生产竞赛。为了解决布匹问题，组织农民种植棉花，开展纺织运动，解决了部分军民的穿衣问题，在全区干群的共同努力下，克服了根据地的经济困难，战胜了敌伪顽的经济封锁，基本保证了供给，改善了人民生活。

在文化建设上，为了宣传党的抗日民族统一战线，组织发动群众，指导根据地各项工作，除四师创办的《拂晓报》、《拂晓杂志》外，区党委、淮北行署创办了《人民报》、《团结报》、《奋斗报》、《大众半月刊》、《大众画报》、《政府工作》、《政府工作通讯》、《人民通讯》等。在教育方面，以普及小学为基础，使小学成为农村文化教育的中心，并以此开展社会教育，使文化与广大群众相联系，使教育工作与抗战相联系。据 1944 年统计，全边区有小学 806 所，学生 58104 人，中学 7 所，33 个班，学生 1863 人。在中、高等教育方面，除四师办了"抗大"四分校外，淮北行署创办了"淮北行政干部学院"、"江淮大学"、"淮北中学"、"淮北卫生学校"、"淮北职业学校"等，刘瑞龙主任还兼任淮北行政干部学院、淮北卫生学校校长。在行署的指导下，各县都兴办了中学和各类训练班。同时，行署成立了冬学委员会，刘瑞龙主任兼任委员会主任。每年冬天农村举办冬学，全面提高根据地人民的文化素质。另外还组织各类文艺团体，成立边区戏剧协会，举办民间艺人培训班，丰富了边区群众的抗战文化生活。

在公安司法建设上，在行署领导下，建立和健全了边区、县、区、乡的公安司法机构，经过法定程序，建立和健全了各类法律、法规、条例和办法，由行署颁布施行。在执行政策中，强调镇压首恶，争取胁从；审讯案犯禁止肉刑，重证据不轻信口供；对服刑案犯注重教育不虐待；民间诉讼手续力求简化。上述工作安定了根据地的抗日秩序，保证了各抗日阶层人民的合法权利。

在党的建设上，1940 年 3 月，我党全面接管皖东北政权，党的工作从秘密走向公开。在以刘瑞龙为书记的军政党委员会领导下，各地党组织陆续恢复，并得到充分发展和健全。尽管根据地党的领导组织在各个不同历史时期有所变动，但刘瑞龙始终是根据地党组织的主要负责人之一，为根据地党的建设做了大量工作。1942 年，根据中共中央《关于统一抗日根据地党的领导及调整各组织关系的决定》，根据地建立了一元化领导的区党委，并重点狠抓了整顿和健全根据地基层党支部的工作，特别注意提拔、培养地方干部和外来干部的地方化工作，使政权、军队、群众团体、党在根据地牢牢生根。1942 年 3 月，根据中央指示，在根据地内开展整风运动。区党委举办 9 期干部轮训班，刘瑞龙在轮训班上作《关于群众观点和群众路线》的报告，组织干部学习文件，清理三种歪风，克服非无产阶级思想，从而提高了干部的思想觉悟，进一步加强了干部的群众观点。

另外，根据 1942 年 9 月 7 日毛主席《一个极其重要的政策》的指示精神和华中局指示，淮北根据地开展了精兵简政工作，9 月底成立淮北苏皖边区精简委员会，对党、政、军、民各机关团体进行大精简。在刘瑞龙领导下，淮北行署经三次精简，由 320 人减至不足 50 人。边区工、农、青、妇四个救委会，合编成各界救国联合会。经过精简，减少了开支，提高了效率，支持了各条战线的斗争，使根据地度过了黎明前的黑暗。

在淮北区党委统一领导下，淮北根据地坚持贯彻党中央、毛主席和中原局、华中局和新四军军部的路线、方针、政策、指示，党政军民团结一致，同仇敌忾，奋力拼搏，互相支援，互相促进，取得了抗日反顽和各条战线的重大胜利，使抗日根据地日趋巩固和发展。

抗日战争胜利后，刘瑞龙于 1945 年 10 月奉命调离淮北根据地，走上了新的革命征程。但六年的风雨同舟，朝夕相处，六年的浴血奋战，同甘共苦，他与淮北人民结下了鱼水深情，他把淮北看成是自己的第二故乡。对淮北，刘瑞龙离思萦怀，时时把淮北人民的温饱饥寒牵挂于心。1946 年 6 月，蒋介石撕毁“双十”协定，向我解放区发动全面进攻。为了保护淮北人民的生命财产安全，保护群众的现实利益，1946 年 9 月 8 日，时任华中分局民运部长、苏皖边区第一副主席的刘瑞龙专门给七地委（皖东北地区党委）写了指示信，要求七地委就地开展游击战争，迅速完成土地改革，以保护人民的生命财产安全，使群众获得现实利益。1946 年 11 月 24 日，七地委违背华中分局和刘瑞龙的指示精神，仓促撤退到运河以东，使淮北根据地沦入敌手，数千名干群惨遭杀害。对此，刘瑞龙十分痛心，1947 年 1 月 3 日至 16 日，他代表华中分局，在宿迁北边的后二湖召开淮北工作会议，对淮北撤退进行检讨性总结，提出了“团结全党恢复淮北”的要求。他强调指出：“我们淮北的党有责任营救淮北人民，营救那里的干部、党员，不容许汉奸反动分子在那里放肆、压迫老百姓。淮北是我们党九年经营的革命阵地，有着我们的革命事业、革命组织，不能丢掉，我们淮北的党有责任保住这个阵地。”由此可见，刘瑞龙对淮北有着多么深厚的感情。

刘瑞龙虽然离开了淮北，但他时时牵挂着淮北人民，关心着老区建设。新中国成立后，只要老区有人找他，不管是干部还是老百姓，他都热情接待，帮助解决问题。1958 年 7 月 7 日，他专程来到当年淮北根据地中心区的泗洪县，看望泗洪的父老乡亲，在县委、县政府召开的万人大会上作了农业发展方向和农业机械化的报告，并代表农业部赠送美国产“福克森”35 马力轮式拖拉机一台。1960 年，正值三年自然灾害困难时期，泗洪出现了饿死人事件，县委和县政府领导前往上海，找到了时任华东局农委主任的刘瑞龙。当刘主任听过灾情汇报，接过泗洪县呈上的救灾报告时，立即在报告上批了 300 万斤救灾粮，这批救灾粮是从进口粮中拨出来的。这是一批救命粮，就是这批救命粮，救了老区老百姓的性命，至今老区人民仍然牢记刘主任的大恩大德。

“居高声自远，非是借西风”。虽然时间已过去 60 多年，但刘瑞龙的音容笑貌、嘉言懿行、节操仪范、丰功伟绩、不朽精神，都牢牢记在淮北人民心中。

“群众领袖心怀群众，人民公仆忠于人民”。我们要学习、弘扬刘瑞龙同志忠于党、忠于人民、甘当公仆的革命精神，牢记刘瑞龙同志“违背群众利益，就是犯罪，就是违法”的教导，坚持“立党为公、执政为民”，以不断实现最广大人民的根本利益为奋斗的最高目的，为全面建设小康社会，为振兴中华，贡献自己的力量。

深切怀念淮北苏皖边区开拓者——刘瑞龙

田照临[①]

（2005年10月3日）

我是喝洪泽湖水、吃洪泽湖鱼虾、食百姓粮谷长大的。淮北的父老乡亲养育了我。现在就我来说，对家乡的山山水水，一草一木，特别是对家乡勤劳勇敢的人民备感亲切。对家乡的人民为抗日战争的胜利以及在解放战争中流尽最后一滴血牺牲了的烈士，深表崇高的敬意。我是1939年参加革命工作的，是苏皖边区党教育、培养了我，在边区党的领导下，我由一个普通的热血青年成长为吕集乡党支部书记、乡长、区委书记、县委组织部长、县委宣传部长。是刘瑞龙同志领导下的一名基层干部。刘老那无限忠于党、无限忠于人民，毕生为无产阶级革命事业奋斗不息的高贵品质；他那热爱淮北人民，关心群众疾苦，密切联系群众的优良作风；他那以身作则，吃苦耐劳、廉洁奉公的革命精神；他那刻苦学习马列主义和毛泽东思想，实事求是，坚持理论联系实际的科学态度；他那襟怀坦荡、无私无畏、坚持真理、修正错误、勇于批评与自我批评的高尚情操，都给我们留下了深刻印象，也给了我很大的教育，是我们学习的好榜样。

忆起在苏皖边区，在刘老的领导下，亲自指导安排我做的几项工作，至今还令我难忘。

（一）互助合作社的发展。刘老热爱人民、关心群众疾苦、密切联系群众的优良作风，永远值得我学习。他是群众运动的专家。1944年，我担任泗阳县委宣传部长，刘老在陆王庄找我谈话，指示我到夏庄搞试验工作团。他对整个淮北的经济状况非常了解，对我到试验工作团也作了明确的指示，他说："今年的生产运动比去年要更进一步，要真正把生产作为普通群众运动来做。要组织生救会，各级政府建设科，确定贷粮数目及分配比例，并组织实验工作团着手试验。区党委决定以组织农业生产、兴修大小水利、发展纺织为中心。要通过兴

---

① 田照临，蚌埠市原人大主任、党史资料征集小组组长。

家计划，劳动互助合作社生产竞赛，将劳力组织起来，这是提高农村生产的基本方法。现在组织上派你到泗阳县委实验工作团工作，并派你到界集区夏庄去搞实验工作团，这工作十分重要。”当时泗阳县委实验工作团由县委书记狄克东牵头，组织上决定由我和邹青、苗秀芳、孙杰等组成驻夏庄实验工作团。实验工作团由我和邹青两人负责。1942 年，我没有去夏庄之前，毛主席就提出组织起来，开展大生产运动，为全国各抗日根据地的经济发展指明了方向。即刻全国各抗日根据地就组织起来了。当时淮北抗日根据地互助合作社就是响应毛主席号召，才发展起来的。在界集夏庄由李永平领导的农村纺织互助组，就是在这样的背景下产生的，并且已有了些基础。夏庄的互助组，开始在农业上组织小范围互相帮助夏秋收割，从中农业得到发展，农民得到了经济利益。我们驻夏庄试验工作团，在此基础上发展成为较大的互助合作社。互助合作社这一创举被泗阳县委发现后，当时的泗阳县委书记狄克东派赵旭牵头扶持互助组合作社。为更好地发展以土纺土织为主的互助合作社，我和邹青领导的实验工作团买了几台织布机，扶植纺织互助组发展成为互助合作社。夏庄佃户多，大多都是种刘子玉的地，我们同时组织农民开展减租减息、增加工资的斗争。

随着时间的推移，试验工作深入开展，夏庄劳动互助的形式除纺织互助合作社外，我们驻夏庄实验工作团还组织了人力互助，有合伙、扯伙、农忙队、互助小组、短工队、手工编织、副业互助小组；在牛力互助中，主要是合犋和官牛两种；在人力换牛力中，有换工小组，还有人力、牛力、工具三方面的大互助。夏庄的农民自参加互助后确实得到了好处，都感觉人多做活有劲，人少做活会生厌。同时，互助合作社集体劳动可以适当分工，并节省很多时间，减少劳动力的浪费，比个人劳动强得多；夏庄在牲口、工具、种子、劳动力更有效的配合中，以有补无。这样，贫苦农民困难就有办法解决了。也正因如此，加速了生产计划的完成并加强了农民的团结；劳动互助可以组织起大多数的群众，这是行之有效的方法。当时夏庄的互助合作社已成为全县的模范，是全县的旗帜，也是全县的榜样。

夏庄互助合作社的产生、成长、发展，都是在刘老的关心、指导下进行的。夏庄互助合作社所取得的成绩，也是在刘老的领导下取得的。早在淮阴宣教大会上，刘老就听取了我的汇报，并作了充分的肯定。把我带去的书面材料，刊登在《拂晓报》上，并在总结材料中，肯定了夏庄互助合作社的经验，并指示要推广夏庄的经验。

（二）锄奸反霸和土地改革。抗日战争胜利后，泗阳县锄奸反霸斗争的群众运动，在苏皖边区政府刘老领导下，蓬蓬勃勃地开展起来了。1945 年 9 月 6 日，淮阴被我军解放，躲在淮阴的汉奸恶霸被活捉，在广大群众揭发和要求下，罪大恶极的汉奸恶霸一个个被我惩处。在淮北区党委直接领导下，时任淮北区党委副书记、淮北苏皖边区行政公署主任的刘瑞龙亲临泗阳县检查、指导锄奸反霸工作。我向刘老介绍了开展锄奸反霸工作的做法和进展情况。刘老肯定并表扬了我们的工作，认为这项工作开展得很好，同时，也作了指示，要我们在工作中一定要按照党的政策办事，要相信群众，依靠群众，走群众路线，锄奸反霸本身就是一项政策性很强的群众运动。在泗阳县开展锄奸反霸复仇分土地斗争的群众运动中，泗阳县委认为我最适合这项群众运动的工作，于是，当时的县委书记林源就把我从夏庄试验工作团调出，搞锄奸反霸工作。这也是党组织对我工作的信任和肯定。原因之一，就是我是当地土生土长的干部。遵照泗阳县委指示，我同王创业等就在陈圩区、中扬区、屠园区、仓集区开展了工作。随着工作的深入发展，后成立了党委，王创业为书记，我为副书记，以我为主，具体做发动群众工作，驻地在仓集，还住过洋河、众兴。工作的范围就是沿着海郑公路到蒋集。我们锄奸反霸工作团在苏皖边区和泗阳县委的领导下，工作很快开展起来了。恶霸汉奸王其可、包子香、张恒取、陈从景、陈一庆在仓集河西乡七千多人大会上被审判枪毙，陈蔚生、刘兆龙等一批叛徒、汉奸也在郑楼被公审枪毙。公审枪毙汉奸、泗阳县长赵子玉，使全县惩奸反霸斗争达到了高潮。

1947 年 9 月，泗阳县 5 个区，22 个乡，93 个村开始土改分田。龙集、界集两区发动群众惩奸分田工作进展也很快，有 13 个乡已分了土地，并促进了扩军、征粮工作。10 月，土改工作全面开始宣传发动，打通思想、组织力量、搜集研究资料，准备斗争，开始惩奸复仇，作平分土地的准备。各区、乡正式成立农会。龙集区 8 个乡受到农民惩办的地方恶霸 396 户，在大会上公审枪毙 3 人，并夺回被剥削敲诈的粮物。农民群众在锄奸复仇的土改中，把所获果实摊分列户，按照实际情况分为三等：一等是被冤户及无粮吃的军烈属；二等是赤贫户；三等是贫农。这极大地调动了农民的积极性。

回忆在刘老领导下，我办的几件工作，受益匪浅。刘老丰功卓绩的一生，充分表现了一个共产党员为人民服务的忠贞不渝的革命精神和崇高的思想品德。刘老光明磊落、不畏艰苦、克己为人、廉洁奉公、爱护人民，深受苏皖边区人民的爱戴和敬重。长者虽逝，风范长存。

实事求是的典范

——追忆刘瑞龙治史的严谨态度

庄 奂[①]

（1991 年）

第二次国内革命战争时期，刘瑞龙担任过中共南通县委书记，通、海特委书记，是党在南通地区早期创始人之一，并和李超时一道创建了中国工农红军第十四军。我在征集南通地方党史资料的过程中，曾多次和他通信，请提供并帮助鉴定南通地区早期的党史资料和革命史料，还向他请教过有关问题。1986 年 10 月，乘他来南通之机，特地拜会了他。从他那里得到很大帮助，受到很多教益。刘瑞龙治史的高度负责精神和严谨的科学态度，给我留下深刻的印象。

“实事求是”是我们党的思想路线，也是史志工作必须遵循的根本原则。刘瑞龙治史的高度负责精神和严谨的科学态度，正体现在模范地遵守实事求是的根本原则上。

反映历史真实

解放初，刘瑞龙在上海工作，陆续收到红十四军烈士亲属来信，询问当年的斗争情况和烈士们英勇奋斗壮烈牺牲的事迹，有的要求提供证明。刘瑞龙根据记忆、参照历史档案材料，作了比较准确的回答。鉴于这类来信日益增多，一些同志建议他把红十四军诞生和战斗的经过写出来发表，作为总的答复和纪念。于是，他亲自翻阅历史档案和报刊资料，并通过南京军区和江苏省委派员深入调查研究，广泛征集史料，最后与张爱萍商定，写成《回忆红十四军》初稿，发表在 1959 年《群众》杂志第十九至二十四期上。不久，又根据一些同志的建议，在江苏省委和南通地、市委以及扬州地委的帮助下，反复征求意见，修改补充，于 1962 年 8 月由江苏人民出版社打出单行本清样。但因种种原因未

① 庄奂，南通市原党史办主任、市政协常委；曾协助刘瑞龙整理中共党史及回忆红十四军的资料。

能同读者见面。粉碎“四人帮”后，又经过许多同志的核实、补充和校阅斟酌，终于在1981年出版。这本只有10万字的小册子，从收集资料到成书出版，前后花去30个年头，即使除掉“文革”十年的干扰，也花了20年左右的时间，在上百人的协助下，翻阅了成千上万字的史料，经过几上几下，反复调查核实、修改补充，而后校阅定稿，出版发行，可见刘老对这一工作是何等慎重，何等负责！

我正好是在1980年秋调做史志工作的，很快成了这本小册子的忠实读者。读后感到它为我们再现了红十四军时代通、海、如、泰地区革命斗争历史的真实面貌，给我们进行地方党史资料的征集研究提供了一本很好的参考书，也给我们学习革命先辈献身精神，继承、发扬党和红军的优良传统提供了一份生动的教材。

注意存真求实

在征集史料工作中，我们经常求教于刘瑞龙，他总是有求必应，悉心指教。

1984年秋，三余地区有位红十四军老战士向我们反映了一段历史：1928年春，他们有十几个同志携带武器，去海门麒麟镇南边的大新港，迎接王若飞来南通东乡巡视，以后仍由他们把若飞送走，并反映了若飞同志在南通东乡活动的具体情节。我们随即将所反映的详情整理了一份史料，寄请刘瑞龙审阅。刘老回信说，这份史料“全系任意编造”，并告知：“王若飞同志系由秘密交通关系，经天生港来南通的。若飞同志在南通停留一个短时间就去如皋巡视，根本没有到过南通东乡”。他严肃地指出：“对这种任意编造党史的行为，应教育纠正。”还谆谆告诫说：“你们在收集党史资料工作中应注意求实存真，辨明真假，防止鱼目混珠。”我们再次找反映人核实。此人经不住三五次追问也就露出破绽，难以自圆其说了。除了当场对反映人进行了教育帮助外，我们也由此引起反思：征集史料决不能偏听偏信；而必须追根穷源，求实存真。

1986年春，我整理了《南通县早期的农民运动》这份专题材料，也寄到北京请刘老审阅。刘老仔细过目后进行了补充和纠正，使这份材料更为翔实、准确。材料中原来讲到红十四军第二师“以南通东间地区、海门北部地区为活动中心，以草棚镇为根据地”，刘老把“根据地”改为“依托”。因当年红十四军无论活动于通、海地区还是如、泰地区，虽曾打过一些胜仗，但最终归于失败，教训之一便是只开辟了通海、如泰两块游击区，而对建设根据地则认识不足和缺乏经验。刘老这么一改，也就恰如其分了。材料的另一处讲道："1929 年 2 月，中共南通县委在仇家园召开群众大会，成立了南通东乡第一个苏维埃政府。同年 8 月，南通县委在东乡普遍进行了没收地主阶级的土地、建立苏维埃政权的活动。"刘老又在"活动"之前添上"宣传"二字。这虽然只有两字之差，而在工作深度上则大相径庭。以反复调查核实，证明刘老当时身为县委委员，经常在东乡活动，更了解这段历史的全貌。当时南通东乡对打土豪、分田地、建政权，确实只是普遍作了宣传，而真正行动起来的是个别地区。所以把"活动"改为"宣传活动"，表述更符合历史原貌。

贵在老老实实

刘瑞龙治史态度之严谨，更表现在对待自己所整理的回忆材料上，能够尊重历史，忠于事实，坚持真理，修正错误。他早期在南通地区从事革命活动，已是半个世纪以前的事。我们通过广征博采，反复核实，注意用档案材料、报刊资料和回忆材料相印证，发现他的《回忆红十四军》一书选用的绝大部分史料是准确无误的，当然也难免在个别地方有某些出入。一是他回忆说，原中共南通县委书记林志和于 1928 年 10 月被捕后，由他接任县委书记。而据《南通日报》消息，林志和被捕是 1929 年 10 月，那么由他接任县委书记的时间应在 1929 年 10 月以后，相差 1 年；二是 1929 年春，县委曾议论成立中心县委并要他负责，后省委决定成立特委，议论才结束，他误认为已经担任了中心县委书记兼南通县委书记。我们把调查考证的依据于 1986 年夏写信向他汇报。不久接到他的复信，说："根据你们的材料，我又查阅了一些史料并认真地作了回忆。由于年代相隔已久，记忆失误。""关于我接任南通县委书记的时间及担任中心县委书记职务，均系误记造成。""请在《南通县六十年地方党史略谈》中加以更正。"

判断史料的真实与否，通常以历史档案为准，但由于情况不断发展变化，不可能事事都有档案记载，更何况早期的革命历史档案又残缺不全，且档案记载也难免有误差。1928 年召开党的六大期间，分布于国内外的中共党员 4 万多名。而在刘瑞龙担任中共南通县委书记和通海特委书记期间，据当时巡视员的报告，南通县的中共党员 1929 年 11 月约 5000 人，1930 年 9 月约 4700 人。我们对此数据的可靠程度产生了疑问，便向刘老请教。刘老回答说："靠不住，那个时候党员、农会会员分不大清"；"巡视员的报告也有些连猜带估的"。又据中共江苏省委 1929 年年底给南通县委的指示信中提到，决定组织通、海特委，以刘瑞龙为书记，李超时、陶溪、董畏民为常委。而据刘瑞龙的回忆："江苏省委决定成立通海特委，指定李超时为书记。"刘老答："也可能在省委召开二大期间，我是省委委员，省委要我担任特委书记。后来经过实际工作的了解，省委认为超时还是比我强一点，所以确定他为书记。我是这么想的。后来我就当特委委员兼巡视员。"果然，当时担任江苏省委书记的李维汉在《回忆江苏省委》一文中，对于李超时和刘瑞龙在通、海特委中的任职给予了证实，但却没有提到谁强谁弱的问题。

刘瑞龙的确非常谦虚谨慎。无论是在《回忆红十四军》或者是在《难忘的征程》中，都很难找到他宣扬自己的片言只语。他所歌颂的是党，是群众，是无数革命先烈。他始终把自己置于组织之中，以辩证唯物主义和历史唯物主义的观点，回顾自己走过的路程，反映历史的本来面目。他的可贵之处就在于对待历史的老老实实态度。这是马克思主义的科学态度，是对党对人民对子孙后代高度负责的精神，同时也体现了他对革命事业无私奉献的高风亮节。

刘瑞龙虽然离开了我们，但他给我们留下大量宝贵的精神财富。特别是在贯彻党的实事求是的思想路线方面，他为我们史志工作者树立了光辉典范。刘瑞龙永远活在我们心中！

主任是咱老百姓的官

李剑锋

（2005年10月3日）

刘瑞龙主任是开创皖东北抗日根据地最早、行政职务最高的领导人。他1939年9月随刘少奇从延安来华中，到中原局所在地——竹沟，11月到豫皖苏根据地，任豫皖苏区党委副书记。1940年3月，根据中原局的决定，由彭雪枫司令派部队护送，过津浦铁路，到皖东北执行建立巩固的抗日根据地的任务。同时，刘少奇写长信指示，要把整个苏皖地区建成巩固的抗日根据地，在半年内扩大八路军、新四军人枪3万以上，坚决建立各级政权，建立广大的自卫军，建立广大群众参加的工农青妇等救国会，发展党员，建立各级党组织。还指示，成立苏皖边区军政党委员会，刘瑞龙为书记，统一领导和指挥地方和军队的工作。1941年8月，华中局决定：划淮河以北、运河以西、津浦路以东为淮北苏皖边区，成立淮北苏皖边区行政公署，刘瑞龙为行署主任。1941年9月15日在半城举行成立典礼，宣读了《淮北行政公署施政纲领》，刘主任作了《为实现苏皖边区施政纲领而斗争》的报告。淮北行署一成立，就开始进行机构改革，按三三制原则，成立边区级、县级参议会和行政委员会。1942年10月，边区召开第二届参议员大会，选举正副参议长、行政公署正副主任、高等法院正副院长，讨论通过了刘主任政府工作报告，及150多件法规议案，边区的参议会由咨询机构成为民意机关，逐步向最高权力机关过渡。这是政权建设的重大实践。

行政公署成立后，即遵照中央1941年12月关于精兵简政的指示，区党委成立边区精兵简政委员会，刘瑞龙任主任。精简机关，充实基层和部队，节省开支，减轻人民的负担，克服战争环境的困难。行署机关，经三次精简由原320人，减到不足50个人。边区每年秋冬都组织一次全区规模的参军运动，扩大抗日武装，充实主力部队。边区一级建立扩军委员会，要求村村发动，全民动员，党员带头，青年踊跃参军。新兵入伍，热烈欢送，打锣鼓，放鞭炮，骑大马，披大红，乡长、区长牵马相送，一人参军，全家光荣。淮北每年有几千名新战士上前线。仅1944年淮北路东地区，一次参军就有1万多人，组建了10个独立团。壮大了自己的队伍，增强了敌后的抗战力量。

行政公署发动群众，自力更生，发展生产，开荒种地，兴修水利，灭蝗救灾，增加粮食生产，改善人民生活，保障部队供应，支持抗战。为解决穿衣问题，号召大家纺纱织布，地方银行发放40万元纺织贷款，扩大棉田，增加产量。到1944年，仅9个直属县统计，就有纺车36680架，织布机2686架，持续3年之久，棉布基本保障军民需要。淮北人民用自己的汗水，养育了人民军队，尽最大的努力，支持了抗日战争。经过几年艰苦奋斗，克服重重困难，将淮北苏皖边区建成了巩固的抗日根据地，迎接抗战的胜利。这些胜利从哪里来？正如彭雪枫师长分析的，原因是多方面的，其中有地方党和政府的帮助。“地方政府在以刘瑞龙同志、刘玉柱同志为首的行政公署各处、各县、各区的同志们，艰苦领导民众，奋斗苦干而得有今日。这些同志，不知有他，只知有工作。刘子久同志、刘瑞龙同志，都是中国革命的老战士，他们只知道干，白天黑夜地干，最近瑞龙同志到泗五灵凤，子久同志到邳睢铜，亲自指导工作。各县县长、县政府工作人员。不顾生命和敌伪奋斗，一年多来牺牲得很多。”刘主任的历史功绩，已为历史实践所证明，载入历史史册。他的功绩也同样永远留在淮北人民的心中。一次抗大四分校的代表到行署召开的劳动模范代表会议听报告，一位农村劳模讲到刘主任，他说：“主任是咱老百姓的官，他想着咱，关心咱。”他的话讲得那么亲切，那么有感情，我很受感动，但很遗憾，没有来得及问情况。他的话，我印象深刻，直到现在还记得很牢。刘主任想着老百姓，百姓永远记着刘主任，为百姓做官，做官为百姓，这是实践我们党的唯一宗旨和天职行动。我离休了，但共产党员的义务是不变的，我仍然要以刘主任为光辉榜样，想着百姓，为了百姓，牢记党的宗旨不褪色，作一些力所能及的奉献。

刘瑞龙主任在长期斗争中，在处理各种问题过程中，有许多讲话、报告、文章、书信、布告、答记者问等，都是留给我们的宝贵的精神财富，是学习历史经验，接受传统教育的好教材。过去不可能都看到，现在泗洪县新四军研究会将这些著作汇集成书，编成文集，作为宝贵的遗产传留下来，也是贡献，也是一大功绩。我能有机会拜读，也是一大幸事。我要认真学习实践，要做到活到老、学到老、改造到老、奉献到老，永做一个人民勤务员。

怀念刘瑞龙同志

高　曙

（2005 年 10 月 3 日）

刘瑞龙同志 1939 年 9 月随刘少奇到河南确山。同年 11 月份到达涡阳县新兴集（新四军六支队所在地）。1941 年 8 月中共淮北苏皖边区委员会和行政公署成立，他担任行署主任、淮北区党委副书记。他作风民主、联系群众，处处为群众利益着想，积极为群众办好事、办实事，深受人民群众爱戴，是淮北人民的老领导、老首长。

因日本侵华战争爆发，我失学在家，不久，淮北边区出布告，创办淮北中学。这是一所抗大式的学校，入学即是参加革命。我马上前去报考并被录取。刘瑞龙主任说，这是个革命大熔炉，大批爱国青年踊跃前来学习。他对这所学校非常重视，经常到校视察指导，帮助学校解决创建中的困难。有时白天忙其他事情，夜晚也抽空来转转看看，或者找学校领导商谈工作。边区有大的活动，如五四青年节、十月革命节，等等；几所高等学府（抗大、行政学院、淮北中学等）的师生，都和边区党政军领导机关在一起开大会，共同庆祝，开展文化娱乐活动，聆听首长讲话、作报告。有时，刘瑞龙主任也亲自来淮中向全体师生作报告，联系实际，有针对性，效果更好。他特别强调培养人才工作的重要性和紧迫性，对青年学生提出了殷切的希望和要求。他常讲，干革命要靠两杆子：第一，靠枪杆子，武装夺取政权。没有武装，就没有政权。第二，靠笔杆子，多多培养有文化有知识的人才。没有笔杆子，一个文盲充斥的国家，是没有希望的。

我和刘瑞龙主任相聚最长的时间，是 1944 年秋，淮北区党委召开 5 年来群众工作总结大会期间。那次会议规模较大，各县都有几位代表参加，泗阳县是县联救会主任、县委民运部长段佩明和我去参加的。会期较长，大约 10 天。总结交流的经验也很丰富。5 年来工作总结，刘主任讲了两三次才讲完。当时有个特殊情况，彭雪枫师长率领大批人马，重返路西，恢复政权，边区多数首长随军西征。刘瑞龙主任既要看好“家”、管好后方留守工作，又要主持开会，确实很忙，思想负担也可想而知，但他能稳住阵脚，一丝不苟，照常工作。“乱云飞渡仍从容”，我们很佩服他的工作能力。当时刘主任提议，这次会议人多，不住民房，大家都住在临时从洪泽湖运来的芦苇现搭两檐到地的庵棚里，没有借用一间民房，这对保密也有好处。庵棚排起来也很好看，像一处新建的小村庄。这次会议，是边区5年来群众工作经验的一次大交流、大检阅，也是对边区开展群众运动的一次大促进、大学习。刘主任经验丰富、作风民主，他那种工作精神，全心全意为人民服务的思想，是永远值得我们学习的。

1943年春，二三月间，刘瑞龙主任到泗阳县检查工作。当时，县政府住在高集北边塘槐村。公安局、司法科住在尹庄，县联救会住在裴圩。刘瑞龙主任白天听取县委、县政府有关人员汇报，查阅档案。晚上，在尹庄附近召开老农和基层干部座谈会，主要是宣传贯彻为了战胜敌人，打破敌人经济封锁，根据毛泽东提出的“发展生产，保障供给”的方针和“自己动手，丰衣足食”的号召，在全区军民中开展大生产运动。例如，怎样推广种植棉花，怎样搞好棉花的田间管理，怎样发动妇女纺纱织布以及每人开多少荒、种多少菜、养几头猪羊和鸡鹅鸭等等。我当时在县联救会工作，因所在乡的党支部书记调区党委农训班学习去了，临时要我代行其职，所以也通知我来参加座谈会。地点是在农村保管农具的房子里。房子当中放一张小饭桌，上面点了一盏煤油灯，旁边还放着一辆纺花车。刘瑞龙主任兴致很浓地和与会者促膝座谈，当中还穿插一些民谣谚语，如：“枣树发芽种棉花，一天能纺二两线，吃一半来赚一半”等等。他有时一边讲着一边还亲自去转动纺花车，做些示范动作给大家看。他那种手把手地教，苦口婆心地讲，仔细地听、认真地记，身体力行的精神风貌实在感人。当一位老农民发言时讲道：“听刘主任话，跟共产党走，我保证带头种好棉花。”他听了很高兴，散会时，叫民兵扶着这位老人回家了。

1947年1月18日晚上，夜暮已经降临了，我们泗阳县干部大队在重返淮北途中，路过当时沭阳县阴平镇时，刘瑞龙主任顶着刺骨寒风，骑着马走在我们行军路上，和我们并肩同行。当听到我们讲话声音时，忙问我，你不是泗阳的某人吗？我说是的，您还认识我呀。他说：“你们重返淮北，打回老家去，既光荣也辛苦，我是来为你们送行的，希望你们重返淮北、坚持淮北，为死难烈士报仇。”后来，我们在坚持地区对敌斗争中，每想起刘主任在送行途中的教诲和鼓励，就感动不已、勇气倍增。想得最多的是：刘瑞龙主任是淮北边区的开创者、建设者，是淮北人民的老领导、老首长，他在乱云飞渡的情况下，又在百忙中，接受华中局的委托，前来为我们重返淮北的同志送行，这种德义太深重了，是对挺进支队的鼓励，也是对我们每个重返前线的战士的鞭策和鼓舞。一位老领导、老首长在夜色苍茫中，仅仅凭着我们讲话的口音，就能认出张三李四。认出我们这些小小的“螺丝钉”，这实在是可尊可敬，值得我们永远铭记、永远怀念的。

我在中央党校学习期间，一个星期天，我和裴琢吾（淮中同学，他曾给刘主任当过几年秘书）去看望刘瑞龙。当时，他家住在木樨地，我们到他家时，他正在沙发上躺着，身上盖着一条毛毯，脚下垫着一个小凳子，因病体质虚弱，讲话声音较低。见我们来了，强撑着坐起来和我们谈话，又叫家人陪我们看看他家的居住情况。然后，他向我们问起泗阳的发展和变化。他对人事问题很关心，对泗阳县的老同志、老劳模的情况问长问短。一再交代，要多关心他们的生活和健康。也讲到，他还要再干几年，鞠躬尽瘁，死而后已。如果身体情况允许，他要到淮北去到处走走看看。不久，他没有等到完全康复，就去广州出席中国农史学会学术讨论会。会上考虑到他身体情况，再三要安排他去住条件较好的宾馆，他坚决不去，执意要住在一般的招待所里。他既要主持一些会议，又要亲自动手写材料，结果劳累过度，病逝在写字台上，令人恸悔莫及。刘瑞龙同志为党为国，革命一生，奉献一生，时时刻刻、处处事事都是严格要求自己。全心全意为人民服务。谁知他此次南去竟成永别！我们再也见不到他的高大形象，听不到他的谆谆教诲。他的淮北旧地重游的想法也永远实现不了了！淮北人民永远怀念他！

忆刘瑞龙与淮北中学

毛和斋

（2005年10月3日）

淮北抗日民主根据地，是我们党和八路军、新四军在抗日战争艰苦岁月，经过浴血奋战，是全国创建的19个根据地中的一个。1941年春，张爱萍率新四军九旅回师皖东北，首克青阳镇，继而肃清了洪泽湖上的顽匪——魏友三、高铸九、陈佩华之流，巩固了皖东北地区的后方。同年5月，新四军第四师师长兼政委彭雪枫率四师主力进入皖东北，统一指挥皖东北地区我军的武装部队，进一步巩固和发展了皖东北抗日根据地，继而成立了中共淮北区委员会。6月份，淮北区党委根据形势的发展和边区参议会的建议，作出了筹建淮北中学的决定。区党委领导同志刘子久、刘瑞龙、刘玉柱在张塘村主持召开了筹建淮北中学的会议，主持根据地教育工作的江陵和负责筹建任务的任崇高、张宇瑞等同志出席了会议。校址选在根据地中心区的阳景庄，校名为淮北苏皖边区公立淮北中学，宗旨是广泛吸收各阶层知识分子，为党政军各条战线培养干部。

当时，我17岁，正在魏营乡丁巷村陪陈向东读私塾。一天，泗南县委组织部长陈位东带着淮中招生简章来到书房，动员我们报考淮中，随后，我与陈向东、王斌臣、朱月泽四人到郑集参加考试，没隔几天，陈部长拿着《拂晓报》又来到书房，说我们四人都被淮中录取了，名字都上了《拂晓报》，我真是喜出望外，特别高兴。这年8月28日，我背着背包，赶赴阳景庄淮北中学读书，成为该校首批入校学生。我同陈向东、王斌臣被编在初中甲班，朱月泽被编在乙班。我因家庭穷苦，学习刻苦、尊敬老师、团结同学、劳动卖力，加之在校听了新四军和淮北行署等领导所作的报告，深受教育，思想觉悟有了较大的提高，对为什么读书和如何坚持抗战的道理，都有了一定的理解，经我申请，由裴敬轩介绍，组织上于1941年11月批准我加入中国共产党，成为一名正式党员。

1942年1月，淮北苏皖边区反法西斯大会在淮北中学大操场上召开，有来自边区青年学生2000多人。大会由边区青救会主任曾谋主持，行署主任刘瑞龙在会场中心给我们作了《青年反法西斯任务》的报告。他在讲国际形势时说道：德、意、日法西斯为了实现称霸世界的野心，不顾世界人民的反对，悍然发动第二次世界大战，这种非正义的侵略战争，是注定要失败的。以德国希特勒为首的德意日轴心国，也是注定没有好下场的。以苏联斯大林为首的，有英、美、中国等国家组成的同盟国，代表了世界上绝大多数人民的利益，进行的是反法西斯侵略的正义战争，而正义的战争必然会得到全世界各国人民的大力支持。全世界人民同仇敌忾，相互支援，并肩战斗，最终胜利必定属于我们的（热烈鼓掌）。接着，刘主任在讲国内形势时说道，中国抗日战争是世界反法西斯战争的重要组成部分。尽管国民党顽固派蒋介石一手制造了亲者痛、仇者快的“皖南事变”，但我们有以毛主席为首的党中央的正确领导，有八路军、新四军的英勇奋战，有全民族抗日战争的统一战线，有全国老百姓的支持，我们自盐城重建新四军军部后，刘少奇政委和新四军代军长陈毅，统帅全军 7 个师 9 万将士，在大江南北 8 省 10 多个地区，不断给予日伪军以更大更猛烈更沉重的打击，我们的队伍愈战愈强，愈战愈多，根据地也越来越大，越来越巩固、发展。就拿淮北抗日根据地来说吧，新四军第四师还组建了骑兵团，根据地内社会秩序井然，人民生活比较安定。边区民主政府实行三三制，减租减息，东佃双方受益，抗日民族统一战线更加巩固发展，日本侵略者必然被赶出中国去，胜利一定属于伟大的中国人民（热烈掌声）。最后，刘瑞龙主任号召广大青年和学生：一定要认清抗战的大好形势，分清敌友，广泛发动群众，积极投入关系民族生死存亡的抗战中去，在战火中磨炼自己、提高自己。现在，淮中、抗大四分校等学校读书的同学们，一定要刻苦学习。加强军事锻炼，端正政治方向，待学有所成，随时听从党和人民的需要。一是立即投入伟大的抗日战争中去；二是抗战胜利了，为建设和平民主的新中国，发挥你们的聪明才智。总之，我们今天青年之任务，就是一切为了反对法西斯，一切为了赶走日本侵略者出中国而奋斗，最后胜利是属于全世界爱好和平和伟大的中国人民的（热烈掌声）。听了刘主任的报告，当时好多青年学生都要求参军参战，情景特别感人。

我从 1941 年 9 月入淮北中学，到 1945 年抗日战争胜利后学校停办，一直没有离开淮北中学。是淮北中学这所抗大式的学校哺育了我，锻炼了我，使我走上了革命道路。尽管 60 多年过去了，但我深深怀念着母校，更加感谢淮北行署主任刘瑞龙对淮北中学的关注，及对我们青年学生的培养。

在这里，我有必要把刘瑞龙主任果断、细致、实事求是地处理轰动淮北的淮北中学第二次反特案件谈一下。1943 年秋，淮北中学先由学生某某向学校举报某某等人暗中组织反动团体——进步青年建国团。继而该学生又连续报告校中特务活动情形，该校张副校长在未查明真相的情况下不仅信以为真，还对个别学生连续七天采用逼供信的方法，同时，召开第二次反特斗争大会，致使会场上乱咬诬攀，被牵连师生多达四五十人，占全校师生四分之一。加之淮北公安机关对此事处理不力，以致给淮北中学的教学工作带来严重的影响。

淮北中学第二次反特案，引起区党委和淮北行署的高度重视，经采取有力措施，通过缜密清查，最后查明，此案为假案。其间，行署主任刘瑞龙、四师师长彭雪枫、政委邓子恢和梁国斌部长在百忙之中，皆多次前来审理此案。刘瑞龙主任于1944年7月初与《拂晓报》记者谈话时讲道："根据我们调查得到的材料，以及研究案情的结果，证明淮中第二次案件所谓'进步青年建国团'这个反动组织及其活动，完全出于虚构，实际上淮中并没有这个组织，也没有这个组织的实际活动。被牵连的教员和学生，一律和本案没有关系，就是说他们并不是什么'进步青年建国团'的团员，也未参加什么'进步青年建国团'的活动。过去他们因'进步青年建国团'受累，是被冤枉了。""政府对于本案中被牵连之员生，经考查与本案无关系者，已一律予以平反，并给予抚慰。对办理淮中第二次案件之主要负责者都作了严肃处理……""政府为了把淮中办好，进一步发展淮中，决定改组和加强淮中……使其适合于为边区人民服务，为根据地建设服务的需要。"从此，淮北中学在淮北区党委和行政公署的领导下，在以任崇高为校长的新的领导班子带领下，到抗战胜利，共为淮北党政军各条战线培养和输送了2000多名干部。他们在抗日战争、解放战争及新中国成立后的社会主义革命和建设中，发挥了重要作用，大多成为党政军的中高级干部。

刘瑞龙同志的远见卓识和办事认真、实事求是的负责精神，永远是我们学习的榜样。

祖母许爱民名字的由来

杜长永

（2005年10月3日）

尽管我年龄小，没见过刘瑞龙主任，但对刘主任的名字却如雷贯耳。从我记事起，奶奶嘴里就经常叨念着刘少奇和刘瑞龙的名字，虽然当时我尚处在朦胧之中，但刘少奇、刘瑞龙两位无产阶级革命家的名字却已深深印在我脑海里，刻骨铭心。随着年龄的增长，知识的丰富，加之父辈们讲述，特别是我参加县新四军研究会后，使我更加怀念奶奶，更加怀念我从未见过面的刘少奇和刘瑞龙两位老爷爷。

我奶奶原名叫许朝银，1893年4月30日出生于泗洪县金锁镇许宅村一个极为贫困的雇工家里，奶奶12岁时丧母，15岁时丧父。因生活无着，万般无奈下，与同乡邻村老杜庄15岁的雇工杜保年（我祖父）结婚，完婚后时值兵荒马乱、盗匪四起，家中频遭劫难，奶奶的父亲去世后家中唯一的一条花母牛被人拉走，6岁的儿子杜正金（我父亲）又遭土匪绑票。受封建世俗的影响，奶奶与爷爷经常受到同庄许姓地主恶霸的欺讹，在重重压力下，爷爷和奶奶只得背井离乡离开了原籍，流浪四乡，经历了多年的逃荒要饭生涯。后来在泗南县半城区孙困乡前杜巷村落脚定居。

1937年七七事变后，日本帝国主义全面发动侵华战争。1938年5月19日徐州失守，为抗击日本侵略者，根据党中央毛主席的指示“江北的洪泽湖地带，江南的太湖地带和沿江、沿海一切敌人占领的港汊之中及其近旁建立起持久的根据地，作为发展游击战争的一个方面。”上海、安徽、山东的党组织分别派遣地下党员、党的组织来到皖东北地区，宣传发动群众，开展敌后抗日游击战争。1939年3月，山东分局派杨纯、江彤来皖东北与江上青等组建中共皖东北特委，杨纯任特委书记兼皖六公署民运科长，她和江彤深入洪泽湖畔广大农村，宣传抗日救亡，领导和发动群众组建农、工、青、妇抗日救亡组织，开展抗日救亡活动。在杨纯、江彤等地下党的宣传和发动下，苦大仇深的奶奶懂得了抗日救亡和翻身求解放的道理，此间，奶奶在中共皖东北特委的领导下，积极参加抗日救亡活动，从此参加了革命，走上了她一生坎坷不平且具传奇色彩的革命人生道路。

1939年夏、秋，张爱萍、刘玉柱与国民党皖六区督察专员盛子瑾达成合作抗日协议，并在洪泽湖畔的张塘村，建立了八路军、新四军驻皖东北办事处，继而苏皖区党委也从邳南迁至张塘。1940年2月28日，盛子瑾离开皖东北出走，我党全面接管政权。3月初，刘瑞龙奉调皖东北，根据中原局书记刘少奇的指示，成立苏皖区军政党委员会，刘瑞龙任书记。1941年9月，成立淮北苏皖边区行政公署，刘瑞龙任主任。又成立了中共淮北区党委，邓子恢任书记。长期以来，淮北根据地党政首脑机关都设在孙园张塘村，而奶奶住的杜巷村距张塘仅三里路，奶奶就能有机会和杨纯、江彤、张爱萍、刘玉柱、刘瑞龙、邓子恢等党政领导经常见面，聆听他们的教导和接受他们的指示。在与他们接触中，奶奶的思想觉悟不断提高，工作积极性异常高涨，并担任了杜巷村秘密行政组长，减租减息行政委员。1940年6月11日，奶奶光荣地加入了中国共产党，任中共孙园乡党支部组织委员、乡农救会主任，同时兼任三个乡的联合减租减息委员，后来又先后担任濉河区妇救会主任、半城区妇女联合会主任（参加区党委），在中共淮北区党委和行署刘瑞龙主任直接领导下，宣传和发动群众，组建各类抗日救国会，开展减租减息运动，帮助雇工增加工资，开展根据地大生产运动，组织生产互助合作，发动群众种植棉花，组织妇女纺纱织布，带领农救会进行锄奸反特斗争，巩固抗日民主根据地，动员根据地青壮年参军、参战，动员童养媳回娘家，积极做好拥军优抗工作。事事站在运动和斗争的最前列，处处为人民群众利益着想，深得领导和群众的信任和拥护。

1940年4月28日下午，中共中央中原局书记刘少奇（胡服）从淮南半塔集来皖东北视察指导工作，对根据地武装工作、政权巩固、减租减息、统一战线等重大原则问题都作了明确深刻的指示，同年6月初的一天，刘少奇在半城西南小吴庄召开减租减息座谈会，我奶奶应邀参加了会议。开会这天，大雨滂沱、道路泥泞，时年46岁的奶奶由于生活的煎熬，头发已经花白，但她不顾雨大路滑、跌倒了起来再走，浑身泥水地按时到会，主持会议的刘少奇（胡服）甚为感动，便在会上表扬了奶奶，并号召与会同志要向她学习。他在会上说："革命嘛，就要有不怕苦、不怕累，要有勇于牺牲的精神，大家要向这位大娘学习……"由于少奇同志尊称我奶奶为"大娘"，我祖父又姓杜，从此，"杜大娘"这个名字就在根据地和群众中喊开了。刘少奇的鼓励对我奶奶影响很大，她工作劲头更足了，后来在少奇同志的指示下，在苏皖军政党委员会和苏皖区党委具体领导下，奶奶组织农救会和半城周围附近的上万群众一道，与湖霸进行斗争，从湖霸手里夺回了被当地人民称为“金湖”的洪泽湖中的穆墩滩，维护了湖边群众的利益。

1941 年 5 月，彭雪枫师长率新四军四师主力，从路西来到路东后，我淮北根据地得到了进一步巩固和发展，此间我奶奶向淮北行署反映了孙园乡前杜巷 21 岁的谢姓青年婚后不久便去参加了八路军，后杜巷恶霸地主杜贤青竟霸占谢妻公开同居，村民为此无比愤恨，强烈要求惩办杜贤青。这一情况得到淮北行署刘瑞龙主任支持，将恶霸杜贤青公判枪决！群众无不拍手称快。同年 7 月中共淮北苏皖边区党委和淮北行署为培养大批抗日干部，决定在孙园乡阳景庄创办淮北中学，在刘瑞龙主任直接领导下，奶奶积极协助负责筹建工作的任崇高校长，在奶奶的宣传和组织发动下，我基本群众和部分开明地主纷纷自愿捐粮献款，阳景庄开明地主许老太太捐地 300 余亩，房屋数十间。经过辛勤努力，出色地完成了创办淮北中学后勤保障任务。

1942 年冬至 1943 年初，在抗日战争处于相持阶段的关键时刻，日寇妄图消灭我新四军四师主力于洪泽湖畔，对淮北根据地发动了惨无人道连续 33 天大“扫荡”。为夺取反“扫荡”的伟大胜利，我淮北广大抗日军民，在彭雪枫、邓子恢、刘瑞龙正确领导下，发扬了不怕流血牺牲，英勇杀敌的大无畏革命精神，与日、伪进行了殊死的搏斗，这一时期奶奶为响应中共淮北区党委和淮北行署的号召，在淮北行署主任刘瑞龙直接领导下，除积极动员和组织全区青壮年参军参战外，还组织领导农救会、妇救会做好坚壁清野、保护安置伤病员等工作，为伤病员洗衣、喂饭，在当时条件艰苦、药物奇缺的情况下，采用多种土方法救护伤员，使一批又一批抗日勇士康复归队。

1944 年年底至 1945 年，抗日战争处于反攻阶段，日本法西斯败局已定，抗战胜利即将来临，为巩固政权、开辟新区，为响应行署号召，祖母受刘瑞龙主任派遣到半城西南陈圩莲花井一带工作，组织贫苦农民，召开诉苦大会、公审清算恶霸地主反动罪行，更为值得提及的是，她在此间工作中，明查暗访。还查出了两个通敌恶霸地主和一个隐蔽特务，后经行署公安局逮捕审定，在半城区一次就枪毙 7 个敌特分子。

由于我奶奶自参加革命后，工作积极，对党忠心，热爱人民，团结群众。大生产运动中，她拉犁耕地、带头纺纱。1944 年淮北根据地掀起参军热潮，她亲自动员，说服 5 人光荣参军。参加革命后奶奶又一直在根据地中心区的濉河、半城、孙园、陈圩一带工作，又是区里的妇女干部，有较多的机会与淮北行署刘瑞龙主任等领导人朝夕相处，刘瑞龙主任对我奶奶也特别了解，1944 年 12 月

20日，在边区召开的一次会议上，刘瑞龙主任列举了一些爱民事例来表扬我奶奶，遂又说道："杜大娘啊！你苦大仇深参加革命，对党忠诚，热爱人民。杜大娘是人们对你的尊称，现在我给你起个名字，就叫'许爱民'好了。"大家热烈鼓掌。来自人民、热爱人民是奶奶的本色，她欣然接受。从此，"许爱民"这个带有革命色彩的名字伴随了她的一生，也成为她又一个革命尊号了，这就是刘瑞龙主任为我奶奶起名字的由来。

抗战胜利后，全国内战爆发，刘瑞龙主任因工作需要调离淮北，自此奶奶与这位朝夕相处、患难与共的老首长、老上级、老战友、淮北人民十分敬佩的老主任再也没有一起工作过，也从此失去了联系。

在后来的解放战争中，我奶奶许爱民随分区机关撤退至洪泽湖，参加了由洪泽湖临时工委领导的"58"天对敌斗争，后任乡、区领导职务，并在淮北解放区扩军运动中带头将自己大儿子（我父亲杜正金）送去参军。

1948年"淮海战役"打响后，奶奶任濉河区支前大队长，支前工作直到"淮海战役"胜利结束，大军南下后，她才返回家乡。1949年12月赴北京出席全国"劳模"英雄大会。会间受到毛泽东、刘少奇等党和国家领导人的接见和宴请，毛主席还亲自赠送她一条手帕，授予奖章三枚。新中国成立后任中共泗洪县委委员、县妇联主任等职。1958年9月，时任党中央副主席的刘少奇和夫人王光美来淮阴（现改为淮安市）视察工作，仍没有忘记当年淮北这位革命的"杜大娘"，百忙之中特邀亲自接见，共进晚餐，合影留念，共话当年战斗生活和离别之情……

"文革"期间，我奶奶因为刘少奇和刘瑞龙两位老爷爷在抗战期间先后给我奶奶起过"杜大娘"和"许爱民"这两个名字问题受到株连，并被长期关押、揪斗、毒打，身心受到严重摧残，于1970年11月28日被迫害致死，含冤去世……1979年泗洪县委为奶奶平反昭雪，并召开了追悼会。

今天，我们在缅怀和纪念刘瑞龙主任诞辰95周年之际，我自然会想起60年前，刘少奇、刘瑞龙等革命老一辈在战争年代与我们家所结下的浓浓情怀。每当想起这些，一股崇敬、悲痛和思念之情油然而生，敬爱的刘瑞龙爷爷，你的丰功伟绩将永载史册，光照淮北，我们这些后辈们是不会忘记的，所有的淮北老区人民也永远不会忘记。

一世忠贞　千古流芳

戴宏志

（2005 年 10 月 3 日）

刘瑞龙同志是历经民主革命、社会主义革命和建设的老一辈无产阶级革命家，是忠于党、忠于革命事业的共产主义的忠诚战士。我曾为刘老写了“一世忠贞，千古流芳”八个字，为的是世世代代学习和发扬刘瑞龙这种高度负责的革命精神。

一、学习他高度相信党、相信人民的思想

1958 年 7 月 6 日，我参加了县委召开的万人大会，聆听了刘老在大会上的讲话。他明确地阐述了过去我们的一切胜利，都是依靠中国共产党的正确领导和中国人民的共同奋斗；今后社会主义革命和建设的胜利，仍然要依靠中国共产党的领导和全国人民的努力奋斗。他说：“最重要的是中国人民在共产党的领导下，已进行了 30 多年的革命，这个革命使中国共产党和中国人民建立了血肉联系，离不开了。我们打倒了帝国主义，打倒了蒋介石，消灭了地主阶级，我们胜利地进行了社会主义改造，我们在政治战线和思想战线上取得了伟大胜利。我们的人民是有高度觉悟的，我们的人民思想解放了，我们的人民有非常强烈的要求把中国在一个比较短的时期内，建设成为一个有现代工业、现代农业和现代科学文化的社会主义强国。”

接着，他又提醒大家：“同志们啊，你一个人再干，力量看不出有多大，但 6 亿多口人，每人的脑袋瓜里打这个主意，每个人的嘴里也说这个，每一个人的手也干这个，那这个力量就无穷无尽。所以我们总起来说……有党中央和毛主席的领导，加上全国人民的积极性和创造性，两项一加，就产生无穷的力量，就能把工业、农业推向前进。”

刘老的爱人江彤同志在一篇《怀念刘瑞龙同志》的文章中写道：“‘文化大革命’中，瑞龙同志遭到残酷迫害，被非法关押五年，他始终坚持共产主义信念，对党毫无怨言，努力学习马列主义原著，重新通读《资本论》，写出了 30

多万字的读书笔记，还写出了十几万字农业论著。”这是何等的忠贞精神啊！

二、学习他不辞辛劳，艰苦奋斗，为党为人民工作的高度负责精神

就在1958年他来泗洪参加万人大会讲话之前的20天时间里，刘老不辞劳苦地在合肥召开四省一市农业协作会议，开这会就已经很忙很辛苦了。他说：“这次来到泗洪前头十天的时间，我们走了20多个县。安徽十几个县，江苏也是好几个县，看了许多庄稼，看了许多农业生产，昨天还在雪枫镇和陈圩乡看了一下……”

江彤同志在文章里又说：“1988年5月，他去广州主持中国农史学会学术讨论会，我为照顾他的起居陪同前去，学术讨论会后，他又召开农学院校教学改革座谈会，连日劳累，他觉得有些不适，我叫他躺到床上休息，请学校医务人员检查，因为他已是78岁的老人，决定立即送医院，25日突然心脏病猝发，经多方抢救无效，于这天22时40分与世长辞。”他这种不顾年老多病，工作不息的精神，永远值得我们学习。

三、学习他关心泗洪老区，并为泗洪人民办实事、说实话的求实精神

他在泗洪万人大会上的讲话中说：“县委的报告已经看了，从报告中看出泗洪县解放后在省、地、县委的领导下，作出了很大成绩，我们看了很高兴。我们说泗洪工作抓好，县委关心不用说。地委也在关心，就是曾在泗洪工作过的同志也很关心。中央邓子恢副总理也经常关心这里，总参谋部张爱萍副总参谋长，以前在此地工作，这次我来，他们也要我向大家问候。我们希望这次大会，把全县人民进一步发动起来，贯彻执行总路线，来一个秋季全面大丰收，不仅完成目标，还要超过目标。”但在这次讲话中也实事求是地指出了泗洪的不足之处。在讲到作物密植的时候指出：“泗洪作物有点稀了，什么原因。老脑筋在作怪，现在要好好教育了，水稻人家（一亩）插三五万穴，你们是一万多穴，人家一穴十几棵，每亩30到50万棵，你们一穴五六棵，每亩十几万棵。”在讲到加强田间管理时指出：“有人说种庄稼有了肥水就行了，你给它饥一顿，饱一

顿，有的要上水就拼命灌，要上肥就不要命地施肥，水多要淹死，肥多要烧死……现在种田和过去不一样，有大面积丰产田……”在谈到工具改革时，他说：“你们这里有个太平车，四个轮子，但老牛拉不动，人家两个轮子，一条牛拉着跑。改革工具，听说你们也做了许多工作，但是做得还很不够。安徽在这方面做了许多工作。淮阴区有的县也走在你们前面，你们现在要赶……”“我们在大王社看他们也在跃进。但主管会计和记工员还不了解指标措施，这可见指标措施还不是每个人都了解。”在谈到种植习惯时说：“我们泗洪要改变广种薄收的老习惯，要改变成深耕细作。”刘老不仅对泗洪的工作给予极大的关心和肯綮的指示，而且也给予一定的物质支援。1958 年夏，国家农业部就无偿赠给崔集公社（老区）一台美国产“福特森”35 马力轮式拖拉机，老百姓无不热烈欢迎，都说是“社会主义来了”。确实，新赠的拖拉机，在我们泗洪这个贫困地区，在实现农业机械化方面，也确实是开了个头，起了个积极促进作用。

刘老在我们淮北人民心目中确实是党的优秀党员，国家的模范干部，人民的忠诚公仆。我们就是要学习他这种高贵的品质和高尚的革命精神，把他的品质和精神发扬光大，世世代代地传下去，千古流芳。

深切缅怀刘瑞龙

徐宏九[①]

（2005 年 10 月 3 日）

在2000年《刘瑞龙诗稿》出版之后，我曾经在《退休生活》杂志2002年9月号上写过关于庆祝《诗稿》出版的文章，文章发表后，觉得有些话没有说完，现在适逢瑞龙同志九十五岁诞辰之际，趁此机会再说一说。

一、带来生气勃勃的气氛

我是在1938年参加吴芝圃领导的“豫东人民抗日游击三支队”的。当时根据河南省委决定，首派萧望东率领先遣大队经竹沟出发开往敌后睢杞太地区。彭雪枫率东征部队亦从竹沟出发经西华县之杜岗村。在此地三个部队召开了会师大会，起名为新四军游击支队。那时部队初到敌后，过着飘荡的居无定所的游击生活。直到1939年，才逐渐扩大了武装，建立了政权。那时我们住在永城南部和涡阳北部一带。我曾给吴芝圃当过一段秘书，之后调到永光报社担任行政和编辑工作。

当时我们与豫皖苏区党委住在一个村庄。听说延安又派干部来敌后了。那时有的延安干部是经此路过到山东、苏北去的，有的则被彭雪枫师长留下来在边区工作。这次看到的是与瑞龙同志同来的一批干部。有男有女，非常活跃，特别是每回开会都要唱歌、呼口号，并且互相拉唱，其中有一位名叫吴犀川的同志，能唱许多歌，如八路军进行曲、抗大校歌、延安颂等。我们觉得在敌后活动，除过游击战斗生活外，非常单调，视野很窄，但这批干部来了以后，加强了边区各级机关的领导，带来了新的活力。

我们的永光报受豫皖苏区党委领导，区党委委员曹荻秋是党委宣传部长，直接领导我们。其他委员：周季方担任组织部长，黄赤波担任除奸部长，向明担任民运部长，刘瑞龙任区党委副书记。每期报纸社论都由委员们轮流撰写。

① 徐宏九，离休干部。首都医科大学原党委书记。

瑞龙同志撰写社论比较仔细，他有长期养成的调查研究的习惯，遇事总要问一问为什么。他不论开会、调查研究或和同志们谈话，笔记小本总不离手。而且写得密密麻麻。一页蝇头小楷的记录，令人羡慕不止。

原来死气沉沉的机关生活，开始迸发出勃勃生气。曹荻秋爱人王莹是能歌善舞的歌手，在武汉工作时，就很有名气。周季方的爱人张建艺，军装整洁，行动敏捷，很能联系群众，做群众工作很出色。吴芝圃的爱人宋传芬，是家庭妇女，但一向追随和呵护芝圃同志在白区做掩护工作，卓有成效，是芝圃同志的革命好帮手。

延安来的干部中有一位老红军，今忘其名，担任区党委的交通科长，每日早晨起床后即坐下读马列，风雨无阻，长期坚持，给我们留下很深的印象。总之，瑞龙同志带来的一批干部，可以说把延安抗大“团结、紧张、严肃、活泼”的校风传播到了敌后，他又担任过延安安吴堡青年训练班教务处长兼副主任的领导工作，不仅有培养和教育青年的一整套的丰富经验，而且带出了一套过硬的政治思想工作和工作作风。

二、平反淮北中学第二次“反特案件”

1943 年左右，在淮北地区发生了两起所谓“反特案件”，一起是泗阳县反特案件，波及整个泗阳全境。另一个即是淮北苏皖边区公立淮北中学的反特案件，究其实质，一方面系受延安整风，即所谓“抢救失足者”运动的影响，一方面则是我们有些领导同志的主观主义唯心论作怪。不是调查研究，仔细分析事实的真相，而是偏听偏信，臆测武断，结果将“莫须有”的事态弄得沸沸扬扬，把不少学生打成反革命，因淮中在边区是有名的教育阵地之一，产生的影响很坏，区党委的主要同志，如邓子恢政委、彭雪枫师长、吴芝圃主任和刘瑞龙主任都亲自参与调查，并请来了军部的除奸部长梁国斌协助工作。

此案自始至终由瑞龙同志负责处理，并达到了“平反”的满意结果。瑞龙同志指示：“……淮中第二次案件的所谓‘进步青年建国团’，这个反动组织及其活动，完全是出于虚构，实际上淮中并无此组织，被牵连进去的教员和学生，一律与本案无关……过去他们因受‘进步青年建国团’的牵连，是被冤枉了……”。

在考察其发生的因果原因时，瑞龙同志指出：“这是因为个别的学生，为了掩盖自己所犯错误。不惜冤枉好人，希图卸责。如学生默××因自己犯了某项违反纪律的行为，不敢说是自己干的，硬说是特务指使的，且编出一套特务的组织活动，来证明其报告的真实。我们淮中的个别负责干部误听学生××的反映，认为真实无讹，加之主观上肯定看人，便随着学生××的报告和自己的估计，去单纯找适合于自己想象的材料，……学生干部，不仅未及时制止，反而鼓动放纵，以致错下肯定结论，越扯越大……”

通过此次案件的处理，调整了学校的机构，充实了领导干部班子，加强了教学与课程的改革，提高了校务和训育工作的水平，使其更适于为边区的广大的青年学生服务。

三、解放战争时期的支前工作

在解放战争时期，瑞龙同志的工作任务是非常繁重的。他兼任了许多要职，为华中北线后勤司令部政委、华东野战军第二副参谋长兼后勤司令、豫皖苏分局财经办事处主任、第三野战军后勤司令兼政委，直接指挥苏中、涟水、鲁南、莱芜、孟良崮、进军鲁西南、进军豫皖苏、淮海、渡江、上海等重大战役的后勤支前工作。

我们知道解放战争时期的敌我斗争形势与以前是大大地不同了。从解放战争打响的第一天起，我即在华中野战军、华东野战军及以后的第三野战军工作。不仅敌我兵力各达到十多万、几十万，而且幅员辽阔，进退周旋亦各达数百里之遥。战阵罗列，劈山倒海，行动有时快捷，有时滞后，比如一般行军多为十六路纵队齐头并进，像推土机一般横行，你想想看，我们的后勤工作，几万、十几万、几十万的民工又如何地为战争进行配合呢？尤其酷暑寒天，更加困难，每一民工只带一卷行李，一个葫芦瓢（当茶杯和碗用），身背担架草绳，上有飞机轰炸，下有崎岖山路。吃不好，睡不好，又要长途跋涉，忽快忽慢。

1948年6月上旬，我第三野战军主力渡过黄河进入中原，我随三野敌工部随军作战，于6月17日17时至18日13时占领河南古都开封南关。又经过19、20、21、22日4个昼夜的连续作战，将敌人全部歼灭，解放了开封。又如淮海战役，从1948年11月6日至1949年1月10日历经两个多月的苦战，共歼敌55.5万人，奠定了进军江南，解放全国的基础。记得我在淮海战役的徐州前线上看到瑞龙同志，虽戎马倥偬，万机待理，但他仍像平时一样从容镇定，敏学好思。他第一句话问我，你听到了延安电台播放的今年的元旦社论吗？我因任务紧迫，未暇接听，只能向他作了检讨。之后，我们又讨论了目前的国际国内形势，以及今后渡江作战的展望，从这里，就可以看到，瑞龙同志在肩负支前工作上担子是如何地繁重啊！

四、“文化大革命”后的来往

“文化大革命”期间，瑞龙同志被关进牢狱5年之久，失去了联系。但拨乱反正之后，瑞龙同志回到了北京，那时住在万寿路农业系统的一所宿舍里，我常常到他家里去看望。因为瑞龙同志夫妇待人非常热情，见到后有说不完的话，而且能说出心里的话，这就非同一般了。所以有些同志，总爱去瑞龙同志那里去反映情况，讨论问题，而且都得到满意的答复。

那几年，我们淮北的老同志，如孟戈非、庄重、尹锡珍、宋琼、江枫、杨居人、戴邦等同志总爱在春节期间去瑞龙同志家拜年，有时刘子久、刘玉柱也去。那年谈到写回忆录问题。我们淮北地区，需要为有些文化机构撰写文章，大家提出新四军第四师抗大四分校、淮北江淮大学（是由上海圣约翰大学和复旦、震旦等同学组成的，由韦悫任校长）、淮北行政学院和淮北苏皖边区淮北中学。写作的负责人在会上也指定了，但后来大部分并未落实，只有编写《淮北中学》专辑的目的达到了，这有两个原因，一是瑞龙同志经常亲自过问并亲撰序言，二是尹锡珍提供了开会讨论及编辑工作的场所。

瑞龙同志恢复工作以后，更是勤勤恳恳，日以继夜地操持工作，但有些额外的事务，求教于他，他也乐于过问。我在新四军四师及第三野战军敌工部工作时，曾联系过徐州及蚌埠两大日伪据点的工作（徐州设铜山办事处，由赵卓如负责；蚌埠设淮河办事处，由徐宗田负责），那时徐州的敌伪线索及我内线、外围人员的安排已经结束，但亦有政策不尽落实之处，我曾陪同继承工作的负责人石西岩拜访瑞龙同志，总能得到明确的回复和有力的支持。

又如豫皖苏鲁四省党史办公室，是由安徽省委原书记王光宇和原河南省委书记赵文甫根据张爱萍、刘瑞龙、刘玉柱的建议，共同研究抢救四省党史资料建立的一个机构。安徽由省社科院秘书长王宇负责抓总联络工作，每次王宇到北京总要拜见刘瑞龙作长谈，因为只有瑞龙同志才能作出细致的分析和找出正确的工作方法，而加以妥善的安排。

在这里，我又想到昔日的一些琐事。大概是1944年，我在驻地患疟疾，江彤同志因做群众工作，经常可以看到她从这里经过，她看到我患病要求我到医院去治疗，我因疟疾并非大病，坚决不去，后来江彤同志派人来动员，硬是强行把我送进了医院。

1945年，我已到了28岁，根据部队的规定，如果申请结婚必须具备以下条件，即二五八团，所谓“二五”即25岁，“八”即八年党龄，“团”即团级干部。当时我的这些条件已经具备，我就向四师直属政治部写了报告，不久报告被退回。我们敌工部长吴宪拿着报告对我说，宏九同志，你这样写的报告不行，没有经过我的签字“同意”两字，直工部是不会接受的，你再另写一份给我签名，我给你转去。直工部批准以后，这只是通过了部队的手续，还要再报请边区首长审批，于是我又找到了瑞龙同志，他详细问清了我的一些情况后说：我还要再报告一下邓子恢政委。他当即拨通了邓老的电话，谈话约有五分钟之久，我心中的那份焦急劲儿就别提了（因为心中无底担心有再被否定的可能），直到通完电话，瑞龙同志伸出手向我握手说：“祝你幸福!”我心中一块大石头才算落地。

五、与江树峰的友情

在《刘瑞龙诗稿》的扉页上，有江泽民1994年4月5日致江彤的信：“1994年江彤同志来访，回忆往事，思绪万千。特录三首诗词，以作为对刘瑞龙、顾民元、江上青、江树峰几位故人的怀念。”

1927年大革命失败后，瑞龙同志即在白色恐怖下加入了中国共产党。作为通州师范的党支部书记，他组织了顾民元、江上青等革命青年开展学生运动，并吸收他们加入了中国共产党和青年团组织。那时江树峰和江上青都是热血青年，追求真理和革命是他们最大的人生选择。在过去了几十年之后，江树峰仍然回忆起那些与江上青和瑞龙同志过往的、心情激动的日子。

江树峰是江泽民的七叔父，曾任扬州市政协主席及扬州师范学院外国文学系主任，我们都是中华诗词学会的诗友，有一次无意中谈到了刘瑞龙同志，他说，我寻找瑞龙同志很久了，你能帮我打听打听吗？我说，你怎么不早说呢，他就住在北京西城，离这儿不远，我把他的电话告诉你，你直接联系吧。之后，他们很快联系上了，瑞龙同志把江老接到家中叙谈，感情极为融洽，以后他们就经常联系了。

树峰同志是性情中人，性格极为热情豪爽，他善写诗篇，无论写景、叙事、抒情皆能入木三分，令我印象至深。当我听到他侃侃而谈，叙述那些与刘瑞龙、顾民元、江上青等交往的那些日子，同样分享着他们浓浓的乡情、友情和革命之情，并久久难忘。

六、“诗”之情愫

瑞龙同志感情奔放，极喜写诗，最早可上溯到1929年写的《农民歌》。虽长征艰苦，而诗意更浓。他尤其擅长把政府的文告用通俗的诗歌语言表述出来。如1933年，为了配合川陕区开展的反围攻斗争、土地革命和经济建设而作的《革命三字经》就是一例。他用了168句的“三字句”，描述了党的政策和消灭剿除军阀恶霸的决心，大大增长了人民斗争的勇气。又如1947年，为人民解放军冀晋鲁豫野战军司令部、政治部而发布的布告，也是采取诗词形式，为了宣传本军的主张，六字一句，共写了128句，堪称浩浩荡荡，一气呵成。他的诗充满着战斗的豪情，如《庆淮海战役全胜》、《我东西两兵团渡江》、《孟良崮大捷》，表达了一位久经战场的老指挥员，看到胜利，看到即将到来的更大的胜利，充满骄傲和喜庆的心态。

新中国成立之后，瑞龙同志的诗，更多地反映了祖国大好河山和和平建设方面的生活，有些是结合其本身的业务而吟咏的，如《沙石峪》、《愚公移山治理沙漠》、《红旗渠》等。

诗中有相当的篇幅是怀念和悼念已逝的领导同志和战友的，如悼念毛主席、朱总司令、陈毅军长和粟裕等。又如《忆菊芬》一诗，是怀念1930年9月在雨花台牺牲的冯菊芬同志的，过了几十年之后，他和江彤同志仍去南京雨花台陵园进行悼念。

即使在牢狱中，他也诗兴不减。他从1967年至1972年被捕入狱，时近5年，仍不断赋诗言志，共得诗16首。如《南京大桥通车》、《革命路上不歇步》、《红色卫星上天》、《反骄》、《愚公移山治理沙漠》等，其内容充满着昂扬的革命精神和改天换地的宏伟壮志。

记得1976年前后，我与沙地共同编辑《老战士诗文集》时，曾向瑞龙同志约稿，他不断寄稿，一次曾寄出50余首。他也曾在《北京晚报》上发表诗作，即使像豆腐块那样大小的一首七律诗，他也珍爱地收藏着，保存着。

瑞龙同志离开我们已经17年了，为了缅怀瑞龙同志的革命精神和英雄业绩，特撰斯文，以作纪念！

回忆刘瑞龙同志

杨　寒

（2005 年 10 月 3 日）

我曾见过刘瑞龙同志，时间很短暂，但给我的印象却十分深刻。

1944 年 7 月，我在淮南路东盱眙县西高庙区任区委书记，当时淮南区党委抽调河南干部支援淮北路西，我是河南人，因此被抽调。当时心情很矛盾，因为自 1938 年春新四军四支队八团从河南桐柏山竹沟（号称逊延安）东进安徽，3 月经大别山立煌到达舒城，一直辗转在桐城、庐江、合肥、滁县、定远。1940 年后，又在来安、盱眙等地，所以对工作过的部队、地方的干部群众都有恋恋不舍之情；而另一方面又对淮北四师早有好感。1940 年至 1941 年我在马坝工作时，四师兵工厂迁至马坝区永丰乡张楼东北角，四师抗大四分校一度驻永丰镇，我还去看望过当时四分校校长张明河（原在八团任过营长）；淮北地区妇联主任吴光（解放后曾任安徽省妇联主任），也曾在该区周集乡打埋伏时生孩子；尤其难忘的是拂晓剧团多次在张楼演出精彩的剧目，而得到群众的高度称赞。这一切早就使我对淮北四师心生向往之情，所以乐意服从组织安排北上。

9 月下旬秋高气爽、万里无云的一天，我由挑夫陪同离开淮南区党委招待所，一路步行，途经马坝、观音寺过三河到淮北、高良涧夜渡洪泽湖。那一夜，没有月亮相伴，我坐在船甲板上观望四周，夜是那么宁静，只有船桨不断翻动湖面，发出有节奏的水浪声。

前后经过 10 天左右，终于到达淮北区党委驻地大王庄，区党委秘书王宇（解放后曾任蚌埠市委书记）负责接待。当时刘瑞龙书记正在办公室里间处理公文。王宇与我谈话时巧遇刘书记出来找王宇，当时我看到刘书记体魄十分魁梧高大，双目炯炯有神，紧张的战斗生活没有让他产生丝毫的倦意。突然，我发现他头上横戴着一个银白色、约五厘米宽大约是医疗器械的东西，这是为什么呢？我百思不得其解。这时候刘书记微笑着向我打招呼，他的面容是那么的慈祥温和。后来，我得知刘书记长期处在极端频繁的战斗环境中，肩负着繁重的工作重担和高度的工作压力，很少有休息的时间，再加上彭雪枫师长又不幸牺性，更让他工作压力增大、精神高度集中，以致疼痛难忍，在无法医治的情况下采取了以头戴铁箍来缓解头痛的措施。这让我内心深受感动，对刘书记肃然起敬。

61 年过去，弹指一挥间。而往日深刻的印象仍历历在目。

坚持统一战线　关心培养人才

——深切缅怀刘瑞龙的革命精神和丰功伟绩

周兰星

（2005 年 10 月 3 日）

刘瑞龙同志德高望重，站得高，看得远，他对部下及身边工作人员无微不至的关心爱护和精心细致的培养，感人至深，1943 年 12 月批准原泗县泗山区区长周敬伦入党，提拔原泗县双沟区区长刘伦才当行署教育处处长，至今还在当地传为美谈。

周敬伦 1893 年 12 月生于峰山乡大同圩，原名周学常，小时在家跟秀才周宝仁读私塾，后到前窑衡私立小学任教。宋养初、汪正华等中共高级干部皆出自其门下。民国 24 年（1935 年）他得到国民党安徽省泗县县长鲁佩璋赏识，被提拔为泗山区区长。1937 年七七卢沟桥事变后，周敬伦对国民党反动派消极抗日、积极反共的政策不满，坚决拥护毛主席、共产党团结对外，一致抗日的方针政策。1939 年 9 月刘瑞龙随刘少奇到达华中敌后开展工作，同年 11 月到豫皖苏边区根据地后被任命为中共豫皖苏区党委副书记，开展创建豫皖苏地区抗日根据地工作。1940 年 3 月初，刘瑞龙奉命来苏皖边区，担任苏皖区军政党委员会书记，在刘瑞龙领导下，周敬伦积极投身革命，并动员泗县国民党上层人员到共产党这边来工作。如陈荫南、汪楣生、刘伦才、潘冠三、郑亚平、宋玉平、张明甫等。1940 年 10 月，我党成立泗南办事处，周敬伦任粮食科长，1941 年 6 月任泗南县政府财务科科长。周敬伦自投身革命以来，政治上坚决拥护共产党抗日政策，行动上听党的话，执行任务从不讲价钱，工作中吃苦耐劳、不怕牺牲、任劳任怨。1942 年一天他到行署请示工作，起早从县政府所在地罗岗到行署大王庄，来回 100 多里，当天晚上摸黑回来，第二天早上准时参加出早操，县长张太冲知道后连声称赞说："真能吃苦，好样的！"此时，周敬伦也怀着激动的心情向党组织递交了入党申请书。但在讨论其入党问题时却遇到了麻烦。按理说周敬伦政治上是经得起考验的，工作表现是突出的，具备了共产党员的条件，但因其特有的身份，做过国民党区长，又有大小两个老婆，这在当时是令人难以接受的。县里无法决定，张太冲县长只好向行署主任刘瑞龙汇报，刘主任耐心地听完汇报，又详细地审阅了周敬伦的材料。周敬伦的入党申请书分为四个部分，第一部分：我是一个人；第二部分：我是人上人；第三部分：我有的事做的不是人；第四部分：我要重新做人。看完材料后，刘主任语重心长地说："一个国民党区长，投身革命以来，在残酷战斗中、恶劣的政治环境下，将生死置之度外，废寝忘食地工作，为保障供给，改善人民生活，建立抗日根据地作出了突出的贡献，发展其入党对我党事业有利。至于有两个老婆那是旧社会的事情，是过去的事，我们共产党人实事求是向前看，我看可以发展周敬伦入党。"在刘主任的关心培养下，1943 年 12 月 16 日周敬伦同志光荣地加入了中国共产党，以崭新的面貌投身到火热的革命斗争中去。

1943 年 12 月底，周敬伦到行署开会，刘瑞龙主任在百忙中又专门找其促膝谈心。刘主任说："敬伦同志，你组织上入党了，思想上更要入党，要经得起长期革命斗争的考验。你管财经，大权在握，不能有丝毫的懈怠，更不能为亲友谋私。为革命不怕挥金如土，保管财经要视钱如命。"周敬伦牢牢地记住了刘主任的谆谆教诲，一点一滴、时时处处注意思想品德的修养，以自己对党的忠诚、对革命事业的高度负责，严格要求自己，像鼓足动力的火车头一样，带动群众奔向党指定的目标，直到全国解放。

1970 年周敬伦在参加南京市党代会发言中深有感触地谈起了这段往事，深切缅怀刘瑞龙同志的革命精神和丰功伟绩，并即兴赋诗一首：

要无烦恼要无愁，
党国民文莫松手。
有益语言多张口，
非关革命少当头。
人间富贵花间露，
钱上功名水上沤。
认清路线跟党走，
一生从不为私谋。

1988 年 4 月周敬伦病逝前将儿子周芸辉（原名周兰章，1939 年跟随父亲参加革命，曾任浙江省宁波市市长），侄儿周兰星（在伯父的影响下，1947 年参加革命，曾任泗洪县双沟区区长）叫到面前，饱含深情地说："我一生最崇敬的人就是刘瑞龙同志，是他领导我走上了革命的道路，你们后代要永远记住这段历史，珍惜来之不易的革命成果，认清路线跟党走，一生从不为私谋，并手书诗词交给后代，作为传家宝一代一代传下去。”

难忘的三百万斤救命粮

沈若江[①]

（2005 年 11 月 2 日）

今年是原淮北抗日根据地（全国 19 个敌后抗日根据地之一）淮北苏皖边区行政公署主任、中共淮北区党委副书记刘瑞龙诞辰九十五周年（2005 年 10 月），为了表达我对瑞龙同志的怀念与敬意，特写此文以作纪念。

我曾是淮北苏皖边区公立淮北中学的一名学生，并在这所学校成长为一名共产主义战士，因为这所学校是在刘瑞龙的亲切关怀下建立和发展起来的，所以对他有着无限敬仰和怀念！

1986 年，刘瑞龙提议出版《淮北中学专辑》以纪念“淮中”建校 50 周年，并且为这本专辑题写了序言。他指出，淮北苏皖边区公立淮北中学已完成了它的历史使命，然而它留给我们的财富不仅是为党培养了 2000 多名各级干部，它还给我们留下了很多办学的指导思想、经验和宝贵的精神财富，至今仍有值得借鉴的普遍意义。

淮北中学是淮北区党委和行署直接领导的一所培养干部的学校，为了更广泛地吸收根据地内外广大青年参加革命工作和抗日斗争，所以采用了淮北中学的名称。创办于抗日斗争最艰苦的 1941 年，结束是在抗日战争胜利的 1945 年。4 年时间，为淮北党政军培养的大批干部对巩固和发展淮北抗日民主根据地作出了有历史意义的贡献。这一大批淮北中学的同学，在长期的革命斗争中经受了锻炼，许多同志担负着重要的领导职务，成为我们党的中、高级干部——这当然不都是淮北中学的功劳，但是正如许多同学所说，淮北中学是他们前进的第一步，也是决定性的第一步。

淮北中学是“抗大”式的学校，它和当时的新四军四师抗大四分校有明确的分工：抗大四分校主要培养军队干部，淮北中学主要培养地方干部。淮北中学发展和建立了一支品学兼优的党员队伍，支部建在班上，他们不仅是学习的模范、团结的模范，也是在学生中进行思想政治工作的坚强骨干。

---

① 沈若江，上海市科技局办公室原主任，安徽省新四军研究会会员。

淮北中学还有许多好的东西，它和一般的普通中学比较，有重大的突破，也可以说从当时的实际出发，所进行的教育革命是卓有成效的，它所培养的学生不仅仅是有文化知识，而且是政治方面坚定、有艰苦奋斗的精神、有高度组织纪律观念、有实际工作能力的合格干部。这是历史给我们的回答，是已有事实所证明了的。

淮北中学从创办到结束，要说大事可以概略地举出几点：

1. 选送一大批优秀学员到新四军部队工作。其中一部分是从淮中经过抗大四分校和四师卫校培训后分配到军队工作的，一部分是直接分派到敌后武装工作队的。

2. 为地方输送和培养了大批干部。淮北根据地的党政机关、群众团体、新闻出版、文化艺术、体育卫生等等各条战线，都有来自淮北中学的新生力量，特别是教育战线，淮北中学的同学最多，他们为发展淮北根据地的学校教育和群众教育事业作出了重要贡献。

3. 参加了对敌斗争和根据地的各项建设工作。1942 年 33 天反扫荡，1943 年泗阳县山子头的反顽斗争，根据地的减租减息、扩军运动、征收公粮等等，淮北中学的师生都做了大量的宣传群众、发动群众的工作，成绩是显著的。

4. 参加根据地的大生产运动。全校师生不仅养猪种菜，还开垦了几百亩荒地种庄稼，减轻了人民的负担，改善了自己的生活。

在淮北中学建校 60 周年的时候，江苏省委、省政府为了发扬光大淮北中学这座历史名校的革命优良传统和艰苦奋斗的革命精神，将原泗洪县第二中学命名为“淮北中学”以志纪念。现在这座学校已经从原 40 个班级发展至 80 个班级，学校在德智体全面发展的教育方针指引下，努力创建融历史文化和艺术品位于一体的中华名校。特别值得一提的是他们自力更生建设了一座设计新型的科学大楼，为今后师生们进行科学技术教育和科学试验提供了物质条件。这是学校当局有远见的一项基本建设。我是淮中一名老校友，为他们而高兴欢呼！希望新的淮北中学，办成培养优秀人才的摇篮。

刘瑞龙在淮北苏皖边区担任行署主任和淮北区党委副书记工作中，对建立边区民主政府是有特殊贡献的，贯彻执行党中央的抗日民族统一战线政策是很有建树的。成立了边区参议会，团结许多边区开明绅士和抗日民主人士，在根据地建设上出现了生动活泼的政治局面。在敌后抗日根据地树立了一面团结抗日、共同对敌的模范旗帜。减租减息、发展生产、扩军支前、开辟地区贸易、教育文化建设以及培养抗日战争后备干部，对于支持边区抗日战争的持久战，发展地方抗日武装力量，巩固淮北抗日根据地作出非常突出的政绩和杰出的贡献。这是边区人民有目共睹的事实。

瑞龙同志对淮北人民有深厚的感情，对淮北中学的关怀爱护情有独钟，这也表现在亲自处理“淮北反特案件”中。他深入进行调查研究，弄清真相，对涉案人员进行甄别，落实政策，进行了实事求是的平反。淮中师生反映强烈。这也是党对知识分子的一次深刻政策教育，有力地粉碎了敌、伪、顽的反动宣传和造谣诬蔑，大大提高了共产党在知识分子和人民群众中的认识和威信。

在纪念瑞龙同志九十五周年诞辰的时候，我回忆中最值得写出来的事情，也是最难忘怀的，那就是全国三年自然灾害期间，刘瑞龙对淮北地区批粮救灾的一个故事。一天，泗洪县委和县政府两位负责同志来上海找我，说泗洪县灾荒严重，已经饿死人了，要我想办法为家乡做件好事。当时我虽在上海市工作，但却无权、无钱、无物，无能为力，到底能为家乡做点什么呢？干着急是无用的，在心急之中，想起刘瑞龙在华东农办任主任，决定去找他想办法吧！正巧，原在上海市委郊区工委工作时的同事董俊明已调华东农办工作，太好了，当晚我即去董家，说明泗洪县灾情严重，要找刘主任汇报。商定先请董和刘主任通气，再约定时间去见他。董与刘主任联系后，立即通知我到刘瑞龙的办公室去。第二天，我就陪同泗洪县两位负责同志前往刘主任办公室，由他们向刘瑞龙汇报泗洪的灾情。刘瑞龙接过报告，立刻在上面批了几百万斤救济粮给泗洪县救灾。后来我才知道这是从进口粮中拨出来的，我内心非常感动，这是一批救命粮呀！这是件功德无量的大好事，淮北泗洪人民有救了！我替泗洪老百姓感谢刘瑞龙的大恩大德，泗洪人民更怀念瑞龙同志对淮北人民的深情厚意。

从那以后，我和刘瑞龙在情感上更加亲近深厚了。“文化大革命”初，他在泰兴大楼家中，我有空时就去看望他，他知道我是淮北中学学生后，那种友爱的感情更加溢于言表了。我请他保重身体，注意健康。当我得知董俊明为刘瑞龙专案组负责人之一时，我专门到董家去拜访，并关照他对这位老首长要多加照顾。粉碎“四人帮”后，在清查工作中，有些原参加清查工作的人很有感慨地说：刘瑞龙到底是个老革命、老领导，水平高，气量大，对那些在“文革”中越轨的使他深受伤害的同志还是那么宽宏大量，不记前嫌，品质高尚，难能可贵，真是可敬可亲。

以上所写的没有什么阿谀词藻，都是些实话和发自内心的语言。

一个人为人民做的好事、德事，老百姓是永远记在心中的！

刘瑞龙永垂不朽！

刘瑞龙同志，我们永远怀念你

石　刚

（2010 年 6 月）

2010 年 10 月 3 日是敬爱的刘瑞龙同志诞辰一百周年。

近期看到《湖畔风雷》刊载的刘瑞龙的崇高的塑像，引起了我对刘瑞龙的怀念，也引起了我对相关历史的回忆。

1940 年 3 月皖东北建立政权，到现在已经 70 年了，我见到刘瑞龙是在 1940 年纪念十月革命节的大会（大会由刘瑞龙主持）上。当时我是八路军苏皖边区军政干部学校的学员，住在张塘南面的何邵店。

在纪念会上首次见到苏皖边区行政首长刘瑞龙和苏皖边区党委书记金明，同时见到皖东北专员刘玉柱和苏皖区党委组织部长郑平。我们聆听了边区首长刘瑞龙关于抗战形势的讲话。他的讲话充满感情，拉长的浓浓的乡音，给我留下了深刻的、难以忘怀的记忆。

刘瑞龙在抗日战争中主要在淮北地区任行署主任，对淮北人民和淮北这片热土有深厚的感情。他热爱淮北人民和淮北平原美丽的土地。淮北的干部群众对刘瑞龙有无限的敬仰和热爱。当时，邓子恢、彭雪枫、刘瑞龙、刘子久、张爱萍、吴芝圃、张震等领导淮北抗日战争，对淮北人民都作出了重大的贡献。

刘瑞龙作为边区行政首长，在淮北区党委领导下，全面地主持政权工作。淮北的政权建设经过三个阶段：

1940 年，废除了国民党的地方政权，建立了共产党领导的抗日民主政权。

1940 年到 1941 年是基层政权的过渡阶段，仍然实行的是乡村的保甲制。

1942 年秋实行基层政权的改造，大乡划小乡，保中制改为代表制，实行乡村政权的民主选举。

在政府的体制中实行三三制（即共产党员占三分之一，先进分子占三分之一，中间分子占三分之一）。贯彻了统一战线的方针，同时发挥边区和县级参议会的作用。当时的淮北政权实行劳武结合，一面抗战一面生产，为了坚持抗战发展生产，淮北的人民政府起了至关重要的作用。

淮北行署从 1940 年开始实行减租减息、增加工资、生产救灾、锄奸反霸，实行劳武结合。在春季实行一手拿锄一手拿枪，在夏季实行一手挥镰一手拿枪，组织民兵武装保卫春耕和夏收、秋收。人民政府大力抓好扩军征粮，征收爱国公粮，实行拥军优抗。1943 年响应延安党中央号召，实行精兵简政、发展生产、兴修水利、纺纱织布、开荒种树等等。人民政府这样做就大大地改善了人民的生活，受到了广大人民的衷心拥护。抗日民主根据地也得到了进一步的巩固和发展。

日本鬼子对淮北地区进行了三次大“扫荡”，即 1939 年冬，1940 年冬，1942 年冬。淮北军民在淮北区党委行署和新四军的领导指挥下，进行了空前艰苦的反“扫荡”的斗争，通过动员群众和组织群众，破坏道路，挖封锁沟，组织工农青妇和儿童团以及民兵自卫队到处打击敌人，因而取得了一次又一次的反“扫荡”的胜利。

为了保卫民主政权，为了巩固和扩大抗日根据地，淮北地区实行了三次大扩军。以此来壮大新四军的队伍，即 1941 年冬季大扩军，1943 年冬季大扩军，1944 年冬季大扩军。在这三次扩军运动中，边区首长刘瑞龙亲自深入群众，发动群众，及时抓住典型，推动扩军运动。我印象深刻的是 1943 年和 1944 年，刘瑞龙在扩军运动中在《拂晓报》上发表了重要的讲话，强调了泗宿县朱湖乡“兵窝子”（一个乡几十个人参军）和泗南县墩集区长周彦带头参军的“兵头子”（一个人带头很多人参军）的经验。在参军高潮中发表了这样重要的讲话，及时指导和推动了参军运动，使淮北边区万人扩军运动迅速完成。同时，在生产救灾中及时抓住典型模范进行表彰，以此来推动生产的发展。

在文化教育方面，刘瑞龙也很关心，在以他为首的行署领导下，开办了行政学院、江淮大学和淮北中学，培养大批青年干部走向了抗战的岗位。同时，在农村普遍开办民办学校，到处都能听到抗战的歌声。

1944 年冬季，在抗日战争转入反攻的大好形势下，日本鬼子突然占领双沟，根据地的形势顿时又紧张起来。淮北行署主任刘瑞龙在洪泽湖畔的徐台召开干部会，欢迎记者范长江。刘瑞龙亲自到场讲话。令人记忆犹新的是，刘瑞龙在讲话中说：日本鬼子占领双沟，这是黎明前的黑暗。一语道破了淮北抗战形势的实质，鼓舞了我们即将取得抗日战争胜利的信心。

1944 年 9 月 11 日，彭雪枫师长在八里庄战斗中不幸牺牲。1945 年 2 月 5 日，淮北军民在半城大王庄举行了隆重的葬礼，刘瑞龙担任雪枫陵园筹委会主任，在悲痛之中亲自主持、筹备、建设雪枫陵园。他组织 300 多名干部战士和技术人员，经过艰苦努力，于 1946 年 6 月举行落成典礼。雪枫墓和淮北人民烈士纪念塔以及纪念碑永久地屹立在江苏省泗洪县半城镇，成为人民永久纪念彭雪枫师长和烈士英灵的圣地。每年的清明节都有数万人前来祭扫和瞻仰，寄托哀思。雪枫墓园成为著名的爱国主义教育基地。刘瑞龙的心愿也得以实现。

1946 年秋，由于国民党军队的进攻，雪枫陵园遭受了国民党还乡团的严重破坏，烈士纪念塔上弹痕累累，彭雪枫师长墓地被扒开，惨不忍睹，这激起了我对敌人的无比仇恨。淮海战役后，张震将军抵达半城，沉痛悼念彭师长。我任陈圩（半城）区委书记时受专署之命，重新修建雪枫陵园，实现了刘瑞龙保护雪枫陵园的意愿。

1946 年秋，我在泗南县魏营区任区委书记兼游击大队政委，在县委领导下，在上塘集双沟和青阳被敌占领的情况下，魏营区坚持了 3 个月的武装斗争，使敌人不敢向我区前进一步。由于敌之主力占领魏营，我带队转移到三岔河芦苇荡里，继续坚持武装斗争，打击敌人。后来由于淮北七地委和军分区消极防御，节节后退，最后退到了塘莫圩。1946 年 11 月 24 日，七地委和军分区主力仓促撤退到运河东岸，从而使淮北地区抗日战争中建立起来的根据地变成了白色恐怖地区，使淮北人民遭受了深重的灾难。

1946 年 12 月下旬，宿北战役以后，刘瑞龙代表华中局召开了地委扩大会议，我是区委书记也参加了这次会议（罗克明陪同前来）。刘瑞龙亲自主持了这次地委扩大会议（地点在二胡）。这次会议历时半个月，先由刘瑞龙讲了战争的形势：在宿北战役中消灭了国民党六十九师以及在鲁南消灭了国民党第一快速纵队和第二快速纵队。这一胜利消息令人鼓舞。会议的中心内容，是集中检讨淮北地区党政机构和军分区撤退的严重错误，会上列举的事实令人痛心：由于淮北的撤退，丢掉了淮北路东 300 万人民，丢掉了大批党员和干部，丢掉了大量的地方武装。刘瑞龙在讲话中指出：淮北撤退犯了严重的错误，使淮北人民遭受到重大的损失，同时列举淮北魏营区和青阳区坚持武装斗争的事例，说明淮北是可以坚持的。最后，刘瑞龙进行了会议总结，宣布了华中局对七地委处分的决定：一、撤销七地委正副书记的职务；二、解散七地委；三、对分区副司令员进行警告。并宣布，组织武装重返淮北。

华中局的决定是正确的、及时的。事实证明，淮北挺进支队进入淮北之后与坚守在洪泽湖上的武装会合，从 1947 年到 1948 年 3 月，经过艰苦反复的武装斗争，解放了青阳，恢复了淮北根据地，为迎接全国反攻形势的到来，打下了基础。

我认为刘瑞龙代表华中局亲自主持七地委扩大会议，及时地检讨了淮北撤退的严重错误，同时组织队伍重返淮北，解救淮北人民于水深火热之中，使淮北人民获得重新解放，这是华中局和刘瑞龙在解放战争中对淮北人民作出的巨大贡献。

1947 年，在山东，刘瑞龙任华东野战军副参谋长和后勤司令时，指挥支前大军，支援解放战争。有一天在鲁南遇敌机轰炸，刘瑞龙带我们南下干部大队到山间隐蔽了一天。

1950 年，我到上海，带华东青年工作队到上海郊区参加土改实验。时值抗美援朝，刘瑞龙在华东局农委亲自主持华东土改，指出上海土改的战略意义：如果美国进攻上海，而上海农村经过土改，就有了可靠的基础，使上海人民有了可靠的后方。

刘瑞龙是华东局农委书记，同时兼任华东局机关党委书记，而我在华东团委机关是支部书记。刘瑞龙经常召集华东局各机关支部书记汇报工作，所以我能经常与他见面，聆听他和蔼可亲的教诲。

1975 年，“文化大革命”的后期，因为淮北干部想念刘瑞龙，在盛夏的季节，我和陈位东、石峰三位同志共同到上海南京路他的住所进行了拜访，受到了他亲切的接待。瑞龙同志当时是 65 岁，时值盛夏，他身着便装，而江彤在旁休息。他的记忆力非常好，他说：“石峰、石刚我都知道。”刘瑞龙还展示了他亲自写的《三字经》给我们看，字迹美丽、工整，令人钦佩。

从 1940 年初见到刘瑞龙到现在已经 70 年了，这 70 年的风雨中，亲身感受到刘瑞龙是卓越的领导人，对党、对国家、对人民作出了杰出的贡献。

刘瑞龙同志，我们永远怀念你。

深切怀念刘瑞龙同志

孙立功

（2010 年 9 月 11 日）

刘瑞龙同志是淮北抗日根据地的创建者和领导人之一，他主政淮北行政公署五年，对根据地的建设和发展贡献多多。他关心“三农”，联系群众，深入调查研究和严谨务实的工作作风，淮北地区干部有口皆碑，将他视为执政为民的好榜样。

我第一次见到刘瑞龙，是 1946 年 4 月在淮阴召开的边区文教工作会议上，他时任苏皖地区政府第一副主席，主持会议，做过主旨报告，作为淮北地区老领导，还和淮北代表一起研究如何改变淮北地区文化教育的落后面貌。

我有幸再次见到刘瑞龙，是在上海华东医院住院时。1959 年 7 月初我患急性肝炎，住进华东医院南楼二层的肝炎病区，刘瑞龙也因肝病住院，我们不但住同一病区，而且病房也门挨门。当时这一病区共住有 8 人，有海军政治部副主任张雄将军，28 军军长黄冠亭，还有宋庆龄副主席的英文秘书谭宁邦（美国人）和中华职业教育社的一位负责人（民主人士），其他两位接触少，姓甚名谁我已忘记。同处一个病区的病友，只有瑞龙同志、张雄同志、黄冠亭同志和我四个人接触最多，也最谈得来，其他病友虽天天见面，不过是打个招呼，问个好。

在住院期间，有机会和刘瑞龙零距离地接触交谈和向他请教，让我深受教益，他的长者风范和待人处事，都给我留下了深刻的印象。今天纪念瑞龙同志百年诞辰，我想谈几点对他怀念不忘的往事。

一是待人谦和。刘瑞龙是革命长者，又身居高位，可是他平易近人，既无“官架子”，也不“打官腔”。与人相处，既谦虚，又和气。病友们和他相聚交谈，他都是听得多，说得少，从不插话或打断别人。记得我们常在一起谈形势，讨论时政的热门话题，遇有看法分歧，请教于他，他都是慢声细语，用结论性话语去说服别人，言短意深地发表个人意见，从不高谈阔论。即使是谈历史，谈文化，尽管他的知识面广，论证精辟服人，可他总要谦虚地声明自己知之不多，研究不够。我个人和他交谈，既无拘束感，也能畅所欲言。记得有一次我和他谈起 1946 年年底淮北地区撤退的事，我带有个人情绪（认为对犯错误同志处分太轻了），向他反映淮北干部对他代表华东局处理这件事的不同看法，瑞龙同志听完我的反映，耐心地向我介绍了当时的“两淮”形势，事件发生的全面情况和处理的经过，他的循循善诱，帮我端正了认识。

刘瑞龙对人十分和气。就我所见，在住院期间，他对病友，对前来看望他的同志，对医院的医护人员都很客气。听他日常生活用语，要数“谢谢”两个字最多。例如：我在住院期间，书店常选一些新书样本送给我看，听取我对发行的意见。瑞龙同志喜欢书，常向我借阅，他每次借，都要说声谢谢。医院的医生护士也都说他这位首长最和气，对他们服务不到位的地方，也都会一笑置之，不予计较。

二是处事严谨。早在淮北地区，人们对刘瑞龙公正、严谨、深入、细致的工作作风，就深为赞佩，住在医院虽无什么大事要事让他操劳，可是对日常生活上的小事，他也处理得细心周到，处处以身作则。例如：医院要求肝炎病人不要到其他病区走动、会友，我们有的人做不到，而瑞龙同志就能严格遵守医院的规定。亲属前来医院探望，院方要求儿童不能进入病区和病房，病人也不要走出病区和孩子接触。我看到，每次江彤同志带着孩子来看他，他都是站在病房阳台上和楼下花园里的孩子们谈话。

三是学而不厌。刘瑞龙是一位知识型的领导干部，虽已年过半百可他对学习仍然追求不止，住在医院也是手不释卷。每天上午接受医生查房治疗后，他几乎足不出屋，不是看东西，就是写东西，一直忙到吃午饭，才肯停手。下午午休后，病友们在阳台上下棋交谈，他也会前来凑热闹，可都为时短暂，就又返回房间看书。对他学而不厌的精神，我们都很佩服。

刘瑞龙爱读书，也爱书、藏书。住院期间，我曾两次陪他和张雄、黄冠亭到古籍书店“内供部”找书、买书，他们几位对解放前出版的古籍都很留心挑选，特别是瑞龙同志，每当看到刻印精美的古版图书，都是一面看，一面和书店负责审定版本的同志交谈询问。记得他曾在选书时发现一部明版的古籍，虽想买，可因书价太高，不得不放弃，回到医院他对这部书还念念不忘。我和书店商定，把这部书借给他看看，可是去取书时，这部书已被上海古籍出版社社长陈向明买去，我又和陈向明商量，终于把这部古籍借给他看，还书时，他一再要我代为致谢。

四是生活俭朴。在淮北抗日根据地时，刘瑞龙刻苦节约，生活俭朴，不搞特殊的生活作风，给人们留下深刻印象。20 世纪 50 年代虽然条件好了，待遇高了，可在住院期间，他依然保持艰苦战争年代节俭朴素的生活作风。如在用餐方面，他是以素为主，很少点菜现做。医院免费供应的香烟、水果，他都是把香烟如数退还院方。他本人衣着不讲究，前来看他的孩子们也和普通人家的孩子一样，也是“新三年，旧三年，缝缝补补又三年”。

刘瑞龙同志一生为革命，一生爱人民，他是淮北人民的好领导，也是淮北人民的好儿子。他的道德风范、进取精神和优良作风，永远值得后人怀念和学习。

为了永久的纪念

——我与刘瑞龙同志的一面缘

李松科[①]

（2005 年 2 月 25 日）

在那真假难分、是非不辨、人妖颠倒的动乱年月，虽是“文革”后期，但泗洪县青阳镇的派性斗争仍时起时伏，蔬菜大队老党员王德才的党籍问题，一时成了镇上的焦点。经镇党委研究，决定派人前往上海，通过原淮北行署主任刘瑞龙，和时在上海工作的本县白庙圩老党员许宝霞进行调查。

1973 年 11 月初，我同镇党委书记刘继生及其爱人向翠兰（前往看病）三人，经过一番旅途与转换介绍信，终于得知刘瑞龙在上海的确切住址。

11 月 6 日，是一个阳光明媚的日子。早饭后，我们前往南京路泰兴大楼 401 室，经敲门，一位年约 60 岁的阿姨（姜希宽）为我们开了门。刘继生说：“我们是泗洪来的，找刘瑞龙同志。”那位阿姨随即转身告知室内刘瑞龙说：“泗洪来人了。”刘瑞龙听后即走出门说：“泗洪来的，好啊！老家来人了，欢迎！欢迎！”短短的几句话，一下子拉近了刘瑞龙与我们之间的距离。当初，刘继生担心刘瑞龙是党的高级干部，他又是第一次来上海，唯恐刘瑞龙不接待的想法，便一扫而光了。看上去，刘瑞龙 60 多岁，身材高大，体格健壮，满头短发，身着一套蓝咔叽中山装，脚穿青布鞋。讲话声音洪亮，不时露出一般人少有的门牙缝隙。于是，刘瑞龙在我的心目中顿时升为一位高大、慈祥、平易近人、和蔼可亲的长者形象。在我们边进室边落坐时，刘老说：“抗战时，淮北区党委、行署、四师司令部都在泗洪，当时叫泗洪县。解放区叫泗南县，青阳大桥北是泗宿县，我经常到青阳镇去。”落座后，那位开门的阿姨为我们沏上了茶。这时，刘继生才得以向刘老说明来意，讲蔬菜大队老党员王德才长期被挂起来，不能参加组织生活，这样下去总不是办法，想请刘部长帮助找到许宝霞，通过他来落实王德才的党籍问题。刘老说：“我不认识王德才。许宝霞原在卢湾区任

---

① 李松科，泗洪县新四军研究会副会长。

民政局长，现在已经‘解放’了。前些日子，我在街上正巧遇到他，我俩还谈了一阵，他可是泗洪的老革命啊！”并将许宝霞的住址告诉我们。说到这里，刘继生就有起身告辞之意，但还未来得及讲，刘老就说：“我好多年没去泗洪了，很想念泗洪。泗洪老乡也好多年没有人来我家了，今天你们来了，你就把泗洪的情况向我说说吧！”边说边起身从办公桌上拿来了笔记本，又从中山装左上方的口袋里抽出钢笔。刘继生被刘老亲热的话语和做笔记的举动所感动，只好打消了要走的念头，略作思考，便向刘老汇报起来。他说，泗洪形势大好。一是全县人民认真学习中央文件精神深入批判林彪革命集团的罪行，坚决拥护毛主席、党中央的路线、方针，广大干群政治觉悟大大提高。二是在“批林”的基础上，调动了全县人民生产的积极性。县委大抓旱改水，水田面积由往年的十几万亩，猛增到现在的30多万亩，翻了一番多。县委书记余克亲自抓车门公社洪桥大队点，并派遣干部进驻和兼任实职，该大队凡能旱改水的都改了。今年4000多亩水稻获得了大丰收，平均单产500斤以上，一季超过“纲要”。刘老边听边记，连声说：“好、好、好！”刘继生继续汇报说，沿湖公社（镇），特别是套子里鲍（集）、管（镇）、铁（佛）、兴（隆）四个公社，旱改水成绩显著，粮食在大幅度增产，成了泗洪的粮仓。刘老插话道：“抓旱改水，方向对头。余克我认识，以前在江苏省农委工作，是抓农业的人才。”继而，刘继生汇报了县水利建设显著的成绩：对古汴河调底工程改造，沿河几十里建了近十座电灌站，使石集、城头、芦沟公社都能旱涝保收。与此同时还对溧河进行了改道工程。西南岗搞梯田建设，实行两级提水，不仅解决了该地区的人畜饮水问题，而且为农业生产持续发展打下了基础。刘继生还向刘老汇报了青阳镇的情况：青阳镇以工商业为主，今年工业产值超过300万元，较1970年的40万元翻了7倍。两个农业大队的产量和人均收入也大幅度增长。镇上连60岁老人都有事做。刘老听了，连声说：“好啊！我们共产党人就是要首先解决好人民的吃饭问题。”刘老对刘继生的汇报听得十分仔细，不时在笔记本上作记录。特别是对产量、水利土方等数据，记录后还要核实一下。刘老还问道：“泗洪现在还种懒稻吗？”刘继生答道：“早不种了，懒稻产量低，现在都是育秧移栽，有的还栽了农垦、南优、杂交稻，亩产近千斤！”此时刘老激动得手拍大腿说：“太好了，太好了！”

不知不觉中，3个多小时过去了。时间已近中午，在一旁始终静听的向翠兰和我，此时都把眼睛转向了刘继生，他会意我们的意思，随即说道：“刘部长，请给我们写个便信，好去找许宝霞同志。我们要走了。”刘老说：“你们不能走，今天中午就在我家吃饭。”我们坚持要走，刘老拉着刘继生的手说：“无论如何不能走，你们是老家来的。过去淮北人民养活了我们，今天能在我家喝口水也是好的。”说着说着，那位给我们开门、沏茶的阿姨就把饭菜端了上来，四菜一汤（一碗肉，一碗鱼，一盘油泡豆腐，一盘百叶青菜和一小盆鸡蛋青菜汤）。于是我们只好坐下来，边吃边聊。刘老说：“我有糖尿病，不宜吃米饭。”他一边让我们吃菜，一边拿起上面带有几粒芝麻的烧饼与我们一起吃了起来。在那什么都要“票”的年月，刘老以“四菜一汤”加米饭来招待我们来自淮北的远道客人，足见刘老对老区人民的深情厚谊。刘老的热情、健谈、俭朴和平易近人，给我留下了永世不忘的记忆。

饭毕，刘继生问刘老是否需要休息？刘老说：“不要。今天你们来，我非常高兴。前几天，我到杭州一趟，看了那里的农业生产……”一边说着，一边走到书柜前，将他珍藏的影集拿出来给我们看。并用手指着照片向我们介绍哪位是陈毅，哪位是彭雪枫，哪位是张爱萍。当他指着一个带耳痦子的长者照片时说道：“这就是邓子恢政委。”我一点儿也看不出来邓有前几位的军人威严，简直就像农村的小老头，根本不像个大干部。刘老对拍照的时间、地点都向我们作了详细的介绍。然后就让我们自己翻看，他忙着去给我们写找许宝霞的信了。当他把信交给刘继生时说：“如果王德才没有历史问题，应允许其过组织生活。”接着刘老又问起了青阳喻尊霞烈士的家庭情况。刘继生作了简单的汇报，事后刘老神色凝重又满怀崇敬地说：“喻尊霞是淮北的刘胡兰。当年，她还是个小姑娘，在日本鬼子面前，表现得非常英勇，很有民族骨气。你们地方要把她的事迹整理出来，广为宣传，教育后人。对她的家人要给以适当的照顾。为了革命的胜利，淮北人民是作出了很大牺牲的。”说着说着已到下午四点了。和刘老的谈话，使我深深感受到他对革命烈士的无限崇敬和深切怀念，并对青少年进行革命传统教育是何等的关注！

稍后，我们向刘老告别。刘老同我们一一握手，经我们再三劝阻，刘老还是把我们送到楼道的电梯口。这使我的心中，总觉得有一股暖流在冲击着我。

回泗洪后，镇党委书记刘继生指派我和文化站长赵俊一起，对喻尊霞烈士的生平事迹进行了调查，后将我俩撰写的《抗日英雄喻尊霞》一文转给县民政局。在随后的年月里，团县委在泗洪烈士陵园树立了喻尊霞烈士石膏雕像，《县志》和《烈士传》中，都记述了喻尊霞烈士的英雄事迹。2000 年 5 月 28 日，是喻尊霞烈士牺牲 60 周年，由老一辈无产阶级革命家杨纯为其题写的“抗日英雄喻尊霞”汉白玉半身雕像在县烈士陵园中矗立，成为人们前往瞻仰，进行爱国主义教育基地的一个景点。2004 年 10 月，我县泗州剧团自编自演的七场大型泗州戏《喻尊霞》与广大观众见面，获得了广泛的好评。如此等等，这算是对刘老指示的答复和告慰吧！

当我从有关刊物上，得知刘瑞龙于 1988 年 5 月 25 日，因过度劳累突发心肌梗塞，于广州辞世的噩耗时，心情极为沉痛，总有一种驱使我做我该做的事情的感觉。尽管 32 年过去了，我还是记了我与刘瑞龙这一难忘的一面缘，以作为我对他 2005 年 10 月 3 日九十五周岁诞辰的永久纪念。

终身受益的教诲

王立才[①]

（2005 年 10 月）

伟大的无产阶级革命家刘瑞龙的一生，是把一切献给党的一生，是无私无畏的一生，是光明磊落的一生，是严格律己、宽待他人的一生，是为共产主义事业而奋斗的光辉一生。

在那艰苦的抗日战争的岁月里，我很幸运，曾多次聆听他的教诲，虽然已经过去 60 多年了，但老领导的音容笑貌，仍像电影一样，一个一个的镜头，在我脑海里闪现着。

他经常教导我们，目标中心任务，是打倒日本帝国主义，要把拥军优属、拥政爱民、发展生产抓紧抓好。抓好了，我们就能立于不败之地，而日寇则必然被我们埋葬在人民战争的汪洋大海里。1942 年冬，我们粉碎了日寇对淮北根据地 33 天的大“扫荡”。1943 年春，又捉放了国民党顽固派韩德勤，这都充分显示了军民团结的伟大力量。

我们今天怀念他、纪念他，最好的行动是学习他。学习他什么呢？

学习他坚韧不拔的革命精神。在老领导刘瑞龙一生的革命生涯中，他任劳任怨，勇往直前，为我们树立了一个光辉的共产党员的高大形象。

学习他艰苦朴素的生活作风。他与人民、军队同甘共苦，在艰苦的抗日战争年代，他的衣食住行就是个普通的革命战士，没有丝毫的特殊化。

学习他耐心、细致、善于调查的工作作风。我永远不会忘记老领导刘瑞龙于 1944 年 6 月在工农干部训练班学员的毕业典礼大会上对我们的教诲，他说：“在你们今后的工作中，碰到的问题会是千头万绪，怎么办？我给你们 12 个字，即‘碰到问题，确实弄清，正确处理’。”我把这 12 个字，铭记在心，作为我革命生涯中的“座右铭”。60 多年来，我一直用这 12 个字来指导我的行动，这 12 个字，在我心中深深扎下了根，使我终身受益，并传给我的同志和后人。

当时，老首长在处理“泗阳三青团案件”、“淮北中学第二次反特案件”时

---

① 王立才，中国人民解放军某部坦克三师原师长。

就是这样做的，也是用这12个字，来指导解决“两案”的。这是他在革命实践中总结出来的，是颠扑不破、永放光芒的真理，所以他才把这12个字作为人生真谛传给我们这些工农干部。

今天，我们纪念老领导、老首长刘瑞龙同志，就是要发扬光大他的高尚革命情操，就是要忠于党、忠于人民、忠于共产主义事业，把晚年的余热发挥出来，这就是对老领导、老首长的最好回报。

最后，再说几句，大家一定还记得我们的老军长陈毅元帅说过：“淮海战役的胜利，是解放区人民用小推车推出来的。”这是他对解放区人民支援前线的高度赞赏。大家是否知道这个后勤司令？就是刘瑞龙同志。

老领导刘瑞龙同志，为革命献出了他的一切，他老人家虽然于1988年乘鹤西去，然而他的光辉业绩将与天地共存、与日月同辉。他的光辉思想必将在我们中间发扬光大，绽开鲜艳的花朵，结出丰硕的成果。

英勇战斗　辛勤耕耘

——怀念刘瑞龙同志

王益众[①]

1988年5月25日，刘瑞龙同志在广州主持全国农史学术讨论会期间，因操劳过度，心脏病发作，不幸去世。从此，党失去了一位好党员，我失去一位好领导。然而，他的音容笑貌，却时常在我脑海中浮现。

虽然与刘瑞龙同志结识时间不长，但对他的革命生涯早有所闻。1924年秋，他从陆洪闸小学、城北高等小学进入南通师范学校，这是他走上革命道路的开端。受进步同学影响，1925年暑假期间，他和陈国藩、顾仲起等同学到平潮、白蒲、刘桥一带访贫问苦，召开农民座谈会，宣传反帝、反封建的革命道理。平时，他和一些同学在大生副厂附近开办了工人夜校。夜间，他们去教课，和工人们一起唱“谋解放、求生存”的革命歌曲。他还把群众发动工作做到老师那里去。南通女师陈修定老师与瑞龙交往后，家中成了发放革命宣传品的秘密联络站，还带领女师学生去公共场所散发传单。

蒋介石、汪精卫相继叛变革命后，约在1927年七八月间，恽代英的弟弟恽代贤（后改名恽子强）潜入南通，他的爱人葛季膺是刘瑞龙的表姐。瑞龙闻讯后，即和丁瓒等同学来到葛家，与恽代贤联系，并在其帮助下，成立了革命青年社。是年秋，刘瑞龙参加了中国共产党，相继担任了通师党支部书记、南通城区区委书记等职。1928年6月2日，刘瑞龙在博物苑参加县委扩大会议时，被敌联防区队围捕，押到南京，后经组织营救出狱。蒋嘉宾送他到白下路小火车站，问他上哪儿去？刘瑞龙坚定地回答：“去上海找省委！”

辗转回到南通后，刘瑞龙当选为县委委员，并被派到东五区，发动群众建立与发展农民协会和游击小组，同时在三马路、姜家埭、何家园等地先后建立了党组织。1929年2月，刘瑞龙在仇家园主持召开了5000人的群众大会，提出

① 王益众，中共南通市原市委书记、南通市人大常委会原主任。

了成立南通东乡工农兵苏维埃政府的口号。

1929 年 11 月，任南通县委书记的刘瑞龙和李超时作为通、海区代表去上海参加江苏省第二次党代表大会。会后便着手筹建红十四军，除做好地方工作，发动农民起来斗争外，还领导与参加了打垮敌人八路“围剿”、震撼南通的汤家苴战斗、“八三黄桥暴动”等重大战役。1930 年 6 月，刘瑞龙担任通、海特委书记后，专题向省委作了《将破晓的南通东区》的巡视报告。同年 10 月，刘瑞龙调省委工作。

我是在 1946 年华中分局工作会议上认识刘瑞龙的。解放后，瑞龙先后在华东局和国家农业部工作，我与他有了较多的接触。他那高度负责的革命精神，深入细致的工作作风灼灼感人。

记得 1951 年，为了开发沿海地区，刘老亲自带领专家和华东局、苏北行署有关部门负责同志，到盐城地区沿海勘察。那时条件很差，但是瑞龙不畏艰苦，深入滩涂草原，来到群众中间，反复调查座谈，帮助解决了不少难题，在较短时间内，于滨海县中山河北建成了规模很大的国营建设农场。后来发展成了江苏农垦公司的 5 个大农场。

“文革”初期，瑞龙带领南方 13 个省主管农业的副省长到江苏、浙江召开水稻现场会，当时，江苏省委、省政府负责同志正被冲击，所以要我作为江苏代表出席会议。我到无锡太湖饭店，向瑞龙汇报了农业生产及“文革”等情况。我告诉他：“今年农业收成好，但是当前最大的问题是省地（市）县各级领导都被冲击得不能出来工作，再这样闹下去，明年丰收无望了。”听了我的话，瑞龙沉思片刻后说：“其他省情况大体差不多，益众，不管遇到什么困难，农业生产一定要抓好，群众要吃饭呀。请把我讲的精神转告你们省委。”

1978 年瑞龙生病在北京友谊医院治疗，我同纪元去看望他。一见面大家都很高兴，瑞龙似乎忘了自己的病情，问长问短谈起工作来。说话间，我打量了一下病房，只见桌上堆满了文件，倒像是办公室。瑞龙向我们介绍了红十四军在通、海、如、泰的战斗历程，并表示要撰写红十四军回忆录，要求南通地委抽两个干部为他搜集资料。我们一口答应，回通后便着手进行。待瑞龙的《回忆红十四军》写好后，我们特别委托陈汝明协助他全面检阅清样，还组织了编校组，进行了最后的研究核定、征求意见和文字修订工作，增补了先烈传略和文物照片。

1980 年 6 月初，瑞龙到达南通，一来就先后去南通、盐城两地区调查研究棉区工作。在这期间，瑞龙还走访了他的母校陆洪闸小学和南通师范等地。7 月

13 日上午，瑞龙参观了《南通城市总体规划》陈列后，赞扬南通党的建设、贯彻调整国民经济方针和人民生活三件大事抓得好。他说："南通市纺织工业有很好的基础，应该充分发挥这个优势，在实现中国式现代化的事业中，作出更多的贡献。"殷切期望我们充分发挥优势，加快"四化"建设。

瑞龙最后一次到南通县是 1986 年 10 月。嗣后不到两年便与世长辞。斯人已逝，精神永在。刘瑞龙曾在祖国的大地上英勇战斗、辛勤耕耘的身姿，将永远激励我们去完成他未竟的事业。

我与刘瑞龙同志的交往

黄惠钧[①]

1957 年，我在东沙乡（现观音山镇）任党委书记，了解到中央农业部副部长刘瑞龙家住陆洪闸（原南通县，建国后为南通市郊），但他家的祖坟在我们东沙乡。于是，我冒昧用家乡基层干部的名义给刘部长写了一封信。不久接到他的亲笔回信。1958 年我在省里开会，有天晚上县委书记纪元来找我，说刘部长派梁秘书来看我。于是，我向梁秘书汇报了东沙乡的情况，并提出发展农业机械化的要求，请转告刘部长，是否可以支持一部分中型拖拉机给我们。刘部长知道了这件事，对我们很关心，打算给 6 台拖拉机。1959 年夏收开始，我在田间劳动，接到通知，要我到陆洪闸去，有人要接见。我一股劲儿地赶到那里，只见公路上有很多人。梁秘书首先看见我，把我介绍给了刘部长。刘部长非常热情地搭住我的肩膀，边走边说“辛苦了”。我说谢谢刘部长的关心。走了一段路，他把我手里的一辆旧自行车拿去骑，说几十年没有骑车了。我跟在他的后面，走到我们乡的一个生产队。他就下车和群众一起割麦，问群众今年麦子亩产多少。群众答 300 斤。又问：“收得到吗?”群众说：“干部说的。”所以后来出现一个“干部指标”。年纪大一点认识他的人，邀他到家里洗脸喝茶，拉家常。在告别时，南通市来了一辆摩托车找刘部长，是给他送电报的。他一看，告诉我，原批给东沙公社（乡）的拖拉机，调拨给华侨农场了。同时，嘱咐我要好好工作，关心群众生活。1961 年，刘部长调华东局农委工作。听到他生病住院，我先写信给他，表示想去看看他。他立即亲笔回信，劝我不要去，说他家里没有人，自己又住院，没有人接待。所以我没有去。我先后接到他两封亲笔信，遗憾的是没有保存下来。他写的是正楷字，字体比较大。我与刘部长接触时间不长，次数也不多，但给我留下的印象非常深刻，令人难忘的是：

一、老一辈无产阶级革命家关心群众生活，密切联系群众的作风，使我深受教育；

① 黄惠钧，政协南通县委员会原主席。

二、实事求是、深入实际、调查研究的工作作风，给我留下了深刻的印象；
三、平易近人，没有架子，使我们在他面前敢于说真话。
以上三点，对我以后开展工作起了很大的鞭策和激励作用。

青松的情怀

——纪念无产阶级革命家刘瑞龙诞辰一百周年

朱　剑[①]

（2010 年 8 月 19 日）

我的书房里挂着一幅弥足珍贵的墨宝，上面写着：

大雪压青松/ 青松挺且直/ 欲知松高洁/ 待到雪化时
恭录陈毅同志诗赠朱剑同志

刘瑞龙
一九八零年七月

这是刘瑞龙同志 1980 年 7 月回家乡调研，住在南公园饭店时给我的手迹。我将它奉为革命老前辈给后辈的诤言和教诲：作为一个革命者，要有骨气和勇气，要像青松那样挺直和高洁，要不畏困难和曲折，时时加强自己党性和人格的修养。刘老也是一位诗人，他一生中所作诗稿近 200 篇，而他却选用陈毅元帅的诗句书赠与我，如此虚怀和谦逊，更令人赞叹！

在纪念刘瑞龙诞辰一百周年的日子里，我常常独自站在书房里，深情地凝视这幅墨宝，细细品味字里行间洋溢着的革命浪漫主义和革命英雄主义，回忆起刘老早期领导南通地区革命斗争以及关心家乡革命建设的一幕幕感人情景，心里充满了对刘老的怀念和崇敬之情。

红星耀江海

刘瑞龙同志是我景仰的老一辈无产阶级革命家。他 1910 年 10 月 3 日出生于南通城南陆洪闸，是我党建党初期南通少数的几位老共产党员，是土地革命时

① 朱剑，江苏省南通市原市委书记。

期活跃在南通地区的红十四军的创始人之一。

红十四军的历史，是党领导武装的革命人民反对武装的反革命的历史。红十四军在通、海、如、泰农民起义中成长，活动在国民党统治的心腹地带，曾形成2000人左右的武装，高举反对帝国主义、反对封建主义、反对国民党反动统治的革命红旗，给敌人以沉重打击。在土地革命时期党领导的南通农民起义中，红十四军的组建是规模最大的一次。它在江海大地上撒播了革命的种子，在江苏人民革命斗争史上也有着重要的地位。

红十四军对我的家庭，对我在青少年时期就走上革命道路，都有很大的影响。

1928年，刘瑞龙就担任了中共南通中心县委负责人。那年年底我才出生，当时家境殷实富足。然而在我不满两岁时，我的祖父因被国民党南通县政府以所谓涉嫌“通匪”罪通缉而潜居上海，店铺和土地被查封，家业破产，我随父母及哥哥姐姐住到外祖父家，父亲靠租田谋生，直至抗日战争全面爆发后我才返回老家。

我后来才了解到，祖父所谓“通匪”一事，是指通当时共产党领导的红十四军赤卫队冯子云部。当年共产党领导下的武装斗争遍及通、海、如、泰的许多角落，冯子云的部队是其中的一部分。这支队伍在白蒲一带活动。当时祖父从自家的南货店里拿钱支持过他们买枪支弹药。

正是因为与红十四军有这段“瓜葛”，改变了我的家境，也改变了我的人生。抗日战争爆发以后，我父亲积极支持共产党领导的地方抗日民主政府，大哥和我也先后参加抗日民主政府工作，走上革命道路，这都与红十四军当年在我家乡的活动有很大影响相关。我从小时起将家庭的这段经历，当作是一种缘分，总觉得自己与共产党很亲近。参加革命后，无论在日本宪兵的牢里，还是在各种艰难困苦的斗争中，它是我心中红色的亮点，激励着自己不怕牺牲，勇往直前。

红十四军虽然存在的时间短暂，但在南通地区播下了红色的种子。这之后的抗日战争中南通地区（苏中四分区）反“清乡”斗争的伟大胜利，和解放战争中震惊中外的苏中“七战七捷”的伟大胜利，不仅是这个历史的延续，而且都有着它有形的和无形的影响及力量。这就是南通从1928年到1947年二十年中具有历史意义的值得大书特书的三大斗争。它是矗立在我们八千平方公里的江海平原上永远的丰碑。

傲骨似青松

1959年，中共江苏省委机关刊物《群众》杂志发表了刘瑞龙同志以亲身经历的第一手资料亲自动手写成的《回忆红十四军》一文。20世纪60年代初，他进一步征求意见，核实、补充，使这段光辉的历史有了完整的记载（党的十一届三中全会后《回忆红十四军》一书正式出版）。这本书讲述了红十四军诞生、成长、发展、胜利，以及失败的经过。他运用大量的史实告诉我们：红十四军的斗争是通、海、如、泰人民革命斗争中的一个重要组成部分，在江苏人民革命斗争史上有着重要的地位。

“文革”中，刘瑞龙遭受残酷迫害，《回忆红十四军》书稿成了他的重要“罪证”。他被非法关押达近6年之久，身心受到极大摧残，但从没有向“四人帮”及其爪牙低头。在被非法关押期间，他写下了30多万字的读书笔记。还利用放风时间，从垃圾堆里捡起一片片破烂的烟盒纸，写下了许多经典的诗词。后来出版的《刘瑞龙诗稿》中，很多充满革命现实主义和革命浪漫主义的诗词就是那时候写成的。粉碎“四人帮”以后，刘瑞龙得到彻底平反，调回农业部担任领导职务。

刘瑞龙1980年7月回家乡调研，正是党的十一届三中全会后，我国处于解放思想、拨乱反正、正本清源、改革开放的政治氛围中。当时他的心情特别好，思路敏捷，谈笑风生。他说：“南通是我的家乡，也是我早年参加革命的地方。这次回来，主要是向南通的广大干部和群众学习，调查研究和探讨商品棉基地的建设问题。”那次最令他高兴的是会见了还健在的一些老红军和当年参加革命斗争的老同志。他冒着炎热瞻仰了烈士陵园，向当年红十四军军长何昆等烈士墓地敬献花篮和致哀。7月14日，他参加了红十四军诞生50周年纪念大会，并且在会上作了《关于红十四军的斗争历史和它的意义》的讲话。他反复强调要恢复、发扬党的好传统好作风，还语重心长地希望家乡的同志们同心同德，把各项工作做好，为把我们国家建成现代化的社会主义强国作出新贡献！

当时，我以市委副书记兼秘书长的身份和时任南通医学院党委书记的曹从坡一起，陪同刘老及夫人江彤等参观了南通博物苑秀坛假山，他告诉我们，这里是他在通州师范时从事革命活动的地方。他还兴致勃勃地在南通市区内看望他的亲朋好友和重游了故地。

丰碑誉神州

1983 年 4 月，在江苏省六届人大一次会议上，刘瑞龙同志被选为第六届全国人民代表大会的代表，他是以中央机关的代表候选人分派到省里来参加选举的。我也在这次省人大会议上被选为全国人大代表，与刘老同是江苏省代表团成员。这样，接触的机会就更多了。当年 6 月，刘老在六届全国人大第一次代表大会上被选为第六届全国人大常委会委员后，仍然前来参加江苏省代表团的活动。在分组审议大会文件时，他很认真仔细，总是拿着准备好发言的小本子，一丝不苟地认真地表达自己的意见。一位德高望重的革命老人，以这样严肃认真的态度与来自基层的代表们平起平坐一起讨论，给代表们留下了深刻的印象。

我至今仍珍藏着一张在刘老家里拍的老照片，它给我留下了永远的记忆。那是 1984 年 6 月，在北京出席六届全国人大二次会议时，休息日去看望他老人家，我是想借这个机会向他汇报家乡的一件大事，即南通被批准为进一步对外开放的沿海港口城市后，我们做了一个工作方案，想听听他的指示。

那次同行的有时任江苏省委常委兼组织部长罗运来、镇江地委书记王一香等同志。刘老热情地招呼我们坐定，亲自为我们每人沏了一杯清茶。解放战争时期，罗运来、王一香都在苏北担任过县委书记，我年龄小一点，参加革命迟一点，时任县委秘书。刘老曾先后担任中共中央华中分局民运部部长、华东野战军副参谋长兼后勤司令部司令员、第三野战军后勤司令员兼政治委员等职，是大家熟悉和崇敬的老领导。谈到当年苏北的土地改革和淮海战役、渡江战役的百万民工大支前，大家都有说不完的话。

刘老听了我关于南通市对外开放工作的简要汇报后很高兴。他说，南通在张謇时代就对外开放了，现在有了大的港口，可以把对外开放的步伐加快点。他还要我多与北京一些知名人士联系以求得帮助。

这次登门拜访，给我难忘的印象是：他家住在一幢位于北京复兴门外大街的高层公寓中。家里陈设简朴，家具陈旧，他真是一生革命，两袖清风。

去年，刘老的大女儿刘延淮来南通。在如皋吃饭时上了道南通方言叫“冷蒸”的面食。有人介绍说，这是趁麦穗还没有变黄时就割下来做成的。我说：“过去穷人家因为青黄不接没法子才这样做的。后来老百姓都舍不得割青麦吃‘冷蒸’，说是把粮食‘搅（音 gǎo）作’（南通方言，糟蹋的意思）了。”刘延淮立刻接过话头说：“对的，对的，我父亲和奶奶在家里也常常这样说。我们小字辈虽然长期生活在北京，但都会一句地道的南通话：‘不要搅作’，就是不要浪费，要勤俭节约。”可见，生活俭朴，严于律己，是刘老的美德和家风。

1988年初夏，刘瑞龙在广州主持全国农史学术讨论会期间，因劳累过度，心脏病猝发，抢救无效，于当年5月25日不幸逝世。当接到北京来电告知了这个消息，我十分震惊和悲痛，立即以中共南通市委的名义发去唁电。据新华社报道，6月23日，刘老骨灰安放仪式在北京八宝山革命公墓礼堂举行，中共中央常务委员会和全国人大、国务院、全国政协、中央军委等领导同志参加了仪式并送了花圈。对刘老的一生作了高度的评价：刘瑞龙同志是我党久经考验的无产阶级革命家，参加过举世闻名的长征。他参加革命半个多世纪，襟怀坦白、坚持原则、生活简朴、严于律己、为人表率，受到大家的普遍推崇和尊敬。

今天，值刘瑞龙诞辰一百周年之际，我们怀着崇敬的心情告慰刘老：您30年前赠与的那首《青松》的诗句和谆谆教诲，一直鼓舞、激励着南通的同志们，在党中央和江苏省委的正确领导下，坚持走中国特色的社会主义道路，奋发图强，勇往直前，今日的南通已跃然崛起于神州大地，大学、大桥、大港的梦想成为现实，全市全面实现了小康社会，正在向基本现代化的宏伟目标迈进！

敬爱的刘瑞龙同志，您就像是苍劲挺直的青松，永远矗立在我们的心中！

斯人已去　风范长存

——纪念刘瑞龙同志诞辰一百周年

张　锲[①]

（2010 年 10 月）

解放战争时期，我还是一个小兵，但在伟大的淮海战役中，连绵千里的后勤保障线、由数百万人民群众和独轮车组成的支前队伍都给我留下了十分深刻的印象。后来才知道在那场战役中，刘瑞龙同志作为华东野战军后勤司令、第三野战军后勤司令兼政委，直接参与领导了华东战场人民解放军的后勤保障工作。今年是刘瑞龙诞辰一百周年，我特写下这篇文章，以此表达我对这位革命老前辈深深的敬意。

2000 年，在《刘瑞龙诗稿》正式出版前，我有机会看到这些诗稿。在这些诗稿中我开始走近这位革命前辈伟大的胸怀，开始了解到他坚定信仰、为党为国奉献毕生精力的不凡人生，开始触摸到他对祖国、对人民无限热爱的真挚情怀。刘瑞龙不仅是我党我军重要的领导干部，也是一位才华横溢的诗人。他作为一个诗人，一生留下了 200 多首优秀的诗篇，尤其是他的五言诗，更显示出深厚的文学功底。在他诗词的字里行间，无不表现出了他坚定的信仰和崇高的境界，例如写于 1935 年长征途中的两首诗。他在《懋功南行》中写道："策骑攀北麓，晨雾阴冷浓。嘘气成冰滴，奋力登顶峰。破雾晴万里，红日浴絮云。万山回吟啸，举首揽太清。"他的诗句讲究，韵味很干脆利落，让人过目难忘。而在另一首《由宝兴北返懋功》中，他记述了再上雪山的情景："黄昏发宝兴，困战急回兵。篝火遍南麓，恍若满天星。细雨拍面来，路滑梅南行。遥念北上者，捷报传后营。"这首诗不仅很好地表现出他跟着党中央、毛主席北上的决心，也显示出政治家的胸怀，革命者的坚定，中国文人的境界和诗人情感的丰富乐观。

---

① 张锲，著名作家。1948 年参加革命工作，曾在华东大学皖北分校学习。建国后，曾任蚌埠市文化局文艺创作研究室副主任，蚌埠市文联主席，安徽省文联副主席，中国作家协会书记处书记、副主席，中国文联副主席。

刘瑞龙 1975 年在《破阵子·纪念长征胜利四十周年》（二首）中写道："遵义拨正航行，排除困难重重。万水千山等闲过，红旗指处险路通。北上奇功。"这首诗表现了诗人宏大的气魄和乐观主义精神，同时也表现了诗人在长征途中胜利时的欢欣鼓舞心情。

刘瑞龙是我党我军早期的革命知识分子杰出代表之一，早在 1929 年、1933 年他就先后创作了《农民歌》和《革命三字经》等诗歌，传播进步思想，开展革命宣传。在长征途中，他走到哪里，写到哪里。在他留下的诗篇中，还有许多是写给自己子女的，他在 1981 年写的《示诸儿》中说道："人生有真谛，为民服务多。党导正方向，决议勤切摩。人民养育我，甘为孺子牛。祖国抚爱我，奋志壮山河。"他在诗中对子女的严格要求，读后至今令人难忘。

沧海桑田，百年一瞬，刘瑞龙虽然已经永远离开我们，但他的身影和革命情操仍然矗立在我们眼前。高山流水，永在人间，刘瑞龙同志英名永存。

怀念刘瑞龙老部长的几件事*

郭书田①

（2010 年 4 月 20 日）

今年是刘瑞龙老部长诞辰一百周年。曾任北京农业大学副校长、党委书记的施平写了一篇《纪念刘瑞龙同志百年诞辰》的文章，寄给了我，读后深受感动。立即将这篇文章送给了农业部离退休干部局局长杨军，建议召开一次座谈会，请有关同志参加，共同怀念这位老部长。杨军局长表示同意，并交给离退休干部局原副局长、曾担任刘老部长秘书的姜亮负责组织这个座谈会。3 月 17 日，由姜亮主持座谈会，参加的老领导、老同志有石山、何康、相重扬、李易方、林干、朱丕荣、张毅、吴天锡、刘河石等，还有曾任刘老部长另外两位秘书的王文德和胡秋发。大家畅谈了刘老部长一生的感人事迹，深受教育。我与刘老部长虽然直接接触不多，但他在农业部任副部长期间的高尚品德有口皆碑，他讲话出口成章，尽人皆知。

给我印象最深的有两次：

第一次是 1959 年庐山会议后，在北京市委与高校党委的直接领导下，开展了对施平的批判，定了两条罪名：一条是根据上级教育部门的决定让一、二年级学生回校上基础课，被说成是对毛主席下放指示的“动摇”；另一条是执行知识分子政策时只提“尊重、团结、照顾、教育”的八字方针，不提“改造”，是“投降主义”。据此给他戴了“右倾机会主义分子”的帽子，撤销党内外一切职务。这时他的遭遇与苦闷是难以想象的。他平时很活跃，这时沉默寡言。就在这种形势下，刘老部长让他到农业部，在宣教局主持下设业余教育办公室的工作，深入农村调查研究，卓有成效。以后刘老部长到上海任华东农办主任，又调他到上海任农办副主任。得知这个消息，我十分高兴。在他离开北京送行至火车站时我掉下了眼泪。这次他在怀念刘老部长的文章中深情地记述了这件事。联想起在这次玉树地震中一位从废墟中被抢救出来的藏族妇女说：“患难见真

---

* 本文是在纪念刘瑞龙诞辰一百周年座谈会上的发言。

① 郭书田，农业部政策体改法规司原司长。

情，真如一家人。”这是我们中华民族的最优秀的品德，早在刘老部长身上就已充分体现。

第二次是在改革开放以后，刘老部长重返农业部任中国农史学会会长，潜心从事农史研究工作。当时粮食连续6年丰收，由1978年的3亿吨上升到1984年的4亿吨，但在1985年以后，出现了徘徊局面。这时有人认为粮食徘徊是“方向道路”的徘徊，是土地分到户造成的。一天，刘老部长让我去他家里问我：有人说土地包干到户就是单干，是对集体经济的瓦解，实际情况如何？你如何看法？我说，1984年粮食丰收，创历史最高水平，出现了“卖粮难”问题，于是在1985年调整粮食收购政策，把“超购加价”改为“倒三七价格”，抑制了种粮农民的积极性，特别是对无征购任务的“三靠队”影响更大，导致了当年减产6.9%，完全是政策导引的结果，既不是“天灾不可避免”，又不是“调整产业结构的必要”，也不是“一部分地方领导忽视粮食生产”，更不是“包干到户”的结果，而是对1984年的粮食丰收过于乐观以致采取了不当的政策措施造成的。有人据此说粮食出现问题是“方向道路”问题是没有根据的。土地“包干到户”并没有改变集体所有的性质，是经营方式的改变，“交足国家的，留够集体的，其他都是自己的”的“包干到户”，是农民的创造，与“分田单干”有本质区别。实践证明这个制度极大地解放了生产力，壮大了集体经济，而不是“瓦解”了集体经济。刘老部长在听我解释时，在笔记本上作了记录。并说：“我赞成你的观点，一定要坚持实事求是的态度。”他还强调，“研究这段历史非常重要，一定要把这段的历史经验总结好”。他的教导使我终身难忘。在得知他于华南农业大学不幸逝世的消息时我十分悲恸。

使我感受最深的是刘老部长的一生是十分坎坷的。即使在“逆境”中，他那种坚定不移的政治信仰和乐观的革命精神以及一丝不苟的科学态度，值得我们晚辈永远学习和发扬，这也是我们最为珍贵的文化遗产。

这次座谈会后，由离退休干部局把大家的发言汇编成册，这是传承和弘扬党的优良传统的良好举措。何康老部长多次强调要“抢救”这部分文化遗产。为百岁老部长举行这样的座谈会，既是对老一辈革命家的深切怀念，又是传承与弘扬党的优良传统教育后人的好形式，坚持下去，必有成效。

深切怀念农业部老领导刘瑞龙同志

朱丕荣[①]

（2010 年 3 月 17 日）

刘瑞龙同志于 1953～1960 年期间担任农业部常务副部长，“文化大革命”后他又复职，再次担任农业部副部长。他是全国农业战线上一位知名的久经考验的领导人，德高望重。

在 20 世纪 50 年代，我国农村社会大变革，从土地改革、合作化到人民公社化，折腾不断，而农业部责任重大，实权有限，主持全国农业工作确有很大难度。刘瑞龙勤奋好学，谦虚谨慎，坚持科学态度，善于调查研究，注意总结经验，提倡实事求是的作风，关心“三农”利益，积极推进发展农业生产力，为振兴我国农业事业作出了很大贡献。他的苦干实干精神永远是值得我们尊敬和学习的。

我 1950 年 8 月就在农业部工作，只是一般干部，从事粮食生产，但也经常与刘部长接触与见面。刘部长给我印象深刻的有三个方面：

一、他重视总结群众生产经验，大力推进发展农业生产力，促进粮食增产。在粮食生产方面，他提出要有条件地扩大耕地面积，增加复种指数，着重提高单位面积产量，要改进提高农业技术；要先吃饱后吃好；要粗细粮并重；要努力挖掘华北（晋、冀、鲁、豫、陕）和东北地区粮食增产潜力，逐步扭转“南粮北调”局面；要有计划地建设好商品粮基地，保障粮食供应安全；要认真总结群众生产经验，因地制宜加以推广，切实做好试验示范，稳定推广，讲究实效。要改进与提高技术，发展农业生产力，促进农业增产、农民增收。那时期粮食生产司每年总结与收集各地粮食丰产的典型经验，汇编成册或召开现场会，举办农展会等，加以宣传推广。从群众丰产经验中，寻找共性和规律性的增产技术措施，刘瑞龙同志亲自归纳成“土、肥、水、种、密、保、管、工”八大技术措施，以后又加了“光和气”，十个方面。把各方面的有效措施都写入了《全国农业发展纲要》中去，结合当地条件灵活运用，并不断总结提高。

---

① 朱丕荣，农业部外事司原司长，曾任联合国粮农组织计划委员会委员。

二、带头学习，尊重知识，尊重人才。1953 年，他到任后即提倡学习农业科学知识。他亲自带头学习《威廉斯土壤学》，强调土是基础，水是农业命脉。当时农业部各司局领导以专家、知识分子居多，他经常找他们座谈、请教、研究，听取他们的意见。1954 年 4 月 10 日左右，黄淮地区小麦发生霜冻灾害，以后又发生锈病，他亲自找北京农业大学与华北农科所有关专家座谈、商讨采取应对有效措施，力争减少、避免灾害损失。他十分重视农业科技工作，积极筹建中国农业科学院，加强农业技术推广体系建设，创办农业干部学校、农业出版社，努力普及农业科技知识，还组织编写出版《农业生产技术基本知识》丛书，提高农民和基层干部农业技术文化水平。他爱护与尊重科技人才。原四川省农科院遗传育种学专家鲍文奎教授因崇尚摩尔根学派被批判，无法安心工作，他将其调到中国农科院从事小黑麦育种工作。

三、精力充沛、满腔热情地工作，善于思考钻研问题，倡导实事求是的作风。他工作勤恳踏实，经常深入农村、基层、群众调查研究。在机关，他经常工作到晚上，不是认真阅读文件处理公务，就是找人谈话，了解情况，不厌其烦地听取汇报，并认真记笔记，思考归纳总结。他经常向机关干部通报信息，作形势报告，内容丰富、生动活泼，使大家很受教育与启发。1958 年大跃进时期，农村大刮浮夸风、“共产风”、瞎指挥风，农业上各地虚报高产典型，天天“卫星上天，元帅升帐”，广播登报，向农业部报喜。但刘瑞龙保持冷静，既不大肆宣扬，又不轻易否定，要我们下去深入调查核实。如亩产 7000 多斤小麦典型（河南西平县），由顾大川副部长去实地调查更正。农业部是“后人一步”，跟不上大吹大擂的形势发展要求。后来被毛主席批评说：“农业部是技术部，促退部。”

改革开放后，刘瑞龙复职后热衷于农史研究，精心策划、主持组织编辑《农业百科全书》、《中国农业现代化战略》和农史等资料，为整理、恢复、保存农业文化遗产，作出了卓越贡献。最终因操劳过度，病倒在农史研究会的工作岗位上。

刘瑞龙同志一生热爱农业，服务农业，献身农业的崇高精神永垂不朽！

农业战线上的一面光辉旗帜，风范永存*

——纪念刘瑞龙诞辰一百周年

林　干①

（2010 年 3 月 17 日）

一、在农业战线上工作了 50 年，是值得我们学习的楷模

刘瑞龙是一位老革命者。从战争年代的 1939 年开始到新中国成立时期、改革开放时期，直到 1988 年与世长辞，在这长达 50 年的时间里，他都在关注、参与、领导农业，为农业的发展作出了积极贡献。

刘瑞龙 1953 ~ 1960 年间担任农业部常务副部长、党组副书记。这一时期，百废待兴，任务十分繁重，工作千头万绪。这个时期，正在实施贯彻第一个、第二个五年计划，经历了三年调整时期，又要实施全国农业发展纲要四十条，学习贯彻两个总路线：即建国初期过渡时期的总路线和大跃进时期的总路线。这个时期发生了农村生产组织形式的大变革，由一家一户的小农经济到组织起互助组、农业合作社，到人民公社化的巨大变化。这个时期政治运动也不断开展，一个反右派，一个反右倾，拔白旗插红旗。大跃进时期也是“人有多大胆，地有多大产”，“超英赶美”，“一天等于二十年”的所谓大好形势。刘瑞龙是在这种极其艰难的背景下，勇敢地担负起农业部常务副部长的重任。面对这种复杂的情况，他没有退缩，沉着应对，冷静观察，不辱使命，不怕困难，迎难而上，大胆工作。他顾全大局，团结同志，千方百计领导好、建设好农业队伍。他忘我工作，兢兢业业，一步一个脚印，为我国的社会主义农业改造和农业发展以及农业体系建设作出了重大贡献。

---

* 本文是在农业部纪念刘瑞龙诞辰一百周年座谈会上的发言。

① 林干，农业部计划司原副司长（正局级）、中国常驻联合国粮农组织原特命全权代表（公使衔）。

二、全心全意扑在工作上，把全部精力献给了“三农”

刘瑞龙在农业战线上是一位卓越的领导者，备受人们崇敬。他为农业的发展忙碌了大半辈子，深入地进行了研究探索，提出了不少有益的建议和办法，把农业、农村、农民科学地统称为“三农”是他最早于1956年提出来的，引起人们对“三农”问题的高度重视。他是永远值得我们学习的楷模，永远值得我们怀念。他给我们留下了十分宝贵的财富，至今还那么闪闪发光。

他是一位不知疲倦，“无需扬鞭自奋蹄”的老黄牛，任劳任怨，废寝忘食。他不分昼夜，不分节假日，呕心沥血，顽强工作。他只知付出，不知索取，甘当人民公仆。在他的身上显现激情满怀，充满活力，顽强拼搏的精神。他所做的一切，就是要把“三农”工作做大、做强、做好，让广大农民过上好日子。

刘瑞龙的工作作风有目共睹：勤奋踏实，坚持实事求是。他牢记两个“务必”，发扬党的艰苦奋斗、不骄不躁的优良传统，生活俭朴、平易近人，有广泛的群众基础。他十分重视团结、发挥知识分子、专家和党外人士的作用，把他们看成是一支建设社会主义农业的重要力量。他知识渊博，求知心切，不耻下问，甘当小学生，在研究工作、农村调查的时候，总是认真听、认真记，弄清事情真相。他对出现的问题、矛盾总是“打破沙锅问（纹）到底”，摸着石头过河，一步一个脚印，进行处置。凡上报报告，下发文件，经过他的手都会认真审阅，连标点符号也从不放过，可见他是何等的认真。这里特别值得一提的是，多年来他有一个习惯，有一种精神，善于记笔记。他的笔记蝇头小楷，密密麻麻，记载了那么多有关农业的问题。如今，成为见证中国农业辉煌发展的历史。

他对党的路线、方针、政策，总是用最大努力去学好、用好，坚定不移地贯彻执行，特别在农业方面提供了大量的情况、建议和报告，体现在“农业发展纲要40条、农业17条、农业12条、扭转南粮北调”等文件中，为中央决策起了积极的参谋作用。对中央、国务院交办的事项，他从不懈怠，都是认真负责抓紧办理。他在农业部任职期间，在全国农业工作会议上，农业专业会上，有关中央重要精神的贯彻会议上，以及在机关干部工作会上，都能听到他作报告的声音，他的报告具有很强吸引力，对提高广大干部政治思想，拓展业务工作，转变作风和贯彻党的路线、方针、政策等都产生了积极影响。

三、把农业发展作为己任，千方百计最大限度地把农业搞上去

他十分关注农业增产、农民增收的大问题。在实施第一个五年计划（1953～1957年）和全国农业发展纲要40条时期（1956～1967年），他充满信心和希望，那时开垦荒地，恢复撂荒地还有很大潜力。农作物的单位面积产量，特别是粮食单位面积产量比较低。他强调既要扩大耕地面积，增加农作物播种面积，又要提高单位面积产量，发展高产作物。同时强调贯彻农业“八字宪法”，对农业全面增产具有普遍意义。“一五”是农业计划执行得最好的时期，受干扰比较少，农业全面丰收，粮食逐年增产，老百姓的生活有了很大的改善和提高。农业的发展保证了国民经济的全面发展。国家建设是依靠农业积累形成的，农产品出口是换取外汇收益的主体。以农业为基础的地位得到空前提高。

重视区域农业经济发展。他特别强调进行分类指导原则，由于农业地域性差异较大，用一种模式指导农业生产不行，必须从实际出发，因地制宜地进行具体指导，按照农业发展纲要的要求，将全国以增产粮食为目标划分为三大区域，即黄河、秦岭以北地区，黄河以南淮河以北地区，淮河秦岭、白龙江以南地区。为增加农作物产量，提高复种指数，他提出了五类地区，与此同时，农业部还提出了主要农作物生产区划分布，集中优势进行生产，对农业的全面发展产生了积极影响。

积极推行农业“八字宪法”。农业“八字宪法”的八个字是指农业生产的八项基本增产措施，即：土、肥、水、种、密、保、管、工。这也是毛主席倡导的。在那时，生产力水平极低的情况下，采用这些措施，是保证农业增产必不可少的条件。刘瑞龙认为当时国家建设百废待举，需要用钱的地方很多。不能期盼国家对农业有过高投资，只能把国家用于农业的投资切实用好，真正用到最急需、最迫切的项目上，使投资发挥更大作用。同时大力宣传农业“八字宪法”，贯彻农业“八字宪法”，使农业“八字宪法”真正成为农业增产、农民增收的希望所在。刘瑞龙不仅大力宣传贯彻农业“八字宪法”，而且还著书立说，亲自动手编著了一本有关农业“八字宪法”的书籍，为后人留下一份沉甸甸的财富。农业“八字宪法”如今仍有强大的生命力，在农业增产上不断显现奇迹。

强调调查研究。要到基层去调查研究，才能得到真实情况，是刘瑞龙一贯的工作作风。1958年夏季我有幸陪同刘部长参加了在合肥召开的华东地区农业协作区会议和在郑州召开的中南地区农业协作区会议，随后进行了农村调查，

在安徽看了舒城、桐城、枞阳、佛子岭水库及其周围地区、灵璧、泗县。在江苏看了泗洪、徐州、宿县、沛县和洪泽湖。在河南看了许昌地区襄城、郏县、长葛、禹县。这一路，刘部长边看、边听、边记、边问，而且一定进村到农家走访，要问个明白才行。这次我们下乡时间比较长，历时半个月。我从刘老身上学到了不少深入进行农村调查研究的好作风。回部后我给刘部长写了一份“农村半月见闻”。当时的形势背景是三面红旗照耀着中华大地，“元帅”升帐，“放卫星”层出不穷，到处是莺歌燕舞，各省报的产量越报越高，安徽淮北地区提出旱改水、淮北河网化、淮北水稻化，建成水稻高产区。河南提出，河南将建成最大的平原水库，禹县要建成鸠山红专农业大学。刘部长见到这些离奇的现象，心中有数，沉着冷静观察思考，不去伤害地方干部和群众的热情，而是采取因势利导，告诫地方采取搞点、搞实验办法，循序渐进，避免失误。

那次还特地访问了他曾工作战斗过的泗县、泗洪淮北地区，走访了群众，老百姓都热情地称呼他：刘主任来了。刘部长向他们问寒问暖。党和人民鱼水情，深深留在人民心中。

刘部长十分关心统计数字。特别是国家掌握的粮、棉、油、猪的四大指标。他经常询问生产情况和农产品供应情况，让计划司把这方面的情况搞准，如实报告，以便使领导心中有数。当时的数据有两本账，一本是下面报告的数字，一本是计划司经研究分析审定的数字。为什么出现这两本账？是因为大跃进使数字变大了，变虚了。如1957年粮食数字是3700亿斤，1958年就“攀登”到7500亿斤，即翻了一番，最后核实仅为4000亿斤。在那个年代数字不实，刘部长深有所感。他经常找一些同志进行研究，采取有力措施，利用多渠道，尽最大努力使数字实一些、“靠谱”一些。他的实事求是的作风，十分感人。

刘瑞龙在1978年恢复工作。从上海回到农业部一直到1988年逝世。这10年中他马不停蹄、意气风发，依然活跃在农业战线上，为“三农”作出了新的更大贡献，他的精神永远活在我们心中。

记印象深刻的几件事*

——在刘瑞龙诞辰一百周年座谈会上的发言

刘河石①

(2010 年 3 月 17 日)

正如大家讲的那样，刘老对农业、农村、农民有深知，把农业现代化与传统农业生产经验结合起来，为提高农业生产力，较快发展农业服务工作不遗余力。

1952 年 8 月 12 日，国家任命刘瑞龙为农业部第一副部长，他是在 1953 年 2 月以后才来部主持工作的。我补充所知道的几件事。

一、倡议并组织编写《农业生产技术知识》

为了供广大农民和农村干部学习农业生产技术知识，从 1953 年下半年起，刘老便负责组织编写有关农业生产技术基本知识的书，内容包括农、林、牧、副、渔各业，及中国农业历史地理，还包括植物生理、土壤、肥料、农田水利、种子、植物保护、农业机具、农业气象基础知识。全书强调科学性、群众性、中国化的基本原则，文字上力求浅近易懂。到 1956 年出版 23 分册，后经 1958 年修订，1962 年再度修订，成为 33 分册，并出版了合订本。直接参加编写的有农业有关部门的业务人员、科研、教学的专家教授 100 多人。

二、主持撰写《关于四年来农业生产工作的基本情况和今后方针任务》的报告

1953 年 12 月，全国农业工作会议中有些省的代表对农业部在学习中央号召，反对主观主义、官僚主义、命令主义时，有人批评指责农业部工作主观主

* 本文是在刘瑞龙诞辰一百周年座谈会上的发言。

① 刘河石，农业部原副局级研究员。

义全面冒进，强烈提出不同意见，认为使有些地方只注意适应小农经济，忽视了对小农经济的改造工作；把对农民生产必要的领导也当成不应有的干涉而任其自流，减弱了农村工作的力量，对新式农具的推广、药械及其他生产资料的供应及许多必须做的技术措施也一度束手束脚；把搞生产竞赛、劳动发家、奖励劳动模范，看成是搞锦标主义……

在作这次会议总结时，刘瑞龙同志指出四年来在各级党和政府领导下农业部的工作基本上是遵循党的路线前进的。普遍地促进了农业生产。全国粮食、棉花及工业原料、畜牧、水产都超过了战前水平，促进了互助合作，逐步改进了农业技术，建立和发展了国营农业企、事业单位。经过学习中央颁布关于发展农业生产合作社的决议，明确认识了领导农业生产既要照顾小农经济的特点又要逐渐改造小农经济，放任自流的偏向从而得到纠正。为完成今后的方针任务，农业部门必须改进和加强对农业生产的领导。积极建设稳步前进，提高工作的计划性。加强对农业生产的具体指导，依靠互助合作组织，贯彻各项增产措施。加强政治领导和思想领导。提倡和发扬虚心学习、实事求是、因地制宜、大胆创造的作风，力戒主观主义、官僚主义与一般化、公式化的作风，领导必须深入下层，做好基点工作，推动全盘。改进和加强检查工作，正确地开展批评和自我批评，及时总结和推广新的经验，发现缺点和工作中存在的问题，应及时正确解决，克服文牍主义与事务主义。加强农业部门与有关部门的团结，建立密切联系，从全局出发，主动配合工作。

刘瑞龙的总结是客观的、实事求是的。中央批准了这个总结报告。

三、参加起草讨论修改《关于1956年到1967年全国农业发展纲要》（草案）

1955年11月间，毛泽东主席先后同14个省的省委书记和内蒙古自治区党委书记，就全国农业发展问题交换意见，共同商定了十七条。1956年1月将十七条扩充为四十条，提出了发展纲要的草案初稿，又经有关各方面的科学家和各方面代表人士1000多人讨论修改，提出纲要草案的修正稿，提请最高国务会议讨论，由廖鲁言部长作了说明。

全国农业发展纲要的中心，就是要求在农业合作化的基础上，迅速地大量地增加农作物的产量，发展农、林、牧、副、渔等生产事业。特别是要求在12年内，把粮食每亩产量按照三种不同地区，提高到400斤、500斤、800斤，皮棉60斤、80斤、100斤。实现上述增产指标的条件和根据主要是，我国人口多，劳动力多，气候条件比较好，劳动力和土地增产潜力大。

1957年9月，中共八届三中会议对该纲要作了修改和补充，于同年10月间公布了纲要的修正草案。在四十条中的“（四）推行增产措施和推广先进经验，是增加农作物产量的两个基本条件。”增产措施的项目，主要是12条。

1958年5月，党的八大第二次会议，基本通过了全国农业发展纲要第二次修正草案，并且号召全党和全国人民，为提前实现该纲要制订的目标而奋斗。

四、酝酿、商讨、宣传贯彻农业“八字宪法”

从1953年起，刘瑞龙就十分重视探讨农业生产的增产措施。他广览古今中外有关农业方面的书籍、文献；常与学者、教授和农业工作者交谈，听取农民、劳模的意见。我曾随他到北京郊区、河北、四川、云南、贵州等地农村调查，参加多项专业会议。1956年，他出国访问带回阿勃、阿夫等小麦品种种子，经过试验推广取得良好效果。1958年参加地区协作会议总结夏季麦收经验，当年8月，在讨论今冬明春增产措施时，几位农业工作者参照农业发展纲要的十二项增产措施，同毛泽东商定出八项关键性基本措施——水、肥、土、种、密、工、保、管。人们通俗地称作农业“八字宪法”。1959年2月毛泽东说，今年要增产粮食，要靠土、肥、水、种、密、保、管、工。中心是土，应该把土放在前，其次是肥，再其次是水，要把工放在最后。这样就组成了增产的系统工程。它包括我国农民群众生产实践的丰富经验，也包括用现代科学技术进行技术改革的经验。它贯穿了农业生产的全过程。1959年10月刘瑞龙为《人民日报》写了《坚持农业“八字宪法”》的社论，为《建国十周年纪念文集》写了《农业“八字宪法”的形成和发展》的文章。

1960年年底，他离开农业部到华东工作后，甚至在“文革”中被迫害入狱期间，仍然坚持搜集、研究农业增产措施的材料。“文革”后恢复工作，他邀集部分农业工作者整理编订《农业“八字宪法”浅说》和《中国农业浅说》，由农业出版社分别于1980年和1984年出版。编者们依照刘老的指导思想和提供的一些资料，从科学知识和实践经验两方面，综合地、分章节地对农业八项基本措施和“光”、“气”作了比较详细的阐述。

农业八项措施在发展农业生产中各有其特殊作用，它们既是相互促进又是相互制约的，是一个统一不可分割的整体。土、肥、水、种是基础和前提，因为这些都是农作物赖以生活和繁殖的条件。土壤是供给农作物营养的基地。农作物生长在土壤上，从中吸收所需要的营养物质。土壤的性状决定着农作物生长发育和繁殖的状况。肥料提供农作物所需要的也是构成农作物机体本身的各种营养元素，提高土壤肥力，并可改善土壤的结构。水分可以使土壤经常保持适当的湿润状态，有利于养料的分解和输送到作物机体内，并且帮助作物细胞的分裂和增长。种子则是农作物传宗接代、扩大再生产不可缺少的条件。经过深耕的土地，又有足够的适时适量的水和肥，加上良种，结合良好的栽培，可以获得高额的产量。农民说：土是根、肥是劲、水是命、种是老本，正说明了这四个字的重要性。

为什么说合理密植是中心呢？因为构成农作物产量的是苗、株、粒，而合理密植，恰恰能够适当地增加苗、株数，使它有效地并且是充分地利用光能和地力，达到穗多、穗大、粒重，比起稀植的庄稼能够获得高得多的产量。当然不是越密越好，而是需要因地制宜，因作物而宜，经过试验达到一个适合的密植程度，使作物的个体和群体都得到良好的生长发育，从而增加作物产量。再有，要因地制宜地改革耕作制度，在当地气候、土壤、水力、肥料、品种、劳动力、技术等条件的许可下，进行合理的间、套、复种，适当提高复种指数，争取全年多收高产，并持续增产。

至于防治病虫害、加强田间管理则是克服不利于作物生长的因素，增加有利因素，保证作物正常生长所必需的。工具改革可以提高劳动生产率，保证上述措施的贯彻执行。这样就形成了一个农业增产措施的完整体系。

为了正确地贯彻执行农业“八字宪法”，我们需要从农业全局来考虑。农业生产是有生命的物质再生产，又是经济再生产，必须尊重自然规律，也必须尊重经济规律。要坚持全面规划，合理安排，坚持因地制宜原则，坚持群众路线，量力而行。科学研究、教育必须走在生产前面。要加强提高和完善我国农业科研、教育、推广体系，紧密结合加快我国农业发展和搞农业现代化的实际需要，深入探索八项增产措施的共同规律、各自规律及其综合规律，随着生产发展和现代化的进展而不断丰富其内容。

农业“八字宪法”出现在“大跃进”时期，一些地方不因地制宜，不量力而行，瞎指挥，造成了不同程度的损失。1976 年全国粮食产量比 1965 年增加 1835 亿斤。1978 年后实行改革开放的政策，充分调动了农民生产积极性，使多年来进行的土、肥、水、种、机等农业基本建设以及积累下的生产管理经验，发挥出应有的效应。1978 年粮食总产量突破 6000 亿斤大关，1982 年上升到

7000 亿斤，1984 年达到 8164 亿斤，连上三个台阶。1978 年后的正式农业文件未再沿用“农业八字宪法”的提法，据我理解，主要是因为“宪法”这个提法不够准确，而且有对毛泽东个人崇拜的烙印，并不是因为土、肥、水、种、密、保、管、工这八项增产措施本身有什么不妥。实践证明，这项增产系统工程是适合我国实际情况的。大型农业机械、全盘机械化、高度的化学化、草田轮作制……并不符合我国大部地区人多地少、山地多的国情。现在一些地方占用耕地过多，不积极修筑梯田进行坡耕地改造，不积极施用农家肥料，过分依赖化肥。从长远看对农业发展是不利的。希望不要因为毛泽东晚年犯了严重错误，就把那个时期形成的农业增产八项措施系统抛弃掉。让农业八项增产措施系统工程在今后的农业生产建设中继续发光吧！我在纪念新中国成立 60 周年时写过《让农业增产系统工程继续发光》的文章，就是想阐述这八项增产措施对恢复和发展我国农业生产所起的重要作用。

五、指导编写《当代中国农业》的三点意见

1983 年 8 月 6 日刘老同部分编委谈话时讲了三点重要意见。

（一）《当代中国农业》卷的性质

《当代中国农业》卷是有关农业生产卷中的基础卷、核心卷。它是当代我国农业领域各个方面的情况和经验的总概括。

（二）《当代中国农业》卷的内容

对 34 年来农业的恢复和发展的过程要详细地讲，曲折和反复也要讲。对于党的十一届三中全会后，拨乱反正、放宽政策、搞活经济，在农业上实行生产责任制，使中国农业迅速发展并向着商品化、现代化、专业化、社会化的方向前进，要作为重点，突出地写。要使人们能看到这个农业的全貌，不仅仅是农业种植业一个方面，还要看到农、林、牧、副、渔各个方面，要看到农工商责任制，促进两个转化，各种经济成分的作用，搞活经济的各种农村经济政策，既抓物质文明又抓精神文明等。还要着重叙述一下生产力同生产关系的矛盾运动以及推动农业生产和农业科学技术发展的情况。

（三）好中求快，稳步前进，确保《当代中国农业》卷的科学质量

1. 坚持正确的指导思想。要坚持实事求是，要尊重和忠实反映历史客观事实，反对“假大空”和“想当然”的做法。

2. 要编出特色、特点来。第一，当代中国农业的发展是各族人民的共同贡

献，不能只写汉族人的成就。在一些统计数字中，一定要把台湾的人口、土地和科学贡献等包括在内。第二，要全面地反映当代中国农业，农林牧副渔、农工商不同经济成分都要写。农业的政治、经济、教育、科研、推广等各方面也要全面反映。第三，中国农业的改造和发展，既有中央的正确领导也有广大基层干部和人民群众的共同努力，还有广大从事教学和科研工作的同志们的发明创造等等。第四，这本书不是材料的堆砌拼凑，应是有机的整体，要反映事物的发展规律。有关农业的七个卷，要有一个统一的思想，不要在内容上互相打架，体例文风要统一，要做到图文并茂。

3. 加强计划性。在有充分准备后开展工作，以确保本书的科学性。要广泛地收集资料，还可召开熟悉农业情况的各方面同志的小型专题、综合的座谈会。要编大事记。要精心认真研究编写提纲。要成立一个强有力的编写小组，经常交流编写情况，解决出现的困难和问题。

对于中国农业历史上的一些大事件，应进行纵向的、横向的、全面的观察和研究，要研究历史发展的各个阶段，研究构成历史的客观因素、主观因素及其相互联系。要注意历史的宏观与微观这两方面的区别。区分哪些是战略性的大问题，哪些是战役、战术的问题。叙述历史既要注意全面，又要突出重点。要注意历史发展的曲折性、不平衡性和不同条件下历史的复杂性、多样性。

六、主持《中国农业百科全书》的编辑工作

1984年，刘老兼任《中国大百科全书》总编辑委员会副主任，《中国农业百科全书》总编辑委员会主任，对两书的编纂方针、总体设计、内容规划，倾注了大量心血。并组织数以千计的专家、学者参与这项工作。

七、编辑出版《刘瑞龙农业文选》

刘瑞龙同志不幸于1988年逝世。由王发武召集华恕、陶岳嵩及我等人就他在农业部门工作期间撰写的会议报告、文章、谈话记录等，经过整理选出部分编成《刘瑞龙农业文选》，1990年由农业出版社出版。这也是一笔宝贵财富。

刘瑞龙同志在农业战线长期兢兢业业工作，给我们留下了不可磨灭的印象。他是农业界领导人中一位值得永远怀念的人。愿他安息吧。

怀念刘瑞龙副部长的领导作风和学习态度

吴天锡[①]

（2010年3月）

从1953～1963年期间，刘瑞龙副部长主持农业部常务工作。这一段时期，正是大区撤销、加强中央农业部工作职能的奠基时期。刘瑞龙副部长在奠基工作中作出了很大贡献。其中，我亲身经历的有六件事，令人怀念不忘，至今记忆犹新。

一、面对严重灾害，随机应变，指挥若定

1953年4月中旬，一场严重的晚霜灾害袭击了中原大地。据报，河南省有逾千万亩麦田枯萎，可能绝产。灾情报农业部后，刘瑞龙副部长立即指派农政总局局长万众一率队去实地考察。工作队临行前，刘副部长接见，说："眼看国家就要开始五年计划的建设，却碰到这意外的灾害，中央高度重视。要求我们立即下到灾区，到群众中去，限期查清实情，提出对策。"

工作组经郑州转车到开封（当时河南省省会），刚进招待所，就收到刘副部长电话指示："尽快赶到重灾区，深入到户查灾情。"经省里安排，工作队将去洛阳、许昌等重灾区查灾情。一路上，我们看到麦田一片枯萎，触目惊心。洛阳地委汇报完灾情后，已是午夜一点多钟了，刘副部长又来电话说："刚从国务院开会回来，总理非常惦记灾情。我也睡不着觉……你们明天一定要下到灾区农户里去。"

工作队立即分别下到伊川、偃师等县重灾区农户查访灾情，每天将灾情、群众生活等情况，电话汇报给刘副部长。有一次汇报群众断粮情况时，万众一局长叫我补充伊川情况。我汇报蹲点村的情况"……估计80%的户断粮，村边的榆树皮已被扒光……但发现有个别户猪吃得比人还要好点"。刘副部长听到这里立即反复追问，说："看来老百姓还是有存粮的，你们要查清楚。要注意一些

① 吴天锡，农业部外事司原副司长。

户把毁了的麦田犁了，问清楚他们下一步的打算……”

随后，河南省通报：“重灾区禹县、襄城县一带情况比较稳定；自由市场上已有粮食交易；老百姓认为种红薯比种荞麦好……”工作队得知后，星夜驱车赶到禹县作了调查，并把情况转报刘副部长。刘副部长认为：“你们的任务已快完成了。”

工作队回京汇报后，刘副部长总结了这次灾情，他说：“这虽是个天灾，但处理不好也会带来政治后果。灾情初发时，南阳灾民围斗了民政部的熊天荆司长；连美帝在朝鲜战场上也有配合。农业是国民经济建设中的一个重点。农村工作离不开政治教育工作，大家脑子里可要有这根弦呀!”

二、掌握农村基本情况，强调“因地制宜”原则

1956年8月，在一次学习和讨论《全国农业发展纲要（草案）》时，刘副部长发言指出“……草案有十多处文字提到，‘按照本地区的具体条件’、‘根据各地不同情况’、‘根据需要和可能条件’等前提提法，还在制定全国预期达到的粮、棉产量、复种指数、水利抗旱能力等指标数字时，分别各地情况提出不同的指标……中国国土广阔，从亚寒带到亚热带，从高山到平原”。“各地社会经济发展水平也不一致，应从这些基本情况出发。各地在执行农业生产和发展政策、方针时，应特别注意‘因地制宜’的原则。”在当年12月召开的“全国农业工作会议”的总结中，传达毛主席有关农业发展纲要（17条）时，也作了类似的讲话。

三、强调从实际出发，对我国农业合作社的经营管理工作，提出“分类指导”原则

1957年3月，在农业部召开“全国农业生产合作社经营管理工作会议”期间，刘副部长亲自到东单招待所会场上，同各地代表一起交流情况，研究问题。当他了解到各地合作社经营管理工作很不平衡；边远地区会计人员缺乏（如青海省农村缺少记账人才，到北京招收中小学毕业生，加以培训后，再派下去当会计，但不到一年都跑光了）；有的地方正在采取“结绳记事”方法来记工分等问题时，就找部分代表和工作人员在一起研究，提出按照各地经营管理工作水

平进行“分类指导”的办法，并同大家一起研究具体的分类标准。当时估计全国经营管理工作较好的社约占30%；一般的占40%；较差的占30%。对这三类合作社分别采取不同的指导工作（如对较差的社加强会计辅导工作等）。大会为此延期来进行讨论研究。后来不知何故突然“刹车”，停止讨论。但“分类指导”的精神，还是为许多与会代表所称道。

四、“大处着眼，小处着手”，认真对待并努力解决带有关键性的一些具体问题

经营会上暴露的合作社财务会计工作中的问题，引起了中央领导的注意。刘副部长为此多次召集有关人员了解各地农业社的会计账簿设置问题（据各地反映，有采取上收下付的中式记账法的；有以借贷原理演绎出的“借贷记账法”、“收付记账法”等多种）和社队财务管理问题。刘副部长在听我们汇报后曾说过：“不要以为会计账目是个技术性很强的问题，算不上什么大事。社员把一家的生产收支都交给集体来管，那对社员们来说就是一件大事了”。“凡事要从大处着眼，小处着手，解决了带有关键性的某些具体问题，才能办成一件大事。”他亲手反复多次修改了我们整理的材料再报上去。这年7月初，刘副部长召见合作局领导人，说：“邓老（邓子恢）很重视合作社的财会问题，要求农业部编写一个通俗、简易，还要完整反映合作社当年财务状况的会计教材。”并叫我随同他一起去邓老家里汇报。在车上，刘副部长又说：“邓老年轻时做过店里的会计工作，他是中式记账的行家。你们讲解账本设计时，不要纠缠在那些术语上，但一定要把道理讲清楚。”我们在邓老家里刚把账本设计的想法汇报完，我突然感到腹痛如绞，又吐又拉。刘副部长立即叫他的司机把我送到北京医院急诊，体现了关心同志、热情扶助的情怀。（这次汇报完后，我又接着得了“猩红热”和“肝炎”两场大病，休养了一年多。此项工作后由富文业等同志完成。）

五、深入实际调查研究，努力解决农村政策问题

1959年，我家搬到部机关附近，与刘副部长住处临近，经常碰到他在胡同里散步。记得有一次他劝我：“不要老嘀咕病情。到附近农村走走，既养病，又

可以了解许多在文件上看不到，也听不见的活材料。”在他的鼓励和带动下，我利用节假日休息时间，去过太阳宫、卢沟桥、黄土岗等多处农业合作社。记得有一次陪他在四季青调查蔬菜的“三包一奖”制时，刘副部长分析道：“我国农民喜爱的这个‘包’字，体现了他们追求自主经营，不愿上面干涉过多的经验理念。”“蔬菜社包产值是一大创造，说明农民很讲究成本，他们很懂得管理学，要向他们学习。”1960 年 5 月，刘副部长吩咐吴志超副局长和我一起，陪他到大兴、南苑一带农村调查。据报道，这里有陈毅、贺龙等元帅种的“实验田”，因为用水问题和群众发生纠纷。地方告到中央，要求农业部调解。社员们领我们到现场查看当地原有水利设施和庄稼生长情况，一时难以作出判断。刘副部长当即作出决定，叫我们留村继续调查。经过近一个月的多次调查，情况搞清楚了，既有政策问题，也有技术问题。记得当时向刘副部长汇报处理意见时，他深有感触地说，不要以为水利工作我们管不了。只要是关系到群众生产、生活上的问题，都要负责任地去帮助解决。技术和政策是分不开的。……过去水利上的纠纷都由祠堂出面解决，这是从集体利益出发的。现在看来还要坚持这一点。

六、博古通今，孜孜不倦地努力学习，继承并发扬我国优秀的传统农业技术

1960 年冬季，在陪同刘副部长接待外宾时，苏联塔斯社驻华记者提出，要农业部写一篇有关评价中国农业的文章。当时，正值三年灾后困难和中苏临战时期，这个命题显然带有故意刁难之意。

为了应对这个临时任务，刘副部长找了几个有关同志共同研究选题问题。记得他当时颇有感触地说：“这是一个让我们回忆和学习的好机会。在旧中国时期，国民党政府推崇美国农业，以摩尔根遗传育种理论为核心，展开科研、推广和教育，多年来并无多大成就。后来我们给其中一些坚持走资本主义道路的人挂了白旗；新中国伊始，又一边倒地学苏联，引来了米丘林学说，只在高等科研和院校启动了讨论和学习，也没有搞出什么名堂来；倒是我们总结了劳模曲耀离、陈永康等的棉、粮丰产经验，靠老祖宗遗留下来的实践经验，迅速恢复和发展了农业生产。”“‘水、肥、土、种、密、保、工、管’这八个字，字字珠玑，堪称农业的‘八字宪法’”。“我看就以此为命题，给真理报寄篇反映中国农业实际情况的文章去。”

在搜集资料和写作过程中，刘副部长亲自查阅了有关农业科研和专业技术总结之类的资料，还结合出差下乡到实地考察（研究复种经验），多次召集有关人员座谈研究“八字宪法”的实质内容和排列次序。在讨论水、土、肥等字排序时，刘副部长认为：“农田水利是我国传统农业的命脉，从大禹治水到李冰修都江堰，我们就一直在琢磨兴修水利，变害为利。我们的水利不仅启动得早，在世界农业中也有一定地位。水字应当为首位。”他还翻出北魏贾思勰所著的《齐民要术》、南宋陈旉所著《农书》和明代徐光启的《农政全书》等著作，论证有机肥料、选育良种和精耕细作等经验。这篇文章后由我执笔，经刘副部长多次批改，有的整段重写，最后定稿译成俄文送出。

通过以上这些事例，可以看出刘副部长在领导日常业务工作中，高瞻远瞩、统筹全局、掌握政策精神的领导作风。他坚持调查研究，从实际出发，反复论证，最后作出决断的工作精神；以及他孜孜不倦，深入钻研，善于倾听多方意见的学习态度，都深为我们所怀念和敬慕。

恩师教我打好科学调研五项基本功

——纪念刘瑞龙诞辰一百周年

龚介民[①]

（2010 年）

刘瑞龙在 20 世纪 60 年代初担任华东局农办主任时，我和邓伟志（现为著名的社会学家）等刚从大学毕业，分配到华东局研究室工作，时为华东局内年龄最小的“小不点”，却又是有幸师从刘瑞龙带教怎样打好科学调研工作五项基本功的“关门弟子”。得到恩师刘瑞龙亲自调教可分三个时段：一是国民经济困难时期恢复农业生产的农村调研，即 1961 年 2 月至 5 月江苏省常熟县农村工作调研（以白茆公社为重点）；二是恢复和发展农业生产的历史经验借鉴的史志调研，即 1962 年 9 月到 1963 年 3 月，恩师交代我和冯德印（现为上海市建委原纪委书记）蹲点，深入南京农学院农业遗产研究室调研，撰写科学借鉴农业历史遗产的《中国古代农业简史》与《中国古农书简解》，供华东地区省委、省政府的农业领导参阅；三是恩师在“文革”期间被非法关押 5 年，出狱后不久就前来探望我（当时我是被下放到上海前进农场改造的“特嫌”），即 1973 年秋在前进农场住所促膝谈心，以耿耿忠心、铮铮铁骨的语言鼓励我坚定对党的信心。这是师生俩在粉碎“四人帮”前的最后一次会面。我怎么也没有想到，这也是聆听恩师对我最后一次的人生教诲，更没有想到，他要我写“中国古代农业简史”，而他最终又在广东召开的农业史研讨会上积劳倒下辞世。这似乎是偶然中蕴涵着为“三农”工作鞠躬尽瘁、死而后已的必然吧！这让学生心痛不已，永远感恩恩师教会我怎样打好科学调研五项基本功——一切从客观实际出发的科学世界观和科学思想方法和工作方法。

与华东局农办干部一样，华东局研究室中跟随过刘瑞龙恩师进行过农村调研的人，都认为他既是忠诚的共产主义战士、无产阶级革命家；又是我国农业界、农经界、农学界、农史界复合的专家。恩师有资格能出任《中国大百科全

---

① 龚介民，曾任上海市人民政府政策研究室主任、上海城乡产权交易所总裁、上海城乡资产评估公司名誉董事长。副局级巡视员。

书》总编辑委员会副主任和目前位列世界之最（规模最大、内容最丰富）的《中国农业百科全书》总编辑委员会主任。这是我国“三农”界复合型专家实至名归的社会的公认。而刘瑞龙恩师之所以能成为我党历史上难得的“三农”研究界的专家，究其根基是他树立并实践了科学调研观（一切从实际出发的观念的思想方法和工作方法）的必然成就，为我党三个时代的农村干部树立了科学调研工作的楷模。

跟随刘瑞龙恩师1961年农村调研，与1962年指派我研究农业历史遗产，撰写《中国古代农业简史》和《中国古农书简解》期间，恩师教会了我怎样打好科学调研的五项基本功：

第一，农村调研工作定位：农村调研始终是农村工作的根本任务。

1961年春，党中央针对国民经济困难时期农业、工业等具体工作中发生的缺点、错误，指出根本原因放松了调研工作，并为此发出了《关于认真进行调查工作问题给中央局、各省、市、区委的一封信》，明确指出调研工作的两个“首要”：一是党委领导人员领导工作的“首要任务”；二是全党干部的思想和行动的“首要准则”。在毛泽东、刘少奇等中央领导亲自到基层调研同时，华东地区党政领导分几路调研，其中有一路由时任华东局农办主任的刘瑞龙带队，我作为华东局机关抽调人员参加以白茆公社为重点的江苏省常熟县农村调研。记得刘瑞龙主任在调查组会议上介绍了调研背景，强调调研要结合中央制定《农村人民公社工作条例》的目标任务，提出农村调研是做好农村一切工作的“根本任务”。调查研究问题的目的是解决问题，说得透彻一点，调查就是要从实际出发，找准农村问题的“牛鼻子”，是牵着牛鼻子走，哪有抬着牛走的呀。在会上，我被分配入住白茆公社8队一户农民家。刘瑞龙作为调查组带队人住在大队所在地一户农民家。翌日清晨，消息不胫而走，社员在田头就议论开了：昨天一个四方脸、大眼睛、平顶头，身着土布衫、布衣长裤，脚穿圆口布鞋笑眯眯的老人，准是一个大干部，要不“县老爷”怎么会站在门口“守护”着。这一天（2月28日），刘瑞龙召开调查组会议路过8队，见一个偌大的稻堆十分齐整，当即绕田埂小路进入谷场，仔细察看后说：“小龚，你这个8队队长是一个好队长。”我一下惊愕了，还没有见8队队长怎么就表扬起来了呢？这时他指着稻草堆笑着说：“你看稻草堆四周圈内撒着草木灰和石灰，稻草上还残留不少稻粒，堆稻草的技术也上乘，这说明队长很精明，留着复打的稻谷以后再分给社员填肚子呢。”刘瑞龙蹲点白茆一直到调查结束。他为了深入调研，与社员同甘共苦。当时，我们调查组成员从大机关或大学教师中抽调，饭吃不饱，也没有什么菜，一直盼星期日到白茆镇买几个饼吃或到常熟县城去改善伙食。与白茆蹲点调查一样，刘瑞龙在华东局农办工作，始终把深入农村基层第一线调研作为自己领导农村工作的首要任务。他常说，农村调研工作这个根本抓好了，农村一切工作也就迎刃而解了。

第二，农村调研工作目的：农村调研出发点与落脚点是从实际出发解决实际问题。对常熟县白茆公社的调查，刘瑞龙主任要求围绕中央制定的《农村人民公社工作条例》，进行全面系统的调查。从恢复农业粮食种植业、畜牧业役力耕牛，到家庭手工业副业；从农业生产组织形式，到积肥与粮食挂钩；从粮食增产途径，到社员口粮分配；从生产组织程度，到供给制的公共食堂；从传统农业精耕细作，到农业"八字宪法"增产等等，刘瑞龙主任要求在调查过程中对所有调查问题都要实事求是，一切从客观实际出发，得出解决问题符合客观实际的正确判断和结论。调研中有一个专题对我影响最深，也是掌握调研最重要的基本功的一件事，使我一生难忘，终身受益：就是我参加的从耕牛役力现状与发展态势，专题研究恢复农业生产力的速度问题。调查组对耕牛调研后提出了耕牛中役牛与耕地之比在二至三年内可达"一比十"解决恢复生产力问题。刘瑞龙主任听了汇报后说，"小龚，你们调研是否请教过有经验的农民和养牛专家。耕牛役务与耕地比的系数依据是什么?"又问："你们对耕牛的役龄与幼牛的乳牙是否逐头作过年龄段统计?"我们如实回答说："没有那样细。"他接着说"笼统分析耕牛数量与耕地比便得出的恢复生产力的判断显然就缺乏科学依据"。这时他很严厉地批评说，"这样调查的结论脱离客观实际，直接影响领导的决断。你们回去详细调查，逐头摸清耕牛役龄与细牛的乳牙后按年龄段统计，否则很有可能在某一时段缺乏畜力而误农事"。在汇报会上刘瑞龙主任还特别告诫我们，"任何调查不是替领导找什么证据，不能像有的人在两个裤袋里装着恢复生产力速度两种结论相反的调查材料，察言观色地从裤袋里找出迎合领导判断的材料，这就完全背离了调查解决实际问题的根本目的。"

第三，农村调研工作结论：农村工作调查结论产生于调查结果要符合客观规律从而能解决实际问题。这就是调研工作要坚持从实际出发，敢于坚持真理，修正错误。怎样恢复白茆公社农业生产中涉及家庭手工业生产调查，这在当时是蒙上了家庭副业是"正道"还是"邪道"的政治路线色彩的敏感问题。恰恰这个专题调研任务交给了我，苏州地委分管财贸的牟副部长任顾问。刘瑞龙主任交代任务时说"小龚，这个专题调研任务很重要，要认真调研，尤其要让妇女社员充分发表不同意见，写出一个好的调研报告"。调查组对8队的家庭手工业绣花边生产的悠久历史、现状、问题作了分析，基于调查中社员代表"一边倒”的强烈呼声，明确提出了允许和扶持如乡花边生产之类家庭手工业的发展，农业与家庭手工业的副业互相促进，可以加快恢复农业生产和社员增收，并据此提出了鼓励和发展家庭副业的扶持政策措施。

第四，农村调研工作方法：农村调查逻辑与历史结合的方法。唯有对现实经验的逻辑与昨天的历史经验相结合进行研究，才能准确把握住今天、前瞻好明天。1961年春跟随刘瑞龙农村调查后，紧接着于1962年9月，我和冯德印去南京农学院农业遗产研究室研究我国农业、农村的昨天，特别提出要直接查阅古籍农业史志，又说历代信贷志一定要细读，还要专访农业遗产研究专家万国鼎。他说：“小龚，他是个博学多才的专家，还是蒋介石的农政课老师。要虚心向这样学识渊博的老专家求教!”我们在刘瑞龙恩师的指导下，专访了万国鼎专家，花十年的时间在南京图书馆和遗产研究资料室的故纸堆里攻读，最终五易其稿撰写了《中国古代农业简史》，最后由研究室领导陶家祥审定交卷。刘瑞龙还教我们怎样编好我国古代农业简史。记得恩师要我们重点简析历史上汉、唐、明、清四个皇朝建国初期的“文景之治”、“贞观之治”、“明太祖之治”开创的“农业盛世”的历史经验及以后的教训；同时恩师要求我们整理出一份科学总结古代农业的《中国古农书简解》。他说“农书”与“医书”、“兵书”是我国古代三门遗产，要让今天的农业领导干部知晓和借鉴这宗宝贵的遗产。记得当我向他汇报古农书中关于土壤的论述时，他兴奋得一下子站起来说：“小龚，国外的如威廉斯等土壤专著也要研究，以后出一个国内外土壤专家的科学土壤研究论集。”其实，他在负责1960年全国第一次群众性土壤普查工作时就提出“让土壤科学为农业持续增产服务”的命题，使土壤科学更好地为社会主义农业服务。我们在完成任务后，脑子里非常清楚，这在当时渡过农业困难时期有着十分针对性的古为今用的借鉴作用。可这种以科学的辩证唯物史观调研方法总结的颇有价值的两份研究材料，只在小范围内予以印发，在当时“左”的思潮统治下的“它山之石”只能石沉大海。

第五，农村调研工作技巧：农村调查工作者要摆正位置，当好学生；明确中心，列好提纲；抓住牛鼻，顺应规律；结论在胸，脱稿汇报。

这是跟随刘瑞龙农村调研学到的与其说是调研技巧、不如说是调研的世界观与方法论。我在白茆公社8队调研怎样恢复和发展副业生产时，他说“要把自己位置放正，把调查会开成向群众、专家学习的会（拜他们为师），寻找解决问题真知灼见的会”。又说“开调查会一定要列提纲，目的明确，开会千万不能驴子推磨似的挨个儿轮着一圈发言，这就失败了。你要有本领不但让社员讲真心话，还要有不同意见争个面红耳赤，这时你要说散会他们还赖着不肯走，这调查就成功了。

因为你听到了肺腑之言，而可以正确判断了”。在那次调查会上，我首次学习刘瑞龙主任认真记下调查会上队干部和社员代表的发言，我也终于听到了社员对脱离实际的供给制、公共食堂的不满，对粮食高征购的不满，对现行政社合一的公社体制和农业政策抑制社员生产队积极性的不满。要度过困难时期，恢复和发展农业生产的关键是要有调动社员的生产积极性的政策。散会前，刘瑞龙主任准时按约（事先约定他在散会时来）到会。见会场气氛还算热烈，他微笑着与参会者逐一握手，像久别重逢的知心朋友一样，当他握着那个稻草堆里藏着不少稻粒的8队生产队长的手时说，你是个心里想着社员让社员吃饱肚子的好队长，眼下要当好恢复农业生产让社员过上好日子的生产队长。接着对妇女队长说抓好绣花边生产家庭手工业，发挥半边天的作用。最后还问到会代表中有没有罱河泥的社员，当即有两个社员代表前来与刘瑞龙亲切握手。这时刘瑞龙主任高兴地跷起大拇指说：“恢复农业生产就是走一条粮多—猪多—肥多互为因果的路子，这肥多中还有河泥自然肥呢。”他略带调侃地笑着说“民以食为天”么，你这罱河泥积肥算得上是“天大”的大事啊！会后，按刘瑞龙主任对调研工作独特的从严要求，写好调查报告后，不许带笔记本和调查报告而当面脱稿作详细汇报。他说汇报翻笔记、念稿子，说明调查没有用脑，不到位；没有用心，缺真工夫！汇报中涉及的数字也不能翻记录，而且要求精确到小数点后两位数。师从这样调查高手实在使学生受益终身，一生福运。从那以后，凡调研工作汇报时，我一律脱稿，就连兼任上海农学院农业经济法课老师时讲课，以及执教上海社会科学院，给经济研究生讲课，也都脱稿，效果总是特别地好。

1963年2月完成刘瑞龙主任交代撰写《中国古代农业简史》和《中国古农书简解》后回华东局机关，很快“文革”来临，恩师就被“四人帮”诬陷入狱，关押5年后于1972年10月出狱。1972年12月至1979年10月他任上海农业局顾问期间，即1973年秋的某一天，恩师特地从上海市区风尘仆仆隔江赶到崇明岛前进农场来探望我（当时，我是证据不足的特嫌内控，下放农场造林连改造，而党委书记李振亚冒着很大的政治风险留我在场部办公室并斗胆委任我为副主任）。此时此刻的我百感交集、激动万分，就在这农场河边平房宿舍里聚谈，知道他从不沾酒，所以午间小桌子上只摆上了一碟花生、一盆炒鸡蛋、一碗蔬菜，另加四只螃蟹，算是宴请恩师了。席间还未动筷他就开始问我，怎么会这样发配到农场的，现在怎么样？我说你的帽子比我又大又多，我还没有戴上帽子却是他们手里捏着帽子的内控人物，于是发泄了一通怨气。他劝我，“你的冤屈算不了什么，我那么多大帽子不也是出来了么？要相信党……”我说，您在狱中时，造反派要我揭发您主张修正主义的农业生产责任制，批判我跟着您打着农业遗产研究的幌子来复辟封建主义、资本主义。我不仅没有揭发检讨，心里还想着，在您要我编的《中国古代农业简史》中分别按朝代作为农业科技章节的重要内容。他听了会心地笑着说："好呀！这个想法很好，你在农场很有利的条件就是有时间。"接着话匣子打开了，他说自己在关押期间又读了《资本论》，研究古农书写了"农业八字宪法"几十万字笔记。这时，我告诉他一件让他很出乎意料的事："您可知道，您命我撰写农业史上古农书简解，而那个给您整理创建红十四军回忆录的倪毓嘉是谁?"他听了急着问："小倪为我写红十四军回忆录，住在我家近半个月，他是你什么人?"我答道："他是我胞兄，排行第五，我排行第六，分别过继给倪、龚两家。"这时他十分兴奋地说："嗯，你们俩长得挺像的，天下事就有那么巧合，我得谢谢你兄弟俩为我做了不少事"，又说："你的哥哥写得一手好字，我还特地要他把钢笔、毛笔字寄到我家中，好让我的孩子们学他的字呢!"说实在的，我和刘瑞龙恩师这次会面，坚定了我对党的信念。在粉碎"四人帮"后，恩师复出任农业部副部长，我则被落实在上海市政府农委长期从事农村调研工作至退休。每当想起与恩师在农场会面情景，总止不住热泪盈眶。

恩师刘瑞龙教会我怎样搞好农村科学调研的五项基本功，说起来容易，做起来却不那么简单。调查从实际出发，不唯上、不唯书、只唯实，不是给领导找证据、贴标签、唱赞歌，而是实事求是地实话实说，尤其是与上不同甚至相左的判断和结论，必须具有为"三农"工作而勇于坚持真理、敢于纠正错误的理论勇气，鞠躬尽瘁的悟性与党性修养。

恩师刘瑞龙是农村科学调研工作的典范。记得在农场期间我曾接受了一桩十分棘手的调研：前进农场造林 200.02 亩棉花地，亩产皮棉 200 斤，张春桥听到迅即批示要学习造林连知青打好翻身仗。我实地调查后，据实汇报：剔除十边地，棉花亩产量没有 200 斤。《解放日报》公开发表时也就如实减少了 10 多亩棉田面积。当时有的高层领导不高兴是我意料之中的，但农场党委书记李振亚和我还是坚持实事求是的原则，予以更正。恩师对我在粉碎"四人帮"后长期从事农村工作（主持上海市农委政策研究室工作），极具榜样的推动、促进作用。让恩师欣慰的是，上海财经大学出版社和中国农业出版社 1978 ~ 2008 年分别出版了我的《农村经济改革与发展研究》，及由我主编的《纪念农村改革发展 30 周年论文集》与《中国农民问题简史》，并在《后记》中感谢刘瑞龙恩师；再加上今天追忆总结恩师的以调研工作五项基本功为内涵的"科学调研观"，这也算是学生汇报并献给恩师刘瑞龙一百周年诞辰的一份礼赞!

我心目中的刘瑞龙副部长

张　毅

（2010年3月17日）

我是1954年12月大区撤销由西北财委调到农业部机要室工作的，用刘瑞龙副部长的话说：是一个“机要员”。刘副部长于1953年上半年由华东调来农业部，廖鲁言于1954年第一届全国人大任命为农业部长、党组书记，刘瑞龙被任命为常务副部长、党组副书记，主管业务。在工作和业务上，我和刘副部长没有什么联系，因为是个机要员，只是在送阅文件和生活上有所接触，并随他到解放军军政大学听他作过报告。从接触中，刘副部长给我深刻的印象是：他是一个理论水平高、知识面广阔、政策性强、原则性强，经常深入实际，进行调查研究的领导。他时时注意学习，向领导学习、向群众学习、向专家教授学习、向书本学习，善于围绕一个问题进行深入钻研，善于发现经验和进行总结。他民主作风好，能听取和对待各种不同意见，做事认真，有布置、有检查。

1953年12月，刘副部长到农业部后，就主持起草了农业部向中央、政务院的第一个报告——《关于四年来农业生产工作的基本情况和今后方针任务》，受到毛主席的重视和好评，并作了批示，说农业生产要以总路线为纲。这是毛主席对农业部唯一一个批示。这个批示，到20世纪50年代后期，因中央通知收集毛主席手迹，刘副部长将批件退给机要室，我遂将其送还中央机要室。

是刘副部长较早地提出“三农”问题。刘副部长对农民、农业、农村既重视，又熟悉，又热爱。20世纪50年代后期在研究的基础上，他在一次讲话中将农村问题概括为“三农”问题，就是农民、农业、农村问题。这个“三农”给我留下的印象很深。改革开放后提出“三农”说法，我的第一个反应就是：这不是刘副部长早就说过的“三农”吗？

是刘副部长第一个对农业“八字宪法”作了全面论述。自从毛主席提出“八字宪法”后，他从中国古代、近现代农业技术文献和实践出发进行研究，和农业专家、教授、农民、干部座谈。我送文件时经常看到刘副部长在听他们的介绍，并认真作笔记，形成他的概念和结论。他组织有关同志围绕农业增产措施为苏联《真理报》写论文，以及就农业增产八项措施撰写书籍。写前拟出提纲，写好后认真反复修改，有的同志说他作的修改比原稿都多，写得密密麻麻的。

在农业部历届部长中，他是高度重视祖国丰厚农业文化遗产的部长之一，热爱它，研究它，并领导有关部门收集、整理、出版古农书籍，如《中国农谚》等，以达古为今用之目的，为后人留下宝贵遗产。

刘副部长人格高尚，对党忠诚，坚持信仰，整天埋头工作。他出差到外地，直到火车快要开时才离开办公室；他身体多病，还与我们一起到农科院试验田劳动。有一次他虚脱晕倒了，出了一身冷汗，惊动了大家，醒来后却不以为然。他对己严，对同志宽，对同志们总是笑嘻嘻的，对别人不足的地方，总是耐心地指出不对在什么地方，应该怎样才对，很少向下级发脾气。

回忆老领导刘瑞龙

桂世杭[①]

（2008 年）

中央农业部原副部长刘瑞龙离开我们已 20 年了。我曾在他领导下工作多年，受刘老教诲良多，历历往事如在眼前。

部长为农村老妇洗脚

1960 年年底，我在中共中央上海局办公室工作，受领导派遣去南通专区了解农村情况。地委接待工作的同志安排好住宿后，以商量的口吻问我，愿先去县里看看的话，明天刘部长去南通县，可与他同车去。我问“哪里的刘部长？”

回答说：“中央农业部副部长刘瑞龙。”

“他现在哪里？”我问道。

“就在招待所你的隔壁房间。”

我恍然大悟，隔壁有一位剃光头，身材魁梧，身穿褪色中山装的老同志，我原以为他是当地农村的基层干部。

刘瑞龙的名字，我是 1950 年在郊区参加土改工作时，从学习文件上看到的。他时任中共中央华东局土改委员会副主任、农委主任。后来大区中央局撤销，他去北京，担任农业部党组副书记、常务副部长。他是位老红军，参加过举世闻名的长征，解放战争期间，任华东野战军第二副参谋长兼后勤司令和第三野战军后勤司令兼政委，曾以非凡的才华组织百万民工担架队、独轮车运输队随军南下，在淮海战役、渡江战役中建立了特殊功勋。对他，我景仰已久，肃然起敬，有幸与他同住一招待所，与他同往县里去，太好了。

第二天清晨，我们一起乘地委派的汽车出发。旅途中刘部长说话不多。汽车刚启动时，他好像事前对我有所了解似的，问我“你是上海局来的？”“跑农村几年了？”我回答说，从参加土改后，就留在上海郊区工作，到机关后也是跑

① 桂世杭，曾在华东局农委工作。

农村。他笑着说："那是老农了，我们是同行。"过了一会儿，他忽然说"后会有期"。我不知其意。此后，他再未同我交谈，而不时地向窗外张望，向陪同的干部询问沿途这些小镇和村庄的名字。我以为部长不常下乡所以觉得农村新奇。

到南通县住在县委第一招待所，刘部长同我们住差不多的房间。下午县委书记、县长和县委农村工作部长向他汇报工作，我也参加了。瑞龙同志听汇报，自己作记录，很少插话，有疑问处，以商量的口吻提出来一起讨论。每当汇报中提到某公社的名字时，他常问在什么方位？原先附近有镇吧？汇报后县领导请他作指示。他说：这次来县里不是检查工作，主要是"探亲"的。只讲一件事：到麦熟季节还有5个月，群众的口粮有保障吗？这件事千万不可大意呀！

晚上，听他的秘书说，刘瑞龙于1910年10月出生于南通县，1925年就读于南通师范，积极参加学生运动，1926年加入共产主义青年团，1927年转入共产党，同年秘密组织共产党南通特别党支部，任支部书记。1930年任中共通、海区特委书记，并参与创建和领导了中国工农红军第十四军。所以，对这里的一草一木怀有特殊情感。

第二天早晨，天空飘着鹅毛大雪。8点多钟，刘瑞龙和县委书记、县长都站在招待所大门口等候"亲人"，我不知道他们等哪位亲人，也好奇地去张望。约过了半小时，见一位中年人推着自行车过来，车上坐着一位满头白发的农村小脚老妪。刘瑞龙走上前去，搀着老妪。老妇人仰起头盯着问："你真是当年的刘书记吗？"刘瑞龙点头说："老人家，是的，我是刘瑞龙。"待走进屋里，刘瑞龙轻轻地帮她拍去沾在衣服上的雪花。见老妇棉袄和棉鞋湿了，他让老妇坐下，忙对县长说："请你们代我替她买一身棉衣、一双棉鞋和袜子。"又嘱咐秘书："快去打一盆洗脚水来。"一会儿，一盆冒着热气的洗脚水端来了，瑞龙同志用手试了试水温，蹲下身子帮老太脱鞋脱袜。老太怎么也不肯，说："刘书记，不该当，不该当。"可是，刘瑞龙不由分说轻轻地将老太的一双冻得通红的小脚放进脚盆，双手帮她洗了起来。此刻，周围看着的同志感动得眼眶都红了。

这事的情缘，震撼人心。

这位老太叫徐如英，当年76岁，家住南通县金沙河区余中乡，是个普通农民。她丈夫叫张太川，所以当地人都称她"太川老太"。30年前，她曾经冒着生命危险掩护了刘瑞龙。

1930年年初，一天晚上，中共金川河区委委员刘金乔、张祖昌（徐如英的小儿子）和部分党员，在一农舍里召开秘密会议。散会后，张祖昌同参加会议的哥哥张祖时（共产党员）陪刘金乔一起到自己家里住。不料被敌探发现。第二天早晨，张宅被国民党南通县金沙区公所的特务队包围。刘金乔、张祖昌和张祖时被抓去，当天下午刘金乔、张祖昌惨遭杀害，人头挂在南通县城墙上示众。

4 月 26 日早晨，刘瑞龙和特委的一位干部来到张太川家里，安慰徐如英。徐如英见刘瑞龙进屋后，忍着丧子悲痛，急忙对刘瑞龙说："多谢两位来看望。附近有敌人暗探监视，这里不能逗留，请赶快离开。"说着，叮嘱大媳妇带领刘瑞龙等立即从后门出去，把他们送到邻乡的女儿张爱花家去。刘瑞龙意识到险情，为防不测，把衣袋里一包文件交给徐如英，要她当即烧毁。

刘瑞龙等离开不久，徐如英刚烧尽文件，特务冲进门来，对徐说："共党头目刘瑞龙到你家来了，快把他交出来。"太川老太镇静地回答说："啥龙呀虎呀，没有看见。"特务指着一堆纸灰追问她，"烧了什么?"徐说："给儿子烧点黄纸，让他上天做好事。"特务恶狠狠地说："我们看着刘瑞龙进门的，你不把他交出来，就把你的大儿子与他弟弟一样杀头了!"老太咬紧牙关说："不知道。"敌人在屋里四处搜查，未见人影，无奈而归。

敌人离开了。徐如英对刘瑞龙出走后是否安全不放心。当夜，她独自赶到大女儿家，知道女儿已把刘送到共产党员陈福奎家了，她又赶到陈福奎家，共商护送刘离开南通县的方案。当即由陈福奎前面领路，刘等跟在中间走，她随后观察，一直把刘瑞龙送到金沙河区委委员于德花处，再用捕鱼的网船送刘往上海。刘瑞龙上船时，紧握徐如英的手，再三劝慰她说："你的儿子是为革命牺牲的，我们永远不会忘记你们的。"

一别 30 多年，太川老太掩护红军干部和她两个儿子英勇牺牲的事迹，逐渐被人遗忘了，甚至遭到歪曲事实的非议。她的女婿因为批评了基层干部损害农民利益的行为，被打成"现行反革命"，大女儿张爱花因此得了精神病。太川老太年老体弱，生活越过越困难。她曾想找当年的刘书记评评理，又想 30 多年前的事人家早已忘记了，便没有去。

其实，刘瑞龙没有忘记这位老太，并曾多次写信给江苏工作的同志打听老太的近况。因地址、姓名不详，寻找无着。这次趁去上海的机会，亲自来南通查访，终于找到救命恩人，专程来拜见面谢。他亲自为这位老人添衣洗脚，嘘寒问暖后，当场书写证明，交给县长，要求县政府追认太川老太两个儿子为烈士，定期发给老太烈属生活补贴。并对县长说，希望对她女婿的事，进行调查核实，如果是错案，应尽快平反；对其大女儿，望设法给予治疗。

那天下午，我望见这位光荣妈妈告辞时，紧紧握着刘瑞龙的手，两人都不禁热泪直下。

晚饭后，我去隔壁看望刘瑞龙，他还沉浸在历史的回忆中。他在房间来回踱步，责怪自己来得太晚了。他说，没有想到当年为革命牺牲两个儿子，自己还冒着生命危险救护我们的群众，革命胜利了，却受如此遭遇。他激动地说："列宁讲得对，'忘记过去，意味着背叛'。"

写文章、写历史，都要讲科学性、要真实

我从南通回到上海，领导上告知，中央决定恢复中共中央华东局，并调我到华东局农委工作。

我到华东局农委报到后，方知农委主任正是刘瑞龙。有一天在办公大楼走廊里遇见刘主任。他笑着说，我们又见面了，并召我到他办公室，随意地问我看过《资治通鉴》吗？他未等我回答，接着说：农业问题历来都关系到国家稳定和兴衰。从历史上看，在封建社会里，哪个时代繁荣昌盛，究其重要原因，都因为统治者注意实行轻徭薄赋政策，减轻农民负担，注意兴修农田水利，改良土壤等等，发展农业生产。又说，现在我们是 10 亿人口的社会主义国家，虽则已经不是单一的农业经济了，但农业问题仍至关重要，学问很深，要下工夫研究，大有文章。

他这是关爱教导年轻干部好好工作。我当时年轻浅薄，听进"文章"两字，想起自 1958 年大跃进、人民公社化以来，紧跟形势，在报刊上发表过多篇文章，于是得意地赶到办公室，将在上海局办公室工作时负责汇编的人民公社调查报告选《公社花开万年红》和经领导同意，组织几十位下放干部对西郊区"解放人民公社"进行半年调查后编写的 40 万字的《解放人民公社史》（上海人民出版社出版，内部发行）两本书送给刘瑞龙主任，满以为他会感兴趣，定会受到称道。不料，他看了看书名，毫无兴趣地往桌上一丢，却问我："这种书的科学性怎样？"我一时愣住了，答不上来。他微笑地说："写文章，要讲科学性"，"写史是很不容易的，首先要真实，尤其是人民公社史，现在就写史编志，是很难写得好的，恐怕还不是时候，还是过些时候看看再说吧。"刘老这样坦诚、尖锐地指出问题，对我当时膨胀的头脑是一贴清凉剂。他严谨的科学态度，给我留下深刻的印象。

调查研究，要查明实情，讲真话

不久，组织上派我随刘瑞龙去浙江省衢县作农村调查。这是由华东局与浙江省委联合组织的调查组，由刘瑞龙与浙江省委农村工作部副部长戴盟负责。他们两人各抓一个调查小组。刘瑞龙在调查组第一次会议上说，调查研究是为党政领导机关掌握实际情况，制定政策提供依据，是党委工作部门干部的基本功。要求调查研究中，实事求是，查明实情，讲真话。我参加刘瑞龙抓的小组，共9个人，大多是处以上干部，目的地是衢县石染公社，小组负责人是在华东局办公厅工作的原金华地委副书记张某，他报到不久，因病回上海休养，刘瑞龙指定由我负责，刘瑞龙安排好工作有急事去北京。我拟了个调查提纲，大家分头进行。经调查，发现这个公社近几年“浮夸风”、“共产风”越演越烈，农业产量一年比一年下降，而统购计划却有增无减，社员家里无粮下锅，社办公共食堂越办越差，大多数社员挣扎在饥饿线上，连宅边村头树木的树皮都被社员剥光充饥了，社员体质下降，疾病增多，非正常死亡率不断上升，严重破坏了农村生产力，群众怨声载道。大家看着这番情景都感到心酸。这时刘瑞龙从北京回到衢县，通知我去县里。在有省、地、县三级领导参加的会议上，我如实汇报调查中发现的严重情况，与会者都以惊异的神情静心听。当我谈到群众饿得拣野草充饥，连树皮都被剥光充饥时，刘瑞龙放下笔记本，用手指重重地叩击桌子，沉痛地说：“同志们，请注意，这是已经解放了十多年的社会主义农村啊，我们怎么对得起老百姓啊！”全场的空气仿佛被凝固，鸦雀无声。他的话，像铁锤重重地敲在会场上每个人的心坎上。他那严肃、沉痛的神情，我至今记忆犹新。

会间休息时，我低声问刘瑞龙：“这样汇报行不行？”他点头肯定地说：“怎么不行，很好！”还鼓励说：“你们这次调查的思路很对，告诉小组的同志，一定要进一步把实际情况摸透、查实。”我说组内有些同志有顾虑，怕被误解为否定“三面红旗”。他铿锵有力地回答说：你告诉小组的同志，最近毛主席写信给生产队长，要求他们说真话，因为这几年浮夸说伪话的太多，影响中央正确判断。我们做调查研究，就是让中央知道农村的真实情况，最重要的就是实事求是，说真话，帮助中央掌握实际情况。他的话使我深受鼓舞，给我印象最深的是“实事求是”四个字。这原是作为一个共产党干部办事的最基本的准则。然而，这时的我已不是学生时代刚参加革命活动的我了，而是已经经过机关肃反和反右派、反右倾等一系列风浪的洗礼，档案袋中已有一厚叠“是我错”材料的我了。这时的我，是懂得在这个时候强调这四个字的分量的。这样的我，又怎能不为刘瑞龙这种对党对人民无比赤诚，置个人得失于度外，坚持原则，坚持真理的崇高品质所震动呢？尤其是在我后来又进一步了解了一些有关他的曲折坎坷经历以后，更是感到这位老革命家的可亲可敬。刘瑞龙从浙江回来就病倒了。我们调查组的同志就集中写调查报告，写出几份就送他审阅。这样，我和他的接触也就更多了。我发觉，他对工作极端地负责，真是兢兢业业勤勤恳恳。经他审阅过的调查报告稿，都由他秘书送还给我。我常常看到稿纸上有他亲笔修改过的字迹，连一个标点符号都不放过，真是一丝不苟。而且，印出文件立即报送华东局和党中央。

事后知道，当时由于脱离实际的大跃进、人民公社化运动，滋长浮夸、共产风，造成经济全面滑坡，形势十分严峻，农村问题尤为严重，中央为加强领导，尽快扭转局势，重建中央局，派刘瑞龙到华东任华东局委员，抓农业。他深入实际，掌握第一手材料，无私无畏，直言敢谏。

“诲人不倦”的良师

瑞龙同志在我的心目中，可以说是“诲人不倦”的良师。他一生酷爱读书，勤于笔耕。我每次去他家看望他时，总是看见他不是在看书，便是在一个本子上认真地写着什么。同时，他也十分关心其他同志的学习。见了我，总要问我最近读过些什么书，作者都是谁，写得怎样？或者是看哪些地区送来的情况简报，反映了些什么问题？如果我能提出一些问题和他一起讨论，那是他最高兴的。而且他也会先告诉你最近他读了哪些书，联系当前实际问题，他有哪些想法，使你自然增加了读书的兴趣。例如，一次我去看他，他就告诉我，他正在看《资治通鉴》，并谈了阅读该书的体会。听他一席话，也引起我读《资治通鉴》的兴趣，正好有一笔稿费收入就去买了一部精装四卷本《资治通鉴》。不料，刘瑞龙知道后对我说：“不知道你会买这部书，其实这个版本中错字很多，有些标点也点错了。”可见他书读得认真、仔细。

即使在“文革”中，遭受非法关押在监狱的5年时间里，刘瑞龙身心遭受严重的摧残，但仍怀着共产主义事业必胜的信念，坚持读书学习。他不仅重新通读了《资本论》和许多马列原著，还利用烟盒纸写出了30多万字的读书笔记，并写出了许多充满乐观情绪的，热爱祖国、热爱劳动人民的诗篇。甚至还用工整的字体抄写了毛主席的四篇哲学著作，献给建国20周年。

烈士暮年，壮心不已

“四人帮”粉碎后，刘瑞龙回北京，重返农业部领导岗位。1980年8月11日，我忽然接到刘老电话，他说有事到上海来了，约我叙旧。我到他下榻的东湖宾馆探望，刘老虽已古稀之年，依旧热情地关爱老部下，他向我数点当年华东局农委工作的干部的姓名，询问他们的近况，我钦佩他的记忆力，他说我们相识近20年了，共同度过三年经济灾难和十年政治灾难，岂能忘记。他还特地详细询问“文革”初期批斗他的那些干部的工作、生活情况。他要我转告批判过他的同志，“过去的事，不要放在心上，聚心搞四化。”表现了无产阶级革命家的历史唯物主义态度，感人至深。

刘老又问起我现在看些什么书，还写文章吗？我简要汇报后，想到他经历丰富，建议他写回忆录。他说“这辈子同‘农’结了缘”。的确，他革命半个多世纪，前20多年从事武装斗争，组织农民闹革命，后30年组织农民搞建设。“可是道路不平坦呀”，他说到这里沉思片刻后，又兴奋地说现在党中央经拨乱反正，连续几年年初的1号文件，都是关于改造农村、发展农业、提高农民生活等内容。还说，他自己准备写本《中国农村问题探索》。我看着刘老古铜色的脸庞上寿斑点点，仍执著追求，奋斗不息，想起曹操的诗：“老骥伏枥，志在千里，烈士暮年，壮心不已。”那天，他兴致很高，要我与他合影留念。

不料，这次会面竟成诀别。刘瑞龙于1988年5月25日心肌梗塞病故，至今远行20年了，贤者之风永驻我心。

记 刘 瑞 龙

——《难忘的征程》掇拾

杨居仁[①]

（1991 年）

农业部原副部长刘瑞龙，1988 年 5 月 25 日逝世了。他是我国老一辈无产阶级革命家，经历过许多艰苦卓绝的斗争。

在抗日战争中，瑞龙同志是我的老首长。记得第一次看到他是 1940 年的春天，在淮北苏皖地区罗岗村举行的一次干部大会上。那时他刚随刘少奇从延安到达华中敌后，不久调来任中共苏皖军政委员会书记兼新四军六支队四总队（旅）政治委员。魁梧的身材，宽阔的大额，穿一件棉军装，温厚而朴实。当时，我是四总队的一个战士。那天在会上听了他作的建设敌后根据地的报告，从战略任务到政策策略，全面系统，理论性很强，给我留下了深刻的印象。

听说十年“文化大革命”期间，他受到了残酷迫害，待我前去看望，他已是白发稀疏的老人了。他想写几篇回忆录，要我帮助整理。从此，我常去木樨地他的家里，在他温馨的书房里，坐在大玻璃窗下，听他讲述那难忘的征程。这时，我才知道了他一生不平凡的经历。

这里记下的，远不是他革命生活的全部，只是在他早期革命斗争中撷取的几个片断，作为对刘瑞龙定稿的《难忘的征程》的补充。

寻找革命的路

老一辈的无产阶级革命家，在他们的青年时代，为寻找中国革命的道路，往往经过许多周折。刘瑞龙投身革命，也经历了一个探索的过程。

刘瑞龙是江苏南通人。南通古称通州，在长江口的北岸，河流纵横，特产丰富，向称鱼米之乡。但在他年幼时代，中国苦难深重，外有帝国主义的侵略，

① 杨居仁，曾任人民日报社记者。

内有反动军阀的统治，大地上到处是饥饿号啕，痛苦呻吟。他的家，原来日子过得不错，可他出生才70多天，父亲就去世了，从此家业败落，生活窘迫。母亲白天代人糊纸锭，由他用长衫的大襟包着送去挣几个钱，以供上学。晚上，母亲挑灯纺纱，听他读书。那时他已尝到人间辛酸，引起他对社会上贫富不均的愤慨。他从小懂得珍惜，生活俭省，读书勤奋，立志要做一个自食其力的人，将来奉养母亲。

刘瑞龙同志14岁考入通州师范学校，感到“国不富强，民何堪焉”，开始萌发了救国救民的思想。这所学校的校长张謇，主张“实业救国”，代表了民族资产阶级的愿望，是我国成就最大的实业家之一。刘瑞龙很尊敬他，觉得他的文章写得好，为了事业苦干实干，若按他这条路走下去，中国就能民富国强。但随着革命形势的发展，刘瑞龙逐渐觉悟到，若不从政治上推翻军阀的反动统治，就不可能彻底挽救中国，终于抛弃了“实业救国”的幻想。

这时，正值国民党、共产党第一次合作。国民党经共产党人的帮助，召开了第一次全国代表大会，发表了联俄、联共、扶助农工三大政策的大会宣言。1925年春，正在寻求中国革命之路的刘瑞龙，参加了追悼孙中山先生的大会，听到会上宣讲三民主义，耳目一新。他阅读了《宣言》和孙中山的学说，觉得实行三民主义，可以求得民族独立、民权自由、民生改善，确是革命的一个良好的方略。他参加了国民党（左派），热情宣传三民主义，下乡组织农民协会。认为多灾多难的中国从此可以得救了。

但他真正找到革命的真理，是在他接触了马克思主义以后。

刘瑞龙因为家贫，又住在乡下，考取师范学校以后，寄居在城里表哥家，帮他们哄孩子，劈柴烧水，干些杂活。当他第一次在表姐葛季膺那里看到宣传马克思主义的书籍，就像被磁石吸引一样，如饥似渴地阅读起来，内有《共产党宣言》、《共产主义ABC》、《帝国主义浅说》、《马克思资本论入门》以及《中国青年》、《向导》等刊物。他本来就是酷爱读书的学生，现在更是入了迷，干活的时候，右手抱柴，左手还拿着书本，站在院里看，常常忘记把柴送进厨房。葛季膺看到表弟这般执著追求，非常高兴。刘瑞龙每遇到难懂的地方，她都给予详细讲解。一次，恽代英有事路过南通，住在葛家。刘瑞龙读过他的文章，感到热情奔放，文采斐然，分析精深，鞭辟入里，爱不释手。这次遇到他，就像见到了仰慕已久的老师。刘瑞龙风华正茂，求知欲很强，得到恽代英的教导，感到很大满足。

刘瑞龙初步懂得了共产主义，看到了人类解放的灿烂远景。1927年9月，由中共江苏省委特派员陆景槐介绍，参加了中国共产党。

苏北红军

1929~1930年，刘瑞龙参与组建和领导中国工农红军第十四军，在国民党反动统治的腹心地带，进行了英勇顽强的斗争。

苏北地区，临近宁沪，红军的胜利，鼓舞了国民党统治下的城市人民。这年（1930）7月，红十四军在上海印发了《告工农及一切劳苦群众书》，在繁华的南京路等处散发，轰动了整个上海。工人、店员、学生、市民争相传阅，奔走相告。他们在暗无天日的白色恐怖之中，看到了中国革命的曙光，莫不激动万分。解放以后，上海人民把冒着杀头危险保存下来的这份传单贡献出来，现在，它陈列在中国革命博物馆的大厅里，已成为一件珍贵的革命文物了。

1930年9月，省委通知刘瑞龙、李超时去上海开会。那时党的六届三中全会在上海举行，揭发批判了立三“左倾冒险主义”在中央的统治。之后，省委召开扩大会议，刘瑞龙、李超时听了周恩来代表党中央对三中全会所作的传达报告，受到很大教育，深刻认识到党的路线正确与否，关系到革命的成败。不久，省委又召开常委会议，到会的有省委书记罗迈和石心、陈云，以及中央军委的刘伯承，吸收刘瑞龙、李超时参加，总结红十四军游击运动的经验教训。会议作出了令人信服的公正结论，认为红十四军的失败，客观原因是敌强我弱，力量悬殊；主观原因是没有经验，受立三路线错误的影响。对这个结论，省委书记罗迈主动承担了责任。对此，李超时和刘瑞龙深为感动。

西去川陕

1933年年初，中央调刘瑞龙秘密前赴川陕工作，行程4000多里，通过许多关卡，走了一个多月，才到达红四方面军总部。

红十四军失败以后，刘瑞龙在江苏省委工作了两年零五个月，曾任省委外县工作委员会副书记、省农委书记、省军委委员。1932年秋，原在省委工作的陈资平叛变，出卖了党组织，刘瑞龙不能在上海活动了，中央决定把他调离江苏，一是去东北工作，一是派往苏联留学，征求他的意见。刘瑞龙对苏联，当然是向往已久的了，但他是求实的人，当时革命正处在艰难时期，许多优秀的同志牺牲了，比较起来，国内更需要人继续坚持斗争。他把自己的想法向组织汇报以后，中央给他一些有关东北的材料，让他先熟悉一下情况，尽快动身前往。但这年 12 月，红四方面军到达川北，需要干部，中央又决定改调刘瑞龙去川陕。临行之前，中央指示他先到西安，协助陕西省委研究一下陕北的工作，然后再去川陕。中央还给他几部旧小说，书页背后有药水密印的共产国际第十二次全会和党中央的重要文件，要他妥善携带，届时交给红四方面军总部。

1933 年 2 月 3 日，刘瑞龙穿上一身体面的衣服，装扮成商人模样，化名“王大舜”，同中央交通崔逢云一起上路了。他们通过严密检查的上海北站、浦口轮渡和徐州要冲，直到火车过了河南商丘，精神才放松下来。

当年，陇海铁路刚通到潼关，去西安要乘汽车，由宪兵押送，盘查很紧，这个关口难以闯过。他们下了火车，到一家饭店坐下，在这里遇到一名宪兵，恰巧第二天轮到他押车。刘瑞龙给崔使了个眼色，两人主动和宪兵搭讪，递上纸烟，请他同桌吃饭，不要他会账。宪兵很高兴，连连说道：“二位真够朋友。”第二天，宪兵帮他们买了汽车票，热情地照顾他们上车。晚上，车在渭南过夜，宪兵的吃住都由刘瑞龙和老崔招待，他们和宪兵真的交上了朋友。次日，车到西安，一群宪兵围上来，翻包开箱检查，动不动说旅客“通匪”，讹钱抓人。旅客们面面相觑，都捏着一把冷汗。刘瑞龙担心箱子里的几部“旧小说”，不免也有些紧张。这时，那宪兵帮助刘瑞龙提着箱子，大声吆喝：“这两位是我的朋友！”大摇大摆出了汽车站。宪兵朋友当然不知道他手提的箱子里装的是什么。

崔逢云把刘瑞龙领到党的陕西省委秘密联络处西北文化日报社。社长宋绮云，当年与驻军皖北阜阳的杨虎城将军相识，几经交往，成了密友。所以由他主持的报社作为联络机关，非常安全。后来宋绮云任杨将军的秘书，解放前夕与杨一起被蒋介石杀害——他就是《红岩》书中的“小萝卜头”的父亲。第二天，省委内部交通史维然来接。他的公开职务是杨虎城将军特务团的副官，行动无人怀疑。史维然把刘瑞龙领到省委机关，见到了省委书记贾洪光（贾拓夫）、省委委员张德生、省军委负责人汪锋等。根据中央委托，刘瑞龙参加了省委会议，分析了陕西的政治、军事情况，研究了陕北的游击运动和游击区的工作。之后，用约定的化名王大舜，给中央写了工作报告。这份报告现存中央档案馆。

刘瑞龙结束了在西安的工作，准备继续西行去汉中。行前，省委委托他到达汉南特委以后，与特委讨论一下红二十九军的工作。因为刘瑞龙带有重要机密文件，省委特派交通员带路，省巡视员杜润之同行。为了应付沿途盘查，省委通过西安一家金店的关系，要刘瑞龙扮成金店阔商，去汉中收账。刘瑞龙对陕西省委安排得这样细致稳妥，很为感激。

2月19日，刘瑞龙、杜润之和交通员乘车西行。寒风凛冽，黄沙遍地。陕西连年干旱，农村一片凄凉。沿途可以看到人们面黄肌瘦，衣衫褴褛，三三两两，向行人伸手乞讨。傍晚，车到凤翔。这天是元宵节，刘瑞龙上街，想看看当地民俗。正走着，忽然迎面来了几个人，前边的一个用手电筒不住地照他的脸。他不觉一愣，心想不好，可能出事。他在白区工作多年，有应付突然情况的经验，立即镇静下来，硬着头皮走过去。谁知走近一看，原来是他在通州师范时的同学丁介和。一场虚惊过去，他乡遇故知，犹如梦中。老同学请刘瑞龙进了一家饭店，说他现在是汧阳县县长，为公事来此。他问刘瑞龙为何来到西北。刘说是去兰州找邓宝珊谋事的。老同学怕刘瑞龙囊中羞涩，送他几十块钱做盘费。从凤翔前行就要徒步了，手中有了钱，便雇了一乘滑竿，路上三人轮流乘坐。这样就增加了一层保护的颜色：共产党哪会坐滑竿呢?

走了两天，进入秦岭，到处是苍松翠柏、流水潺潺，景色异常清丽。沿途居民头裹白布，说话已带川音。愈往上行，道路愈险。走近悬崖处，只见绝壁上凿有孔洞，打入木桩，上边横铺木板，形成架空小路。据说这就是古代留下的栈道，行人只能小心翼翼地通过。刘瑞龙不禁想起幼年时诵读的李白诗句："蜀道之难，难于上青天!"他们三人，天天赶路，不料到了凤州（凤县）闯入了险关。

那时，国民党胡宗南的部队，正奉命追击红四方面军，但费尽心机，竟无结果，部队撤回天水，经过凤州宿营。刘瑞龙等三人来到城门口，哨兵横枪拦住，大声喝道："干啥的?"样子很凶。刘瑞龙躺在滑竿上，满不在乎地说："西安金店去汉中收账的。"说着下了滑竿，给哨兵和带岗的递上纸烟。几个白兵一看到刘瑞龙的衣着、派头，接着纸烟口气就有点缓和了。刘瑞龙听他们是皖北口音，就说自己原籍安徽宿县临涣集，来陕北开店已有多年了。白兵一听立即亲热起来，"那咱是老乡呀!"白军士兵吃粮在外，最讲究乡谊，哪里还检查?刘瑞龙同他们寒暄了几句，带哨的说："你们幸亏遇到我们，要不连住的地方也没有，全城都住满了。"为了照顾"老乡"，他把刘瑞龙等带到他们营长小厨房旁边的一间小房里住下。他们怎能想到这三个人正是他们要严格盘查的共产党!

再往前行，到了汉中。这里已是川陕根据地了。刘瑞龙根据陕西省委的委托，与汉南特委书记孟芳洲一起去马儿岩红二十九军军部，研究了二十九军的工作。之后，派一个排送他入川。3月18日安全到达川陕革命根据地的首府通江。当时张国焘、徐向前、陈昌浩等四方面军总部领导人正在南江县西河口前线。刘瑞龙又赶到西河口，把共产国际和中央文件交给总部领导人，向他们汇报了沿途的工作。至此，刘瑞龙完成了中央交代的任务，心情非常愉快。

红四方面军总部任命刘瑞龙为红二十九军政治部主任，他立即去汉中，开始了新的工作。

“博巴依得瓦”

刘瑞龙由白区来到苏区，看到红四方面军英勇善战，工农群众革命情绪高涨，各级苏维埃政府勤勤恳恳地工作，到处是崭新的革命景象，心情十分振奋。他先在红二十九军工作，不久任川陕省委委员、宣传部长，后又调红四方面军总政治部任宣传部长。

那时候，张国焘实行肃反扩大化，关押杀害了党的许多优秀干部，刘瑞龙思想上不理解，产生一些忧虑。他原来不认识张国焘，到四方面军以后接触也不多，只是感到他道貌岸然，专横、阴沉，处理问题非常武断，很难听取同志们的意见。刘瑞龙调来政治部任宣传部长，张国焘曾找他谈过几次话。有一次部队驻巴中，他把刘瑞龙叫去说：“苏区工作与白区工作不一样，以后没有分配你办的事，你不要多问。”刘瑞龙一时不知何所指。又有一次，在党内召开的干部会议上，他当众点名严厉指责刘瑞龙是“老右倾机会主义”（指刘在四中全会时反对过王明）。他感到这是张国焘对他的严重警告，思想上受到很大压力，只好谨慎从事，埋头工作。

1935 年 5 月，红四方面军开始艰苦的长征。1936 年春天，到达西康（现属四川）北部藏区甘孜。

甘孜是康北重镇。雅砻江从南面蜿蜒流过，河谷平原上农田富饶，牧草丰美。市区矗立着孔撒土司的两座藏式三层平顶大楼雕栏画栋、金碧辉煌。甘孜喇嘛寺依山建筑，层层叠叠，殿堂交错，经幡飘摇，规模宏大。但这里的农奴和牧民，在封建农奴制度和国民党的压迫剥削下，却过着牛马不如的生活，蓬头垢面，披着破烂的氆氇，终年不得温饱，景况异常凄惨。

那时，刘瑞龙除本职工作外，组织上还要他研究少数民族问题和参加领导发动组织群众的工作。他与方面军政治部、五军、三十二军抽出的大批干部，在甘孜、炉霍、丹巴、道孚等县的农牧区，进行调查研究，宣传党的民族政策和政治主张，日日夜夜，工作勤奋。在少数民族地区，语言不通是一大障碍。

他在繁忙的工作中，挤出时间学习藏文藏语（以后在回族区工作，他又学习了阿拉伯语文）。直到全国解放，在购置的新书上，他仍用藏文签上自己的名字。

康北高原那些受尽苦难的农牧民，听了红军的宣传，真是开天辟地，闻所未闻，像在无边的黑暗中看到了光明，心中充满了喜悦。各地驻军帮助藏民生产，搭桥垫路，治疗疾病。广大藏胞，世世代代，除了忍受皮鞭和凌辱，不知道人间还有这样的温暖。他们把红军看成搭救他们脱离苦海的救星，军民关系亲同骨肉。经过宣传动员，贫苦藏民纷纷起来，组织了“百隆联合会”、“青年队”、“姊妹团”，学习革命道理，协助红军工作。同样在康北高原上，过去到处是痛苦的叹息，如今却迸发出争取民族平等的政治热情。那个时候参加红军的藏族青年天宝、杨东生、扎喜旺徐，后来都锻炼成了党的高级干部。

刘瑞龙经过深入调查，研究了部队如何开展民族工作的经验，在方面军政治部的领导下，把党对少数民族的政策和注意事项归纳起来，制定了《藏回地区工作须知》、《藏区十要十不要》、《回区十要十不要》，通俗、易懂、好记，经方面军政治部名义公布，发给部队，党的民族政策在全军得到了贯彻执行。

朱德总司令与刘伯承、徐向前非常重视民族统战工作。当时康北势力最大的是德格土司，领地横跨金沙江西岸，武装配备有轻、重机枪。后来，朱总司令派人向他说明了红军的任务和对少数民族的态度，红军与德格土司订立了“互不侵犯协定”。

5 月，红军在一次战斗中俘获了国民党南京政府派赴甘孜一带活动的“蒙藏委员会副委员长”、西康“宣慰使”诺那呼图克图，朱总司令指示部队给以优待，向他解释共产党的政治主张，礼送出境。临走时他连连合掌，对红军感激不尽。

红军注意争取藏族上层人士与共产党合作。当时朱总司令住在孔撒大楼的后楼，曾亲自找孔撒土司恳谈。从此孔撒与红军有了交往，对部队提供了不少帮助。

红四方面军政治部也派出了一些负责干部，与藏族上层人士接触。宣传部长刘瑞龙到甘孜以西的白利寺，拜访格达活佛。格达，六岁认定为灵童，被迎进白利寺，精通佛经，曾去拉萨考取“格西”学位（格西，藏语音译，意为善知识，学位很高）。那时格达活佛约三十二岁，在藏传佛教界已是一位知名学者。他身披红色袈裟，手里捻着佛珠，为人忠厚，论事公允，言谈富有哲理。听刘瑞龙说明了共产党的主张，非常高兴地说：“以耳识事则谬，以眼识事则明。”红军待藏族如兄弟，从不歧视；国民党在藏区用尽欺骗手段，疯狂掠夺。

两者相较，真有天壤之别。通过与刘瑞龙几次互访，他见刘瑞龙博学多识，是一位文人，相处融洽，愈谈愈深，对共产党的政策，极为赞颂。

朱总司令关怀少数民族的自治权利，倡议藏族人民组织自己的政府。4 月，刘瑞龙与方面军政治部一批同志到达炉霍、道孚等县，和红五军、三十军的同志一起，同当地藏族人民酝酿讨论，组织了县、区乡各级“博巴依得瓦”（藏族人民自治政府，简称博巴政府）。各级博巴政府的委员，包括了上层土司、头人、活佛以及普通喇嘛、医生、农奴、贫雇农和牧民，代表了僧俗阶层人民的意志。5 月 1 日，在甘孜召开了各县约 700 人出席的藏族人民第一次代表会议，庄严宣告康北博巴自治政府正式成立。会议公推多德（土司）为政府主席，格达（活佛）、孔撒（土司）为副主席。多年来受尽苦难、歧视的藏族人民，在其悠久的历史上，第一次行使了民族自治的权力。

博巴政府贯彻民族平等团结和宗教信仰自由政策，广大藏族人民竭诚拥护。各地土司、头人响应博巴政府号召，踊跃缴纳“拥护红军粮”。仅白利寺僧俗人民，就征集青稞 134 石，豌豆 72 石，还抽出许多骡马、牦牛支援红军。

党的民族政策，在康北高原播下了革命的火种，红四方面军北上以后，人民把对红军的敬爱深深地藏在炽热的心窝里。藏族群众和一些上层人士，冒着生命危险，隐蔽、保护了留在当地的 3000 多名红军伤病员。许多人保存了红军的旗帜、布告、传单、军衣，日夜盼望红军回来。全国解放后，原博巴政府副主席格达活佛任西南军政委员会委员、西康省人民政府副主席。1950 年 7 月，他不顾山高路远，个人安危，去拉萨劝说西藏地方政府，谋求西藏早日和平解放。不料途经昌都，遭英帝国主义特务和西藏反动分子暗害，为中国革命献出了生命。

高风亮节

红四方面军于 1936 年 10 月与红一方面军会师，结束了 1 年零 7 个月艰苦的长征，迎来了抗日民族革命战争的新阶段。为了打通与苏联的联系，首先造成西北抗日局面，红四方面军总部奉中央军委之命，组成西路军，实施西征。

10 月，西路军在甘肃靖远以南，强渡黄河成功，一路上苦战 4 个多月，毙敌 25000 多人，红军也遭到很大损失。1937 年 3 月，西路军总部把部队整编为 3 个支队，进入祁连山区游击。总部干部下部队，刘瑞龙分配到毕占云支队，为支队常委委员，分在连队活动。连队在祁连山中行经北川门，被敌骑兵冲散。

刘瑞龙在山里活动了两个月，一次在红瓦寺附近的森林里，遇到搜山的藏族民团，被捕送到甘肃张掖县敌一百师三百旅旅长韩起功的集中营，后又寄押在县看守所。同时押往看守所的还有魏传统、惠子明等 8 名红军干部。刘瑞龙化名李占魁，自称在家是教书先生，后在红军当连里的文书。其他同志也都伪造了履历，隐瞒了身份。

1937 年抗战开始，谢觉哉代表党中央驻兰州，后来设立了八路军办事处。办事处的任务之一，是营救西路军被俘、失散人员。当时谢老经人介绍，认识一位爱国人士、党的忠诚朋友高金城。高与甘肃上层人士有些交往，在兰州、张掖办过基督教会的医院，因此谢老委托他前去张掖。高金城欣然从命，以甘肃抗敌后援会成员的名义，带着省府的介绍信，与办事处的蔡光波一起到了张掖。他联络各方面人士，恢复了他过去开办的福音堂医院，作为工作掩护机关，想方设法寻找西路军干部战士。不几天，办事处的蔡光波也与当地党支部取得了联系。

原来张掖城里有一个骆驼店，关押了 20 多名被俘的红军战士，其中有一个受伤的连长刘德胜，被国民党韩起功旅的补充营挑去当兵。以后伤口感染无法走路，被送进城里伤兵医院。他拄着双拐，联络了一些被俘、失散的红军人员。其中党员聚在一起，秘密建立了党支部，大家公推刘德胜任支部书记。支部的任务是：扩大组织，团结失散红军，寻找机会，返回延安。

不久，党支部与王定国、武杰等取得联系。王定国原在西路军总政治部前进剧团工作，被俘后被分配在韩起功的剧团里。武杰原是红军参谋，被俘后在韩起功旅参谋处当勤务兵。经过一个阶段的工作，党支部把失散在补充营、电台、邮局和流落街头卖杂货、当裁缝、做小工、要饭的红军战士大部分找到，联络了起来。

国民党张掖县长马鹤年，原是高台县长，曾被红军俘虏，经礼送返回以后，又被省府委任，来到张掖。他感激红军的优待，赞成共产党“团结抗战”的主张。有一次，他到韩起功的剧团，告诉红军女战士王定国：“县监狱关押着你们几个干部，因为是‘纪回子’（马步芳）的寄押，我不便多问。”王定国马上接住话茬说：“我有个舅舅姓李，不知是不是关在里面？”马鹤年说：“你可以去看看。”“我怎么进监狱呢?”“看监老头姓何，找他就行了。”

王定国向党支部汇报了这个情况，支部决定派王定国等 4 位同志去探监。果然，监狱看守何老头给予方便，他高声喊道：“你们谁姓李？出来，有人探监。”王定国并不知道监狱里有姓李的，唯恐对不上号，正在担心。事也巧合，化名李占魁的刘瑞龙出来了。他拖着沉重的脚镣，又黑又瘦，头发蓬乱，衣衫褴褛。王定国想不到几个月不见，平日精力旺盛、和蔼可亲的刘部长，被折磨成这个样子。她一阵辛酸，扑到窗口，大声呼喊："舅舅！"眼泪流满了面颊。她呜咽着对刘瑞龙说："妈妈好想你，到处找你呀！"刘瑞龙明白她的话，问清了她现在的情况以后说："这里共关着我们一起的8个人，大家精神都很好，只是天天吃不饱，体质很弱。魏传统的脚烂得很厉害，想法给他治一治。你们要和老家联系上，大家都相信家里会救我们出去的。"王定国不住地点头，用心记下"舅舅"说的每一个字。从此这个"外甥女"经常去看望"舅舅"，感情真挚，胜过亲人。直到解放以后，王定国每次去看望刘瑞龙，仍亲切地叫他"舅舅"。生死患难，革命真情，让人终生难忘。

王定国把探监情况向支部汇报以后，支部立即给兰州办事处写了报告。办事处指示：要努力争取县长马鹤年，改善狱中同志的生活。后来支部派了两位同志，化装成福音修女，给魏传统治了伤。由于狱中同志坚决地抗争，马鹤年在他的管辖权限之内，允许狱中同志自己开伙做饭，还延长放风时间，给每个人理了发。

狱中党支部与狱外党支部联系上以后，刘瑞龙等一些同志，斗志更加昂扬。一天，狱外党支部获悉，马步芳电令韩起功把狱中几名干部押往西宁。党支部向兰州办事处写了紧急报告，支部书记刘德胜立即赶到监狱，把消息告诉了刘瑞龙。刘瑞龙沉着坚定地说："我们这几个人已经下了决心，一定要坚持到底！"临行那天，爱国人士高金城和狱外的一些同志，给刘瑞龙等人送去了20元钱和一些营养品、馒头、绑腿、鞋子、药品，刘瑞龙对他们说："生死寻常事，万一不幸，告诉家里人，不要难过！"此去凶多吉少，同志们怀着难分难舍的心情，看着刘瑞龙等几位领导同志挤在一辆马车上，踏上了去西宁的艰难的路程。

在兰州的谢觉哉，接到张掖地下党支部的报告，几次点名向马步芳要人。那时正值第二次国共合作不久，马步芳也觉得不放人说不过去，在刘瑞龙到西宁以后，一次马步芳来了，对他们说："你们的总司令要你们回去，我将送你们到兰州。"过了几天，刘瑞龙、魏传统、徐宏才、惠子明4位同志，被押解到国民党兰州绥靖公署。1937年9月22日，被转送到兰州办事处。昨天还是受尽敌人摧残的囚徒，现在如同到了自己的家，同志们见到谢老，禁不住流下了激动的泪水。后来谢老派车把刘瑞龙等送回延安。

1939年刘瑞龙去华中敌后，任淮北苏皖边区行政公署主任、区党委副书记，参加领导创建了淮北抗日民主根据地。解放战争期间，任华东野战军第二副参谋长兼后勤司令，组织领导了华东、中原诸大战役的规模空前的战勤支前工作。全国解放以后，任华东局农委书记、中央农业部副部长，为发展我国社会主义农业贡献了毕生精力。

《回忆红十四军》的回忆

——缅怀瑞龙同志

乐秀良[①]

（1988 年）

《回忆红十四军》终于由江苏人民出版社出版了。作者是 50 多年前参加领导这次农民起义的刘瑞龙，他的心愿终于实现了。

《回忆红十四军》深情地回顾了 1927～1930 年，江苏省通、海、如、泰地区的共产党组织，在党中央和省委领导下，高举反帝、反封建、反对国民党反动政府的红旗，组织和领导工农革命运动，建立中国工农红军第十四军的斗争。全书着重叙述了红十四军诞生、成长、发展、胜利以及失败的经过；也叙述了红十四军诞生前，通、海、如、泰地区青年学生在共产党领导下选择革命道路、与工农相结合的过程，以及工农革命运动蓬勃兴起的壮阔情景；还叙述了红十四军失败后，党为了坚持和恢复革命阵地所进行的艰苦斗争。书中热情地歌颂了党、人民的英勇斗争和烈士们的坚贞不屈，实事求是地估价了斗争的胜利和影响，总结了经验和教训。

书的前页，有刘瑞龙 1962 年 6 月的题词："献给为祖国解放和共产主义事业光荣献身的同志们"，有李维汉 1980 年 5 月 4 日的题词，最后的两句话是："红十四军和通、海、如、泰地区的革命烈士永垂不朽，革命传统永放光辉！"还刊登了李维汉与作者的谈话记录。其中当刘瑞龙讲到在撰写回忆录中，努力做到"真实"两字，注意党、群众和集体三方面的作用时，李老很感兴趣地说："求实存真，是回忆录的根基嘛！"李老是当年江苏省委书记，他的题词和谈话，歌颂了红十四军的斗争，也讲出了写回忆录的基本原则。

本文不打算详细介绍和全面评述书的内容，主要想告诉同志们，我所知道的该书形成过程。

---

① 乐秀良（1924～ ），新闻工作者，杂文家。长期从事报刊工作，曾任中共江苏省委《群众》杂志副主编，1983 年离休。参与创办省杂文学会，当选为会长；并兼省新闻学会、省科学社会主义学会副会长。

1959年，我在江苏省委主办的《群众》杂志社工作。遵照省委领导同志的意见，于当月下旬赴京，协助刘瑞龙整理红十四军文稿，准备在《群众》杂志国庆周年专辑上发表。

刘瑞龙当时是中央农业部常务副部长，工作十分繁忙。他在百忙中抽出时间，向我详细谈了写这篇回忆录的动机、过程和设想。他给我看了一个简要的提纲初稿，还给我看了一大批老同志和烈士子女、亲属的来信。有些是询问当年斗争的情况和烈士殉难的事迹；有些是提供亲身经历和长期保存下来的珍贵史料；更多的是殷切期望由刘老来把它撰写成书。刘老要我充分利用这些材料，在他的初稿的基础上进行补充、校正、修改，草成比较详细的提纲。最后，由他同张爱萍商定，写成《回忆红十四军》（征求意见稿），铅印了60本，广泛征求当年在通、海、如、泰地区斗争过的叶胥朝、陆植三、李俊民、汪蓁子等老同志的意见；并由我带回30本，请省委审定和有关地区党委提意见。省委第一书记江渭清看后托编辑部带信，感谢刘瑞龙提供了一份宝贵的党史资料。此稿在《群众》第19~24期连载后，受到南通、扬州地区党组织和群众的普遍重视，纷纷来信谈自己的感受，提出补充和修正。江苏人民出版社准备出书，排了清样。

可是，正如作者在本书《后记》中所说的，康生的所谓“利用小说反党是一大发明”的政治迫害，使这本小册子未能出版。继之而来的十年内乱，更使此书成为刘老的一大“罪证”。“文革”后期，我全家下放到丹徒县十里长山下当“新农民”，外调人员不断而来，追问此书的所谓“出笼经过”、“历史背景”、“罪恶阴谋”，等等。“四人帮”对红十四军的诬蔑，更使我为刘老的处境担心。但是在那个动乱年月里，“四害”横行，党无宁日；云天遥遥，鸿雁路断。我纵有多少不平和愤怒，待向谁诉？我纵有多少思念之情，又向何处倾吐！唯有在清风明月之夜，与松涛共鸣，衷心祝愿刘老无恙。

粉碎“四人帮”以后，《群众》杂志筹备复刊。在拨乱反正中，编辑部同志想起了也应该为刘老和他的《回忆红十四军》恢复名誉，又派我和潘震宙、邹宏仪赴京，看望正在友谊医院治病的刘老。劫后重逢，惊喜交集，也感慨万分。刘老虽历经折磨，但壮志益坚，抱病同我们多次长谈。我们记录整理，由刘老亲自审定，缩编成18000字，题为《通、海、如、泰起义和红十四军》，发表在复刊后的《群众》第一、第二两期上。在编者按中特别指出：敬爱的周总理，在“文化大革命”中还满怀深情地提到当年参加过红十四军的一些幸存者。但是，林彪、“四人帮”一伙却颠倒是非，恶毒诬蔑红十四军的英勇斗争，残酷迫害当年参加起义的一些老同志，妄图歪曲篡改历史，达到不可告人的目的。

以后，红十四军的故乡、中共南通地委组织了有陈汝明、黄一良等几位同志参加的《回忆红十四军》编写组，在刘老亲自指导下，以1962年出版社的清样为基础，进一步开展调查研究，征求意见，修订增补，并得到军事科学院战史研究部、中央和江苏省档案馆的帮助，获得了许多珍贵的历史档案资料，大大增强了史料的真实性。在省委领导同志的关心和出版社同志的努力下，《回忆红十四军》从酝酿、起草到成书，历时近30年，终于在1981年建军节前夕，正式出版。

当我看到刘老和出版社的赠书时，思绪万千，心潮翻滚，犹如封面的大海波涛。它使我想起了同刘老几度相处的一些日子。他的严谨的治史态度，高度的群众观点，平易近人的谦逊作风，给我以深刻的印象和教益。

刘老十分重视史料的真实性和严肃性。他不满足于个人的回忆。而同一些老同志共同回忆，互相补充修正，特别注意查阅党的文献资料，参考当年报纸上的有关报道，反复考证核实，务求准确。对书中提到的一些人的名字和事迹，都经过慎重考虑，尊重当地党委意见，注意全面地历史地看待一个人的功过。出版以后，还要求根据反映，对照史料，删谬补缺，使再版时更臻完善。如书中关于通师党支部的成立时间问题，曾多次书信往返，征询意见。更值得一提的是，该书刊载的红十四军《告工农及一切劳苦群众书》，第一句话就是“我们现在已经杀尽了我们的反革命国民党军官”，反映了当时宣传工作中“左”的影响，也与事实不符。我曾提出是否可以删去这句话。但是，刘老再三考虑后，还是决定刊登实物照片，全文发表，在下面加以注释。这一事实，有力地说明，刘老在撰写回忆录中“求实存真”的科学态度。

刘老把学习马克思写《法兰西内战》的态度作为写回忆录的指导思想。有一次，他曾针对有人认为“红十四军是‘左倾’错误路线的产物，不值得歌颂”的说法，同我谈到他的看法，认为我们应当学习马克思对巴黎公社伟大斗争的态度，当时革命的领导虽然犯了错误，但是“工人的巴黎及其公社将永远作为新社会的光辉先驱受人敬仰。它的英烈们已永远铭记在工人阶级的伟大心坎里”（马克思：《法兰西内战》）。决不能因为领导犯了错误，就抹杀革命的群众运动。所以，刘老把“人民要求革命”作为全书的第一章，并注意突出革命群众和烈士的光辉业绩。1981年7月给汝明、一良和我的一封信中还提到这个问题。他说：红十四军是否值得歌颂，应当由历史事实和人民群众来作判断。李维汉的题词，正确地表达了党和人民的判断。

我曾多次发现，刘老对战争年代里的革命歌谣，有着深切的感情。他在回忆录中引用了很多当年广泛流传的民歌民谣。他在背诵这些歌词时，总是用手指轻轻地有节拍地敲着桌子，一句一句地低声朗诵，安详地微笑着，沉浸在亲切的回忆中。我印象最深的，是南通党组织编写的启发群众阶级觉悟的一首歌谣：

青的山，绿的水，灿烂的山河。
美的食，鲜的衣，玲珑的楼阁。
谁的功，谁的力，劳动的结果。
全世界，工农们，联合起来啊！

泰兴第一任县委书记沈毅，在农民中教唱的《暴动歌》，刘老也十分熟悉。这首歌引用了民间“十二月花名”的曲调，悲愤地控诉了地主豪绅的剥削压迫，表达了农民的反抗要求和决心。歌词从“正月里来是新春，豪绅地主杀穷人；别人杀人用刀杀，地主杀人只要说一声”，一直唱到“十一月里来雪花飘，工农举起斧头和镰刀；革命到处起高潮，打得土豪劣绅没处逃。十二月里来交新春，苏维埃政府建立成；领导工农向前进，穷人从此翻了身”。

刘老在写到革命低潮时，特别提示我要充分表达革命的乐观主义精神，不要凄凄惨惨。如在写到1930年年底红十四军失败，敌人血腥屠杀时，特别引用了下面这一首歌谣：

老大人头挂前街，
老二分尸野鸭滩，
家中剩下我老三。
点火烧了破草棚，
扛起铡刀去共产。
先杀西庄臭猪头，
再杀东庄龙灯眼。
剥皮抽筋都不怕，
天大不了上阴间。
我到阴间心不死，

阎王殿上去造反。

这一首歌谣粗犷有力，充分反映了阶级斗争的残酷性和农民的复仇怒火，很容易使人联想起陈老总的《梅岭三章》之一：“断头今日意如何？创业艰难百战多。此去泉台招旧部，旌旗十万斩阎罗。”诗歌体例虽然不同，但是，革命者临危不惧、气贯长虹的豪情壮志，又何等相似。革命的道路尽管千回百折，历史的长河终究要冲决一切阻拦，奔腾向前。战争年代，国民党的反动武装，不可能把革命火种扑灭。建国以后，康生和林彪、江青反革命集团，也不可能把老一辈革命家的革命回忆录扼杀掉。《回忆红十四军》的出版，又一次证明了这一真理。

刘瑞龙与《回忆红十四军》

黄一良①

（1994年5月）

60年前，江海平原在农民暴动的基础上建立起了一支颇具规模的革命武装——中国工农红军第十四军。它驰骋在国民党反动统治的腹心地区南京、上海一线的近旁，创建了不朽的业绩。参加这一斗争全过程的刘瑞龙，则以其亲身经历，耳闻目睹，以及建国后在30年中陆续搜集和调查研究所得的材料，在许多同志的支持和协助下，写成了具有重要史料价值的革命回忆录《回忆红十四军》（江苏人民出版社1981年初版，1986年修订再版）。笔者参加了这本回忆录的最后的编校出版工作。为了表示对作者刘瑞龙的缅怀之情，现将《回忆红十四军》的酝酿、编写和出版的过程，尽我所知，奉献于广大读者。

一

农业部原副部长、第六届全国人大常务委员会委员、无产阶级革命家刘瑞龙（1910～1988），出生于江苏南通，1924年就读于通州师范，后受党的影响，接受共产主义思想，积极参加学生运动，1926年加入共产主义青年团，1927年大革命失败之际，毅然转入共产党，先后任通师支部书记和支通城区区委书记。1928年在全国各地工农武装起义的形势下，如、泰农民在中共江苏省委和地方党组织的领导下，发动了五一起义。国民党反动派残酷地镇压了这次起义，在南通也加紧了对我地下党和进步青年的迫害与搜捕。1928年6月2日，南通县委在博物苑开会时遭到敌人破坏。刘瑞龙被逮捕解往南京特种刑事法庭。因无口供，并得到党组织和同学、亲友的营救，于8月被无罪释放。但他却因此被通师校方看作危险分子而被开除了学籍。然而也正是从这时起，他走上了职业革命家的道路。1928年冬，他以《通海新报》校对工作为掩护，做了一段城区党的恢复工作之后，即由南通县委派往东乡，参加通、海地区的农民运动和武

① 黄一良，南通市委党校干部，长期协助刘瑞龙整理红十四军的历史资料。

装斗争。

他出席了南通特委11月在海门茅镇召开的通、如、海、启、泰（兴）、靖六县负责人联席会议，讨论了党的六大决议，研究了全地区的恢复和发展工作。会后，他被正式任命为南通县委委员，到南通东乡（余东、余中、余西、三余、三益），在贫苦农民、手工业工人和下层知识分子中开展群众工作，组织和领导了年关斗争、春荒斗争和秋收斗争，建立了县委武装小组，并在1929年2月由他主持召开的仇家园群众大会上提出了成立南通东乡工农兵苏维埃政府口号。从此，斗争迅猛发展，组织起4个武装小队，开展了群众游击运动。

1929年11月，因前任县委书记被捕，刘瑞龙接替了他的职务。11月18～26日，他与李超时代表通、海地区党组织出席了在上海召开的中共江苏省第二次代表大会。他俩汇报了通、海、如、泰地区党的工作和游击运动的情况，得到党中央代表周恩来和省委李维汉、李富春、陈云等的重视。在这次大会上，刘瑞龙当选为省委委员。会后不久，党中央同意省委建议，决定在游击运动的基础上成立中国工农红军第十四军。李维汉亲自为省委起草了有关成立红十四军的文件。省委还陆续派遣许多干部参加建军工作。

通、海地区的组织，很快贯彻了省二大和省委指示的精神，1930年3月，召开了各县县委书记联席会议，一致认为，通、海区工农斗争形势的发展，“必然走向游击战争、地方起义、建立苏维埃、形成割据的前途”。会上，刘瑞龙与李超时拟定了“游击战争的行动大纲”。联席会议根据省委的决定，成立了以李超时为书记的通、海特区委员会，刘瑞龙为特委成员。

在此之前，通、海各县的游击队已开始进行整顿。2月，中国工农红军江苏第一大队在南通东乡张家宅召开大会，宣告成立。

联席会议结束，各地整顿工作告一段落之后，红十四军军部把通、海、如、泰全区的游击武装作了统一编制：江苏第一大队编为红十四军第一支队（后改称二师），成立于1929年6月的如、泰红军编为红十四军第二支队（后改称一师）。1930年4月上旬，通、海特委和红十四军军部在如皋贲家巷召开了有数万军民参加的大会，宣布了红十四军的正式成立，把武装斗争推向高潮。在如、泰方面，捷报频传，其中，四甲战斗一次就歼敌一个营，缴枪150余支。通、海、如、泰两块游击区逐步形成，主力红军约1400人。4月16日，军长何坤牺牲，省委任命李超时为军长兼政委。5月，任命刘瑞龙为特委书记。

军事斗争的胜利，大大促进了游击区的群众运动。各处纷纷召开群众大会，通过了没收和分配地主土地、建立和扩大游击队、成立苏维埃政权的决议，贫苦农民欢欣鼓舞。这时，还不到20岁的共产党员刘瑞龙，才气横溢，以特区巡视员身份，于1930年6月中旬，给省委写了一份满怀革命激情的调查报告《行将破晓的南通东区》，全文18000字，记述了农村发生的剧变。1980年春，南通的两位党史工作者在北京中央档案馆十分惊喜地看到了中央秘书处抄存的这份珍贵的史料。

但是，由于全国革命形势的日益恶化，左倾错误的影响，加上其他主客观原因，1930年夏秋之际，年轻的红军因连续执行力不胜任的进攻任务而屡屡受挫，至“八三”黄桥暴动失利后，情况急转直下，被敌人的“围剿”打散了。刘瑞龙离开了自己的家乡，9月下旬，他在上海参加了江南省委常委总结红十四军游击运动的经验教训的会议之后，又踏上了新的艰难的征程。

红十四军的事迹，一直在通、如、泰流传。参加战斗的同志，有好多在当时就已牺牲，幸存下来直到党的十一届三中全会时还健在的老同志，已屈指可数。他们虽都提供或发表了一些有关革命斗争片断的回忆，但又几乎不约而同地把完成反映红十四军斗争全过程的革命回忆录的任务，寄希望于刘瑞龙，于是，便有了《回忆红十四军》。

二

《回忆红十四军》的酝酿有其必然性，是一种客观需求。

全国解放，刘瑞龙在上海先后任市委秘书长、华东局农委书记等职。这时，既有少数幸存下来的红十四军的老战士亲自去探望这位当年患难与共的老首长，诉说20载别离之苦，欢庆新中国的诞生；也有许多烈士子女和亲属写信询问当年的斗争情况和先烈们英勇奋斗牺牲的事迹，并要求作出证明。有些同志还提供了自己的亲身经历和长期保存下来的珍贵资料。人们几乎都有一个迫切的心愿，希望由刘老把它撰写成书，作为对过去艰难战斗岁月的一个纪念。

这种心愿之所以十分强烈和迫切，还由于人们当时对红十四军的历史地位尚未作出基本的肯定和公允的评价。在一般的党史和革命史著作中，绝少提及通、海、如、泰农民运动和武装斗争，在红军系列中也不见红十四军的番号。许多人对红十四军是否确属中国共产党领导的一支正式革命武装力量，尚有怀疑。有人认为这不过是一次一哄而起的贫苦农民与百姓的暴乱，是一群“乌合之众”的自发斗争。还有人在红十四军与立三路线之间画了等号，说红十四军是“立三路线的产物”，认为这个地区本来就不应该搞武装起义，红十四军应和立三路线一起否定，不值得歌颂。有的甚至认为搜集、整理有关历史资料的工作也无多大意义。

总之，对这场地跨8县、历时3年的无产阶级领导的农民革命运动和游击战争，我们到底应该如何看待？众多参加者前仆后继、流血牺牲是否值得？应否歌颂？据黄火青回忆，红十四军的一位大队长、革命烈士蔡振扬生前曾提问："将来革命成功以后，我们还算不算党员？"当然要算，新中国的奠基工程中有他们不可磨灭的一份功勋。

刘瑞龙正是出于对革命历史的珍惜、对革命先烈的崇敬与怀念，开始执笔编写《回忆红十四军》的。他认为，《回忆红十四军》应着重叙述红十四军诞生、成长、发展、胜利以及失败的经过，也叙述红十四军诞生前，通、海、如、泰青年学生在共产党引导下选择革命道路，与工农相结合的过程，以及工农革命运动蓬勃兴起的壮阔情景；还叙述红十四军失败后，党为了坚持和恢复通、海、如、泰革命阵地所进行的艰苦斗争。这样写成的革命回忆录，实际上已具有地方革命史的雏形。但以个人回忆录的形式出现，是刘老有意让大家集思广益，加以补充和修正，共同写好这段光照人间的历史。

三

《回忆红十四军》是一本10余万字的小册子，但从准备编写到出书，也经历了一个艰难曲折的过程。

刘瑞龙于20世纪50年代初开始了编写《回忆红十四军》的准备工作。他手中积累的一些当年事迹和烈士的资料，可与他负责经管的上海地区我党历史档案材料，对照印证。他还得到《解放日报》社的帮助。恽逸群曾组织人力，为他搜集和摘抄解放前的《新闻报》、《申报》、《中央日报》等报刊上登载的大量有关通、海、如、泰起义和红十四军的反面材料。其中，虽有不少歪曲和诬蔑，也有助于断定红军的一些重要活动和烈士遇难的准确时间，也能反映出红军的战果和敌人的惊慌失措。后来，南京军区又专门派了两位同志到如、泰地区调查访问，提供了不少可贵资料。在此基础上，又得到江苏省委的支持，广泛征集史料，并派乐秀良协助，以刘瑞龙和张爱萍商定提纲，写成了发表于1959年《群众》杂志第19到第24期的《回忆红十四军》初稿，约5万字。

此后，江苏人民出版社准备出单行本。刘老表示，还要请有关地区的党组织、老同志提出补充修改意见，以便在单行本出版前进行修正。这样，很快印出了大样，分发给有关单位。江苏省委与南通地、市委和扬州地委及有关县委都给以了热情帮助，有的还组织讨论，对大样提出补充修改意见。曹从坡等作了全面整理。于是，1962 年 8 月，江苏人民出版社打出了单行本的清样，约 8 万余字。

但是，由于康生和所谓“利用小说进行反党”的政治迫害，这个单行本未能同广大读者见面。继之而来的“文化大革命”又使稿本和清样成了刘瑞龙的一项“罪证”。他在上海“一月风暴”之后，就受到林彪、江青反革命集团的迫害，在狱中被关押了 5 年之久。而最早协助整理初稿的乐秀良在下放做“新农民”期间，也不断地遭到外调人员追问书稿的“出笼过程”、“历史背景”、“罪恶阴谋”，等等。真是乌云蔽日，国无宁日！

粉碎“四人帮”，大地又回春。在拨乱反正中，江苏《群众》杂志筹备于 1979 年复刊。编辑部考虑到应该为刘老和红十四军恢复名誉，又派乐秀良、潘震宙等去北京，找到了因身体受到摧残、当时仍在医院治疗的刘瑞龙。刘老抱病握笔，在乐、潘两同志的协助下，将 1962 年稿本缩编为《通、海、如、泰起义和红十四军》一文，约 18000 字，在《群众》一、二期上发表。但要出单行本，刘老认为，还须对 1962 年的稿本再作修订。这样，南通地委作为红十四军家乡的党组织，受刘老之托指派了陈汝明、黄一良等，成立了《回忆红十四军》编校组，在刘老亲自指导下，以 1962 年稿本为基础，进一步做了调查研究、征求意见和文字修订工作，增补了先烈传略和文物照片。至 1981 年 1 月，由江苏人民出版社出版，与广大读者见面。30 多年的心愿才得以实现，《回忆红十四军》出版后，即受到许多读者的关心和爱护。在华东 7 省市党史资料征集工作会议之后，刘瑞龙根据同志们提出的一些意见和初版问世后党史资料征集研究工作的成果，又作了若干修订，出了 1986 年修订本。

四

刘瑞龙对编写《回忆红十四军》的基本要求，就是他在《后记》中所说的“力求不谬于史实，并力求符合党性与科学性结合的原则”。两个“力求”在整个编写、修订过程中都认真地贯彻了。

首先，是严格地求实存真。如前所述，在编写《回忆红十四军》的全过程中，较大的调查整理和修订活动有 3 次。前后直接参与协助工作的、参加过当年斗争的老同志和编校人员，总共约有 40 人。凡重要史实，红十四军的重大活动，几乎都经过反复查对。《回忆红十四军》所用史料，大致有以下几方面来源：一、作者的亲身经历和耳闻目睹；二、战友提供的回忆；三、档案馆有关材料；四、敌区报刊资料；五、编校人员的调查访问，对重要事实的查核，务求究竟，只有当来源不同的几方面的材料印证合拍时，刘老才表示放心。

比如何坤军长牺牲的日期，即红军二打老户庄的时间，原来的几种稿本都记为“1930年4月16日”。但1979年以后有同志在如皋作了调查之后提出了不同意见，认为应是5月3日（农历四月初五）。理由是：一、有位烈士家属说，他家每年四月初五要“烧忌日”纪念烈士，这位烈士是在打老户庄时与军长一起牺牲的；二、1979年2月发表于《群众》上的《通、海、如、泰起义与红十四军》一文，说5月1日在贲家巷召开了建军大会。如、泰一带的老人现在还记得军长参加了大会。据此，军长于4月16日牺牲的说法似不能成立。刘老嘱我们再作查考。

我们请教了曾任红十四军五营政委的周方，周老的答复是：军长参加并主持贲家巷大会和不久牺牲于老户庄均是事实，毋庸置疑。他说，贲家巷大会是在“清明节过了没有多久的日子召开的”，“天气还相当冷，有晨霜”；至于纪念红五月的五一大会，则是另一次活动，是在军长牺牲之后举行的。这里，周老的回忆与刘老1962年前的几种稿本所记相符。我们还查了敌区报刊资料，发现1930年4月21日上海《申报》有一段报道，说“十六日”，“有大股匪徒”“袭击老户庄”，“匪方并用机关枪向我军扫射”，“持枪之匪中弹倒毙，匪始不支向西而退”，“此役格毙……生擒……夺获手提机关枪一架……”据周方回忆，那时如、泰红军只有一架手提机关枪，由何坤军长随身带着使用。这样，对于军长牺牲的时间、地点、情节，老同志的记忆与敌方报道是完全相符的，应该肯定1962年稿本所记无误。至于如皋那位烈士的忌日为5月3日，也是完全可能的。因为1930年5月10日《申报、地方通讯》报道了5月3日在老户庄地区又发生了一次战斗，我方死伤有数十人。但这是何军长牺牲之后的事了。这就可以肯定：建军大会召开于4月上旬；军长牺牲于4月16日；五一前后游击区各地有群众大会，开展迎接红五月的活动。

刘老还十分重视向当地群众和干部调查研究、征求意见。例如，红十四军在1930年5月曾发动过有名的“汤家苴战斗”。但我们原来对“汤家苴”与“汤家沟”两个地名因概念不清而常混用。后经海门的同志指出，才知道“汤家苴”专指汤姓地主的庄园，而汤家沟则是许多穷苦农民居住的地方。红军和赤卫队攻打的是“汤家苴”，而地主报复烧房子，则在汤家沟。这就使稿本中的差错得以纠正。其次，是注意党、人民、集体在革命斗争中的伟大作用，歌颂为革命事业献身的众多烈士。

《回忆红十四军》对八七会议后党对通、海、如、泰地区工作的加强和贯彻六大决议，都作了较为翔实的记载，尤其对刘瑞龙多次亲自参加的省委和特委的有关会议及其贯彻执行情况的叙述，其来龙去脉，更为清晰。党的领导是全书的一条主要线索。《回忆红十四军》从“人民要求革命”开始，深刻地揭示了当时的阶级矛盾和贫苦农民强烈的革命要求，则充分说明了共产党领导的通、海、如、泰起义和红十四军的斗争的历史的必然性。它寓论于史，除了在《前言》和后附的《关于红十四军研究中的几个问题》中简要地探讨了历史评价、经验教训和失败原因以外，全书主要是叙事。但在大量的史实中蕴涵着历史唯物主义的光辉思想，能给人以深刻的教育。刘老认为，应该学习马克思对待巴黎公社伟大斗争的态度，写好《回忆红十四军》。

对众多烈士献身精神的颂扬，表现了作者深沉的革命情谊。《踏着血迹前进》一章热情地赞扬了农民、工人和知识分子的战斗风貌，一口气列出了58位烈士的姓名。最后，在《附录》中又为30多位烈士写了《传略》。在审定烈士传略时，刘老还约请在京的几位烈士子女与编校人员一起讨论内容、推敲文字。有一次，对一位烈士的一段重要经历，为了探求精当的文字表达，一百来字竟用了两个小时。

与对革命烈士的颂扬成鲜明对比的，是刘老绝少谈论他自己在斗争中的作用。在记述了许多重大活动之后，往往只用“我也参加了”数字表示他也亲身经历了此事，这在一般个人回忆录中颇为少见。

最后，是坚持不懈地修订。《回忆红十四军》单行本的出版，已经过了多次的修订。但1986年修订本出版之后，党史资料工作者根据搜集到的材料，对个别事件发生时间又提出了疑问。对此，刘老十分重视，立即将自己一生经历排成简表，寄给有关同志查考，并肯定了他们提出的疑问和看法，明确表示自己的记忆有误。当有同志提出，根据档案，省委曾有由刘瑞龙负责召集通、海特委的指示时，刘老坦然地回答：“省委原有此意，但后来考虑到李超时更强些，故改由超时主持工作。”刘老的谦逊精神和对史实的明确态度，给党史工作者留下了难忘的印象。他在1986年10月写成的《战斗在敌人的腹心地区——忆通、海、如、泰红十四军游击运动》一文的“说明”中写道：这篇文章“由于得到党史工作者提供的史料和有关档案，订正了《回忆红十四军》（初版和再版）中对个别事实的记忆失误，特此谨表谢意”。

需要指出，个别同志曾因《回忆红十四军》所记的个别事实有差错而怀疑其总体上的史料价值，这实在是不必要的。史学工作者都懂得，要求史学家在治史中没有任何错误，是不现实的。举个浅近的例子，党史上的重大事件之一中共一大召开的时间，是在党的十一届三中全会之后才搞明确的。

编校组的同志出差到北京时，在中央党校遇到了一位抗战时期在淮北曾在刘老领导下工作过的老同志，他谈了跟随刘老工作的体会：有成绩是大家的，有缺点刘瑞龙会包下来。刘老严于律己，宽以待人，谦逊、勤恳、朴实、严谨的作风，是足以使后人敬仰的。我们感到，能在他直接指导下参加《回忆红十四军》编校工作，也是平生一件幸事。

怀念刘瑞龙同志*

黄一良

（2005 年）

我初次见到刘瑞龙同志是在 1980 年年初。当时，大地回春，全国拨乱反正。中共南通地委，作为红十四军诞生地的党组织，受刘老委托，指派了几位同志，参加了他的《回忆红十四军》编校组。我和江焕如都在其内。这样，在几年当中，多次往返于南通、北京，得以亲身感受到他严以律己，宽厚待人，谦逊、勤恳、朴实、严谨的感人风格和对后辈循循善诱、殷切期待的教诲。《回忆红十四军》1981 年由江苏人民出版社正式出版，得到党史学界的重视。

1988 年夏，在得悉刘老不幸病逝于广州的消息后，我们悲痛异常。为了纪念本地区这位杰出的无产阶级革命家，与几位同志共同商议，打算写一篇记述刘老生平事迹的传纪。此事立即得到江彤（刘瑞龙夫人）及其子女的同意和支持。江彤还提供了刘老生前留下的大量珍贵材料，作为我们编写传纪的依据和参考。《刘瑞龙》完稿之后，经中央文献研究室金冲及审阅，发表于《党史人物传》第 54 卷（1994 年 5 月版）。我们则通过人物传的编写，了解到刘老生平的方方面面，受到了更多的教育。

今年是刘老诞辰 95 周年，我们回忆在他指导下进行工作的感受和从他的许多事迹中受到的教育，深深怀念这位令人尊敬的无产阶级革命家。

严谨治史　求实存真

在具有重要史料价值的《回忆红十四军》出版之前，人们对红十四军的历史地位及其重要意义，还缺乏比较一致的认识和正确公允的评价，刘瑞龙为此做了大量的工作。

刘瑞龙有个良好习惯，就是勤写笔记、日记和保存资料。革命战争年代，

---

*　本文原载于《南通今古》2005 年第 6 期。

他就不辞辛劳，把参加过的会议、来往电报、文件等资料，尽力保存。他宁可丢掉衣物和其他生活用品，也要保存资料。全国解放后，他在上海任市委秘书长、华东局农委书记时，就想把过去艰难战斗岁月的经历整理下来，并为此深入调研，征集史料，加以保存。他还得到当时解放日报社长恽逸群的帮助，搜集和摘抄到解放前《新闻报》、《申报》、《中央日报》等报刊登载的大量有关通、海、如、泰起义和红十四军斗争的反面报道，进行查对。因为这对确定某些重要事件发生的时间、地点和过程往往也很有作用。

“文革”时期，刘老被非法关押多年。在狱中，他构思列出了《回忆红十四军》的写作提纲，所用的是从垃圾堆里捡来的烟盒包装纸。而对所征集到的史料，他坚持求实存真，辨明真假。如1984年秋，南通三余有一位老同志写材料反映1928年春，王若飞来东乡巡视的情况，刘老审阅后，以事实纠正了不实之辞，并教育党史工作人员，不能偏听偏信，必须追根究源。为核实何坤军长牺牲的确切日期，他曾要我们认真查实，不可以讹传讹。庄奂整理的《南通县早期的农民运动》请他审阅时，他在“建立苏维埃政权活动”的“活动”之前加了“宣传”两字，恰如其分地反映了当时的真实情况。

刘老为人极为谦虚谨慎，在他的回忆文章中，很难找到宣扬自己的话语。但他的丰功伟绩，永远牢记在人民的心中。记得1979年秋，我们在海门县委的帮助下，找到了50年前参加过红十四军农民武装斗争运动的幸存赤卫队员、农会会员10余人，开了一个座谈会。好几位年近80的老人兴奋地讲述自己的亲身经历。家住王浩乡的季国清老人，还唱起刘老当年作词的一首通东号子。当2003年《刘瑞龙诗稿》出版时，我们惊喜地发现，《诗稿》中的第一首诗《农民歌》（1929）的歌词与季国清所唱的几乎一样。

《回忆红十四军》于20世纪80年代初出版后，党史工作人员在征集史料和查阅档案时发现书中所记的个别时间与事实有些出入。刘老立即一一记录下来，并在1986年他的《战斗在敌人的腹心地区——忆通、海、如、泰地区红十四军游击运动》一文中加以订正。

作风唯实　求实务实

刘老在华东局和国家农业部担任领导工作后，他身体力行，深入基层调研，踏踏实实与农民打成一片。每到一处，他总是轻车简从，到田间地头勤问、细看、多记。他深知，只有熟悉一线老百姓的情况，才能有的放矢，对症下药，找到解决问题的办法。

1959年夏，刘老来到陆洪闸，向陪同人员要了一辆自行车。每到一个生产队，就下车和农民一起劳动，并问长问短，了解农民生活、生产等情况。

对形式主义，刘老十分厌恶。1964年6月，他在《做好农业生产中的思想政治工作》一文中对比学赶帮运动中的形式主义再次提出严厉批评："没有学到窍门，而只学到形式，效果不大……对先进单位的参观、访问、调查要加以控制，不要把他们忙得不可开交……对这些先进单位和劳模，要订出具体保护办法。"这种求真务实的工作作风，值得我们学习。

粉碎"四人帮"后，刘瑞龙同志得到彻底平反，调回农业部工作。虽然年事已高，但求实务实的作风不仅没有改变，而且思考的问题更深刻，积累的经验也更为丰富了。1980年夏，刘老对南通、盐城商品棉农业基地8个县进行了为期40天的调研。他采取边看、边听、边座谈讨论的方式，了解当地的农业生产和农民生活状况。他敏锐地关注到要改变过去农业中的单一经营，把农村大量剩余劳动力转移到多种经营广阔天地中去。他深知农村改革的最根本任务就是发展生产力，引导农民勤劳致富。在调查中他提到了发展瓜果、药材、刺绣、红木加工、滩涂开发等项目。现在，经过20多年的发展，已有很多项目在全国闻名。例如，沿海300多万亩的滩涂养殖，盛产文蛤、鳗鱼、海蟹、对虾、紫菜；如皋的花木盆景基地；海门的叠石桥绣品城、红木加工雕刻等，这些都与当年刘老的指导、弘扬有关。

追寻真理　求实求是

刘瑞龙，1910年10月3日出生于南通陆洪闸镇上的一个没落小地主兼商人的家庭。他14岁考入了南通师范，开始接触到当时的一些社会思潮，并受到国内革命运动的影响。起初，一度流行于学校师生中的"实业救国"思想，对他有过一定的影响。后来，他参加了进步学生团体"晨光社"的一些活动。不久，我党早期革命活动家恽代英与"晨光社"建立了联系，进行了学习马克思主义和宣传三民主义的活动。他一度也认为孙中山的三民主义是救国的良方，但最后还是选择了马克思主义。

刘瑞龙直接接触到马克思主义的思想是靠他的表姐和表姐夫恽子强的帮助，子强是代英同志的胞弟，他俩在南京高等师范时，在代英同志的教育帮助下先后参加了中国共产党。刘瑞龙则在表姐家开始读到了《共产党宣言》、《共产主义ABC》、《社会进化简史》以及《团刊》、《中国青年》等多种进步书刊。他常常得到表姐、表姐夫的帮助和讲解，如饥似渴地接受了马克思主义的思想理论教育，感觉它比三民主义完整、科学。北伐战争开始，在革命形势高涨的推动下，他参加了爱国学生运动，进行了宣传革命和组织农民协会的活动。1926年，加入了共产主义青年团。刘瑞龙于1927年9月，经省委特派员陆景槐的介绍，转入了中国共产党。1929年11月，刘瑞龙担任南通县委书记。不久，他参加领导了红十四军工作。

1930年9月，红十四军失败，刘瑞龙奉调去上海参加江苏省委工作。他和李超时军长参加了当时召开的省委扩大会议，并回顾、总结了红十四军游击运动的经验教训。认识到红十四军失败的主要原因是敌强我弱、经验不足和“立三路线”的影响。

1934年，刘瑞龙参加了举世闻名的长征。在长征途中，朱德、刘伯承、徐向前等同志同张国焘分裂党、分裂红军的罪行所进行的斗争，使他受到了深刻的教育。以后，他在西路军西征失败后又遭国民党逮捕。在狱中，他坚贞不屈，改姓换名，隐瞒了真实身份，并建立狱中秘密党支部，与敌人斗争。不久，抗日战争开始，经组织营救，由八路军兰州办事处安排回到了延安，进中央党校学习。

新中国成立后，刘瑞龙主要是领导农村的土地改革和农业生产。从全国实行土地改革，农民获得土地所有权，到互助组、初级社、高级社、人民公社，再到党的十一届三中全会后的农村经济体制改革，完成联产承包责任制，农村商品经济的发展，以及传统农业向现代化农业的转化，在这一漫长的历史过程中，刘瑞龙坚持实事求是、按客观经济规律办事，并同“左”的错误进行了不懈的斗争。

1953年12月，他在农业工作会议上提出，要防止两种偏向：一方面要反对安于小农经济的右的思想；另一方面也要防止超过群众觉悟和可能条件，要求过高、过猛，盲目冒进的“左”的偏向。1956年农村合作化期间，刘老要求生产合作社搞好生产组织和经营管理，实行包工包产，建立生产责任制，保证90%的农民增加收入。他要求没有实行包工包产和劳动定额的合作社迅速扭转混乱现象。对有些地区，有些农村干部把大量人力、物力、财力用到非生产建设上的浪费现象提出了严厉的批评，并对加重农民负担的非生产性劳动多、脱产干部多等现象予以纠正。这可以说是最早提出的打破“大锅饭”，减轻农民负担的举措。刘老在曾任中共中央农村工作部部长、国务院副总理邓子恢领导下工作，前后长达16年之久。他顶住压力，赞同邓子恢提出的尊重生产队自主权、保留小自由……在农业生产中建立包括包产到户在内的各种联产承包责任制的提法。1964 年 6 月，在苏州地委扩大会议上他表达了自己的鲜明立场：既要坚持维护和发展集体经济，又要对自留地、家庭副业，正确地按政策办事。不要一讲集体多种经营就马上来个平调，把社员自留地收起来，这是万万做不得的。

“文化大革命”开始时，刘瑞龙受到很大冲击，但他仍然牢记党和人民交给他的职责，义无反顾地抓农业生产。他带领南方 13 个省主管农业的副省长到江苏、浙江召开水稻现场会。会上一位同志告诉他，各级领导干部被“冲”得不能出来工作，再这样闹下去，明年丰收无望了。刘老深思片刻后坚定地说：“不管什么困难，农业生产一定要抓好，群众要吃饭呀！请把我的精神转告你们省委。”

今天我们怀着十分崇敬的心情，回忆刘老的一些生平事迹。深深感到，追寻真理、求实存真、唯实务实、求实求是，是贯穿他一生的品德和风格。这也正是他留给我们的最珍贵的精神遗产，值得我们永远继承、学习！

忆刘瑞龙

王文德①

（2010 年）

刘瑞龙同志已经离开我们整整 22 年了。在新中国农业战线的卓越领导人中，刘瑞龙的名字以其不朽的业绩和鞠躬尽瘁于“三农”事业的高风亮节，彪炳史册，永远被后人怀念。

当刘瑞龙诞辰一百周年之际，缅怀他为社会主义现代农业建设事业孜孜不倦忘我工作精神，历数他为中国农业无私奉献的累累硕果，缅怀他密切联系群众、善于调查研究、坚持实事求是、深入农村基层、一贯坚持群众路线的彻底唯物主义精神，备觉受益有加，感人至深，光照后人！

在 1978～1982 年，也就是刘瑞龙在“文革”中遭受迫害得到彻底平反后，重新回到工作岗位、恢复正常工作的最初几年里，我有幸跟随他担任秘书工作。当时，我们都尊敬地称他为刘老。抚今追昔，感念良多。

严于律己，坚持革命传统

那是 1981 年 5 月，我随同刘老南行调查农业生产情况。第一站是上海。这是“文革”前夕，他就任华东局农业委员会党委书记的地方。我们的任务是调查上海市郊区的农业生产情况。上海市委接待我们的同志，看到当年的老首长不辞辛劳、带着一种特殊的感情，长途跋涉来关心和指导上海市的农业工作，接待特别热忱。在我们到达之前，就对我们的下榻处所、工作日程做了周详的安排。一下火车，就把我们迎接到了衡山饭店。这里的服务质量和治安环境都很好，也是南京军区司令员许世友常来下榻的地方。农委同志为了照顾我们的活动方便，特地为刘老安排了一间 40 多平方米的大套房，有宽敞的会客室和卧室。我和另外一个随行调研的同志被安排在靠套房的普通房间里。

市农委同志陪同我们入住套房以后，我感到很满意：那个宽敞的会客室不

① 王文德，1978 年至 1982 年任刘瑞龙秘书，并曾任农业部乡镇企业发展中心主任。

仅仅便于接待客人，而且很适合召开小型的座谈会。可是，大伙各自落座在沙发上以后，半杯茶没喝完的工夫，刘老就悄悄对我说："你去问问，这么好的房间一天要花多少房租。"

按照刘老的要求，我从会客室脱身到服务台，问明了情况。日房租是28元。这个价码，是政府规定的内部接待标准。当时国家规定部级干部住房报销标准是每天15元。在我看来，虽然在当时这是比较高的接待规格，但是对于年逾七旬的原华东局农委书记这样资深的老一代革命家，作出这样的接待安排，于情于理都是适当的，没有任何过分之处。而且，我们在来沪前与上海市委电话联系中，对接待规格并没有提任何要求。

可是，刘老一听每天28元的房价，就再也坐不住了。他当场向上海农委的同志提出：我们不住这么大的房间，一定要调换一个普通的房间。

市农委同志一听就明白，刘老可能是嫌房间费用太高，就劝解道："您是来工作，免不了要召集地方同志谈话、座谈，住在这里，既方便起居，又便利工作，这个房间是很合适的。房租费用您就不用操这份心了，市委领导都有明确交代。"

市农委同志的一番话，说来说去，还是执意让我们在这个早已安排好的地方住下。刘老是理解地方同志对他的一片情感的，但是他更注重的还是共产党高级干部的表率作用和艰苦朴素的优良传统。两难之间，刘老提出了一条万全之计，他说："今天我就不住在这里了，让我的秘书他们住在这里，我要到一个亲戚家住两天，以便工作之余多了解点社会情况。"就这样，我们在衡山饭店停留不到一个小时的工夫，就离开了那里，到刘老亲戚家去了。

后来，地方同志只好降低接待标准，把我们安排在上海市委招待所。

这次出差调查的沿途中，刘老几次提到住衡山饭店这件事，很认真地说："住那么高级的房间，我们不能摆那个阔气；花那么多钱开销房租，我们不能开这个先例！"

一次，我们在南方调查社队企业时（注：即当时的公社或大队办的工副业），刘老的身体尚未完全康复，他的夫人江彤同志随同照料他的生活。我们到了一个社办针织厂参观考察，这个厂的管理方式、生产秩序、产品质量、销售情况都很有特色。刘老不停地称赞和鼓励他们：进一步树立远大发展目标，狠抓技术改造，争取更大成就。在这个厂生产的产品中，有一种叫"套帕"的产品，是把多种手帕的花色、款式进行精心设计，巧妙组合，十块手帕组成一套。刘老看后分外高兴，称赞这一产品是融实用性与艺术性为一体的产品，很有生活创意。他鼓励该厂技术人员把产品打入上海、北京等大城市，而且还要有勇气打入国际市场，出口创汇。该厂陪同我们的负责人和技术人员听着刘老的建议，很受鼓舞。当他们得知刘老的夫人江彤同志曾担任上海纺织机械工业公司副经理兼党委副书记时，很为一位业内领导的参观指导感到高兴，一定要送一件“套帕”给她留念，请她通过实际使用，对改进和提升产品质量给予指导。

江彤同志很讲原则、平易近人，是一个对自己要求很严的老干部，她婉言谢绝了。谁也没想到，就在我们离开该厂时，我们乘坐的车子上早已放进了一套包装整齐的“套帕”。江彤同志看到这种情况，坚持退给厂方，但厂方负责人执意不从。出于不伤厂方的盛情，她有些犯难地同刘老和我们几个人商量说：“是不是可以给厂方 5 元钱买下来？”实际上，5 元钱已超过当时这套手帕的市场价格。刘老一听，很不高兴地冲我们说：“多少钱也不能要！我们怎么能在这里随便买东西？这是纪律！”在场者面对一位革命老同志的严肃态度，都哑口无言了，厂方也只好收回了礼物。

回到招待所后，我们议论起刘老在厂里的批评。江彤说：“他这个人，事事讲原则。三年困难时期，他到北京市郊区调查蔬菜生产，临告别时菜区同志悄悄放在车子上一捆大葱。车子走了很远，司机告诉了他这件事，他硬是当场让司机开车拐回去，把这捆大葱退掉。”

以天下为己任，无私奉献

凡是在工作上与刘老有过接触的人，无不对他兢兢业业、勤勤恳恳、一丝不苟、不知疲倦的忘我工作精神深深敬佩。平时，刘老办事效率很高，可又总是看到他整天有忙不完的工作。其中一个很重要的原因，就是他以天下为己任，全心全意当人民的公仆：凡是在工作中他发现的问题，不管是否归他主管，总要弄个水落石出，然后向有关部门提出具体的处理意见或建议；一些涉及社会性的问题，他在调查了解清楚以后，均向中央领导部门作出及时反馈。同时，他还十分重视亲自处理人民群众的来信来访，不失一切机会处处倾听群众呼声。在我跟随他从事秘书工作期间，常常遇到他为一封重要的群众来信，或者对某个具体的人落实政策、解决问题的事情，不厌其烦地让秘书写信、打电话，有时还直接出面，向有关地方政府部门催问、督办，直到问题解决。他的这种心系国计民生，紧密联系群众，关心民众疾苦，认真负责的工作作风，使我深受教益。

在日常工作中，他为了国家和人民的事业不辞劳苦、向疲劳作斗争，常常使他因过度劳累而导致健康状况的波动。对此，他自己心里很明白，有时体力有所不支，身边工作人员从他精神上也可以观察出来。可是，他怕别人劝他休息，总是把自己的疲劳掩盖起来，以致经常是手中拿着文件，就倚在沙发上或电视机前睡着了。这时，当别人劝他休息，他会马上振作起来，微笑着说："我这么睡了一会儿，精神得到恢复，很好！很好！"然后便接着去办那些他认为必须当天要办完的事情。

刘老在谈到他的工作习惯时，经常对我说："我的办法是，当天的事情当天办；两天可以办完的事情，就不拖到第三天。在工作上欠账，不那么好受！"他的这种工作精神，也启发和教育了我，因此能够比较满意地适应了他的工作特点。

1979年他恢复工作时，因为刚从监护他的劳教所中解放出来，体质很弱。但他一回到工作岗位，便忘记了过去，忘记了身上尚需医治的疾患，如饥似渴地勤奋工作起来，把个人的苦乐安危置于脑后。当时，他为了研究摆在我国农业面前的一个迫切课题——关于我国农业自然资源调查和农业现代化问题，硬是撑着虚弱的身体，不顾心脏和血压不时出现的不良反应，每天都尽量加大工作时间，不是翻阅大量的图书资料，就是找来一些专家和有关方面的领导干部，在一起研究、讨论。有时，一天之间，要在他家开三次座谈会。

为了这个课题，有一天中午，他大约休息了个把小时，起床后，一直不停地忙了一个下午。晚饭后，他说："今天疲劳了，洗洗澡，我准备休息，明天我们还要像今天这样，多出点活，再找几个人来议一次，集思广益。"可是，说是洗澡，10多分钟他就洗完了。他叫住我，显得格外兴奋地说："我想到很多问题。来，我说，你记。"当我把他口述的内容记录完毕以后，他又仔仔细细地一边看，一边改，然后又交代我把记录稿整理誊清一遍，一篇重要论文的明细提纲当场定了下来。他一边看，一边高兴地说："好的，好的！今天晚上成绩不小！"这就是后来公开发表的重要论文《试论农业自然资源调查和我国农业现代化》的纲要。

在工作中，刘老一贯十分刻苦，他不顾自己的身体，但对身边工作人员的休息和健康却特别关心。我们把提纲写出后已经是晚上10点多钟了，我向刘老告退，准备回我在农业部的宿舍休息。这段路程乘公交车需要40多分钟。刘老说："太晚了，今晚你就不要走了，在这里休息。"我知道他家没有多余的房间，坚持不肯留住。刘老说，房间安排好了，不准走了。原来，他为安排我留住，特地让他的三女儿延宁把房间临时让了出来。

晚上，留住在刘老家，我看到房间里有一个小办公桌，就打算在上面把那份改得密密麻麻的提纲誊清和润色一遍，第二天一早提供给刘老。

我坐下来刚刚誊写了一页多稿纸，刘老就来到我房间，催我休息。我把打算告诉了他，他听后带着批评的语气说："你要注意身体，不休息怎么能行？今天休息好，是为了明天工作好！"我答应把手下的一段文字誊完就休息，他才走出门去。可他刚出门口，却又转回到我面前，从桌子上把那份我正在誊写的提纲，连同他做了重点批注的参考材料，全部拿到手里，冲我诙谐地说："现在是没收生产资料，勒令你休息！"说罢，他这才放心地笑呵呵走出房间。

就是在"文革"中他被非法监护的岁月里，也丝毫没能动摇他"革命工作第一"的信条。在被监护的劳教所中，他不仅重新通读了《资本论》及其他马列原著，写下了30余万字的读书笔记。在1980～1981年相继出版的《农业"八字宪法"浅说》、《回忆红十四军》两部著作，都是在"文革"中受迫害，在牢房里构思成熟，并在环境、条件极艰难的情况下，写出了详细的提纲、目录、章节、基本内容提要。特别是《农业"八字宪法"浅说》这部著作，初稿就是在牢房里写成的。其艰难程度、刘老为此费尽心机所倾注的心血，是一般人所难以想象得到的。当我第一眼看到他拿给我的《农业"八字宪法"浅说》一书的初稿时，我惊呆了。这哪里是什么稿件，分明是一捆脏兮兮的破垃圾纸！打开仔细一看，都是一些残缺不全、破烂不堪的烟盒纸，每一小捆就是一个章节的内容，一部《农业"八字宪法"浅说》的全部内容都写在这些旧烟盒纸的上面。看着这写得密密麻麻的烟纸文稿，我有些好奇地问刘老："您不抽烟，哪里搞来这样多的烟盒纸？"刘老笑了笑，不无感慨地对我说："这里边可有个故事哩！我讲给你听。"

"我当时决心写《农业"八字宪法"浅说》，最大的困难是没有纸。决心已定，办法总能找到的。一张烟盒纸打开以后，背面没有图案，没有字，就可以在上边写不少字。在我们每周两次放风的地方，有个垃圾堆，每次都看到里面有不少旧烟盒。我去捡了几个，放风的监管并不干涉，我就找到了办法：用它们当稿纸，就解决了没有稿纸的问题。来之不易呀！它们都是我利用放风的机会捡来的。当时我已经戒了烟，可是为了写这本书，有时也要买几包烟抽抽，可以得到急需的烟盒。"

听着刘老讲的这段往事，他蹲在牢房里还能把个人得失荣辱置之度外，为中国农业事业而执著奋斗、百折不挠，实在是太感人、太值得我们后来人崇敬了！

还值得一提的是，在那样艰难和受到人身限制的情况下，用烟盒纸做稿纸写书的办法，也许只有刘老能做到。他的字非常小，字距、行距密集不堪，在一张烟盒纸上，有时能写600多字，大大地节省了那些来之不易、不可多得的烟盒纸。刘老写的草稿，在农业部里，能从容认读下来的人屈指可数。有人说，他写的草字是“虫书”，有人说是“蝇头小楷”，有人说，是他做记录用的自创体，他自己认识，别人很难认识。其实，这些都是误解。他的草字是有规律可循的，只要摸到规律，不认识就转化为认识了。刘老的草字，基本是遵循草书诀的规范写出来的，所以懂草书就认得刘老的草稿。刘老楷书、隶书、板桥体都写得很有个性特色。他还告诉过我，“草书”是历史上上流文人互相交流和把玩的一种书法艺术。言外之意，不涉猎这个领域，就不可能识草书、知草书。据我所见，他生前还经常和将军书法家张爱萍切磋书法艺术。正是这个原因，他在世时，农业部和社会上许多单位、个人都乐于求刘老的墨宝。

1988年1月，《农村财务会计》（月刊）创刊30周年，编辑部组织庆典活动，恳请刘老为创刊30周年纪念题词，以示鼓励和指导。事有不巧，当时刘老正在友谊医院住院医病。我们就借到医院看望的机会，带着拟好的题词内容，希望他在方便时给予题写。我们到友谊医院刘老住院的房间时，他刚从床上起来，准备用餐。他看到我带着编辑部的同志来看望他时，非常高兴。我这时已不在他身边工作了，他还是和以前一样，一见面就是谈工作，不等我说几句话，便关切地问起我的工作情况来。当我说明请他为《农村财务会计》题词的来意后，刘老立刻就兴奋起来了。他说：“当年邓（子恢）老担任苏维埃中央政府财政部长，就一向十分重视财务管理工作。1958年，邓老提议创办这个刊物，是有远见的，我是积极支持者。现在，需要你们把这本刊物越办越好，发挥它更大的宣传指导作用。”由于怕影响刘老用餐，我把拟好的题词内容放到他的写字台上供他参考，准备告辞，并约好题词写好后我们再来取。可谁也没想到，刘老在病中还是说干就干，老脾气丝毫不减，他非常干脆地说：“推迟一下吃饭时间，现在就写，你们不要再来回跑了。”刘老展开纸墨，看着我们提供给他的题词内容，感到不大合符他的意思，就颤抖着手，在原稿上东勾西画地改了起来，直到他把改好的内容满意地念给我们听后，才欣然挥毫，一气呵成，写下了“深化农村改革，发扬农村经济民主，努力提高乡村会计素质，做到农民事业心中有数，为社会主义农业现代化服务”。这深含指导意义的题词，一直在指导着《农村财务会计》办刊事业的不断前进和提高。

拿到题词，我们与他和正在医院陪护的江彤同志握别的时候，我看到茶几上放着厚厚的两摞文稿。我知道，刘老即使躺在病床上，也没有停止和放松对中国农史学文稿的撰写和审阅工作。

严肃认真的调查研究精神

刘老在调查研究工作上的严肃认真、一丝不苟精神，在农业部，在党内都是出了名的。我每一次随同他到基层调查研究，出发前他都要求我针对调研题目，搞一个专门的笔记本，要求我天天都要记。我问他："坐在火车上，或是这一天没有调查座谈的情况，可以不记吧?"他说："那也要记，不座谈、不下乡的时候，就写日志，我们花着经费下来，每天都要有收获，自己给自己记下来，今天干什么了？这叫自己监督自己的工作。"他这么要求我，首先是他自己多年如一日就这么坚持下来的。在刘老的笔记本里，有不少日志一类的本子。在整理材料时每每翻阅起来，都能学习到调查研究的方法和对问题的认识角度、分析问题的深度和广度，所带给我的启发都令人难忘，使我大受裨益。

在调研工作上，刘老还有一个一般人很难坚持的好习惯，那就是一天的调查座谈结束后，他都要我和他核对当天的笔记。有几次座谈，我记，他也记。在记的过程中，我对于那些与座谈主题无关的发言内容，都采取略记的办法。这可能与我过去工作中写会议简报形成的习惯记录方式有关，自以为正确。可是在和刘老核对笔记时，他发现我许多细节没有记上，总是认真地对我说："不要怕麻烦，记得越全越好，都有用，搞调查，我是主张有言必录的。"对于刘老的这个要求，我开始总是不愿意接受，甚至认为有些烦琐。时间长了，写报告或写文章时，往往需要从过去的调查素材中提取一些佐证或丰富内容的片段资料，有些是当时调查中看似无关紧要的小事情，或人物、地点、数据，恰恰变成了最需要援引的内容。那时不像现在通讯发达，与被调查方沟通核对很困难。在和刘老写材料时，我经常为过去调查过的一个具体事、某个人的一些话没有记下来而感到遗憾，深为没学好刘老传授的经验而惭愧。当然，把调查的现场记录做得准确、全面、细致，也是需要长期刻苦努力训练的。在农业部老干部中，把部领导开大会或传达文件时，"廖（鲁言）部长传达精神，刘（瑞龙）部长传达内容"引为美谈，说明刘老这一工作精神，影响了许多人、教育培养了许多善于调查研究、精于调查研究的优秀干部。他永远是我学习的榜样。

只有认真的调查研究精神，才能看到问题症结；只有实事求是的分析，不唯上，不唯书，只唯实，才能揭示事物的本质，以正确的办法、冷静的思辨，发现问题、解决问题。但是，这并不是任何人都可以做到的。在我随刘老解决调查研究中问题的过程中，常常会遇到一些认识不到位，因而不同意刘老意见的情况，甚至有些同志还说一些泼冷水的话，劝阻刘老不要过问。每次遇到这种情况，刘老都是对我说："事十八九不随心，莫管他人一二三"，以此来鼓励我学习实事求是、解决实际问题、敢于讲真话的共产党人优良传统。

20 世纪 80 年代初，包产到户（后来统称为农业联产承包责任制）这一农业生产方式的重大变革，曾经在党内和社会上引发了空前活跃的思想争论。当时，对于那些长期农业产粮上不去、农业集体经济落后的老少边穷地区实行包产到户，并没有多大争论，而对于要在全国一刀切全面推行包产到户的主张，则争论非常激烈，分歧也是严重的。对此，作为一位资深农业部副部长、老农业专家的刘老，显得格外关注。那个时候，他身体健康状况欠佳，正在静养休息。但他不顾自己的身体，以天下为己任的高风亮节丝毫不减。

1982 年的一天，刘老通知我到他家去，向他汇报让我调查的农民和农村干部对实行包产到户的态度及其具体做法。见到刘老后，我按事先他的要求，全面汇报了我在河北保定地区、河南许昌地区了解到的包产到户情况。在具体做法上，有大队、小队留土地作为集体经营的部分，其余都包给各家各户的；有全部分到农户，大队、小队集体都不留地的；有维持原集体经济格局、不搞包产到户的；有把低产田、撂荒地分给农户，好地仍集体经营的，五花八门……

这次汇报给我印象最深的是，在我汇报到"穷队愿意包，富队不愿意包；劳动力多的家庭愿意包，劳动力少的不愿意包；群众愿意包，干部不愿意包"这三种情况时，刘老听得非常认真，还要我就这三种情况都讲出"为什么"来。他一边听，一边问，一边记在本子上。我讲完后，他连连点头，满意地对我说："你的调查任务完成不错，在这里吃晚饭，奖励你喝杯酒再走！"

就在当晚吃饭的餐桌上，刘老的思维还陷入在我的汇报中。他边吃边说："你讲的三种情况，是普遍性问题，对每一种情况，在执行当中都需要具体分析、具体指导。这叫认识普遍性，尊重特殊性，科学解决。总之，分有分的好处，不分自有不分的道理。新中国农业建设经验，就是不能行政命令、一刀切，只能搞因地制宜、扬长避短、兴利除弊！"在饭桌上，刘老还若有所思地说道："30 年农业基础设施的建设与巩固，实践证明，还是要靠集体的力量，一家一户是办不了的。因此，不管叫包产到户也好，叫分田单干也好，只要符合生产力发展需要，都应该支持。而同时，农田基础设施的维护和巩固，只能加强，不能放弃，不管采取什么样经营方式，都要有利于促进和加快农业机械化和现代化步伐。”

后来，刘老就上述观点在不少场合加以阐发和倡导。由于他是农口具有影响力的元老之一，他的这种观点，也曾一度招来党内力主包产到户一刀切的同志的质疑和批评。我把听到的这些情况反映给他后，刘老只是微笑。他沉思良久，终于说道：“人类对自然的认识总是会有反复的，我们还是遵从历史的选择，接受历史的检验，这才是靠得住的。”谈完这件事后，刘老还欣然挥毫，为我抄录了陈毅元帅的“大雪压青松，青松挺且直。要知松高洁，待到雪化时”。我知道，他是在鼓励我学习坚持实事求是、坚持历史唯物主义的精神。

每每思考几十年农业改革发展的曲折历程，重温刘老的那番话，都愈发感到他在农业问题上的客观、冷静、远见卓识，也愈发感到格外亲切，特别受益。

诲人不倦的良师

在刘老身边工作过的同志，都有一个共同的感受，那就是在茶余饭后，向他请教问题或同他讨论某个问题，他是最高兴的。他总是逼着身边工作人员看书学习。他不仅根据不同时期的工作需要指定秘书要看些什么材料，读些什么书，收集些什么素材，注意研究什么样的问题，而且要求跟随他的司机也要学习一些业务知识，承担一部分文字抄写工作。他的这些要求，无异于在培养提高身边人员的素质。

20 世纪 50 年代初，他担任农业部常务副部长。当时许多干部都缺乏搞社会主义建设的理论知识和实践经验。他反对脱离农业生产力，空谈生产关系，在致力于抓生产力的发展和农业科学技术水平提高的同时，还特别重视用政策理论、业务能力、科学知识武装干部队伍。为此，他和副部长蔡子伟一道，组织了当时农业部的一些局级以上干部，组成业余学习研讨会，并亲自制订了学习规划：通读《资本论》等马列原著，精研苏联土壤学家威廉斯的《土壤学——农作学及土壤学原理》等农业基本理论著作。蔡子伟在回忆这段学习情况时曾说：“当时我们的学习会，瑞龙部长是带头学习得最好的，使参加学习的干部受到很多益处。有时候因为工作忙，就剩下我和他两个人了，他还是说，咱们照样学，不能放松。”

后来，刘老在谈到《农业“八字宪法”浅说》一书中他比较满意的章节时，感慨系之地说：“‘水’、‘土’、‘肥’那些章节，能写到这个样子，过去读威廉斯的《土壤学》是帮了大忙的!”刘老倾注心血的著述《农业“八字宪法”浅说》直到现在读来，仍觉具有很强的现实指导意义。

每逢跟随刘老外出调查，他总是喜欢就地针对实物向我提出一些关于植物、昆虫、病虫害包括水利等方面的问题。我不懂时，他就耐心地边看边向我解释。他常说：“搞农业，要善识山水鸟兽、鱼虫花木，全面认识大自然。凡是与农业有关的事情，要多听，多看，多记，这方面我是主张有言必录、好记性不如烂笔头、‘打破沙锅问到底’的，这叫处处留心皆学问。这样做好了，知识相对多了，不仅可以有效地指导我们的工作，而且还能够帮助我们及时地发现工作中的失误，有益于整个社会。”

我虽然跟随刘老工作时间不算长，但他那无产阶级革命家的崇高形象，刻苦治学、勤奋工作的严谨作风，已深深印在我的脑海里，他在半个多世纪革命征途上所建树的丰功伟绩，为社会留下了宝贵的财富，将永远光照后人。刘老无愧于我们后来者继承和发扬党的光荣传统的光辉楷模。

纪念刘瑞龙同志诞辰一百周年

——回忆在刘（瑞龙）老身边的日子

胡秋发[①]

（2010 年）

今年 10 月 3 日是刘瑞龙（以下尊称“刘老”）诞辰一百周年。他的音容笑貌、嘉言懿行、节操仪范、丰功伟绩、不朽精神，都牢牢记忆在我们心中。

一、初见刘老，和蔼、可亲终生难忘

1983 年 8 月 22 日，组织调我给刘老担任秘书工作。我到他身边的第二天，刘老和蔼、可亲地对我说，你要帮我做几件事情：一是我现在当选第六届全国人民代表大会常务委员会委员，两个月参加几天人大召开的常委会（1986 年 4 月，又任全国人大法律委员会委员），有一些事情要办，还要搞些农村调研；二是回忆红四方面军战史，即“难忘的征程”；三是过去有些党史的回忆；四是华东支前后勤工作资料汇编和日记稿的完善和出版工作；五是有一些老同志的回忆纪念文章以及来往的信件的处理；六是我还负责《中国大百科全书·农业》卷和《中国农业百科全书》总编辑委员会工作。你来我这里工作，相当于读“研究生”。我听着刘老交办的这些工作，一一记了下来，没有说什么，感到压力很大。心想，我刚刚从军队转业，虽然过去的工作性质与刘老的军事方面的回忆还有些接近，可这些也不是我亲自经历过的，不要说写，就是阅读和审稿也是需要费很大工夫的，更不要说其他的工作了。刘老可能看出了我的心思，他进一步说，没有关系，有什么看不清楚的地方可以问我，有些东西还是由我来写，这样我的心情才缓和了下来。回忆这段工作，刘老对事业的执著追求，一息尚存，仍在努力的奋斗精神，对我的教育很大，受益匪浅。

---

① 胡秋发，1983 年 8 月至 1987 年年底任刘瑞龙秘书，并曾任农业部经管总站体系建设处处长。

二、完成出版《华东支前后勤资料汇编》和《淮海渡江战役支前后勤日记》是刘老的最大心愿

在刘老的指导下，我开始着手审看和补充《淮海渡江战役支前后勤日记》稿。这部日记非同小可，这里记录了他在担任华东野战军第二副参谋长兼后勤司令、第三野战军后勤司令兼政委时，为淮海、渡江和解放上海等重大战役动员组织数百万民工支前的可歌可泣的真实历史。陈毅元帅说过："淮海战役的胜利，是解放区人民用小推车推出来的。"这是他对解放区人民支援前线的高度赞赏，以及对这位后勤司令兼政委的辛勤工作的肯定。《淮海渡江战役支前后勤日记》资料，是前任秘书梁雪峰集中抄写成册，刘老审定的。十年动乱初期在上海抄家未起前，刘老将资料存进华东局的机要室保密箱内，才免遭劫掠。回到北京后，又经前任秘书潘斌祥清抄两遍。在以上各方面的辛勤工作的基础上，我在刘老的指导下，再次进行了一些文字的修订和资料的补充。经过一段时间的努力，刘老先后通过中央党史出版社、《淮海战役史》编写组、《星火燎原》编辑部的同志对书稿进行编辑加工，于1985年8月，由解放军出版社出版发行。书出版后，刘老很不满意，一是书名不准确，把书名印成了《我的日记——淮海渡江战役支前部分》，把"后勤"这一表示重要内容的文字给去掉了；二是书中有一些错字；三是编辑部在《后记》中把我的名字也写进去了。此事，虽然是责任编辑在没有征求我们意见的情况下添加进去的，但我在此事上做的也有不太完善之处，对此我深感内疚。

此事办完后，下一步就着手《华东支前后勤资料汇编》的联系出版事宜。这部书稿资料非常珍贵，因它是由成千上万的先烈们用流血牺牲换来的；它对我们的党史、军史研究和部队建设具有重大作用，而且，刘老对华东支前后勤资料的精心收集和珍藏，经过了残酷的战争年代和动乱年代，倾注了大量心血。当时，上海市委书记江泽民深知这些资料的珍贵，他理解刘老保存、出版这些资料的急迫心情，因此十分关心这些资料的印刷出版工作。他让市委秘书长把这些资料调到了上海，准备印刷出版。但过了一段时间，再次询问印刷进展情况时，答复说负责党史出版工作的领导又把资料调回了北京。后几经周折，该书稿才在时任中央总书记和中央军委主席江泽民同志的关怀下编辑出版。江泽民总书记亲自题写书名，定为《第三野战军后勤文献资料选编》，该《资料选编》由张震副主席作序。该书的出版对我们的党史、军史研究和部队建设具有

重大作用，也是对成千上万为革命事业牺牲的先烈们的告慰和纪念。刘老虽然没有亲眼看到《第三野战军后勤文献资料选编》的出版，但九泉之下知道这资料出版，也会得以安慰的。

三、拖着病重的身体，仍坚持不懈地工作

除完成《淮海渡江战役支前后勤日记》、《华东支前后勤资料汇编》的整理、联系出版工作外，我还随刘老外出调研和参加人大常委会和每年一届的人民代表大会。由于刘老的身体患有多种疾病，我们是以搀扶人员陪他参加的。有时他脑供血不足，就两腿发软，浑身颤抖，到时必须有人把他扶住、抱紧，等血液供上脑部，才会恢复正常。这种情况我曾遇上过三次。刘老虽然患有多种疾病，仍然坚持不懈地工作着。为了落实党的十一届三中全会精神，了解改革开放后党在农村的各项政策落实的情况，刘老到长江三角洲各市、县、乡、村的基层及农民家中进行调查。他时刻都在思考着党和国家改革开放政策在农村中还存在什么新情况、新问题、需要怎么解决等一些大事。

记得 1983 年 9 月，我陪刘老出差，必须带上刘老每天服用的各种药品，准备工作都由江彤阿姨（我对刘老爱人的称呼，因她和我母亲同龄）来做。长期以来，刘老在她的细致调配服药和精心护理下，才保持着身体的安康。从北京出发，我们先是到江苏省无锡市参加“孙冶方经济理论研讨会”。研讨会还邀刘老发言，发言稿由刘老起草，后由我誊清，经过几次反复斟酌和修改，他用通俗易懂的简短文字表述了对农村发展经济的效益理论，如“农业经济要投入最小、最小的人力、物力；获得最大、最大收益”，和“人尽其才，物尽其用，地尽其利”。他的发言得到与会同志们的高度称赞，《南方日报》记者还专门采访了刘老，并将《学习孙冶方“最大最小”的观点，提高农业经济效益》的发言稿予以转载。原来刘老对这位经济学家孙冶方同志早就很敬佩，1983 年 2 月 22 日曾赋诗《纪念孙冶方同志》（详见《刘瑞龙诗稿》）。

会议结束，无锡市农工部同志来接刘老，并简单介绍了无锡市的基本情况，紧接着就安排他到江阴县乡村及农民家中进行调查。首先到了华西村了解农村的建设、农业生产和村工业的发展，农民收入等情况。当时的华西村经济发展刚刚起步，已经盖了部分楼房，还办了村工厂。但仍有很多发展中的问题需要解决。刘老和吴仁宝畅怀叙谈，了解了很多新情况，以及发展中的新问题，了解得很深入。谈完后时间很晚了，那天正是中秋节，刘老说，今天就在你家过

中秋节了。吴仁宝全家非常高兴，准备了一桌丰盛的农家中秋饭菜，与刘老共庆佳节。后来，吴仁宝经常利用参加人民代表大会之机，到刘老家里来看望，并汇报他们村经济发展变化的情况。

后来，又到了江苏省常熟市、浙江省和上海市几个县的部分乡镇、农村和农户进行调查。在浙江省刘老找当时担任浙江省人大主任的吴植椽（他在抗日战争期间曾担任过刘老秘书），在上海市找当时担任人大副主任的施平，听取他们对农村经济状况的汇报，和发展农业生产中农民的生活存在的问题和解决问题的想法等。调查回京后，针对农村的发展形势和当前存在的方方面面的问题，刘老精心地构思，写出了《长江三角洲的农村情况调查》报告。分送全国人大彭真委员长和有关部委领导参阅。

刘老这次出去调查，确实有很大的收获和感慨。刘老常说，我们下基层调查，就是“吸取营养”，不深入基层我们就缺乏“营养”，人没有了营养，就不能够正常生存了，人的生命也就出问题了！刘老通过在农村的观察，先后写出了《前洲》、《华西赞》、《赴宜兴途中》、《灵谷览胜》、《欧桥赞》、《微雨过兴福寺》、《沪郊所见》等多篇诗文。全是赞扬党的政策在农村落实后使农村发生变化的实际情况。如1983年10月18日《沪郊所见》一诗中开头语说：“1983年10月来沪郊，比三年前大变样，凑顺口溜以志。”诗中具体称赞党的政策在农村的贯彻落实现状：

村里真兴旺，干劲冲秋阳。
多靠责任制，担子众人扛。
村村盖新楼，院院有花香。
屋里样样齐，置备多在行。
丰收大有望，猪禽满棚场。
乡规和民约，议定贴墙上。
老人享退休，旅游西湖旁。
幼儿育有园，双亲心不慌。
小学多普及，适龄无文盲。
建设刚起步，迈进莫彷徨。

在长江三角洲调查后，回到北京已经是10月底了。他让我记下了“从10月31日回京后50天内完成下列各项工作”：

长江三角洲农村若干情况资料定稿；

在农村经济管理干部学院开学典礼上的讲话《农村经济管理干部应具备的素质》定稿；

农经卷编辑纲要成立大会资料改好；

审定在无锡市农村经济理论座谈会上的讲话；

浙农大托办反映事及陈子元同志的复信；

大百科农业卷年终总结，农业百科全书的总编委会议的准备工作；

给中国土壤学会第五次代表大会祝辞；

军事技术侦察题词；

复梁家勉同志信；

审定谭老遗文《继承和发展毛泽东思想》；

关于平反广西学生军党支部被诬“托派”组织的建议；

悼念吴永康烈士文章定稿；

复谯长申同志的信；

审查大百科军事卷·军事人物条目数则；

参加人大常委会第三次会议；

参加整党文件学习小组会上作“站在清除精神污染的前列”的发言；

《淮北人民革命斗争史提纲》讨论稿告一段落；

浙江省人大常委会委托反映《关于浙江杭州、宁波、温州三市打击刑事犯罪活动的简报》，及给彭真同志的信。

从上面50天的工作安排可以看出，刘老对自己要求是多么严格，拟订的工作计划是多么有条不紊，实在令人钦佩。

1984年，刘老到珠江三角洲的一些市县、乡镇、农村进行调查。这次是在参加华南农学院《农史研究会》后进行的。刘老对农史学家梁家勉教授非常敬重，每次到广州他都要登门拜访，了解农史情况，与梁老谈得非常投机。梁老也很尊重刘老，每次来京都来刘老家看望。在刘老的诗稿里有《梁老惠我〈农史编余有感〉步韵奉和》、《步梁老韵祝梁老华诞》等诗，是“和”梁老诗而赋。刘老赞梁老“八旬辛勤是吾师，实事求是敬深知”的诗句。刘老还写出了《学习梁家勉的治学精神》的文章。这些足以看出二老的相互尊重和刘老关心及珍惜农史界人才，以及对农史研究工作的急迫心情。

刘老耐心细致、善于调查、深入基层、求真务实，而且都是自己做笔记，写调查报告。他的作风几十年来如此，一丝不苟。在这段时间里刘老还写下了

《岭南行（七首）》的诗句。这一点就是我们年轻人也是难以做到的。

由于刘老的身体状况，每次外出，我都非常担心。为了提醒他注意身体、量力而行，我善意地和刘老商量说：我们一定要高高兴兴地出去，还要健健康康地回京。一定要保重身体！他听后，非常高兴地说：好！好！高高兴兴地出去！健健康康地回京！

四、作风严谨，谦虚谨慎，团结同志，努力完成中央交办的各项任务

1984年1月~1985年3月，刘老担任中央整党工作指导委员会农林口整党工作指导小组组长，杜润生为副组长。整党工作是一个很严肃的问题。主要是清理组织和教育人的问题。对在动乱期间的“三种人”进行清理，要弄清问题，提高认识，深刻检讨，端正思想。刘老多次和杜润生商量在农、林、水、气四部（局）进行动员，把整党工作深入地开展起来。刘老和农、林、水、气等有关单位的联系人召开座谈会，亲自一部门一部门地进行了解，掌握各部门进展情况，逐步落实中央整党工作指导委员会的部署和安排。

刘老组织和团结各部负责人，并指导“农林口整党办公室”的工作人员。经过学习、动员、自我检查、整改和党员登记各个阶段的艰苦细致的工作，顺利完成了中央交办的农林口整党工作任务。

刘老兼任《中国大百科全书·农业》卷总编辑委员会副主任和《中国农业百科全书》总编辑委员会主任。由于从事的是中国第一部大百科全书农业卷的领导工作，其困难是可想而知的。刘老为编纂农业百科全书竭尽心力，从研究提出编纂方针、制订总体规划，到组建工作班子、争取经费来源、发动农业界的专家学者参加编撰工作，他都是一抓到底。基于他在农业界的威望，在这些方面他都发挥了才智，作出了卓越的贡献。比如，他精心组织农业科技界的专家学者，研讨编纂方案。在编写座谈会上，他作了题为“编好《中国大百科全书·农业》卷、《中国农业百科全书》初步设想”的长篇发言，提出了“以马列主义毛泽东思想为指导编好两本书”。经过讨论和反复征求农学界的意见后，整理印发，后来成为制定编纂方针、确定两书基本科学内容、拟订总体设计和编写规则的指导思想。在指导编撰工作时，他还反复强调和切实贯彻了“保证质量，好中求快，力求节约”的原则。

编纂《中国大百科全书·农业》卷是科学性很强，知识面又广，涉及专家

较多的系统的大工程，能够年年将其列入原农牧渔业部党组的议事日程，能够组织起农林牧渔15个分支学科的约有900多位专家学者参加的写作队伍，能够连续不断地得到农业领导部门财力支持等等，哪一件都与刘老的奔走、呼吁分不开。当然，刘老对《农业》卷的关心，绝非仅此而已。刘老还很诚恳谦虚地找一些专家、学者、教授和研究人员进行座谈讨论，听取各门类专家的意见。

最后，刘老确定由他来写在卷首的《农业》概述。他博采各方面的意见，用通俗易懂的文字写出“农业是人类社会最基本的物质生产部门。农业的生产对象，是植物、动物和微生物，它们是有生命的有机体，都依赖一定的环境条件而生长繁殖。人类通过社会劳动，对它们的生长繁殖过程及其所处环境条件进行干预，从而取得生活所必需的食物和其他物质资料”；然后，他运用历史唯物主义和科学进化论的观点，从古到今、由浅入深地写道“发展到当代的农业、畜牧业、林业、渔业和副业为其结构的广义农业概念”；他进一步分析了“社会经济的发展，加强了农业内部各部门之间的专业分工和相互依存，同时也促进了农业与工业、交通运输业和商业的密切联系，促进了农业生产的社会化，从而形成了多专业、多方面联系的农业生产与农业经济体系”；他非常明确告诉后来人，“随着社会经济和自然科学的发展，人们对行业的认识还必然会进一步拓宽、深化”；并从四个方面阐述了中外农业及其发展，即“作为国民经济基础的农业；农业的特性和发展阶段；多门类、多层次的农业和知识系统；历史悠久、方兴未艾的中国农业”等；还十分鲜明地写上“中国共产党1978年12月召开的党的十一届三中全会拨乱反正，纠正了过去‘左’的错误，是建国以来具有伟大历史意义的转折点，也是中国农业发展的转折点”。他进一步展望“我国农业的现代化，将是一个需要几代人努力的伟大事业”；“前进的方向已经指明，航道已经开通。在中国共产党领导下，遵循客观的经济规律和自然规律，不断增加对农业的投入，依靠适用的先进农业科学技术，进一步发挥广大农民的生产积极性，坚持改革，继往开来，在辽阔的960万平方公里土地上出现具有中国特色的高度现代化的社会主义农业，将是历史的必然。”

在他撰写《中国大百科全书·农业》卷，概述农业和农业科学历史发展的的过程中，他不仅多次征求知名学者的意见，集思广益，而且以身作则，五易其稿，为提高百科全书的撰稿质量作出了榜样。他十分重视总结工作经验，认真抓一年一度的总结汇报，也因此取得有关部委的指导和支持，组织起这样庞大的编撰工作队伍；他还常常教育编辑工作人员坚持在实践中边学习、边提高业务水平，努力提高编撰质量，为编撰工作的持续开展奠定了良好的基础。经过全体人员的多年努力，《中国大百科全书·农业》卷和《中国农业百科全书》31卷，其首批卷——《农业气象》卷和《水利》卷于1987年出版；《蚕业》卷、《茶业》卷、《林业》卷、《农业昆虫》卷和《农作物》卷等也陆续出版。

《中国大百科全书·农业》卷和《中国农业百科全书》的出版是用刘老及其参加编撰的广大的专家及编辑工作者辛勤劳动的心血浇灌而成。刘老不顾年迈多病，不仅为全书编撰作出了重大决策，而且事事躬亲，作出具体部署，对全书的成功起到了举足轻重的作用。我们永远不能忘记。

五、“吃饭要交饭钱，住房不要讲究”。廉洁自律，克己奉公

1986年10月，刘老应邀参加江苏省盐城市新四军军部重建45周年纪念活动。

我们是先到达南京的，在赴盐城路上计划边赶路，边搞一些调查。每逢到达一个市县，还是按照以往的调查方法，找农业部门同志座谈了解基本情况，然后到基层了解真实农业生产和农民生活情况。

有一天，我们计划住在扬州市，由于路途中调查的时间比较长，当我们到达扬州时，天色已经很晚了。负责接待的是市人大的同志。

和刘老一起到盐城参加纪念活动的，还有劳动部刘子久部长。放下行李，市人大同志就招呼“两位刘老”及随从到餐厅一起吃饭。那是个很特别的餐厅，刘老一进餐厅就很生气地对江彤阿姨和我说：这么豪华的餐厅，不是我们吃饭的地方！看到丰盛的饭菜又说，这么多的饭菜，我们怎么吃得下呀！江彤阿姨强按捺住刘老说，人家已经这样安排了，怎么办？刘老忍了下来，开始吃饭。但可以看出，他并没有吃好。他还对我说，告诉他们，以后不能这样。

饭后，住房也已经安排好，刘老和子久老部长都安排在套间，套间不是一般的客房，布置得好像洞房一样，床是带红帐的，由刺绣花缎面覆盖，被子也是缎面绣花。我搀扶着刘老进去后，他一看就急了：这样的房子我不住！给我退掉！我和江彤阿姨怎么劝也不行。刘老还说：“这样的房子、这样的床我睡不着！”

江彤阿姨没有办法地说：“胡秘书，你去换一个普通房间吧！”我就到处找负责人，但没找到。为让他们早点休息，我就先把他们安排在我的普通房间，让刘老和江彤阿姨先进去休息，这才安稳了下来。

刘老在扬州这次对用餐和住宿的反应，使我想起了他平时在每个市县调查

时吃饭后，都嘱咐我要交饭费、粮票（当时还凭粮票吃饭）和住宿费。

这次，刘老对我教育也非常深刻，我深深地懂得了，正是他们老革命同志的艰苦奋斗、廉洁自律、克己奉公的工作作风，和清正廉洁的高尚品德及优良传统，才赢得了民心，才能够动员全国的老百姓，取得了各个时期战役的胜利，也才取得今天的宏伟江山。战争之威力和最深厚的根源，存在于民众之中。这是历次革命战争证明了的真理。而在当今我们国家的建设时期，这一点仍然有着重要的启示和指导意义。

六、纪念老同志、回忆党史从不突出个人

早期，刘老与李超时等创建和领导了中国工农红军第十四军，开展武装斗争。后一直在党内、军内从事领导工作，身居高位，功勋赫赫，却很少考虑自己，也从不突出自己。我在他身边的日子里，他从没有一天悠闲，身体不好，也不去住院。在他的脑海里，经常想的就是过去的老战友和革命先烈们。总想多为他们写点什么，给后人留下点什么。

1984 年 1 月 ~1985 年 3 月刘老除了完成中央整党工作指导委员会农林口整党工作指导小组工作外，还要随时接受川陕革命根据地和红四方面军军史《难忘的征程》编写组同志的采访和审稿。直到 1987 年年底的这段时间里，他还抓紧时间写出了：《随刘少奇东进华中敌后》、《陈毅同志率领我们搞好支前后勤工作》、《回忆粟裕同志对支前后勤工作的关怀》、《回忆彭雪枫同志》、《学习邓子恢农业思想的初步体会》、《悼谭震林同志》、《悼魏文伯同志》、《悼黄克诚同志》、《慰曾镜冰同志平反》、《学习丁颖同志的高尚品德和治学精神》、《中国农村改革的道路》等三十多篇诗和文章纪念赞扬已故的老同志。在字里行间从不掺加吹嘘自己的一个字眼。

这就是刘老的凛凛正气，荡荡胸襟！

七、凡是群众来信，一定要认真回复

刘老有着远见卓识和办事认真、实事求是的精神。他在淮北地区工作多年，与淮北的许多干部和普通百姓，有着十分深厚的感情。建国后，只要老区有人找他，他都热情接待，帮助解决问题。

由于刘老参加革命经过的地方很多，认识的革命同志也很多，有一些曾经参加过革命队伍的老同志，在艰苦的对敌斗争中，由于组织遭到破坏，队伍被打散了，这些同志再也没有和组织联系上。其中的一些人在历次的政治运动中遭到不切实际的对待和迫害。有些仍健在的同志找到刘老，刘老就为他们写证明，实事求是地证明参加革命的情况。有些不能亲自来找刘老的人，写信来向他要证明的，他同样写回复信，给予证明。有一次，老红军王定国，带着原红四方面军参加过宣传队的女同志，来见刘老，刘老热情详细地问明情况，给她写出证明，回地方去落实政策。

刘老对我说，凡是来信你都先拆阅，画出主要内容再给我看。每次复信都是他亲自起草，由我誊清后，他再签上自己的名字，然后发走。他的复信简明扼要，通俗易懂，我也很受教益。

正像一位老先生送给他的一幅书法所赞："正气依山斗，侠情重古今，困途怜逸足，流水感知音，骅騄嘶，风意藿，葵向日心，悠悠天际者，何事片云深。"这幅书法写出了刘老对革命同志高度负责，求真务实的革命友谊和对党和革命事业高度负责的精神。刘老对这种赞扬，总是谦虚地说："不敢当，不敢当呀!"

八、宠辱不惊、意坚志强，孜孜不倦的学习精神

江彤阿姨曾对我讲述过，在"文革"中，刘老遭到"四人帮"的残酷迫害，从1967年11月到1972年11月，他被非法关押在上海监狱，整整5年的囚禁生活（刘老也对我讲过，那地方曾经是国民党关押共产党员的地方），严重摧残了他的肉体，却没有摧毁他作为共产党人的坚强意志。过去，刘老曾在参考古代和近代农业著作的基础上，旁征博引，撰写了《农业增产的八项措施》，受到了毛主席的赞赏。

刘老"文革"遭到残酷迫害时，在狱中重新通读了《资本论》等马列原著；同时，他从未忘记挚爱的农业事业，利用放风的时间，从垃圾堆里捡来破烂的烟盒纸当稿纸，不够就自己买最低档次烟拆出烟盒纸，在"稿纸"上用芝麻大的小字，工工整整写下了30多万字的读书笔记和诗词；构思并详细列出了《农业"八字宪法"浅说》、《回忆红十四军》两部著作的写作提纲。在他被恢复工作后才整理加工成文，出版发行。在《刘瑞龙诗稿》中，有15首诗词就是在这段时间写成的。因此，他在农业界不仅是公认的有建树的领导人，而且是一位

知识渊博的学者。基于刘老在农业专业技术方面的造诣，北京农业大学曾授予他名誉教授。

刘老在《回忆我在“文革”中遭受迫害的情况》一文中写道：“五年中折磨的形式是多种多样的。危害最大的是夏天用车轮战连续审讯的办法让我白天挨高温，夜里喂蚊子。有两年冬天到了11月份还不让家属送棉被，冻得腰都直不起来……他们用尽手段，可是没有结果，只好把我放出去，但在所谓‘解放’我的结论中捏造了许多不实之词……后来我在中央组织部抄件中看到‘四人帮’控制下的审委所作的错误结论时大吃一惊。经申诉才得到新审委彻底平反。”

1972年年底，刘老出狱时，带回的衣服裤子已经十分破旧，但都补得平平整整，有一件衣服上竟然织补了240多块补丁。他问孩子们：“你们知道这些补丁是如何织成的吗?”孩子们猜不出，他拿出几根用鸡腿小腓骨磨成的小针，针上的小眼是他用窗纱的铁丝一点一点钻出来的。他把别人丢弃的破袜子拆出线来，再沿着布的纹理，一针一线把衣服、裤子上的破洞织补好。刘老之所以能在那种恶劣环境中仍保持衣着整洁，是因为他认为，作为一个共产党人，作为一名革命战士，在任何情况下，都要宠辱不惊，维护自己的人格尊严。

九、我们今天怀念他、纪念他，就是要学习他的精神

1988年5月25日，78岁高龄的刘老，在广州参加全国农史学会学术讨论会时，因劳累过度，心脏病猝发，抢救无效，不幸溘然长逝，走完了他革命的一生。

想到他的逝去，我就自然想到江彤阿姨曾关心我，照顾我年龄偏大，让我早点去基层学习一些业务知识，我也因此而辞去刘老秘书工作。可是在我离开刘老仅5个多月，他就离开了我们。我非常悲痛！我恨自己！我当时就不应该离开他呀！……我有生以来在刘老身边的日子，应该说是我学习知识最丰富，心情最愉悦的5年，离开他，也是我终生的遗憾！

斯人已去伟绩在，百年烽火忆前贤。对刘老在不同时期和年代的革命工作经历进行回忆，缅怀他的革命精神和丰功伟绩，是对刘老的最好的怀念。

这里我痛引江彤阿姨在万分悲痛的心情下，缅怀刘老的《挽刘瑞龙联》中既全面，又诚恳、正确的评价和沉痛哀悼：

“耿耿忠心，铮铮铁骨，谱写了磊落生平。岂但少年首义，壮志长征，赤胆纵横，红旗叱咤；并为民食帮本，不辞沥血呕心，缅怀慈雨甘霖，犹存鸿篇钜

制；而且晚节弥坚，鞠躬尽瘁，克效涓埃报祖国。

凛凛正气，荡荡胸襟，留几多激昂往事。看自律何严，奉公唯谨，秋毫必辨，泾渭分明；任凭云暗风狂，不废河长江远，近开农史嘉会，哪计羊城路遥；终以衰躯忘倦，死而后已，患难知己恸昊天。”

我们今天怀念、纪念他，最好的行动是要学习他。

学习刘老伟大的无产阶级革命家的一生，把一切献给党的一生，无私无畏的一生，光明磊落的一生，严于律己、宽以待人的一生，他是为共产主义事业而奋斗的光辉榜样。

学习他坚忍不拔的革命精神。在刘老的革命生涯中，任劳任怨，勇往直前，为我们树立了一个光辉的共产党员的高大形象。

学习他艰苦朴素的生活作风。他与人民同甘共苦，在艰苦的抗日战争年代，他没有丝毫的特殊化，衣食住行就是个普通的革命战士。

学习他耐心、细致、善于调查的工作作风。

我们纪念刘老，就是要发扬他的高尚革命情操，就是要忠于党、忠于人民、忠于共产主义事业，这就是对刘老的最好回报。

弘扬刘老忠于党、忠于人民、甘当公仆的革命精神。坚持“立党为公、执政为民”，牢记刘老“违背群众利益，就是犯罪，就是违法”的教导，以不断实现广大人民的根本利益为奋斗的最高目的。

几年在刘老的身边工作，使我有机会从他身上得到了难以遗忘的实际教益。他为共产主义事业而鞠躬尽瘁，一生奋斗不息的革命精神，他对工作极端负责、谦虚谨慎、一丝不苟、事事处处以身作则的工作作风和勇于探索、刻苦钻研、一直到老仍求知若渴的顽强进取精神，将永远铭刻在我的记忆之中，成了策励我在以后的生命中不断前进的巨大动力。

深切缅怀老前辈老领导刘瑞龙同志

姜　亮①

（2010 年 3 月）

胸怀马列主义真，弃笔投戎扫阴云。
叱咤疆场多鏖战，伟绩丰功育后人。

原农业部党组副书记、副部长刘瑞龙同志（以下尊称“刘老”）离开我们已经 22 年了。至今，他的音容笑貌经常在我脑海中浮现；他的谆谆教诲经常在我耳边萦绕；他实事求是、坚持原则、为人正派的思想作风，兢兢业业、勤勤恳恳、一丝不苟的工作作风，艰苦朴素、严于律己、克勤克俭的生活作风，善于学习、勤于探索、刻苦钻研、为人师表的学风，无时无刻不在教育、引导着我，使我在人生的征程中把好方向，稳步向前迈进。

今年 10 月 3 日，是我尊敬的革命老前辈、老领导、良师益友刘老诞辰一百周年。撰写小文，谨表我对老人家的深切缅怀之情。

一、困难要自己克服，不给他人添麻烦

七十八岁耄耋年，烈日挥汗战艰难。
昔日英雄今好汉，岂为他人添麻烦。

1988 年，刘老从全国人大常委退了下来。这时的刘老已经是 78 岁高龄，又身患多种疾病，不能再过度劳累了。但是，他还是不顾医务人员和亲属的劝阻，毅然决定参加在广州召开的中国农史学会第二次学术讨论会。万万没有想到，此次广州之行，给刘老的革命生涯画上了句号。

5 月的广州，空气湿度非常大，再加上高温，真是闷热无比。这种气候对于

① 姜亮，曾任刘瑞龙秘书。农业部离退休干部局原巡视员。

长期在北方生活的人来说，是很不习惯的。从广州车站一下火车，就像进了蒸烤的世界，风是热的，空气是潮湿的，脚下蒸着，头上烤着，热浪随着热风一波一波地迎面袭来，连呼吸都感到十分困难，汗水就像开了闸似的，一个劲儿地往下淌，擦都擦不及。对这种气候，我还真有点儿受不了了，不停地擦汗，手帕湿了拧，拧了又湿。可刘老面对高温和闷热却不屑一顾，依然同来接站的同志谈笑风生，不是问这就是问那，聊得津津有味。接站的同志为了不使强烈的阳光刺伤刘老，为其撑起了遮阳伞，但被刘老谢绝了。刘老在谢绝遮阳伞的同时，还谢绝了乘坐小轿车，和我们一起坐面包车到驻地。

会议把刘老与其他代表安排在了华南农学院（今华南农业大学）招待所。招待所的设施非常简陋，没有空调，只能用电风扇降温。五月，在广州住这样的房间，难受的程度是可想而知的。当时我想，刘老作为国家正部级干部，住这样的房间不但与其身份不符，而且确实有点寒酸，真是难为他了。为了刘老的健康，我事先没有征求刘老的意见，就向院方提出另行为刘老安排驻地，或更换一个环境和设施好点的房间。

不知此事怎么让刘老知道了，他批评我说："你事先没有征求我的意见就向院方提要求，这是非常错误的。我们是来开会的，不是来享受的。这里的条件就是这样，改变不了。你提要求，是给院方添加压力和麻烦。驻地不要换了，就住这儿吧，不能让院方为难。"听了刘老的批评，我心里感到很委屈。心想，我是为您着想，您还批评我，一肚子委屈挂在了脸上。

刘老看出了我的心思，可能觉得批评严厉了，就风趣地逗我说："你看看，这儿离会场多近呀！既少走路，又节省时间，多好哇！"看着刘老风趣的样子，我不由地笑了，心里的委屈也随之一扫而光。

招待所离会场大约 500 米。会议组织者考虑到刘老的实际情况，特意安排专车接其往返会场。当我把这个情况向刘老报告后，刘老指示我："把车退掉。其他代表没有车接送，我不能搞特殊。我走着去会场好了。"

我说："院方觉得您是正部级干部，又是高龄，为了您的健康，派专车并不为过。您患有脉管炎，走路都困难，坐车去会场也不算搞特殊化呀。"

听完我的解释，刘老严肃地说："特殊不特殊关键在你怎么看，如果把自己看作普通代表，别的代表不能享受的你享受了，就是特殊。在参会代表中，还有比我年龄大的呢，其中还有我尊敬的学者、专家。在党的十一届三中全会路线指引下，我们国家已经进行了 10 年的改革开放。10 年来，我国在政治、经济和社会等各方面都有了长足的发展。这些成绩的取得，靠的不仅是工人、农民，更重要的是靠学者、专家和知识分子，靠科学技术的进步。邓小平说，科学技术是生产力。我们要尊重知识、尊重科学，就要体现在尊重学者、专家知识分子上。所以，我们不能在有些方面优于他们。我的困难自己想办法克服吧。”

刘老的话虽然没有深刻的大道理，也没有慷慨激昂的陈词，但铿锵有力、掷地有声，听起来是那么中听，那么顺耳，字里行间充满了对学者、专家和知识分子的敬重，对科学技术的爱慕。我深深地被刘老的精神所感动，同时也为他克服困难而揪心。

500 米的距离，对腿脚灵便的人算不了什么，几分钟就可以到达。可对刘老就不同了，刘老毕竟是 78 岁高龄了，又有多种疾病缠身，尤其是严重的脉管炎，在北京都是走几步歇一歇，歇一歇再走几步。现在，车不要了，近 500 米的路，对刘老可是个很大的负担，再加上高温闷热，喘气都困难，谈何容易呀！为了准时到达会场，刘老每次都比别人早 40 分钟动身。我知道，这是刘老为克服困难打的提前量。在北京，我陪刘老去开会，走路时还要搀扶他，现在连搀扶都不让了。刘老二话没说，自己拿起手杖就向会场走去。真是一个倔犟的老人。为了随时能够搀扶刘老，必要时帮他一下，我在后面一步不落地紧紧跟着。

当我看到刘老越走越慢，越走越艰难，晶莹的汗珠布满了面颊，汗珠逐渐变成了汗水从面颊上淌了下来，掉在了地上，变成了一个一个水印，又随即消失；刘老白色的汗衫已经被汗水湿透，并贴在身上时，心里就像打翻了五味调料罐，酸甜苦辣咸搅在一起，很不是滋味。

刘老对这些全然不顾，继续艰难地向会场走着。其他与会代表从后面走了过来，看到刘老步履蹒跚，汗流满面，以及被汗水浸透了的衣衫，都劝刘老坐车前往。对大家的好意，刘老只是微微一笑，向大家摆一摆手，以示回答和谢意，继续向前、向前、再向前，不达目的誓不罢休。

刘老的行为，让我见证了一位老革命家坚忍不拔、不畏艰难、无坚不摧、勇往直前的大无畏精神，以及严于律己、身先士卒的高尚品格和人格的魅力。在刘老人格魅力的感召下，代表们克服了闷热酷暑等困难，使会议顺利召开并圆满结束。

二、坚持原则不动摇，认真精神传美名

坚持原则如磐钉，半夜研究会三更。
认真突显真本色，精神永存传美名。

1988年，是党的十一届三中全会召开10周年。在改革开放路线的引导下，深圳成立了特区。经过10年的建设，深圳在各方面都发生了翻天覆地的变化，经济高速发展，高科技产业一个接一个地诞生，一栋栋高楼像雨后春笋般拔地而起，深圳人民的收入不断增加，生活水平就像芝麻开花一样——节节高。深圳成了众人向往的地方。可是对深圳在各方面取得的辉煌成就，很多人虽有耳闻，却没目睹，都想实地感受感受。

借在广州开会之机，与会代表们提出了参观深圳的要求。如果满足代表们的要求，参观费用由会议支出，会议预算就会超出。我们把这些情况一五一十地向刘老作了汇报。刘老听完汇报很严肃地说："代表的要求是好的。能够亲眼看一看深圳的发展变化，亲身体验体验改革开放给人民带来的实惠，对我们深刻认识和认真贯彻党的路线方针政策会有很好的帮助，同时也能促进改革开放向纵深发展。但是会议预算不能超，这是原则。希望你们认真研究出一个妥善解决的办法。"

对刘老雷厉风行的工作作风，办事极端认真负责的态度，我是很熟悉的，要办的事情从来不过夜。因此，根据刘老的指示，我和会议的组织者立即进行了认真研究，并将解决的办法向刘老作了详细汇报。刘老也觉得办法可行。

我们为问题得到解决，可以满足代表的要求而庆幸。没想到就在这天的深夜，刘老派人来叫我，说有紧急的事情要研究，立刻到其住处。我不知道发生了什么事情，需要半夜来解决，赶紧把这两天的情况进行了回忆，想找出一些蛛丝马迹，作点思想准备，可总也想不出会发生什么样的大事和急事。我用最快的速度穿好衣服，三步并作两步地赶到刘老住处。和我同到的还有会议的组织者。看到刘老的眉头紧锁，觉得问题严重了，没有吱声就站在了一边。

刘老看我们来了，指了指沙发，叫我们坐下，而后态度非常严肃地说："你们说经费问题已经解决了，预算不超了，怎么还有人反映会议预算超支，到底是怎么回事？我已经和你们讲了，会议预算绝对不能超，原则问题一定要坚持。

你们是不是在有些方面瞒着我？可不能搞偷梁换柱的事情。”

我一听，原来还是为参观深圳超预算的事，悬着的心一下子落了下来。就和刘老开玩笑地说：“您这么火急火燎地把我们叫来，我还以为发生了什么大事呢。会议预算超标的事确实已经解决了。就是没有解决也不用三更半夜地把我们叫来呀……”

刚听我讲到这儿，刘老的态度由严肃变得严峻了，他说：“不要以为会议预算超支是小事，这是原则问题。从大的方面讲，党有党纪，国有国法；从小的方面讲，家还有家规呢。没有规矩，就不能成方圆。所以，做什么事情都要讲原则。办事不讲原则，不认真，随心所欲，不是我们共产党人的作风。”

听了刘老的批评，我赶紧把解决的办法向刘老作了补充汇报。我说：“为了慎重起见，我们将解决的办法又征求了大家意见。大家认为没问题，参观费用不走会议经费，代表们可以回单位报销，只要有收据就行。可能有少数人的意见我们没有征求到，才又有人向您反映。没关系，凡是没有征求到意见的人，我们将继续征求，做到百分之百。”

刘老指示道：“一定要认真征求，不要留死角。我还是那句话，会议预算绝对不能超，原则问题一定要坚持，这是不能动摇的。”

听了刘老的话，敬佩的心情不禁油然而生，而且还使我想起了毛泽东主席的一句话，世界上怕就怕“认真”二字。共产党人最讲认真。刘老坚持原则的精神，不就是共产党人认真态度的再现吗！有了这种精神，有什么困难我们都能克服，什么艰难险阻都不能阻挡我们前进；有了这种精神，必将大力推进改革开放的进程，迎来经济的突飞猛进、蓬勃发展，祖国的欣欣向荣、繁荣富强，人们的安居乐业、幸福安康。

三、连续作战感人心，鞠躬尽瘁育后人

此会连着彼会开，身躯劳累超负载。
鞠躬尽瘁斯人去，精神永存育后代。

连续作战是我军的优良作风，体现了我军勇往直前、不怕牺牲的大无畏的革命精神。在战争年代，我们依靠这种作风，依靠这种革命精神把日本侵略者赶出了中华大地，捍卫了中华民族的尊严；推翻了蒋家王朝的封建统治，建立

了新中国。没想到这种作风，这种精神，在20世纪80年代，在刘老身上又得到体现和发扬。

在农史学会第二次学术讨论会上，刘老精神焕发，声音洪亮地作了题为《农史科学如何为农业现代化服务》的重要讲话。在讲话中，刘老深入浅出，引经据典，从我国古代农业，现实的传统农业谈到以后的农业现代化，提出了建设有中国特色社会主义现代化农业的若干设想，并加以深刻论述。他那洪亮而强有力的声音至今还在我耳边回响。

参加讨论会以来，刘老白天同大家一起开会讨论，晚上还要接待来访人员。送走了来访人员，又伏案整理一天的笔记，直到深夜。几天来，刘老每天休息的时间很少，由于没有得到很好的休息，他的体力大大下降。

讨论会上午刚刚结束，还没来得及休息，刘老又要接着开教育问题座谈会。

开教育问题座谈会，在北京出发前就有安排，这是刘老向中央汇报教育问题前的调研。深入调研，掌握第一手资料是刘老的一贯作风，在其任农业部党组副书记、常务副部长期间，他经常深入基层、深入农村、深入田间地头、深入农户进行调研。为开好教育问题座谈会，刘老曾指示我到教育部门找一些材料，研究研究，作些准备。

根据刘老的指示，我到部教育司，找了一些有关教育教学方面的材料，又到中国农业大学找有关人员进行了了解，并把了解到的有关情况向刘老作了汇报。

刘老看了材料并对有关问题进行了认真思考后对我说："材料你找来了，并且也看了，又同有关人员进行面谈，谈谈你对目前教育的看法吧。"

我明白，这哪里是叫我谈看法呀，分明又是刘老调研的继续。就把自己的一些想法不管正确与否，一股脑儿地抖了出来。刘老听后没有吱声，只是紧锁眉头。这是刘老思考问题的习惯。我怕打扰刘老的思路，就没有再说，直到广州开会。

原来的设想是，开完学术研讨会先让刘老休息休息，再开教育问题座谈会。没想到刘老这么性急，非要连续作战不可。

为了刘老的健康，我劝他还是先休整一天再开座谈会。刘老说，毛主席都说了，一万年太久，要只争朝夕。你赶快安排吧。上午的时间已经不够了，就安排在下午开，不要拖了。座谈会开完了，还有其他工作要做，向中央的报告还要写，这些都要时间，必须只争朝夕。

没办法，教育问题座谈会只好安排在当日下午。中午只有不到两个小时的时间可以让刘老小歇。为了使会议开得短些，在会议前，我特别提醒院方先把问题集中集中，谈时要选重要的谈，问题要谈到，语言要简练。会议预定两个小时。

座谈会上，院方非常认真地将教学上遇到的问题以及一些想法向刘老作了汇报，语言中带有企盼也带有内疚。刘老耐心地听着，认真地记着，眉头也紧锁着，但一直都没有打断对方。当院方汇报到因教学经费紧张，上生物课，连解剖的兔子都没钱买时，刘老的眉头锁得更紧了。听完院方的汇报，刘老讲："座谈会开得很好，使我对教育存在的问题有了进一步了解。我们国家恢复高考，说明国家对教育是很重视的。教育近几年来得到了长足发展，地位也得到了提高。但是国家对教育的投入因财力有限还是不够的，这样又制约了教育的发展。教育很重要。国家要发展，社会要进步，经济要腾飞，靠什么？靠的是人才，要有大量的各方面的人才。人才怎么来？靠的是各类学校。学校是培养人才的阵地。要重视学校的建设，国家要加大投入的力度。近几年国家在教育上的投入不断增加，但是还不够，主要受财力的影响。随着国家财力不断增强，对教育的投入也会不断增加。除了国家的投入外，学校也可以发挥自己的优势，利用现有的资源和有效的途径进行投入，实行两条腿走路。两条腿走路，路会越走越宽；步子会越迈越快。另外，教材也是个很重要的问题。教材是培养人才必要的也是必不可少的营养。我用营养比喻教材，是用来说明人离不开营养同学生离不开教材一样重要。要重视三个方面的问题：一是要重视师资队伍的培养与提高。'文化大革命'搞了10年，对教师队伍冲击很大。教师也需要补充新知识，更新教学方式。所以，对教师的培养提高很重要。二是重视教材的编写。要组织有经验的教师对现行的教材进行分析研究，进行扬弃，编写出更符合实际，更适合人才培养和人才成长的教材。三是要重视课程的科学设置。课程设置要从激发学生的学习兴趣和学习热情考虑，使他们能够主动地深入地学习，为走上社会，也为以后的发展打下良好的基础……"

大家恭听着刘老的讲话，在不知不觉中，约定两个小时的座谈会居然开了4个小时。

连续4个小时没休息，78岁的刘老付出了多大的艰辛和代价呀。就是这4个小时的连续作战，感动了在座的所有人；就是这4个小时的连续作战，诱发了刘老的心脏猝死；就是这4个小时的连续作战，让人们追悔莫及，形成了永久的悔恨与怀念。

低首吟歌祭百年，举酒忍泪语哽咽。
遥拜英灵请慰藉，遗志光大后人担。

刘老的逝世，使我们党失去了一位德高望重、经验丰富的好党员，是我们党的一大损失。同时也使我们失去了一位老前辈、老领导和良师益友。

在刘老诞辰一百周年的时候，我们悼念他，缅怀他，就是不忘他的教诲，就是要把他实事求是、坚持原则、为人正派的思想作风；兢兢业业、勤勤恳恳、一丝不苟的工作作风；艰苦朴素、严于律己、克勤克俭的生活作风，以及善于学习、勤于探索、刻苦钻研、为人师表的学风继承下来，传承下去，使之发扬光大。

人生如梦，转眼就是百年。现在我也已经退休。我能一步一步、堂堂正正地走过来，是组织培养教育的结果，也是刘老谆谆教诲和深刻影响的结果。在这里，我以我的人生轨迹告慰刘老在天之灵，我没有辜负您的教诲和期望。请安息吧！

风范长存

——怀念《中国农业百科全书》总编辑委员会主任刘瑞龙

《中国农业百科全书》编辑部

（1988年）

刘瑞龙是我们尊敬的老一辈无产阶级革命家。从1949年起，他长期担任社会主义农业建设的领导工作；80年代初以来，还兼任《中国大百科全书·农业》卷总编辑委员会副主任、《中国农业百科全书》总编辑委员会主任。今年5月，他在广州主持中国农学会农史学会学术讨论会期间，因操劳过度，心脏病猝发，于5月25日不幸逝世。噩耗传来，我们为失去一位德高望重的领导同志而感到十分悲恸。缅怀刘瑞龙同志的一生，他那种忠于党的事业，历经险阻、不屈不挠的革命精神，工作勤恳，谦虚好学，艰苦朴素，克己奉公的崇高品质，使我们沉浸在敬仰和追念之中。

刘瑞龙是编纂农业百科全书的主要领导人之一。在他的晚年，为编撰出版中国农业百科全书竭尽心力，从研究提出编纂方针、制订总体规划，到组建工作班子、争取经费来源、发动农业界的专家学者参加编撰工作，作出了卓越的贡献。1980年1月，国家农业委员会决定编纂出版《中国农业百科全书》。同时，《中国大百科全书》的农业卷也正着手筹备。当时担任农业部副部长的刘瑞龙同志，欣然接受国家农业委员会的委托，负责牵头编纂两书的筹备工作。在1981年6月举行的筹备委员会上，成立了《中国农业百科全书》总编辑委员会和《中国大百科全书·农业》卷编辑委员会，他被推选担任这两个委员会的主任委员，统一主持两书的编纂工作。农业百科全书是为适应我国农业现代化的需要，普及和提高整个中华民族的农业科学知识水平而进行的一项重大文化基本建设。刘瑞龙在“文化大革命”中曾遭受林彪、江青反革命集团的迫害和摧残，在体弱多病的情况下，仍以其一贯对事业认真负责、做学问孜孜不倦的精神，发扬党的群众路线的传统作风，精心组织农业科技界的专家学者，研讨编纂方案。在1981年举行的编写座谈会时，他作了题为“编好《中国大百科全书·农业》卷、《中国农业百科全书》初步设想”的长篇发言，经过讨论和反复征求农学界的意见后，整理印发，后来成为制定编纂方针、确定两书基本科学内容、拟订总体设计和编写规则的指导思想。在指导编撰工作时，他还反复强调和切实贯彻了“保证质量，好中求快，力求节约”的原则。他亲自为《中国大百科全书·农业》卷撰写了阐述农业和农业科学历史发展的概观性文章，在撰稿过程中多次征求知名学者的意见，集思广益，几易其稿，以身作则，为提高百科全书的撰稿质量作出了榜样。他十分重视总结工作经验，认真抓一年一度的总结汇报，取得有关部委的指导和支持，组织起几千人的编撰工作队伍；他常常教育编辑工作人员坚持在实践中边学习、边提高业务水平，努力提高编撰质量，为编撰工作的持续开展奠定了良好的基础。经过组织全体人员的多年努力，现在《中国大百科全书·农业》卷即将发稿出书；31 卷的《中国农业百科全书》，其首批卷——《农业气象》卷和《水利》卷已于 1987 年出版，《蚕业》卷已于今年 6 月出版，《茶业》卷于今年年底出版，《林业》卷、《农业昆虫》卷和《农作物》卷将于明年出版，其余 20 多个卷也已先后进入撰稿、审稿和编辑加工阶段，在今后几年内可以陆续出版。刘瑞龙把其晚年的主要精力献给了编纂出版农业百科全书的事业。他的那种一贯竭尽全力工作的无私奉献精神，必将激励我们勇于克服前进中的一切困难，为确保质量、完成全书的编撰出版任务而努力奋斗。而今全书尚未出齐，同志仍须努力，这是刘瑞龙同志生前的一大宏愿，我们决心化悲痛为力量，不辜负老一辈革命家的殷切期望。

“我还应该做些什么？”

——忆刘瑞龙对《中国大百科全书·农业》卷工作的领导、关心和期待

陶家祥[①]

（1988 年）

1988 年 6 月 23 日，在举行刘瑞龙同志骨灰安放仪式之时，我们向他慈祥的遗像默默地鞠躬致哀，好像又一次看到了他那亲切而又期待的目光。他仿佛还在等待我们给他报告些什么。就像最近那一次，不，就像 9 年来我们几次地向他报告《中国大百科全书·农业》卷的工作时他所流露的神情那样。

9 年来，他的关心一直是无微不至的，他的期待一直是殷切而深情的。还是在《农业》卷刚刚开始筹备的时候，我们有一天到万寿路农业部宿舍中去拜访他。“四人帮”长达 5 年之久的折磨、迫害，看上去他的健康状况已不如前，身体虚弱。我们向他介绍了《中国大百科全书》的性质、目的，提出了由他来牵头筹备《农业》卷的请求，同时我们也有几分担心，深恐会因他的健康状况而推辞。出乎意外的是，他仔细听了我们的汇报以后，却立即表示出对这一工作的浓厚兴趣，认为是我们伟大国家早该有的文化建设，不仅是实现四个现代化的需要，而且是对子孙后代产生深远影响的事业，刘老欣然担任了《农业》卷编委会主任，把编好这部书当做了党的重要委托，不知疲倦地向它倾注了晚年的主要心力。

作为新中国成立以来长期从事国家农业领导工作的革命老干部，我们原来是想从加强对编写工作的组织领导，以及为编写工作创造条件的角度，向刘老提出这样那样的请求的。事实上，刘老也真是为此而千方百计地出了大力。9 年来，《中国大百科全书·农业》卷能够年年被列入原农牧渔业部党组的议事日程，能够组织起农林牧渔 15 个分支学科的约有 900 多位专家学者参加的写作队伍，能够连续不断地得到农业领导部门财力支持等等，有哪一件同刘老的奔走、

① 陶家祥，曾任中共中央华东局内参编辑部文学组长，《中国大百科全书·农业》卷责任编辑。

呼吁分得开?当然,刘老对《农业》卷的关心,绝非仅止于此。

他经常念念不忘的是《农业》卷的编写质量。他一直谆谆告诫我们:质量,是《农业》卷的生命。国家花了那么大力量编写的这样一部书,一定要经得起读者的检查,时间的考验,否则就没有意义了。限于时间和精力,他不可能对全书两千多个条目、四百多万字的稿子都亲自加以审读。他就把注意力渗透到编写工作过程的每一步骤、每一环节之中,要我们过细掌握,环环一丝不苟,从不只是用一个领导者发号施令的方式。他一直谦虚地说,自己对编百科全书是外行,只能"摸着石子过河",走一步探一步。为了过好"河",他以古稀之年的高龄,几乎像一个勤恳的小学生似的学习有关编辑出版工作的各种知识。每当我们向他汇报工作情况,特别是汇报《大百科》编辑方针、体例及专家学者的意见要求时,他总是全神贯注地听,在小本子上一字不漏地记,碰到某些"行话"听不明白时,还不厌其烦地问。他是先当学生,再当先生。正因为这样,他对我们的工作所做的分析是那样中肯,指示总是那样切实可行。他为指导我们不断地通过总结点滴经验来找方法,使"保证质量"的要求落到实处,尽了最大的努力。

他还常常以广大作者队伍中一员的身份来进行领导。他本来就是一位具有广博农业实践经验和理论知识的专家,但自担任《农业》卷编委会主任以后,还是把做好这一工作,当成了进一步研究农业这门关系国计民生的大学问的良好机会。究竟什么是农业,它的性质和特点是什么,发展的规律性是什么,几年来他一直在苦苦地思索着这些问题。他利用编书过程中的各种场合,把他的思索所得提出来征求有关专家学者的意见。1983 年,当我们随同《中国大百科全书》总编辑姜椿芳登门请他为《农业》卷撰写概观性文章时,他欣然应命,又把他多年来形成的有关农业的概念、观点行之于文。成编过程中,他又多次广泛征求意见,不断修改补充,常常为一个史实、一个观点而多方请教,反复推敲,曾五易其稿。总之,他是用对其他作者的同样要求来要求自己的,他是凭借自己从编写实践中体会到的甘苦来关心广大作者和编者的。

刘瑞龙同志数年前曾患脑血栓,还曾因糖尿病等数度住院,他在同病魔和衰老的斗争中接受编委会主任职务这一重任。最近几年,他的体态显得更加龙钟,步履举止更加显得迟缓乏力。尽管如此,每当我们去看望他时,总是见到他埋首在大堆资料之中,勤奋耕作。而一旦谈起百科工作时,又总是精神陡增,一如既往地用洪亮的嗓音,条理分明地说出他的意见、设想、叮咛、期望,滔滔不绝。他曾不止一次地说过,他将用他晚年的全部余热,投入到革命回忆录和两部百科（《中国大百科全书·农业》卷和《中国农业百科全书》）的编撰工作中。看得出，他对《农业》卷和《中国农业百科全书》出版的期待是迫切的，但当我们由于种种原因而一再推迟发排时间的时候，他又总是表示出宽容和理解，不是责怪，而是用更大的关心来设法帮助我们排除困难，并常常问："我还应该做些什么?"直到去年6月，我们告诉他《农业》卷确实可以在1988年发排了，才看到他脸上泛起了宽慰的微笑。

万万想不到的是，今年5月下旬，正当我们在上海将全部稿件整理完毕，准备送北京总社最后审定的时候，突然接到刘老逝世的噩耗。我们没有能及时向他交卷，让他见到他曾那样迫切地期待见到的书稿，内心的歉疚之情是难以言表的。所幸的是，由于他长期来的领导筹划，《中国大百科全书·农业》卷的问世现在已为期不远。除此之外，9年来的工作还使我们有机会从刘老身上得到了难以遗忘的实际教益。他为共产主义事业而鞠躬尽瘁，一生奋斗不息的革命精神，他对工作极端负责、谦虚谨慎、一丝不苟、事事处处以身作则的工作作风和勇于探索、刻苦钻研、到老仍求知若渴的顽强进取之心，永远铭刻在我们的记忆中，成为策励我们在祖国的社会主义建设大道上不断前进的巨大动力。

缅怀瑞龙同志

吕　平[①]

（1988 年）

农百编辑部给我送来《中国农业百科全书·蚕业》卷，当即阅读若干条目，深感写得不错。把《蚕业》卷和书架上的《农业气象》、《水利》等卷放在一起，已经四卷了。多么现实地体现了参加《农百》编纂工作同志们的成就！这是我国前所未有的专业百科巨著，论规模和内容，即在世界专业百科之林也无甚逊色。望着这首批出版的《农百》四卷，我自然地想到为《农百》而艰苦备尝的农百编辑部的同志们，同时也情不自禁地怀念刚刚辞世的《中国农业百科全书》创始人、《中国农业百科全书》总编辑委员会主任刘瑞龙同志。刘老对《农百》的倡议发起、编纂方案设计、编纂指导思想、内容质量要求、参加编纂专家学者的动员以及编辑部力量、经费等诸般条件的创设等等，热心筹划，尽心竭力。在我们农百事业上，刘老的逝世也委实是极大的损失。

1987 年农业出版社制订长远选题规划，列入了《中国农业百科全书》这一选题。但是单是社内力量是难以实现这一规划的。为了解决这个难题，1979 年初夏的一天，我向刘老提到出版社编纂出版《中国农业百科全书》的初步设想。刘老当即说："这个选题很好，我赞成，出版社应该下大力气出版些科学技术上高质量的具有历史意义的大书。中国古代的类书流传到现在还很有用，不断重印，成为传宗接代的宝书。这个传统，出版社应该继承。"我说，组织编纂这样的大书，农业出版社的力量有限，难以上马。刘老笑了笑说："这样的大书没有农业部的主持，单是出版社的力量谈何容易。你们应该给部党组打报告，请部领导作出决定，事情就好开始了。"随后，拜访了刚刚成立不久的中国大百科全书出版社和领导同志。他们坦诚地告诉我，中国大百科全书列有《农业》卷，正苦于力量不足，难以上马，希望我能协助。于是我便提出农业出版社正在规划编纂《中国农业百科全书》，可以双方通力合作，组成一套班子，完成两部书的编撰任务。另外，编百科是件大事，拟上书农业部党组，请部领导主持编纂

---

① 吕平，曾任中国农史学会副会长，并曾参与《中国农业百科全书》编纂工作。

这两部百科。大百科的姜椿芳等领导同志认为，双方通力合作是好办法，同意上书农业部，并指派邢院生和我们经常联系。我把以上联系的结果回社讲给农业出版社副总编辑方原，获得他的完全同意。于是我们起草了向农业部党组的报告。函件送达农业部后，我和邢院生同志共同向刘老汇报了两社通力合作的设想，请农业部牵头领导编纂两部百科。刘老随即给霍士廉部长打电话，说明编纂两部百科意义重大，应该大力支持编纂出版。霍部长当即同意，并请刘老和友九同志组织领导，并在我们送去的报告上作了批示。刘老又考虑到两书内容广泛，涉及农、林、牧、渔、水利、气象、农机等等，超出农业部管辖范围，于是又提请转由国家农委主持编纂，农业部参加。报告转到农委后，又得到当时的国家农委领导人张平化、何康等的全面支持，并仍指定由刘老和李友九同志负责组织领导。刘老和友九同志受命之后，在农业部多次召集两社领导和有关工作同志座谈，决定成立两书联合办公室，进行筹备工作。接着由农委何康同志主持，成立了以刘老为主任，有关部门领导和专家学者参加的两书筹备委员会，并由农委于1980年1月30日向有关单位和专家学者发出了《关于编辑出版〈中国大百科全书·农业〉卷、〈中国农业百科全书〉的通知》。在筹备期间联合办公室组织翻译了国外一部分综合百科和专业百科的农业条目表，选译了一部分重要条目，借以资历参考。我们还根据刘老的敦嘱，广泛联系专家学者，或专访，或召开座谈会，征求对编纂农业百科全书的意见。在这期间刘老参考多种文献资料写出了《编好〈中国大百科全书·农业〉卷和〈中国农业百科全书〉的初步设想》，并嘱编辑部根据专家学者们的意见和我国国情反复修订《中国农业百科全书编纂方案》，由农委于1981年4月9日向有关各部局发出了《请支持〈中国大百科全书·农业〉卷和〈中国农业百科全书〉编辑工作的通知》。及至多数卷筹委会基本组成，编撰筹委会基本组成，编撰出版领导小组和总编委会委员名单经酝酿确定，乃于1981年6月25日由农委何康主持，召开了总编辑委员会成立大会。之后不久，一些卷筹委会也陆续发展为卷编辑委员会，开始研究拟订各卷的结构大纲和条目总表。整个农百筹备工作，都是在刘老和农委何康的领导下完成的。当时各卷筹委、编委会议很多，每次开会刘老都听工作汇报，提出指导性意见。每次开会刘老都针对不同卷的内容性质，准备他的讲话稿，为此常常夜以继日地工作。

1982年5月3日，国家农委即将撤销，在封印的前一天，刘老要我们紧急办理了请求国家农委将两部百科全书的工作交付农牧渔业部主持和移交手续，农委根据这一请求，当即下达了14号文件。不久，农牧渔业部又发布了[82]

农业办字第2号文件，即《关于〈中国大百科全书·农业〉卷及〈中国农业百科全书〉编撰工作的决定》，将两书编辑工作列入农牧渔业部和有关其他部局的科研发展规划，关于《农百》编辑部的人员编制和经费等问题均一一加以落实。刘老在开展工作的各关键时刻，考虑周详，一切都要求以文件形式加以确定；每到年终，总是抓紧上报《农百》的工作总结，为《农百》下一年度的工作争取必要的条件。刘老这种踏踏实实的工作精神，给《农百》工作的稳定发展奠定了可靠的基础。

刘老对《农百》编撰的科学质量尤为强调。为了吸取中国大百科全书出版社的经验，要求我们聘请该社金常政同志为《农百》编辑部顾问。我们曾多次组织《农百》编辑部人员和特约编辑开会，听取金常政同志讲授编撰百科全书的基本知识和全过程的实际经验。在开初的相当一段时期，各卷编委开会，刘老常叮嘱请金常政同志到会；常政同志也不辞辛苦地每会必到，每到必讲，确实对《农百》编纂工作起到了启蒙作用。刘老在《农百》历次会议上的讲话或所写的有关文章中，常常谈到编纂《农百》的指导思想和确保《农百》的科学性、确保出书质量问题。谈到进度问题时，也总是说“好中求快”，把质量问题摆在第一位。他认为《农百》的质量是《农百》生命攸关的根本问题，随时给我们敲敲警钟，提醒我们万不可掉以轻心。经过几年的实践，我们对编辑《农百》之难大都有了切身体会。千小心，万注意，有时仍然难免出错。已出版的几卷质量是上乘的，但无可讳言，也仍存在白璧微瑕的某些错误，有的显然是可以避免的。由此我更体会到，刘老不厌其烦给我们频敲警钟非常必要。

刘老逝矣！愿《农百》在全体编撰同志的共同努力下越办越好，愿刘老的质量第一的百科精神永存。

忆念的狂澜在心中掀起

—— 一个记者眼中的刘瑞龙

徐　熊[①]

（1988 年）

庄重突然打来电话告诉我：五届全国政协常委、六届全国人大常委、农业部副部长刘瑞龙同志在广州主持全国农史学术讨论会期间，因劳累过度，心脏病猝发，抢救无效，已于 5 月 25 日深夜去世了。从电话里可以听出，他的声音有些哽咽。他向我滔滔不绝地叙说着故人旧事，激动的情绪显已控制不住。而我听了也不由揪心地沉痛，眼泪禁不住簌簌流下。夜里上床后，杂感纷来，乱思沓至，辗转难以入眠，那同瑞龙朝夕相处的往事，便恍似一部未经剪辑的、动人心怀的电影，杂乱无意地在我眼前一幕一幕播映。也许是由于他曾是启发、培养、教育我的"入门之师"，也许是我心里装着对他与我一起度过的战地生活的眷恋，所以，尽管 40 多年过去了，逝去的流光已为我双鬓泼霜，洇染了我的华发，但是他那满怀期冀的目光，如同在长空下奔腾的风，至今仍在吹拂着我追寻的帆。我抑制不住忆念的狂澜在心中掀起，过了好久好久，我的心情才平静下来，我才能从"记忆库"中提取"特写镜头"——其他的旁枝蔓节慢慢地全都隐去了，留在我追踪视野里的，只有涉及我记者生活的那些部分。

1946 年夏秋之际，在"诱敌何妨让两淮"、"会见狂潮卷地来"的前夕，华中《新华日报》（新华社华中总分社）派我去华中解放区北线（苏北淮海地区）战地采访，报道那里的战勤工作。当时苏皖地区战云密布，形势严峻。

行前，报社（总分社）社长恽逸群、副社长包之静，通讯部主任庄重、副主任陈笑雨都先后找我，向我交代了工作中的注意事项，还向我交了底：在北线，战斗将十分频繁，一场大仗可能正在酝酿之中。谈话中，他们都提到了北线战勤司令员刘瑞龙，都要我跟随他活动，也都称赞了他。给我的印象是，我只要紧紧依靠他，家里的同志和我自己一切就都可以放心了。他当时是中共中

① 徐熊，新华社总社高级记者。

央华中分局委员、民运部部长、苏皖边区政府第一副主席。曾是领导《新华日报》的党报委员会成员，经常为《新华日报》写写社论或帮助审阅社论。

临行前，庄重交给了我两封以报社（总分社）名义写的介绍信，一封是给华中军区的，另一封就是给刘瑞龙的。他告诉我，抗战期间，他在刘瑞龙的手下工作过。那时刘瑞龙任淮北区党委副书记和淮北行署主任，办事极为认真，对新闻工作极为关心，待人极为热情。一口气说完了三个“极”以后，他又建议我到前线后，可以“同他一起吃，一起住”。这些介绍，使我未见其人，已闻其“声”（声誉）。不过，当时我把社里头头们的话只理解成，他们在嘱咐我出去后要紧紧依靠领导。而解放区的各级领导人，谁的工作精神和工作作风不是那样？至于跟这位司令“同吃同住”，我自然是不会作如是之想的。

搭乘华中军区司令员张鼎丞的小轿车到达北线前指，在一座青砖灰墙的院子里，我非常荣幸地见到陈毅司令员。到了这里后我才知道，陈毅早就风尘仆仆于南线、北线两个野战军，筹划下一步作战行动，而刘瑞龙所要组织和指挥的浩大而复杂的战勤和支前工作，也要同时为这两支大军服务。我万万没有想到，陈毅，这位威震华夏的华东方面的统帅，在得知我是前来“投奔”刘瑞龙的以后，竟然要警卫员去把刘瑞龙司令请来会晤我这个年仅19岁的小记者。

事后我才知道，我是“脚跟脚”随刘瑞龙来到此间的。由于命运的安排，使我有机会结识了这位忠诚的共产主义战士。

刘瑞龙是江苏南通县人，那时三十五六岁，可已是一位“老革命”。1925年在南通师范读书时，他就积极参加学生运动。1926年加入共产主义青年团，1927年转入共产党，是党在南通地区早期创始人之一。1930年，他任中共南通区特委书记，参加创建和领导了活动于通、海、如、泰地区的中国工农红军第十四军。他先后担任过中共江苏省委外县工作委员会委员和副书记、省农委书记兼省军委委员、红军第二十九军政治部主任、中共川陕省委宣传部长、抗日战争时期，他任过豫皖苏区党委副书记、苏皖军政委员会书记、淮海军政委员会书记、皖东北区党委副书记、淮北行政公署主任、淮北区党委副书记。在过去和以后的战争时期中，刘瑞龙一直参加动员和组织华东、中原战场的支前后勤工作。在他的参与指挥下，经常有数十万、数百万民工和民兵大军，活跃在苏、鲁、豫、皖战场上，踊跃支援解放军指战员英勇作战，取得了一个个战役的胜利。他是从事“特殊战斗”的“特殊军种”的指挥员。然而，使我感到意外的是，就是这位运筹于帷幄之中的司令员，却是一位平易近人、和蔼可亲、没一点架子的人。一见到他，我就发现他确确实实满腔热情，确确实实对新闻工作很关心，而且对报社情况和报道工作都很熟悉。而他给我留下的第一个深刻的印象，则是他雷厉风行的作风。尽管他比我年长十五六岁，在我心目中他是位“长者”，可是他并未把我当作个毛孩子看。我到他的住处后，他便跟我亲切地攀谈起来，使我一下就丢掉了拘谨，连心里话也对他讲了出来。我说我来到这里后，就像到了茫茫大海，不知采访从何下手。他听了，微笑着点点头，便像对自己的老部下、老战友那样，开门见山地对我提起建议来了。他认为，搞采访跟调查研究一样，就是要抓两头。一头是要站在高处，抓全局；一头是要钻入深处，抓典型。我便在这个话头上趁机问他，以后他能不能瞅空给我概括地介绍一下当前形势？他听了连声说“好”。想不到说干就干。就在我们此次交谈的当天晚上，他让他的警卫员拿来军用地图，摊在一张方桌上，为我和他的秘书、曾当过县长的王文长讲解敌我双方态势。他说，尽管华中野战军在苏中地区七战七捷，重创了来犯之蒋军，但是并未能遏止蒋军疯狂的进攻。眼下，敌人的大批全副美械装备的精锐师团，正从胶济、津浦、陇海三条铁路和各城市、各要点攻向苏北、鲁南我军腹地，气势咄咄逼人。苏北、鲁南解放区已处三面受敌、一面临海的包围之中，两淮和临沂都有丢掉的可能。

后来，刘瑞龙又针对我希望转到战斗部队去采访的思想，鞭辟入里地谈了当前战勤工作的重要性和我们对之进行报道的必要性。他首先肯定我对战斗部队采访的向往精神是好的，但是，前线分社的记者力量已经很强，不一定非我去不可。他说：报社让你采访前方的战勤工作，很有道理，很必要的。我们一定要端正看法，才能更好地热情地讴歌千千万万人民群众踊跃支前的事迹。接着，他指出战勤工作历来在战争中占着重要地位。我们解放区的民工支前规模那么大，历史上哪有这种情况？他随后指出，支前工作又是一件很复杂、很艰巨的工作。支援前线的粮食，每斤米，每斤面，都要从后方运到前线，还要运用各种工具，经过数次转运，才能到达目的地。把被服、鞋袜、弹药和慰问品送到第一线作战部队，把前沿的伤病员运下来，转移到后方，又要经过多少周折？支前队伍本身便是一支浩浩荡荡的大军，你还得安排他们吃、他们住、他们用，安排他们防空，保证他们的安全。现在我们这个战场天地很狭窄，光野战部队和当地党政军群机关干部就有几十万，如今再加上数十万没有什么战斗力的民工，怎么周转？这些都是学问。我们当记者的，难道不应该好好报道它？不应该努力把这样一幅无比壮丽的人民战争的画卷勾勒出来？他说得很缓慢，语音平和，却很有鼓动性。我听了，不但加深了对战勤工作的了解，而且增强了对这项报道工作的热爱。

在这次交谈结束后，果然如庄重所料，他主动要我同他一起吃，一起住。在跟他一起活动一两天以后，我便深深感到他是“受大任于危难之时”的。这时正是蒋军向解放区全面进攻的初期。战场基本在华中，先在淮南打响，尔后是淮北和苏中，以后是两淮、涟水、宿北和鲁南。我随刘瑞龙行动的时候，正处于两淮、涟水战役酝酿之际和鏖战之中。当时支前供应对象按“一兵三工”计算，需要的人力、物力是相当大的。加之战线不固定，战况紧张多变，保证我军战争需要是多方面的，工作极为复杂。而刘瑞龙这位战勤司令轻车简从，好似一位“空军司令”，他的手下只有一位秘书、两位警卫员、两位副手、两匹马。刘瑞龙此时主要参与抓了三件大事：一是进行土地改革，充分发动群众，及时有力地支援战争。二是把支前后勤工作由被动转为主动。这是刘瑞龙当时所着重要解决的一个问题。部队到底怎么打法，地方上不清楚，因而处处都显得比较被动。此时，扭转这一被动局面的关键，就是建立支前后勤机构——北线战勤司令部和建立基层支前组织。三是有预见地协助华中分局、华中军区组织敌后地方武装，就地坚持斗争。

我很有幸，能亲眼看到刘瑞龙这位杰出的组织家，在日日夜夜动荡不定的转移运动之中，由上而下地逐步建立起了一个巨大、完整、运转灵活的战勤指挥体系，使华东支前后勤工作迅速由被动转变为主动，使地方工作迅速转入战时轨道。他先抽干部在战勤司令部下面相继建立一些部，如经济部、宣传慰劳部等，著名的经济学家孙冶方便是经济部部长。然后，由各部再进一步健全机构、充实干部。这样，这位战勤司令就运用这个战勤机构，以他华中分局民运部部长、边区政府副主席的身份，向华中各地动员和组织千千万万群众投入这一巨大而浩繁的战勤支前工作。过了个把月，我就看到在那一碧无际、水网纵横的苏北平原上，在那战火纷飞的战地中，到处都是铁流滚滚的支前大军。那些数不清的担架队、挑子队、小车队、毛驴队，那些看不到头的长长的民工行列，像千百条小河流向大海那样，车轮滚滚，肩挑驴驮，昼夜不息地涌向前线。从中，我仿佛看到刘瑞龙的心血，看到了他在敌机骚扰下，在马背上，在暗淡的灯光前，为组建和调动这支“特种部队”而沉思、而设计蓝图、而运筹帷幄的身影。

我还很荣幸，在刘瑞龙于战勤司令部边“搭架子”边“开动战勤机器运转”的过程中，他召开的大部分会议，我都参加了，他进行的大部分活动，我都目睹了。那时部队成天流动，联系不便，而我却四处“满天飞”，许多部门领导人便常常利用我在刘瑞龙身边工作的条件，委托我代他们向刘司令呈递材料或汇报、请求问题，刘司令有时也趁我下去采访之机，托我带口信，发通知。这样我就得到更多的宝贵机会，多侧面、多方位地了解和学习刘瑞龙的认真、负责、勤恳的工作精神，事必躬亲的工作方法和一丝不苟的工作作风。我深切地感受到，他的生活色彩全由充满热情的工作来打扮和点缀；他生命的年轮，是用志趣丛生、激情四溢的生活细节缀联而成的。每天，他都从早忙到深夜，如果夜间不行军的话。假如行军，那么他在马背上打打盹就算睡了觉，住下后稍事休息，次日便又紧张地忙碌起来。他抓战勤工作已经忙得够呛了，可他还与秘书王文长一起，编辑一份以民运工作为主旨的内部刊物。他在王文长的协助下，亲自为它写稿、审稿、改稿和组稿。他的马袋里装的，除了行装、文件和书籍外，就是为编辑出版这个刊物而用的材料。所以人们称它为“马背上的编辑部”。

我在跟随他活动的日子里，得益最大的还算是他所说的“抓两头”——用现在时兴的话说，便是“宏观与微观相结合”。当时，我们的部队本来就处于高度流动之中，光行行止止的不安定的生活秩序，就够让人感到疲惫的了，可他每到一处，都一定要和王文长一起，利用各种形式向驻地干部和群众进行社会调查，了解他们的工作和生活情况，听取他们的意见和建议，从不间断。实在因事脱不开身，他也要委托王文长进行。王文长告诉我，刘瑞龙常讲，他这种调查研究作风是从刘少奇那儿学来的。刘瑞龙在他写的《难忘的征程》中说：“在跟随刘少奇从西安到中原的这一路上，最使我感动的，就是少奇同志利用时间深入调查研究和教育干部的精神，他和干部耐心谈话、促膝谈心、探讨问题的精神。”“少奇同志每到一个地方，总喜欢找人谈这个地方的历史和现状。”

同少奇同志一样，他也经常利用一切机会和途径同周围干部促膝谈心、探讨问题、征求意见、向部队和地方群众求教。我每次外出采访回来，他总要抽空让我向他谈谈采访中的见闻，群众的反映、愿望和呼声。这对我是一个很大的督促，因为它逼使我去深入挖掘情况，把握情况。

时间长了，我才真正体会到刘瑞龙搞调查研究，把上层与基层相结合的做法所起的重要作用。他工作于上层，在高处运筹，成天向下发号施令，其影响常常是很大的。一事不慎，会使实际工作造成巨大损失；一字有误，会带来下面干部的极大被动。他向社会调查，向广大干部和群众求教，就可以把自己深深植根于实际生活的土壤之中，就可能从群众的呼声与见解中，去理解群众生活中的酸甜苦乐，去探求社会现实生活和战争更深一层的内蕴，去领悟战勤支前工作的关键所在，从而找出发动群众、指导工作和从事写作的要害。有几次，他就是从调查会上得到启发，而重新起草和修改战勤工作文件的。

我自己也在采访报道中学了“抓两头”“上下结合”这个窍门。我常常一方面在战勤司令部了解情况，掌握总的精神，一方面到驻地或驻地附近村庄，向当地干部和群众或者向驻在那儿的支前民工了解典型事例，掌握具体的活的材料。我和王文长合作写了一篇稿件，不但刊登在《新华日报》（华中版）上，而且经新华社向全国转发了。这就是在全局观点指导下写成的一篇具体的发动群众支前的工作经验。这一件事进一步使我懂得了把握大局与深入实际这两者相结合的重要性。

山东野战军和华中野战军于 1946 年 12 月间在淮海地区联合进行了宿北大战，取得全歼蒋军整编六十九师的胜利。此后两支野战军便合编为统一的由陈毅任司令员、粟裕任副司令员的华东野战军，并且转移到山东，准备夺取另一胜利——鲁南战役大捷。当时刘瑞龙任山东支前委员会副主任兼前方办事处主任、华东野战军第二副参谋长兼战勤司令部司令。

在宿北战役以前，我在离开战勤司令部外出采访时，病倒在途中，被附近村庄群众发现。他们千方百计为我打听已从淮安撤到农村并且到处流动的华中新华日报社的去处，然后用担架把我辗转送到报社。在报社驻地我的身体刚刚康复，就随报社以及华中其他党政机关向山东转移。在华东野战军于 1947 年 1 月在鲁南告捷后，我便正式调到了华东前线分社当记者。在开始的一段时间，我和季音、海蓝一起在刘瑞龙所领导的后勤部搞后勤支前采访。匆匆离去又归来，这大概是我跟他有些缘分吧！这种情况很易触动人的感情，于是我便常常情不自禁地在季音和海蓝面前谈起刘瑞龙——谈他勤勤恳恳的工作精神，他平等待人的精神，他和蔼可亲的长者风度，他的精辟见解和他那不断鞭策我前进的教诲。季音和海蓝听了也不禁为之动容，觉得此人值得一写。于是，我们三人决定去拜访他一下，以便写一篇访问记。当时，我们还觉得我们的思想怪开阔的呢，因为到这时为止，全国各个战场的记者，还没有采写过战勤、支前工作的组织者和指挥者。

刘瑞龙于战地热情地接见了我们。我们把意图告诉了他，他表示可以向我们介绍当前山东战场的支前和后勤工作面临的形势和任务、经验和存在的问题以及我们想了解的其他有关支前工作情况。但是，怎么说他也不同意我们写他个人，连只把他所谈的问题作为访问记发出也不同意。他说他个人的工作是微不足道的，接着，话锋一转，直言不讳、严肃地对我们讲：“你们不要把眼睛放在上层，而应该深入基层，去采写工农兵群众。”他说的自然都是事实，也是有道理的。但是，他却说得我面红耳赤，因为事情是由我引起的。我觉得碰了一鼻子灰，少不了要反思一番。这一反思，我便感到自愧：我白跟刘瑞龙在一起活动了两个多月，结果我对他还是不够了解。我早就应该想到，像他这样谦虚的人，怎会同意我们去宣扬他？

但是，我对此事总是“耿耿于怀”。没有报道刘瑞龙的事迹，我心中觉得不过是格于形势、囿于陈规和尊重他本人的意见，其实我们未尝不可以写。

后来，在震撼世界的淮海战役和渡江战役中，他又建立了特殊的功勋。在华东野战军和中原野战军联合展开的、历时56天的淮海战役中，他作为华东野战军后勤司令，充分施展了组织群众的杰出才干。他在总前委的领导下，与华野和中野两个后勤司令部其他负责同志一起，与华东、华北、中原三大解放区各级党政军机关密切配合，动员和组织起500多万人的浩浩荡荡的民工大军，奋勇支援了60万作战部队。我们且看看这一幅壮阔的人民战争的宏伟图景吧：这场大规模的群众性支前运动，是在苏、鲁、豫、皖、冀五省，东起黄海之滨，西至豫西伏牛山区，北自山东渤海，南达江苏长江北岸的纵横两三千公里，人口9000多万，面积35万平方公里的广大地区内轰轰烈烈地展开的。这一地区包括当时的中原的豫西、豫皖苏，华北的胶东、渤海、鲁中南、苏北、江淮，华北的冀鲁豫共八个战略区，以及济南、潍坊、郑州、开封、洛阳和在战役中解放的徐州、商丘、连云港等大中城市。在这片广袤的土地上，从后方到前方，从农村到城镇，家家忙支前，人人争为决战的胜利奉献自己的力量。这时，对民工的组织、管理、调配、服务、轮换、供给以及政治工作，需要投入多大力量，进行多少周密的筹划和安排？在战役期间，各地动员组织起来的民工队伍按任务区分为：归属部队调度使用的3个月以上的随军民工，约22万人；归属支前机关直接掌握的服务一个月以上的二线转运民工，约131万人；归各地政府领导在当地完成各项临时运输任务和修桥、筑路的后方临时民工，约391万人。另外，为前方提供担架23万副，大小车辆5万辆，转运伤员11万人，送达前方粮食5.7亿斤，弹药物资330万吨。在战役的最后阶段，我在前方有60万大军作战，百万常备民工支前，加上6万多起义、投诚人员，32万多俘虏和10多万被我收容的敌军伤兵，前方吃饭人数达200多万人。我参战部队与前后方支前民工比例，接近“一兵十工”，大大超过了战役初期“一兵三工”的概算。这些任务多么繁重！为了加强运输供应，部队后勤部门和各地支前领导机关选定了十几条水陆运输干线，根据战役的需要和发展，设立了兵站、粮站、民站、油盐供应站、伤员转运站、野战医院和后方医院，组成了一个庞大运输供应网。

为了保证前后方运输和通信联络畅通无阻，解放军打到哪里，各地人民就把道路、桥梁修到哪里。随着战役的发展，公路从四面八方延伸到前方，津浦、陇海、平汉、胶济铁路逐段提前通车，长途电话线路架设 1000 多公里。陈毅说得好："淮海战役的胜利，是人民群众用小车推出来的。"可这又需要多么艰巨而又细致的组织工作！

百万雄师强渡长江天险的渡江战役，作战规模空前巨大，支前的规模也同样空前巨大。刘瑞龙作为第三野战军后勤司令兼政委，同他的后勤支前战线上的战友们一起，又一次作出了卓越的贡献。据华东支前委员会的计算，仅粮食供应和渡江船只筹集，工作量就很惊人。渡江时部队与随军民兵、民工 178 万人，需供应 3 亿斤粮食；过江以后，部队、民工及解放战士约计 200 万人，5 个月需粮 5.3 亿斤。后来，这样巨额的粮食问题都解决了。这当中，刘瑞龙曾为之付出多少心血！这里面又有多少扣人心弦的故事。可是，我们这些记者，作为时代的记录者，又曾告诉读者一些什么？正因为这样，我对此事总不能忘怀。如今在得知刘瑞龙撒手人间之际，我再次发现流在自己血液里，印在自己脑海里，埋在自己怀念里，常常揪得自己心疼的，还是那战争中的一页，那件未能完成的事。于是，我起床，伏案，沉思，握笔，疾书……为的是实现总有一天要将它诉之于文的自我承诺。

刘瑞龙的为人令人难忘

李坤馥①

廉洁奉公

刘瑞龙一生廉洁，分文不沾，不论什么人送东西，一概谢绝。

刘瑞龙曾在淮北地区工作过。泗洪县老同志到北京来看望他，带了一些洪泽湖的鱼干送给他。他坚决不收。这些老同志只好将这些鱼干另作处理。

“文革”前，刘瑞龙在华东局农办工作时，去苏州视察。临走，苏州地委要送一些土产百合给他。他不要，吩咐司机吴宗耀：“我有车子，到处都有土产，这还像话吗?”苏州地委同志硬将一包百合放到车里。回到上海，刘瑞龙知道后十分生气，对司机说：“你怎么拿来的也怎么退回去。”吴宗耀只好捧了一包百合送回苏州。“文革”中造反派逼迫吴宗耀揭发刘瑞龙。吴宗耀就讲了刘瑞龙要他退回百合的事。造反派说他为走资派涂脂抹粉，便把他下放开公共汽车去了。

关心知识分子

刘瑞龙不仅是个革命家，而且是一位学者，兼任北京农学院教授。他关心知识分子，尊重知识，爱惜人才，也深受知识分子的敬爱。马祝时“文革”前毕业于林学院，但被分配到北大荒修理汽车多年，学非所用，很苦恼。“四人帮”被打倒后，他回校进修，成绩优秀，学校要留他，他本人也希望能学以致用。刘瑞龙知道这个情况后，写信给农业部和人事司，建议调他从事林业工作。在刘瑞龙的关怀下，马祝时得以调回林学院任教。

有位草原学家，曾自费去美国进修，带了许多资料回来，希望能报效国家。可是他仍然不能发挥他在草原开发方面的作用。刘瑞龙为此亲自和人事司交涉，希望尽快使这位草原学家的工作得到适当的安排。

---

① 李坤馥，工作单位：南通博物苑。

为了挽救一个青年的生命

马祝时的弟弟、长春市彩印厂的美术设计师马祝硕是位很有才华的青年，不幸患了肾炎并发展成尿毒症，肾功能丧失，生命垂危。当时唯一的办法是做肾移植手术，但换肾费需三万元之多，谈何容易。马祝硕在一个集体单位，拿不出这么多钱来，家属也无力承担这笔费用。眼看着这个青年就会死去。刘瑞龙同志得知这个情况后，当即写信给吉林省人大副主任赵修（原为农业部副部长）："请鼎立设法帮助抢救马祝硕这个青年的生命。关于医院所要押金是否可以考虑由你处商同有关单位同意减缓。"结果，卫生局和工作单位各出一万元，家属筹集了若干元，刘瑞龙全家也凑了一些钱。马祝硕全家十分感动，坚决不接受。最后，在组织的关怀下，终于及时地给病人做了肾移植手术，抢救了这个青年的生命。马祝硕康复后健康情况良好，能够正常工作。刘瑞龙同志逝世后，马祝硕的父亲马行骥老先生赶来北京参加骨灰安放仪式，亲笔书写挽联："一生许国，万苦为民，但愿大地苍天永昭盛德；气正河山，功垂社稷，仰望晴空皓月痛哭此公。"

刘瑞龙和朱姚老太

刘瑞龙和朱文英烈士的母亲、革命妈妈朱姚老太，有几十年的情谊，是一段十分感人的佳话。

早在1927年，17岁的刘瑞龙就担任了中共通师学生党支部书记。他和朱老太的女儿、女师团支部书记朱文英都是当时学运的主要骨干。佣工出身的朱姚老太在女儿的影响下也帮助党做掩护工作。从1928年起，她的家（寺街19号）就成为当时通、海特委的秘密机关。特委和红十四军的同志来往都住在她家。朱姚老太英勇机智地在老虎鼻子下面掩护党的机关。年轻的刘瑞龙经常出入她家。朱老太和朴实无华、待人至诚的青年刘瑞龙建立了深厚的情谊。朱文英牺牲了，刘瑞龙和李超时安慰她，劝她化悲痛为力量，继续战斗下去。

1930年9月红十四军失败，刘瑞龙奉调离开了南通。朱老太则先后在上海、南通二甲做党的秘密机关的掩护工作。直到抗战胜利，组织上征求朱姚老太太的意见，她表示要到苏皖边区刘瑞龙那里去。从此，他们又在一起工作、生活了。

刘瑞龙十分敬重这位老共产党员、革命妈妈。全国解放后，刘瑞龙为朱姚老太寻找到了十二岁就因革命需要离开她的小女儿朱晓云。但朱姚老太依然和刘瑞龙住在一起。朱晓云说："刘瑞龙同志待我妈妈真好，比我们做女儿的还孝顺。"他在华东局农办时，工作很忙，但下班回到家里，往往二话不说就去朱妈妈房间陪她下五子棋。有时朱妈妈说："你怎么又挡我的路了。"刘瑞龙同志立即把棋子挪开，他下的是让步棋，让妈妈高兴。刘瑞龙对他夫人江彤说："我虽没有叫朱老太妈妈，但这样不也是很好吗?"

朱老太太和刘瑞龙一家和睦相处十多年，直到"文革"，刘瑞龙遭到"四人帮"迫害，朱老太这才和小女晓云一起生活。可是那些造反派还要来逼迫朱老太太揭发刘瑞龙和其他老同志。这时，年近九旬高龄、有丰富革命经验的朱老太太就装聋作哑，说："说什么?我听不见。"随手打开了收音机。朱老太太又一次次地像当年一样，保护着老战友们！多年来，刘瑞龙全家与这位革命妈妈真是不是亲人胜似亲人。

狱中学马列

刘瑞龙一生酷爱读书，勤于笔耕，不论在长征路上还是战火纷飞的年月，他记录了历史的痕迹，为我们留下了极其珍贵的史料。即使在十年浩劫中他被"四人帮"关押在上海某监狱，五年的牢狱生活使他受尽迫害，在极端困难的情况下，他依然坚持学习马列主义、毛泽东思想。学习《资本论》时，他写下了30多万字的笔记。没有书，他还手抄了《辩证唯物主义》、《为人民服务》、《纪念白求恩》、《愚公移山》等著作。当我们看到一本本用狱中发给犯人交代罪行的横格纸装订成册，用手纸糊粥汤制成的封面，一页页写着一格两行芝麻大小，端正、舒展、挺秀，具有毛笔字风味的钢笔字时，犹如欣赏钢笔书法，谁会料到这些小本子是刘瑞龙在狱中受迫害，10月天没有棉被，被冻得身子不能直立情况下所写。这些大量的狱中学马列的笔记，都展示了刘瑞龙博大的胸怀和松树的风格。

我所知道的刘瑞龙

曹树基[1]口述　曹颂康整理

刘瑞龙是我在南通师范时的同学，因为彼此都爱读左翼文学作品而成为知己。日久察觉他言行一致，学业优良，在同学中出类拔萃。他潇洒、幽默、正直、持重，敢于揭露反动政府的腐败现象；常在漫谈文学作品读后感时，宣传革命理论，博得进步同学的共鸣与信任。学生时代，他就在南通师范撒下了红色种子。

1927 年春，有些同学在革命思想的影响下，参加了党、团组织，我也参加了共青团，从事地下活动。是年秋瑞龙同志已任通师地下党支部书记。1928 年六月初，瑞龙出席党在博物苑内召开的县委扩大会议，在假山上与汪世杰等被反动军警逮捕，初审后解南京特种刑庭，因无口供，又无证据，两月后获释，被学校开除。不久，瑞龙同志任南通县委委员。冬季，由组织决定派往通东、海北地区开展农民运动。通东包括余东、余中、三益、余西、三余五区。瑞龙同志以这一地区为活动中心，发展党组织，领导农民进行武装斗争，收缴地主枪支，先后镇压了恶霸地主汤廉臣和反动通讯员陈伯伟等。当时农村中的地主分子纷纷逃亡城市。由于游击斗争的胜利，进一步推动了群众革命运动，为建立工农兵苏维埃政权打下基础，为创建中国工农红军第十四军在客观上准备了条件。

瑞龙同志在通东、海北领导农民运动，在一大片游击区内颇有声望，也越来越引起反动派的注目。1929 年秋，国民党南通县政府悬赏缉拿刘瑞龙，在南通南城门口城墙上张贴布告，声言对通风报信者赏洋 200 元，捉拿归案者赏洋 500 元，并在布告左侧附贴瑞龙同志的二寸半身照片。布告贴出后，白色恐怖气氛笼罩全城，师范学校师生人心惶惶。党团员按组织指示密藏文件和宣传品，提高警惕，沉着应变。

一周后，在一个风雨交加之夜，我正在上自修课，突然由组织通知我立即

① 曹树基，刘瑞龙在南通师范时期的同学。

将一件重要通知送到秘密联络处（医校巷沈佩兰家）。此时，室外黑暗得伸手不见五指。我带了伞和电筒，匆匆走出校门，送达后在回校途中，经过启秀桥时，遇见一位农民，行色匆匆，迎面走来。我捏亮电筒一看，原来是瑞龙同志。他头戴笠帽，身披蓑衣，脚穿草鞋，绝像农民。偶然相逢，喜出望外。我问他“进城何事?”他说：“从东社北三马路来，接到上级开会通知，冒雨进城。”接着，他问我南通的情况如何？我告以国民党县政府张贴了悬赏缉拿的布告。他镇定自若地说：“此事我已听说，也在预料之中。不过，他们想捉我谈何容易。倒是在校同志现处于虎穴魔窟之中，务必时刻提高警惕。”说完在我的电筒光下看了一下怀表，见已快到开会时间，便握手告别。我目送他的背影在迷茫的雨夜中消失了。当时，我对他雨天步行 60 里，冒着风险进城开会的艰苦卓绝的革命精神，感到由衷的敬佩，同时又为他的处境而深为忧虑。

1930 年春，瑞龙同志任中共通、海特区委员会委员。同年暑假中的一天，我去秘密联络处联系工作，中午回校时骄阳似火，酷暑逼人，挥汗如雨，大街上行人稀少，商店门可罗雀。我走出南城门，刚过长桥，见一位商人打扮的青年由南向北走来。他头戴礼帽式的时新草帽，身穿杭绸长衫，脚着皮鞋，还戴了一副墨镜。待走近看时，原来又是瑞龙同志。上次雨夜相遇身穿蓑衣的农民，如今又变为衣冠楚楚的商人，扑朔迷离，令人发笑。他一见我便伸手示意我转身向北，我们并肩边走边谈。他告诉我，刚从北兴桥赶来开会。接着，又问起南通的近况。我简略地告诉他正在策动黄包车工人请愿和八厂工人罢工。他叮嘱我必须注意的几个方面，不觉到了北公园。他忽然对我从头到脚端详了一下，问我近来身体如何，为什么比以前瘦了，以及暑假中生活如何安排，等等。我如实反映：放假后供给中断，家中无接济，只好求助于同学。他从衣袋里掏出仅有的 12 枚铜圆，叫我先去买碗面吃，然后再向组织反映。当时我感动得热泪盈眶，反复考虑如收下这 12 枚铜圆，他自己则囊空如洗，那怎么可以呢?！于是再三拒绝。但他终于把钱塞进我的衣袋，与我握手告别。此时我正饥肠辘辘，经过长桥，走进四阳春，将 12 枚铜圆买了一碗光面和两个小馒头，吃了个饱。回校后，心情久久不能平静。虽然区区 12 枚铜圆，但在饥饿时却显得多么珍贵，它凝聚着组织无比的关怀和同志无限的深情啊！第二天清晨，组织派同志送来了生活补贴，解决了吃饭问题。60 年来，每回忆这件往事，眼前便浮现出瑞龙同志的高大形象。

从 1928 年冬至 1930 年初，一大片游击区党的组织得到恢复和迅速发展，通东成立了农民游击武装。1929 年 11 月瑞龙同志接任南通县委书记。次年春，红十四军成立后，进行不屈不挠的斗争，曾屡建战功，农民运动声势浩大、群众情绪空前高涨，后在立三错误路线指导下，对红十四军提出“准备会攻南通，进攻上海、南京”等不自量力的战斗任务。通、海红军在不利的情况下，进攻东社、金沙等地失败，损失很大。陈国藩、仇建忠、唐楚云等同志先后壮烈牺牲。在敌人集中强大兵力“围剿”的日子里，我方处境极端困难。这一阶段，瑞龙同志打游击，常住宿在我家。

记得他曾告诉我这样一件事——

1930年春，瑞龙同志出席通、海区召开的各县县委书记联席会议后，回通东各区传达省委的二次代表大会决议和省委指示。去东社三马路，经余中乡取小道北行，约十余里，隐隐传来凄楚的哭声。前行数十米，闻哭声来自路东的两间草屋内。瑞龙同志前去探望，见屋内老夫妇二人坐在床沿上哭得很伤心。问其故？不答，只是啜泣不已。瑞龙同志见其有难言之隐，反复盘问，并答应相助。老人见来人如此诚恳，便如实反映在当天早晨有两人来家，自称共产党员，因缺少活动费，向老人借钱，约定今晚来拿。老两口膝下无子，辛劳数十年，略有积蓄防老，如借给他们，则多年辛苦弃于一旦，如拒绝又恐不得安宁，正为此而进退两难。说完又痛哭起来。瑞龙同志安慰老夫妇说：“共产党是打倒土豪劣绅，保护群众利益，绝不会如此胡作非为的。来者或许是不法分子假借共产党的名义进行敲诈勒索，二老放心，我待在这里，自有办法对付。”老人见瑞龙同志书生模样，定难对付，劝他离去，免生意外。瑞龙同志胸有成竹，坚持留下。傍晚果然来了两名彪形大汉，进门后一人向老人讨钱，另一人问瑞龙同志是何人、来此干啥？瑞龙同志反问：“你们是何人？敢在光天化日之下向平民百姓敲诈勒索！”那两人暴跳如雷，毫不隐讳地说：“我们是共产党，缺少活动经费，向他家借些钱，你胆敢说我们敲诈勒索，看你模样是反动派，今天你飞蛾投火，我们要把你抓起来！”此时，瑞龙同志的态度反倒缓和下来，对那两人说：“我要问你，你们既然是共产党人，那么你们属谁领导？”“我们的领导是刘瑞龙！”一个高而壮的人粗声粗气地说。“你们向老百姓借活动经费是谁的指示？”瑞龙同志严肃地责问他们。另一个人抢着说：“这是上级的指示，你管不着！”这时两人气势汹汹地一面逼老人交钱，一面向瑞龙同志扑来。说时迟那时快，瑞龙同志从腰间拔出盒子枪对准两人厉声喝道：“别动！把手举起来，如敢行凶就打死你们！现在我告诉你们，我就是刘瑞龙，我从来没有作过这样的指示，你们今天犯了罪！”两人吓得魂不附体，面如土色，谁也想不到会碰上刘瑞龙，于是跪下认罪求饶。瑞龙同志对他们进行了严厉的批评教育，阐明当前的敌人是国民党反动派，在农村是恶霸地主、土豪劣绅，“广大农民是我们团结依靠的对象，谁侵犯了群众的利益，就是违反了党的纪律，败坏了党的声誉，会失去群众的信任和支持，将给革命带来很大的损失。至于活动经费组织会考虑解决。向群众勒索是一种土匪行为，共产党员怎能干出这可耻的勾当!”两人听了有所悔悟，异口同声保证今后绝不再犯，并愿意接受组织处分。瑞龙同志记下两人的姓名、住址及所属支部和领导人，然后命令他们回去向组织交代，作深刻检讨，等待处理。此时老夫妇俩转忧为喜，对瑞龙同志千恩万谢，留他吃晚饭住宿。瑞龙同志因要连夜赶路，就留下吃了两碗粥，付给饭钱；老两口坚决不收，瑞龙同志便悄悄地把钱放在灶头上，告别离去。此事在当地传为佳话。

瑞龙同志对此事十分重视，事后与当地党组织研究作了慎重的处理，并通报通东各区党组织制止和严防类似的错误倾向发生，严肃了党纪，从而提高了我们党的声誉，得到广大群众的拥护和支持。

解放后瑞龙同志在华东局工作，笔者在上海市静安区（原江宁区）区政府工作，因在少年时代即与瑞龙同志相识，屡访不知其办公地址，后询及前上海副市长潘汉年同志，方知其单位设常德路421号（对外不挂牌、警卫森严），与笔者单位近在咫尺，拜访后常相过从，也曾谈及以上几件轶事，现予追记，以寄托对瑞龙同志的钦敬与悼念之情。

生产上赛农民　学术上胜教授

——纪念刘瑞龙同志诞辰一百周年

邓伟志[1]

（2010 年）

刘瑞龙是我家两代人的领导，是我最敬重、最钦佩的一位领导。20 世纪 20 年代末 30 年代初，他在参与创建红十四军时，我舅父纵翰民是红十五军师长。两军一个在苏中，一个在苏北，经常联合作战。在豫皖苏时，他是边区领导，我舅父是区党委民运部长。我父亲和叔父也都是刘瑞龙的部下。20 世纪 60 年代初，中共中央华东局成立后，他是局党委委员、农委主任。我是华东局政治研究室最小的干部。我们两人地位虽有高低悬殊，但是由于刘瑞龙平易近人，我与他的接触还是很多的。

你提到哪里，刘部长就知道哪里

1961 年春，全国大兴调查研究之风。毛泽东、刘少奇、周恩来、朱德等中央领导同志都率领调查组到各地调查，为制定《农村人民公社工作条例》作准备。华东地区由刘瑞龙带队，从华东局机关各部门、上海市各部门，还有江苏省、地、县的一些同志，组成了一个大约有四十几个人的工作组，开到苏州地区。然后，兵分两路，一路在常熟县，一路在江阴县，重头在常熟。常熟又以白茆公社为基点。我被刘瑞龙分配在白茆。

来自四面八方的工作组集中以后，刘瑞龙向大家作动员报告。动员前他要求大家自报家门，报简历，报籍贯。当时令我敬佩的是，他对我们 20 来个人（不含江苏的干部）的家乡都了如指掌，有的比我们对自己家乡的了解还要深透。与会者是广东人，他就说到广东，不只说到广东，还说到广东的与会者所

---

① 邓伟志，现为上海大学社会学系教授。曾在中共中央华东局政治研究室、中国大百科全书上海分社、上海社会科学院信息所国际政治室工作；先后任研究实习员、编辑、编审、研究员，并曾任民进中央副主席，全国政协常委。

在的那个县那个公社，谈那个县、社的政治、经济、文化情况；与会者是山东人，他就说到山东，不只说到山东，还说到山东的与会者所在的那个县那个公社，谈那个县、社的政治、经济、文化情况。既自然，又亲切，实际是在做随机抽样，比较研究。轮到我时，我说："我是'三门干部'，刚毕业，安徽萧县人。"他就问是萧县哪个庄的人。我回答："薛庄人……"他再问我："薛庄出了哪几个共产党（人）、哪几个国民党？"这个问题我回答得很快。他又问我："你们县出了哪几个共产党、哪几个国民党？"我说了好几位。结果漏了一位，他立即补充出来。因为在共产党人里面我提到纵翰民，他接着就说："你知道纵翰民，你知道陈聿民吗？"我本来在报我父亲和舅舅的名字时，并未说明我与他们的血缘关系。在刘瑞龙问到陈聿民时，我脱口而出："她是我大妗子（舅妈）。"刘瑞龙马上接过去说："你大妗子抗战时是妇救会主任，很能干……"刘瑞龙又问："你老姥姥（即母亲的外婆）家的永堌现在的情况，你知道吗？"我回答："不知道！"刘部长想说什么，又没能说下去。——我后来才知道刘部长（因为刘瑞龙刚从农业部副部长的位置上调来华东。尽管他要我们按规定，称他同志，但是大家在背后还是称他"刘部长"）是想了解永堌老百姓挨饿的详细情况。动员会后，大家都说："这农业部长真不愧为国家的农业部长，对国情那么熟悉。"

刚接近八队，他就说八队队长好

有一次我们随他去白茆六大队第八生产队。进村前，先路过了八队的打谷场。他看了稻草堆以后，说："你们应该总结这个队。这个队长是个蛮不错的队长。"

我愕然了。刘部长啊！你还没进村，你也没见到队长，怎么知道这队长好呢？他可能想到我会有这个疑问，便说："你看他这稻草堆，四周圈着草木灰。你们知道这草木灰作什么用的吗？是防止老鼠钻进稻草堆的。为什么要防止老鼠钻进稻草堆呢？因为他们脱粒时没脱干净。为什么不脱干净呢？是这队长想在稻草里藏点稻谷，等到青黄不接时，再脱粒，当口粮，就不会饿死人。这队长有预见，有水平。"

进村后，我们跟队长、社员交谈。一起进村的李学广处长，点穿了八队的稻草堆问题。开始时队长还有点腼腆，后来见工作组没有整他的意思，又见刘部长一直微笑，慢慢地承认了他为什么要"留一手"。

离开八队后，我流露出自己不会调查的畏难情绪。刘部长说："调查研究说难也难，说不难也不难。调查就是‘抬头一望，开口一问，回来一议，提笔一写’，就成了。”

——说句实在话，几十年来，我每参加一次调查，刘部长这句话都会跳出来给我鼓劲。近年来，我又不知把刘部长这句话同我的多少学生、研究生转述过。

到生产队食堂吃饭之后，讨论食堂

在白茆，我们都与社员同吃同住。大家劝刘部长在公社食堂吃饭，不要到生产队食堂吃饭。他说：“你不到生产队食堂吃饭，怎么知道食堂好不好？”

大概是3月16日这一天早上。为什么记得这么清楚呢？因为我们几个人陪他去我本来所在的六大队十五生产队食堂吃饭时，走在渠道堤岸上，韩秘书打开收音机让大家边走边听早新闻，忽然听到陈赓大将逝世的消息。接着刘部长讲了许多有关陈赓智慧的故事。中午，在食堂吃蚕豆瓣汤时，刘部长说：“咱们吃素，纪念陈赓大将……”

下午，他把大家召拢来，谈对食堂的看法。发言大体上是按职务高低为序的，先是厅局级，再是处级，个个都说食堂好。我这毕业不到一年、尚未定级的小干部自然不敢发言。他突然点名要我表态，说：“请伟志同志（他对人都尊称‘同志’，只有在别人当着他的面称我‘小邓’时，他才顺便叫我一声‘小邓’）说说……”我不知天高地厚地说：“有女社员反映，吃食堂烤尿布困难。为了烤尿布，吃了食堂以后还得回家再生火。”刘部长在听别人发言时，虽然不能讲面孔严肃，但是没有笑容。听到我说尿布，他笑了。他示意我再说下去。我说：“还有社员反映，稀饭锅里煮干饭。干部用小布袋把米扎得紧紧的，放在稀饭里煮。社员吃上面稀的，干部吃下面布袋里稠的。”听到这里，刘部长开始系统讲了。他说：“印把子、勺把子、秤杆子、账本子，当然还有枪杆子，一定要牢牢掌握在热心为公的人手里，掌握在贫下中农手里。”接着他话锋一转，说：“在今天这样一个定量（口粮）标准，今天这样一个生活水平，办食堂恐怕不合适。再办下去会毁掉我们的干部。”大家听了大为震惊，互相递了眼色：这在当时是个“禁区”呀！接下来他讲了食堂的利弊，讲生产力与生产关系，讲生产与消费，讲生活水平与生活方式，深入浅出，使大家乐于跟着他闯禁区。

与一级教授谈学术

在白茆，我开调查会，社员、干部总是吵着“肚皮饿”，背后的意思是嫌我学生腔、八股调，希望早点散会。可是，刘部长开会，社员、干部会忘记疲劳和饥饿。社员、干部还敢跟刘组长（社员、干部不知道他是部长，有人把华东局理解为华东电管局，以为刘部长就是华东电管局领导）争，争输了就跟刘组长笑。他们不仅不是叫着肚皮饿，而有时是笑破肚皮。因为刘部长对农业生产技术比生产队长还精通。比如罱河泥，他知道先罱哪里后罱哪里，他知道顺风怎么罱，迎风怎么罱，他还知道罱过以后应当过多少天再来罱。一船河泥能增产多少斤粮，一船有菱叶的河泥能增产多少斤粮，一船没有菱叶的河泥能增产多少斤粮，他都一清二楚。生产队长唬得了我们，唬不了刘组长。有位生产队长问刘组长：“你管电的哪能比我还懂农业生产?”我们听了暗暗发笑，也暗暗敬佩刘部长的实践知识丰富。

回上海后，刘部长要我们陪他接待一位研究农学史的一级教授。这位一级教授学问大，脾气也大，他不买校领导的账。校领导布置他任务，他竟然说：“你们瞎指挥。我只听刘瑞龙的……”校领导没办法，只好跑几百里路，赶来上海向刘部长汇报，请刘部长代学校给教授布置任务。校领导向刘部长汇报时也少不了埋怨几句一级教授。校领导说完后，退到内室。我们把一级教授请进来。刘部长开始同一级教授对话。谈了好久，只字不提任务的事。他们谈什么呢?谈《齐民要术》的20多个版本，谈完了版本谈残本，谈完了残本谈译本。他们谈完了《齐民要术》，谈《农桑辑要》，谈完了《农桑辑要》，谈《农政全书》。这位主编过第一本中国农学史的大家，虽然笼统知道刘瑞龙有学问，大概不知道刘瑞龙有如此渊博的学问。从眼神上看得出，他是越谈越敬佩刘瑞龙。谈了差不多一小时的时候，刘部长才说出拜托他指导几个年轻人编一份农学史资料。一级教授立即答应，说：“这是给我一个再学习的机会。”刘部长说：“就从你30多岁时搜集的8000万字的资料中挖出八千分之一就足够了。”教授像是遇到了知音，愉快地领着任务告辞。

教授走后，倾听刘部长谈话全过程的院长、书记，出来向刘部长说：“不怪教授瞧不起我们，只怪我们自己不学无术。”

怪了，刘部长自始至终没批评过院长、书记一句话，可院长、书记一个劲地检讨，心悦诚服地检讨。常说“批评教育”，刘部长怎么会不批评而达到了教育的目的呢？

都说那一级教授骄傲，怎么骄傲的教授到了刘部长面前就不骄傲了呢？

一个实践经验超过生产队长的人，怎么在学术上又能同一级教授不相上下呢？这是一种什么魅力？这魅力从何而来呢？

几十年来，我一直在思考这个问题。

1978 年《中国大百科全书》启动。《中国大百科全书·农业》卷由谁来主编？从总编辑姜椿芳到我们工作人员都异口同声地说："刘瑞龙！"有人说："'农业八字宪法'是在刘瑞龙'农业七字宪法'的基础上完善起来的。"有人说："'猪多—肥多，肥多—粮多，粮多—猪多'的循环经济是刘瑞龙根据群众经验提出来的。"看来非"他"莫属了。当时他正在朝阳医院住院，大百科领导让陶家祥和我作为他的老部下先征求一下他的意见。他欣然同意。他说："我身体不好，做不了多少事。我晚年做两件事吧！一是编大百科，二是做绿化北京的参谋。"后来他呕心沥血，主编了两卷《中国大百科全书·农业》卷，并且担任了整个中国大百科全书总编委的副主任。当时的国家领导人出访非洲便是以《中国大百科全书·农业》卷作礼品，赠给外国首脑参阅的。

难怪有人说：刘部长是理论与实践结合部的部长。

挨斗之后还想着研究农民住宅

1966 年夏，华东局因为是中央机关，"文革"的"四大"比社会上缓半拍。当时满街上都是"紧急呼吁"、"最新消息"、"首长讲话"。有一天下午，我在宛平路 10 号门口遇见刘部长。他对我说："你有事吗？没事的话，陪我到 33 号去一趟……"33 号是延安西路 33 号，是上海市委机关所在地。现在市委已经瘫痪了，他去干什么？我想他大概是去看大字报的。担任宛平路 11 号警卫工作的"好七连"战士，一听刘部长出去，主动打电话要车。刘部长说："不用！""好七连"的战士要跟随着去。刘部长也说"不用"。怎么办？我就示意"好七连"战士远距离跟随。从宛平路到 33 号有三站路，我们边走边看马路两旁的大标语、大字报。到了 33 号，人山人海，挤不进去，看不清楚。这时，我和"好七连"战士站在他一左一右。他发现"好七连"战士在身边，便先朝我看了一下，好像要批评我，然后对"好七连"战士说了声："谢谢！你来了。"三人好不容易挤到跟前，他一张接一张地看，看陈伯达讲话，看王、关、戚讲话。他看后一言不发。去 33 号是沿衡山路——常熟路方向走的，回来是沿乌鲁木齐路——

淮海中路走的。一路上他只谈家常，不谈“文革”。我忍不住问他：“你与陈伯达共事过吗?”他冷冷地回答：“在制定农业发展纲要时，一起……”

看得出，刘瑞龙在思考，也在忧虑。可是，形势没容他多想，“文革”的风暴就开始席卷华东局机关了。虽然因为他作风好，人缘好，不是首当其冲，但是，他也是在劫难逃。有一天，在建国西路648号由农委发起、召开“批斗反革命修正主义分子刘瑞龙大会”。第一个批判的是“打态度”，说：“你不要以为你是‘和尚脑袋——抓不住’，你的问题多咪。”接下来有人揭发，说：在董加邦（华东局农委副主任）向他汇报安徽“责任田”问题时，他没表态。“没表态”就是“不反对”，“不反对”就是支持。还有人揭发他笔记本上记了三个互不连接的词汇，揭发人把三个词汇加以扩充，再连接起来，就是当时正在批判的“反动”言论。每人揭批后都要高呼：“打倒反革命修正主义分子刘瑞龙!”批斗会上到的人不少，可是“吼声”并不太响亮，分贝不高。

批斗会刚散，他在建国路上看到我，连忙问：“曾希圣要你研究的农民住宅问题，怎么样了？应当下工夫研究。”我在想：刘部长啊！现在都是什么时候了？你还在关心农民住宅问题。但是，我还是向他作了汇报。我说：“测算了十几个方案，选了三个，其余作附件。我准备复打几份，在寄给曾希圣前，向你汇报。”不料，很快就传出刘部长已被隔离了。

“三八作风”的楷模

大概是1963年初春，解放军颁布了政治工作条例。《人民日报》就此发了有关“三八作风”的社论。这篇社论写得很美。政治研究室的领导要我们背诵。一天一大早，我在宛平路11号大院的小树林里高声朗读，被几位散步的首长听见了。先是魏文伯叫我当场背几句给他听。正背着，刘瑞龙也来了。他在远处静听着。魏文伯忽然见他来了，就说：“喏！‘三八作风’的楷模来了。我是‘文’中之‘伯’，他是‘文’中之‘典范’……”

确实是这样，刘瑞龙在整个华东局机关里，艰苦朴素，作风正派，是有口皆碑的。

刘瑞龙家里有位老人，是一名烈士的母亲。他一直把她留在家中赡养，待老人像母亲一样亲。刘部长出差前，向她辞行；出差回来，到她身边坐坐。

刘瑞龙衣着简朴。他是整个华东局机关里工资最高的两位领导之一。但是穿着是整个华东局机关里比较差的几个人之一。夏天穿的是布背心，有的还有好几个洞眼。

刘瑞龙吃饭简单，是标准的粗茶淡饭。在华东局，几乎是每天让女儿用钢精锅到职工食堂买点菜带回家。1978 年春天在北京，我们到他万寿路家里看他，那摆设是出乎意料的简陋。

刘瑞龙上班早，下班晚，星期天来办公，几十年如一日。有一次我们几个住在高安路 19 号的单身汉已从食堂吃好回到 19 号，见韩秘书坐在传达室外边聊天。我说："你还不走?"韩秘书向二楼一指，但见刘部长站在窗户边正在念材料。韩秘书说："他啊！只要一见简报里有写基层优秀事迹的材料，就会激动得念起来，甚至忘了饥饿。"我跟韩秘书说："你提醒他一下。"韩秘书说："没用！他兴奋时，你怎么说他也要念下去。"

还有一件事，我是听桂世杭说的：大概是 50 年代的一个冬天，刘部长回到南通。他叫县里用自行车接来了一位在战争年代曾经掩护过他的农村老年妇女。他为这位老人拍打衣上的雪花后，亲自给老人打来热水，亲自给老人洗脚。县长以及周围的人看了，都感动得流泪。

刘部长啊！您是心里有人民，又有本领为人民的好部长！在您百年华诞的时候我们想念您，在全党上下保持先进性的时候，我们更加想念您！

父亲不寻常的历程*

延淮　延东　延申　延宁

（2000年11月）

1999年12月，在父亲去世11年后，母亲终因病永远地离开了我们。在遗物中，我们发现了母亲抱病整理的父亲的诗词手稿。

出版父亲的诗集，这是母亲生前一桩未了的心愿。今天，在父亲诞辰90周年暨母亲逝世周年之际，这部诗集终由解放军文艺出版社出版。特别令我们感动的是，1929年与父亲一起创建红十四军、如今已90高龄的张爱萍为诗集题名，抗日战争、解放战争期间与父亲并肩作战的张震为诗集作序。诗集收录了江总书记1994年清明节写给母亲的信和他亲手抄录江上青、江树峰的三首诗词。江总书记抄录的这三首诗词立意深远，文采瑰丽，生动地表达了共产党人的高尚境界和革命战士之间的深情厚谊，体现了江总书记和我们党对革命老同志的怀念及对其家人的关心。如果九泉之下的二老有知，该会多么欣慰啊！

父亲在世的时候，从未系统地向我们谈论过他的经历。在他离开我们多年后，我们从与他一起工作过的叔叔、阿姨那里，从一些同志的回忆录中，才深深理解了喜欢写诗词的父亲，才逐渐弄清父亲一生走过了多么不寻常的历程。

等闲千山过，哪怕万水深

父亲于1910年10月诞生在江苏南通。出生刚70天，祖父就去世了，孤儿寡母生活十分窘迫。奶奶白日里糊纸锭、代人刺绣，晚上挑灯纺纱线，挣钱供儿子上学。父亲小小年纪，就要用长衫的大襟，包着纸锭给人送货。奶奶是一个老儒生的女儿，她粗通文墨，把生活和精神的全部希望寄托在独生儿子身上。她常说："城河里的砖头，总有翻身的时候。"以此教育儿子勤奋读书，将来做一个自食其力的有用之人。奶奶教子甚严，每天晚上她一边纺纱，一边听儿子

* 本文系作者为解放军文艺出版社出版的《刘瑞龙诗稿》一书撰写的《后记》。

读书。督促温习功课之余，她还讲一些弹词小说里的故事给儿子听。久而久之，潜移默化，使父亲自小对中国的古典诗词产生了浓厚的兴趣，这为他以后的诗词创作打下了基础。

1921 年父亲 11 岁的时候，转入南通城北高等小学读书，直到 14 岁考入通州师范。此间寄宿在他表哥葛松亭家中，因为表姐夫恽子强是恽代英的胞弟，从他们那里，父亲接触到了马克思主义，并从 1925 年开始参加革命活动。1927 年大革命失败后，父亲在白色恐怖下加入了中国共产党。作为通州师范的党支部书记，他组织顾民元、江上青等革命青年开展学生运动，并吸收他们加入了共产党和共青团组织。两年后，时任南通县委书记年仅 19 岁的父亲与李超时、何昆、张爱萍、黄火青等参加创建红十四军，在国民党反动统治的心腹地带组织工农武装。就是在这样的背景下，父亲写了《农民歌》，揭露地主豪绅残酷剥削农民的本质，号召广大农民团结起来，跟着共产党，造就"世界平等"的新社会。

红十四军失败后，父亲调入江苏省委，在陈云任书记的省委外县工作委员会担任副书记及省农委书记，并在李硕勋任书记的军委任委员。1932 年秋因为出现了叛徒，父亲不能继续留在上海，中央让他选择去苏联学习或者到东北工作。虽然他一直向往能到当时世界革命中心——苏联学习，但想到灾难深重的祖国，毅然决定留在国内工作。当时红四方面军刚进入四川，急需干部，他被派到川陕革命根据地。父亲曾向我们回忆起当年他化装成商人，在中央交通员崔逢云的护送下，前往川陕边界的惊险历程。这一路关卡林立，险象环生，他们经历了千辛万苦，多次与敌人巧妙周旋才化险为夷。进入四川后，道路更为险要，他们通过古代留下的栈道，翻越悬崖绝壁才到达汉中。用他的话说，真真切切体味了"蜀道之难，难于上青天"。

到达川陕革命根据地后，父亲先在红二十九军工作，不久任川陕省委委员、省委宣传部部长，后又调任红四方面军政治部宣传部部长。当时，由于张国焘搞肃反扩大化，关押杀害了党的许多优秀干部，对于知识分子干部，更是打击迫害。黄火青、汪乃贵等回忆说："那时，我们是'泥腿子'（工农干部)，你父亲是'白腿子'（知识分子)，他承受了很大的压力，但革命意志仍然十分坚定。他话不多，见到我们这些工农干部，总是微微地笑笑。在紧张的行军、战斗之余，就是与书为伴了。"罗青长也曾对我们说："你父亲是我参加革命后的第一个上级，他在宣传部长的岗位上，冒着极大的危险，尽了最大的努力，保护了我和其他同志，令我终身难忘。"就是在这种环境中，父亲还一直保持着革命乐观主义精神和高昂的工作热情，诗歌成为他开展工作的有效方式。他用“革命三字经”这种老百姓喜闻乐见的形式传播苏维埃政府的公告，启发劳苦大众的革命觉悟，广泛宣传党的方针政策。

1935年5月，红四方面军开始了艰苦的长征。由于众所周知的原因，红四方面军两次翻越雪山，三次走过草地。父亲在他的一首诗中写道：“策骑攀北麓，晨雾冷阴浓。嘘气成冰滴，奋力登顶峰。破雾晴万里，红日浴絮云。万山回吟啸，举首揽太清。”生动地描绘了当时翻越夹金山遇到的艰难险阻，也抒发了一个革命者勇于战胜困难，对未来充满信心的情怀。42年后，当父亲的小孙子出世时，他给孩子起了个小名叫“草地”，以此来纪念那段永世难忘的历程。

1936年春天，红四方面军长征到达了四川北部的藏区甘孜。父亲利用工作间隙，努力研究少数民族问题并亲自参加领导发动组织群众的工作。为了更好地与少数民族群众沟通，父亲在繁忙的公务之余，挤出时间学习藏语和回语。经过深入调查研究，在总结部队开展民族工作经验的基础上，父亲把党对少数民族的政策和做群众工作应注意的事项归纳起来，制定了《藏回地区工作须知》、《藏区十要十不要》、《回区十要十不要》等简明易行的工作守则，推动了党的民族政策在全军的贯彻执行。父亲十分注重党的统一战线工作，他拜访了甘孜白利寺的格达活佛，向他表明了共产党北上抗日的主张。经过多次友好互谈，彼此十分融洽，格达活佛认为父亲博学多识，是值得信任的人，对父亲宣传的我党政策极为赞赏。在紧要关头，格达活佛带领白利寺的僧俗群众，特地征集了青稞134石、豌豆72石和许多骡马、牦牛来支援红军。

1936年10月，根据中央军委的命令，红四方面军组成西路军，强渡黄河，实施西征。在敌强我弱的情况下，西路军惨遭重创，成千上万的红军战士在与敌军的浴血奋战中献出了宝贵的生命，父亲也被国民党马步芳残部关押在狱中。后经党中央驻兰州代表谢觉哉、王定国同志的营救，才和其他同志一起回到延安。

父亲在延安中央党校学习一段时间后，由中央组织部分配到安吴堡战时青年训练班，与胡乔木、冯文彬等一起担任领导与教学工作，培养了大批抗日青年干部。1939年9月，他随刘少奇到河南确山竹沟镇。11月份到达了新四军第六支队所在地——豫皖苏边区涡阳县北乡新兴集，在那里父亲担任了中共豫皖苏区区委副书记。1940年，他调任皖东北军政委员会书记。1941年9月，淮北苏皖边区行政公署成立后，父亲又担任了行署主任的职务。

在抗日战争时期，按照党中央的要求，根据地建立了统一的抗日民主政权，地处淮北的新四军得到发展壮大。根据地政府发动和领导群众减租减息，巩固与扩大抗日民族统一战线，迅速壮大了抗日力量。为了保证军民的物资供给，淮北区党委健全了政府的财政机构，积极发展经济，发行边币，稳定金融，和法币、伪币做斗争。区党委还提倡实行开源节流，严格财经审计，杜绝贪污浪费，边区政府被群众誉为“最廉洁的政府”。父亲曾经说：“那时，我和彭雪枫同志一个铜板也要掰成两半儿花。”在十分艰苦的敌后斗争中，淮北苏皖边区政府仍然注意加强根据地的文化教育宣传工作，出版了许多报纸和书籍。同时全边区还开展大生产运动，终于战胜了敌人的经济封锁，在与日伪顽军进行的艰苦卓绝的斗争中取得了辉煌的胜利。

抗日战争胜利后，蒋介石悍然发动内战，向解放区大举进攻。整个解放战争时期，父亲历任华中北线后勤司令部政委、华东野战军第二副参谋长兼后勤司令、豫皖苏分局财经办事处主任、第三野战军后勤司令兼政委等职务，在苏中、涟水、鲁南、莱芜、孟良崮等战役和进军鲁西南、进军豫皖苏以及淮海、渡江、上海等重大战役中，直接指挥和组织后勤支前工作，为前方战斗提供了可靠的后勤保障。华中《新华日报》的战地记者徐熊风趣地说：“刘瑞龙这位战勤司令实际上是一位‘空军司令’，他手下只有一位秘书、两位警卫员、两位副手，他当时主要参与抓了三件大事：一是进行土地改革，充分发动群众，及时有力地支援战争；二是把支前后勤工作由被动转为主动，建立了支前后勤机构——北线战勤司令部和基层支前组织；三是有预见地协助华中分局、华中军区组织敌后武装，就地坚持斗争。”在 1997 年出版的《淮海战役支前后勤日记》中，父亲多角度、多层面、系统翔实地记录了整个淮海战役特别是渡江作战期间，部队的后勤保障工作。张震曾高度评价了这部日记，认为它是中国革命光辉历史的重要见证，其中所总结的战时后勤工作的经验，在今天仍具有十分重要的意义。

1949 年 5 月上海解放后，父亲担任中共上海市委秘书长、中共中央华东局农委书记等职。1953 年 2 月，调任国家农业部常务副部长兼党组副书记。父亲这一生与“农”字结下了不解之缘，在他 62 年的革命生涯中，有三分之二的时间是在从事农民运动和农村工作。他年轻时参加农民运动，做了大量的农民工作；担任农业部副部长后，时时把农民、农村、农业的问题放在重要位置。那些年，父亲经常下乡蹲点，进行实地调查，认真总结农村工作的经验。他根据中央的指示，亲自参与并组织起草了《全国农业发展纲要》（初稿）和《第二个五年计划期间农业建设方案》（初稿）的工作。为了提高农业科学技术水平，他悉心钻研威廉士土壤学等专著，虚心向专家学习，向农民学习。父亲的诗集中，就有一首是总结老农秧田除稗经验的即兴之作。父亲在参考古代和近代农业著作的基础上，旁征博引，撰写了《农业增产的八项措施》，受到了毛主席的赞赏。“文化大革命”中，父亲遭到残酷的迫害，在狱中他用捡来的香烟盒当稿纸，写下了数十万字的《农业“八字宪法”浅说》一书的提纲。因此，父亲在农业界不仅是公认的有建树的领导人，而且是一位知识渊博的学者。基于父亲在农业专业技术方面的造诣，北京农业大学曾授予他名誉教授。

粉碎“四人帮”使父亲重获解放。他欢呼“清除四害，大快人心”，“四人帮”“永钉耻辱柱，史笔正义伸”，颂扬“周邓渡艰危，为国费苦心”，歌颂“四五运动起，十月换乾坤，千钧摧枯朽，‘三全’始复春”。父亲重新回到农业部工作，还当选为五届政协常委和六届人大常委。他拥护党的十一届三中全会决议，拥护邓小平同志改革开放的伟大决策，以饱满热情全力投入党的事业。作为中央整党指导委员会农林口整党工作指导小组组长，他高度负责，一丝不苟，旗帜鲜明，拨乱反正，平反了大量冤假错案。父亲十分珍惜来之不易的工作机会，以只争朝夕的紧迫感，关注农村经济体制的改革进程。他不顾年老体弱，多次深入基层调查研究联产承包责任制、农村商品经济以及传统农业向现代化农业转化等问题，向中央和全国人大提出许多建设性意见。他亲身体会到党的改革政策给农村带来的巨大变化，他欣喜地赋诗“神州风光好，江海喜奔腾。四化责任重，战绩日日新”。自 1984 年起，父亲兼任《中国大百科全书》总编辑委员会副主任和《中国农业百科全书》总编辑委员会主任，他对这两部大百科全书编纂方案、总体设计、内容规划都提出了中肯的意见。在组织专家、解决经费困难等方面，他倾注了大量的心血。父亲常常对我们说：“中国是一个农业大国，不了解农民，就是不了解中国。要把中国建设好，就必须发展农业，就必须做好农民的工作。”父亲一生身体力行，充分显示了他对祖国母亲，对生于斯长于斯的中华大地，特别是对中国农村和农民的深厚感情。作为他的孩子，我们都为有这样的父亲感到由衷的骄傲。

毕生为民仆，节高骨铮铮

父亲 16 岁参加革命，年轻时代就担任党内领导职务。在半个多世纪的人生历程中，经受了许多严峻的考验。不管受到多大的委屈、误解和冲击，父亲自始至终都忠诚于党，忠诚于人民，从未动摇过对共产主义崇高理想的坚定信念及为之执著一生的不悔追求。就像孩子之于母亲，他用童心般的赤诚和纯洁，将毕生的精力和心血无私地奉献给了敬爱的党、亲爱的祖国和可爱的人民。

也许是受经历和年龄的影响，在我们脑海中刻下最深痕迹的记忆，往往是发生在“文化大革命”中的事情。在“文革”中，父亲遭到“四人帮”的残酷迫害，从1967年11月到1972年11月，他被非法关押在上海监狱。整整五年的囚禁生活，严重地摧残了他的肉体，却没有摧毁他作为共产党人的坚强意志。父亲在狱中，重新通读了《资本论》等马列原著，写下了30多万字的读书笔记，构思并详细列出了《农业“八字宪法”浅说》、《回忆红十四军》两部著作的写作提纲。后来我们帮助父亲整理书稿时，惊讶地看到他用舒展、隽秀却只有芝麻大的小字，在一张张破烂的烟盒纸上，工工整整写下的文章！父亲告诉我们，这些烟盒纸也来之不易，是他利用放风的时间，从垃圾堆里捡来的。在这部诗集中，有十五首诗词就是父亲在这段时间写成的。今天当我们重读这些诗篇时，仍然能够深深感受到他置生死于度外、坦然面对炼狱苦难的非凡意志。

父亲从没有向我们谈起他是如何度过五年狱中生活的。最近，我们整理他留下的文稿时，从《回忆我在“文革”中遭受迫害的情况》一文中，才粗略地了解他在囹圄中遭遇的种种苦难。父亲写道：“五年中折磨的形式是多种多样的。危害最大的是夏天用车轮战连续审讯的办法让我白天挨高温，夜里喂蚊子。有两年冬天到了11月份还不让家属送棉被，冻得腰都直不起来……他们用尽手段，可是没有结果，只好把我放出去，但在所谓‘解放’我的结论中捏造了许多不实之词……后来我在中央组织部抄件中看到‘四人帮’控制下的审委所做的错误结论时大吃一惊。经申诉才得到新审委彻底平反。”在父亲从监狱带回来的行李中，我们发现他的衣服裤子已经十分破旧了，但都补得平平整整，有一件衣服上，竟然织补了240多块补丁。“你们知道这些补丁是如何织成的吗?”父亲曾笑着让我们猜。我们猜不出，他就拿出几根用鸡翅膀骨磨成的小针，针上的小眼是他用窗纱的铁丝一点一点钻出来的。他告诉我们他把别人丢弃的破袜子拆出线来，再沿着布的纹理，一针一线把衣服、裤子上的破洞织补好。父亲之所以能在那种恶劣环境中仍保持衣着整洁，是因为他认为，作为一个共产党人，作为一名革命战士，在任何情况下，都要维护自己人格的尊严！

父亲一贯重视调查研究，始终坚持实事求是的工作作风。淮海战役期间，父亲作为第三野战军后勤司令员，直接组织和指挥了浩大而复杂的战勤与支前工作。在复杂多变的战争环境中，要保证由数百万民工和民兵组成的支前队伍，能够及时地把枪支弹药、后勤补给送到前线，把伤员转移到后方，必须建立一个自上而下、运转灵活的后勤指挥系统。父亲为此进行了广泛的调查研究，虚心向广大干部群众请教，找到了战勤支前工作的关键所在，从而悟出了发动群众、指导工作的要诀。父亲注重调查研究的作风始终如一，他从不放过任何一个调查研究的机会，只要有同志或亲朋好友到家里来，他都要仔细地询问当地的实际情况。1977 年在武汉工作的儿子延申到医院探望他，他仍然不忘详细地询问、了解湖北的社会稳定、农业生产和经济发展状况。当时在父亲病房里还有一位沉默不语的“旁听”者，就是我们敬重的黄克诚伯伯。这两位当时虽然已经“平反”，但还没有恢复工作的老人，依然痴迷地关心着祖国的命运和前途。1981 年，二女儿延东将到北京市朝阳区工作，父亲送她一首诗。诗中写道：“工作遇疑难，调研路自通。实事中求是，遵则耻随风。复杂问题来，静析忌盲从。”教育女儿一定要注意调查研究，一定要坚持实事求是的工作作风。

父亲严谨的工作态度有口皆碑。他在撰写《回忆红十四军》一书时，为了核实何坤军长牺牲的确切日期，专门请南通地委的同志做了认真查考。对于请他审改的文稿，他更是精益求精，把好每一关。庄奂整理的《南通县早期的农民运动》请他审阅时，他在“建立苏维埃政权活动”的“活动”前加上了“宣传”二字，恰如其分地反映了当时的真实情况。父亲从参加革命开始，就养成凡事做笔记和坚持写日记的习惯，他不辞辛劳把他参加过的会议、来往电报、信件和领导的指示以及调查情况都翔实地记录下来。战争年代，他可以丢掉衣物和其他生活用品，却一定要把这些资料保存好。仅在第三野战军任后勤司令期间，他就收集保存了近 200 万字的资料。这些资料中的一部分已于 1998 年出版，为我们研究党史、军史、革命史，总结历史经验，提供了珍贵而可靠的实证。

父亲一生艰苦朴素，克己克家，廉洁奉公，两袖清风。他最反感的事，莫过于请客送礼、吃吃喝喝。不论什么人送礼，他都是一概谢绝。“文革”前，父亲在华东局农办工作时，一次去苏州视察，苏州地委的同志托司机送他一盒百合。他知道后十分生气，要司机吴叔叔“怎么拿来地怎么退回去”。吴叔叔只好将百合送回了苏州。父亲一向公私分明，公家的东西分文不沾，公家给他配备的专车，家里人是不能使用的。妈妈也是农业部的离休干部，她身患严重的肺心病，但每次去看病，都是转乘好几趟公共汽车到医院。像这样“不近人情”的事例的确太多了，以至于他身边的工作人员和家里人也都习惯成自然，都严格、自觉地遵守他为大家立下的规矩，有了困难自己想办法解决，决不利用他的地位和威信办私事。

父亲平时言语不多，却非常重感情，对战友特别是烈士亲属和跟随他南征北战的老部下，更是关爱有加。朱文英烈士的母亲朱姚老太太是一位老党员，为党做了很多工作，父亲十分敬重这位革命的老妈妈。解放后，父亲将朱姚老太太接来，和我们生活在一起，我们都尊称她“婆婆”。1961 年，父亲调到华东局农办工作，婆婆也随我们搬到上海。父亲对婆婆就像儿子对待母亲，下班回家只要有时间总要陪婆婆下一会儿五子棋，让婆婆高兴高兴。“文革”中，造反派强迫婆婆揭发父亲的“问题”，年近九旬的婆婆就装耳聋，说：“你们说什么？我听不见。”如今，婆婆已经离开我们很多年了，每当回想起与她共同生活的日子，总会深深怀念这位可敬的老人，总会忆起她与父亲之间母子般的革命情谊。

父亲对子女要求十分严格。小时候，碗里的米粒没有吃干净，他就会告诫我们“锄禾日当午，汗滴禾下土；谁知盘中餐，粒粒皆辛苦”。教育我们一定要爱惜农民千辛万苦种出来的粮食。延淮、延东当年独自在北京上高中，家里每月只给 20 元钱，其中包括寒暑假回上海的路费。那时家里人口多，经济负担重，但父亲总要省下钱接济生活困难的烈士亲属。父亲说：“他们的亲人为革命献出了宝贵的生命，我们活着的人，就一定要把他们当做自己的亲人来看待。想想死去的战友，我们生活艰苦一点又有什么呢。”20 世纪 60 年代，一位烈士的女儿到上海治病，因生活无着落找到了我们家。父亲跟母亲商量腾出一间房让她住，还为她提供生活费用。直到“文化大革命”中父亲受到冲击被关押时，她才离开我们家。

浩气贯日月，遗德传子孙

在我们心目中，父亲既是对孩子要求十分严格的“严父”，又是十分疼爱孩子的“慈父”。他在《示诸儿》一诗中，教导我们：“人生有真谛，为民服务多。党导正方向，决议勤切摩。人民养育我，甘为孺子牛。祖国抚爱我，奋志壮山河。四化振中华，力争唱凯歌。学习为建设，忘本实可羞。坚持四原则，唾弃瞎自由。勤奋攻学业，寸阴莫蹉跎。”父亲的严格要求，使我们从小养成刻苦好学、不怕困难、襟怀坦白、刚正不阿、联系群众的良好习惯。如今四个子女中有的从事党务工作，有的是高级工程师，有的是大学教授，每每回忆起父亲的谆谆教诲，我们总是情不自禁地热泪盈眶。我们之所以在各自的岗位上有所成就，都是与父亲的严格教育分不开的。父亲的言传身教，早已深深烙在我们的心底，就像大海中的灯塔，时时指引我们生命之舟行驶在正确的航道上。

父亲要求我们十分严格，却很少大声地训斥孩子。在我们的记忆中，父亲发脾气最大的一次，是在延淮上初中的时候。延淮从小爱好十分广泛，画画、跳舞、拉小提琴、练体操，她都十分上心。到了初二，这些爱好却使她的学习成绩下降了。有一天，全家正在吃晚饭，父亲突然啪的一声把筷子拍在桌上，把大家都吓了一跳。父亲气愤地说："你现在是一个学生，就应该以学为主。你爱好广泛是一件好事，但每一个人在他人生的不同时期，都应该有不同的重点任务。如果什么爱好都不愿意放弃，就会什么都不能学精。你现在的重点任务就是要搞好学习，否则将来你用什么去建设社会主义祖国！"父亲的教育使延淮猛然警醒，她从此下定决心，刻苦发愤，最终以优异成绩被保送到清华附中学习。在以后的工作和生活中，她都牢记父亲的教导，在46岁时远渡重洋到美国学习计算机国际联机检索技术。回国时，她也像父亲当年一样，只把一大堆科研技术资料带了回来。

父亲留给延东最深的记忆，莫过于1964年的夏天。那年她刚刚考取清华大学，也是一位刚刚加入中国共产党的新党员。从北京回到上海，父亲不是让因高考已经十分疲惫的她在家里好好休息，而是要她离开喧嚣的城市，深入到中国社会的基层——上海郊区青浦县参加"四清"工作。父亲说："中国是一个农业大国，农民是社会的主体。不了解中国的农民，就等于不了解中国的社会。你是一个在城市长大的孩子，应该到农村去，好好地了解中国农村的现状，了解农民的生活和思想。你是一个新党员，更应该到艰苦的地方去锻炼自己。"短短一个多月里，延东与农民群众同吃同住同劳动，给失学的孩子扫盲，从社会实践中，逐步了解了农村，了解了农民，还交上了许多农民朋友，加深了对党的农村政策的理解。父亲的教导使延东受益匪浅。延东把父亲当做良师益友，工作中遇到困难，也喜欢向父亲请教。而父亲每次都是引经据典，帮助她分析问题，找出解决困难的办法。父亲告诫她"牢记党决议，实干世所崇……同志多请教，团结四化同。人民有甘苦，时刻挂心中……事事靠实干，不搞'客里空'。"多年来，延东牢牢记住父亲的教诲，兢兢业业，埋头苦干，求真务实，处处不忘党和人民赋予的责任。

父亲一生酷爱读书，勤于笔耕，他爱书真是爱到了痴迷的程度。在浩瀚书海中，他获得了丰富的知识，享受了极大的乐趣，也忘却了痛苦和烦恼。即使是在炮火连天的战争岁月，不管条件多么艰苦，父亲都要想方设法弄书来读。他阅读的范围十分广泛，不仅喜欢古今中外的政治、经济、历史、文学书籍，而且对农业、医学方面的专著也很感兴趣，因此，家里除了书就再也没有任何值钱的东西了。耳濡目染，我们几个孩子也是把读书当成生命中的最大乐趣。延申从小就爱读书，后来从事教育工作，更是把买书、读书当成了生命中的第一需要。父亲在世时，延申每次回北京探亲，都要和父亲在一起谈自己学习和读书的心得、体会。父亲静静地倾听着儿子对某书的理解，时而插上几句话，发表自己的看法。舐犊之情像涓涓溪水，在父亲与儿子的心间流淌。父亲多次把自己收藏的文物和书籍捐献给中国革命历史博物馆，把几千册书籍送给了他的母校——江苏南通师范和南通农校。虽然父亲没有把书留给爱书的儿女，但儿女们十分理解父亲博大、宽深的胸怀。

延宁是我们几个孩子中目睹父亲走完人生最后历程的人。1988 年 5 月，父亲、母亲带着延宁和她的儿子阳阳，到广州参加全国农史学会。此前，父亲的心脏病已经十分严重，曾因心脏衰竭多次住院。了解他病情的杨纯阿姨，特地打电话劝阻父亲不要到广州去。但是在父亲人生价值的天平上，事业的砝码重于一切。战友和家人的劝说，反而更坚定了他参加会议的决心。父亲到广州后，没有住进本已安排好的高级宾馆，坚持要和会议代表们一起住在郊区华南农学院招待所。他不顾年近八旬，也不顾天气炎热，又像往常那样，全身心地投入到工作中。他坚持参加会议的全部活动，认真听取与会代表的发言，还按照老习惯，认真地做笔记。会议快结束时，父亲抽出时间与从事农业专业的年轻学者们座谈，鼓励他们要献身祖国的农业事业。5 月 24 日，他亲笔修改会议的总结报告，一直工作到了凌晨 3 点多钟。这种连年轻人也难以承受的工作负荷，终于引起了心脏病严重发作，由于病情危急，父亲被送到附近的大学附属医院抢救。5 月 25 日晚上 22 时 40 分，父亲终因抢救无效，永远地离开了与他朝夕相处的母亲，离开了我们这些永远爱他敬他的儿女们。

在父亲诗集即将面世之际，我们细细读着父亲用心血写下的诗篇，仿佛看到他老人家正坐在书桌旁奋笔疾书，感觉到他那亲切的话语在耳边回响。虽然父亲不是专业诗人，但他一生经历了许多重要的历史事件，丰富的阅历，不平凡的人生，使他的诗词从一个个侧面记录了我们党、我们祖国波澜壮阔的历史，记录了他在那些时期的真实情感。父亲曾四次入狱，他的狱中诗，让我们读懂了革命者的气节；父亲曾两次翻越雪山、三次走过草地，他的长征诗，让我们读懂了共产主义的信念；父亲曾担任淮海、渡江等众多战役的支前后勤总指挥，他的军事诗，让我们读懂了战士的意志；通俗易懂的诗歌鼓动民众，他的宣传诗，让我们读懂了共产党人的斗志；父亲一生中的三分之二是从事农业工作，他深入农村，贴近农民，他的农业诗，让我们读懂了他深爱人民、深爱祖国的情怀……这就是父亲的诗，一首首带着心跳、带着体温、带着音容笑貌向我们走来，那么清晰，那么亲近。这是父亲留给我们最宝贵的财富。出版父亲的诗集，学习父亲的精神，继承父辈的遗志，这是儿女对父亲最深沉的怀念和最郑重的纪念。

这部诗集问世的时候，新世纪的曙光即将来临，我们即将迎来我们亲爱的党的80华诞。展望未来，心潮澎湃。此时此刻，父亲16年前放眼新世纪、满怀豪情与期冀的诗《放眼两千年》跃入眼帘："亿兆肩重任，齐心破重关。振兴我中华，辉耀宇宙间。"我们相信，有以江泽民同志为核心的党中央的坚强领导，有全国各族人民的团结奋斗，父亲和前辈的夙愿一定能够实现。

最后，我们衷心感谢对这部诗集的出版给予大力支持和热情帮助的各位同志。中国作家协会张锲同志、首都医科大学徐宏九同志、中央统战部朱维群同志、解放军文艺出版社程步涛、董保存同志对诗稿作了通审，汪早立、华彦龙、覃菊华等同志为补注查阅了大量资料，是同志们的共同努力，使两位老人的最后心愿得以实现。

2000年11月写于北京

父亲的淮北岁月

延淮　延东　延申　延宁

（2005 年）

今年是伟大的抗日战争胜利六十周年，也是父亲诞辰九十五周年，对于我们来说，这都是具有十分重要意义的日子，由江苏省泗洪县新四军研究会整理编辑的《刘瑞龙淮北文集》正是在这个时候出版了。在卷帙浩繁的抗日战争文献中，这部文集也许只是沧海一粟，但却从一个层面充分反映了抗日战争时期，中国共产党和中国共产党领导下的抗日军民在极度严酷的环境中，经过血与火的考验，最终取得抗日战争胜利的史实。

淮北抗日民主根据地，是抗日战争时期我党领导的敌后根据地之一，也是新四军抗击日本侵略者的一个主要战场。父亲从 1939 年 10 月至 1945 年 10 月，在这片浸染着革命前辈鲜血，充分体现了中华民族精神的土地上，整整度过了六个金戈铁马、艰苦卓绝的战斗岁月，父亲在他的《回忆录》中，用了三个章节翔实地记述了他在淮北的工作和生活。

旌旗慷慨出潼关　远拓华中破阻拦

父亲是 1939 年 9 月，根据中央的安排，随刘少奇到华中敌后工作的。当年 11 月，到达豫皖苏游击根据地后，少奇同志即指定父亲参加豫皖苏区党委工作，任命他为中共豫皖苏区党委书记。1940 年 3 月初，中原局将父亲调到皖东北工作。3 月 28 日，根据刘少奇来信的指示精神，成立了“以刘瑞龙、江华、张爱萍、金明、田文扬为委员，刘瑞龙任书记”的军政委员会。同时，少奇同志在信中还指示苏皖区党与八路军、新四军总的任务是争取整个苏皖地区（淮河、宝应、盐城以北，陇海路以南地区）成为我党和进步势力管理之下的巩固的抗日反汉奸的根据地，并在这个根据地上，建立统一的抗日民主政权，统一的抗日军队及统一的民众团体，坚持抗战。为执行这个任务，必须迅速发展我党领导下的武装部队，迅速扩大八路军、新四军，在半年内达到 3 万人枪以上。要坚持建立廉洁的抗日民主政权，发展自卫军、农工青妇救国会。发展党，建立强大的有领导能力的各级党部。必须实行各种进步的抗日政策，以便能发动广大群众的革命积极性，解决部队的给养问题。少奇同志的指示，为建立淮北抗日民主根据地指明了方向，父亲立即召集了军政委员会，研究并制订了行动的具体计划。

为了加快展开苏皖地区抗日反顽斗争的局面，帮助和指导军政委员会解决工作中出现的问题，1940 年 4 月 28 日，少奇同志率中原局机关北渡淮河来到皖东北，亲自领导和指挥了皖东北抗日反顽斗争，取得了胡桥战斗、江桥战斗及安河自卫反击战的胜利，稳定了皖东北的局势。在抗日反顽的同时，少奇同志还指示父亲和金明，要抓紧麦已黄熟时机，发动群众，保卫麦收，实行减租减息，并且亲自主持召开了减租减息座谈会。为此，区党委组织成立了工作组，深入农村调查租佃关系，研究制定了减租办法，全面开展了减租的工作，受到了广大农民群众的拥护和支持。

1940 年 5 月下旬，军政委员会在中原局机关驻地新行圩（今泗洪县朱湖镇新行村）召开了八路军、新四军和地方的党政干部会议，会议由父亲主持，少奇同志在会上作了题为《在敌后怎样建立民主的抗日根据地》的报告，对在敌后建立根据地的意义、根据地的武装工作、政权工作、发动与组织群众、抗日民族统一战线等一系列原则问题，都作了精辟生动的论述，大大增强了广大干部建立和发展苏皖根据地的信心。

1940 年 6 月，为协助新四军巩固和扩大华中抗日根据地，党中央、中央军委命黄克诚率八路军一部由华北南下，到达豫皖苏与彭雪枫领导的新四军六支队会合，组编八路军第四纵队。彭雪枫任司令，黄克诚任政委。7 月下旬，少奇同志根据中央决策和华中情况，提出了“向东发展，向西防御”的基本方针。为执行“向东发展”的任务，9 月，黄克诚率五纵开始向苏北的战略进军，一踏进淮海，他们就与地方党的同志共同努力，建立了 8 个县的抗日民主政权。根据中原局的决定，父亲与苏皖区党委的同志离开淮北，东去淮海，父亲担任了淮海区军政委员会的书记。

驰骋恒岱燕　浴血江海滨

父亲在他的回忆录中，是这样描述他回到淮北抗日民主根据地工作的情况的：“这部分要从令人痛心的‘皖南事变’时说起。1941 年 1 月，蒋介石制造了罪恶的‘皖南事变’，皖南新四军军部直属部队 9000 人遭到覆灭的损失。为打退蒋介石发动的第二次反共高潮，坚持敌后抗战，党中央决定重建新四军军部于盐城。…… 4月下旬，少奇同志通知我去苏北盐城汇报淮海区工作。少奇、陈毅听了我的汇报，给我谈了全国和华中地区的斗争形势，决定我回皖东北工作。”

1941年5月3日，父亲带着少奇同志“就当前形势，根据地建设，抗日反顽斗争以及群众工作等方面重大问题”写成的长信来到皖东北。不久，新四军四师奉命转移到了皖东北地区，根据中央的要求，华中局对皖东北地区范围和党政军等机关进行了调整。1941年8月23日，华中局下达了“关于成立淮北苏皖边区行政公署和军政党委员会的决定”，划定淮河以北、运河以西、津浦路以东为淮北苏皖边区，原来的皖东北区党委改为淮北苏皖边区党委，由邓子恢、彭雪枫、刘子久、吴芝圃、张爱萍、刘玉柱和父亲为委员，邓子恢为书记，刘子久为副书记。同年9月13日，淮北各界代表300余人，在半城举行了淮北苏皖边区行政公署成立大会，选举父亲为行署主任，刘玉柱为副主任（后陈荫南为副主任），9月15日，在淮北苏皖边区行政公署成立的会上，父亲作了施政计划和施政纲领的报告。

1942年4月14日，根据华中局决定，成立淮北军政委员会，由邓子恢、彭雪枫、刘子久、赖毅、萧望东和父亲六人组成，邓子恢为书记。同年11月，华中局下达了经党中央批准的淮北区党委组成名单，区党委由邓子恢、彭雪枫、吴芝圃、刘子久、刘瑞龙五人组成，邓子恢任书记，刘子久任副书记。1943年年底，父亲任副书记。

在抗日战争胜利60周年之际，不少政治理论家和历史学家，都对抗日战争时期中国共产党领导的敌后抗战史进行了认真的研究。他们认为，中国共产党和共产党领导的八路军、新四军在抗日战争正面战场局势迅速恶化的情况下，深入敌后沦陷区，建立敌后抗日根据地，不仅具有它的必要性和可能性，也有着极大的艰巨性。如果没有坚定的信念和钢铁般的意志，没有能在复杂环境中独立地分散地作战的主动精神，特别是没有同当地民众建立起来的血肉相连、生死与共的联系，是根本不可能站住脚跟，最终取得胜利的。而抗日根据地能够取得成功的主要因素，一是在抗日根据地进行广泛的民主改革；二是在军事上，形成了主力部队、地方武装和民兵自卫队三位一体的结构，对敌开展了形式多样、灵活机动的战斗，使抗日根据地成为真正的坚持抗战和实行民主的模范地区。我们今天从《刘瑞龙淮北文集》所收集的父亲当年所作的报告、文稿、信函、电文、指示、训令、通令、布告及淮北苏皖边区行政公署下达的文件和颁发的法规中，都能深深地感受到专家们的论述。

自淮北苏皖边区行政公署成立后，边区政府公布了施政纲领，确定了施政计划，明确了改造旧政权，建设新政权的战略目标，建设了三三制的民主政权。同时，在基层废除了旧联保、保甲制度，建立了新型乡、村人民政权。在边区各界代表大会上，经过普选，产生了正、副参议长，成立了淮北参议会。尔后，各县也成立了参议会，边区、县、区、乡政权，成立了行政委员会。通过加强政权建设，把一切要求抗日的民众最广泛地团结起来，对于巩固和扩大抗日民族统一战线，起到了积极的作用。

抗日民主政权建立后，根据地建设中的一个中心环节，就是发动和领导农民进行减租减息斗争，使广大农民群众能够获得看得见的利益，通过改善他们的生活，把大多数农民组织起来，建立起基本农民群众的政治优势。与此同时，也正确处理好各抗日阶级的利益，迅速壮大抗日力量。为此，邓子恢伯伯和父亲多次召开会议，作报告，撰文稿，经过历年发动与组织群众实行减租减息，到 1944 年，在 899 个乡，减租 112118 石，连同 1940 年以来的减租数，累计减租 226370 石。工、农、青、妇各抗日救国会也不断发展壮大，到 1944 年，已有各救国会会员 100 多万人。通过减租减息，改造了区、乡基层政权，促进了政权民主化。

在边区的财政经济建设上，淮北区党委和淮北行署首先健全了政府的财政机构，实行合理负担的、统一的累进税，征收公粮、田赋和物资税。为了发展经济、调节财政、稳定金融，与伪币、法币作斗争，边区政府建立了淮北银号，发行边币。实行了开源节流，统收统支，统一预算，建立统一金库，严格审计，厉行节约，杜绝贪污浪费的财经政策。边区各级党委和政府每年组织春耕、夏收、秋收运动，兴修水利，疏浚河道，加固淮河大堤，减轻水灾，力争粮食增产。1943 年 7 月，洪泽、泗阳、泗南普遍发生蝗灾，经过军民合作，扑灭了蝗害。这一年，根据毛主席制定的“发展经济，保障供给”的财政经济总方针和发出的“自己动手，丰衣足食”的伟大号召，淮北抗日根据地也开展了大生产运动。边区政府鼓励农民制订兴家计划，组织互助劳动，奖励劳动英雄，开展生产竞赛。为了解决军民的穿衣问题，还组织农民种植棉花，开展纺织运动。在全区干群的共同努力下，克服了根据地的经济困难，战胜了敌伪顽的经济封锁，基本保证了军队的供给，改善了人民群众的生活。

为了宣传党的抗日民族统一战线，组织发动群众，淮北区党委和淮北行署加强了边区的文化建设。除新四军四师创办了《拂晓报》、《拂晓杂志》外，区党委、行政公署还创办了《人民报》、《团结报》、《奋斗报》、《大众半月刊》、《大众画报》、《人民通讯》、《政府工作》、《政府工作通讯》、《人民通讯》等报刊杂志。同时，边区还以普及小学教育为基础，使小学成为农村文化教育的中心，并以此开展社会教育，使文化与广大群众相联系，使教育工作与抗战相联系。据1944年统计，全边区共有小学806所，学生58104人，中学7所，33个班，学生1863人，群众教育班1820处，学生66383人。在中、高等教育方面，除四师举办了“抗大”四分校外，淮北行署还创办了淮北行政干部学院、江淮大学、淮北卫生学校、淮北职业学校和淮北中学等学校，父亲亲自兼任了淮北行政干部学院校长。多年后，当年淮北区党委机关的文化教员，后来担任全国政协副主席的钱正英阿姨，多次来到家中看望她的老领导，给我们留下了十分深刻的印象。在淮北行署的领导下，边区各县都兴办了中学和各种类型的训练班。更值得提及的是，行署成立了冬学委员会，父亲兼任委员会主任，每年冬天都在农村举办冬学，全面提高边区人民的文化素质。同时，边区还成立戏剧协会，组织各类文艺团体，举办民间艺人培训班，丰富了边区群众的抗战文化生活。不少教育学者认为，在当年抗日根据地所形成的教育思想，今天仍然对我国的教育产生着深远的影响。

为了安定根据地内的抗日秩序，保障各抗日阶层人民的合法权利，边区行政公署初期就设置了保安处和司法处。后来，边区和各县的公安处改为公安局，区设治安委员会，乡设治安委员。司法处改为高等法院，县设承审员，区、乡设调解委员会。在区党委和行署领导下，按法定程序建立、健全了各类法律、法规、条例、办法，边区政府先后公布了《惩治汉奸》、《惩治贪污》等暂行条例。在执行政策中，强调镇压首恶，争取胁从；审讯案犯时禁止肉刑，重证据不轻信口供；对服刑案犯注重教育不虐待；民间诉讼手续也力求简化。相对健全的公安司法制度，维护了边区人民的利益，增强了对敌斗争的力量。

从1940年3月开始，我党全面接管了皖东北政权，党的工作从秘密走向公开。在以父亲为书记的军政委员会领导下，各地党组织陆续恢复，并得到充分发展和健全。尽管当时根据地党的组织在各个不同历史时期有所变动，但父亲始终是根据地党组织的主要负责人之一，为根据地党的建设做了大量工作。1942年根据中共中央《关于统一抗日根据地党的领导及调整各组织关系的决定》，根据地建立了一元化领导的区党委。在淮北根据地，党的建设重点放在两个方面，一是不断整顿和健全根据地基层党支部的工作；二是注意提拔、培养地方干部和外来干部地方化的工作，使共产党和她领导下的政权、军队、群众团体在根据地牢牢扎下根来。

1942 年 3 月，根据中央指示，在根据地内开展了整风运动，区党委举办了 9 期干部轮训班，父亲在轮训班上作了《关于群众观点和群众路线》的报告。组织干部学习文件，清理三种歪风，克服非无产阶级思想，从而提高了干部的思想觉悟，进一步加强了干部的群众观点。

1942 年 9 月 7 日，毛主席发表了《一个极其重要的政策》的文章，号召各抗日根据地和八路军、新四军要认真进行“精兵简政”，以渡过黎明前的黑暗。根据毛主席和华中局的指示精神，淮北区党委成立了“淮北苏皖边区精简委员会”，开展了“精兵简政”工作，对党、政、军、民各机关团体进行大精简。在父亲的领导下，淮北行署经三次精简，由 320 人减至不足 50 人。边区工、农、青、妇四个救委会，联合组成各界救国联合会。经过精简，减少了经费开支，工作效率大为提高，支持了各条战线的斗争。

在 3 年多的时间内，淮北区党委根据边区斗争的实际，坚决贯彻执行党中央、毛主席制定的各项路线、方针和政策，党、政、军、民团结一致，互相支援、互相促进，在军事上、政治上、经济上、文化以及其他战线上都取得了重大的胜利和成就，渡过了黎明前黑暗的困难时期，淮北抗日民主根据地日趋巩固，得到了稳步的发展。

抗日战争胜利后，华中江北地区的苏中、苏北、淮南、淮北四个解放区已经连成一片，中央决定撤销原四个区的党委，合并组成中共华中分局和华中军区，归华东局和新四军军部指挥。随着抗日战争的结束，淮北抗日根据地的历史使命虽然随之告一段落，但是却为日后决定中国命运的淮海战役，准备了有利的条件，贡献了全部的力量。

千山万水汇巨洪　源远流长大江东

1945 年 10 月，父亲奉命调离淮北根据地，走上了新的革命征程。6 年的风雨同舟、朝夕相处，6 年的浴血奋战，同甘共苦，他与淮北人民结下了鱼水深情。对于淮北，父亲真是离思萦怀，时时牵挂于心。1946 年 6 月上旬，蒋介石悍然撕毁“双十”协定，向我解放区发动全面进攻。为了保护淮北人民的生命财产安全，保护群众的现实利益，1946 年 9 月 8 日，时任华中分局民运部长、苏皖边区第一副主席的父亲专门给七地委（即皖东北地区党委）写信，要求他们就地开展游击战争，保护人民的生命财产安全，要迅速完成土地改革，使群众获得现实的利益。但七地委违背了华中分局和父亲的指示精神，仓促撤退运河以东，使淮北根据地沦入敌手，数千名干部群众惨遭杀害。对此，父亲十分痛心，1947 年 1 月 3 日至 16 日，他代表华中分局，在宿迁北部的后二湖召开了淮北工作会议，并致了开幕词。会议对淮北撤退进行了检讨性的总结。16 日，父亲又代表华中局作了《关于淮北路东撤退的总结报告》，报告中“对淮北坚持三个月中的基本情况”、“错误的方针引导到严重的挫折”作了详细的总结，提出了“团结全党恢复淮北”的要求。对于为什么要恢复淮北，父亲深情地说：“我们淮北的党有责任营救淮北人民，营救那里的干部、党员，不容许汉奸反动分子在那里放肆、压迫老百姓。淮北是我们党九年经营的革命阵地，有着我们的革命事业、革命组织，不能丢掉，我们淮北的党有责任保持这个阵地。”

我们从小就在脑海中深深刻下了“淮北”两个字，这是因为父亲经常会和我们谈起他在淮北那段刻骨铭心的经历，经常会用前辈们浴血奋战、顽强抗敌、艰苦创业的英雄事迹教育我们。

父亲说，新四军第四师师长、淮北区党委和师军政委员会主要领导人之一的彭雪枫，是抗日战争时期我军年轻卓越的指挥员，淮北抗日民主根据地的开创、巩固和发展都是同他的名字分不开的。1942 年年底，在淮北抗日斗争史上，一次胜利粉碎日寇持续时间最长的大“扫荡”的战斗中，彭雪枫所表现出来的卓越指挥才能，给他留下了极其深刻的印象，使他永志不忘。令父亲每每谈起，总是感慨万千的还有 1939 年春天发生的那次严重的灾荒。群众生活无着，战士们只能靠红薯、谷糠充饥。最困难的时候，军需处的金库里，只剩下五块钱，部队连最低的生活也难以维持。是司令员彭雪枫号召大家，要发扬“先天下之忧而忧，后天下之乐而乐”的精神，以“富贵不能淫，贫贱不能移，威武不能屈”的气概，枵腹从公，坚持敌后抗战。他要求部队一定要保持人民的军队与群众血肉相连的关系，部队只有帮助群众解除、减少痛苦的义务，没有侵犯群众利益、加深群众痛苦的权利。他决定卖掉一些军马，作为战士的菜金。为了解决最起码的生活问题，不少连队的干部、党员带头上树捋榆叶，摘柳絮，一天每人只能喝到两碗稀汤。父亲要求我们这些孩子，一定不能忘记那些艰苦的岁月，不能忘记彭雪枫伯伯这些为革命英勇牺牲的先辈，更要用中华民族坚忍不拔的精神，时时激励自己勇往直前。

父亲说，始终以民族大义为重，坚定不移地执行抗日民族统一战线，是取得抗战胜利的一个重要法宝。在淮北根据地，边区党委和新四军的领导都十分重视抗日民族统一战线工作。江上青就是用智慧和生命为正确执行党的抗日统一战线的方针、政策书写下光辉一页的典范。1938 年 11 月，江上青受党的派遣到皖东北地区担任中共皖东北特别支部书记，1939 年 8 月陪同国民党安徽省第六区专员盛子瑾，参加由张爱萍主持的与灵璧县长许志远的会谈后，在返回专署的路上遭到反动地主武装袭击，壮烈牺牲。他在皖东北地区虽然不到一年的时间，但他把革命的原则性和灵活性有机地结合起来，积极开展公开和秘密的抗日统战工作，为开辟淮北抗日民主根据地作出了杰出的贡献。正是因为有了像江上青这样的中国共产党人，在国难面前能够忍辱负重，始终把民族的生存、国家的存亡放在首要地位，才团结了各阶层的爱国人士，为抗日战争胜利奠定了坚实的基础。你们这些孩子，今后无论碰到了什么问题，无论处于何种境地，都必须将民族和国家的利益放在首位。要胸怀宽广，以诚待人，善于取人之所长，补己之所短，和同志搞好团结。要时时记住“长程慨曲折，韧进终有成”这个道理。

父亲说，人民是胜利之本，是军队力量的根源。当年为了支援在前方浴血奋战的新四军部队，永城、夏邑之间崔楼、崔庄两个村的群众把祖坟上一棵 200 多年的老槐树，刨了献给部队。为了保障部队的供给，从 1943 年起直到抗战胜利，忠厚朴实的淮北人民，坚忍不拔，吃苦耐劳，用自己的汗水养育了人民军队，尽最大的努力支持了抗日战争。淮北根据地的父老乡亲，每年都要把几千名子弟送到新四军，那个“母亲叫儿打东洋，妻子送郎上战场”的感人情景，父亲始终历历在目，永生难忘。他告诉我们，正是因为有了成千上万人民群众挖成的密如蛛网、绵延百里的交通沟，才使军队有了对敌开展灵活机动战斗的可靠保障。因此，我们必须饮水思源，什么时候都要把人民群众放在心上，要有“俯首甘为孺子牛”的精神，一辈子都要全心全意为人民服务。

父亲是将淮北看作是自己的第二故乡，他忘不了与母亲结婚的草屋，忘不了生女的大庙，忘不了与老乡交谈的灶门，忘不了给群众打的那口爱民井，更把淮北人民的温饱饥寒放在心上。父亲虽然离开了淮北根据地，但他时时牵挂着老区人民，关心着老区的建设。建国后，只要老区有人找他，不管是老百姓还是干部，他都热情接待，帮助解决问题。1958 年 7 月 7 日，父亲专程前往淮北根据地中心区的泗洪县，看望淮北老区的父老乡亲，在县里召开的万人大会上作了农业发展方向和农业机械化的报告，并代表中央农业部赠送给原淮北苏皖边区直属区的崔集乡美国产“福克森”35 马力轮式拖拉机一台。

“居高声自远，非是借西风”，虽然父亲已经离开我们整整 17 年了，但他的音容笑貌、嘉言懿行、节操仪范、不朽功绩，永远牢记在我们心中。

永存的记忆

刘延淮

（2010 年 7 月）

今年 10 月是父亲刘瑞龙诞辰一百周年的日子。为了纪念父亲，我把家中存放多年的老照片都找了出来进行整理，看着照片中父亲在不同时期留下的身影，我仿佛跟随着他从川陕的崇山峻岭走到了陕北的安吴古堡，从淮北的抗日根据地走到了孟良崮如海的桃花林，从建国初期的大上海走到了广阔农村的田垠旁，从 1973 年的黄浦江畔走到了改革开放后的祖国大江南北。我双手捧着父亲的一幅幅照片，看不够呀，亲不够，和父亲在一起时的美好时光，又一幕幕展现在我的眼前。

一、我们的队伍中又增加了一个小革命

在我的身边一直珍藏着当年父亲在淮北时，怀抱着幼年的我的一张老照片。照片中父亲面带微笑，而只有几个月大的我却是一副懵懵懂懂的样子。1944 年 6 月 26 日，我出生在江苏泗洪县的大王庄，抗日战争时期那里曾是新四军四师司令部的驻地。在我的前面，母亲曾生过一个女孩，但是严酷的战争环境使她小小年纪就夭折了，所以我的出生给父母带来很大的欣喜。在淮北的老同志中一直流传着我出生时的一段佳话。那天，父亲正在工农干部训练班毕业典礼大会上作报告。报告快结束时，忽然警卫员递给他一张纸条，他看了哈哈大笑说："江彤生了一个女孩，我们的队伍中又增加了一个小革命！"台下顿时全场欢动，爆发出热烈的掌声。在钱正英阿姨纪念父亲的文章中，还专门回忆了这段往事，她说："那种亲如家人的上下级之间的感情，至今记忆犹新。"

我从来都把淮北看成是我的革命故乡，近些年来，我几乎每年都要回到泗洪，拜谒烈士陵园，追思先烈们的业绩。每次回到大王庄，我都能感受到在这里处处都留下了的父亲的身影。从 1939 年 9 月，父亲随刘少奇同志从延安到华中敌后抗日根据地工作，到 1945 年 10 月，父亲奉命离开淮北，他在这块土地上度过了六年的峥嵘岁月，与淮北人民结下了深厚的鱼水之情，多年来一直把淮

北时时牵挂在心上。父亲经常向我们谈起他在淮北那段刻骨铭心的经历，经常用前辈们浴血奋战、顽强抗敌、艰苦创业的英雄事迹教育我们，因此，我们从小就在心中深深刻下了“淮北”两个字。现在我每次回到淮北，都想为革命故乡做点力所能及的事情，经过我和其他淮北根据地新四军后代的共同努力，我们捐资建设了大王庄海联小学教学楼、祖姚金梅小学教室、张塘蔬菜大棚和新二电灌站等，我还决心要尽自己所能为故乡的建设和发展作更多的贡献。

二、父亲给子女起名字

1939 年 9 月，党中央派父亲刘瑞龙等随刘少奇到华中敌后开辟抗日根据地。先到竹沟，不久进入淮北大地。11 月后，父亲先后担任豫皖苏区党委副书记、苏皖军政委员会书记。淮北行政公署成立时，父亲担任行署主任、淮北区党委副书记等职，一直和新四军第四师师长彭雪枫伯伯并肩战斗在一起。雪枫伯伯于 1944 年 9 月 11 日在指挥作战中英勇殉职。张爱萍伯伯继任新四军四师师长。直到抗日战争胜利，父亲一直战斗在淮北，整整六年，与淮北结下不解之缘。

我的母亲江彤是怎么到淮北的呢？1939 年 2 月底，时任中共皖东北特别支部书记江上青派地下党员朱伯庸到山东分局，要求分局加强对皖东北地区党的领导。经特委决定，由时任中共山东分局淄博特委组织部长的杨纯同志以中共山东分局特派员身份到皖东北与中共皖东北特支书记、国民党安徽省第六行政督察专员公署秘书江上青取得联系，成立中共皖东北特别委员会，统一领导皖东北地区的抗日斗争，全面开展党的地下工作。那时担任淄博特委妇女部长的母亲，奉命随同杨纯同志从山东南下，她们一路历经艰险，度过了日伪封锁线来到了皖东北。

母亲与父亲在皖东北相识，并于 1942 年在淮北张塘村结婚。1944 年，我出生在新四军四师师部的驻地淮北大王庄。父母给我取名延淮，以永远记住淮北这块抗日的革命热土。不少出生在淮北的新四军后代在名字中都有个“淮”字，比如陈毅伯伯的儿子陈丹淮，邓子恢伯伯的儿子邓淮生等，都是为了这个神圣的记忆。日本投降后，苏皖边区政府于 1945 年 10 月底成立，父亲担任第一副主席，这才离开淮北，到了淮安。1946 年 1 月，新四军浩浩荡荡地大军东进。妈妈在此时刻，生下大妹妹，爸爸豪迈地给她取名延东，以纪念抗战胜利，大军东进。解放战争期间，父亲先后担任华东野战军第二副参谋长兼后勤司令，第三野战军后勤司令兼政委等职，领导支前后勤工作，打完淮海战役后，一路打过长江，解放南京和上海。1949 年 5 月上海解放，父亲被任命为中共上海市委秘书长。1949 年 10 月，新中国宣告成立仅半个月后，我的弟弟在上海江湾降生。消息传来，父亲大喜，与张震和陶勇叔叔喝酒相庆，并给弟弟取名延申。申，就是上海，以此来纪念解放上海，中华人民共和国成立。

小妹妹叫延宁，但并非生于南京。为什么会取“宁”字为名呢？这缘于父亲一个悲壮的爱情故事。1930 年，红十四军失败后，父亲被调往上海，任江苏省委外县工委书记。1930 年春，东海县女共产党员冯菊芬等被派往上海。这年夏天，经李超时等同志介绍，父亲（当时化名李也萍）与冯菊芬相识相恋。7 月，江苏省委命冯菊芬等人到南京开辟工作。离别之前，冯菊芬改名余爱萍，以表达对父亲的敬慕与爱恋。谁知，8 月下旬，南京市委机关被敌破坏，冯菊芬等被捕，她在狱中庭上大义凛然，9 月 3 日在雨花台英勇就义。1952 年冬天，身怀六甲的母亲，陪同父亲从上海到南京，特地到雨花台拜谒烈士陵园，凭吊冯菊芬烈士，父亲默默地面对菊芬烈士遗像，十分沉痛。回首往事，思绪万千，遂成缅怀诗一首《忆菊芬》：“浦滨握别未六旬，噩耗惊得石头城。互勉忠荩非虚约，临危不忘爱萍名。慷慨就义全大节，坚贞不屈励丹心。大地春回酬宿愿，九州解放慰平生。”从南京回沪两个多月后，即 1953 年 2 月 8 日，妈妈生下了小妹，为了铭记先驱者为革命壮烈献身的精神，表达对长眠在南京雨花台的菊芬烈士的怀念，这次是妈妈给小妹取名，延宁。

三、人民的儿子

爸爸妈妈对战友、对烈士感情深厚，念念不忘，对淮北根据地的人民，更是心怀感激，常常惦念，以至他们说过的人名和事迹，都已永存于我的记忆中。他们的言传身教，尤其是他们的行为，让我们从小耳濡目染，在我们身上潜移默化。他们对烈士的子女、亲属，更有一番特殊的情愫。

20 世纪 50 年代的一个冬天，父亲从北京到南通调研，曾经叫县里的同志用自行车接了一位农村老太太到招待所，他帮老人拍去身上的雪花，亲自给老人打来热水，躬身给老人脱鞋脱袜，洗脚烫脚。他说，战争年代，这位老妈妈因为掩护我，吃尽了苦头，救命之恩，终生不敢忘怀，难得回到家乡一趟，就让我好好地尽一次人子之孝吧。然后，轻轻地扶老人坐上床，亲切地问长问短。

爸爸的人子之孝，我们是刻骨铭心的。新中国成立之后，生活安定下来。爸爸便将一位革命老妈妈接到了我们家。她是朱文英烈士的母亲，朱姚老太太，爸爸让我们尊称她“婆婆”。婆婆是一位1930年入党的老党员。她的女儿朱文英曾是南通女师的学生，而我的父亲当年曾是南通师范的学生，他们曾在一起组织学生运动。朱文英后来被国民党反动派抓住，严刑拷打，牺牲在狱中。爸爸告诉我们，婆婆听到最心爱的女儿牺牲，悲痛欲绝，找到我父亲，坚决要参加中国共产党，来实现女儿未竟的事业。婆婆后来在党的地下交通站工作，为党做了很多工作。抗日战争时期，婆婆来到淮北根据地找我的父亲，成了华东保育院的工作人员。她一直跟随父亲过长江到上海。解放了，婆婆也老了，从此一直同我们生活在一起。1961年，父亲又从北京调到华东局农委工作，婆婆也随同回到上海。父亲对婆婆，就像亲生儿子对母亲一般，极其孝顺，上班或出差，总先向婆婆道别。下班或外出归来总要向婆婆问安。只要有时间，总会陪婆婆玩一会儿五子棋，逗逗乐，让婆婆高兴。没想到，“文革”开始后，造反派竟在婆婆身上打起了主意。他们逼迫婆婆揭发爸爸的“问题”，婆婆不吃这一套。她有她的办法：你们说什么？我听不见！年近九旬的老人，耳背，谁也不能怀疑。造反派一走，对着背影，婆婆也会来一句：“呸！你们懂个屁！”婆婆离开我们多年了，每当回想起与她共同生活的日子，依然深深怀念这位可敬的老人，总会忆起她与父亲之间的母子深情。

父亲常对我们说：人民是胜利之本，是军队力量的源泉。当年在淮北抗战，为了支援浴血奋战的新四军，崔楼、崔庄的群众把祖坟墓上200多年的老槐树刨了，献给部队。淮北人民，每年还把几千名子弟送到新四军，补充战斗部队。成千上万的群众齐上阵，挖成了纵横交错，绵延百里的交通沟，使新四军能够机动灵活地开展对敌斗争。父亲常说：人民是我们的母亲，我们是人民的儿子。儿子为母亲服务，是天经地义、义不容辞的。父亲离开淮北后，时时牵挂老区人民，时间愈久，牵挂愈甚。建国以后，只要老区来人，不管是烈属子女，还是干部乡亲，他都热情接待，帮助解决难题。他和妈妈的工资花销中有相当一部分都给了老区来的烈属和抚养烈属子女。20世纪60年代，一位红十四军烈士的女儿到上海治病，因生活无着落，找到我们家，父亲就和母亲商量，在家里腾出一间房来给她住，还为她提供生活和医疗费用。直到“文革”中，父亲被造反派关押，她才离开我们家。其实，当时我们家里人口多，经济负担很重，而父亲总是设法节省些钱，接济生活困难的烈士亲属。他常对我们说：“他们的亲人为革命献出了宝贵的生命，我们活着的人，就一定要把他们当做自己的亲人来看待。想想牺牲的战友，我们生活艰苦一点又有什么呢。”

四、严格教育子女

父亲一生中与我们这些孩子的合影并不是很多，但父亲对我们的教诲却是深深烙在了我们的心底。中国人常把父母对子女教育的态度生动地形容为“慈母严父”，而在我们这些孩子的心目中，父亲既是对孩子要求十分严格的“严父”，又是十分疼爱孩子的“慈父”。他的严格要求，使我们从小养成了刻苦好学、不怕困难、襟怀坦白、刚正不阿、联系群众的良好习惯。他的慈祥和对子女无微不至的关爱，又使我们在人生旅途中遭受到挫折时，有了一个心灵的避风港湾。现在每每想起那些往事，我仍然是泪如雨下。

父亲要求我们十分严格，却很少大声地训斥孩子。在我们的记忆中，父亲发脾气最大的一次，是在我上初中的时候。我从小爱好十分广泛，画画、跳舞、拉小提琴、练体操都十分上心。到了初二，这些爱好却使我的学习成绩下降了。有一天，全家正在吃晚饭，说到学习成绩，父亲突然啪的一声把筷子拍在桌上，把大家都吓了一跳。父亲气愤地对我说：“你现在是一个学生，就应该以学为主。你爱好广泛是一件好事，但每一个人在他人生的不同时期，都应该有不同的重点任务。如果什么爱好都不愿意放弃，就会什么都不能学精。你现在的重点任务就是要搞好学习，否则将来你用什么去建设社会主义祖国！”关键时刻，父亲的教育使我猛醒，我从此下定决心，刻苦发愤，最终以优异成绩被保送到清华附中学习。

父亲对我们这些子女要求极严，一不许浪费，哪怕碗里剩下一粒米饭，也要吃干净。二要勤俭节约。我们每个孩子，一概家制布衣、布裤、布鞋。衣裤袜子破了，要自己补了又补。他说，“我们在战争年代，生活十分艰苦。穿的衣服，新三年，旧三年，缝缝补补又三年，那是常事。”三年自然灾害时期，粮食定量，家中又常有老区或家乡来人，粮食不够吃。父亲身处农业部常务副部长职务，却坚决拒绝特殊化。每逢周末下乡调研，父亲常会带我和妹妹先到农村田边地头，教我们挖野菜，辨认什么是马齿苋、荠菜、枸杞头、蒲公英、苦菜等等，然后把我们留在地头挖野菜，他就去调研了。回来路上，他常对我们说，长征过草地时，人走得多了，连野菜都挖不到，很多同志没有牺牲在战场上，却病饿死了！抗日战争时期，敌人对根据地搞封锁，粮食紧缺，生活十分艰苦。我们也经常挖野菜，捋树叶吃。后来搞了大生产运动，情况才有改观。现在国家困难，我们一定要与全国人民一起过苦日子。爸爸的教诲，使我们至今养成挖野菜吃野菜的习惯。作为领导干部，家中经常有人来拜访，也有少数人会带来一些好吃的东西，但父亲却是一概拒绝，让人家全部拿回去。记得一次北京举办农业展览会后，有人送来作为展品的大公鸡、大青鱼，爸爸一律让他们拿回去，送给幼儿园。

我和延东当年在北京读大学，父亲每月只给 20 元钱生活费，其中还包括我们寒暑假回上海家的路费，这种对子女严格的要求，使我们从小养成勤俭节约、艰苦奋斗的良好习惯。

父亲曾反复教导我们，你们这些革命后代，是吃根据地老百姓奶水长大的，人民哺育了你们，你们就要努力学习知识，学好本领，服务人民，报效祖国。父亲身体力行，对党和人民的事业，无限忠诚，终身勤奋工作，他治学严谨，亲自撰写论文、报告、书稿。直到七十多岁高龄，还经常工作到深夜。父亲在 1981 年 9 月所作《示诸儿》诗中说："人生有真谛，为民服务多，党导正方向，决议勤切摩。人民养育我，甘为孺子牛。祖国抚爱我，奋志壮山河。学习为建设，忘本实可羞。勤奋攻学业，寸阴莫蹉跎。"他的这种精神，对我影响深刻。为了挽回"文革"失去的学习时间，1990 年年底我在 46 岁时，通过考试获得了韩素音奖学金赴美国留学。我的勤奋学习，使我在回国前获得了校方的优秀论文奖和杰出国际学者奖。回国时，我只带回了大量的书籍和技术资料，并用学到的知识，为国家知识产权局引进了 DIALOG、STN 国际联机检索技术，负责创建了具有自主知识产权的深度加工的中国创新药物专利数据库，为建设具有国际先进水平的国家级科技情报系统，贡献了自己一份微薄之力。

五、战友情深

1988 年 5 月 25 日，父亲在广州开会期间，因过度劳累，心脏病发作，永远地离开了我们。中央组织部原部长郑伯克叔叔到家里悼念，并来看望母亲。他对我们说了一件鲜为人知的事情。他说：1971 年秋天，陈（毅）老总已癌症晚期，还在惦记被关押的老战友，他对周总理说："当年红十四军的创建人中如今只剩下三个人了，张爱萍、刘瑞龙、黄火青，现在都被关了几年了，身体很不好，放了他们吧！"后来，周总理特批，让中组部放了这三个人。父亲终于在陈老总和周总理的关怀下从"四人帮"的冤狱中出来了。组织上给他补发工资，他仅仅留下很少的一部分钱，其他都交了党费。1972 年冬天，我和妹妹延东到上海探家，父亲问到许多当年老战友的情况，听说当年的老领导刘少奇、陈老总、邓子恢等都在“文革”中被迫害去世，他非常难过。我们回北京前，他特意让我们带上1000元钱，到北京去看望邓子恢的夫人陈兰阿姨。

“四人帮”倒台以后，1977年的秋天，父亲到北京来看望遭到车祸的我。父亲借此一一看望久别的老战友，回首往事，感慨万千，竟突发脑血栓，住进协和医院。许多老同志到医院看望父亲，并劝他留在北京。出院后，父亲留在农业部招待所养病。陈兰阿姨亲自把我父母接到家中，对我父亲悉心照料，使他得到康复。那时，父亲住在农业部招待所的两间小平房里。我因车祸与父母住在一起养伤，亲眼看到家中常常有人来诉冤。父亲主张坚决彻底平反一切冤假错案，他说：“共产党的理想是解放全人类。它之所以伟大，还在于做错了事情，敢于承认错误，改正错误。”在他的领导下，中央农口的一大批冤假错案得以平反昭雪。

六、珍贵的笔记本

我们家至今珍藏着父亲的一只旧皮箱，里面装了满满一箱从20世纪40年代以来的笔记本。父亲自1927年入党，到1988年病逝在工作岗位上，62年革命生涯，他养成了凡事做笔记和坚持写日记的习惯。在长期的艰难困苦、复杂危险的处境中，他都不辞辛劳把他参加过的会议、来往电报、信件和领导的指示，以及调查研究的情况都翔实地记录下来。打开他那些外形不同的笔记本，每本都呈现出一行行的蝇头小字，都是一样的整齐、清秀。可以看出他超乎常人的严谨认真态度和对历史资料的重视。战争年代，父亲可以丢掉衣物和其他生活用品，却一定要把这些资料保存好。“文革”初期，父亲听说有的人家被抄了。他立刻把资料和笔记本整理装箱，送到华东局保密室，才使珍贵资料得以保存下来。

一次，我和延东去中南海看望彭冲叔叔，他对我们说：“你们爸爸的那一箱子笔记本可是有名啊！连毛主席都知道你们的爸爸有记笔记的习惯。他说，刘瑞龙的那一箱子笔记本记录了我们党的很多历史，可是宝贵哟！一定要好好保管！”的确，父亲的这些笔记本和他保存下来的资料，为后来研究我党的历史、军史、革命史，为总结历史经验，都提供了非常珍贵而可靠的资料佐证。爸爸去世以后，妈妈在有关单位的帮助下用这些资料又为父亲出版了好几本书。例如：《刘瑞龙淮北文集》，《我的日记》，《难忘的征程》，《刘瑞龙纪念文集》，《刘瑞龙农业文选》等。特别是母亲完成了父亲生前的夙愿，把他在担任第三野战军后勤司令期间，收集、撰写和保存的近200万字的资料，于1998年编辑出版了《第三野战军后勤文献资料选编》（共三本），江泽民同志亲自为这套书题写了书名。

七、结婚的根本基础是志同道合

爸爸妈妈襟怀坦荡，情感甚笃。这对我们儿时的成长，影响很深。去年我爱人赵自强找出了他珍藏多年的一盘录音带，那是我们结婚后不久，父亲在一次家庭聚会上对全家讲话的录音。父亲说："我今天特别为延淮和自强两个人结婚的事情讲话，这对所有的子女都是有效的。结婚的根本基础是政治上的一致，也就是志同道合。这是他们结婚的根本基础，要始终记得这个基础！什么叫志同？什么叫志？志就是为人民，为党的事业，为祖国建设全心全意服务的志愿，所谓志同就是同这个志。什么叫道？道啊，就是马克思列宁主义的道，就是四项基本原则的道，就是社会主义的道，共产主义的道！你们的结婚，不是一种苟合，而是一种非常严肃的、志同道合的结合，是两个共产党员，两个革命干部，两个社会主义者、共产主义者的结合。这个是你们始终要记得的，决不能一刻忘掉的。而且这个志同道合是永远的，是一生的，一辈子的，不是要中途变卦的，这是决不允许的。我们要永远地志同道合，要白头偕老，永远地做一个合格的共产党员，合格的共产主义者。我们要做到这一步呀！"父亲在讲话中还向我们谈到了当年邓大姐在重庆办事处告诉许多女同志的八个互相，他说："邓大姐告诉年轻人在夫妻关系中要执行八个互相。第一个互相，要互相尊重。既然是志同道合，就要互相尊重，尊重对方是一个共产主义者，是一个共产党员，是一个革命干部，每一个人都是有独立人格的，所以要互相尊重。第二个，要互相学习，学习对方的长处。第三个，要互相爱护，爱护大家的进步，爱护大家的健康，爱护大家的成长。第四个是互相帮助，互相帮助进步，在政治上、业务上互相帮助。第五个互相，是要互相促进。第六个互相是互相体谅，假如一方遇到了不顺心的事情，就要替对方想一想，不要仅是埋怨。第七个是要互相忍让，遇到事情要互相忍让。最后一个就是互相进步。"父亲的这一席话，深深地体现了他对我们的无限爱和殷切的希望，话语中流露出来的舐犊之情，就像涓涓溪水在我的心间流淌。多年来，我和自强始终牢记父亲的谆谆教诲，在志同道合的基础上，努力做到工作上互相鼓励和支持，生活中互相帮助和爱护。如今，我和自强都是年过花甲的人了，即使退休多年，我还在继续工作。自强不仅承担了大量家务，而且对我的业务工作和社会工作都给予大力支持和帮助，我们相濡以沫，共同努力，继续为祖国为人民的事业作出我们的贡献。

耿耿忠心　磊落生平

——纪念父亲刘瑞龙诞辰一百周年

刘延东

（2010 年 9 月 20 日）

2010 年，在父亲诞辰一百周年前夕，我和家人来到四川，寻访当年父亲长征时三次走过的草地，缅怀这位老共产党员不平凡的一生。

8 月 4 日，若尔盖县班佑村，昔日的“红军林”苍莽依旧，浓荫蔽日。当地人说，74 年前即 1936 年 8 月 4 日至 6 日，父亲所在的红四方面军队伍就从这里经过，这历史的巧合令人感慨万分。在红原县日干乔沼泽，这个曾吞噬无数红军战士生命的沼泽地，如今已是碧水潺潺，芳草萋萋。我们站在茫茫大草地面前，遥望着远处连绵起伏的群山，时光仿佛已经凝固，历史的脚步虽然匆匆前行，却留下了永不磨灭的记忆与辉煌。此时此刻，我不仅为无数革命先烈和中国共产党人为中华民族的独立解放和人民的自由幸福前仆后继、英勇牺牲的精神所深深撼动，更为先烈们开创的社会主义事业和我们伟大祖国今天所取得的辉煌成就而感到骄傲和自豪。

一草一木总关情。踏着父亲当年的足迹，怀念之情涌上心头。父亲离开我们已整整 22 年了，但他的音容笑貌却时时浮现在我的眼前。父亲 15 岁参加革命，曾四次入狱，二越雪山，三过草地，作为一名忠诚的共产主义战士，他把自己的毕生精力都献给了他热爱的祖国和人民。在波澜起伏的 78 年生涯中，父亲对理想信念的不懈追求，对党和人民的无限忠诚，对革命事业的拼搏奉献，对同志同事的深情厚谊，对子女亲人的严慈相济，都深深铭刻在我心中。

信仰坚定，一生践行共产党员的誓言

父亲一生奉献给革命、社会主义建设和改革开放事业。我是从平凡生活的日积月累中，在他身后留下的数百万字著作和近千万字资料中慢慢读懂父亲的。

父亲 1910 年 10 月出生在江苏南通。出生 70 天祖父去世，孤儿寡母受尽欺

凌，使饱尝颠沛流离之苦的父亲从小就对旧社会的黑暗充满愤慨，也养成了他自强不息、坚忍不拔、好学上进、追求公平正义的优良品质。

父亲的青少年时代，正值军阀混战、内忧外患、民生凋敝。面对灾难深重的国家和民族，父亲很早就立下了救亡图存、强国富民的理想抱负。与那个时代革命青年知识分子一样，父亲真正选择为共产主义奋斗终生的道路，却是经过理性思考、认真比较和自觉选择的结果，他的坚定信仰是建筑在对人类社会发展客观规律深刻理解的基础之上的。中国共产党早期领导人恽代英同志是父亲走上革命道路的引路人。1925 年，父亲在恽代英的胞弟恽子强、表姐葛季膺夫妇那里看到了恽代英、萧楚女寄来的《共产党宣言》、《社会进化简史》和《共产国际党纲》、《新青年》等书刊，接受了马克思主义的启蒙教育。1926 年，恽代英同志直接指导南通县建立了中国共产党独立支部，父亲就读的通州师范也建立了中共党支部，15 岁的父亲参加了党领导的学生运动。当时正值大革命的浪潮汹涌澎湃，三民主义和共产主义两种思潮激荡并存，正是革命的理论、先驱的榜样和战斗的洗礼使他逐步认识到，只有马克思主义和中国共产党，才能解救人民于水火，才能把苦难中国从帝国主义、封建主义、官僚资本的剥削压迫的桎梏中解放出来。

1927 年 3 月下旬，恽代英同志来信通知父亲速去武汉投考中央军事政治学校。父亲刚到上海就因发生四一二反革命政变，航路中断，被迫返回南通。在白色恐怖、血雨腥风的 1927 年 10 月，父亲毅然加入了中国共产党，义无反顾地走上了革命的道路。从 16 岁入党到 78 岁过世，在长达一个甲子的奋斗历程中，父亲经历了无数艰难险阻，也曾有过挫折和坎坷，但他从来没有放弃过对信仰的追求，从未动摇过对党的事业的忠诚。

1928 年，在江苏通、海、如、泰地区这个国民党统治的心脏地带，父亲和李超时、何昆、张爱萍、黄火青等人创建并领导的中国工农红军第十四军，短短的 28 个月，就牺牲了 2 任军长、8 个县委书记，但敌人的凶残没能阻挡这群青年革命者的脚步，他们踏着烈士的血迹继续前行。长征途中，父亲两越雪山、三过草地，历经千辛万苦，但却更坚定了他跟着党中央、跟着毛主席北上抗日的决心。在西路军异常悲壮的征战中，父亲身陷囹圄，经王定国同志通过谢觉哉同志领导的八路军兰州办事处营救，他和其他战友九死一生回到延安。从八年抗战到解放战争、从延安到皖东北、从豫皖苏到淮北根据地，从淮北行署主任到第三野战军后勤司令兼政委，父亲始终坚决贯彻党中央、毛主席和总前委邓小平等同志的指示要求，“驰骋恒岱燕，浴血江海滨。”特别是在莱芜、孟良崮、淮海、渡江、上海等重大战役中，他参与指挥和组织的强大后勤支前工作，为几大战役的胜利作出了重要贡献。

“文革”十年浩劫，父亲遭到“四人帮”无情迫害，被非法关押五年之久，直到1972年在周恩来、陈毅同志亲切关怀下才重获自由。狱中五年，父亲身心受到极大摧残，但他仍坚持学习理论。他重新通读了《资本论》、马恩选集、《列宁选集》、《毛泽东选集》等原著，亲手抄录了《矛盾论》、《实践论》、《为人民服务》、《纪念白求恩》、《愚公移山》等著作，整理了马克思、恩格斯、列宁和毛泽东关于农业问题和哲学问题的论述，写下了30多万字的读书笔记，构思并详细列出了《回忆红十四军》、《难忘的征程》、《农业“八字宪法”浅说》等著作的写作提纲。那时父亲虽然失去了人身自由，受尽折磨，但他却坦然面对。他在狱中写下的十五首诗词，表达了他对党、对祖国、对人民的无限深情，表达了他“无产阶级终胜利，社会主义誓建成”的坚定信念。

在1982年春节的家庭聚会上，父亲曾对他革命一生作了一个回顾和总结。父亲告诉我们，1927年大革命失败后，面对反动派的血腥屠杀，他更坚定了信念，做出了加入共产党的人生选择。半个多世纪过去了，他依然清晰记得当年的入党誓言，他十分自豪地说：“经过50多年的考验，我们是履行了入党誓词的，我们没有做任何违背誓词的事情，我们是问心无愧的，是以自己的行动，以自己的工作来履行我们的誓言的。”他强调：“社会主义、共产主义是历史的必然，只有社会主义才能救中国，这是我入党55年来得出的坚定信念。”父亲的教导使我更加深刻地体会到，老一辈无产阶级革命家留下的宝贵精神财富，是永远激励我们为国家富强和民族振兴永往直前、奋斗不止的强大动力，任何艰难险阻都阻挡不了伟大的中国共产党和中国人民前进的步伐。

在革命前辈坚定信仰和高尚情操的熏陶下，我1961年上高中一年级时，就写了入党申请书。1964年高中毕业前夕，在7月1日党的生日这一天，我加入了中国共产党，立志要继承先辈们为了崇高理想奋斗终身的精神，为祖国繁荣富强和人民幸福安康奉献自己毕生精力。

勤勉敬业，心系“三农”鞠躬尽瘁

父亲一生勤勉敬业，对党和人民的事业怀有强烈的责任感和使命感。从小我们就知道，父亲在家时书房的灯就像一盏长明灯，晚上我们睡觉时它亮着，清晨我们上学时，它依然映照在伏案工作的父亲身上。他几乎没有节假日，一年到头不是在机关处理公务，就是到全国各地农村开展调查研究，推动基层工作。偶尔周末在家，他会带我们去郊区农村。春风里，父亲指点青青秧苗，教我们如何认识稗草；秋阳下，父亲掂起沉甸甸的稻穗，一字一句背诵《悯农》诗，让我们真切领会"粒粒皆辛苦"的深意。这些情景至今依然历历在目。

在父亲62年的革命生涯中，有三分之二的时间与农业、农村、农民紧密联系在一起。1928年，18岁的父亲根据特委的要求，深入到南通东乡农民群众中进行教育发动工作。抗日战争时期，父亲随中原局书记刘少奇同志到皖东北地区，在担任苏皖军政委员会书记、淮北行政公署主任等职务期间，他与邓子恢、彭雪枫、张爱萍等同志坚决贯彻执行中央指示，根据地政府颁布了一系列条例法规，发动和领导农民开展减租减息，兴修水利，发展生产。广大农民群众翻身解放，真心实意拥护党的领导，全身心投身革命斗争，在巩固壮大抗日根据地中发挥了重要作用。

1953年，父亲从上海调任国家农业部任常务副部长兼党组副书记，他作为党和国家农业方针政策的参与制定者和具体执行者，更是为"三农"工作呕心沥血、殚精竭虑。面对恢复累遭战乱破坏的农业生产、解决四亿五千万人吃饭问题的艰巨任务，他从实际出发，鲜明地提出"先吃饱饭、后吃好饭"这个恢复和发展生产的两步走的部署，体现了对农民群众的真挚感情。根据中央指示，父亲组织起草了《全国农业发展纲要》（初稿）和第二个五年计划期间农业建设方案（初稿）。他参考古今农书、深入调研、广征博引，提出了《农业增产的八项措施》，对农业增产进行了集成化的概括。为解决我国耕地少，自然资源分布不均的问题，从1958年开始，父亲参与和领导了第一次全国土壤普查工作。他悉心钻研土壤学，阅读威廉士、马尔采夫等人的专著和实验报告，访问专家、学者和劳动模范，生动地概括出"水、肥、气、热"四个影响土壤肥力的关键因素，为因地制宜发展种植业提供了第一手素材和科学依据。在兼任国务院水土保持委员会副主任委员期间，他多次深入到水保一线工地，提出大抓水平梯田、大量造林种草、发展山区小型水利，广为推行保水保土措施。父亲还热情支持农村生产关系和经济体制改革的探索实践。20世纪60年代在任华东局农办主任期间，他大力支持安徽农村的责任田制。改革开放初期，他在农业部工作期间，又积极支持以家庭承包和乡镇企业为重要标志的农村改革。

我国作为传统农业大国，曾创造了辉煌的农业文明。父亲认为，要实现中国农业的现代化，既要注意研究和总结中国几千年积累下来的传统农业生产理论和经验，又要因地制宜，用现代工业和现代科学技术武装农业，对我国农业进行全面的技术改造，两者互相结合、相互适应、相互促进。1980 年 1 月，国家农业委员会决定编纂出版《中国农业百科全书》，同时《中国大百科全书·农业》卷的编纂工作也正着手筹备。历经“文革”摧残、重病缠身的父亲欣然接受国家农业委员会的委托，担任了《中国农业百科全书》总编辑委员会和《中国大百科全书·农业》卷编辑委员会的主任委员，主持两书的编纂工作。其工作之繁重令常人难以想象，仅《中国大百科全书·农业》卷就有 2000 多个条目、400 多万字，《中国农业百科全书》更是规划编撰 31 卷。他亲历亲为，尽心竭力，以其一贯对事业认真负责、做学问孜孜不倦的精神，精心组织农业科技界的专家学者开展研讨编纂工作，并确定了两书的指导思想、基本内容、总体设计和编写规则。他在古稀之年，仍如饥似渴地学习各种新知识。为了能够从整体而不是局部、系统而不是孤立的视角研究农业问题，他专门就系统论、控制论、信息论等系统工程的科学理论问题向钱学森同志请教。父亲把他晚年的主要精力无私地奉献给了农业百科全书的编纂出版事业。

父亲坚决拥护邓小平同志改革开放的大政方针，并全身心地投入到农业改革发展的事业中。1988 年 5 月，担任全国农史学会名誉会长的父亲不顾医生和亲人的劝阻，坚持到广州主持全国农史学会年会，研究推进和实现我国从传统农业向现代农业转变的问题。他以抱病之身努力地工作，终因劳累过度、心脏病猝发，永远地离开了我们。也许牺牲在战场上是一个战士的光荣，父亲的一生的确实现了他的诺言，为了实现中国农业现代化、建设现代农业强国的理想，他鞠躬尽瘁、奋斗终身，直至生命的最后一刻，这种忘我的拼搏将父亲的生命永远定格在他深爱的岗位上。

注重调研，一贯坚持实事求是的工作作风

在长期工作实践中，父亲始终坚持调查研究、实事求是的工作作风，在他身后留下的大量笔记和资料中，我们看到了一个共产党人脚踏实地、深入细致、坚持实事求是的优秀品质。

在张震同志为父亲《我的日记》一书撰写的前言中，十分感慨地说，在举世闻名的淮海战役和渡江战役中，“我军参战的官兵和民工总数达百万以上，仅粮食每天就需要补给两三百万斤，后勤保障任务空前繁重”。身为第三野战军后勤司令员兼政治委员的父亲肩负重任，压力可想而知。但在党中央的英明领导下，在邓小平、刘伯承、陈毅、粟裕和谭震林等同志直接指挥下，父亲为了做

好渡江战役前的后勤保障工作，日以继夜地奔波在前线和后方。渡江战役前夕，他深入到正在岸边休息的木帆船上，与战士和船工促膝谈心。当他得知船工离岸时要喝“定心酒”的风俗习惯时，就特批渡江前给每位船工配备4两白酒、1斤猪肉。当他了解到船工“裤子不兴搭在桅杆上”的“禁忌”后，便把尊重船工这一习俗作为纪律向部队广为宣传。这种注重细节、精心安排、周密组织的工作作风，为保障渡江战役的胜利发挥了积极作用。

钱正英同志在回忆与父亲共事的经历时说过，当年在淮北根据地，年轻人都喜欢听父亲讲话，因为他丰富的群众工作经验，能使他们学到书本上没有的知识，并把书本上学到的理论运用到农民和农村工作中去。

新中国成立以后，父亲依然保持着和人民群众紧密联系的优良作风。他经常只带少数工作人员深入基层搞调研，到田间地头，和农民群众边锄地边收割边交谈，掌握农村第一手情况。凡是基层同志汇报工作，他都仔细倾听，认真做笔记，综合各方面意见，研究制定符合实际的方针、政策。

父亲这种作风给我留下深刻印象。1964年高考结束后，我回到上海家中。父亲对我说：“中国是一个农业大国，农民是社会的主体。不了解中国的农民，就等于不了解中国的社会。你是一个在城市长大的孩子，又是一个新党员，应该到农村去，好好了解中国农村的现状，了解农民的生活和思想。”于是我来到上海青浦县农村，与农民群众同吃同住同劳动，教孩子们识字，给农村妇女扫盲，与他们结下了深厚友谊。直到接到清华大学的录取通知书后，我才离开青浦县。一个月的农村生活，使我对农村、对农民有了感性认识和初步了解。

1981年，根据小平同志关于要培养“四化干部”的指示精神，时任北京市委书记的段君毅同志，决定从市直机关选派三名大学文化的年轻干部到区县任职，35岁的我也被从市委组织部派到朝阳区委任副书记。父亲十分高兴，赋诗一首赠送给我。诗的第一句是“学习是首宗”，“实干世所崇”，要求我学习为先、扎实干事。他告诫我“事事靠实干，不搞客里空”，“工作遇疑难，调研路自通”，他还特别强调要“实事中求是，遵则耻随风”，要我一定要坚持实事求是，要把随风跟风当作耻辱来看待，他告诫我“知人应有识”，“静析勿盲从”，“敢言顶歪风”，“检失罔宽容”。父亲在这首诗里，把多年来他自己做工作的经验体会，毫无保留地传授给我，句句体现了他的殷切期望。我从中也学习到，作为一个年轻干部，应该如何坚持党性原则，真正做到求真务实；如何联系群众深入基层，坚持实践出真知；如何勇于坚持真理，不做随风倒的墙头草，怎样才能成为一个党和人民可以信赖的好公仆。此后，我始终把父亲这些要求铭记在心，并作为努力方向去严格要求自己。

尊重人才，关心爱护知识分子

父亲在农口特别是农业科技界享有较高的威望，这与他重视学习现代农业科学技术知识密不可分，更与他关心爱护和保护知识分子密不可分。父亲自幼酷爱读书，苦读不辍，他一生追求真理，渴求知识。无论是戎马倥偬的战争年代，还是社会主义建设和改革开放的伟大岁月中，他都博览群书，与时俱进，认真探索，努力实践。他在给我的信中说："要有广博的知识，除了读书以外，还要和各个方面的实践相接触，叫'虚心求知，善于学习'，善于关心各种各样的人和事，这样才能够使知识丰富起来。"

父亲对知识分子的爱护如同他对知识的尊重，是一以贯之和发自内心的。新中国成立后，农业部云集了一大批曾经留学海外的农业科学家，"中国水稻之父"丁颖，农业教育家、小麦专家金善宝，当代"茶圣"吴觉农，土地利用和水土保持专家张心一等，他们放弃了国外优越的工作和生活条件回到祖国，常年在麦地、稻田顶烈日、冒严寒，兢兢业业地开展科学研究。父亲对这些科学家十分尊重和关心，他竭力为他们提供各种支持和帮助，想方设法地为那些身处逆境的科学家排忧解难，使他们的专业和才华得以发挥。知识分子也把父亲当作知心朋友，对他十分信任和尊重。

父亲十分重视农业科学研究和人才培养工作，主张大力开展科学研究工作，把农业院校的教学和科研紧密结合起来。在父亲的支持下，北京农业大学于1954年就成立了与"教务处"、"总务处"并列的"科学研究部"，使学校的科研工作呈现出蓬勃发展的景象。父亲认为，科学研究必须瞄准前沿，敢于创新，建立独立自主的科研体系，才能创造发明成果，才能建设屹立世界的现代化国家。在20世纪50年代初，"原子能在农业领域的应用"还是一门崭新的科学，父亲敏锐地意识到这是一个具有战略意义的研究领域。在当时苏联农业院校还未开设此学科的情况下，中国成立了自己的研究所。当年他还主张农业科学界的不同见解应通过科学界的自由争论和客观实践来验证对错。在20世纪50年代一边倒地推行苏联米丘林学派并上升为政治立场问题的时候，父亲勇敢地出面保护和支持谈家桢、蔡旭等被冠以资产阶级唯心学派的持有摩尔根遗传学观点的科学家，这不仅为我国农业科学的研究和发展创造了良好的环境，也给很多农业科技界的老同志留下了深刻印象。父亲曾兼任北京农业大学教授，他在百忙中挤出时间，坚持到校给学生上课，为培养新一代的农业科技工作者贡献了自己的力量。

与父亲经历相似的是，我也因为工作关系，结识了众多科技、教育、文化界知识分子，并与他们成为了好朋友。每当我想起父亲为支持科研人员开展研究付出的心血和承受的压力，感受到他尊重科学、尊重人才的精神，就更深刻地认识到自己的使命和责任，尽心尽力地为知识分子服务，为他们发挥作用创造条件、排忧解难。

不忘根本，把烈士亲属当作自己的亲人

父亲平时话语不多，却很重感情，对战友特别是烈士亲属和跟随他南征北战的老部下，更是关爱有加。父亲常说，“烈士们为革命献出了宝贵的生命，我们活着的人，就一定要把他们的亲人当做自己的亲人”。从我记事起，就知道父亲对烈士遗孀遗孤十分关心和照顾，总是竭尽所能热情帮助革命烈士和老战友的亲属解决困难和问题，要求妈妈节省家庭开支，去接济帮助那些生活有困难的烈士亲属和老区群众。1949 年 6 月，上海战役胜利后，父亲回到他阔别多年的上海。当他得知江上青烈士的儿子江泽民也在上海时，很快就把他接到驻地，与他长谈近两个小时。江泽民同志向父亲详细介绍了上海经济社会状况和知识分子的思想动态，这位风华正茂、才华横溢的年轻中共地下党员对社会经济、世事民风的深入了解，对形势问题的深刻分析给父亲留下了深刻的印象。

解放初期，父亲在担任中共上海市委秘书长、中共华东局农委书记期间，陆续收到了红十四军、红四方面军和新四军等烈士子女和亲属的来信，询问当年烈士们英勇奋斗牺牲的事迹，有的还要求他做证明。父亲百忙中查阅资料，回忆核实，对每封来信都认真回复，有的还亲自出面接待给予帮助，使这些烈士的亲属得到了党和政府关心，得到了应有的待遇。陆克烈士的家人至今还珍藏着父亲当年给他们的两封书信。父亲在信中检讨了当年因干部调动，导致他请苏北人民政府对烈士的母亲给予关照的意见在执行过程中前后脱节，造成烈士家属的生活出现困难。他要求当地政府必须圆满解决老人的赡养问题，这使陆克烈士的家人深受感动。

1962 年，父亲到南通县出差，他让人把烈士的母亲徐如英接到招待所。当他看到徐老太太时，立即把她扶坐到沙发上，亲自端来一盆热水，用肥皂为老人洗了脚，还为她穿上新袜子和新棉鞋。

烈士朱文英是大革命时期南通地下党员，她的母亲朱姚老太太先后在上海等地做党中央秘密机关的掩护工作，曾冒生命危险营救了瞿秋白夫人杨之华同志。父亲十分敬重这位老共产党员和革命母亲，解放以后，把她接到家中，像对亲生母亲一样照顾她，让我们尊称她婆婆。父亲下班回家只要有时间总要陪她下一会儿五子棋，让婆婆高兴高兴。如今，每当回想这些往事，总会深深怀念这位可敬的老人，以及她与父亲之间母子般的革命情谊。

遗风长存，给子女留下宝贵精神财富

由于战争、父亲工作频繁调动以及我长期寄宿在保育院、学校等原因，我与父母真正生活在一起的时间并不很多，但是，父亲一生坚守信念的高尚品质、坚忍不拔的奋斗精神、求真务实的工作作风、顾全大局、不计得失的人生态度、勤俭朴素的生活习惯、严以律己的处事原则成为留给我们的宝贵精神财富，值得我们下一代永远学习和发扬。

父亲是一个淡泊名利的人。

父亲从大革命时期参加革命，长期担任党政军领导职务，他一生经历了中国革命史上许多重大的历史事件，自身也有过许多难忘的往事，但他始终认为自己只是革命队伍中一名普通的战士，是人民的公仆，自己所做的一切都是为了党和人民利益，决不把这些功劳和成绩作为居功自傲的本钱，一向以谦虚谨慎的态度对待自己在革命斗争中曾发挥过的作用。

在《回忆红十四军》的编写过程中，父亲要求编委会的同志们一定要遵照“力求不谬于史实，并力求符合党性与科学性结合的原则”。他在回顾总结历史史实和自己走过的道路时，总是努力客观地反映历史本来面目。他在书中深情讴歌先烈们前仆后继、流血牺牲的革命情怀和英雄气概，热情赞扬广大工农群众和革命知识分子的精神风貌，并一一列出了58位烈士的姓名，却很少提及自己所做的工作和所发挥的作用，他这种严谨的态度和谦虚谨慎的作风令那些参加编写工作的同志们十分感动。南通党史办黄一良同志回忆说：“与对革命烈士的颂扬成鲜明对比的，是刘老绝少谈论他自己在斗争中的作用。在记述了许多重大活动之后，往往只用‘我也参加了’寥寥数字表示他也亲身经历了此事，这在一般个人回忆录中是颇为少见的。”

父亲是一个朴素廉洁的人。

父亲一向生活简朴，他许多衣服都是补了又补，缝了又缝，许多背心、衬衫上满是补丁。平时粗食淡饭，孩子吃饭时把米粒掉在桌子上，他也会捡起来吃下去。

父亲以身作则，在多年工作中，他最反感的就是吃吃喝喝、请客送礼。父亲在华东局农办工作时，有一次司机吴叔叔受地方所托，给父亲捎回一盒百合。父亲知道后很生气，对吴叔叔说："你怎么拿来的就怎么退回去！"一位同志来北京看望父亲，给他带了一包花生米，父亲却给他寄回去了十元钱，并写信吩咐他以后不准再带东西来。

父亲是一个勇于自我批评的人。

父亲在他的一生中，总是及时地总结工作中的经验和教训，主动地反思工作中存在的问题和不足，时时处处严格自律。钱正英同志讲过一件事，当年在淮北根据地，曾发生过泗阳县委在进行反特斗争过程中，发生了扩大化的"泗阳案件"。父亲在得知情况后，及时赶到泗阳，纠正了县委的错误，主动承担领导责任，并做了公开的自我批评。

父亲是一个勤奋努力的人。

最近，我又一次翻阅了父亲留下的手稿，再一次被父亲的勤奋、细致、敬业的精神所震撼。在一本本不同规格、不同材质、被岁月浸染成不同颜色的笔记本上，都留下了他富有特色的蝇头小楷，满页密密麻麻，工工整整，许多字需要用放大镜才能辨认。在淮海战役、渡江战役那么紧张、激烈的战争环境中，他对每天的工作都事无巨细地认真记录。在渡江日记中，他详细地记述了渡江物资准备检查的情况，每天要用多少担架，多少民工，补给和运输情况怎样，支前准备如何，都写得非常详实。这些蝇头小楷是父亲认真、刻苦、勤奋、努力的真实写照。

父亲是一个品德高尚的人。

在我们子女的记忆中，父亲与母亲相敬相爱，性格互补，堪称志同道合、幸福和谐的模范夫妻。母亲江彤 1919 年 10 月 4 日出生在山东一个铁路职员家庭。1938 年，在抗日烽火中她参加了莱阳民族解放先锋队，后调胶东八路军第 5 支队并加入中国共产党。1939 年 2 月底，时任淄博特委妇女部长的母亲来到皖东北工作。在那里她与父亲相识，并于 1940 年中秋结成革命伉俪。此后 48 年间，他们相濡以沫，感情笃深。父亲对母亲事业上的理解和支持给我们印象很深。1960 年，在纺织工业部工作的 41 岁的母亲响应中央号召，到清华大学机械系调干班学习。父亲虽然工作十分繁忙，加之家里除四个孩子外，同住的还有五位烈士亲属，家庭负担很重。但他仍然鼓励和支持母亲上学，最终母亲以优异的成绩从清华大学毕业并成为纺织工业战线的一名领导干部。母亲对父亲的敬重钦佩是发自内心的，父亲去世后，患有严重哮喘和心脏病的母亲，日以继夜地整理父亲留下的上千万字的文章、笔记、诗稿和资料，并在江泽民、张震等同志的支持下将父亲生前编著的《第三野战军后勤文献资料选编》和《难忘的征程》、《刘瑞龙诗稿》、《刘瑞龙农业文选》等书出版，完成了父亲的遗愿。如今父母都离我们远去，他们一生坚守爱情、相互尊重、不离不弃、至真至诚的道德情操和深情厚谊成为我们最美好的珍藏记忆，他们是我们终身学习的楷模。

……

父亲离开我们已经22年了。至今我还清楚地记得，中央领导同志和父亲的战友、同事共计两千多人参加他的骨灰安放仪式时的情景。那天八宝山的灵堂外，挂满了悼念父亲的挽联和条幅，当年与父亲一起出生入死、并肩奋战多年的张爱萍将军，在悲痛中赋诗悼念父亲："通如起义怀辞世，五十九载如流矢。义旗少年同心举，敌后苏皖共磋事。俯首甘为孺子牛，亲密无间待同志。革命意志坚如铁，高风亮节载青史。哀君先我驾鹤去，含泪遥望光月日。"这份催人泪下的真挚友情，让我们深受感动，也深为父亲感到骄傲。

可亲可敬的父亲离开我们22年了，在他诞辰百年之际，我们更加深切地怀念他。100年前的中国，内外交困，民不聊生，革命大潮在不断孕育；100年后的中国，富强民主，欣欣向荣，中华民族正在走向伟大复兴。在这翻天覆地变化的100年中，父亲为中国人民的解放、社会主义建设和改革开放事业奋斗了60余年，虽历经风雨，却始终在革命生涯中坚定信念、恪守真理，在繁忙工作中勤奋敬业、鞠躬尽瘁，在曲折坎坷中自强不息、勇于担当，这种无私奉献、志存高远、淡泊名利的精神让后辈深受教益。这些品质，无论是在今天，还是在将来，都弥足珍贵。在即将迎来中国共产党建党九十周年之际，我们要继承和发扬革命先辈的优良传统，高举中国特色社会主义伟大旗帜，继往开来，奋发进取，为实现祖国社会主义现代化，为中华民族的伟大复兴而努力奋斗，使无数先辈为之终身奋斗的理想早日实现，以此作为对父亲最好的缅怀与纪念。

寻觅世纪的记忆

刘延申

（2010 年 8 月）

时光飞逝的速度是如此地惊人，似乎就是转眼之间。今年已是父亲诞辰一百周年的纪念日了。一个世纪已经过去，父亲也离开我们整整 22 年了，虽然在我的心中，父亲从来就没有离去，但我仍要在这个不平凡的日子里把我对父亲的记忆记录下来，以表达我对他深深的怀念。

一

2002 年元旦，我和早立①与二姐一家回到江苏南通老家。在短短的两天中，我们满怀着深情到了与父亲生平有关的大部分地方。

我们来到了父亲的家乡南通陆洪闸。1910 年 10 月 3 日，父亲就出生在这个狼山脚下村镇中的一个白墙灰瓦的四合小院内。据说父亲出生时哭声很大，好似滚滚的惊雷，于是爷爷就给他起个乳名叫“雷侯”。但仅仅在 70 天后，爷爷就突然因病去世了。

父亲出生的小院因有亲戚长期居住，因此至今仍然完好。房前的小院里有几棵老树，房内的墙壁上挂着父亲和家人的老照片。看着眼前的一切，我耳边仿佛响起了嗡嗡的纺纱声和朗朗的读书声。父亲曾多次对我们说，爷爷去世后，同父异母的大哥大嫂当了家，他和奶奶受尽了虐待和歧视。粗识文字，心灵手巧的奶奶虽言语不多，却是一个勇于与命运抗争的坚强之人。她白天糊纸锭、代人刺绣，晚上挑灯纺纱线，挣钱供儿子上学。她对儿子的品德和学业管教甚严，每天晚上，都是一边纺纱，一边听儿子朗读课文。她常常对儿子说：“城河里的石头总有翻身的时候。”奶奶对儿子一生的影响极大，父亲坚忍不拔、克勤克俭、兢兢业业、宽厚待人的优秀品质都是在奶奶严格的教诲下培养而成的。

我们来到了南通师范学校。1921 年，父亲考入了南通城北高等小学，才 11

---

① 早立，本文作者的夫人汪早立。

岁的他就告别了母亲，寄宿在表兄葛松亭的家里。他一边刻苦地读书，一边帮助表兄家里干一些杂活。为了将来能让母亲过上好的生活，他努力奋发地学习。1924 年秋天，14 岁的父亲终于以优异成绩考入了江苏省第一代用师范学校（现为南通师范学校）。这所由我国近代著名实业家张謇创建的中国第一代师范学校，不仅不收学费，还管吃管住，这对于贫苦孩子来说，的确是一个十分优越的条件。

南通师范学校是父亲走上革命道路的起点。1926 年春夏之交，在中共早期著名青年运动领导人恽代英的直接帮助下，江苏省第一代用师范学校建立了中共党支部。恽代英的弟弟恽子强是父亲的表姐夫，他和妻子葛季膺是父亲走上革命道路的引导人。在他们的帮助下，父亲接触了马克思主义思想，初步懂得了共产主义是比三民主义更先进更完整的科学。这一期间，对父亲产生重要影响的还有他的姨父顾怡生。顾怡生是师范学校的教育主任，是当地很有影响的学者和教育家。他介绍父亲阅读了《新青年》、《独秀文存》、《自助论》等进步书籍，使他受到了革命思想的启蒙教育。这年，16 岁的父亲就与高班的同学利用暑假到曹家店一带的农村，向农民宣传反帝反封建的革命道理，组织农民协会，开始了他革命生涯的早期实践。在南通师范学校的校园内，我们看到了一块大理石的纪念碑，上面镌刻的是 1978 年葛松亭的长子葛祖慰在翻修屋顶时发现的一张书目。这张书目正是时任学校党支部书记的父亲为在进步学生中传递借阅革命书刊所编写的。后来表兄葛祖慰把这张珍贵的书目作为革命文物捐献给了南通博物苑珍藏。

我们来到了南通博物苑附近一个公园的假山旁边。1928 年 6 月 2 日，父亲在参加中共南通县委召开的秘密会议时，因叛徒出卖，他和其他五位同志在这里被捕。听父亲说，由于这里离南通师范学校很近，当年经常有学生来此游玩和散步，为了便于掩护，南通县委就在这里召开会议，研究如何进一步发动工人农民开展土地革命，举行武装暴动的事宜，但会议刚开了一半敌人就来了。父亲被捕后，经党组织和表兄的多方营救，加上他始终坚持自己是来博物苑散步的，身上也无任何证据，才被无罪释放。这年 11 月，父亲遵照县委指示，离开了师范学校来到南通东乡五区，领导各区建立武装小组，把贫苦农民团结起来，向地主开展抗租抗债的斗争。到了 1929 年夏天，东乡的武装斗争已蓬蓬勃勃地发展起来了，在党中央和江苏省委的领导下，时任中共江苏省委委员、南通县委书记的父亲参加了中国工农红军第十四军的创建工作。虽然红十四军在国民党统治的心腹地带仅仅战斗了两年零四个月，但在国民党统治的心腹地区沉重地打击了敌人，为以后的革命斗争撒播下了永不泯灭的火种。

1961年，父亲带着全家回到了南通，在我的记忆中这是新中国成立后他第一次回到久别的故乡。此行的主要目的是安葬上年去世的奶奶的骨灰。父亲与奶奶的感情极深，老母亲的溘然长逝使他悲痛万分。他在笔记本中记下了深深的哀思："七十天生儿，吾失老父亲。寡母抱孤儿，抚育缩艰辛。老母解愁忧，已要阅艺书。教儿灯下读，听后喜开颜。公私要分清，老母告诫明。不私一针线，不落贪污名。"2009年的夏天，我和早立又来到了奶奶的墓前，我拔去坟墓周边的杂草，从早立手中接过一束鲜花，轻轻地安放在父亲当年亲手写下墓志铭的墓碑前。我心中默默地告慰老人，她的子孙们没有辜负她的希望，如今都还在各自的工作岗位上为党、为国、为人民尽心尽责。

二

上海在父亲的一生中是一个具有重要意义的城市，为了寻觅父亲曾经走过的踪迹，2001年春节前，我和早立带着儿子来到了这里。

我们首先寻觅的是上海"康定路北，麦特斯特路东，麦根路桥南91号"。20世纪80年代初，根据有关部门的要求，父亲系统地回忆了1929年11月份，在接到江苏省委的通知后，他和通海地区党的负责人李超时一起来上海参加中共江苏省第二次党代表大会的情况。当时，中共江苏省委管辖的范围包括了江苏、安徽两省和浙江的大部，以及中共中央所在地上海，因此，这次会议对于指导全国的革命运动有着举足轻重的作用。参加会议的有李立三、周恩来、项英、李维汉、李富春、陈云等领导同志和上海代表、外县代表若干人。父亲是第一次参加党内这样高规格的会议。在会上他用大量的事实，有力地驳斥了取消派借口南通一带沿海垦牧公司的剥削形式，散布所谓"中国农村已经资本主义化了"的谬论，以及歪曲中国革命的性质和任务，妄图取消工农武装革命的可耻行径。他的稳健、犀利和果敢，引起了在座的中央和省委领导同志的高度重视。在这次代表大会上，19岁的父亲当选为中共江苏省委委员。他不仅是大会最年轻的代表，也成为了21位当选委员中最年轻的一位。不难想象，这时的父亲的确是意气飞扬，风华正茂。

1930年8月底，红十四军失败后，为了保存骨干力量，组织安排父亲到上海参加江苏省委的工作。这年10月初，根据中共六届三中全会决定，江苏省总行动委员会改为江南省委，李维汉任书记，陈云任组织部长兼外县工作委员会书记，父亲任外县工作委员会副书记。他在巡视沪宁线时，根据无锡全县45家丝厂为增加工资、改善劳动条件进行同盟总罢工的情况，及时组织党员深入各厂区进行宣传鼓动，指导工人开展罢工斗争，并给省委写了《关于无锡丝厂斗争的报告》。1932年1月，任徐海蚌地区巡视员的父亲按省委的要求火速赶回了上海，前往淞沪抗日前线，配合吴淞区委组织市郊战区难民的斗争。这年8月，因江苏省委军委原书记陈治平在河南开封被捕叛变，父亲继续留在上海工作风险很大，党中央决定将他调离江苏省委。当时他面临两个选择，一是去苏联留学，二是调往满洲工作。出国深造机会自然十分难得，但父亲想到大革命失败以后，多少共产党员为革命牺牲了，国内斗争正需要人坚持，特别是日本帝国主义占领了满洲，那里的斗争形势更艰巨、更复杂，于是他毅然选择了去满洲。在等待起程通知的短暂空隙里，他翻阅了大量的资料，深入研究了满洲问题。而此时，红四方面军在徐向前总指挥的率领下越过风雪大巴山到达四川北部，创建了川陕革命根据地。1933年1月，根据党中央的决定，父亲离开上海前往川陕革命根据地工作。

1949年5月27日，父亲随着第三野战军胜利的步伐，回到了阔别近17年的上海。经三野前委研究决定，父亲调任中共上海市委担任秘书长，这年10月，他又担任了中共华东局农委书记，华东土改委员会副主任。上海解放时，今天的上海瑞金饭店曾是中共华东局的所在地，父亲在这里工作、生活了3年多的时间，为此，我们一家专门来到了瑞金饭店。我在饭店的庭院中仔细地寻觅着，希望能够找到那张父亲怀抱着幼子的相片中所曾拍下的花园和水池，而眼前的一切，已是时过境迁、物是人非了。但是今天站在这里，我还是能够清楚地感受到父亲当年的心境。听母亲说，我出生时，父亲已近不惑之年，那天，他和三野参谋长张震叔叔、23军军长陶勇叔叔开怀畅饮，喝得酩酊大醉，性格一向沉稳的父亲，是难得如此地淋漓尽致！我知道，他此时无比喜悦的心情决不仅仅是因为四十得一子，更为重要的是，半个月前中华人民共和国成立了！父亲17岁在白色恐怖下加入中国共产党，18岁参加了中国工农红军第十四军的创建工作，两次翻越雪山、三次走过草地，为开辟敌后抗日根据地他更是呕心沥血。在淮海、渡江、上海等重大战役中，他作为第三野战军后勤司令兼政委直接指挥和组织了强大的后勤支前工作，为前方战斗提供了可靠的后勤保障。他和他的战友们南征北战、流血牺牲几十年，终于换来了革命的胜利。“为有牺牲多壮志”，父亲此时的内心世界中，一定充满了无限的感慨和豪情。

我们一家来到了上海徐汇区宛平路12号。1960年10月，父亲从国家农业部常务副部长兼党组副书记的职位上调华东局任委员和农委主任时，我们家就住在这里。从中央政府的农业部长到地方大区的农委主任，对于这次不平常的调动，当时很多老战友表示不理解。1981 年中共中央作出了为邓子恢平反的决定，其实这也是对父亲坚持实事求是，支持邓子恢伯伯的工作有了一个公正的评价，也是对那次调动有了一个合理的解释。父亲对这次工作变动，曾虚怀若谷地对我们说："华东的农业很重要，亩产要超过 800 斤!"他没有把个人的荣辱得失放在心上，而是像奔赴沙场的战士，全身心地去迎接新的战斗。他到华东局不久，就到农村开展深入细致的调查研究，为了尽快克服三年自然灾害给农业生产带来的困难，他从华东大区的实际情况出发，不遗余力地推行各项增产措施，狠抓水稻、棉花和经济作物的生产，开展多种经营。他常年奔波在华东地区的广大农村，实地研究解决困难，并给予切实的指导，这使得华东地区粮棉生产很快地恢复起来，不少地方获得粮食和经济作物双丰收。从 1962 年到 1965 年 4 年中，全国粮食增产 5000 多万吨，其中七成是稻谷，大大缓解了粮食供应紧张的矛盾，为此，华东大区作出了重要贡献。

1966 年年底，"文化大革命"的浪潮不可避免地冲击到父亲，我们一家被扫地出门，从宛平路搬到了位于南京西路的泰兴大楼。那是往事不堪回首的 10 年，父亲被非法关押了 5 年有余，他的精神和肉体都受到了极大的摧残。受父亲所谓问题的牵连，母亲和我们四个孩子所承受的磨难也在所难免。家庭的灾难和痛苦，其实只是当时整个国家遭受浩劫的一个缩影，国家尚且如此，小家又能怎样呢？我站在泰兴大楼对面的街道上，指着四楼朝北的窗户，细细地向儿子述说着当年的记忆，力图让他能深切地体会到，他的亲人们在那两间小小的房间中是如何度过 10 年光阴的。我现在最难以忘怀的是 1972 年 11 月份，那天父亲终于回到了家中，虽然他明显地衰老了，但仍然是衣着整洁，眉宇间充满了坚毅和不屈。他从来都没有告诉过我们那 5 年的牢狱生活是怎样度过的，但他那被纸烟熏成黑黄色的食指和中指，却让我深深地感觉到了他内心的痛苦。父亲一向都把吸烟视为不健康的生活习惯，因此不论是在长期革命战争的艰苦环境中，还是为撰写文件、报告冥思苦想到深夜，再大的工作压力，也都不曾让他吸过一支烟，而现在他却是一支接着一支地、默默地吸着……

父亲前后在上海工作、生活了 20 年，在这里我能够时时感觉到他的音容笑貌，处处触摸到他那渐渐远去的身影，这就是我至今仍然深深地热爱着这个城市的重要原因吧。

三

2004 年 7 月底，我和早立决定利用暑假的机会到四川的革命老区和少数民族地区，沿着当年红军长征走过的路线，真真切切地进行一次深入细致的实地体验和情感心路的寻觅，以了却我们多年的一个心愿。

这次来四川之前，为了理清父亲当年在川陕革命根据地战斗的脉络，早立根据他的回忆录，按照时间顺序把这个时期父亲的主要活动详细地列了出来。我们这才发现，从 1933 年 3 月 18 日父亲到达当时川陕革命根据地的首府通江算起，到 1936 年 10 月他跟随部队到达甘肃省会宁县长征结束，他在四川一共工作了三年半的时间，而过去我们却对他的这段经历了解得实在太少了。

1933 年 2 月 3 日，父亲化装成商人，随中央交通员崔逢运离开上海，经西安去川陕。经过一个多月的艰难跋涉，3 月 18 日父亲到达了通江。红四方面军总部即派他到二十九军任政治部主任。而在前往二十九军军部驻地马儿崖的途中，他从群众那里得知了因张正万叛变，军长陈浅伦等壮烈牺牲的消息，他成了二十九军唯一幸免遇难的军级干部。后来在红四方面军第 10 师第 29 团的配合下，父亲找回了一百二十多名失散的同志，与他带去的两个排合编成“陕南游击队”。他们在马儿崖、私渡河、孙家坪一带，同国民党的驻军、民团及叛匪战斗了两个多月，配合红四方面军主力粉碎了国民党将领田颂尧的“三路围攻”。

1933 年 5 月，父亲奉命回到川陕省委工作，担任省委宣传部长。当年川陕省委宣传工作最大的特点就是为革命战争服务。省委宣传部充分利用群众喜闻乐见的形式，广泛宣传共产党、苏维埃和红军，宣传党的方针政策，号召群众参军参战、发展生产、瓦解敌军，同时，还向群众宣传学文化、讲卫生等方面的知识。为了让我党和苏维埃政府以及红军的主张、政策能够深入人心，省委宣传部还用当地群众通俗易懂的语言，把人民群众的疾苦、愿望和要求写成宣传品，用以启发群众和红军战士的阶级觉悟，发动和组织群众积极参加土地革命，保卫苏维埃政权，保卫革命根据地。父亲和一些同志共同研究后，写成了简单易学、易读易背的《革命三字经》和《消灭刘湘三字经》，这两篇文章成为当时列宁小学、苏维埃学校的学习课本。川陕根据地所在的秦岭大巴山，山高岩石多，到处都是石碑、石柱、石牌坊、石门楼、石梯坎，于是省委宣传部组织了一支由石匠组成的錾字队。他们走街串镇，攀岩走壁，用錾刀刻革命标语及省委和工农政府的重要文件。这次我们在通江、南江、巴中等很多地方都看到了錾在大山的石岩上和石碑上的红军标语，当地的同志告诉我们，如今这些红军标语已经成为全国绝无仅有的一道红色风景线。

在这次四川之行中，我们还了解到了父亲在党的统一战线和民族政策方面所作出的贡献。1935 年 4 月，红四方面军取得了强渡嘉陵江战役的胜利，打破了敌人的“川陕会剿”计划。但张国焘却擅自决定放弃川陕根据地，川陕根据地各级党政工作人员近 2 万人，随 8 万主力红军开始了实际意义上的长征。5 月，红四方面军挥师向西，先后攻占了墩上、茂县（茂汶羌族自治县）、松潘等地，进入少数民族聚居的岷江地区。父亲和省委其他同志一样，都是第一次进入少数民族地区，要做好民族地区的群众工作，就必须一切从头学起，从头做起。父亲深入村寨与当地百姓交谈，还找到了一些经常出入少数民族地区的汉族商人，详细地调查了解川西北地区的民族关系、风俗习惯、生产方式、宗教信仰等方面的情况，从政策和组织等方面做好大部队进入少数民族地区的准备工作。他还和省委书记周纯全、省委委员傅钟、省委秘书长吴永康等同志一起研究讨论，很快起草了《西北特区关于少数民族工作须知》，说明了西北地区的概况及其对中国革命的意义，介绍了回、番、藏族的分布等情况，提出了一系列要求和政策规定，供方面军部队和党政干部学习，以便在进入少数民族地区后，能够正确掌握党的民族政策，有的放矢地进行宣传工作。部队进入岷江地区后，省委和方面军各部队抽出部分人员组成工作队，深入城镇村寨，展开地方工作。在省委召开的方面军各部队地方工作部部长和地方县以上干部的报告会上，父亲根据他调查的情况，宣讲了少数民族地区的工作意见。会后，省委发出了《关于少数民族工作一封信》，同时，红四方面军印发了《红军对番民十大约法》、《共产党、红军对番人主张》、《告回番民众》等文告。1936 年 3 月中旬，父亲调到红四方面军任政治部宣传部长。部队进入西康后，红四方面军政治部在总结少数民族地区工作经验的基础上，制定了在少数民族地区工作的新政策，制定了《番区十要十不要》、《回区十要十不要》等纪律规定。这些工作对于争取少数民族群众和宗教人士对共产党、对红军的拥护和支持，发挥了十分重要的作用。

父亲在川西北地区期间，虚心地向各族人民群众和宗教人士学习，为了更好地与他们进行沟通，他甚至还掌握了一定的少数民族语言。新中国成立后，父亲在他的藏书上就是用藏文来进行标记，小时候我对此曾感到十分新奇和不解。父亲在实际工作中还与当地的少数民族群众和宗教人士结下了深厚的友谊。1935 年，甘孜白利寺的五世格达活佛，在亲眼看到红军官兵模范地执行党的民族政策、宗教政策，尊重藏民族风俗习惯，尊重宗教信仰，保护寺庙，不伤害百姓的行为后，判定红军确实是一支人民的好军队，是藏族人民的好朋友。在他的宣传和带动下，不少藏族同胞消除了顾虑，积极帮助和支持红军。格达活佛还亲自发动和组织群众为红军筹备3万余斤的青稞和4千多斤的豌豆。父亲当年曾经多次到白利寺与五世格达活佛亲切交谈，在他的回忆录中还专门记录了这段经历。这次我们在康定见到格达活佛（转世）时，我们两人都像是见到了久别的亲人，两双手紧紧地握在一起，眼泪竟然都不由自主地流了下来，这让所有在场的人都感到十分地惊奇和感动。我心里深深地相信，在此刻，冥冥之中在天堂的两位老人的心又紧紧地连在一起了。

早立因为从事新型农村合作医疗的研究工作，这使她近几年有机会到了当年红四方面军在四川战斗过的大部分地方。一次她到四川雅安作调研，当她看到卫生院的门前挂着“百丈关卫生院”的牌子时，不禁大声地喊了起来：“百丈关！就是当年红军激战过的那个百丈关吗？”1935年10月24日，红四方面军除令红五军建设和巩固后方外，其他部队进行天（全）、芦（山）、名（山）、雅（安）、邛（崃）、大（邑）战役。省委机关翻越夹金山，随军前行。战役开始前，朱德总司令把父亲找去，口述了用他个人名义发布的《告川军将士书》，要求父亲记录并整理成文。这一次我军在百丈关与敌恶战了7天7夜，歼敌一万五千余人，我军亦伤亡近万，战役被迫结束，部队撤出百丈关。早立说当地的一些老人们还能记起这场战斗，他们说红军撤退后，敌我双方留下的尸体把山涧和小溪都填满了。今天在雅安的蒙山上，有一座小小的红军纪念馆，里面收藏的是当年红军在百丈关战斗中使用过的枪支弹药和标语等文物，人们没有忘记那些为革命、为人民英勇捐躯的先辈们。

来四川前，我又一次翻阅了斯诺的《红星照耀中国》。他在书中，是这样评价长征的：“这是一次可浓墨重彩、大书特书的远征。冒险、探索、发现、人的勇气和胆怯，狂喜和胜利，痛苦、牺牲和忠诚，而烈焰一般贯穿这一切的都是千万青年的不息的热情、永不泯灭的希望和惊人的革命乐观主义，他们从不向人、或自然、或上帝、或死亡认输——所有这一切和更多的东西，都已载入了这部无与伦比的现代史诗中了。”当我们站在红军达维会师的纪念碑前，看到不远处的夹金山在阳光的照耀下散发着勃勃的生机，我仿佛看到了父亲两次翻越雪山的身影，耳边响起他“策骑攀北麓，晨雾阴冷浓。嘘气成冰滴，奋力登顶峰。破雾晴万里，红日浴絮云。万山回吟啸，举首揽太清”的吟诗声。父亲作为长征这部伟大史诗的参与者，他给我们留下不朽的长征精神是多么宝贵的财富呀。

四

2002年3月21日，正逢春分。我接到二姐延东的电话，说她决定要利用下周到甘肃开会的机会，在清明前到红军西路军曾血战过的疆场和父亲被捕坐牢的地方去祭奠先烈，以此告慰九泉之下的父亲，希望我和早立能够同行。到甘肃去，沿着父亲足迹，感受他一生中那段埋藏在心底的不平凡经历，也是我们多年的愿望，因此，尽管当时工作十分繁忙，我们也决心要完成此行。

3月26日，是一个晴朗的日子，我们驱车前往当年西路军血战过的高台县。汽车沿着河西走廊一条正在修筑的高速公路飞驰而行，公路两旁是绵延起伏的山岭，司机说这就是我们多少次在诗中、在书中、在父辈的谈话中所熟悉的那个让人梦魂萦绕的祁连山脉。这是真正的黄土高坡，山上没有树、没有草也看不到人烟，让人感到十分苍凉。“羌笛何须怨杨柳，春风不度玉门关”的著名诗句，是对这里最贴切的描述。当汽车在一个公路管理站旁边停下来小憩时，我走到二姐身边，她轻轻地对我说：“你看看这里的生存环境是多么的恶劣，当年爸爸在这里的山上还打了两个多月的游击，那时正是冬季，真不知他们怎么样度过的呀。”

二姐的话不禁让我情思缕缕、浮想联翩。作为红四方面军的后代，我们从小就隐隐约约地感到父母们对于西路军的那段往事讳莫如深，直到20世纪80年代，才听到老人们说，当年红四方面军渡过黄河，是执行党中央的决定，是为了打通到苏联的通道。父亲1986年10月，在他的《难忘的征程》一书中，对这段历史是这样陈述的：“为了打通与苏联的联系，首先造成西北抗日的局面，红四方面军奉中央军委命令执行宁夏战役计划。10月25日夜，三十军于清远以南的河抱口（虎豹口）强渡黄河成功。方面军总指挥部根据中央军委和红军总部的命令，指挥部队陆续西渡黄河。三十军、九军、五军连同总指挥部共21800余人。广大指战员决心为胜利完成军委赋予的任务而英勇斗争。”而我们今天正是沿着西路军当年前进的道路西行，我们今天所要追忆的就是这段刻骨铭心的历史。

经过8个多小时的跋涉，下午4点多钟，我们到达高台的烈士陵园。在抬着花圈的武警战士导引下，我们来到了烈士的墓前。在硕大的烈士墓中，掩埋着当年在高台战役中牺牲的红军指战员的遗骨。我们向烈士们深深地三鞠躬，这不仅是为了寄托我们无限的哀思，也是代表父亲来向他那些长眠在此的战友们，表达他那深埋在心中长久的思念。父亲曾在他的回忆录中写道："双十'西安事变'后，西路军行动方针几度变更，12 月下旬，方面军撤离山丹、永昌地区，继续西进。五军进入临泽县城，攻占高台。总部和九军、三十军分驻临泽东南沙河堡、倪家营子一带，开展地方工作。敌马步芳、马步青 20000 余人追来。我五军浴血奋战到最后一人一枪，军长董振堂、杨克明以下 3000 余人大部分壮烈牺牲。"董振堂、杨克明两位烈士的陵墓也在这个陵园中，分别建在西路军纪念馆的两侧。我站在烈士陵墓前，举目四望，只见园中松柏苍翠。虽说已是春天，但在塞北，这片苍翠仍是如此地耀眼。绿色是生命，绿色是灵魂，时光虽已飞逝了六十五载，但英烈们的精神仍犹如这苍松翠柏一样让我们永志不忘。

下午 6 时，我们来到了张掖市西路军纪念馆。纪念馆中陈列的图片、照片和实物从多个层面比较系统地记录了从 1936 年 10 月到 1937 年 5 月，中国工农红军西路军在河西走廊经历的那段空前绝后的悲壮历程。通过讲解，我们也对父亲当年经历的战斗有了更加全面和深刻的了解。在一幅酷似油画的图片前，我的心灵被深深地震撼了。据当地的同志介绍说，这张在敌人档案中发现的照片，是敌人在押解红军战士到张掖县看守所的途中拍摄的。照片上可以看到满天飞舞着大雪，骑在马上的匪兵正用皮鞭殴打着一群衣衫褴褛的红军战士。一个伤员要倒下了，旁边的同志艰难地将他扶起来。他们也许并不知道等待着他们的将是什么，但他们的目光中燃烧着的是愤怒的烈火，而没有一丝恐惧和绝望！我们试图在这张模糊不清的图片中发现父亲的身影，但岁月已使照片中的人物变得那么的不清晰。其实哪个人是父亲已不十分重要了，因为我们知道，父亲就在他们中间。

我们来到张掖时，当地的同志给我们准备了几本记录西路军史的书籍和一份他们整理的有关父亲在张掖时与敌斗争情况的资料。从这些书籍和资料中，我们更进一步地了解到父亲和他的战友们当年那段可歌可泣、不屈不挠的斗争史，也了解到许多父亲不曾讲述、鲜为人知的史实，从而对那场战争、对父亲有了更深刻的感悟和理解。

1937 年 3 月 14 日，在西路军连遭重创之后，21800 余人锐减到 3000 人，在这生死存亡的关头，西路军 30 余名师团以上干部在陈昌浩的召集下，召开了决定西路军最后命运的石窝会议。会议决定：将尚存的干部战士编成三个支队，分散进入祁连山打游击。分编后，左路军余部的五个营共千余人由李先念、程世才、李卓然等领导，从祁连山向西游击。右路支队由王树声、杜义德等领导，在祁连山麓和康隆寺一带游击。中路支队，由总部直属队组成，大部分是伤员、女兵和小孩，由曾日三、张琴秋和父亲等同志领导，到红寺湾以南的泉门、红瓦寺一带游击。我们在高台西路军纪念馆看到了两张让人触目惊心的照片，一张是西路军的护理队在被马匪集体枪杀前所拍摄的，另一张是马匪把在高台杀害的西路军团以上干部的尸体，用毡片包裹起来运往南京领赏时拍摄的。张掖一位同志告诉我，如果部队不被敌人的骑兵冲散，父亲与部队失散了；如果父亲被捕后不是一口咬定自己名叫李占魁，只是九军的一个文书，而且在敌人狱中，身份又始终没有被暴露，那么一切后果将是不堪设想的，也许父亲仅仅29岁的年轻生命早就已经长眠在祁连山下、大漠荒沙之中了，父亲能够侥幸度过这次劫难，不能不说是一个奇迹。“念天地之悠悠，独怆然而涕下”。

父亲在垂暮之年，曾几次向我谈起他在张掖被党营救出狱的经过。父亲用他那带着浓重南通口音的话语说着：“一天上午，王定国来到张掖县监狱探望。看狱的老头问她干什么，她说是来找舅舅的。老头问她：‘你舅舅姓什么?’王定国说：‘姓李。’于是老头就转过脸喊道：‘你们谁姓李？有人看你来了。’我从牢房里一走出来，王定国马上说：‘舅舅，你好吧？是妈妈要我来看你的。’我明白她说的妈妈就是党，党正在寻找和营救我们。我告诉她，我们在狱中的同志信心很足，就是吃不饱饭，体质比较弱。过了几天，国民党高台县县长马鹤年亲自带领监狱长到看守所看望我们8位红军干部，他说：‘你们暂时受一点委屈，现在要打日本鬼子，国家需要人才，你们将来有大用处的。’他向监狱长交代，要他把他们的粮食分给我们一些。7月，党中央驻兰州代表谢觉哉派高金城来营救我们。谢老又通过其他统战关系进行营救。9月，我们8人挤在一辆马车上，从张掖出发，经过红水、阿力克草原、门源、塔尔寺等地，大约走了10天，由敌军押送到西宁。马步芳对我们说：‘你们总司令要你们回去。’次日便派人押送我和魏传统、惠子明、徐宏才4人到了兰州，由绥靖署贺耀祖送到八路军兰州办事处谢老处。到了办事处，就是回到了自己的家。回想起昨天以前的几个月，我们还是遭受敌人摧残的囚徒，现在回到党中央代表谢老的身边，继续为党出力，心情的喜悦是无法形容的。我们向谢老汇报了情况，由谢老派车送我们回到延安。”

3月27日凌晨，我们为了赶上中午返汉的飞机，提前离开了张掖市。塞北的气候真是千变万化。昨日来时，车内还是燥热难耐，可夜里一场大雪，却给大地裹上了一层洁白的素装，使荒山大漠平添出几分活力和生气。这两天驱车行程一千多公里，一路上的所见所闻使我的情感受到了重重的撞击，胸中涌荡着多年来少有的激情。仔细想想，我们不辞万里、苦苦寻觅的难道只是为了更多地了解父亲、只是为了祭奠故去的亲人吗？在今天这个到处充满着浮躁气氛的世界上，还有多少人了解65年前发生在这里的那段气壮山河的悲壮历史呢？还有多少人能理解那些为了千千万万劳苦大众的解放，不惜献出自己年轻生命的先烈们？父亲一生历经坎坷，但他始终保持着豁达乐观的人生态度，勤勤恳恳、兢兢业业、一直奋斗到生命的最后一刻。支持他的是什么？是实现共产主义的崇高政治理想，是先天下之忧而忧、后天下之乐而乐的社会责任感，是国强民富的无私信念，是坚韧不拔的战斗意志，是脚踏实地的奋斗精神！而这些不正是今天的人们所缺乏的精神财富吗？今天我们来到这片浸满先辈鲜血的土地上，所寻求的正是父辈们的理想、精神和意志。只有让我们的心灵在这里得到一次又一次的净化，才能在繁华似锦、光怪陆离之中不迷失自己的灵魂。

车行到山丹，我又看到了来时曾让自己激动不已的古长城。在千年风雨的摧残下，虽然这座伟大的工程已失去昔日的风采，但在巍巍的祁连山下、浩瀚的戈壁滩上，它仍是那么的壮观，这就是永远不会消失的历史。65年前发生在这里的那段“悲壮的征程”和先烈的不朽精神也将像长城一样，永远屹立在祖国的大地上。

1988年5月18日，父亲到广州参加全国农史学会会议。火车途经武汉时，我和岳父、岳母带着儿子草地①特地赶到武昌火车站与他们见面。我父母与亲家们谈得十分高兴，四位老战友热情地约定，广州会议结束后，他们将要留在武汉住上几天，一是含饴弄孙享受一下天伦之乐，更为重要的是，他们要约在武汉的老战友们好好地聚一聚。火车只停靠短短的十分钟就开动了，望着渐渐远去的父母，我心中热切地等待着十天后与他们的再次相聚。可万万没有想到的是，这次短短的见面竟是我与父亲永远的离别。5月26日清晨，我接到二姐夫打来的电话，说父亲昨晚10点钟因心脏病发作突然去世了。家里人从学校把草地接回家，孩子听到爷爷去世的消息时，立马大声地哭着对他妈妈说：“妈妈你告诉我，这不是真的，是爷爷想我了，让我去广州！”广州，我从来就不曾想到过父亲会在这个南方城市离开我们，而在整整20年后的2008年，我的孙子居然也在这个城市诞生了。一切都是这样的不可思议，仿佛上苍早已安排好了一样。我也许不相信人有来世的说法，但我深信父辈的血液一定会在子孙的血脉中流淌，他的精神、他的理想、他的品德也将会被后人们一代又一代地传承下去。

---

① 草地，作者之子刘晨曦。

正如当年我入党时，父亲对我的勉励那样："万里征途此启程，任重道远久且深。"虽然今天我已过了花甲之年，但父亲当年对我的谆谆教导，将激励着我一定要像他一样，继续为国家的教育事业奉献自己的绵薄之力。

爸爸的人生价值永恒

刘延宁

（2010年8月）

有着扎扎胡子的爸爸

20世纪50年代，爸爸43岁时，我出生于上海市妇幼保健医院。当时爸爸担任中共华东局农委书记工作，我们家在上海市华山路的丁香花园。

我出生后不到一个月，1953年3月5日，斯大林去世。3月14日，爸爸带着全家去北京赴任农业部常务副部长工作。

当时我们家住在农业部机关隔壁的北京市东城区铃铛胡同西库司乙8号院的一栋房子里。我从小与奶奶李遂安、烈士母亲革命老人朱姚婆婆（南通人称奶奶辈分的老人为婆婆）的大女儿朱秀兰（我称她为大姨妈）同住一所大房间里。

我两岁多时，几乎每天夜里奶奶起床之后的拐杖声给我留下了最初的人生记忆。80多岁的奶奶每天夜里一两点时都要起床，到爸爸床边亲自抚摸一下爸爸的脸庞，以证明爸爸还在家里之后，才放心地回到自己卧室继续睡觉。当时幼小的我不明白奶奶行为的真切含义。长大之后，我才深深体味到奶奶年老之后对于儿子这唯一的人生寄托，寄予的舐犊深情。妈妈始终十分体贴奶奶对于爸爸深深眷恋的母子情感，每天晚上休息之前都特意开着卧室房门，为奶奶夜里行走留着方便。此情此景，至今都深深铭刻在我的心田。

奶奶的老家在南通西亭，传说祖上是随宋朝南迁过来的陇西望族[①]，其中有一支落户在南通西亭。人丁兴旺时，人称“李家老十房”、“西亭李家半条街”。奶奶的父亲有六个儿子，一个女儿，女儿就是我的奶奶李遂安。她从小识文认字。爸爸的姨兄李俊民（1905～1993）是奶奶四哥的儿子。他是1925年在武昌师范大学就加入了共产党的老党员，解放后任中华书局上海编辑所总编辑兼副

① 据李俊民之女回忆录《记忆里的浪花》第二章。

所长。20 世纪 60 年代爸爸非常喜欢订阅的极具社会影响的《中华活页文选》和《中华文史论丛》，就是李俊民伯伯于 1962 年创办的。

在我儿时印象里，奶奶是一位眼神慈祥、白发稀疏、心态宁静且不怎么言语的老人，她白天静静坐在阳光下走廊的靠椅里，等待儿子下班回家。奶奶的靠椅总是放在最靠近大门的门口，就是为了每天能第一眼见到回家的爸爸。

儿时最初对于爸爸的记忆，就是他虽然工作很忙，但回到家里，第一件事情就是看望问候革命老人朱姚婆婆和奶奶，彼此十分亲切。随后就是爸爸会用他扎扎浅浅的胡子微笑着亲亲我的脸蛋。

爸爸妈妈的凝聚力

我们的家，始终充满了爸爸妈妈的人格魅力和凝聚力，始终是一个其乐融融、积极向上进取的和谐大家族、大家庭。

爸爸妈妈一辈子互相欣赏、赞美、鼓励，有着真挚美好的爱情生活；爸爸妈妈每次见到同志们、亲人们的真诚欣喜和无私关照；爸爸在家里召开相关单位工作会议时的严肃、认真、细致的态度；爸爸每每谈起当年已经 40 岁的妈妈通过勤奋学习考上清华大学机械工程系干部本科班时的欣赏与自豪，以及妈妈为在灯下写作的爸爸一边轻摇蒲扇，一边细心帮助整理相关资料；每次家里开饭时妈妈亲切呼唤爸爸的开朗声音和爸爸妈妈每次散步时相扶相伴宁静、宽舒的心境，这些活生生的形象深深铭刻在我们子女心中，也更深深地影响着每一位到过家里的人的真挚的人际信念。

爸爸妈妈在家里，对我们言传身教，很有威信。爸爸妈妈始终很有人生原则地教育着子女们，从来不会娇生、惯养、纵容，虽然严格，但不严厉，形成了很好的家风。姐姐哥哥们都很听爸爸妈妈的教导：踏实工作，勤奋学习，大事心里清晰，低调平实做人，不张扬不轻狂，宽厚待人，尊重他人和身边工作人员，感恩普通百姓群体，有选择地广览群书，勇于超越自己，优化团队意识，强调奉献精神，活到老学到老。父母为子女们作出了人生好榜样。各地亲戚们也都很敬重爸爸妈妈，在爸爸妈妈高尚人格的感召下，形成了互相真诚帮助和不纠缠小事的和谐家族风气。

爸爸妈妈一辈子从来不曾为家里家外琐事而分心争吵。爸爸把家庭日常决策权全权给了妈妈之后，他一心一意为党和国家工作，在家里家外把革命利益、国家利益和群众利益放在首位。即使在国家三年自然灾害时期，作为农业部常务副部长的爸爸，除了农业部配给家里租用的房子和家具，从来不占用或拿回任何公家物品和粮食蔬菜，也从来不收取任何人的礼品。妈妈非常钦佩爸爸清廉正派、坚持原则、阳光坦荡的为人作风。

爸爸妈妈与各地亲友们来来往往，热诚地互相激励鼓舞着开创人生事业。院子外一些邻居们是专家、学者，彼此见到也是分外亲切。爸爸妈妈在革命生涯中结交的伯伯叔叔阿姨们来到家里，更是谈笑风生，充满了血浓于水的革命情谊，风趣亲切，真挚盎然，伴随终生。

上海的家

1960 年 1 月，妈妈带着我从北京坐火车到上海看望爸爸。爸爸住在上海衡山宾馆的公寓里。当时爸爸身体不怎么好，很消瘦。在我的记忆里，爸爸不怎么说话，总是在沉思着什么。1961 年爸爸到华东局任农委主任，工作所在地在上海。

1961 年暑假，全家搬到上海，住在康平路 100 弄一号楼的 2 层。爸爸妈妈的家在东边 104 室，烈士母亲革命老人朱姚婆婆住在西边 103 室。

20 世纪 60 年代初的上海家里，门前冷落车马稀，几乎没有什么客人造访。爸爸每天到建国西路的华东局办公楼上班，专职司机是从北京带到上海去的吴崇跃叔叔。妈妈每天步行到淮海中路，乘坐 26 路电车到地处外滩办公楼的纺织部直属的中国纺织机械总公司上海分公司上班，她当时任该公司的副总经理。

那时的爸爸妈妈平日不多言不多语，始终保持着艰苦朴素、勤俭节约的生活作风。爸爸妈妈规定，不随便给子女零花钱；孩子们养成了外出尽量自己走路的习惯，以便节省出路费来买书或租书看；当时子女们旧衣服破了，缝上补丁照样穿得干干净净，高高兴兴。国家三年自然灾害时期，家人都在机关食堂吃饭，记得当时吃到过变了味儿的豆渣和粗粮，也照样吃得津津有味，这也就养成了全家成员至今不浪费一粒粮食的家风。

1963 年，上海的家搬到宛平路 12 号院的 3 层公寓楼里。当时宛平路 12 号住有 4 家华东局干部。新家在 2 楼靠东的一套公寓房里，南北朝向，靠近淮海中路，紧邻敬爱的国家副主席宋庆龄女士在上海的家。整个院子用当时上海时兴的竹篱笆包围着。院子里，在种满了静静绽放雅香的栀子花丛中，矗立着一些雪松和桑树，氛围很宁静。

家里一间三面有联窗的阳光房间，被妈妈精心布置成为爸爸的书房。前伸式大客厅西墙有整整一排从地面到天花板的墙式书柜，里面按照内容分类放满了爸爸妈妈心爱的书籍。大客厅东墙挂着爸爸从北京带来的有两米多高、3 米宽的中国地图。那是爸爸经常沉思的地方。

当时爸爸总是工作到很晚。在我的记忆里，往往是我已经沉睡了之后的深夜，爸爸才回家休息。有时候见到爸爸能在家里吃晚饭，全家都很高兴。爸爸吃过晚饭之后，就立即走进靠南的玻璃书房看文件去了，而妈妈则是到卧室靠东的书桌边看书学习，或者帮助爸爸整理一些资料。有时在爸爸因工作忙没有及时回家吃晚饭的晚上，妈妈会打开家里收音机聆听新闻联播节目和音乐歌曲。在似有似无的轻轻音乐声中，全家人各自安安静静地看书看报学习，那是一种多么宁静温馨的家庭气氛啊。

从小学一年级在北京住校开始，姐姐们就教我如何每天写日记。而在上海的家中，爸爸妈妈要求我每天练习书法，并且由爸爸妈妈亲自选择不同阶段的字帖。二年级时让我练习大楷《柳公权醴陵碑》字帖，三年级到四年级练习上海出版的明朝《黄自元间架结构帖》，五年级练习的是唐朝《钟绍京小楷字帖》。至今 50 多岁的我，一旦拿起毛笔，心里就会升腾起对爸爸妈妈启蒙我享受书法艺术的感恩之心。

1966 年“文革”之后，爸爸先是被批斗，关在建国西路原华东局北楼。在爸爸被关押前的半年多的日子里，我每天在家里为爸爸妈妈抄写复写“交代材料”。我亲眼见到当时的爸爸妈妈宁愿在机关被造反派们谩骂批斗，也绝对不写造反派逼要的冤枉众多伯伯叔叔阿姨们的假证明。后来被机关造反派们抄家，有整整 24 箱的书籍和资料，全部被登记在册并查封于大客厅，一年之后又全部转移走了。直到 1976 年打倒“四人帮”之后，才陆续回来 20 箱书籍和资料，大约还有 4 箱爸爸的珍贵记录资料再也找不回来了。但爸爸妈妈诚实正派、真挚做人的高尚人格，已经深深印刻在我的心田。

1967 年年初，几批上海赴内地三线企业的工人们因为群体要求回迁上海，连续多天冲击了康平路和宛平路的一些华东局干部住宅。记得住在我们家同一层对面的一家，是华东局秘书长李宇超伯伯的家，当时性格开朗的李宇超伯伯就坐在自家客厅的办公桌上，与来家席地而坐的三线工人们畅谈上海革命历史，再谈国家三线国防建设的重要性等，才终于成功劝解三线工人们离开了宛平路 12 号院。后在 1968 年冬天的一个清晨，李宇超伯伯由于在解放前是张春桥的入党介绍人，因为清楚了解张春桥当年脱党经历，终于在张春桥指使的造反派打手们逼迫下，在家中厨房打开煤气含冤自杀。

1967 年至 1972 年的宛平路 12 号院，发生了许许多多印象深刻的“文革”悲剧。4 家干部家庭中，爸爸关押在上海市少年教养所和提篮桥监狱；李宇超伯伯自杀；刘甚之叔叔因癌症晚期提前从监狱回家几天之后就去世了，临终前的深夜曾多次大声悲愤地长呼冤枉，令人惊心动魄；言行阿姨作为上海京剧院党委书记，被前来家中抄家的受过京剧院武生训练的造反派们拳打脚踢，他们一把撕掉了言行阿姨的一大块头皮和头发，她满头满脸和地板上都是鲜血，惨不忍睹。这是“文革”中宛平路 12 号院永远的痛。

1968 年之后，我再也不能回到满院凋零、家家冰冷、悲愤凄惨的 12 号院，因我提前与中学一批好学的高中同学们离开上海到外地插队去了。自 1972 年夏天，全院子的原 4 家住户被迫搬离，我也就再没有回宛平路 12 号院。

1973 年冬天，由于陈毅元帅 1972 年去世前对前来看望的周恩来总理提出要救出被“四人帮”关押的红十四军三位健在的同志：张爱萍、刘瑞龙、黄火青，之后，在敬爱的周恩来总理亲自提名和据理力争下，爸爸于 1973 年年底出狱，回到家中。当时的家，已经搬到南京西路的泰兴大楼 4 层，两户合住的其中东北朝向 45 平米的 2 间居室。

1974 年 1 月，我从外地回到上海，与离别 7 年之久的爸爸终于见面了。父女相见，是那么亲切和敬重，同时又感到了 7 年分离的些许陌生。我已经从 14 岁长到了 21 岁，迫切需要了解爸爸妈妈人生的精神信念和人生意义。当妈妈拿出爸爸写在厚厚一沓灰褐色烟盒纸上的狱中学习笔记和农业论文书稿，当妈妈拿出爸爸在 7 年监狱中自己缝补已经酥破的千褛衣裤和毛巾被，当妈妈拿出爸爸在狱中因思念儿女们将印有小女孩头像的普通糖纸当作每天看念的照片时，我流泪了。我彻底被爸爸对中国共产党和国家事业的坚定忠诚以及这种“多情未必不丈夫”的铁汉柔情所震撼。我以既是女儿的视野，也更是学生的求学心态，听取爸爸妈妈老师般的珍贵教导，重新开始了人生观与世界观的观察思考与学习实践。

爸爸老师

1976 年 1 月 8 日，敬爱的周总理因病去世了。举世哀悼。当时，爸爸妈妈住在北京万寿路农业部招待所的平房里。在北京百万人民惜送周总理的长安街路旁，我搀扶着沉痛万分的爸爸妈妈洒泪目送周总理灵车远去。那时，爸爸妈妈深深思考和私下谈论的话题，更多的是“中国向何处去”的重大抉择问题。

1976 年 10 月打倒“四人帮”之后，爸爸恢复了工作，又重新回到农业部常务副部长的岗位，全力投入国家农业建设中去。那时的爸爸又回到 20 多年前白天黑夜全力以赴忙于工作的振奋状态，往往批阅文件到凌晨甚至清晨才能睡觉。妈妈也是白天黑夜陪伴爸爸一起整理抄写各种文件。

20 世纪 80 年代我回到北京工作，与爸爸妈妈住在木樨地国务院机关事务管理局管理的大楼 10 层。这里能远望四面八方的北京市区面貌，这里穿梭不息的是奔流在伟大祖国首都北京心脏——长安街上的物流人流。

爸爸从 20 世纪 80 年代初期直到 1988 年 5 月去世的日子里，一边带领相关各个团队勤奋工作，一边深层思考着中国农业发展和革命老区发展等重大课题。众多感人情景，令我一生难以忘怀。

1980 年，爸爸专程拜访“中国系统工程之父”钱学森，研讨建立中国农业系统工程的总体框架思路，这正是爸爸之所以异常重视担任中国农学会会长职务的主要原因之一，也正是爸爸生前准备致力于实现中国农业发展新途径的晚年第一课题。

1981 年，爸爸妈妈开始重点写作和出版回忆录、《农业论文集》等多部书稿的工作。

1982 年，爸爸从东绒线胡同内部书店买回一套几十本的《新编资治通鉴》，亲手摆放在客厅中他的办公桌上的正前方，多次强调要优化对于中华文明传统文化中大智慧的选择性学习，因为这中间具有丰富的建国方略，需要我们重点把握。

1983 年，爸爸妈妈频繁出席全国人大以及其他一些重要会议并经常因公出差。爸爸妈妈始终相敬如宾，互相欣赏和互相启迪。

1984 年，爸爸受命担任中央整党指导委员会农林口组长。爸爸以坚定意志坚持早晚锻炼“八段锦”，逐渐从半身不遂的状态胜利解脱出来，重新投入到工作和写作中。

1985 年，爸爸晚年成功戒烟。为儿女们坚定自己的意志又树立了新的榜样。

1986 年，爸爸妈妈几乎每天都在家里接待前来看望或研讨工作的伯伯叔叔阿姨们，家里始终充溢着真挚的欢欣和胜似亲情、生死之交的革命情谊。

1987 年，爸爸几次住院治病，他抓紧时间，一边处理公文，一边学习新知识，观察新问题，寻求新思路，写了大量学习笔记。我在护理父亲的过程中，有幸听到和看到在那一段时间里，爸爸妈妈一起探讨学习的珍贵情景。

1988 年 5 月，爸爸在广州参加中国农史学会的年会时，因为坚持自己撰写会议发言主题报告，25日工作到凌晨3时，突发心脏病，抢救无效，于22时逝世。爸爸去世的前一天，还利用会议报到后的下午、晚上两段空余时间，分别与几十位农业经济专家和农业技术学者详细调研，座谈了7、8个小时，主题是中国农业系统工程的框架与建设思路。这是爸爸去世之前未能完成的，也是爸爸最关注形成、最重视进展的，如何迎接21世纪中国农业新发展的宏伟课题。

爸爸妈妈是我终生的第一老师，是我终生追寻的人格榜样，使我能有幸在人生意识的第一时间里看到和记忆人类文明的真善美，使我能够成为一辈子学习型的对社会有用之人。爸爸妈妈一生的言传身教，在把我塑造成具有人类精神文明境界的幸福人的同时，也把我们全家、全家族和后代们，乃至于一些见过爸爸妈妈，甚至一些间接听说过爸爸妈妈感人事迹的人们，同时带进了为人类和世界美好前程勤奋奉献的高尚精神境界之中，使许多人也都有了一生坚信并去实践真善美正义信念的精神境界。

我深深地怀念爸爸妈妈。

我赞美和想念着爸爸妈妈。

我感谢爸爸妈妈，我永远是爸爸妈妈的忠实学生。

我感恩爸爸妈妈，我永远是爸爸妈妈的幸福女儿。

爸爸妈妈的人生价值永恒！

同志加兄嫂

——纪念表叔刘瑞龙诞辰一百周年

李卜森

（2010 年 7 月）

表叔刘瑞龙于 1979 年 4 月写给我父母的信中有一句话：“同志加兄嫂时在念中”，当时正是“文革”后他被调回北京，待恢复农业部工作之际。信中这句话，简约表达了他与我父母之间几十年来深厚的同志情谊和兄弟亲情。

刘瑞龙、顾民元与我父亲李俊民是表兄弟，还有我母亲汪蓁子（汪钦曾），他们都是南通本地 20 世纪 20 年代参加革命的热血青年，都是一生忠诚信仰共产主义、正直清廉的共产党员。

李俊民出身于通州西亭的李氏家族，祖父辈十兄弟，属西亭李氏十七世，人称“老十房”，大多是以考科举求功名为目标的读书人。我祖父经商失败，家境每况愈下，我父亲带着卑微、多愁善感的心理走上人生之路，偏爱文学。在“五四”运动的启蒙下，初步接触马克思主义；1924 年在董必武领导的国民党（左派）湖北党部工作，1925 年加入共青团和共产党，1926 年因指挥武昌大学进步学生对抗国家主义派而被捕，报界称之为“中华大学事件”。经董必武等营救，李俊民回到家乡，被家乡进步青年视为榜样。他三哥李法平、五弟、六弟等先后卷入革命潮流。

由于父亲早逝，刘瑞龙母子在刘家饱受歧视，识字达理的母亲给他的启蒙教育，对他一生影响巨大。他的母亲李遂安（淑垣）是西亭人，她父亲是“老十房”读书人之一。简言之，刘瑞龙的外祖父与李俊民的祖父是亲兄弟，刘、李二人是远房姑表兄弟。

刘瑞龙比李俊民小 5 岁。他与李家兄弟李法平（国民党左派，早逝）、李俊民走得很近。1924 年后，他在南通师范读书期间，接受进步思想，尤其在表姐、姐夫葛季膺、恽子强（共产党员）家里读到《共产党宣言》等大量进步书籍，初步树立共产主义世界观。他 1926 年加入国民党（左派），1927 年加入共青团和共产党，任通师党支部书记。

李俊民的嫡亲姑母李葆诚，是刘瑞龙母亲的堂姐妹；姑父顾怡生是南通名师，德高望重，思想进步。他儿子顾民元比姨兄刘瑞龙小两岁，自幼聪颖非常。顾家住城南，通师也在城南，来往方便，二人交往密切，友情深厚。顾民元向往革命，羡慕表兄李俊民；1927 年经刘瑞龙介绍加入共产党，那年他才 15 岁。

1927 年 7 月，汪精卫尾随蒋介石反共，李俊民奉命转移，离开武汉回到南通。顾怡生介绍他去南通女师范任教，组织关系也转到女师。女师党支部书记汪钦曾（汪蓁子）是一个穷学生，仅靠在校考第一名拿奖学金维持学业。1928 年初，她按党的指示，以办“夜校”的形式到大生八厂开展工作，而刘瑞龙已经以“工会特派员”身份在大生八厂活动。她很佩服刘瑞龙在工友中的活跃和宣传、组织能力；在女师和通师的学运中，他们协调一致，相互支持，取得多次斗争胜利。

1928 年春，李俊民在课堂上宣传共产主义运动，被校方排斥。他暂居江边马鞍山一座山庙里，就近到农村活动。县委多次在马鞍山南坡背人处召开重要会议；省委特派员来南通布置南通暴动，县委在该山召开党员大会进行讨论。李俊民认为南通我方力量过于薄弱，故而坚决反对盲目冒险。辩论结果，按多数意见取消暴动。而后泰兴、如皋举行的“五一”暴动也失败了。

65 年之后，我父亲临终前几日，他嘱咐我夫妻俩，将他的骨灰撒在南通马鞍山南麓。原来，家乡那一角故土，深深埋藏着他的激情与眷恋。他终生不能忘怀，那是他最亲密的弟兄们以同志身份相聚的地方，是家乡革命先驱们大会合的热土。我们按他的遗愿，将他的骨灰撒在那片向阳的山坡，让他背倚家乡山水，仰望大江东去，永沐乡亲亲情，抒发“天光常照浪之花”（表弟顾民元诗句）的感慨。

1928 年 6 月 2 日，县委扩大会议于南通博物苑假山上召开，刚传达文件，突遭联防区队数十人包围。汪钦曾机警地藏匿了手中进步刊物，刘瑞龙哼着曲儿沉着应对；他们与县委书记等五人当场被捕。他们在联防区队和县政府内花园刑庭上分别受到审讯逼供，羁押十多天后，同案犯一行十人，于 6 月 17 日被转押到南京特种刑庭。

在狱中，女牢汪钦曾等与男牢的刘瑞龙等人联合，坚持“合法”斗争。由于他们做到无物证、无旁证、无口供，经狱外同志大力营救，8 月 2 日“法庭”判决：“丁介和、刘瑞龙、汪钦曾……犯罪事实均不能证明，谕知无罪。”

出狱后，汪蓁子 1929 年在上海，由于党组织被破坏而失去关系。

刘瑞龙回到南通，开始参加地区的农民运动和武装斗争，经历了无数挫折与磨难，锻炼成为一个能文能武、坚定果敢、成熟的革命家。

李俊民在上海开始写作。他是早期以唯物史观进行创作的作家之一，他写的反映大革命时期农民、工人运动和小资产阶级对革命彷徨表现的作品，受到鲁迅的赞扬。

李俊民、汪蓁子夫妇1937年返回家乡，参加抗日工作；刘瑞龙经历长征，转战半个中国；顾民元在1941年初，他风华正茂之际，牺牲在家乡的土地上。兄弟三人再也难以聚首了！李俊民当时的《哀辞》写道："为了你的天才，你的死，我有过于一般的悲痛，还因为你是我的一个文化事业上的同志，一个真理之路上的旅伴，而且是我最亲切的一个兄弟！"

历史的伟大转折——我们期待已久的解放战争打响了！1949年春，我才10岁，坐在淮阴东门城头上，有幸亲眼目睹了大进军的一幕：城东公路上，无数十轮大卡车拖挂着山炮、野炮、榴弹炮，源源不断向南开进；在车队旁边，却是一支延绵不断、吱吱呀呀的独轮车队！这是山东方向过来的民工队伍，大书"打过长江去，解放全中国"的红旗，插在小车头上，马不停蹄向长江挺进。我看不到队伍的头，也见不到尾。气势磅礴的场面，使我振奋不已。后来知道：指挥百万民工、组织供应前线200多万战士和民工口粮和大量战需物资的华东野战军后勤司令，正是表叔刘瑞龙！这是战争的生命线，支前规模之大史无前例，需要多大气魄、多精干的组织和指挥能力？我们后人难以想象，由衷敬佩！

1988年，为革命和社会主义建设鞠躬尽瘁的表叔先走一步了，我父亲闻讯悲恸不已，久久缄默不语。同志，兄弟，世纪之交，唯留无尽的记忆与思念。刘延东每次出差到上海，总抽空来看望我父亲；我出差到北京的机会极少，也几度去复外大街看望表婶江彤。父辈深重的情谊和对党的事业赤诚之心，将时时涤荡我们的胸怀，激励我们走向前去，迎接人生与事业的挑战。

我想以表婶江彤1991年的亲笔信作为结尾——

> 近一个世纪以来，您们与瑞龙同志不仅仅有着血统上的亲戚关系，而更重要最根本的是您们与瑞龙同志有着共同理想境界和终生的奋斗目标，在八九十年风雪雷电锤炼下，共同铸成了为解放全人类之坚不可摧的赤诚之心。

2010年7月写于上海

忆刘瑞龙伯伯

顾乃健　顾乃启执笔　孙扬澄整理

（2010年8月）

刘瑞龙伯伯逝世22年了。今年正值他诞辰百年。他热情、敦厚、朴实的音容笑貌常常出现在我们的记忆里。

家父顾民元在遗言性质的自传里提到对他影响大的人里有姨兄刘瑞龙。我们后来知道刘伯伯原来是家父的入党介绍人。伯伯曾深情地对我们说："白色恐怖来了，别人纷纷退党，你父亲却要求加入党组织。"当时，南通师范已建立了南通最早的共产党支部，伯伯任支部书记，他任命家父为通城共青团负责人。家父就读南通中学高一，发展了同班的江上青等有志青年参加了共青团。

伯伯回忆在南通师范的革命活动时说："你祖父（顾怡生）在教育界威望很高。他虽不是共产主义者，但是同情和支持革命学生，认为他们勤奋好学、有救国理想，将来是国家栋梁之才。他赏识李大钊的文章，常介绍给我们看。在危难时刻，他从一位亲戚那里得知当局要抓人的消息，提前通知我们立即转移。除我以外，还有袁锡龄、丁瓒、马一行等人。怡生师还给了困难学生过江盘缠。记得他说过三十六计，走为上计的话。共青团干部李守淦被捕，你祖父将他保释、转移。国民党政府去你家中搜查，造成他爱女民豫投井自杀。"

当时瑞龙伯伯在校内外的革命活动很活跃。他们在大生棉纺厂附近办了工人夜校，他和其他革命学生就是尽义务不要报酬的教师。青年工人的觉悟提高得很快。

马一行表舅在回忆录中写道："为下一步发动武装斗争做好准备，刘瑞龙同志常把驳壳枪带到学校里来教我们使用，用过后由我保管在睡铺底下的网篮里，始终没被敌人发现。到1930年上半年，学校的地下共产党员、共青团员人数达到50多人。刘瑞龙同志化名李也萍担任南通中心县委书记兼南通县委书记。"

"我们的活动，学校里有些教师特别是顾怡生老师是有所觉察的，然而他们却抱着同情和支持的态度，掩护我们。当时的通师就有红色堡垒，红色师范的美称。"

陈修定老师撰文回忆1929年在南通女师教书时，配合瑞龙伯伯革命工作的情形。最初他不知道刘瑞龙的真实身份，在交谈中，觉得刘瑞龙的思想很不错，对马列主义理解深刻，彼此谈得很契合。临别时，刘瑞龙说有些宣传品需要帮忙保管。如果他自己不来取，“老残”（刘的化名）会派人来取。从此陈家成了地下工作的联络站。一次，瑞龙伯伯传信过来，陈老师立即行动，化名石某，带着石某印章很快保释出在军山开会时被捕的李超时（通海特委书记）。1933年南通县委遭破坏，大多数党员被捕，陈老师听到风声，连夜乘船离开。四天之后，县政府派人去他家搜捕，扑了个空。

瑞龙伯伯在《回忆红十四军》一文中提到支持革命的进步知识分子除了顾怡生、陈修定以外，还特别提到了葛松亭先生。刘伯伯在通师读书时寄宿于表兄葛家。以葛松亭《通海新报》主编地位做掩护，那里成了“革命青年社”成员读书、开会活动的好地方。后来发现的社员借还书目录是宝贵的革命文物。图书目录中有《共产党宣言》、《共产主义ABC》、《社会进化简史》、《马克思〈资本论〉入门》等等。上有家父顾民元、丁瓒老师等人，还有著名共产党人、烈士肖楚女的借阅签名。

“文革”后，南通市人大、政协有许多提案要求恢复纪念顾怡生的怡亭。刘伯伯听到这事后，特地在百忙之中给南通市委书记朱剑去信。怡亭终于重建了，并新建了怡桥和怡园。伯伯对通师和当年支持革命的老师的深情使我们深为感动。

1988年5月，伯伯年事已高，广州天气很热，许多人劝他不要去参加全国农史学大会，伯伯不顾自己的心脏不好，为会议总结忙到深夜3点，终于犯病不起。

伯伯从组织学生运动到组织农民运动，从参加创建红十四军到两过雪山，三过草地，到深入沙漠壮烈西征。他多次入狱，多次脱险。他的一生为革命赴汤蹈火，历尽艰险。解放战争中他肩负三野后勤司令的重任，一边组织土改，一边筹运军粮。正如许多老前辈说的，淮海战役当时准备尚不充分，但是农民奋勇支前，硬是用手推车推出来了胜利。在如此战事繁忙之际，伯伯没有忘记书写日记并保留下翔实而宝贵的后勤文献与档案。

新中国成立之后，伯伯又参加领导农业工作，在资金紧缺情况下，他做了大量细致的基础工作，通俗易懂地总结了农业增产的八大措施，受到毛主席赞赏。后来形成了著名的“八字宪法”。“文革”中，对革命正直忠诚，受人们敬爱的好干部自然难逃“四人帮”的冤狱，伯伯被关押达5年之久，极大地摧残了他原本健康的身体。在狱中，伯伯一边研读马列著作，书写心得；一边收集烟盒纸，用蝇头小楷写了十几万字的农业专著，真可谓：忠诚昭日月，问心无怨疚。伯伯是学者专家型的领导人，是不唯上、不唯书、只唯实的马克思主义革命家。

伯伯去世后，1995 年顾乃健探望江彤伯母时，她深情地展示了江泽民总书记怀念刘瑞龙、顾民元、江上青几位故人的诗信，其中有“回首往事，思绪万千”之语。伯伯遗著出版后，她总要给我们寄一套。1998 年伯母病重之际，她给我们写了一页纸，介绍延淮、延东、延申、延宁弟妹及其子女近况。希望我们常联系。我感到无比亲切和温暖。革命者常面临危难和生死的考验，他们的爱格外深沉、格外温暖人心。

灾难深重的中国人民奋斗了近 200 年，遭受过日本帝国主义和国内反动派无数欺凌。瑞龙伯伯和许多革命前辈前仆后继地向前。他们不怕死、不怕难、不图利、不图名，一心只为国家、民族和老百姓。回忆和感受伯伯的伟大人格，对我们无疑是振奋和洗涤心灵的一课。我们身为 70 多岁的退休技术人员，一面享受生命夕阳的余晖，同时也时刻感奋于改革开放以来国家的欣欣向荣和人民生活的日益改善，也因此更加怀念刘瑞龙伯伯。

忆雷爸爸二三事

葛祖慈

（2010年4月）

表叔刘瑞龙，小名雷惠，我辈以雷爸爸称呼之。

我们小时候父亲常以雷爸爸如何勤奋好学作为教育我们的范例。雷爸爸喜欢读书，每当书店进了一批新书，他都要去，有时候整天泡在书店，临走时买一本带回。因为他没有多少零用钱，能省下钱来买书是一件不容易的事，那时书店规定若买回去的书不中意，次日可去换一本，他就一夜不睡，把整本书读完，第二天再去换一本。人家说他花一本书的钱能买三本书。雷爸爸看书是用心在读，因此常闹一些笑话，有一次他一手抱着我大姐，一手拿着书在读，专心入神，以致小孩把他衣服尿湿了他也浑然不觉。

南通刚解放时，舅奶奶骨折住院，一天，我去医院探望她老人家，正巧雷爸爸也来院探望老母亲，临别时他想给母亲一些钱，但是摸遍了几个口袋没有摸出一个钱，同来的粟裕将军忙掏出一些钱给老人家。那时我还小，大人议论此事时都说共产党和国民党就是不一样。每当想起此事，不胜感慨，雷爸爸当时任华东野战军后勤司令兼政委，掌管调配的财产、物资不计其数，自己却身无分文，自律何严，奉公唯谨；泾渭分明，两袖清风。

一个夏天，我和坐在廊檐下的舅奶奶聊天，雷爸爸到院子里活动，只穿一件圆领汗衫和短裤，舅奶奶对我说："看你雷爸爸活像个担水的。"雷爸爸不仅自己生活、工作中十分简朴节约，对下一辈也如此要求，我在北大上学时常有机会听"大报告"，那时校方经常在星期六下午邀请高层领导、社会名流来校作报告。有一次听粟裕将军的报告，马寅初校长端张凳子就坐在讲台旁，当将军讲到在江南山区打仗，条件艰苦、没有粮食，只得以竹笋充饥，谁知竹笋是刮油的，大家越吃越瘦时，马校长马上抬起头问，怎么越吃越瘦，你再说一遍。我把这趣事告诉雷爸爸时，他说，有竹笋吃就是享福了，翻雪山过草地时，树皮草根都是宝贝，现在国家粮食紧缺，你们一定要节约粮食，绝不能浪费。我刚参加工作时，他就对我说：生活要节俭，现在国家建设需要资金，每个人能节约一点钱存到银行，就能支援国家建设。雷爸爸就是这样的胸怀，一心为国，大处着眼，小处着手。

1959年，北京粮食紧缺，那时就用小球藻代粮，因而刮起一股小球藻风，领导安排我搞小球藻。当时有一则报道，浙江省瑞安县有一养猪场用小球藻喂猪，猪能长到1000斤。我们很感兴趣，我就去实地考察，看到有几个不同浓度的小球藻水泥培养池，旁边的圈里卧着一头体大如牛的乌克兰大白猪，已经站不起来了。回来后想，人家用小球藻喂猪放了卫星，我们能不能培养小球藻放个卫星呢，于是设计了一套小球藻高产培养方案，其实很简单，就是在培养小球藻的大玻璃桶里安上电灯，再通进二氧化碳以提高光合效率。一天，室主任通知我说，刘部长来院视察工作，院里把小球藻高产培养也作为汇报项目，要我做好准备。于是我就开启了电灯，气阀也开得大大的，大白天的，但见那大玻璃桶里泛出幽兰的光芒，桶底的气泡在向上翻腾，煞是热闹。部长和随从人员提了一些产量指标、成本、能效比等问题，临走时雷爸爸语重心长地对我说，搞科研也要注意节约啊，这对我的批评也许是他对“放卫星”的内心表白吧。他们一出实验室，我就把这套放卫星设施拆了。

20世纪80年代初，我搞杂交玉米工作，一次和雷爸爸谈到世界几个大国的粮食产量时，他忽然出了一道算术题让我算：3亿吨除以10亿是多少斤？我说应该是600斤吧。他不无忧心地说，我们折腾了几十年，人均粮食占有量才600斤，土地是有限的，人口不断增加，要赶上世界先进水平还得下大力气。雷爸爸为国家农业呕心沥血、殚精竭虑，农业生产稳步发展，全国人民丰衣足食是他的殷切期盼，忧国情深，爱民心切。

谨此雷爸爸百年诞辰之际，缅怀往事，铭录永志。

2010年4月于南通

我的一点回忆

姜希惠[①]

（2010 年 10 月）

1984 年 5 月，姐夫刘瑞龙来南京开会，二姐江彤也陪同来宁。谁知来的第二天，二姐就突然发起高烧来。二姐一向体弱多病，第二天医院就确诊她是患了病毒性脑炎，病情十分危重。会议的举办单位考虑到姐夫开会任务繁重，同时，姐夫本身也患有多种疾病，在征求医院的意见后，决定暂不告诉他二姐的病情。我放下工作，全力以赴地照顾二姐。我深知二姐的病情，心里十分紧张，因在济南工作的小弟是医生，我赶紧给他打电话，他得知情况后，立即赶到南京。几天后，二姐的儿媳妇和她的母亲也赶来了。二姐的老战友刘大漠是南京医学院的领导，她及时安排医院精心治疗，使二姐的病情很快有了好转。

这些情况，二姐夫都是后来才得知的。他在大会期间只抽空来过医院一次，当时二姐精神恍惚，一句话也没有说。二姐夫笑着安慰了她几句就匆匆离去。大会结束后，二姐夫还有很多事要做，写总结，写调研报告什么的，好像总有做不完的工作。他本想能尽快地回到北京，二姐也怕影响他的工作，想出院回京再继续治疗。但医院根据她的病情，不同意她出院，要求她留院彻底检查一下。于是二姐夫决定留在南京陪伴二姐，谁知这样一住就是两个多月。过去，由于接触少，我觉得姐夫是个不苟言笑，沉默少语，只知埋头工作的人。这次长时间的相处，我看到了他平易近人、幽默风趣，有时也会激情洋溢的一面。

那时，二姐夫每天上午在宾馆工作，下午到医院探视二姐，绝对遵守医院的规定。下午他按时来到病房，到了规定的时间就准时离开。每次他来了以后，总是先向医生、护士询问二姐的病情，再向同病房里的其他病人问长问短。时间长了，人也熟了，二姐夫一来到病房，病房里就热闹起来了。二姐夫总是坐在二姐床前给大家讲典故，讲笑话，还边讲边做手势，常常逗得大家笑个不停。二姐睡在病床上，听了也很开心。每天下午二姐夫探视给二姐带来快乐，使她的病情得到了最佳的心理治疗，病也一天天好起来。二姐多次对我说："这么多

① 姜希惠，刘瑞龙夫人江彤的三妹。

年来，瑞龙是第一次放下工作陪在我的身边呀!”

后来，二姐的身体渐渐恢复了，二姐夫也就隔天来一次了。8月上旬，医生告知可以出院回北京继续治疗了。那天下午二姐夫来医院听说后，笑容就一直挂在他的脸上。临走时，他先去办公室感谢医生和护士们，然后又到厨房去感谢厨师们。当他回到二姐的病房时，一向温文尔雅的二姐夫突然弯下腰，抱住二姐轻轻地吻了一下她的面颊，然后站起身来，笑着大声地说：“好！祝贺江彤同志健康出院!”说完，在众人的笑声中笑着离开了病房。二姐当着大家的面，满面通红，很不好意思地笑了很久。在我的印象中，这一对相敬如宾的老人，还是第一次有这样的激情显露，这让我更加了解了他们相知相爱的深厚情感。姐夫逝世后，刘大漠曾对我无限感叹地说：“在我们几个好朋友、老战友中，江彤的婚姻最幸福，他们两人感情最好，没有想到的是，他们最早分手了。刘部长是累死的呀，江彤的心里不知有多么痛苦呀!”

1988年，二姐夫去广州开会，二姐以多病之身陪同前往。二姐夫因劳累过度，心脏病发作溘然去世。二姐曾多次向我讲述过当时的情景，那真是刹那间的生离死别，阴阳两隔呀。二姐夫死死地抓住二姐的手不放，在护士的帮助下他才松开了手。这种毫无思想准备的残酷诀别，对二姐是何等沉痛的打击呀！二姐夫年过古稀，又身患多种疾病，在37度的高温下超负荷工作而不幸逝世，二姐为此深深自责不已，流泪叹息。

1989年夏天，也就是二姐夫去世一年后，我去北京看望二姐。二姐搬出几个陈旧的纸盒子，盒子很重，但她不让我帮忙搬，自己累得气喘吁吁。盒子里装的是姐夫珍藏多年的历史文件、笔记、诗稿等，还有一些珍贵的老照片。这些手稿有的已经变色发黄，有的已褪色不清。二姐如数家珍般地讲述着它们的来历。二姐翻阅着、抚摸着，生怕把它们弄碎、碰坏了，特别是一些二姐夫亲手书写的诗稿文集。这些多年来封存在箱底的珍品，成了二姐寄托哀思的依靠。二姐渴望有一天能将这些诗稿和文件出版、发表，她说这些是历史文件，非常珍贵，是姐夫的最爱，他一直想发表，但没有适当的机会。她无限感叹地说：“这是瑞龙的遗愿呀!”她叹息说：“如果再不出版，这些宝贵的资料就可能成了废纸了!”她还说，实在不行，我就和孩子们自己出钱自费出版。可这是谈何容易的事？为了这些历史记录、宝贵文件能够面世，二姐真是呕心沥血、心力交瘁！为了安慰二姐，从此，我和弟弟妹妹们每年夏天必去北京，而二姐每次都会气喘吁吁地搬出一个个纸盒子给我们看。二姐把自己对心爱人的思念，全部倾注在为实现爱人的遗愿——出版书籍上了。

经过二姐的努力，在有关领导和有关部门的关心下，1991 年第一本文集终于出版了。记得这本书出版时，恰恰我们去北京，看到二姐喜悦之情溢于言表，她亲自拟定了名单，将书赠送给亲朋好友，共享她的快乐。接连几年，二姐夫的著作一部部出版了，这对二姐都是最大的慰藉与快乐。今天回忆起这些往事，体会更深。二姐在自己心爱的人离去后，不是用眼泪、用悲伤苦苦地思念，而是坚强地活着，为完成亲人的遗愿而义无反顾地努力工作，以寄托哀思，从而得到慰藉和平静，这让我十分的敬佩。

姐夫去世后，二姐又以多病之身支撑了 10 年之久。1998 年夏天，我去北京时，二姐因脑梗塞等疾病，言语已不便，神志有时也不清了。我发现她每天都会坐着轮椅，让人推到客厅的写字台前，面对墙上挂着的面带笑容，神采奕奕的姐夫的遗像，默默地看着，脸上的表情十分平静。看了一会儿，才默默地离开，每天如此。谁也不知她此时在想什么，谁也不好问她想什么。我想，可怜的二姐仍在思念着她一生中最爱的人，她可能什么都记不清楚了，唯独没有忘记自己深爱的亲人。看了二姐这般深情，我深深感到她对二姐夫情感之深，思念之苦，为之心痛，常常感动。现在两位老人终于共眠于八宝山下，永远相守相聚了。愿他们在天之灵永久安息吧

川陕革命老区人民永远的怀念

——纪念刘瑞龙诞辰一百周年

李仲彬[①]

（2010 年 10 月）

刘瑞龙同志是中国共产党的优秀党员、忠诚的共产主义战士、久经考验的无产阶级革命家，川陕苏区、长征和西路军宣传思想工作的开拓者与领导人之一。纪念刘瑞龙诞辰一百周年，深切缅怀他为革命根据地的建立与发展、为党和红军宣传思想工作作出的杰出贡献，追思和学习他为民族解放事业不畏艰险、开拓进取的精神风范，对于深入贯彻落实科学发展观，继承和发扬光荣革命传统，把中国特色社会主义伟大事业继续推向前进具有重要意义。

刘瑞龙 1910 年 10 月出生于江苏南通。1924 年至 1928 年在南通师范学习，1925 年参加革命学生运动。1927 年 9 月加入中国共产党。土地革命战争时期，历任中共南通县委委员兼城区区委书记、中共南通中心县委书记、中共江苏省委委员、中共通海特委书记、中共江苏省委农民运动委员会书记兼军委委员；是党在南通地区的早期创始人之一，参与创建和领导了苏北红十四军。1933 年 2 月，由中央派往川陕苏区，担任陕南红二十九军政治部主任、中共川陕省委宣传部部长。参加了川陕革命根据地反“三路围攻”、反“六路围攻”和红四方面军长征，并曾任红四方面军政治部宣传部部长。1936 年 11 月，参加了西路军艰苦作战。抗日战争和解放战争时期，先后担任中共豫皖苏省委委员、皖东北军政委员会书记、中共淮北区委副书记、淮北行政公署主任、中共华中分局民运部部长、苏皖边区政府副主席、华东野战军副参谋长兼后勤部司令、豫皖苏分局财经办事处主任、第三野战军后勤部司令兼政委、中共上海市委秘书长等职，参与了创建淮北抗日根据地的斗争和组织淮海、渡江、上海战役的后勤保障工作。新中国成立后，担任中共中央华东局农委书记、华东军政委员会土地改革委员会副主任、农业部副部长等职。“文化大革命”遭迫害入狱近六年。1979 年 6 月到 1983 年 6 月，复任农业部副部长。是第五届全国政协常委、第六届全

① 李仲彬，现任四川省巴中市委书记。

国人大常委。1988 年 5 月，在广州主持全国农史学术讨论会期间，因劳累过度，猝发心脏病，经抢救无效，于 5 月 25 日不幸逝世，享年 78 岁。

刘瑞龙的一生，是为党和人民的事业不懈奋斗、无私奉献的一生。刘瑞龙在川陕苏区、长征路上、西路军中的近 5 年，是我们党开辟武装夺取政权道路、实现生死攸关转折、完成举世闻名长征，把中国革命中心由南方转移到北方的重要时期。刘瑞龙以对党和人民的赤胆忠心、对革命前途命运的百倍信心、不断丰富的革命斗争经验和谦虚谨慎的学习求知精神，在川陕省委和红四方面军宣传部长的岗位上，既当先生、又当学生，既当指挥员、又当战斗员，既当宣传家、又当实干家，坚持“宣传工作打先锋”，坚持宣传工作的及时性、针对性和大众化、民族化，使党的宣传工作成为名副其实的“播种机”，“唤起工农千百万，同心干”，让红旗插遍川陕苏区和雪域高原。今天，我们深切缅怀刘瑞龙，就是要学习继承他留给我们的宝贵精神财富和崇高道德风范，使之成为推进改革开放事业的重要精神力量，激励和鼓舞我们坚定信心、振奋精神、开拓进取，更加自觉地坚持“特别讲大局、特别讲付出、特别讲实干、特别讲纪律”的“四个特别”要求，努力打好老区建设发展翻身仗，奋力推进科学发展，又好又快地发展。

我们纪念刘瑞龙，就要学习他坚定的共产主义理想信念和不屈不挠的奋斗精神。刘瑞龙 1927 年入党参加革命，从此就把全部身心献给了伟大的共产主义事业。1933 年 2 月，川陕苏区初创时期，刘瑞龙按中央安排入陕进川，参与筹建陕南红二十九军，并担任政治部主任、中共川陕省委委员、川陕省委宣传部长。一段时期，苏区“左”倾错误路线将部分领导干部打成右派甚至杀害，刘瑞龙也受到点名“警告”，但他坚信党和革命利益高于一切，始终不渝地坚持党的原则立场。长征途中担任红四方面军宣传部长的刘瑞龙，随红四方面军南下，两越雪山，三过草地，历尽艰险，仍然坚持抓好党的宣传工作，鼓舞士气，动员少数民族支援红军，宣传中央和陕北红军胜利消息，并赋诗言志，“遥念北上者，捷报传后营。”后来，部队被打散，刘瑞龙与战友们在祁连山坚持游击两月，弹尽粮绝被俘后，在狱中联络蒙难战友建立党支部，被公推为支部书记，领导狱中斗争，“历尽难中难，心如铁石坚”，在党中央及谢觉哉营救下，于 1937 年 10 月回到延安。在艰苦的战争岁月，无论遇到任何艰难险阻，刘瑞龙的革命理想信念始终坚如磐石，毫不动摇。今天，在推进改革开放和建设中国特色社会主义伟大事业中，我们要像刘瑞龙那样，不为任何困难所惧，不被任何干扰所惑，坚定理想信念，始终高举中国特色社会主义伟大旗帜，把改革开放和社会主义现代化事业不断推向前进。

我们纪念刘瑞龙，就要学习他坚持一切从实际出发，实事求是，勇于探索真理、唤醒民众的理论创新精神。在川陕苏区，面对群众基础薄弱、四周强敌环伺的严峻形势，刘瑞龙坚持宣传教育工作为军事斗争、土地革命和经济建设三项中心工作服务的根本职责，与陈昌浩、傅钟、吴永康、张琴秋、罗世文、廖承志等一批党的早期宣传思想工作者，研究制定了扩红拥军、平分土地、发展生产、地方武装与群团组织建设等一系列方针政策，开创了川陕苏区红军石刻、红军报刊、红色学校、文艺体育、俱乐部等群众喜闻乐见、敌人望而生畏的宣传教育阵地。红军发展到哪里，就把党的宣传工作做到哪里。刘瑞龙当年参与组织刻写的《中国共产党十大政纲》、“赤化全川”等石刻文献和标语，成为川陕苏区7000多幅红军石刻中的精品，创造了中国乃至世界革命文化奇观；编辑审稿的《共产党》、《少年先锋》等党团报，编写印发的《革命三字经》、《消灭刘湘三字经》、《童子团站岗读本》等宣传传单，以其简明、通俗、生动的特点，具有很强的战斗性和号召力，成为“有系统地通俗的进行马列主义教育工作，普及党的理论和党章”的时代号角，唤醒工农积极投身土地革命斗争，为红四方面军由入川时的1.5万人发展壮大到8万多人、川陕根据地建成为拥有23县1市的全国“第二大苏区”作出了巨大贡献。长征时期，刘瑞龙和傅钟、周纯全、罗世文、吴永康等研究起草的《西北特区关于少数民族工作须知》等文稿，提出了做好川康民族工作的政策措施和工作方法，为这一时期党探索少数民族政策、引导少数民族实现民族平等自决，建立“格勒得沙”和“波巴”两个具有民族自治雏形的人民政权，支援红军顺利通过藏区作出了很大贡献。今天，开展中国特色社会主义理论体系宣传普及，推动当代中国马克思主义时代化、大众化，已成为建设社会主义核心价值体系的重要内容。我们要像刘瑞龙那样，围绕党的中心任务，深入群众，深入实际，不断创新体现党的宗旨任务、反映时代脉搏、人民群众满意的理论成果和宣传教育方式，用以统一思想、凝聚力量，聚精会神干事业，一心一意谋发展。

我们纪念刘瑞龙，就要学习他心系人民，踏实工作，勇挑重担，不断创造新局面的开拓进取精神。在川陕苏区，按照分工，刘瑞龙在负责宣传工作的同时，还要参加土地改革、筹集粮食、指导群众团体等工作。刘瑞龙善于将这些工作同宣传思想工作有机结合起来，统筹兼顾、运筹帷幄、埋头苦干、开拓进取，各项工作都取得了很大成绩。川陕苏区初期由于战斗频繁，土地改革还不彻底，1933年秋，刘瑞龙同吴永康、张琴秋等在省委巴中驻地近郊作调查，了解到由于农村阶级关系复杂和苏维埃土地分配委员政策文化水平低，土改中“保存原有土地的花样有八项”，“地主富农瞎瞒窃取土地的花样有十七项”，“地主富农阻止和缓和农民平分土地的花样有十三项”。据此，刘瑞龙根据党和苏维埃的政策法令，创作了《农村阶级划分（五言歌）》和《平均土地办法》两份通俗易懂的小册子，指导基层苏维埃开展土地改革。《五言歌》用形象的语言将农村阶级、阶层划分为雇工、贫农、中农、富农、地主五大类。“空着两只手，啥子都没有，专替人做工，才能糊了口，这就是雇工。”“自己种有田，还有田出租，又放高利贷，还请长活路（富农）”。《平均土地办法》操作性极强，规定“没收豪绅地主土地，把连平均分给穷人”，“富农所有好田好土，也要没收分给穷人”，“中农土地不能没收，人多田少还要补足”，分配顺序为“首先分给雇工贫农”、“参加红军分好田地”、“富农如不扯拐捣乱，留给坏田坏地自耕”。小册子阐明了大道理，推动川陕苏区土地改革轰轰烈烈开展起来。实现“耕者有其田”世代梦想的苏区人民，以百倍的信心加紧生产。“川陕边区的农业收成良好，粮食增产，有力地支援了战争，也改善了人民的生活”（毛泽东）。长征途中，刘瑞龙深入城镇村寨，同红四方面军政治部和川陕省委领导一起，积极开展党的民族工作，在所经过地区全面发挥“宣传队”、“播种机”作用。1935 年 5 月至 8 月，帮助指导建立了中共西北特委、中共川康省委及十多个下属县级红色政权，动员各族群众踊跃参加红军，仅阿坝州参加红军就超过 5000 人。筹集了大批军粮，不仅满足了红四方面军所需，而且有力地支援了红一方面军。1935 年 8 月，中央政治局沙窝会议决议肯定：“四方面军在帮助番民组织游击队，在建立革命政权上，发动番民内部的阶级斗争上，得到了相当的成绩。”当前，改革进入攻坚阶段，发展处于关键时期，新情况、新问题、新矛盾层出不穷。深入推进西部大开发、努力实现“两个加快”的目标，任务光荣而艰巨，我们尤其要学习刘瑞龙为了党和人民的事业勇挑重担、脚踏实地、不断创造新局面的开拓进取精神，进一步解放思想，勇于变革、勇于创新，永不僵化、永不停滞，走出一条科学发展的新路子。

我们纪念刘瑞龙，就要学习他勤思好学、谦虚谨慎、团结协作的优良品质。在创建川陕根据地的首次党代会上，刘瑞龙就当选为川陕省委宣传部长，但他不满足已有的理论与实践经验，正如他后来总结的，“向有经验的同志学习，向人民群众学习，向自身实践学习”，与傅钟、吴永康、张琴秋、郑义斋、周纯全、廖承志、罗世文等密切配合开展工作，称他们为自己的“老师”。长征途中，刘瑞龙边行军打仗搞宣传，边学习了解少数民族语言及社会习俗。在北川，通过与富有学识的红军回民翻译肖福贞阿訇密切接触，共同研究起草了《回民斗争纲领》和《告回番民众》等红军文告。在松潘墩，争取羌族土司安登榜毅然投身革命为红军当通司（翻译）。在理番杂谷脑，与王维舟深入喇嘛寺，宣传教育争取僧众，孤立打击顽固分子和国民党潜伏特务，挫败了一起国民党反动派企图利用宗教势力阻截红军的阴谋。刘瑞龙的这些优良品格，永远值得我们学习继承，尤其是在建设马克思主义学习型政党、加强民族团结、构建和谐社会中，更应当发扬光大。

我们纪念刘瑞龙，就要铭记他对革命老区的殷切期盼，发扬红军精神、弘扬红军文化，把老一辈革命家开创的伟大事业继续推向前进。1984 年 7 月，刘瑞龙为川陕革命根据地题词："红四方面军和川陕革命根据地革命传统永放光辉"，给予我们极大的鼓舞和鞭策。今天，川陕革命根据地和红军长征在四川的历史，已经成为中共党史和军史战史的重大课题，愈来愈引起全党和全社会的广泛关注。"川陕苏区"、"雪山草地"已成为全国红色旅游主题形象，吸引着各地干部群众和青少年前往寻根溯源、学习和继承光荣革命传统。在党中央、国务院和省委、省政府的关怀支持下，革命老区的经济社会发展取得了巨大成就，川陕苏区中心的巴中正在告别边缘化、告别贫困落后，加快构建区域交通枢纽，加快融入成都、重庆、西安三大城市经济圈，巴中老区的明天充满希望。我们一定要高举中国特色社会主义伟大旗帜，以邓小平理论和"三个代表"重要思想为指导，深入贯彻落实科学发展观，按照省委提出的"两个加快"，坚持"四个特别"，大力弘扬红军精神，团结带领全市人民奋力打好老区建设发展翻身仗，以推动巴中经济社会在科学发展的轨道上实现跨越发展来告慰革命先辈和英烈！

刘瑞龙与川陕苏区的石刻标语[*]

徐世伦[①]

（2010 年 9 月）

在川陕革命根据地通江县境内保存着大量的重要革命史迹，其中尤以红军石刻标语最为集中，其数量之多，规模之大，内容之丰富，保存之完整，在整个四川乃至全国实属罕见。为挖掘、整理、保护、展示和宣传中国共产党领导的中国工农红军第四方面军在川陕边界创建革命根据地、建立红色政权期间的重要历史文化遗产，20 世纪 80 年代初，笔者与另一名同志在北京拜望了苏区时期任中共川陕省委宣传部部长的刘瑞龙老红军。他在百忙中向我们讲述了红军当年在川陕苏区开展宣传工作的许多史实。

刘瑞龙说："我不是跟红四方面军一起到你们那里去的。到苏区前，我在江苏省委农委工作。1932 年秋，由于叛徒陈资平窜到上海，破坏我党，我就不能在上海活动了，同年 10 月，党中央调我离开省委。在红四方面军到达川北后，决定派我前往川陕工作。于是，我化装成商人，化名王大舜，随党中央交通员崔凤远取道西安，而后转道川陕。从离沪西行，车行、步行总程 4000 余里，越秦岭，翻巴山，历时一个多月，才到通江。通江是川陕边界重镇之一，当时是川陕苏区的首府。中共川陕省委、川陕省苏维埃政府和红四方面军总部都驻在县城内。我到通江后，和上海老战友、红四方面军参谋长曾中生、总政治部主任张琴秋见了面，彼此都很高兴。我们兴奋地看到了在红军解放了的土地上，翻身农民喜气洋洋，不少农民给红军和苏维埃政府抬猪送匾，鸣炮唱歌，都说共产党好、红军好、工农政府好。我刚入苏区，看到这样动人的情景，实在令人兴奋。""1932 年 2 月 7 日至 13 日，中共川陕省第一次党员代表大会在通江县城召开。大会选举袁克服、曾中生、吴永康、郑义斋、傅钟等 37 人组成中共川陕省委员会。袁克服任书记，余洪远任组织部长，我任宣传部长，吴永康任秘书长。

---

* 本文原载于 2010 年 9 月 20 日《巴中时报》。

① 徐世伦，四川省通江县文管所原所长。

“川陕苏区一直处于恶劣的战争环境中，如何把苏区人民发动起来，武装起来，组织起来，积极参加到火热的革命斗争中来，党的宣传工作就显得特别重要。当时我们省委宣传部和红军总政治部把党的宣传工作抓得特别紧，并制定了不少措施，最重要的就是要求苏区全体党员干部在做一切工作的时候，宣传工作要打先锋，红军发展到哪里，党的宣传工作就到达哪里。那时，党的各级宣传部门都能因地制宜地广泛开展多种形式的宣传活动。比如，发布告，开展读书、讲演、谈心、演戏、唱歌、办刊物、办报纸等”。

“在川陕苏区最独具特色的宣传形式，就是利用你们那里山高石头多的资源优势，发动各地党组织，组织书写队、錾字队，在群山之巅、道路两旁、关隘渡口、村民院落、街道周围、祠堂庙宇、坟园墓地等处的石崖、石墙、石碑、石柱、石坊、石门廊、石板壁上錾刻言简意赅、短小精悍、通俗易懂、乡土味浓的石刻标语。如今我还记得一部分，当时常用的标语口号是‘列宁万岁！’、‘争取苏维埃中国’、‘武装拥护苏联’、‘军民合作！’、‘铲除封建势力，推翻国民党统治！’、‘平分土地’、‘拥护中国共产党’、‘实行无产阶级教育’、‘实行共产主义’、‘时时刻刻准备和敌人作战’、‘反对帝国主义瓜分中国、进攻中国’、‘建立苏维埃政权’、‘工农专政’、‘打倒帝国主义’等。人民看了这些标语，斗志倍增，敌人看了胆战心惊。石刻标语在动员群众、发动群众、打击敌人、战胜敌人、保卫苏区的伟大斗争中发挥了积极作用。”

通江县城对面山脚下崖石上有一幅“争取苏维埃中国”的大标语，据北京军区汪易副司令员回忆，那是红军解放通江后刻的第一幅标语，为此我们向刘瑞龙求证。

“红四方面军的入川和川陕革命根据地的初步形成，国民党反动派十分惊恐，蒋介石连电四川各派军阀停战言和，共同对付红军。并委任田颂尧为川陕边‘剿匪’督办。田颂尧先后集结38个团，6万兵力，分左、中、右三个纵队，对红军进行围攻。当时红军的兵力不到敌人的三分之一，力量悬殊很大。为了动员苏区军民，团结一致，浴血奋战，胜利粉碎敌人的数次猖狂进攻，党的各级宣传部门做了大量的宣传发动工作。通江县城是苏区的首府，红四方面军总部、省委、省府的机关都驻在这里，因此行动早、动作快，我们率先组织总部、省级机关，在县城内的石壁上、城墙上和崖石上刻了不少标语，汪易的回忆不应该错”，刘瑞龙回忆道。

通江县沙溪乡景家塬村的大崖上，有一幅全国最有名的红军石刻标语——“赤化全川”，单字高5.9米，宽4.9米，1980年被四川省人民政府公布为省级文物保护单位，并已载入《中国名胜词典》。据当地的老红军讲，当年最先刻的是“国民党是帝国主义的走狗”几个字。刘瑞龙到沙溪视察工作时发现这幅标语字太多，又太小，这么高一个崖，应该刻一幅大标语，就改成了“赤化全川”，我们问刘瑞龙是否还记得这件事。刘瑞龙想了想，问：“从通江城到红四方面军总医院，是不是要过这个崖下？（笔者回答是）。过了这个崖，再通过一个镇子，就离总医院不远了。那个崖有二三十米高，应该刻有一幅醒目的大标语。”

红军为苏区留下的众多石刻标语，产生于恶劣的战争环境之中，植根于苏区人民心中，有丰富的文化底蕴和苏区军民艰苦奋斗的革命精神。

刘瑞龙教育思想初探

胡传海

（2005 年）

刘瑞龙同志在抗日战争时期是苏皖边区和淮北抗日民主根据地的主要党政领导人之一。在艰苦卓绝的抗战时期，为创立、发展和巩固淮北抗日民主根据地作出了重要的贡献。特别是他对淮北地区教育的重视和所取得的成就，至今仍为淮北人民所称道。本文仅就刘瑞龙在淮北的教育活动，对这位为淮北教育作出重大贡献的老革命家的教育思想进行初步的探讨，以继承他宝贵的教育思想，在新的历史条件下发扬光大，为促进我国的教育改革与发展服务。

一、百年大计，教育为本

刘瑞龙非常重视教育的作用，认为教育是培养和造就革命和建设人才的事业。在淮北苏皖边区行政公署成立大会上，刘瑞龙在施政报告中明确指出，施政纲领的总目的就是要进行根据地的政治、经济、文教和军事建设，坚持抗战，赶走日本侵略者，建设新中国。在这里，刘瑞龙把教育作为抗日民主根据地建设的四大任务之一，与军事、政治、经济并列，认为教育是提高民族自尊心和自信心的重要手段，是人民掌握抗战技能和抗战知识的重要途径，更是培养革命事业接班人和新中国建设者的根本方法。这不仅突出了教育在根据地建设中的作用，而且进一步明确了教育在根据地建设中的重要地位。在此基础上，他谆谆告诫根据地的党政军民：十年树木，百年树人，教育是边区的百年大计。

正是基于这样的认识，在此后近五年的根据地建设中，刘瑞龙时刻关注着根据地的教育，采取了许多切实可行的措施，为根据地教育的发展作出了极其重要的贡献。

二、立足现实，重视教育

近代以来，受帝国主义侵略和国内反动政府的双重影响，淮北地区的教育十分落后。抗战前，在苏皖边区的范围内，只有完小40所，初小160所，私小38所，总共只有238所学校。抗战开始后，受敌人的破坏，完小只剩7所，初小只有23所。私小全部被破坏。淮北地区的教育被破坏达到了触目惊心的程度！

淮北抗日民主根据地建立之初，刘瑞龙就十分重视教育，多次召开专门的教育会议，研究和解决教育问题。刘瑞龙在全边区第二次教育行政会议上强调指出：开展苏皖边区的文化教育事业与建设苏皖边区根据地密不可分，因为我们不仅要用武器武装我们的人民，还要用革命的思想去武装我们的人民，使我们的人民了解现在中国的现状，中国人民的地位及其利益、斗争目标和中国的前途，这样，中国人民才能有信心有决心求得自身的解放和建立一个新中国。他的讲话为边区的教育指明了方向。

在如何实施教育的问题上，刘瑞龙也做了有益的探索，形成了自己的教育特色。

1. 教育的原则

（1）教育为现实服务

在淮北苏皖边区行政公署成立大会上，刘瑞龙在施政报告中把教育作为抗日民主根据地建设的四大任务之一。突出了教育的首要任务是为建立根据地服务、为打败日本侵略者服务。就是要通过教育提高民族的自尊心和自信心，掌握战胜日本侵略者的各种必要技能，为争取抗日战争的最后胜利服务。后来，由于在实际工作中全面地贯彻这一指导思想，取得了明显的效果。江淮大学、抗大四分校、淮北行政干部学院、淮北中学等为革命培养了大批的人才，为发展和巩固淮北抗日民主根据地作出了重要的贡献。

（2）遵循教育规律

曾经做过教师的刘瑞龙深知，教育必须遵循教育规律。在兴办边区教育的过程中，根据根据地的实际情况，大力普及小学教育，使基本区的儿童都能进入学校接受启蒙教育；加强对青少年的初等教育，在行政公署所在地附近开办了淮北中学，在各县开办了各县中学；对有一定文化水平的知识青年则通过培训班的形式，进行短期培训；对青壮年文盲则采取办冬学等多种形式开展扫盲教育。这种分层次、多渠道的兴办教育，无不体现了因材施教、因人施教的规律。正是由于按教育规律办事，淮北抗日民主根据地的教育获得了飞速发展。

2. 教育的形式

（1）大力发展学校教育

学校教育是培养人才的主阵地。面对淮北地区十分落后的教育历史和遭受日伪严重破坏的触目惊心的教育现状，刘瑞龙没有气馁。在施政纲领中，他充满信心地说，不管条件如何艰苦，我们一定要把教育办好！在他领导下，由行政公署直接负责，各区县协助，从小学到中学教育迅速恢复。对办学的实际困难，他都做了充分的考虑和周密的安排，教材由行署教育处统一编写；校舍由各区县妥善解决，桌凳可以因陋就简用泥做；师资不足从机关和部队以及大学生中选调；经费以政府解决为主，确保学校的正常需要。正是这些有力的措施，在相当短的时间内，使学校教育迅速发展起来。

（2）积极开展社会教育

在那艰苦的环境中，能够进入学校接受正规教育的毕竟是少数人。学校教育只能以少年儿童和革命的骨干为主。但对抗日的群众也不能等闲视之。刘瑞龙以中小学为基础，大力开展社会教育。中小学的教师和中学的学生成为开展社会教育的主力，他们利用一切可以利用的时间在农村出壁报、办识字班、俱乐部和夜校。在冬天，充分利用冬闲季节办冬学。通过多种多样的社会教育形式，教会了群众许多生产、生活知识，宣传了革命和抗日的道理，启发了人民的觉悟，增强了人民对抗战胜利的信心。

3. 教育的主要措施和成就

（1）政府重视教育

为保证根据地教育的健康持续的发展，刘瑞龙时刻关注着根据地的教育。除了突出政府主办教育外，还把教育办得如何作为考核当地政府业绩的主要依据。甚至每当有重大情况发生时，如日伪的“扫荡”、学生的寒暑假等，行署都对教育予以充分的考虑，甚至是优先安排。1943 年春，行署通过了一系列关于教育的法案，如《如何开展社会教育案》、《如何准备及进行反“扫荡”教育案》、《教材及各种读物如何编印案》、《如何提高学校质量案》、《如何解决教育经费案》，甚至还通过了调整学校内部组织和相互关系以及放假等法案。

（2）造就一支高质量的教师队伍

刘瑞龙认为，教师的责任就是要教育出一批好学生，这是他们的基本工作。怎样才能教育出好学生呢？首先要有正确的教育方针，其次要有正确的教学方法，多研究教学。这就要求教师一要力求进步，努力提高自己的水平；二要认识到自己的职责；三要有长期工作的决心。刘瑞龙用朴实的语言概括了做好一名教师必须具备的条件。在选教师时，他也确实是这样做的。如淮北中学初创时，任用老教育家任崇高为校长，张宇瑞、徐子佩、宋晓村等一大批知名的教育工作者担任教师，就连军体教师也是从部队精选的。对师资的高标准和严要求，是保证教育质量的一个重要前提。

（3）改进教学方法，提高教学质量

教学方法直接影响着教学的效果。刘瑞龙非常关心教学方法的改进，他要求教师要以大无畏的精神去改进教学方法，要向山格夫人、道尔顿、杜威、卢拉卡尔夫斯基学习，敢于创造，努力探索出一套适合我们自己的教学方法。在他的鼓励下，峰山区一所小学的教师夏陶然创造了“夏陶然教学法”。他得知后给予充分的肯定并要求在全区推广。

此外，以政府为主，教育经费独立，以确保教育经费，不断提高教师的待遇等，也为教育的发展提供了可靠的保证和物质基础。

由于原则正确、形式灵活、措施得力，边区的教育取得了巨大的成就：不到 3 年的时间普及了小学教育。以小学教育为基础，开展社会教育。特别是冬学的创办，教育和发动了广大群众，提高了他们的文化素质，巩固了淮北抗日民主根据地，有力地支援了抗战。据 1944 年统计，全边区有小学 806 所，学生 58104 人；中学 7 所，学生 1863 人；群众教育班 1820 处，学生 16383 人。在中、高等教育方面，除了“抗大”四分校外，行署还创办了淮北行政干部学院、江淮大学、淮北卫生学校、淮北职业学校和淮北中学等，为抗战的胜利和新中国的建设培养了大批人才。

三、放眼未来，发展教育

刘瑞龙反复强调，十年树木，百年树人。教育不仅要立足现实，更要放眼未来。发展教育事业，巩固抗日根据地，打败日本侵略者是当务之急，但不是最后目的，教育还要担负起另外一个更加重大的任务——培养新中国的建设者。因此，他对师生提出了殷切的希望：要有坚定的信念、远大的理想、务实的态度，努力学习，勤奋工作。他不仅从战略的高度来定位教育，而且努力践行。在他的领导下，恢复并发展了中小学，创办了一批高质量的中学和大学。他还亲自担任淮北行政干部学院的院长、冬学委员会主任等职务，并对其他学校也给予充分的关注。当淮北中学出现了所谓的反特扩大化时，他亲自处理“淮中案件”，纠正错误，为无辜者平反，保证了学校的正常发展，维护了党的威信，扩大了党的影响。无论公务怎样繁忙，他总是抽出一定的时间给“抗大”四分校、淮北行政干部学院、淮北中学等师生作形势和任务报告，为培养革命和建设人才呕心沥血。

60多年过去了，淮北人民仍然清晰地记得刘瑞龙在大操场上演说时的音容笑貌。许多学子就是在他的激励下，在根据地的学校里接受了革命理想主义教育，踏上了革命和建设的征程……

回顾刘瑞龙在淮北的教育实践和教育思想，给了我们许多有益的启示：重视教育不仅是现实的需要，也是未来的需要。要使教育健康地发展，首先必须树立科学的教育发展观，这是一项功在当代、利在千秋的永恒事业。不能把它当作一种短期行为，更不能把它作为一种功利，它是一个国家发展和民族振兴的智力基础。任何人都不能忽视这一点，任何短视的行为都会带来灾难性的后果，甚至成为国家和民族的千古罪人！

纵观刘瑞龙淮北的教育实践和教育思想，可以清楚地认识到政府是教育的领导者、组织者和最有力的保障。教育的正确方向、发挥教育的作用、保障教育的健康持续发展都离不开政府。在1943年年底的工作总结中，针对完小教育存在的问题（背离了党的教育方针），刘瑞龙尖锐地指出："教育工作上最大的失误就是政府领导很差。"因此，政府在教育中的地位和作用是任何个人或其他组织都不能替代的。

教育要发展，不仅要遵循其自身的规律，还要求我们在新的历史条件下，探索其未被认识的规律，使教育更好地为我们服务。这就要求我们在继承中创新，在探索中发展。今天我们探讨刘瑞龙同志的教育实践和教育思想，不仅是要纪念他、铭记他为淮北教育作出的重要贡献，更主要是要学习他的教育观和方法论，继承和发展他的教育思想，为新时期的教育改革和发展服务，为全面实施素质教育服务。

浅谈刘瑞龙在淮北根据地的经济建设思想

陈经山[①]

（2005 年）

1939 年，党中央派刘瑞龙同志随刘少奇去敌后开辟抗日根据地。同年冬，刘瑞龙同志任豫皖苏区党委副书记。而后担任苏皖军政党委员会书记、淮北行政公署主任、淮北区党委副书记等职，一直到 1945 年 10 月。在刘少奇和中原局、华中局的领导下，他主持地方党政工作，坚持对敌斗争，积极壮大地方武装，坚持统一战线；同时，放手发动群众，开展减租减息，贯彻执行党的各项方针政策。为建立和巩固抗日民主政权，巩固和壮大淮北抗日民主根据地作出了重要贡献。下面主要介绍刘瑞龙同志在淮北抗日民主根据地的经济建设思想。

一、开展减租减息，东佃双赢

刘瑞龙早在 1939 年 11 月到 1940 年 2 月担任中共豫皖苏区党委副书记期间，按照刘少奇的指示，和彭雪枫、吴芝圃一道拟定了当时的工作要点。并在永城县进行了发动群众、减租减息、改善雇工待遇和合理负担的试点，调查了当地农村土地租佃、借贷、主雇关系和农民生活情况，初步拟定了一个减租减息、合理负担的要点。这为开展淮北抗日民主根据地的经济工作奠定了一定的实践基础。

1941 年以前，淮北路东、路西发动群众减租减息，还仅仅是开始，不很充分。1941 年 6 月，在皖东北区党委召开的活动分子会议上，由邓子恢和刘瑞龙传达了华中局和刘少奇的指示。介绍了淮南路东和苏北的经验。邓子恢根据中央指示，强调在军事方面打开局面，建立抗日民主政权以后，根据地建设中的一个中心环节，就是发动和领导农民进行减租减息的斗争，使他们获得看得见的利益，改善生活，组织起农民的大多数，建立基本农民群众的政治优势，同时正确地照顾各抗日阶级的利益，才能巩固与扩大抗日民族统一战线，迅速壮

① 陈经山，江苏省淮北中学关心下一代工作委员会副主任、教师。

大抗日的力量。淮北苏皖边区积极贯彻这一精神，发动与组织群众，实行减租减息。

刘瑞龙将减租分为两个步骤：一个是发动减租。为此，他做了大量的准备工作。首先是打通干部思想，统一干部的认识；其次是配备干部和组织突击力量，进行党内党外的宣传动员，并深入进行调查研究。主要了解以下几个问题：自然环境、人口、土地、出产和生产情形，各阶层土地分配和剥削关系，各阶层政治势力（政权、武装、党派），及其相互间的矛盾，各阶层对我政治态度，群众痛苦与要求，过去斗争历史，农民中间的积极分子等。二是贯彻减租。先普遍进行查租，除自上而下号召外，主要通过佃户小组，先找佃户中积极分子开会调查，再召集全体佃户开会。对提出不减租的地主，自 1941 年起，农民一律退租（新地区政府号召减租之日开始）。强调保障佃权，对提出无理抽地的地主要拔出来。对个别顽固地主欺压佃户，实行明减暗不减的要进行斗争。

在减租过程中，刘瑞龙认识到，整个地主阶级对减租是采取反抗态度的，寄希望于地主开明自愿地减，而不用群众斗争方法，这是不可能的。所以在发动减租斗争时，要强调群众的自觉斗争，只有群众自己起来，才能贯彻减租方针；要强调坚持减租方针和大刀阔斧的工作方式；党政军民要密切配合起来做，坚持党是领导减租斗争的中心；实行查退佃保障佃权；明确减租是一个相当长期的斗争；建立佃农与自耕农民的减租统一战线；在发动减租过程中，随时粉碎地主的收买、欺骗；对群众的过火行为加以限制，但又不泼冷水，保持群众热情。对那些在减租过程中生活下降的中小地主和富农，也给予适当照顾。

淮北苏皖边区的减息工作。高利贷剥削是过去封建剥削的一种重要形式，它与土地剥削是密切联系的。农民一年辛苦所得，除了以生产品交租外，还要付高利贷，而农村中借贷数目是很大的。据 1942 年调查，各地有 50% ~80% 是受高利贷剥削的，清除这种剥削是绝大多数人的要求，如不适当地减轻这种高利贷剥削，要恢复生产力是很困难的。所以在减租工作进行时，同时提出减息，这是绝大多数贫苦农民一致的要求。当时的减息工作，刘瑞龙等同志根据淮北各地情况，各个不同时期，采取了不同办法：在边区新地区，对高利贷普遍进行减息。在夏收、秋收还债季节，由政府讨论规定减息标准，在舆论上打击高利贷。农救会组织减息小组，实行集中力量突破一点，一村减几户，以影响全面，这是非常必要的；在群众生活初步改善区，提出奖励低利贷，实行普通利贷，高利贷不保障，普遍进行一乡一村的调查，予高利贷以打击，对低利贷表扬，同时用集体还粮与政府借粮来影响私人借贷；在群众生活普遍得到改善的基础上，提倡私人自己借贷，政府不加干涉，促进农村经济活跃，以推动生产。所以减息的积极办法是：改善群众生活，提高生产；政府发放贷款，继续举办积谷与合作社的小本借贷；于麦前麦后平粜粮价。在这种条件下，再提倡私人自由借贷，则借贷关系就处于正常状态。

淮北苏皖边区的减租工作，自 1940 年开始实行，当时只有个别地方减租；1941 年减租范围达 22 个区，98 个乡，687 个保，当年减了 9000 余石，得利佃农 9000 余户；1942 年减租范围增至 39 个区，196 个乡，减了 31366 石，得利佃农 19240 户；1943 年增至 65 个区，412 个乡，减退租 50896 石，得利佃农 42756 户；到 1944 年，在 899 个乡，减租 112118 石（从 1940 年到 1944 年累计 226370 石）。工、农、青、妇各抗日救国会在减租减息运动中壮大，到 1944 年已有各救国会会员 100 多万人。经过发动群众实行减租减息，东佃双赢，改造了区乡基层政权，促进了政权的民主化。

二、开展大生产运动，改善人民生活

刘瑞龙根据毛泽东提出的“发展经济，保障供给”的财政经济总方针和“自己动手，丰衣足食”的伟大号召，在淮北边区开展了大生产运动。鼓励农民制订兴家计划，组织劳动互助，奖励劳动英雄，开展生产竞赛。为了解决布匹问题，组织农民种植棉花，纺纱织布，解决了部分军民的穿衣问题。此外，新四军四师还建立了机械修理厂、手榴弹制造厂、被服厂等许多工厂。由于采取了上述措施，较快地克服了淮北地区的经济困难，战胜了敌伪的经济封锁，基本上保证了供给，改善了人民生活。

从 1942 年起，根据党中央制定的方针，淮北区党委决定，主力部队每人每年要生产半石粮，百斤菜；地方部队做到每年粮食自给三个月，食油自给一个月。各个部队热烈响应党的号召，开荒种地，下湖割芦苇，开辟菜园，养猪养羊。到 1944 年，师特务团生产的粮食基本自给，“抗大”四分校的蔬菜吃不完，供给部养猪除自用外，还可部分供应市场；骑兵团在洪泽湖放养了 3000 多只鸭子，时常能吃到鸭蛋。部队生产成绩很大，改善了战士生活，又减轻了人民负担。

1943 年根据党中央、毛主席的号召，淮北区党委掀起了轰轰烈烈的大生产运动。各地组织了许多互助组、合作社、合犋组、换工队。刘瑞龙在大生产运动中加强了组织工作，主要有：

1. 制订兴家计划。兴家计划是把农民全家劳动力集中起来，有组织地运用于生产，是完成总的生产计划的基础。要求淮北苏皖边区各县在订兴家计划时，要注意下列问题：县区乡各级干部采用逐级带徒弟的办法，县带区，区带乡，乡带村，边学边做，从实验中取得经验；一个乡三个步骤，先由干部订，吸收积极分子看，帮助积极分子订，吸收一般群众看，尔后帮一般群众订；在群众中抓住贫农订计划影响中农，帮助中农订计划影响富农，号召富农也订；订兴家计划，要帮助群众解决困难，而解决困难以群众自己的劳动互助为主，其次是地方贫富互助；最后才是政府帮助。本家兴家计划订出以后，组织群众互相检查，以保证计划的执行；各县区乡都应先订出大体的计划，在该乡各户兴家计划订齐后，根据它来修正、补充，作出最后的计划。

2. 组织劳动互助：在订兴家计划后，根据对群众经济状况、劳力、牛力、工具的了解，进一步组织劳动互助。把个体农民组织成集体劳动，以便有效地发挥劳动力的作用。没有劳动互助，兴家计划的实现是困难的，只有劳动互助才能解决贫苦农民生产中的困难，所以在订兴家计划时，不组织劳动互助是错误的，要将已订兴家计划户的1/3组织互助。组织时注意以下问题：根据兴家计划各种不同的内容，建立不同的互助，如砍草队、摸鱼小组、开荒小组、播种小组、管牛小组、合犋小组、合伙小组、短工队，利用群众原有的形式而把它提高；建立劳动互助要从群众的生产需要出发，在春耕生产运动过程中，从具体工作需要上逐次扩大与逐渐增多，从简单的合伙，到复杂的人力、牛力、工具的互助，从临时性的互助到长久性的互助；先抓住几个互助的典型，在实验中使群众看见互助的好处而愿意参加，拿实际利益推动普遍的互助组织；劳动互助的领导权应在有政治觉悟的生产积极分子手中，他以生产的模范作用，推动这一组或队的生产工作，并能公平地解决互助中的一切问题。

3. 发动生产竞赛：生产竞赛是订兴家计划及组织劳动互助必然的发展步骤，通过竞赛来提高群众劳动热忱与劳动强度，用奖励劳动英雄、争取二流子的办法，激起群众生产的积极性，以保证计划的实现。因此竞赛的中心不在领导机关，而在直接生产的群众，如个人、农户、小组、村庄或连队。从个人到集体，抓住积极分子，培养劳动英雄，而以劳动英雄为骨干，推动群众的生产竞赛；军政民学有计划地培养劳动英雄，从劳动英雄典型中，聚集经验，推动一般工作。

1943年，据泗宿、淮泗、盱凤嘉三县的统计，组织起来的全劳动力，已有40395人，畜力3322头，互助合作耕地28422亩。互助合作运动提高了农业生产力，增加了收成，改善了人民生活。每年于夏秋两季，群众欢欣鼓舞，踊跃缴纳公粮，千挑万担，迅速入仓。根据“先部队，后地方，先前线，后后方”的原则，保证了部队粮食供应。在那艰苦的年代，淮北人民为支援自己的军队，曾尽了极大的力量，无论有多大的困难，他们也不声不响地担当在自己肩上。1942 年冬，日寇对淮北大“扫荡”失败以后，又与顽军默契配合，加紧了对根据地的经济封锁，粮布价格猛涨，军需民用都受到影响。6 月，淮北区党委发布《关于开展纺织运动的决定》，号召边区人民，自力更生，努力生产。淮北地方银号拨出边币 40 万元，发放纺织贷款。一个群众性的纺织运动，蓬勃展开，许多地方扩大棉田，增加棉花产量，泗宿、淮泗等县一些村镇，不分昼夜，家家纺纱，户户织布，淮北平原呈现一片热气腾腾的动人景象。至 1944 年，全边区已有纺车 15000 辆，织布机 900 架，生产的棉布，基本上保证了军民需要，粉碎了敌伪顽的经济封锁。淮北的大生产运动，从 1943 年起直到抗战胜利，持续了 3 年之久。

忠厚朴实的淮北人民，在刘瑞龙等边区同志的领导下，坚韧不拔，吃苦耐劳，用自己的汗水养育了人民的军队。尽最大努力支持了抗日战争。

生产是繁难的组织工作，为此，刘瑞龙等边区领导同志进行了具体的指导：①首长负责。各地生产工作做不好要由该地政府首长负责，并要受到上级政府的责备；亲自动手，调查研究群众生产状况，亲自订计划，组织检查与总结经验，自己生产起模范作用；领导骨干与广大群众结合，领导干部要发现组织与培养生产中的积极分子，让积极分子参加生产委员会或互助小组，并以此为核心，而领导机关要与积极分子发生密切联系，并向他学习。②一般号召与个别指导相结合。一方面开展公文布告讲演，宣传号召，在群众中造成热烈的舆论及高度的生产情绪；一方面要抓住典型，聚集经验以推动全盘。自边区到区，都抓住一个乡，而乡要抓住一个村，各县办生产快报来及时传播经验，对不同地区不同性质的生产，要采取不同的指导方法。③调查研究。在组织群众生产中去调查研究，加紧检查，及时整理材料。发现问题及时解决问题，并作为实施政策的基础；分别轻重缓急，抓紧生产季节，生产组织工作要在生产季节之前完成，抓住有决定意义的与大多数人民有关的生产工作；争取男女老幼一起参加生产。采取组织劳动力的三种方法，吸收妇女、教育二流子参加生产。④培养干部。在生产中培养政府、群众团体的干部，从政治上提高他，教育他，使之担任一定工作；把群众经验集中起来，又以成功的经验教育群众。

三、加强财政经济建设，巩固发展抗日民主根据地

为了保证军民供给，在淮北区党委的直接领导下，刘瑞龙首先健全了政府的财政机构。他明确指出，淮北抗日民主政权的每一个工作人员都要注意财经工作，这是根据地的生命线。并采取了相应措施：财经人员政治化，将工作意义提高到政治高度，视为终身事业而继续奋斗，加强政治学习，提高政治质量；财经人员群众化，克服脱离群众的现象，不只向群众要东西，而是要了解群众帮助群众，一切政策、法令、决定，要从群众要求出发，而不应是主观主义地以感想代之；财经人员专门化，积累经验，发挥专长，将经验系统化、专门化，造就大批财经人员，以为将来更大局面作准备，将财经工作放到政权工作的重要地位，定期开会，定期指示，最高负责人亲身参加检查、帮助工作。

当时财政的主要来源是实行合理负担的统一的累进税，征收公粮、田赋和物资税。为了发展经济、调节财政、稳定金融，与伪币、法币作斗争，建立了淮北银号，发行边币。禁止伪币流通，用一定比价兑换之，以边币及法币为唯一流通工具，提高巩固边币信用。发现伪造边币者，追究逮捕之；贷款问题，主要是扶助贫农、中农在经济上上升，而非使其坐吃山空。富农以上，手中的贷款，要调查其用途。

刘瑞龙提倡实行开源节流，统收统支。统一预决算，建立统一金库。严格审计，上下级、平级及群众严格监督，乡以上账目要公布（乡成立审核委员会），严格遵守手续及交代的习惯。厉行节约，依靠自己的劳动解决问题，不与群众利益相矛盾。各级党委和政府每年组织春耕、夏收、秋收，克服战争环境中不进行生产的观点，充分抓紧战争空隙，配合生产救荒委员会、垦荒委员会及群众团体去做，力争粮食增产。兴修水利、疏浚河道。加固淮河大堤、减轻水灾。1943 年 7 月，洪泽、泗阳、泗南等县普告蝗害，经过军民合作，扑灭了蝗灾。

杜绝贪污浪费，刘瑞龙进行深入教育，使每个干部涓滴归公，不用一点来路不明的钱，不浪费公家一文钱。他教育干部提倡正当娱乐，不鼓励吸纸烟，不收人家的馈赠。群众如愿捐献，请他们去慰劳部队，或兴办小学。他还积极清理积案，注意保证工作人员最低限度的生活需要，解决下级干部的困难，如鞋子、菜金等。刘瑞龙还建立了廉洁奉公、量入为出的新秩序，使干部视制度如生命，严格预决算制，严格开会、特别费等制度，认真解决每个干部的生活

必需品问题，从上面克服贪污浪费现象。单据、账目要一应俱全，但不被蒙蔽，应从中发现问题，尽凭单据不如无单据。

刘瑞龙同志在淮北期间，根据边区斗争实际，坚决贯彻执行了党中央、毛主席和华中局、新四军军部的各项路线、方针、政策，党、政、军、民互相支援、互相促进，取得了军事上、政治上、经济上、文化上以及其他战线上的重大胜利和成就，渡过了黎明前黑暗的困难时期，使淮北抗日民主根据地的建设得到巩固和发展。在刘瑞龙同志诞辰九十五周年的今天，研究他的根据地经济建设思想，对建设中国特色社会主义和社会主义市场经济仍有十分重要的借鉴意义。

紧扣国情重实践　科学引领求发展

——学习刘瑞龙农业教育思想对现代农业职业教育的启示

程晓强[①]

（2010 年）

刘瑞龙是老一辈无产阶级革命家、也是新中国农业战线的杰出领导人和农业教育思想家。在其漫长的革命生涯中，为中国革命和社会主义建设事业，尤其是为探索和研究农业生产发展的理论和实践，贡献了毕生精力，作出了巨大贡献。农业教育思想是刘瑞龙革命实践的重要组成部分，也是留给后人的珍贵遗产。在担任农业部副部长期间，他十分重视农业教育，强调理论与实际的结合，注意农业教育、农业科学研究、农业生产三方面紧密结合，从理论和实践上探索出一条适合中国国情的农业教育发展道路，在中国农业发展史上书写了光辉的篇章。在纪念刘瑞龙诞辰一百周年的时刻，我们缅怀刘瑞龙伟大的一生，重温刘瑞龙的农业教育思想，对我们坚定社会主义的办学方向，坚持科学发展的正确道路，建设中国特色的农业职业教育体系，无疑具有重要的现实意义。

一、刘瑞龙农业教育思想的深刻内涵

1. 农业教育服务农村发展的农业职业教育办学方向

早在 20 世纪 50 年代，刘瑞龙就指出："随着农业合作化的完成，农业生产和农业科学研究工作的发展，迫切要求把培养干部的工作同生产指导和科学研究紧密结合起来，以便充分发挥各方面的力量，进一步提高农业教育工作，开展科学研究，加速农业生产发展。"刘瑞龙对于农业教育应该培养什么样的人才作了明确的界定，即：培养服务农村经济发展的合格的农业人才。这充分凸显了农业教育服务农村经济发展的基本方向，彰显了人才培养目标"以农为本"的价值取向。他强调指出"面向农村的高等农业院校和中等专业学校，要有一

---

① 程晓强，南通农业职业技术学院党委书记。主要研究领域：高等职业教育研究。

套新的招生和毕业生分配办法，打开人才面向农村的路子。要对农民进行各种形式的职业技术教育和培训。农村教育必须适应而不可脱离广大农民发展生产、劳动致富、渴望人才的要求，要考虑而不可忽视乡村居民劳动、生活的特点。对于全国不同地区，应有不同要求和部署，以适应当地群众的财力、物力状况和学生接受水平。”刘瑞龙明确了农业高等职业教育的任务是面向区域经济建设，为农业及农村培养从事技术、管理、生产和经营等工作的技术应用型实用人才。与普通高等教育相比，农业高等职业教育与农业生产和农村经济建设的联系更紧密。农业职业教育应当坚持立足于农业特色，展开以育人兴农、科技强农、服务惠农等为核心的教育教学改革，积极开展科学研究与技术推广服务等工作，投身社会服务，建设社会主义新农村。21世纪我国农业职业教育的培养目标定格为“培养德、智、体全面发展的、具有全面素质和综合职业能力的应用型农业职业技术人才和高素质劳动者”，正是对刘瑞龙农业教育思想的传承与发展。

2. 教育、生产、科研相结合的农业职业教育办学机制

刘瑞龙认为“理论联系实际，为我国社会主义农业建设服务，为发展我国农业生产服务，是办好高等农业院校的根本方针。”他强调“农业教育、农业科学研究、农业生产三方面紧密结合，就是将高等农业学校交给农业部领导的根本理由。”这段讲话，除了进一步明确农业教育的办学方向，还提出了以理论联系实际为思想内核，教育、生产、科研相结合为具体表现形式的农业职业教育办学机制。

身体力行理论联系实际。刘瑞龙本人就是理论联系实际的良好榜样，他一贯坚持我党倡导的实事求是的思想路线和一切从实际出发的优良作风。无论是在战争年代还是建设时期，他都十分注重密切联系群众，深入实际调查研究，积累了大量生动的第一手材料，脚踏实地做好各项工作。作为农业部的主要领导，他一方面关注生产实践，通过下乡、蹲点，巡回视察等方式深入农村了解情况；一方面注意将在生产一线收集到的问题和办法进行总结整理，并了解西方发达国家的做法，参考古代与近代的农书，形成有中国特色的农业理论，撰述了《农业增产的八项措施》，撰写《农业“八字宪法”浅说》、《中国农业浅说》等农学专著。在此基础上，他提出了水稻增产的“三改”，增产效果显著，他还参与和领导了第一次全国土壤普查工作，为因地制宜地发展种植业，提供了科学依据。

大力倡导教育与劳动结合。刘瑞龙高度重视农业类院校的学生在学习中要

理论联系实际，坚持教育与生产劳动相结合。他对高等农业院校如何将教育与劳动结合提出了具体的建议：“从高等农业学校毕业出来的学生，应首先分配到农业生产合作社、国营农场等基层生产单位参加生产劳动，使他们在劳动中锻炼自己，提高社会主义觉悟，增强劳动观念。真正获得在基层生产单位中实际生产的知识，了解群众生活，学会联系群众。经过一定年限的劳动实践之后，再根据他们的专长和在劳动中的表现，分配他们的工作。”刘瑞龙关于教育与生产劳动相结合的思想对21世纪农业职业教育办学机制有着重要启示。我国农业职业院校积极推行“订单式培养”模式，不断探索“工学交替”、“半工半读”、“顶岗实习”等多种工学结合培养模式、加强校内外教学实践基地的建设、校企合作的办学机制是刘瑞龙这一农业教育思想的具体体现。

积极主张产学研结合。农业职业院校实行产学研结合办学机制是这一重要思想的深刻体现。20世纪50年代，高等农业学校领导关系由教育部转到农业部，刘瑞龙作为农业部主要领导出席了大会，并作了重要讲话。他明确提出了农业教育、农业科学研究、农业生产三方面紧密结合的重要思想。与一般的三结合理论不同，刘瑞龙的三结合理论不仅针对学校，而且针对学生。他对学生如何做到三结合有具体设想，“要使学生不仅有基本科学知识，还要有实践知识；不仅要读好书本，做好室内实验，而且要深入田间，通过生产实习，把课堂讲授、实验研究同生产实际结合起来，使他们有理论知识和实践经验的全面发展，让他们到农业生产实际中锻炼，培养他们成为全心全意为人民服务的密切联系群众的工人阶级的知识分子。”他高度推崇这种三结合的组合方式，并且给予尽可能的传播和推广。他曾经这样评价著名配套研究水稻科学的先行者丁颖教授：“在执行科研为农业生产服务的方针中，他坚决执行了科研、生产、教育三结合，实验室、试验场、农村基点三结合，试验、示范、推广三结合的方针，从而开辟了农业科学研究的新局面。”可见，教育、科研、生产三结合的原则，在刘瑞龙的农业教育体系里，无论是对于学校、学生、还是教师都是适用的。目前我国农业职业院校正在实行的产学研相结合、产教结合的办学机制正是刘瑞龙科研、生产、教育三结合农业教育思想的具体实践。

3. 注重工作实践的农业职业教育师资队伍建设理念

刘瑞龙既是一位革命家，也是一位诗人、学者，他毕业于清末状元张謇先生创办的中国最早的师范学校——南通师范。在安吴堡战时青年训练班曾担任过教务处长，解放后他曾兼任北京农业大学教授，在百忙中挤出时间到校给学生讲课。他对教师职业充满了感情。他关心知识分子，尊重知识、爱惜人才，尤其关注农业院校教师队伍的建设。

他提出“可以适当吸收生产部门和科学研究部门的人员兼任教学工作，利用农业生产和科学研究的实际材料，充实教学内容，提高教学质量”，只有这样，才能“充分发挥教师的力量，从事科学研究，提高研究工作的质量，增多科学研究成果，更有力地为发展我国农业生产服务。”通过吸收具有农业生产经验的人员兼任教师，以此充实了教学资源，提高了教育教学质量。刘瑞龙的农业教育思想，在我国农业合作化完成之后，对于当时迫切要求进一步提高农业教育，开展科学研究和很好地培养干部，提高干部质量，加速农业生产的发展起到了极其重要的作用。刘瑞龙有关农业院校教师应吸收生产部门和科研部门的人员兼任的重要思想为21世纪我国农业职业院校的决策者提供了有益的借鉴和尝试，如今我国农业职业院校“双师型”队伍建设的做法正是刘瑞龙这一卓越见地的实践体现。

4. 关注核心价值观与革命传统教育的农业院校德育教育理念

刘瑞龙特别重视德育教育，认为德育教育首先要进行社会主义理想信念教育。他指出，要把高等学校的学生培养“成为在党的领导下，忠于社会主义事业的骨干，而不致成为华而不实、自私自利、不利于社会主义的人。”“对于学生本身来说，只有这样才能获得真正的锻炼和提高，才能使每个人的发展适应于祖国社会主义建设的需要”“今后在教育界、科学界要坚持走社会主义道路，这一问题是非常明确的。任何走资本主义道路的想法和做法，都是不允许的。”坚定理想信念，使学生具有坚定正确的政治方向，使学生个人的理想和志向要同国家和事业的需要联系起来，明确社会利益与个人利益的关系，树立为人民服务、为社会服务的思想。通过德育教育，保证党的路线、方针、政策在农业院校贯彻落实，培养社会主义农业现代化建设的接班人。

艰苦朴素、勤俭办学的革命传统教育是刘瑞龙农业教育思想的基本内容之一。“勤俭建国、勤俭办社、勤俭办企业、勤俭办科学和教育，是建设社会主义的根本原则。”“我们要真正地培养人才，发展科学，不一定先在房子上讲究，房子搞得太好，养尊处优，对教师、学生都不会有益处。”他一针见血地指出：“有些毕业的学生不愿意下乡，可能与此有关。”他强调：“勤俭建国，艰苦朴素一定要造成舆论、养成风气。愈是艰难困苦，愈能培养和锻炼出有用的人才来。”农业院校培养学生优秀的思想品德，反对享乐主义和拜金主义极有必要，是对刘瑞龙农业教育思想的具体实践。由于工农、城乡差别在一定时期内还会存在，农村的工作条件还比较艰苦，因此必须培养学生具有奉献精神和艰苦奋斗精神，要具有联系群众，严谨务实，脚踏实地的工作作风。

二、刘瑞龙农业教育思想的现代意义

刘瑞龙农业教育思想所具有的职业教育性与现代高等农业职业教育之间的紧密联系，对于发展现代农业教育有着重要的理论价值和实践意义。

1. 着眼地方“三农”的发展全局，科学定位人才培养目标

从高等职业教育的培养目标我们不难发现，高等农业职业教育作为高等职业教育的一种重要形式，应该注重职业教育的本土化和区域化，在遵循我国关于高等职业教育培养目标的原则和方向下，应该根据本地区、本校实际，制定为社会主义新农村建设服务的人才培养目标。从刘瑞龙有关农业教育思想可以看出，他并没有单一地就教育而论教育，而是把整个农业教育放在农业科学研究和农业生产的全局中去把握，在发挥农业教育服务农业生产、优化资源配置和突出区域特色方面发挥了重要作用，这一点对于当代发展农业职业教育，服务于社会主义新农村建设仍然具有重要的借鉴意义。在推进社会主义新农村建设过程中，党的十七大报告明确指出“培育有文化、懂技术、会经营的新型农民，发挥亿万农民建设新农村的主体作用”。而新型农民培养的重要基地则是各类农业职业院校，要适应社会主义新农村建设的需要，高等农业职业教育在人才培养方面就必须面向农村，以农业增产和农村发展为目的，搭建农村实用人才培训平台，实现学校发展与服务“三农”相结合。

2. 依据农业生产的整体性，科学建立专业体系

目前，高等农业职业教育已从求规模、数量发展转向求内涵、质量发展的关键时期。作为高等农业职业院校应该根据农业就业市场的需求来开发课程，调整专业设置，按照发展现代农业的基本要求，专业设置和课程开发方面应该考虑到农业生产的整体性。刘瑞龙认为，“为生产各部门培养专业人才是必须的，但必须注意到农业生产是一个整体……只能在一门专业中当状元，而对其他方面缺乏必要的常识，要想有效地为发展农业生产服务是困难的。”因此，在专业设置上，一方面，可以从农村经济发展的形势出发，设置一些针对性和实用性强的“短线”专业，动态地培养社会紧缺的技术应用型人才。有些专业设置可以与职业资格证书联系起来，学生学完某门课程体系就可以取得相应的职业资格证书。另一方面，从高等农业职业院校服务于地方经济的长远角度来看，还必须建设一批具有特色的“长线”专业，充分考虑农业生产发展的整体性以

及农业就业市场的需求，如开设农产品加工、农产品物流、农村家政服务以及小型农场管理等相关专业，从而使专业设置符合现代农业产业结构的调整变化，能在相当长的一段时期内存在和发展。

3. 遵循“教育、生产、科学结合”的方针，探索创新人才培养模式

刘瑞龙指出：“农业生产、农业科学研究和农业教育工作，是唇齿相依、息息相关、不可分割的，是互相推动、互相发展的。”为此，在农业院校的工作中，他提出，“必须贯彻教育、生产、科学研究紧密结合的方针”。由此可见，刘瑞龙早年对农业教育模式实施产学研相结合就有所思考。

今天，为了更好地服务于社会主义新农村建设，大力发展现代化农业，我们更应该要求有条件的农业高职院校实施以学建产、以研兴产、以产促学的产学研模式。首先，建立自己校内的农业生产基地，将现实的农业生产环境引入到教学活动中，在教学过程中可以采取先做后讲或边做边讲的教学方式；其次，要加强校企合作的步伐，注重现有科技成果转化为现实生产力的能力，加大对科技产品的研发力度，从生产低附加值的农产品向生产高附加值的产品转变，从而实现现代农业的高产、优质、高效、生态、安全的要求；最后，以农业生产所需要的技术和人才为出发点，将现实生产对应用型人才的需求及时反映到学校的人才培养课程中，使学校对农业生产需求的发展具有一定的前瞻性，教授的农业知识具有一定的前沿性，可以适当聘请富有经验的农业专家进行实践教学，利用现有的农业生产资源，加大实践教学的力度，从而提高高等农业职业教育的教学质量。

三、刘瑞龙农业教育思想在南通农院的传承与实践

刘瑞龙是从南通走出去的革命家，也是南通地区党组织的缔造者之一。他一生关注南通，关注南通的教育，尤其是关心南通的农业教育。1980 年，他在《关于南通、盐城地区商品棉基地建设若干问题的调查报告》中指出：“提高农业科学技术水平，要抓好一支队伍，地、县同志普遍认为，当前科学技术力量不足，既需要充分发挥现有专业技术人员的作用，又需要积极培养一批专门技术人才。”他把当时地县同志向他提出的希望转达给了当时的国家农委和江苏省委：“希望农业部和省农业厅把农业教育抓起来，按照党中央对干部年轻化、专业化的要求，有计划、有选择地培训各级农业干部，恢复和健全中等农校，举办各种专业训练；希望恢复农业中学，农村普通中学增设农

业课程，以及协助解决农业教育师资、经费和设备问题。”他逝世后，其家属遵照其遗愿，将他的许多珍贵藏书尤其是农业类书籍捐赠给南通农院。利用这些藏书，南通农院对刘瑞龙农业思想进行了深入发掘和研究，并按照刘瑞龙有关农业教育的思想精神，坚持“立足三农、服务社会”的办学宗旨，为国家和地方培养了大量专业技术人才，为国家和地方农业振兴和经济社会发展作出了重要贡献。

1. 坚持科学发展，转变发展方式

刘瑞龙有关“农村教育必须适应而不可脱离广大农民发展生产、劳动致富、渴望人才的要求……以适应当地群众的财力、物力状况和学生接受水平。”的论断，充分体现当代科学发展观的本质要求。科学发展观是党的十七大精神的核心理念，是马克思主义理论的最新发展和最新成果，是我们推动教育发展、建设高水平高等职业院校必须长期坚持的重要指导思想。只有坚持科学发展的理念，把发展作为第一要务，把以人为本作为根本核心，把全面协调可持续作为根本要求，把统筹兼顾作为根本方法，才能准确把握办学规律，找准学院发展定位，妥善处理学院改革发展与和谐稳定的辩证关系，充分发挥高职院校自身特色和优势，才能满足地方经济社会发展对高等职业教育的迫切需求，形成学校各项事业整体推进、持续发展的良好局面。

目前，南通农院正按照学习实践科学发展观的要求，认真贯彻党的十七届三中全会精神和中央 1 号文件精神，紧紧围绕转变发展方式的新形势，全面加快推进学院建设发展。面对发展过程中遇到的办学经费紧张、办学规模小、办学资源和条件不足等新矛盾、新问题，学院勇于直面，敢于挑战，奋力抢抓机遇，大胆改革创新。理念决定思路，思路决定出路，科学的发展思路是科学发展的关键。为了寻求一个符合学院实际的科学发展思路，学院进行了为期半年的系统、广泛、深入的调研和论证，确立了“一个中心、两个转变”的发展思路，即“以提高人才培养质量和办学水平为中心，实现治校理念从单一管理型向管理经营型转变，办学理念从单纯适应型向适应引领型转变，促进学院又好又快全面科学发展”。这个思路的提出，是面对迅速变革的高职院校发展新形势，对学院治校理念和办学理念作出的新的战略思考，是破解学院发展难题的“点题”之措。这一思路的提出得到了地方党委政府的充分肯定，市委、市政府领导要求学院要按照“围绕一个中心，实现两个转变”的发展思路，全面加强学院各项建设，努力把学院建设成规模适度、特色鲜明、省内领先、国内知名的多专业示范性高等职业技术学院。

2. 坚持开放办学，引领服务社会发展

刘瑞龙提出农业教育“必须贯彻教育、生产、科学研究紧密结合的方针”，就是倡导农业院校的办学要走开放办学道路。高职教育的办学定位也决定了高职院校必须坚持开放办学的理念。通过开放办学，紧密结合科学发展观的新要求、适应转变经济发展方式的新形势、满足城乡一体化建设的新需要，提高人才培养质量，引领服务社会发展。一是面向社会需要办学。坚持“以服务为宗旨、以市场为导向”的办学思想，以社会需求为办学出发点和落脚点，紧密结合南通地方经济发展需求和市委提出的“开启基本现代化建设新征程”的任务要求来设置专业、培养人才，努力培养高质量的能够适应经济增长方式转变的各类专业技能型人才，为地方经济、社会建设发展服务。二是积极利用社会资源办学。主动加强与政府（社区）、行业、企业（经营大户）、高校及科研院所的合作协作，充分利用政府政策、行业企业资源、社会资金，有效搭建资源共享平台、校企合作平台、校校联合平台，切实形成政府主导下的产学研紧密合作的办学模式，利用多方资源与优势为学院的建设发展服务。三是引领社会发展办学。着眼于南通经济社会特别是农村经济的发展需求，充分发挥人才、智力优势和专业优势，鼓励教师“把论文写在大地上，把成果留在农户家”，在服务地方经济和引领农村建设改革中有新的作为：积极开展培训服务。在为社会培养输送合格的高技能人才的同时，充分发挥学院专业门类较全、师资力量雄厚、教学设施完备的优势，充分挖掘办学潜力，开展社会培训活动，实现职业培养教育与职业培训教育相结合；积极开展科研服务。利用学院拥有的校内科研平台资源，积极与企业、园区开展技术合作和科研攻关，紧密结合地方实际需要，培育一批专业技术项目，积极推动企业科技进步、科技创新与成果转化，发挥引领服务作用。积极开展技术服务。利用学院技术优势，直接面向农村生产一线和广大农民开展“零距离”服务，组织和动员广大师生通过开展送科技下乡活动，普及农业科技知识，推广农业新技术、新知识。通过结对实施“挂县强农富民”工程，组织专家驻村入户，培育“一村一品”，实现了产业调整，扩大了生产规模，提高了生产水平，增强了农民科技素质。

3. 坚持内涵发展，提升办学水平

内涵建设是提高教育教学质量和办学水平的根本。一是结合转变经济发展方式的需要，强化专业建设改革。专业建设是内涵建设的龙头，学院着眼于现代农业发展需求，着眼于南通经济社会发展需求，加强专业建设。根据转变经济发展方式的新形势，南通提出了要以设施果蔬园艺业、生态健康畜牧业、特色水产业、休闲观光农业以及农产品仓储流通业为重点，着力做大规模，做强特色，做优品牌，不断提升我市农业的现代物质装备、现代科学技术、现代产业体系、现代服务体系建设水平，加快传统农业向现代农业转化、升级。同时还提出南通要着力打造包括纺织服务、轻工食品在内的六个“千亿级”产业板块，形成独具南通特色的沿海产业带。学院围绕这个要求，积极深化专业建设改革，按照“优势突出、特色鲜明、布局合理、协调发展”的原则，加强重点专业、特色专业建设，建立健全以农为特色、文理兼备、多专业、多门类专业体系，使学院从单一农业技术教育向以服务“三农”为特色、以服务经济社会发展全局为宗旨的综合职业技术教育转变。二是实施人才强校，培育一流师资。坚持把发现、引进、培养优秀人才作为学院发展的战略任务，全面组织实施师资队伍建设工程，以专业建设、课程建设、科技平台建设、科技项目为载体，重点打造以专业带头人（学术带头人）为核心，以高中级职称教师为骨干的教学质量高、群体结构优、团队合作好的专业教学团队。三是突出职业能力培养，创新人才培养模式。根据高职教育特点和专业特点，遵循以能力为本位原则，突出职业能力培养，实施“工学结合”的人才培养模式。围绕“宽基础、活模块”的课程设置思路，调整职业素质课程与职业核心课程的课时比例，构建突出能力目标、项目载体、学生主体，基于工作过程理论实践一体化，课程项目驱动的课程体系。建设一批集专业教学、专业实习、学生就业、教师从事技术研发、技术推广服务于一身的教学、科研、就业基地，为人才培养提供充分的实验和实习条件，提高学生的职业技能。四是建设先进文化，凝聚精神动力。坚持用文明、高雅的校园文化引导和塑造师生员工。主动策应南通环濠河博物馆群建设规划，在院内筹建农业教育博物馆、刘瑞龙农业思想研究机构，传承张謇农业职教思想，弘扬刘瑞龙农业教育思想。创建校园文化精品，提高校园文化品位，努力建设体现时代特征和学院特色的校园文化。

4. 坚持以人为本，促进学生全面发展

刘瑞龙高度重视农业院校的德育教育。加强德育教育，就是要大力加强农业院校学生的思想素质教育和人文精神的培养。大学生是国家的未来，农业院校的大学生是中国农业振兴、农村现代化的希望，肩负着崇高的历史使命，没有过硬的思想素质和深厚的人文精神底蕴是不能适应经济社会发展需要的。学院坚持把素质教育贯穿于人才培养工作的全过程。用现任中央政治局委员、国务委员刘延东视察我院时“掌握科学知识，献身现代化农业，立志振兴中华”的题词和向学院赠书为动力，树立育人为本的教育观，树立学生全面发展的质量观，树立为学生一生发展和幸福奠定基础的教育价值观，全面推进素质教育。以队伍建设为保障，努力建设一支专兼结合的思想政治工作队伍，发挥专业教师、辅导员、班主任在大学生思想政治教育和日常管理中的作用，进一步构建全员育人、全程育人局面；以理论武装为龙头，强化思想品德修养教育，引导学生树立远大理想信念，践行社会主义核心价值观；以爱心育人为特色，健全完善爱心育人模式。在教学、管理、服务等各个领域全方位关心关爱学生，形成爱心育人的长效机制，加强学生心理健康教育，培养学生良好的品德素质与健康心态；以文化活动为引领，通过校园科技文化艺术体育活动和大学生社会实践活动，全方位为学生提供素质教育平台，提高学生各方面的素质；以就业创业教育为重点，加强学生就业能力培养，积极探索专业实习、社会实践、就业一体化模式，把思想教育、知识教育、创新教育、创业教育、就业教育等教育融为一体，贯穿于学校教育的全过程。把大学生创业教育与就业工作紧密结合起来，以创业带动就业，全面提升大学生创业能力和就业核心竞争力。努力把当代大学生培养成道德高尚、心理健康、情趣高雅、人格健全的合格公民和高素质劳动者。

翩然儒将刘瑞龙——江总书记怀念的老革命

张景华[①]

（2001 年）

在中国共产党走过的80 年战斗历程中，无数共产党员、革命先烈为了党的崇高事业抛头颅，洒热血，前仆后继，奋不顾身。可以说，共产党80 年的辉煌历程是由他们的鲜血铸就的，正是因为他们的忘我、他们的执著、他们的追求，才造就了我们时代的精神基石，才有了我们今天的幸福生活。不要忘记，这些先烈的精神！今年年初，《光明日报》、《解放军报》和《解放军文艺》都在显著位置刊登了《刘瑞龙诗稿》一书由解放军文艺出版社出版的消息。其中，最引人注目的是，书中收录了江泽民总书记写给刘瑞龙夫人江彤的一封信及抄录的江上青烈士和江树峰的三首诗词。信中体现了江总书记和我们党对革命老同志及其家属的关心，江上青、江树峰的诗词表达了共产党人的崇高境界和战友之间的深厚情谊。

对许多人来说，刘瑞龙也许是一个陌生的名字。《刘瑞龙诗稿》是一本什么样的书，他的一生有何壮举，和江上青、江树峰有着怎样的革命情谊？在中国共产党建党80 周年之际，我们不妨回过头来踏着历史的足迹，追寻这位老革命者的一生。

曲折瑰丽的革命生涯

1910 年10 月，刘瑞龙出生在江苏省南通市。出生刚刚70 天，父亲就去世了，孤儿寡母生活十分窘迫。1925 年，刘瑞龙在南通师范读书期间，受表姐夫恽代英的胞弟恽子强的影响，开始接触马克思主义，经常阅读进步书刊，参加革命活动。1927 年，国民党撕下革命伪装，在上海、武汉等地对中国共产党进行疯狂镇压，白色恐怖笼罩中国大地。在这个血雨腥风的多事之秋，刘瑞龙加

① 张景华，曾任中国人民革命军事博物馆馆长、政委，总政治部文化副部长兼八一电影制片厂厂长。中国文联第四届委员。

入了中国共产党，开始了他漫长而曲折的革命生涯。

1929 年，时任南通县委书记、年仅 19 岁的刘瑞龙与李超时、何昆、张爱萍、黄火青等创建红十四军，在国民党反动统治的心腹地带组织工农武装。

1932 年秋，因出现了叛徒，刘瑞龙不能继续留在上海，党中央决定让他到苏联学习。虽然刘瑞龙一直向往能到当时世界革命中心——苏联学习，但想到灾难深重的祖国，他毅然决定留在国内。1934 年刘瑞龙西上川陕，任红四方面军政治部宣传部长，参加了举世闻名的红军长征。不幸的是，张国焘在红四方面军推行极左路线，无端怀疑并迫害革命队伍中的知识分子，刘瑞龙也不能幸免，但他冒着极大的危险，尽自己的最大努力，保护了一批知识分子干部。

红四方面军两过雪山、三过草地，历尽了千辛万苦。刘瑞龙经受了残酷的战斗洗礼，以顽强的革命意志走完了伟大而悲壮的红军长征。后来，西路军在甘肃高台与反动军阀“马回子”决战失利，刘瑞龙等数十名红军干部被捕入狱。1937 年冬，经党组织的大力营救，刘瑞龙和其他几名将士死里逃生回到延安。

解放战争期间，刘瑞龙担任第三野战军后勤司令，华中《新华日报》战地记者徐熊风趣地称他为“空军司令”，当时他手下只有一位秘书、两位警卫员和两位副手。在著名的淮海战役中，就是这位“空军司令”参与动员和组织起几百万人的浩浩荡荡的民工大军奋勇支前；在淮海、渡江和上海等重大战役中，刘瑞龙直接指挥和组织后勤支前工作，建立了不可磨灭的功勋。后来电影《车轮滚滚》生动地再现了当年民工支前的感人情景。

翩然一儒将

刘瑞龙从小就喜欢古典诗词，像许多老一辈革命家一样，他用枪也用笔投入战斗。即使在环境极其险恶的战争年代，他也经常读诗写词，借以抒怀，翩然一员儒将。《刘瑞龙诗稿》收录了他 1929～1988 年创作的近 200 首诗词，真实地记录了他 60 年的革命生涯中对党和人民的赤子情怀，也从一个侧面反映了我们的党史、军史和农史。刘瑞龙那些早期“在马背上哼成的”诗作，有土地革命时期用《三字经》的形式写成的布告、通告，有抗战时期和解放战争时期激烈斗争的真实写照，令读者展卷如见铁马关山，如闻军号战鼓。他那些和平时期的诗词，有对新中国的热情歌颂，有他的人生感悟以及对子女的勉励，充分展示了一个老共产党人为人民鞠躬尽瘁的高风亮节和广阔胸襟。

十年浩劫中，刘瑞龙在被非法关押长达 5 年的时间里，写下了 30 多万字的读书笔记。他利用放风时间，从垃圾堆里捡起一片片破烂的烟盒纸，工工整整地写下了许多诗词。可以说，《刘瑞龙诗稿》是一部革命现实主义和革命浪漫主义相结合的诗词集，是一部给予后人以丰富教益和深刻启迪的警示录。

革命情谊源远流长

在《刘瑞龙诗稿》一书中，收有江总书记写给刘瑞龙夫人江彤的一封信。信中说：

江彤同志：

我抄录了江上青江树峰的三首诗词，其中表达了对刘瑞龙顾民元同志的怀念。乍暖还寒，请予珍重。

专此即致

敬礼

江泽民

一九九四年四月五日晚

刘瑞龙、顾民元和江上青、江树峰的战友同志情谊，可以追溯到70多年前。早在1927年，刘瑞龙还在南通师范读书期间，就结识了在南通中学读书的江上青。江上青原名江世侯，1911年生于江苏扬州。1927年，在刘瑞龙、顾民元的介绍下，江上青加入了中国共产主义青年团。1929年江上青在上海加入中国共产党。自此，江上青以笔为枪，写诗撰文，创办刊物，讨伐魑魅魍魉，传播革命火种。江上青两次被捕，在狱中大义凛然，英勇不屈。他创作了大量追求革命理想的诗歌，表达了共产党人矢志不渝追求革命理想的情怀。其中，《刘瑞龙诗稿》中就有江总书记抄录的1939年江上青寄给其弟江树峰的诗：

过隙光阴似白驹，十年患难早相扶。
雄心拼付三期战，别绪全凭一雁书。
春水绿杨思故里，秋山红叶走征途。
天涯兄弟成劳燕，互问风尘老病无。

诗中表达的浓浓手足情谊和战友深情，令人感慨万千。

1938 年 11 月，江上青成功地推动国民党六安县长盛子瑾抗日。刘少奇曾高度评价说：抗战初期，我党在皖东北与盛子瑾的统战，是一个成功的范例。1939 年 8 月 29 日，江上青在率队谈判返回途中，遭反动武装袭击，壮烈牺牲，年仅 28 岁。

当时任豫皖苏省委书记的张爱萍主持了江上青的追悼会。他这样评价江上青：上青的殉国，不仅使我失去了位知友，失去位战友，也使皖东北抗日民主阵线失去了位卓越的领导者，使中国革命大厦失去了一位杰出的栋梁……

顾民元烈士是刘瑞龙的表弟，1912 年生于南通，1927 年加入中国共产党。1941 年 1 月 29 日，作为启东县抗日民主政府县长，顾民元在赴掘港开会途中被土匪俞福基部拦截绑架。顾民元在羁押中，正气凛然，他在狱中写下了三千言绝命书，安慰亲人："莫为江流悲永逝，天光常照浪之花。"当时顾元民所在的中共党组织处于地下，与新四军党组织还没有联系上。2 月 24 日，新四军与俞福基部发生战事时，误杀顾民元。同年 4 月，新四军在掘港召开追悼大会，追认顾民元为烈士。

时隔半个多世纪，活下来的同志并没有忘记昔日出生入死的战友。在《刘瑞龙诗稿》一书里，收录了江树峰 1982 年怀念江上青的词《调寄青玉案》以及江树峰怀念顾民元书赠刘瑞龙的词《调寄八声甘州》。《调寄青玉案》写道：

……
碑铭已勒洪湖渡，
英烈江淮生死处。
翠柏丹枫千万句：
青阳春早，
广陵梅吐，
嘱我行兄路。

词中表达了两位革命老人对故人的无限怀念之情。

为中国农业走到最后一息

新中国成立后，刘瑞龙任农业部常务副部长。1955 年，毛泽东主席接到农民的反映，说是麻雀祸害庄稼，于是批示：麻雀是害鸟，能不能消灭它们？毛主席把这项任务交给了刘瑞龙。

麻雀究竟是不是害鸟？为了慎重起见，刘瑞龙特地找到动物学家钱燕文。钱燕文是中科院动物研究所副所长，在他的印象中，麻雀是吃植物种子的，植物种子多半不是粮食，况且麻雀还吃害虫。钱燕文思忖再三，提笔在报告下边写道："我不敢肯定是否应当消灭麻雀。"鸟类学家郑作新提出要辩证看待雀害。1959 年，中科院党组书记张劲夫上书毛主席，毛主席批示："麻雀不要打了"。

"文化大革命"后，刘瑞龙回到农业部。80 年代初，已是古稀之年的刘瑞龙，先后兼任《中国大百科全书·农业》卷《中国农业百科全书》总编辑委员会主任，以及《中国大百科全书》总编辑委员会副主任。《中国农业百科全书》是目前世界上规模最大、内容最丰富的一部农业百科全书。作为总编委主任的刘瑞龙，不顾年迈多病，不仅为推进全书编撰作出了重大决策，而且事事躬亲，作出具体部署，对全书的成功起到了举足轻重的作用。

1988 年 5 月 25 日，78 岁高龄的刘瑞龙，在广州参加全国农史学会学术讨论会时，因劳累过度，积劳成疾，心脏病猝发，抢救无效，不幸溘然长逝，走完了他革命的一生。

战 士 与 诗 人*

——读刘瑞龙、江上青诗稿

王德颖

（2001 年 7 月 26 日）

在中国共产党 80 年的历程中，曾经诞生过灿若群星般的诗人革命家，毛泽东、瞿秋白、周恩来、陈毅……他们都是从旧时代知识阶层走来的革命者，学识渊博，才华横溢；在艰苦的斗争岁月里，他们借诗抒怀，砥砺情志，显示了高洁的革命情操和丰富的感情世界。刘瑞龙、江上青和他们一样，既是忠诚的战士，又是深情的诗人。最近，阅读了《刘瑞龙诗稿》和《缅怀江上青烈士》一书中的烈士诗作，更加深了对这两位革命志士的崇敬之情。

1927 年大革命失败后，中国大地笼罩着白色恐怖。正在南通读书的刘瑞龙、江上青当时只有十六七岁，但他们怀抱救国救民思想，在恽代英、恽子强的影响下，毅然加入了中国共产党和共产主义青年团。刘瑞龙长江上青一岁，是他的入团介绍人。

1929 年 11 月，年仅 19 岁的刘瑞龙担任中共南通县委书记，参与创建和领导工农红军第十四军。红十四军失败后，他带着一支笔和简单的行囊，从上海到川陕，踏上了艰苦卓绝的长征路。在漫漫征途中，他的笔从未停歇过，他的诗是激励士气和鼓舞人民的，是枪林弹雨中的从容，是马背上的苦吟，是雪山草地的情愫：

冬晨过夹金（二首）

（1935 年 11 月随军南下天芦）

懋功南行

策骑攀北麓，晨雾阴冷浓。
嘘气成冰滴，奋力登顶峰。

* 本文原载于 2001 年 7 月 26 日《人民日报·海外版》。

破雾晴万里，红日浴絮云。
万山回吟啸，举首揽太清。

由宝兴北返懋功

黄昏发宝兴，困战急回兵。
篝火遍南麓，恍若满天星。
细雨拍面来，路滑梅南行。
遥念北上者，捷报传后营。

江上青战斗在另一条战线上。1929 年年初，他出狱后转入上海艺大读书，继续从事地下工作，并转为共产党员。他一边战斗，一边创作新诗，写下了《新世界的贺仪》、《十月底的旗帜》等。

此后，他再次被捕，在狱中进行了不屈不挠的斗争，先后写下了《冷漠的世界》、《饿是武器》、《缝艺人》、《我从信赖到了这里》等诗篇。一个不怕把牢底坐穿的共产党人，在自由和生活的权利被剥夺之后，把饥饿当作武器继续战斗："在失去了机械和锤和刀/和歌唱和舞蹈的时候，/谁都相信饿是武器。"他从上海监狱被押往苏州监狱时写道："对于我都有着熟悉的脸的，/他们用着热烈的、含笑意的，/诚挚而密切的生死共同的脸欢迎我。"表现了难友之间真挚的友情和乐观主义精神。

抗战期间，江上青和战友们创办了《写作和阅读》杂志，发表了一批宣传抗日的诗作和文章。他组织文化界救亡协会流动宣传团，溯江而上宣传抗日，还亲自写了《团歌》"我们是铁的队伍，/是热情的一伙。/要举起抗战的旗帜，/要掀起抗战的巨波，/要燃起抗战的烽火。"江上青就像一团火，走到哪里，就在哪里燃烧。

江上青的自由体诗抒发了革命者的豪情，其古体诗词更多了国破山河在的慷慨之气。"隔夜听芭蕉，孤馆牢骚；破书囊里恨无刀。关外马蹄惊塞野，鼙鼓频敲。"这些词句显示了他深厚的古诗词功底。

当然，江上青首先是一个战士。在他的绝笔诗中，我们真切地看到了一个战士的诗魂。"过隙光阴似白驹，十年患难早相扶。雄心拚付三期战，别绪全凭一雁书。春水绿杨思故里，秋山红叶走征程。天涯兄弟成劳燕，互问风尘老病无。"这是江上青牺牲的当天写给弟弟江树峰的诗。他是否冥冥之中意识到生命走到了尽头？十年征战岁月稠，蓦然回首，方才感到一种对故里和亲人的牵挂。

一个年轻的革命者，带着对生命、对亲人、对未竟事业的无限依恋，踏着漫山遍野的红叶走了，这是何等壮美的境界啊！

1940 年，刘瑞龙来到江上青亲手开辟的皖东北抗日根据地，担任军政委员会书记。他万万没有想到，分别了 12 年的战友竟是这样与他重逢。根据地的数千干部群众为江上青送行，他们擦干眼泪，拿起那尚带余温的枪和笔，继续他未竟的事业，续写他未尽的篇章。

南下，北上*

——读刘瑞龙的长征诗

汝　水

（2006 年 10 月 26 日）

1935 年 10 月，当毛泽东率红一方面军主力登上岷山之巅时，他的心情豁然开朗，抑制不住胜利的喜悦，一气呵成《七律·长征》、《念奴娇·昆仑》。时隔不久，红四方面军在张国焘错误路线引导下，逆北上的方向朝着另一座雪山进发。笼罩在夹金山上的愁云惨雾触动了一位红军将领刘瑞龙的诗绪，写下了《懋功南行》："策骑攀北麓，晨雾阴冷浓。嘘气成冰滴，奋力登顶峰。破雾晴万里，红日浴絮云。万山回吟啸，举首揽太清。"不幸的是，部队刚下雪山就遭遇强敌，一场恶战之后，南下红军被迫退却，二度翻越夹金山。诗人写下了《由宝兴北返懋功》："黄昏发宝兴，困战急回兵。篝火遍南麓，恍若满天星。细雨拍面来，路滑梅南行。遥念北上者，捷报传后营。"

诗作者刘瑞龙系红四方面军的宣传部长，他的诗作虽然和毛泽东的长征诗几乎同时，但两位诗人的情感格调迥然不同，这和诗人所处的环境有着直接的关系。是年 6 月，两大主力会师夹金山下，中央在两河口会议上确定了北上抗日的方针，制订了兵分两路北出甘南的进军路线。当毛泽东随右路军走出草地时，张国焘却命令南下，红军第一次出现了分裂的危险。在此情况下，毛泽东当机立断率红三军团连夜出发迅速脱离险境，避免了"红军打红军"的悲剧发生。张国焘却一意孤行，另立中央。两路大军，一路向北，一路向南，一路节节胜利，一路惨遭失败。随军南行的刘瑞龙，亲历了南下红军的挫折和失败，心情极其复杂，这决定了诗的基调是低沉的。

但诗人又是坚定和乐观向上的，特别是诗的末句："遥念北上者，捷报传后营。"表达了作者对革命必胜的信心。作为红四方面军负责政治宣传的领导干部，刘瑞龙坚决拥护党中央北上抗日的方针，反对南下逃跑的错误路线，他因

---

* 本文原载于《人民日报》2006 年 10 月 26 日第 8 版。

此在肃反扩大化中遭到打击迫害。但刘瑞龙对党和革命事业无限忠诚，这两句诗正是他内心思想和感情的真实流露，表现了一位伟大革命者远大的目光和坚定的信念。

刘瑞龙与红十四军*

徐仁祥①

（2004 年）

1930 年年初，根据中共中央军委的决定，中共江苏省军委将通、海、如、泰地区的红军游击队组建为中国工农红军第十四军。在南京国民党中央政府的卧榻之侧，红十四军发展到 1300 余人，不屈不挠地斗争了 7 个多月，并在游击区进行了分田地、建政权的革命活动，发展赤卫队数万人，沉重打击了国民党反动统治，扩大了中国共产党在通、海、如、泰人民中的影响。

作为南通地区早期党组织的创始人之一，刘瑞龙为红十四军的组建和武装斗争的开展付出了很多心血。

1910 年出生于南通的刘瑞龙，早年在南通师范读书期间就积极参加革命，并于 1927 年秋加入中国共产党。大革命失败后，各地农民运动风起云涌，武装斗争在全国各地展开，刘瑞龙同志也投入到这场斗争之中。1928 年冬，身为中共南通县委委员的刘瑞龙，被派到南通县东五区（余东、余中、余西、三余、三益）进一步发动群众，建立与发展农民协会和游击小队，夺取地主的枪支武装自己，并先后建立起党的组织。在此基础上，刘瑞龙于 1929 年 2 月主持召开了有 5000 人参加的群众大会，成立了南通东乡第一个工农兵苏维埃政府，附近各区农民运动也在此影响下迅速开展。

游击小队的建立，为党领导的农民斗争的进一步开展发挥了积极作用，也为红十四军的建立创造了条件。1929 年的年关斗争中，游击小组镇压恶霸地主，让农民过了一个没有地主逼债的新年。10 月，秋收斗争中，在 5000 多农民配合下，游击队攻打地主巢穴汤家苴，处死恶霸地主汤廉臣。11 月，刘瑞龙接任南通县委书记。

与此同时，如、泰地区的农民武装斗争也风起云涌。1928 年春夏发动“五一暴动”，播下游击斗争的火种。1929 年 8 月，组建起如、泰工农红军。他们与

---

* 本文原载于 2004 年第 3 期《南通今古》。

① 徐仁祥，南通市市委宣传部常务副部长。

通、海地区的武装斗争遥相呼应。

1929年11月18日至26日，刘瑞龙与李超时赴上海参加江苏省委第二次代表大会，有机会听取了周恩来、李维汉等领导人的讲话。刘瑞龙、李超时在会上介绍了南通的情况。会后，中央军委根据江苏省委的提议，决定在通、海、如、泰地区组建中国工农红军第十四军，并相继配备各级指挥人员。

回到南通后，刘瑞龙加紧了武装斗争的组织工作。1930年2月，通、海区召开了各县县委书记联席会议，按照省二次党代会的决议和省委指示，讨论了通、海、如、泰地区的政治形势和工作路线。会议确定："通、海区的党必须采取进攻的路线，抓住群众迫切要求的口号，发展游击战争，建立苏维埃政权，没收和分配地主的土地。"在这次会议上，刘瑞龙与李超时参照中央苏区红军游击战争的战略战术，并结合南通平原地区的特点，共同拟定了游击战争的行动大纲，提出了游击战争的战术：（一）避开敌人的大部队，消灭敌人的小部队；（二）利用各种树荫、沟港，设置疑兵，疲劳敌人而后攻敌；（三）迂回作战，把敌人引到小路上来，然后解决他；（四）乘敌不意，进行奇袭，同时发动农民到处响应。

会议以后，各县都对游击队进行了整顿，而刘瑞龙任县委书记的南通县，在1930年1月下旬即对游击队进行了整顿，并于2月在南通东乡的张家宅召开大会，根据省委的指示，正式宣布成立中国工农红军江苏第一大队。

在各地整顿的基础上，红十四军军部将通、海、如、泰地区的红军游击队统一编制，通、海方面的红军江苏第一大队编为第一支队，如、泰方面的红军编为第二支队。红十四军的正式成立准备就绪。

1930年3月下旬，刘瑞龙成为新成立的通、海特区委员会的委员。4月3日，通、海特委和红十四军军部在如皋西南部的贲家巷召开有数万军民参加的大会，宣布红十四军正式成立。通、海、如、泰地区的武装斗争进入新的阶段。

红十四军成立后，主要领导成员有何坤（军长）、李超时（政委）、薛衡竞（参谋长）、余乃诚（政治部主任）等，刘瑞龙并没有在红十四军担任职务，但作为南通县委书记，通、海特委委员、巡视员、书记，刘瑞龙积极参与了部队的组织建设和武装斗争的领导工作，为扩大红军的影响作出了积极的贡献。

红十四军的主体部分是在通、海、如、泰地区农民暴动和武装游击队的基础上建立起来的，主要成分是来自农村的广大贫雇农，对封建地主剥削压迫的痛恨促使他们起来在共产党的领导下开展武装斗争，但其固有的自由和散漫的习性制约了他们在较短时间内成为强有力的战斗队伍；同时，一些富农和流氓无产者混入红军队伍，致使队伍严重不纯。红十四军正式成立前，各地农民武装虽然进行了整顿，如吸收了大批雇农贫农和失业工人，提拔了一批成分好、斗争坚决的骨干分子，处理了一些作风十分恶劣的富农和流氓分子，同时建立各级士兵委员会，但问题并未根本解决。另外，为加强党对红军武装的组织建设和领导，中央军委陆续派来一批军事人员担任红军各级指挥员，以致一部分人借机在士兵中煽动地方观念和排外思想，制造分裂。因此，如何解决以上问题，以便发展壮大红十四军，一直困扰着红军武装斗争的全过程。

红十四军建立后，刘瑞龙有较长一段时间随一支队行动，为消除红军队伍中的不团结现象付出了巨大的努力，其中最突出的是处理1930年4月下旬发生的部队分裂事件。当时，一支队准备西行攻打金沙，但一些人利用此前部队出现的几个队员受伤一事，煽动攻击从外地调来的指挥员，拒绝接受支队长的指挥。危急时刻，刘瑞龙召集队伍训话，明确指出：斗争形势紧迫，红军不能在原地消极等待；大家都是同志，不能分什么“蛮子”和本地人；红军只有在共产党的领导下，采取进攻的路线，一致勇敢地行动起来，才是唯一的出路。一席话暂时稳住了队伍的情绪，但由于排外思想十分强烈，局势未能根本扭转，终致公开发生分裂。事后，刘瑞龙对制造分裂的人提出了尖锐的批评，强调其行为是在事实上消灭红军，远离了党的正确路线。

分裂发生以后，刘瑞龙曾试图以继续西行的一部分武装力量为基础，加强对红军武装的改造，并使之发展壮大。不久，一度分裂的一支队两部分武装又不期会合到一起。为避免新的矛盾的产生，一支队队委召开会议，刘瑞龙在会上通报了通、海特委的指示，强调必须加强部队的组织纪律，使部队在纪律的约束下重新进行整合，确定了红军从小队、中队再到大队的编制框架，规定了入队手续，建立起新的指挥机关。

离开一支队后，刘瑞龙还就红军的队伍建设向江苏省委提出具体建议，内容包括以下几个方面：

一是主张逐渐肃清富农流氓分子，在斗争中吸收贫农、雇农、手工业工人、失业工人，改造队伍的阶级基础。吸纳新的队员应有党的指导机关或群众组织的介绍，要服从纪律。

二是以50人为一作战单位（中队），即以16人为一小队，三小队48人，外加中小队长、队副，共计50人。三个中队编为一个大队，同时依需要建立军需后勤服务机构。

三是要有明确的工作计划，每个队员、各级指挥人员都要有经常性的工作计划和正常的组织生活。

四是要选拔贫雇农分子建立教导队，培养下级干部，肃清流氓无产者。

五是要建立政治部，并强化政治部的工作，不能视政治部为可有可无的附属品，以确保对部队战士的教育和人民群众的宣传鼓动。

六是加强共产党对红军的领导，在战士中积极发展优秀分子入党，加紧建立党小组和支部，以确保党对红军的中心领导作用。

然而，由于通、海、如、泰地区的斗争异常紧张激烈，刘瑞龙这些建议未能在红十四军一一实行。

此外，为了保持队伍的纯洁性，刘瑞龙还注重清除红军队伍内的腐败分子。1930 年 7 月 20 日，刘瑞龙在如皋西乡水洞口主持召开万人大会，宣布坏分子孙盛（“破凉帽”）的罪行，将他及其死党丁夸儿处决。

红十四军建立后，武装斗争始终是部队面临的最主要任务，刘瑞龙直接参与了红十四军武装斗争的组织和领导。影响最大的当数攻打汤家苴的战斗。

1930 年 5 月 19 日夜，红十四军一支队召开队委会，经通、海特委巡视员刘瑞龙和南通县委委员、巡视员一致同意，决定发动广大群众配合红军进攻重要的地主武装据点汤家苴，并拟定了行动口号。5 月 20 日早晨，西到三马路、西三甲，东到王灶河、小五总，各路赤卫军和群众拿起武器，与红军会合成 15000 人的队伍，浩浩荡荡向汤家苴进发。战斗一打响，汤家苴周围的田野上，到处是“进攻啊！进攻啊”的喊声。敌人从碉堡里向我疯狂射击。汤家苴周围有 30 多米宽的河，用吊桥进出，设有铁栅栏保护，南北有两座碉堡。战士们打开了碉堡外面的铁门，南北两路红军和群众一齐放火烧碉堡。跑得快的敌人缩到最后据点南楼子。此刻，敌人从三余镇出动来援，红军和群众当即主动撤出战斗。同时，为迷惑敌人，20 多个司号员吹起进攻号，群众敲响锣鼓，高呼口号。震天动地的声音把敌人吓得退了回去。

汤家苴战斗虽未能一举攻占汤家苴，但消灭了地主武装六七十人，推动了通、海地区武装斗争走向高潮。此后，红军乘胜转战通、海各地，相继攻打了货垄义兴、二甲、凤凰桥等地，大多获得胜利。刘瑞龙也在实践中获得了丰富的军事斗争经验。

在占绝对优势的敌人的合围进攻下，1930 年 9 月底，坚持半年以上的红十四军终于被打散，刘瑞龙、李超时等领导人转移到上海，军部随之解散。

红十四军的武装斗争虽然失败了，但却为我们留下了一笔宝贵的精神财富。在尖锐激烈的斗争中，红十四军的许多中高级领导人相继牺牲，因而，在把历史告诉后人方面，刘瑞龙同样功不可没。

还在红十四军在通、海、如、泰大地浴血奋战时期，刘瑞龙就在冷静分析研究的基础上，对红十四军作了深刻的反思和总结。他以通、海特委巡视员身份向江苏省委提交的《将破晓的南通东区》的报告，一方面对南通地区的革命斗争充满信心，同时，更主要的是对群众运动和武装斗争、特别是红军队伍中存在的问题作了尖锐的批评，并提出了自己的建议和设想。这份报告成为红十四军历史研究中一份十分珍贵的资料。

全国解放之初，正在上海工作的刘瑞龙收到大量请求帮助了解、核实红十四军有关史实的来信，在有关人员的建议和帮助下，刘瑞龙于 1959 年在《群众》杂志上连载发表了《回忆红十四军》，并着手单行本的修订出版。粉碎“四人帮”以后，刘老重新打开尘封已久的文稿，并加以修订补充，于 1980 年出版了《回忆红十四军》一书，以后几经修订再版，至今仍是回顾、总结红十四军战斗历程最权威的成果。

红十四军在通、海、如、泰大地进行武装斗争的 1930 年，正是李立三的左倾错误（长期以来被称之为立三路线）在党内占统治地位的时候，因而有人认为红十四军是立三路线的产物，进而全盘否定红十四军的光荣历史。在 20 世纪 80 年代召开的一次史料征集会议上，刘瑞龙批评了这种观点，肯定地认为：通、海、如、泰人民大众，在帝国主义、封建主义、官僚资本主义和国民党反动政府的残暴剥削压迫下要反抗、要革命、要救死求生，这是任何人不能阻挡的；共产党按照党的“八七”会议方针和“六大”决议，深入农村，顺应人民的革命愿望，领导人民起来革命，在国民党统治的腹心地区，敢于高举打倒帝国主义、打倒封建主义、打倒国民党反动政府的旗帜，组织和领导工农革命运动，建立中国工农红军第十四军，这是在党的正确路线下长期酝酿的必然发展。把立三路线尚未产生时形成的革命力量，武断地说是立三路线的产物是不符合事实的。通、海、如、泰农民起义和红十四军对当时省内外革命运动和以后抗日战争、解放战争时期革命力量的发展和坚持斗争的作用是很明显的。以革命斗争的胜败作为是否歌颂的标准，也不是马克思主义应有的态度。我们歌颂的是革命，绝不是歌颂错误。我们现在回顾过去，并不是责备过去，而是借助先烈们用鲜血换来的经验教训，为夺取社会主义现代化的物质文明和精神文明建设的胜利而兢兢业业地工作。

是的，红十四军的武装斗争失败了，但光荣的革命传统永放光辉；为红十四军建立和发展作出杰出贡献的刘瑞龙同志，通、海、如、泰人民永志不忘。

真情永留老区

——刘瑞龙心系睢宁革命和建设事业追记

刘鹏举[①]　杜祜辉

（2005 年）

刘瑞龙是睢宁人民永远怀念和爱戴的老一辈无产阶级革命家。在他 62 年的革命生涯中，曾多次在睢宁这块古老的土地上巡视、指导、组织革命和生产工作，和睢宁人民结下了深厚的情缘。

土地革命时期，1931 年，刘瑞龙同志第一次只身来到白色恐怖中的睢宁，坚定执行正确路线，巡视和指导党的工作，发展和壮大党的组织。1930 年 7 月，睢宁县举行了震惊徐、海、蚌地区的古邳暴动。由于弱小的革命势力和盲目的斗争策略，起义遭到了国民党反动派的血腥镇压，大批共产党人惨遭屠杀，国民党当局以防匪为名，在各乡建立炮楼，监视和破坏党的组织，我县党组织被破坏殆尽。到处一派白色恐怖。

1931 年 8 月，中共江苏省委特派刘瑞龙到地方巡视指导工作，12 月底，刘瑞龙冒着生命危险，只身以教师身份作掩护来到睢宁，在张圩王窝、峰山等地与县委负责人鹿拙继、王继宗等秘密取得联系，并于 12 月 18 日秘密召开了中共睢宁县委扩大会议，传达了中共江苏省委对开展农民运动、恢复党的组织、壮大革命武装、开展游击战争的指示。刘瑞龙联系实际，告诫与会人员要吸取古邳暴动失败的惨痛教训，讲究斗争策略，走出盲目进行武装暴动的误区。会后，刘瑞龙和徐、海、蚌特委书记孙叔平等同志一道深入张圩、古邳等地群众中传播革命真理。考虑到革命环境的残酷和领导同志的安全，许多同志多次请求他白天休息，晚上工作，可他总是以革命事业为重，不顾个人安危，夜以继日，开展工作。巡查调研中，他详细了解了我县党领导的张圩农民抗官租斗争：张圩一带的故黄河滩上有 3000 多亩所谓“官地”，长期租给农民耕种，以作“教育经费”。但官府强迫丈量“学田地”，增加亩数，又在田租之外增加“银税”，

① 刘鹏举，睢宁县交通局局长，曾任睢宁县委宣传部部长。

加重农民负担。睢宁县委因势利导，发动农民抗官租，组织群众近千人游行示威，并发动武装斗争，游斗收租官和恶霸地主。迫使国民党县政府取消全部"学田租"。刘瑞龙要求睢宁县委注意总结经验，讲究革命的斗争策略。

刘瑞龙同志到睢宁以后，县委调整了革命斗争的策略，注意发动群众，开展隐蔽斗争，党的组织得到了迅速的恢复和发展，仅到1932年4月，我县便相继建立了11个区委、53个支部，党员发展到840多人。困难时期，关键时刻，刘瑞龙同志以无产阶级革命家的胆略，发展、壮大了我县党的组织。

1982年，在北京召开的淮北党史座谈会上，刘瑞龙同志还强调指出，张圩抗官租斗争是党领导农民运动的正确方向。这种斗争方式既保护、壮大了革命力量，又维护了农民群众的根本利益。并指出，在张圩的日子里，他愈加认识到农民运动在革命历程中的重要作用，深切体会到李立三左倾盲动路线给革命事业带来的严重危害。

在抗日战争最艰难的历史时期，刘瑞龙作为淮北区主要负责人，先后两次来到睢宁，深入一线，组织抗战，指导抗日根据地创建。

1940年3月，刘瑞龙重返淮北，担任淮北区党委副书记、行政公署主任，主持淮北区地方党政工作。他牵挂着睢宁人民，指示邳、睢、铜地委：睢宁是具有光荣传统的革命老区，群众觉悟高，革命热情大，只要我们相信群众，放手发动群众，就一定能够构筑抗击日伪政权的铜墙铁壁，巩固、发展、壮大党领导的抗日革命根据地。1943年5月22日，他来到仍处于隐蔽状态的泗灵睢抗日游击根据地。在详细了解敌我双方的斗争态势后，决定泗灵睢结束隐蔽游击阶段，转入创建抗日革命根据地时期，强调要不失时机地把工作重心放在发动群众、扩大武装和建立公开政权三大任务上来。

中共泗灵睢县委根据刘瑞龙同志的指示，大力发动群众，建立基层群众组织、培养地方干部、发展党员、扩大武装、建立公开政权，根据地面貌焕然一新。

到1943年6月上旬，泗灵睢县共建区乡农救会40多个，发展会员近5000人，并组织了青救会、儿童团等群众组织。同时，发展区、乡民兵武装，成立县大队，分别建立了湖南区、淮北区、官山区、李集区、朱集区、桃园区等区乡政权。县委书记李任之写信向刘瑞龙汇报了他们发动群众，建立政权，开展军事斗争的情况与经验。刘瑞龙安排在《拂晓报》上公开发表这封信，并作按语："泗灵睢新区目前正在发展中，这封信主要是写那里发动群众与组织群众的情形，其中有不少经验和方法，介绍给各地方及部队中的同志作参考。"刘瑞龙的正确决断对于泗灵睢抗日根据地的创建和发展起到了极其重要的作用。

1943年6月中旬，刘瑞龙在部队掩护下从萧铜地区越过海郑公路到邳、睢、铜地区检查指导工作。在我县张圩等地，他把自己的生死置之度外，亲自深入边缘区实地察看敌我双方态势。一次，当他走到距日伪设在故黄河堰上的宋湾据点不足1000米时，前哨报告王集据点的敌人已出动往这边奔袭。刘瑞龙仍然健步走在前头，向哨兵了解日伪活动规律。在侦察叶场据点时，刘瑞龙要求依靠群众力量，坚决拔除这个设在根据地"咽喉"上的"钉子"，粉碎日伪蚕食根据地的阴谋。他和康志强（邳、睢、铜地委书记）、赵汇川（邳、睢、铜军分区司令员）等一起研究敌情，讨论消灭据点的办法，在睢宁近1个月的时间里，他的生活相当清苦。当时，根据地由于受到长期封锁，物力财力匮乏，军民生活极为艰苦。地委领导不忍心刘瑞龙餐餐都是老盐豆、老咸菜、高粱窝窝头和山芋干煎饼，为他搞点豆油，准备炒些素菜，刘瑞龙发觉后立即叫撤回去，并说：大家吃什么，我就吃什么。6月底，刘瑞龙在我县古邳山召开的邳睢铜干部大会上作了战胜困难、扩大解放区、夺取抗战胜利的报告，要求在军事上主动打击敌人，拔除根据地周围的日伪据点，除奸肃特，巩固扩大解放区。政治上要进一步加强政权建设，实行党政军一元化领导制，坚定信心，改变作风，加强统战，瓦解敌人。积极开展生产自救，战胜经济困难。他说"只要觉悟的群众拥护党的政策，再强大的敌人我们都不怕，任何困难工作都能开展起来"。（讲话发表在1943年7月1日邳、睢、铜地委机关报《团结报》）

在刘瑞龙的正确领导下，睢宁人民配合主力部队很快破坏了由王集通往张圩宋湾的简易大路，消灭了宋湾敌人，进行了闻名南北的俘敌400余人的7天7夜叶场围困战，拔除了日伪设在根据地边缘的据点，海郑公路以北睢宁人民基本获得解放，日伪军被迫退守在海郑公路沿线据点和县城内，邳睢铜形势发生了根本性变化。1943年11月27日，陈毅赴延安途经邳、睢、铜根据地时，看到根据地繁荣景象，在我县古邳欣然挥毫《泗宿道中》，对睢宁的大好形势和广大军民精神面貌作了生动描述："夜走泗宿着，晨过故黄河。古邳解鞍马，煮酒醉颜酡。斗规残日照，铁骑送长征。百里吠村犬，穿插敌伪惊，畅游根据地，沿途劳送迎。相见问安好，老苍惊故人。"刘瑞龙这次在睢宁的活动对于我县根据地的建设和巩固起到了重要的指导性的作用。

解放战争时期，特别是淮海战役期间，作为华野第二副参谋长、后勤部司令兼政委的刘瑞龙第四次来到睢宁，坐镇我县，具体领导和组织支前工作，有力地保障了我军在淮海战役期间的物资需求和伤员的转运需要，为战役的胜利作出了历史性贡献。

1946年7月，国民党军占领淮北后，保安队、还乡团，对根据地干部群众反攻倒算，无恶不作，解放区成了人间地狱，广大人民群众陷入水深火热之中。1947年1月，根据中共华中分局的指示，刘瑞龙主持组织挺进支队西渡运河开辟邳、睢、铜地区。在为饶子健（挺进支队司令员）、赵汇川（挺进支队副司令员兼参谋长）等主力部队和邳、睢、铜地方干部壮行会上，刘瑞龙详细部署了工作任务，鼓励王烽午（挺进支队政治部主任）、刘永章、李任之等睢宁干部要不怕困难、不惧牺牲，突出做好6个方面的工作。一要一切为群众打算，维护群众利益。要从敌我双方制定的负担政策入手，发动群众反抗国民党的地方政府。二要摧毁敌人的政权，争取建立党的政权。坚决铲除罪大恶极的反动分子，消灭还乡团。三要根据党的政策抓好土改分田。四要抓紧一切机会发展我们的力量，扩大军队和恢复发展党的组织。五要开展政治攻势，瓦解敌人。六要力谋自力更生，克服困难。临行前，刘瑞龙同志一再要求大家保护好自己，作长期斗争的打算，无论什么险恶环境，都要挺过来，坚持下来。他指出脱离主力，在敌丛中独立作战，困难是难以想象的，要充分考虑到各种不利因素，紧紧地团结广大群众，灵活运用毛主席敌后游击战争的战略战术，因势利导地去夺取胜利，牵制和分散敌军主力部队，为迎接日后的大反攻创造条件。

不久，睢宁就建立了两个敌后工委，创建了邳、睢和泗、灵、睢革命游击区，开辟了苗圩、占城、魏集、古邳四个中心区，形成了人口达15万人的革命根据地。1948年11月15日，刘瑞龙作为华东野战军第二副参谋长，后勤部司令兼政委，亲自进驻我县古邳，担负起负责支援和保证我军参加淮海战役的前方60万将士军需粮草供应的重任。在刘瑞龙的组织下，睢宁县建立了许大庄、古邳、睢宁县城等粮食转运站；高作、大李集弹药供应军；古邳、王集等战地医院；开辟了睢宁到双沟、褚兰，许大庄到双褚，许大庄到尹集，宿迁到睢宁，王集、窑湾到古邳等粮草运输线。11月19日，支前司令部转设睢宁城西宋楼，刘瑞龙与曹荻秋、陈丕显等华中党政负责人多次召开党政军会议，昼夜部署江淮、鲁南、华中等支前工作，保证前方将士粮食供应。11月23日，刘瑞龙在睢宁县潘村察看粮食转运情况，因劳累过度而晕倒，他仍然坚持工作。12月2日，黄维兵团被我军包围在双堆集周围，战线西移，后勤司令部转移到我县李集，刘瑞龙在此又负责为围歼黄维兵团的我方将士组织粮草弹药供应和伤病员转运工作，直到12月中旬，后勤司令部转到徐州工作，他才离开睢宁。淮海战役期间，刘瑞龙主要在我县，动员、组织民工500多万人，担架23万副，大小车辆

85 万辆，转运伤员 11 万人，送达前方粮食 5.7 亿斤，弹药物资 330 万吨。为我军取得淮海战役的胜利乃至中国革命的胜利立下了不朽的功勋。

解放后，刘瑞龙牵挂着他浴血奋战过的睢宁，牵挂着为革命事业作出过贡献的睢宁人民。他先后两次来睢宁看望群众，视察工作，研究探讨带领人民发展生产、改变贫穷落后面貌的方法措施。

1958 年 7 月 3 日，时任农业部常务副部长、党组副书记的刘瑞龙在江苏省委书记刘顺元、徐州地委书记刘锡庚的陪同下到睢宁视察工作，他不辞辛苦，深入田间地头，了解山芋、玉米、棉花等作物种植情况。与群众座谈，了解他们的生产生活情况。他不摆架子，平易近人，还深入田间锄草间苗。他在岗头乡和平村了解到食堂里许多农民吃不饱饭，有的得了浮肿病，便亲自到病人家中看望，并与县委领导联系，组织医务人员治疗。在农村调查过程中，他发现广大农村群众生活困难，缺衣少食，生活得不到保障，而许多社队干部却忙于大炼钢铁，大办食堂，忽视农业生产。刘瑞龙对县委干部说，看到当年为革命作出巨大贡献的睢宁人民生活这样艰苦，他内心非常痛苦。在县委干部会议上，刘瑞龙指出：不断生产就是不断革命，要把农业生产放在工作的首位。他强调要发挥科技力量，培养科技人员进行科学种田。1960 年 4 月底，睢宁县委向刘瑞龙汇报玉米亩产取得新突破时，他听了非常兴奋，5 月 3 日便驱车赶到睢宁现场察看，并指示睢宁县委整理材料上报农业部以便推广，关切之情令睢宁县群众无不深受感动。

1986 年 5 月，中共睢宁县委、县人民政府在北京美术馆举办儿童画展，刘瑞龙不顾年高体弱，积极为筹办工作出谋划策，解决困难，并主动联络曾在睢宁战斗过的老同志参加展览。当他得知睢宁县儿童画已有 2500 多幅在国际上获得金、银大奖，得知睢宁县被文化部命名为“儿童画之乡”时，异常兴奋，称赞睢宁的教育从娃娃抓起，睢宁的革命事业后继有人。

如今，刘瑞龙远离我们已 17 个春秋了，睢宁人民铭记老革命家的关爱，学习老革命家的高风亮节，继续发扬革命战争年代那么一股子劲，一股子革命热情，自力更生、艰苦创业、顽强拼搏，农业产业发展迅速，民营工业势头强劲，城乡面貌大为改观……老区睢宁已步入后发争光、快速崛起的快车道。

胜似亲人

——记刘瑞龙与徐如英老太太的交往

庄　奂收集整理

1962年冬天，一位饱经风霜、满头白发的农村老太太突然住进了中共南通县委第一招待所。这里虽然只有几排砖木结构的平房，设备也很简朴，但却依傍着小桥流水，半村半廓，相当幽静，本是县里接待高级干部的处所。

这位老太太不仅是作为县委的客人，而且是作为中央农业部副部长刘瑞龙同志的客人，被邀请来县里作客的。当时，刘瑞龙同志正在南通县检查工作。

老太太名叫徐如英，76岁，家住本县金沙区金中乡墩塘村（现属金沙镇镇北片），是个普通农民。她的丈夫叫张太川，所以人们经常喊她“太川老太”。太川老太久居农村，默默无闻，突然被邀请到县里作客，而且住进了高干招待所，这不能不引起许多人的好奇，都想打听一下究竟。但是一般人只是了解个大概，真正了解事情始末的人却很少。有些人还以为这位老太太是刘部长的“亲戚”呢。在征集史料工作中，我们又旧事重提，进行调查考证，这才弄清了事情的原委。原来这位老太太在20世纪20年代末、30年代初，曾经掩护过刘瑞龙。

1929年11月，刘瑞龙担任中共南通县委书记。此后，经常来金沙镇北金中乡和同乐乡一带活动，发动和依靠苦难深重的基本群众起来干革命，闹翻身，求解放，在同反动势力作斗争中，与群众生死相依，患难与共，建立了鱼水深情。

1930年4月20日（农历三月廿日），当地党组织接到上级通知，叫准备粮草迎接由刘瑞龙等组织起来的红十四军一支队进攻金沙。当晚，中共金沙区委委员刘金乔、张祖昌和部分共产党员、积极分子，在二总土地堂北张有安家召开秘密会议，布置任务，研究分工，不料被敌探发觉。会议结束后，参加会议的各自回家睡觉。刘金乔睡到张祖昌家里。第二天一早，参加会议者全被国民党南通县政府金沙区公安特务队抓去。下午一点多钟，中共金沙区委委员张祖昌、刘金乔二位同志，在十七总岸头邱涛寿家的坝头旁惨遭特务队杀害。其余3人，有的被关了三四天，有的被关了七八天，都陆续取保获释。

4 月 26 日的早上，刘瑞龙带了个同志来到张祖昌家，非常关切地慰问张祖昌的母亲徐如英。徐如英尽管丧子心痛，像有千言万语需要诉说，但因当时情况紧张、环境恶劣，却反而担心着刘瑞龙等同志的安危，便悄悄地对他们说："多谢二位跑来看望。因近旁有敌人耳目，这里不能耽搁，请赶快离开！"说着，随即和大媳妇曹金秀商量，把刘瑞龙等同志送到住在同乐乡（今为纱场乡）四总岸北的大女儿张爱贞家，由爱贞把他们送走，临行，刘瑞龙同志将共产党宣传标语和两双套鞋交给徐如英，吩咐徐如英立即将宣传标语烧掉。

徐如英烧掉标语后，收拾了一下。正在这时，一个反动家伙闯了进来，花言巧语地对徐如英说："我亲眼看到刘瑞龙和另一个人跑到你家，人哪里去了？你把刘瑞龙交出来，我包你把大儿子放出来！"徐如英的二儿子张祖昌刚刚牺牲，大儿子张祖圣被捕后还未放回，她虽救子心切，但想到刘瑞龙是一个县的共产党领导人，全县的穷人就靠他带领着闹翻身、求解放，如果为了救大儿子而把刘瑞龙交出来，就会害了全县的穷人，自己心中也不忍。于是她将计就计说："好的。他们已经走了，我去找，找到了，就骗他们来，你且等一等！"

徐如英来了个脱身法，追了出去。在路上，她碰到大女儿张爱贞，知道爱贞已把刘瑞龙等同志送到共产党员陈福奎家。回头看看那个坏家伙没有跟过来，就朝陈福奎家走去，恰巧在离陈福奎家不远的一条路上碰到了。她把敌人跟踪追捕的消息告诉刘瑞龙同志，并关照刘瑞龙等不能再到她家去，因为她家已受到敌人的监视，去了会发生危险。吩咐毕，即请陈福奎一道护送。陈福奎走前头，刘瑞龙等走中间，徐如英走后头，一直把刘瑞龙等同志送到斗香台。在斗香台附近找到了金沙区委委员于德茂，由于德茂一个人用丝网船把他们送走。

正当刘瑞龙同志踏上丝网船即将安全转移时，徐如英这才忍不住哭了起来。刘瑞龙同志再次劝慰她："你儿子是为革命牺牲的，你们全家光荣。你老人家不要伤心，等革命成功了，我们总不会忘记的，会比你儿子养你老还要养得好！"

自此一别 30 年，徐老太太丧失儿子的悲伤之情逐渐淡薄了。而由于几经变乱，人们对她的二儿子张祖昌的死因却出现种种非议。解放 10 多年了，因时过境迁，张祖昌为革命而死缺少有力的旁证，反而死得"不明不白"，徐老太太的忧虑与日俱增。她曾想寻找刘瑞龙，但是天下这么大，刘瑞龙在何处呢？后来听说刘瑞龙在北京担任要职，又怕找到了他却早已把七年陈八年古的事情忘记得一干二净了。

其实，刘瑞龙同志并没有忘记这位老太太。一到县里，他查访到徐如英老太太的下落便派车把她接来。见面之后，刘瑞龙同志向徐老太太嘘寒问暖，马上吩咐人给她添置了一套新棉衣，还买了几双新袜子送给她。并出具证明，要民政部门追认张祖昌同志为烈士，定期地给烈士家属老太太徐如英以生活补助。老太太常和人念叨："刘部长比我自己的儿子待我还好。对革命有贡献的人，共产党是不会忘记的！"在共产党和人民政府的亲切关怀和多方照顾下，这位老太太幸福地度过了晚年，一直活到92岁。

刘瑞龙与淮海战役*

刁恩厚①

（1998 年）

1948 年 9 月初，华东野战军内外线兵团云集于津浦路徐州和济南之间，会同中原野战军一道，准备同国民党军进行最后一次战略性的大决战——淮海之战。中共中央、中央军委十分重视会战中的后勤保障工作，决定把当时任豫皖苏分局财经办主任的刘瑞龙调回驻齐鲁大地的华东野战军（以下简称“华野”），主抓后勤工作。刘瑞龙接命令后，立即赶赴“华野”驻地曲阜，在陈毅、粟裕、谭震林等直接指挥下，开展工作，受命“华野”后勤司令兼政治委员。为做好淮海战役的后勤保障工作，他付出了巨大的努力，作出了应有的贡献。

一、淮海战役规模大，用兵多，后勤保障任务十分艰巨，刘瑞龙审时度势，从战略角度，积极开展了大量的后勤筹备工作，为战役的胜利提供了后勤保障

淮海战役，敌我双方力量之集中，规模之庞大，在古今中外军史上实属罕见。国民党军投入 80 多万人。解放军“华东”和“中原”两大野战军投入 60 多万人，以徐州为中心，东起海州，西迄商丘，北起临城（现名薛城），南达淮河的广大地区，对国民党军形成围歼之势。因是大兵团作战，粮食物资消耗很大，供应部队所需，单靠战场就地征集筹备是远远不能满足的，它涉及华东、中原、华北三个战略区和江苏、安徽、山东、河南、河北 5 个省份。组织工作有一定的难度。为此，中央军委和毛泽东对此次战役的后勤保障极为关心，令三大战略区通力合作，合力保障。中央军委在战役发起前亦发出指示，“这一战役将比济南战役规模大，比睢杞战役的规模也可能要大，因此，你们必须有相

* 本文原载于《淮海战役新论——纪念淮海战役暨徐州解放 50 周年学术讨论会论文集》。

① 刁恩厚，时任北京军事科学院军史部干事。

当时间使攻济兵团获得休整补充，并对全军作战所需包括全部后勤工作在内，有充分准备，方能开始行动。”面对上级的再三指示，刘瑞龙当然明白“军马未动，粮草先行”这个道理。为此，刘瑞龙首先深入部队，深入基层，调查了解前线部队的生活情况和供需情况，掌握兵马数量，制订筹集人力、物力、财力等供应计划，以及筹措和实施的方法、步骤。同时他还带领后勤的同志经常与地方党政机关紧密联系，协同和督促地方党组织进行全面的大规模的动员和组织活动，提出响亮的富有感召力的口号“解放军打到哪里，就支援到哪里。”“前方需要什么，后方就送什么。”这些工作，极大地调动和激发了广大人民群众“一切为了前线，一切为了胜利”的轰轰烈烈的革命热情。人民群众把参军当作自己高尚的使命，神圣的职责，光荣的义务。为了把工作做好，做细，刘瑞龙还经常深入乡村。1948 年 11 月 10 日的一个夜晚，他去新安镇与李坚、王子鲁商谈支前工作，研究了部队临时筹粮的办法；向群众筹粮要付足粮草票，留下证明信，每人平均土地在一市亩以下者，不向其借粮。每市亩借粮最多不能超过 10 斤。个别地主富农存粮多者，可以多借。由于思想工作和组织工作做得好，许多老百姓不顾家境贫寒，倾其所有，踊跃支前。在战役前夕，仅华东地区就动员了随军民工和二线民工 60 余万人，运送了 1.8 亿斤粮食到战区附近，同时也布置了以淮海战场为中心的庞大的运输供应网，设立了许多民工站，大力抢修了铁路、公路等设施。对伤病员和转运治疗及军需物资的供应也作了详细的安排。在战争还未发起之前，以刘瑞龙为代表的广大后勤战线的同志已做了大量的工作，取得了人民群众的拥护和支持，已成为联结党和人民群众的桥梁，是积极组织人民群众参与战争、支援前线的纽带。他们把毛泽东的“人民战争”思想认真落到实处，把人民和战争紧紧地连在一起，使人民群众成为解放军的可靠后方和坚强的靠山。

二、在淮海战役中，刘瑞龙不断摸索大兵团作战物资保障的特点、规律，适时调整后勤部署，确保战场急需供应

淮海战役于 1948 年 11 月 6 日晚打响了。中央军委在“关于歼灭黄、邱、李兵团”的指示中强调“此次战役为我南线空前大战役，时间可能要打两个月左右，伤员可能在 10 万人以上，弹药民工需要极巨，请华东局、中原局用全力组织支援工作”。毛泽东指示：“应极力争取在徐州附近歼灭敌人主力，勿使南窜，

华东、华北、中原三方面应全力保证我军供应。”按照上级的指示精神，刘瑞龙积极认真地筹划和督促支前工作。但由于前方战线变化急剧，发展较快，原定运粮在运河地区，后来部队迅速向津浦路发展，致使后勤支援跟不上部队，有的出现断粮现象，严重时，连续两天，士兵每天只吃一顿饭，面对这种情况，刘瑞龙焦急万分，他认真总结经验，为解决供应不及时的问题，决定增设弹药库，补给所和粮站或粮食转运站，并要求尽量靠前配置，超前行动。让大家将储备在第二线仓库的粮食、弹药等作战物品直接运到前方阵地，补充各纵队。关于粮食、副食品和柴草等问题，他指出除特殊情况需要紧急调运外，一般采取就地筹措、就地供应的办法，以保障作战部队的急需供应。针对部队战斗辗转变化不定等特点，他组织实施了支前常备民工、二线民工和三线临时民工相结合的完整体制，有效地保证了无论军队打到哪里，走到哪里，都有常备民工跟随到哪里，保证了战场上的机动性、灵活性。

据不完全统计①，“华野”经过动员，仅山东在战役期间便出动民工2183398 人，担架 51937 副，大小车 333057 辆，挑子 192357 副、牲畜 179509 头，船只 3250 艘，汽车 219 辆，调运粮食 39000 万斤，柴草 41000 多万斤，食油 726551 斤，粮食 839207 斤，猪肉 863000 余斤，保证了部队的供应，完成了任务。

三、刘瑞龙在淮海战役中奉命主持了由华东、中原、华中及冀鲁豫四方代表出席的支前联合会，协调了兄弟部队之间有关后勤保障的问题，理顺了关系，明确了任务，推进了后勤工作

由于战役规模之空前，前线吃饭人数已达 150 多万人，每天消耗粮食、马料 350 万到 500 万斤，动员民力 225 万人，后方临时民工 160 多万人。这庞大的数额对后勤保障来说，的确是场战时的考验。尤其是 12 月中旬以后，战役进入第三阶段，战役迅速西移，战局在扩大，参战人员剧增，需要的粮食物资也随之增加，运输线也越来越长，部队之间有些交叉；再说，数九寒天，冰天雪地，还需要筹足过冬的粮草，以免部队忍饥挨冻。当时的问题是华野和中野两大野战军的后勤部门怎样来协调好。面对这一严峻的形势，刘瑞龙向华野代司令粟

① 此统计数字有误，因是历史资料，仍保持原状。——本文集编者

裕作了汇报，得到粟裕的同意后，将情况立即报告了中央军委同时并建议召开一次有华东、中原、华中及冀鲁豫四方代表参加的支前联合会议。刘瑞龙的这个建议很快就得到了总前委和中央军委的批准并委派刘瑞龙具体负责筹备和主持这次四方支前联合会。总前委并指示："这次联合会支前会议的任务是解决统一调剂中野、华野的粮食供应，协调徐州同周围几个地区支前工作，研究继续进军前有关支前的各种准备工作以及部队南进时的支前机制等问题。此会议经过刘瑞龙的认真准备，于1948年12月26日在徐州召开，会上对大家最关心的粮食供应问题作了讨论和研究，刘瑞龙作为大会执行主席，对后勤工作作了分析，并对粮食供应作了小结，他指出：自淮海战役发起，在50天内消耗粮食共约2.2亿斤，按中野、华野两军部队人员、新兵、俘虏及常备临时民工130万人统筹以4个月计，需吃粮3.12亿斤、马料4800万斤。刘瑞龙根据上级的指示精神，以及部队的实际情况，建议将粮食供应分为3个时期。第一期为淮海战役第三阶段之供应，这一阶段暂以20天来计算，那么需要粮食5500万斤，如算到1月底，即需要6500万斤，马料、马草、烧柴均就地筹给，此事大家要按部署分头进行。第二期为休整两个月之供应，需加工粮1.6亿斤。中野所需粮食分布周口、上蔡间1000万斤由豫西运给；涡蒙阜600万斤、亳鹿太1400万斤由豫皖苏筹给。华野所需粮食分布于徐东、临枣、徐宿、砀山、兖济、徐州、两淮7个粮区。第三期为部队进入江淮地区之供应，准备以上述二期余粮调剂。对各地运屯粮食接管发送拟作如下分工：陇海、津浦沿线部队，徐济段及陇海段粮站由华东支负责，两淮及徐宿段粮站由华中负责。烧柴、马料、马草均由当地筹给。猪肉，中野由豫皖苏负责，华野所需由山东代购两批，油盐由豫皖苏负责，烟叶由华支代购。至进军准备中的各地任务及进军后的支前机构，因牵涉太宽，拟交换意见后向中央级各中央局暨总前委提出建议，以备采择。关于粮站配备，接管分工与统一调度：（1）徐州至开封一线由冀鲁豫负责设点，负责接收保管支援运送该线粮食；（2）徐州及其以北地区由华支负全责；（3）在豫皖苏及华中内地者，由各该区自行设立粮站。关于部队粮食解决的办法：（1）部队保证每人带3天粮食；（2）在可能前进的方向，由两个前办分头布置粮食；（3）华中前办带100万斤随军前进；（4）敌人突击方向不存粮食。关于粮食的管理与制度等问题，刘瑞龙建议由华支粮食部统筹负责。这样便于统盘掌握，协调部署，对这个问题，在会上大家达成了一致。关于民工问题，尤其是新的常备民工的服务期要延长，刘瑞龙认为：延长有好处，一是常备民工有经验，思想相对比较稳定，当然也有少数民工有不稳定情绪，希望大家回去要认真做工作。对于交通问题，在会上提议要按照交通部规定军用车辆办法与军人乘车办法执行。有关货币问题，建议要统一解决；对于粮食标准规定也应统一。会议历时 3 天结束。总的来讲，此次会议由于刘瑞龙会前准备与组织讨论充分，也比较集中、有序。多数问题已达成了共识，未达到共识的问题，经过协商和建议，也理顺了关系，加快了四方支前的步伐，满足了战争的需要。

四、刘瑞龙在关于“华东支前委员会”（以下简称“华支”）取舍与保留等问题上，有独特的见解，得到总前委书记邓小平的赞同

1948 年 11 月 4 日，华东局正式成立了统一的最高的支前领导机构——华东支前委员会，以傅秋涛、张雨帆、魏思文、张劲夫、程思轩、赵锡纯、梁竹航七人为委员，以傅秋涛为主任，分设政治部、人力部、粮食部、财政部、交通部以及民站部。淮海战役打响后，“华支”在积极组织民工支援前线上卓有成效，保证了前线对民力的要求。到了淮海战役的后期，于 12 月 26 日在徐州召开的四方联合支前会议上，“华支”的领导提出：“徐州解放后，‘华支’即可告一段落，干部抽回，机构解散。”据称，“华野”代司令粟裕也曾当面说过。原因之一，当时组织动员民工时，说的是 3 个月；原因之二是民工远离家乡，不愿延长时间，更不愿跟随部队南下，所以“华支”领导建议将“华支”解散后，支前工作由后勤部门兼办，或是由中央派人员另行组织统一的支前机构随军行动。针对这一问题，刘瑞龙有他自己独到的见解和长远的想法。他认为，淮海战役目前还没有胜利结束，等胜利结束了，部队还要南下，横渡长江，攻克南京。部队到时还特别需要支前这个机构，它与部队的供应关系甚大，起着不可替代的作用，眼下，部队进入江淮之间，当地的组织机构和干部是没有支前经验的，如果将此重任移交他们，恐很难立马担起重任，以满足部队前方的需要，假如不交地方，让部队后勤部门去兼管地区支前工作，那么，作为部队后勤部门本身事务丛集，不可能指挥当地政府部门，亦无突击力量实际协助。再说，新区部队在前，地方党政在后，部队需要集中，地方党政分散，后方支援不及时，必须就地动用人力物力，当各地干部新去时，除了支前外还有其他的工作要做，力量不集中，经验也不足，必须有一个专门的有能力、有经验的机构配以足够的干部作为适时的突击力量，随军行动，指导与直接协助当地政府就地动员，教育人民群众，筹集人力、物力，以解决部队之紧急。刘瑞龙认为，就

是让部队的后勤部门去兼管地方支前工作，那么，按当时的后勤编制来讲，也是不实际的，组织结构和体制也是不相符合的，也无此能力。他坦诚地说：我们的支前工作和国民党是不同的，国民党的联勤办法有些我们是可以学的，但不可以照抄。总之，我们后勤机构无地方支援不行，如果另起炉灶，一时也很难适应战争的继续，不容易组成像“华支”一样的干部多、力量强、经验足的机构。不如以“华支”为基础，再加上有关各区的干部组成一个统一的支前机构，给予一定权力，随时紧跟部队，动员战区的人力、物力，必能事半功倍，建议“华支”这个发展的战勤机构不能在面临如此巨大的粮食及民力供应的时候，轻易地“解散”、“取消”，应该继续留用发挥作用。

关于常备民工问题，刘瑞龙提出：华野有常备民工，中野没有。常备民工对部队大有好处，一是有利于部队的机动和战场的需要，二是常备民工队伍支前时间长、经验多，人的思想也较为稳定。此后“中野”是否须配备常备民工，由部队建立自己的建制担架、辎重部队，如须配备，要尽早作出决定，以免临时筹措为难。会议结束后，刘瑞龙即将会议情况进行了归纳整理并报告了华野前委。华野前委将材料报到中央军委、华东局、中原局。这个报告很快得到了总前委书记邓小平的满意答复。邓小平在 1949 年 1 月 10 日给刘瑞龙的信中说：“瑞龙同志，送来联合支前会议各件，均已阅悉，我完全同意该会所作各项决定，请依照执行。”实践也证明，支前委在徐州解放后，仍发挥了独特的机能作用，跟随部队南下，为部队继续筹集人力物力，做好支前工作，为全国的解放作出了重大贡献。

刘瑞龙在淮海战役中，作为后勤战线上的主要领导之一，肩负着华野后勤司令的历史重任，除积极贯彻上级的指示外，还要做大量的具体协调工作。在工作中表现出了富有远见卓识的后勤领导才能，以及身先士卒、脚踏实地的革命精神。在战况极其复杂的情况下，他与兄弟部队后勤工作的同志一起创造了以落后的交通运输工具，保证了大兵团联合作战的物力、人力需要。据不完全统计，淮海战役共出动民工 543 万人（其中随军民工 22 万人，二线转运民工 130 万人，后方临时民工 391 万人），担架 206000 副，大小车 881000 辆，挑子 30500 副，牲畜 767000 头，船只 8539 艘，汽车 257 辆，粮食 43476 万斤，各行政区为淮海战役筹运粮食 96000 万斤，有力地配合了两大野战军自 1948 年 11 月 6 日到 1949 年 1 月 10 日，历时 66 天同国民党军进行的战略决战，使解放军歼敌 22 个军 56 个师（内有四个半师起义）共 55.5 万人。正如刘瑞龙所说：“获得如此巨大战役的胜利，决定因素是党中央军委、总前委领导的正确，其中后勤供应是关键，做后勤工作必须有最大决心及充分准备。”刘瑞龙对淮海战役的贡献是载入史册的。虽然他已离开了我们，但他的淮海精神永远值得人们称颂、学习，尤其是在当前，部队改革之中，更应发扬老一辈无产阶级革命家艰苦奋斗、不怕牺牲的淮海精神，敢于开辟新思路，勇于探索新规律，适时解决新问题，把各项工作做得更好。

淮海决战中的华野后勤部长刘瑞龙

史文敏[①]

（2010 年）

1949 年 1 月 10 日，震惊中外的淮海战役取得全面胜利。在欢庆胜利的重要时刻，华野后勤部长刘瑞龙在萧县蔡凹，收到了淮海战役总前委书记邓小平的亲笔信：

瑞龙同志：送来联合支前各件，均已阅悉。我完全同意该会所作各项决定，请即依照执行。

短短数语，反映出淮海战役总前委对刘瑞龙的信任、支持和鼓励，也饱含着刘瑞龙为夺取淮海战役全胜付出的辛劳和奉献。

一

1948 年 10 月 29 日，刘瑞龙奉命到达华野指挥部所在地山东曲阜，就任华东野战军后勤部长。这时，距 11 月 6 日开战的淮海战役，只有 8 天。

大战在即，刻不容缓。刘瑞龙首先向华野前委负责同志转达了陈毅司令员关于“华野在执行中央 9 月会议的决定中应注意的问题”的指示，接着华野代司令员粟裕向刘瑞龙传达了中央军委关于淮海战役的作战方针和刚结束的华野前委扩大会议精神，提出了后勤工作的意见和要求；而后，华野副参谋长张震介绍了军委派后勤部长杨立三到曲阜研究部署淮海战役的后勤和支前工作的准备情况。按照中央军委和华野领导的意图，刘瑞龙同副部长喻缦云等领导一起，认真分析了大兵团集中、各部队协同作战可能遇到的困难和问题，对参战部队的物资补给、战场救护、伤员后送、粮弹转运、民工调配以及交通修复等后勤和支前工作，都作了深入研究和具体部署。

① 史文敏，安徽省宿州市新四军研究会副会长。

由于战前准备比较充分，1948 年 11 月 6 日，淮海战役打响后，后勤保障工作比较顺利。但随着战役规模的扩大，我参战部队进展神速，原来预设的粮站、兵站、医院都被远远甩在后面，小车、挑子、担架队伍赶不上急行军的部队，粮食供应出现一些问题。刘瑞龙等后勤领导当机立断，除应急动用华中地区预存粮食外，一面组织部队就地筹借粮草，一面发动群众，组织一切可以使用的力量赶运粮食，连上前方的担架都捎带上粮食。同时采取了增设粮站、分段运送和直接运送相结合的方法，将山东和华中的粮食抢运到作战部队。到 11 月 11 日，黄百韬兵团被包围在碾庄地区后，我军各方供应都赶上来了。

为扩大战果，华东野战军完成对黄百韬兵团包围后，分兵一部阻击国民党援军，后勤保障工作难度加大。1948 年 11 月 16 日，刘瑞龙到达江苏宿迁，同中共华中工委书记陈丕显、中共江淮区党委书记曹获秋等领导一起，共同研究了华野在围歼黄百韬兵团及其打援作战中，急需从华中地区筹借粮草、增调民工、延伸交通运输干线、增设供应站和健全支前机构等项工作，取得了一致意见。在各地党委、政府的全力支持下，广大后勤官兵和数十万民工，历尽艰辛，克服困难，运粮食，送弹药，抬伤员，保障华野全歼黄百韬兵团，取得了淮海战役第一阶段作战的胜利。

二

淮海战役进入第二阶段，华东野战军遵照中央军委和总前委的指示，分兵一部协同中原野战军围歼黄维兵团；另以 5 个纵队和江淮两个旅，迎击由蚌埠北援之敌；在 11 月 30 日，徐州杜聿明集团弃城出逃后，又集中力量，全力围、追、堵、截。前线部队调动频繁，连续作战，枪弹和物资消耗加大，伤病员不断增加，运输和后勤保障任务十分繁重。

为迅速改变困难局面，刘瑞龙一面向华野前委和总前委报告，在粮食、柴草、油盐、服装、民工等方面，争取领导和地方的支持；一面同后勤部领导同志一起，于 12 月 2 日将后勤机关转移到宿县城北符离集四山子，在这里，发出了《淮海战役第二阶段后勤工作部署》，在弹药、粮食、医院、民力、交通 5 个方面都进行了全面安排部署。为满足前线作战部队的需要，将兵站、粮站、转运站、救护所和医院向前转移或增设。各级后勤机关和支前单位连夜组织军民抢修公路和铁路干线，在人背、肩挑、小车推、牛车拉的同时，加大汽车、火车和船运力度，将弹药、粮食、装具，迅速运到前线，及时补充我军作战部队。

“这一系列紧急措施，确保了我军在双堆集、陈官庄、蚌（埠）西北3个战场的作战。”①

在围追堵截从徐州向西南出逃的杜聿明集团时，华野各纵40万大军先后进入萧宿永边区作战，具有光荣革命传统的边区人民，像当年支援新四军抗日一样，村村户户，男女老少，全力投入战勤服务。他们不辞辛劳帮助解放军带路、构筑工事、照料伤员、烧水送饭。但由于事发突然，粮食和物资一时运不上来，大部队吃饭一时出现问题。面对困难，刘瑞龙亲自找到萧县副县长单劲之，要求就地筹措粮草。战区人民听到老主任刘瑞龙（抗日战争时期刘瑞龙任淮北行署主任）借粮的消息，干部群众奋勇争先，许多贫苦农民宁愿自己吃糠咽菜，都把“口粮拿出来借给我军，三四天内就筹措粮食300多万斤，及时解决了部队缺粮的困难”②。

三

淮海战役进入第三个阶段后，华野奉命对被包围在萧宿永边区的杜聿明集团暂缓攻击，转入战场休整。时值雨雪交加，部队急需补充物资弹药，筹足过冬的粮草，需要由冀鲁豫、豫皖苏、山东、华中等地筹运。刘瑞龙和华东支前委员会主任傅秋涛协商后，向华野代司令员粟裕作了汇报。粟裕立即将此情况报告中央军委，建议召开一次联合支前会议，给予统筹解决。

为争取主动，刘瑞龙同副部长喻缦云等领导商定后，“1948年12月19日，在符离集北四山子村召开了各纵队后勤部长会议，检查总结了（淮海战役）第一、二阶段后勤保障工作，确定了第三阶段的后勤组织部署，统一了供给制度，明确了物资补充的要求。还成立了萧县、永城地区战场物资处理委员会，确定了战利品的收集点，提出了‘不准破坏，统一收集，统一分配’战场缴获物资处理原则”。③

会后，广大后勤官兵按照会议决定，积极调整部署。华野5个兵站中站，除第2中站时村未动外，其余4个中站分别转移到萧县、濉溪口、徐州和宿县。华野直属医院、第1医院、第12医院、直2所、直3所，也分别转移到睢宁、

① 《淮海战役》第三卷，中共党史资料出版社1988年版，第180页。

② 《淮海战役》第三卷，中共党史资料出版社1988年版，第181页。

③ 《淮海战役》第二卷，中共党史资料出版社1988年版，第467页。

乔店子、姚圩子、徐州和三官店。同时，组织力量将陇海铁路郑（州）徐（州）段和津浦铁路济（南）徐（州）段修复通车，运河通航。还利用缴获国民党军的300辆汽车，组建了两个汽车运输团，并雇用了地方250辆汽车，有力地加强了部队物资供应运输的力量。

时值寒冬腊月，连降大雪，水上运输需破冰前行，地上运输要趟泥踏雪，前后方500多万民工和广大后勤官兵满怀胜利激情，经过艰苦卓绝的共同努力，克服了难以想象的困难，将大批粮食、弹药、慰劳物资及时运达前线，使作战部队粮弹充足，全军上下斗志昂扬。最后，经4天激战，于1949年1月10日，全歼杜聿明集团，生俘了杜聿明。

当晚，刘瑞龙随同华野代司令员粟裕、华野副参谋长张震，驱车到达陈官庄、祖老楼、胡庄等地视察，看到官兵们忙着打扫战场，搬运胜利品。回顾土地革命，八年抗战和解放战争的艰苦奋战，心潮起伏，思绪万千，遂吟成《庆淮海战役全胜》[①] 诗一首：

徐宿萧永大战场，自古兵家决兴亡。
蒋贼陈兵六十万，妄图顽抗逞强梁。
主客攻守时已变，解放军威势大张。
百万军民齐协力，长围猛攻力如钢。
贼军饥寒日交窘，我军从容气昂扬。
总攻聚歼同捣蒜，贼军技穷终败亡。
一战全胜定江北，整装待发渡长江。

四

1948年12月20日，中共中央军委电示刘（伯承）陈（毅）邓（小平）等："粟（裕）陈（士榘）张（震）亥删关于战区粮食供应情况电悉。如你们认为有开联合支前会议必要，即由你们直接召开包括华东、华中、中原、冀鲁豫四方面支前代表会议，解决具体问题，并由总前委中一人主持。"淮海战役总前委审时度势，决定召开联合支前会议，委派刘瑞龙代表总前委负责具体筹备。

① 此诗曾经作者多次修改。本文所引该诗以公开发表时为准。

联合支前会议，于1948年12月26日至29日在徐州召开，在刘瑞龙、傅秋涛主持下，经过四天讨论，协商了共同支前方案，明确了各地支前任务，通过了关于粮食、民工问题的共同意见，对交通运输，战场流通的六种货币的币值统一，部队元旦、春节供应，以及部队南进时支前领导机构的组织形式等问题，都交换了意见，提出了建议。1949年1月3日，刘瑞龙返回华野指挥部驻地（萧县）蔡凹，向华野前委汇报了徐州联合支前会议情况。晚间，又将联合支前会议情况书面报告总前委。

1949年1月10日，刘瑞龙接到邓小平复信后，按照总前委和华野前委的要求，日夜奔忙。为贯彻落实徐州联合支前会议精神，总结淮海战役后勤工作经验，清理与解决淮海战役遗留问题，保证部队休整期间供应，适当改善部队生活，争取早日完成全军南进所需各项补给与准备。他草拟了粮弹准备、武器修理调整、装具装备器材补给、医院卫生机构整编、运输工具的调整补充、后勤机关部队整顿、地方支前准备七个方面的意见。征得有关领导同意后，于1949年1月14日早3时，返回华野后勤部驻地符离集四山子。

当天上午10时，刘瑞龙与副部长喻缦云、黄知真交流情况，商量今后工作。下午，召集后勤各部门负责干部开会，传达淮海战役胜利经过、徐州联合支前会议情况和前委关于整训期间军政后勤工作的决定，要求各部门用1天时间讨论，结合实际商定部队整训期间本职工作计划和各兵团有关工作安排，由副部长喻缦云和黄知真收集整理，拿出部队整训期间后勤工作指示的预案。晚饭后，刘瑞龙又驱车到宿县东北龙王庙华中支前司令部，同曹荻秋等一起畅谈淮海战役胜利，总结交流淮海战役后勤支前工作主要特征及经验，商定贯彻徐州联合支前会议精神，保障部队整训及进军江南准备等事项，直到15日早上4时，鸡都叫了，才结束。

1949年1月15日上午，刘瑞龙同华中支前司令部的领导同志一起，讨论商定挺进淮南部队的支前问题；下午研究商定今后4个月部队粮食供应等问题。晚上返回四山子，听取各部门讨论的意见。1月16日，又组织讨论了一天，关于整训期间后勤工作任务、编制及干部问题。会后，由黄知真根据大家讨论的意见，草拟了华东野战军整训期内后勤工作的指示，经刘瑞龙反复修改后，形成文件报送华野前委。

1949年1月18日，刘瑞龙率部从符离集四山子迁入徐州华侨银行。在这里同豫皖苏三分区领导王光宇、许西连、郝炬等商谈了淮海战役战区的善后工作。经中共中原局批准，支援战区灾民小米3000万斤，食盐500万斤和大批衣物。

当时正值春节前后，重灾区人均50斤，轻灾区人均30斤。萧县、宿县、永城等主战场，家家吃的是小米饭，到处可以看到穿着军服的灾民。淮海古战场到处欢庆胜利，重建家园。随着徐州联合支前会议精神的贯彻落实，使各地支前工作更加协调一致，有力地保障了淮海战役的最后胜利和部队整训工作的顺利开展，也为部队渡淮、渡江作战打下了良好基础。

《难忘的征程》序

马汉坤[①]

（1991年3月20日）

历史是一部书。

1926年，刘瑞龙同志踏上革命征程；1988年，他离开了我们，走完了他光辉而不平凡的一生。由中共南通县委党史办公室和南通县政协文史资料委员会，在刘老诞辰八十周年之际，编辑出版的纪念专集《难忘的征程》，正是刘老战斗生涯和革命历史的真实写照。

翻开这部书稿，刘老艰辛而璀璨的征程，历历在目，令人荡气回肠。从热血青年到先锋战士，从辞别故园到转战南北，无不显示出他命运多舛但对理想矢志不渝的高尚情操，无不显示出他征程的曲折坎坷但对困难一往无前的英雄气概。终于，他在党的温暖怀抱里，在毛泽东、刘少奇、周恩来、朱德、邓小平等老一辈无产阶级革命家的教诲和熏陶下，成长为一名坚定的共产主义者。在难忘的征程，刘老靠的是对党对人民的无比赤诚和挚爱，靠的是戎马倥偬中锤炼出的战斗激情，靠的是打破旧世界创造新生活的执著追求……从而也谱写了他人生履历上最鼓舞人最激发人的动人诗章。

“故人乘风去，洒泪祭英豪”。与刘老亲密相处的战友、同学和人民群众，以真挚感人的笔触，撰写了许多悼词、专文，追忆了刘老在社会主义建设时期孜孜不倦、鞠躬尽瘁的工作风姿，特别是他密切联系群众、与人民肝胆相照的高风亮节。这一篇篇感人肺腑的纪念诗文，发自内心地抒发了一个质朴而深刻的真理：人民永远不会忘记为历史的进步、社会的发展、人民的幸福尽过心力作出贡献的人！

在纪念刘瑞龙诞辰八十周年和他参与领导的红十四军建军60周年的日子里，这篇小序无法表达我与刘老的故乡群众对他的深切思念。但是刘老的不朽业绩将光耀南通，成为我们前进道路上的强大精神动力，鞭策和激励我们去完成刘老未竟的事业。我坚信在先辈曾经洒下鲜血和汗水的沃土上，南通县145

① 马汉坤，时任南通县人民政府县长。

万人民一定会培育出告慰英灵的理想之花！

1991 年 3 月 20 日于金沙

一笔宝贵的精神财富

——刘瑞龙藏书捐赠南通农院追记

陈广德[①]

（2010 年）

刘瑞龙同志是参加过举世闻名长征的无产阶级革命家。他参加革命半个多世纪，功勋卓著。他也是学者、教授和激情洋溢的诗人。他长期担任华东局和国家农业部的领导工作，为我国的社会主义建设事业，特别为我国的农业发展作出了重大贡献。他求知若渴，刻苦好学，因此藏书颇丰。他谢世后，遵照他的遗愿，其夫人江彤及子女决定将农业类藏书赠送给家乡的江苏省南通农业学校（2003 年 7 月该校已正式升格为南通农业职业技术学院）。获悉这个消息，我们感到无比的荣耀，这是革命老前辈对农业教育、对我校莫大的关心和支持。

1990 年 4 月，我们取道南京，乘 15 日 66 次特快列车进京。4 月 17 日，我们来到江彤的住处，北京复兴门外大街的公寓中。刘老曾生活过的住房陈设整洁而简朴，家具均已陈旧。一把小竹椅松动摇晃，只见椅腿之间缠绕着粉红色塑料绳皮，插入小棒绞成绳辫，用此法收紧加固。他们艰苦朴素、克己奉公的高尚品德使我们深受感动。出生于 1919 年 10 月的江彤，也是一位老革命，系农业部离休干部。她待人热情，执意留我们吃中饭。她虽年事已高，体弱多病，却坚持和我们一起整理、清点。我们边清点、边登记，于 4 月 19 日制成赠书目录清单。

赠送给我校的刘瑞龙农业类藏书达 840 余册，涉及古今中外。古籍就有《齐民要术》、《王祯农书》、《农政全书》等，特别是早年出版的《水道提纲》、《农桑辑要》、《致富奇书》等线装本，尤为珍贵。反映现代的农书，内容丰富，范围甚广：农业史志、农经理论、政策法规、耕作制度、植物图鉴、土壤肥料、水土保持、栽培技术、病虫防治、农业机械、畜牧兽医、牧草林木、海涂围垦、中国农谚等等。还有不少介绍国外和外译中的农业著作。刘老十分爱护图书，

---

① 陈广德，江苏省南通农业学校原副校长，现已退休。

他的藏书的扉页上，基本上都盖有篆体的“刘瑞龙藏书”印，有的还盖有他的其他印章。其中中译本的《威廉斯土壤学》给我的印象十分深刻。翻开该书，字里行间，不少地方有刘老书写的藏文。为了工作，他不仅苦学农业科学，还学起了少数民族文字，让我感动不已、钦佩不已。

1991 年 4 月，江彤又将 1990 年 9 月出版的《刘瑞龙农业文选》赠送给学校和我本人。

对刘老的藏书，我们十分珍惜，在学校图书馆设专橱保存、陈列，并供师生们学习、研究。

刘老的藏书、北京新四军研究会和刘老子女的赠书，对我们来说，是一笔宝贵的精神财富。对于我们研究刘瑞龙的光辉业绩，继承革命传统，弘扬民族精神，都有着极为重要的价值。学院成立了大学生刘瑞龙思想研习社，并开展了一系列的学习、研究活动，以学习刘老忠于共产主义事业，鞠躬尽瘁、毕生奋斗的高尚品质；学习他一生辛勤工作、谦虚好学、艰苦朴素、克己奉公的崇高精神，努力造就一批又一批无愧于新时代的大学生。

挽联挽诗选

（1988 年）

挽联选辑

（1988 年）

耿耿忠心，铮铮铁骨，谱写了磊落生平。岂但少年首义，壮志长征，赤胆纵横，红旗叱咤；并为民食邦本，不辞沥血呕心，缅怀慈雨甘霖，犹存鸿篇钜制；而且晚节弥坚，鞠躬尽瘁，克效涓埃报祖国。

凛凛正气，荡荡胸襟，留几多激昂往事。试看自律何严，奉公唯谨，秋毫必辨，泾渭分明；任凭云暗风狂，无废河长江远，近开农史嘉会，哪计羊城路遥；终以衰躯忘倦，死而后已，患难知己恸昊天。

江　彤

革命竭忠诚备兼智勇德才仰绍遗风应共勉
好学恒忘倦深探科哲文史重聆严训竟何能

延淮　延东　延申　延宁

鞠躬尽瘁战斗不息
沥血勤农虽死犹生

魏传统　刘超

一生许国万苦为民但愿大地苍天永昭盛德
气正河山功垂社稷仰望晴空皓月痛哭此公

马行骥

竭诚为党勤奋忘我鞠躬悲尽瘁
公忠体国俯仰无愧风节留楷模

郝盛琦

为革命事无巨细细处入手
做工作责有轻重重不歇肩

朱则民

有精神财富遗世高风亮节照人寰
编百科全书育人继往开来振中华

陶岳嵩

参加革命六十年历掌党政军大权忠肝义胆出死入生噩耗传惊四海干群齐落泪
踏遍中原万千里深研农经史诸学巨著宏文振聋发聩京城设奠九州黎庶共举哀

萧绍明率子萧镜

挽诗选辑

怀念刘瑞龙同志

何　康

（1988 年 9 月 2 日）

瑞龙同志晚年致力于农业百科事业，不辞辛劳，成效显著，敬业精神令人起敬。逢刘老逝世百日之际，献上悼词，以表怀念。

作古音容在，遗风昭后代。

老骥千里志，心血灌农百。
余业吾辈继，功成期可待。
九泉闻喜讯，墨香舒心怀。

追念瑞龙同志

常紫钟

刘瑞龙副部长悉心关怀农业出版事业，亲自主持《中国大百科全书·农业》卷、《中国农业百科全书》编纂工作，为之奉献全部心血智慧。

百难千劫更献身，一生尽处见纯真。
尧时后稷[①]教稼穑，当代胜之[②]继火薪。
农业百科兴盛典，学人千家撰宏文。
琳琅图籍足三亿[③]，兰椒瓣香共奠群。

追怀刘瑞龙同志

申 非

巍巍江南树，悠悠燕北云。
春风化甘雨，寒耕复热耘。
从政惟恭谨，间亦好论文。
相与谈《聊斋》，侃侃抒宏论。
赏罚别善恶，廉正乃知津。
行己为兼济，稳暖后人群。
不意十年后，石完珠玉群。
幸得妖氛靖，拨正展经纶。
问事穷纤介，巨细必躬亲。
吾侪尽如许，泱泱世风醇。

---

① 后稷为尧时农师。
② 即氾胜之，亦称氾胜，汉武帝时为议郎，司撰农书言种植之事，著有《氾胜之书》。
③ 农业出版社30年来，至1987年年底，已出版各种图书、刊物、教材5012种，累计印数达3亿册之多。

悼刘瑞龙同志

金常政

昔有神农传未真[①]，徐公著述[②]物候新。
而今《农百》空前业，亘古瑞龙继世身。
筹划费思催病老，谋篇挥笔倍艰辛。
书方五卷人先去，遗愿恢恢社稷心。

缅怀刘瑞龙

陈 斌

（2005 年）

倭寇侵神州，
奉命来敌后。
淮北开创根据地，
湖畔风雨骤。

建立新民主，
抗日清除旧。
泗洪人民犹怀念，
终古英名留。

献给刘瑞龙

沈克果

（2005 年）

学生时代志已显，
党内成长心胸宽，
红十四军来创建。

① 传说神农氏教民稼穑，为我国农业的创造者。一说神农氏即炎帝。
② 明代徐光启（1562～1633）编著《农政全书》，可谓我国古代的农业百科全书。

分田分地忙不闲。
川陕道路几多险，
长征遭难达延安。
中央党校再充电，
安吴堡内培学员。
随同胡服豫苏皖，
继到淮北挑重担。
艰苦奋战整六载，
日本鬼子彻底完。
蒋氏独裁打内战，
刘公支前宁沪占。
全国解放抓农线，
沤心沥血功万年。

光辉业绩驻人间

尹锡珍　徐宏九

（2005 年）

三三奉调入川陕，西路军征历险艰。
政治宣传唤民众，万里长征若等闲。
三九年来豫皖苏，敌后抗战势不孤。
少奇指示随分至，政权建立当首务。
早年通海闹革命，十四红军逞威风。
长江南北播火种，星星之火暗飞腾。
动员民工几百万，争取胜利勇支前。
讨蒋战争气冲天，华东华北并中原。
五三农业正复兴，国际交流费苦功。
专业知识凭驾御，农业纲要作准绳。
文化革命遭迫害，五年铁窗志不移。
三十万字读书记，总结农事有根据。
四人帮倒见青天，落实政策干劲添。
农业百科来抓总，光辉业绩驻人间。

有一种幸福叫怀念

——南通高等师范专科学校纪念刘瑞龙诞辰一百周年朗诵词

邢　晔

（2010 年）

文峰钟鸣，应和着我们激动的心声；
濠河荡漾，倒映着您亲切的身影；
您的到来让这收获的季节翻开了新的诗篇。
秋天是用来回想的季节，
我们一起静静地站着
站在缅怀的清风里，
我们一起静静地想着
想一个闪亮的名字。
在这个美好的秋天，
有一种幸福叫怀念。
秋天是收获的季节，
让我们想起锤子和镰刀，
想起幸福来之不易的源头。
1924 年，我们的前辈校友刘瑞龙
就是从这座桃李园起步，
开始追寻革命的真谛。
在这里，刘瑞龙把民族解放镌刻成生命的理想，
在他身上，教育与革命结合成时代最恢宏的乐章。
那个年代天昏地暗、风雨如磐，
刘瑞龙跨进铁血狂潮，热血在火热的革命旋律间激荡。
他把共产主义作为灵魂的方向——
读书、思考、集会、抗争，
跋涉、宣传、工作、战斗，
为中华之崛起他主动扛起这份责任。
苏中大地席卷起红十四军的革命风暴，
川陕苏区奔涌着开天辟地的战斗洪流，

长征途中飞越了多少艰险的封锁与天堑，
华中敌后开创出多么动人的抗日新局面，
淮北抗日抒写了多少深厚的军民鱼水情，
解放战争铺展出多么壮观的后勤生命线。
刘瑞龙这位用热血与激情抒写诗篇的革命诗人，
他说——
铁流转战自英雄，豪气傲苍穹。
三座大山齐推倒，人民江山映日红。
在为之奋斗的新中国，
农民、农村、农业成了刘瑞龙奋斗的新土壤。
这个农民的儿子奔走在人民作主的希望田野上：
他深入农家，基层调研提出了强农富民的宏伟主张；
他面向世界，布局谋篇把握着农业改革的时代走向。
六十五年激流勇进亮剑沙场，
六十五年矢志不渝富民兴邦。
刘瑞龙这位用忠诚与智慧抒写诗篇的农业领头人，
他说——
新的长征起步。任重道远无穷。
四化目标定实现，锐意改革攀高峰。
他深深热爱着自己的祖国和事业。
在家乡南通，他激情放怀地写道：
锦绣铺眼底，高歌大江东。
秋天，是展望的季节。
我们一起远远地望着，
望一个灿烂的未来。
在收获的秋天，
向往未来。
有一种充实叫传承——
百年师范百年路，
千秋伟业千秋情。
站在纪念碑前，
我们更加清楚自己的前路与征程——

继往开来薪火相传。
在刘瑞龙学习、奋斗过的校园里，
我们用鲜花传诵心灵的故事；
在刘瑞龙成长、奉献过的土地上，
我们用激情把祖国的名字擦得锃亮！
我们用热忱和智慧描绘中华民族将来的模样！

农业部原副部长刘瑞龙同志骨灰安放仪式在京举行*

（1988年6月24日）

[新华社北京6月23日电] 刘瑞龙同志骨灰安放仪式今天下午在北京八宝山革命公墓礼堂举行。五届全国政协常委、六届全国人大常委会委员、农业部原副部长刘瑞龙在广州主持全国农史学术讨论会期间，因劳累过度、心脏病猝发，抢救无效，于1988年5月25日不幸逝世，享年78岁。

刘瑞龙同志1910年10月3日出生在江苏省南通县。1925年就读于南通师范，积极参加学生运动。1926年加入共产主义青年团，1927年转入共产党。同年，秘密组织共产党南通特别党支部，任支部书记，是党在南通地区早期创始人之一。1930年，他任中共通海区特委书记，参与创建和领导了中国工农红军第十四军。同年，他被调到江苏省委工作，先后任省委外县工作委员会委员、副书记、宁沪线巡视员、省农委书记兼省军委委员。此后，在长期的革命战争年代，刘瑞龙同志先后任红军第二十九军政治部主任、中共川陕省委宣传部长、红军第四方面军政治部宣传部长、豫皖苏区党委副书记、苏皖军政委员会书记、淮北行政公署主任、中共中央华中分局委员、民运部部长、苏皖边区政府第一副主席、华东野战军第二副参谋长兼后勤司令、豫皖苏分局财经办事处主任、第三野战军后勤司令兼政委等职。1949年5月上海解放后，刘瑞龙同志任中共上海市委秘书长、中共中央华东局农委书记、华东土地改革委员会副主任。1953年，刘瑞龙同志被调到国家农业部任常务副部长兼党组副书记。

刘瑞龙同志是我党久经考验的无产阶级革命家，参加过举世闻名的长征。在著名的淮海战役中，他作为第三野战军后勤司令参与了动员和组织起几百万人的浩浩荡荡的民工大军奋勇支前的工作。在淮海和横渡长江两大战役中，刘瑞龙同志建立了功勋。

建国后的第一个五年计划期间，刘瑞龙根据中央指示，起草《全国农业发展纲要》（初稿）和《第二个五年计划期间农业建设方案》（初稿）；并参考古

* 本文系新华社发的通讯稿，原载于1988年6月24日《人民日报》。

代近代的农书，广征博引，撰述了《农业增产的八项措施》。

“文化大革命”中，刘瑞龙同志遭到残酷迫害，被非法关押达5年之久，身心受到极大摧残。

粉碎“四人帮”反革命集团后，刘瑞龙同志得到彻底平反，调回农业部，先后任顾问、副部长、党组成员等职务。1984年，他还兼任《中国大百科全书》总编辑委员会副主任和《中国农业百科全书》总编辑委员会主任。

刘瑞龙同志参加革命半个世纪，襟怀坦白、坚持原则、生活简朴、严于律己、为人表率，受到大家普遍推崇和尊敬。

在今天下午刘瑞龙同志骨灰安放仪式上，送花圈的有：邓小平、杨尚昆、陈云、李先念、彭真、徐向前、聂荣臻、乔石、乌兰夫、田纪云、江泽民、胡耀邦、萧克、杨得志、彭冲、韦国清、陈俊生、朱学范、胡厥文、王恩茂、王光英、张震、肖劲光、廖汉生、胡绳、杨成武、李一氓、雷洁琼、王鹤寿、严济慈、陆定一、荣毅仁、刘澜涛、宋时轮、叶飞、张劲夫、程子华、杜润生等。

参加安放仪式的有：李鹏、姚依林、万里、王震、秦基伟、薄一波、宋任穷、李德生、余秋里、张爱萍、陈丕显、胡乔木、段君毅、黄华、习仲勋、周谷城、王汉斌、王任重、方毅、谷牧、康克清、钱正英、洪学智。

责任编辑：张继华
装帧设计：徐　晖
责任校对：张彦　吴海平　周昕

图书在版编目（CIP）数据

刘瑞龙纪念文集/《刘瑞龙纪念文集》编辑组编.
—北京：人民出版社，2010.9（2010.10重印）
ISBN 978-7-01-009240-9

Ⅰ.①刘…　Ⅱ.①刘…　Ⅲ.①刘瑞龙（1910~1988）—纪念文集
Ⅳ.①K827=7

中国版本图书馆CIP数据核字（2010）第175111号

刘瑞龙纪念文集
LIURUILONG JINIAN WENJI

《刘瑞龙纪念文集》编辑组 编

人民出版社 出版发行
（100706　北京朝阳门内大街166号）

涿州星河印刷有限公司印装　新华书店经销

2010年9月第1版　2010年10月北京第2次印刷
开本：710毫米×1000毫米 1/16　印张：30　插页：35
字数：650千字　印数：3,001-6,000册

ISBN 978-7-01-009240-9　定价：85.00元

邮购地址 100706　北京朝阳门内大街166号
人民东方图书销售中心　电话（010）65250042　65289539